法 学 阶 梯
INSTITUTIONES
普通高等教育法学规划教材

普通高等教育“十一五”国家级规划教材

中国法律思想史

History of China Legal Thoughts

| 第二版 |

武树臣 著

法律出版社
始创于1954年

www.lawpress.com.cn
好书,同好老师和好学生分享

出版说明

法律出版社在其奋进发展的六十年光辉历程中，秉精诚之心，集全社之力，服务于我国法学教育事业，致力于法学教材出版。尤其在改革开放三十余年间，本社以“传播法律信息，推进法制进程，积累法律文化，弘扬法治精神”为宗旨，协同司法部法学教材编辑部，规划并组织出版了国家“八五”、“九五”期间的法学规划教材，为我国改革开放之初的法学教育和法治建设做出了开创性贡献；进入21世纪之后，法律出版社又根据教育部的部署和指导，相继规划并组织出版了“十五”、“十一五”和“十二五”法学规划教材，为我国法学教育事业的发展与改革付出了艰辛努力。

承蒙法学教育领域专家作者的信任，以及广大法律院校师生的支持，法律出版社经过三十年的发展与积累，相继出版各类法学教材达四百余种。在学科范围方面，完成以法学核心课程为重心，涉及法学诸学科的“全品种”横向结构；在培养层次方面，健全以本科教育为根本，兼顾职业教育和研究生教育的“多层次”纵向结构，进而打造“法律版”法学教科书体系，以期更好地为法学教育服务，为法治建设贡献绵薄之力。

近年来，法律出版社应因法学教育的发展变化，在教材编写体例及系列安排方面做出相应调整。在教材编写体例方面，结合当前教学实际与培养方案，将系统、全面的理论知识讲授与灵活、丰富的法律实践和能力训练相结合，倡导教材内容差异化，增加教材可读性，以期更好地培养法科学生的思维能力和法学素养。在教材系列安排方面，全力推进新品教材编写与注重既有教材修订相结合，根据教材风格与特色进行适当的套系整合，集中现有的国家级规划教材和在编的规划教材，形成以“普通高等教育法学规划教材”为名的全新教材系列。

本系列教材多为出版多年并广受好评的经典教科书。此次全新推出，既是向长期以来关心支持法学教育出版事业的专家作者的崇高致敬，也是法律出版社为中国当代法学教育事业发展拳拳努力之情的真诚表达。法律出版社将以高度的精品意识和质量标准，不断丰富、完善本系列教材的结构和内容；除教材文本之外，还将配有多层次、多形式的教辅材料，更好地为广大师生服务。

“好书，同好老师和好学生分享”，法律出版社愿与法律共同体诸同仁，分享好书，分享智识，分享法治进程中的点点滴滴！

法律出版社　谨识

2014年10月

作者简介

武树臣

男，北京市人，1949 年 10 月出生。1982 年 1 月毕业于北京大学法律学系，获法学学士学位，留系任教。1996 年 1 月获北京大学法学博士学位。1990 年、1992 年、1996 年先后被评为副教授、教授、博士生导师。1993 年担任副系主任，1997 年 4 月调任北京市第二中级人民法院党组副书记、副院长，2005 年 4 月调任北京奥组委法律事务部部长，2008 年 11 月调任北京市法学会党组副书记、副会长，2010 年 11 月被山东大学聘为人文社科一级教授，现为西北大学特聘教授。研究方向：中国法律思想史、中国传统法律文化、现行司法制度。主要成果有：《中国传统法律文化》（北京大学出版社 1994 年版）、《武树臣法学文集》（中国政法大学出版社 2003 年版）、《儒家法律传统》（法律出版社 2003 年版）、《中国法律样式》（台海出版社 2004 年版）、《寻找独角兽——古文字与中国古代法文化》（山东大学出版社 2015 年版）、《法家法律文化通论》（商务印书馆 2017 年版）。

前　言

《中国法律思想史》以中国古代法律思想的起源和历史发展为线索，探讨了中国法律思想的基本内容和特征。全书分为绪论和本论两部分。绪论论述了中国法律思想的基本理论问题，包括中国古代社会的基本特点、中国古代法律思想史的学科地位、中国古代法律思想史的学术特征、中国古代法律思想史的学术范畴、中国古代法律思想史的价值结构、中国法律思想的历史发展梗概、学习中国法律思想史的意义和中国法律思想史的研究方法。本论部分没有完全依照朝代和人物的线索，而是依照中国法律思想历史发展的形态，将其划分为四个主要阶段：第一阶段是中国法律思想的原生形态，在探讨中国国家法律起源的同时，运用古文字研究成果，叙述传说时代和夏商周的法律思想，特别是探讨了早期官方学术的形成；第二阶段是中国法律思想的多元形态，叙述春秋战国时期的法律思想，没有简单运用阶级分析的方法，而是运用地域文化研究的方法，将此间的法律思想分为鲁国文化、晋秦文化、楚国文化、齐国文化四个板块，将墨家思想纳入鲁国文化板块，将阴阳五行思想归入齐国文化板块；第三阶段是中国法律思想的正统形态，叙述西汉至清末的法律思想，没有依照朝代和人物的线索，而是将具有典型意义的主要代表人物的法律思想和法律实践中所涉及的争议结合起来，试图在立法司法实践的层面展现法律思想的状态；第四阶段是中国法律思想的嬗变形态，叙述了在西学东渐、欧法东来的社会背景下，不同阶级代表人物的法律思想，并增加了五四时期及民国时期立法司法典型代表人物的法律思想。

应当指出，在同一部著作的不同部分采用不同的叙述方法，并非为了别出心裁，而是尊重中国法律思想历史发展表现在不同历史时期的本质特征和多样性，也是著者在编写中国法律思想史教材中的一个尝试。这种编写方式是否符合教学的要求，是否被广大读者所接受，还须经过实践的检验。著者诚挚地希望大方之家和广大读者不吝赐教，以便进一步完善。

著　者

2017 年 4 月

目　　录

图片目录

绪论　中国古代社会与中国法律思想史

中国与古埃及、古巴比伦、古印度并称四大文明古国。古者，昔也，远也。古埃及、古巴比伦、古印度者，俱往矣。它们曾经在人类历史的长河中开拓了伟大的业绩，闪现过辉煌的光芒。但是，作为一种古代文明，它们或者是由于外族入侵，或者是由于内部分裂，或者是由于归化于他种文化，从而中断了自己的历史，为后世留下了斑驳的文化遗存，供后人寻找、挖掘、研究、凭吊。独有我中国，自从盘古开天地，千朝百代到如今，有今有古，万世一系，虽经磨历劫、坎坷艰辛而百折不挠，未曾衰绝。这在世界人类史上是仅存的奇迹。中华民族始终傲然屹立于世界民族之林，并以自己特有的民族精神和聪明才智为人类做出卓绝的贡献。

中华民族是具有独特性的民族。这是其特定生活环境、生活方式、民族心理、民族性格、历史传统等一系列因素促成的。正是在这一特定的文化背景下，形成了独特的中国古代法律文化，其中就包括法律思想在内。法律思想作为法律文化的有机组成和最为活跃的因素，在历史上发挥着重要的作用，并对当今的社会生活施以潜在的影响力。

第一节　中国古代社会的基本特点

对古代法律思想的影响　我们把自传说时代至清朝末期的历史称为“古代”，把这一漫长时期的中国社会称为“中国古代社会。”那么，同其他古老民族或国家相比，中国古代社会有哪些自己独有而他人所无的特点呢？

一、数千年未曾中断

从历史的纵向角度来看，中华民族的生活方式和文化传统未曾中断。一般说来，中华民族没有受到来自东亚大陆以外的民族的侵略，自己也没有走出这个生存空间。中华民族的重心是生活在中原地区的华夏民族。他们虽然多次受到周围地区以游牧为生的少数民族的入侵甚至统治，但是，由于中原地区生活方式比较进步，文化水准较高，其结果往往是战胜的民族被中原民族“同化”。军事上的胜利者反倒成了文化上的失败者。他们不得不改变原先落后的生活方式，连语言、服饰、风俗也都改变了。其他文明古国都因种种原因中断了自己的历史。中国数千年来上下一气、连绵不断，这是世界历史的特例。

二、自然经济居支配地位

从地域的横向角度来看,中华民族生活在东亚大陆的中心,四周是海洋、高原、草原、沙漠和森林。这是一个近乎封闭的生活空间。中华民族以农业为主体,农业生产周期较长且缓慢,因而农业社会是个力求稳定的社会。中国的农业经济是自给自足的自然经济,而农业型文化又比游牧型文化发达,这样便形成了以中原为核心的、以农业为主体的文化态势,使中华民族具有极强的凝聚力和向心力。组成中华民族大家庭的各个民族都认为自己是炎黄后裔,都是这块土地的主人,都有自立于中华大家庭的神圣资格。各民族都信奉和景仰中原文化,使中原文化成了中华诸民族的共有文化。这种内向的民族凝聚力造就了中华民族历史文化的强大传统力量,很难被外力所改变。一般外力往往只能触其皮肉,难以伤筋动骨。这就使古代中国人形成了强烈的心理上的自我优越感:这里是天下的中心!他们坚信自己的文化是最高程度的文化。我们的古人正是怀着这种自信心和自豪感来看待外来文化的。而在这方面,他们表现出了其他古老民族少有的宽容与大度。他们不排斥外来文化,同时还将外来文化"中国化",以适用于中国的实践。

三、宗法家族构成社会的细胞

从生产方式和社会结构来看,中国古代社会可以说是内向的自然经济与外向的宗法主义的统一。自然经济是孤立的、内向的,它只创造使用价值并由自己把它消化掉。农业与手工业活动的结合,使人们获得了赖以生存的生活资料。他们生活在彼此隔绝的村落里,用不着买什么,也无须卖什么,就能世代存续下去。在自给自足的自然经济土壤上,宗法家族根深叶茂、大树成荫。宗法家族是人们生产、生活的基本单位。宗法组织像一张巨大无比的网,通过血缘和姻亲的纽带把一个个封闭的村落联结起来,进而组成国家。从形式上看,宗法结构是外向的、扩张的。自然经济与宗法结构互相促进、互为条件、携手同行,达到和谐的统一。

四、进入文明的途径

从步入文明社会的途径来看,一般认为,原始社会解体后阶级产生,之后国家出现,人类便进入文明社会。但文明社会诞生的方向和道路是多种多样的,不可能存在一个既定的模式。由于民族、生产、历史传统的原因,当文明社会的婴儿出世的时候,它可能是足月的,也可能是不足月的。马克思说:"有粗野的儿童,有早熟的儿童。古代民族中有许多是属于这一类的。希腊人是正常的儿童。"[1]那么,我们如果以此作为标准来看中国文明的婴儿,则也可以说是早熟的婴儿。

(一)生产力状态

古希腊与古罗马是在"野蛮时代"的高级阶段(军事民主制时代)经历了"铁器时代"以后才进入文明社会的;中国是在夏朝(公元前21世纪)进入阶级社会的,当时的生产工具是木器、石器和极少量的青铜器。这是由于中原气候温和、雨量适中、土壤松软、灌溉方便。可以

---

〔1〕[德]马克思:《政治经济学批判·导言》,载《马克思恩格斯选集》(第2卷),人民出版社1972年版,第114页。

说中国是在“手无寸铁”的情况下进入文明社会的。

（二）土地所有制

古希腊雅典是经历了土地个人私有制后，由于贫富分化，阶级形成，从而产生国家进入文明阶段的；中国没有经过完全的土地私有制阶段，占统治地位的是土地王有或土地国有制。直至西周仍是“溥天之下，莫非王土”（《诗经·小雅·北山》）。在名义上各级贵族只有土地使用权而没有土地所有权。

（三）劳动力形态

在古希腊与古罗马，奴隶劳动构成社会生活的基础，奴隶主要来源于本氏族的债奴。奴隶主与奴隶形成阵线清晰的两大对立集团。在中国古代，奴隶的主要来源是战俘，整族的战败者沦为集体奴隶，其次才是本族的犯罪成员。在古希腊罗马，奴隶是经济活动的产物，正如恩格斯所说：“后世的立法，没有一个像古雅典和古罗马的立法那样残酷无情地、无可挽救地把债务者投在高利贷债权者的脚下。”〔2〕而在中国，奴隶是政治活动的产物，正如城邑不是经济活动的产物而是政治活动的产物一样。中国古代的奴隶被吸收在家族里面，一身而二任，既是奴隶，又是家族成员。在家长、族长的淫威下，一般家族成员的实际地位无异于奴隶。

（四）跨进文明的方式

古希腊、罗马是在氏族纽带因私有制发达、贫富分化而被冲破，在阶级矛盾和对立中形成国家的；中国古代是在原始社会末期，由于部落间的战争而形成种族奴役，战败的部落以向胜利者交纳贡赋来谋求自己的生存，从而形成国家的。氏族纽带依然被保留下来并发挥着新的功用。“前者是新陈代谢，新的冲破了旧的，这是革命的路线；后者却是新陈纠葛，旧的拖住了新的，这是维新的路线。前者是人惟求新，器亦求新；后者却是人惟求旧，器惟求新。”〔3〕

（五）国家的标志

依据马克思主义理论，按地域划分居民是国家诞生的标志之一。在古希腊、罗马，由于血缘纽带失去一般的社会价值，财富成了衡量人们身份以及权利、义务的主要标准，于是只能按地域来划分居民。但在古代中国，当它步入文明时代之际，既没有经历过充分的土地私有制阶段，又没有冲破氏族血缘纽带，它还来不及也没有条件和力量去清算氏族制度，反而在氏族的基础上轻而易举地建立了国家。血缘仍保留着自身的社会价值并拓展到社会生活的各个方面。因此，古代中国不仅按地域来划分居民，更按血缘来确定阶级。

五、集权政体始终统治社会

最早的政治恐怕是伴随着如何处理氏族间关系的策略而来的。父系家族制度确立之后，在氏族内部，家族首长的特权淹没了平等精神，从而窒息了原始民主。在部落联盟中，有势力的氏族成为领袖。促成部落联盟的既不是血缘纽带，也不是经济交换关系，那么就只有战争

〔2〕［德］恩格斯：《家庭、私有制和国家的起源》，载《马克思恩格斯选集》（第4卷），人民出版社1995年版，第167页。
〔3〕侯外庐等：《中国思想通史》（第1卷），人民出版社1957年版，第10页。

和实力。在追述传说时代史影的《尚书》诸篇中,我们不仅看到氏族首领之间互相荐举的民主风格,更看到联盟首长居高临下的特殊地位。而当时的政治分工不过是依据各氏族的战功和实力进行的最早的权力再分配而已。在战云弥漫的政治氛围中,自上而下的集中的权力格局确立并牢牢地扎下了根。于是,在关于中国传说时代的文献中,我们很难看到古希腊式的民众大会、个人的主动精神和由于平民与贵族间的政治斗争而形成的民主习惯。当然,我国古代也存在原始民主的遗风,如《尚书》所记尧、舜与"四岳"讨论政务的做法;《周礼·秋官司寇·小司寇》所记"询国危"、"询国迁"、"询立君;"《孟子》所谓"民贵君轻"、"人皆可以为尧舜,"等等。但是,在古代政治生活中,这种风格不占主导地位。在私有制和商品交换关系不发达的古代社会,政治权势成为政治的基础。这不仅决定了政体也决定了法律的形象。

当文明出现的时候,我们看到国家不是氏族内部贫富分化导致社会分裂的必然结果,而是一个部族对另一个部族的支配。战争无论是出于维护社会安宁还是"入主中原",都是以保族保种的民族斗争为形式的政治行为。战争的战败决定着双方在国体中的地位。不妥协的你死我活、成者王侯败者贼是最高的政治原则和政治艺术。这样,政治似乎成了与经济活动无直接关系的脱缰之马,它反过来却要支配经济生活。如果说,在西方,城市和奴隶是私有制和交换关系的产物,那么,在古代中国,城邑和奴隶则是政治活动的副产品。在西方,债务产生奴隶,金钱可以改变人的身份,这种交换关系正是民法(或私法)的基础;而在中国,战争和犯罪产生奴隶,政治行为决定人们的地位和身份。于是,以暴力为后盾的刑法便自然地发达起来了。

在以权力为核心的一统天下格局中,经济活动与政治活动间的内在和谐关系很难确立起来。经济发展的内在规律性和正当要求很难变成自觉的政治行为。相反,政治行为却总是以自己的形象去干预、支配经济生活。西周的禁酒、战国的"强本抑末"、汉武帝的盐铁官营等等,就是明显的例证。政治支配经济的结果,是政治价值高于经济价值,权势高于财势。一方面,民间采矿、冶炼金属、煮盐、烧炭、长途贩运和边关交易等纯属经济性质的活动,常常被贬为"啸聚山林"、"滋扰一方"、"资敌"等罪名而严加禁止;另一方面,王朝不允许在权势之外存在与之对抗的民间财势。为此,官府可以采取压的一手,如商鞅所谓"虽富无所芬华"(《史记·商君列传》)之措施;也可以采取纳的一手,如晁错的"纳粟拜爵";还可以采取杀的一手,即找个借口来个籍没充公。对王朝的统治来说,民间财势总是个不利的因素,这不仅表现为恃财而藐视官府和其富足以"行诸侯之贿"(《国语·晋语八》),以及助长地方割据势力,更表现在,财富的集中等于土地的集中,而这又往往导致流民和社会动乱。在这方面,"平均"主义既是农民的美好理想,也是封建阶级的政治需要。这正是"重农抑商"政策的政治价值之所在。

政治与权力的支配,足以决定法律实践活动的价值方向。这里仅以赎为例。在古希腊与古罗马,赎是原始血亲复仇的终止符。它是双方当事人因伤害等侵权行为而实施的经济赔偿,是一种横向的私人之间的经济性的法律行为;而在古代中国,赎是一种纵向的政治行为和司法行为。《管子·轻重八》:"汤七年旱,禹五年水,民有无饘卖子者。汤以庄山之金铸币,而赎民之无饘卖子者;禹以历山之金铸币而赎民之无饘卖子者。"《盐铁论·力耕》:"昔禹水,汤旱,百姓匮乏,或相假以接衣食。禹以历山之金,汤以庄山之铜,铸币以赠其民,而天下称仁。"《吕氏春秋·罕微》载鲁国之法:"鲁人为臣妾于诸侯,有能赎之者,取其金于府。"可见统治者以赎的措施扭转或抑制了民间正常的买卖、借贷行为。在司法中,赎是在定罪量刑发生疑问时采取的一种权宜之计,它既惩罚了违法犯罪者,又平息了受害人心中的不平,更点缀了统治者不滥杀无辜的仁慈形象。更不必说管仲以甲、矢为诉讼费以充国用的措施了。(《国语·齐语》)

说到这里,我们似乎看到了中国古代法律的经济价值和政治价值,即中央集权的君主政体作为自然经济和宗法家族社会的产物,又反过来维护它们的安宁。所有行之有效的行政行为、法律制度、道德教化等等,都从不同方向上将个人固着在土地上、束缚在家族中,把个人融化在农业生产过程里、镶嵌在宗法血缘的网络间。专制政体、自然经济与宗法社会的"三结合,"构筑了足以抵御商品经济侵袭的天然屏障。正因如此,中国古代社会虽然在不断地缓慢发展,却一再失去飞跃的机会。

第二节　中国法律思想史的学科地位与学术特征

一、中国法律思想史的研究对象

中国法律思想史是法学教育课程体系中的一门课程,也是法学研究中的一个分支。但是如果换一个角度,展现在读者面前的这部"中国法律思想史",与其说是一本教材、一部专著、一个学科分支,不如说是由民族精神和地方性经验所构成的一种知识体系。这种知识体系既是历史的,又是现实的。它不仅曾经长久地支配了中华民族的法律思考和法律实践,而且至今仍然在很大程度上悄悄地影响着社会法律生活的形象及其发展状态。因此,我们认为,在推行"依法治国","建设社会主义法治国家"的今天,不管是学习法律专业的学生,研究法学的学者,从事立法、司法活动和法律服务的法律专门工作者,还是从事各种工作的常人,如果行有余力,都应当学一点中国法律思想史。

二、中国法律思想史学科的特点

中国法律思想史是一门具有中国特色的法学与史学交汇而成的法学分支学科。它对于发掘并总结中国历史上形成的法律文化遗产,去其糟粕,取其精华,更好地建设具有中国特色的法学和社会主义法制,具有重要意义。

中国法律思想史的研究对象是:中国历史上形成的各种法律观点和理论产生、发展、演变的过程和规律性,以及它们与当时的立法、司法活动的关系,这些法律观点和理论的历史地位及其对当今法律实践活动的借鉴意义。

(一)一个既古老又年轻的法学学科

法律观点和理论作为人类法律实践活动(立法、司法、法律思维)的一种成果,总是与一定的法律实践活动相伴而生、携手而行的。可以说,当社会中产生了最早的法律实践活动时,也就产生了最早的法律思想。因为,人类的法律实践活动是有意识有目的的实践活动之一,而这种意识就属于法律思想的范畴。在传说的黄帝时代,蚩尤(苗民)发明了五种刑罚并称之为“法”,“杀戮无辜”。民众向上天控诉他们的罪行,上天便惩罚了他们:“报虐以威,遏绝苗民,无世在下。”(《尚书·吕刑》)而完成这一行动的便是黄帝。黄帝“执蚩尤,杀之于中冀,以甲兵释怒。用大正顺天思序,纪于大帝。”(《逸周书·尝麦》)黄帝打败蚩尤并恢复秩序,因而得到上天的赞许。在这里,人间的战争被披上神圣的色彩,人间的行为规范上升为神的意志。这种思想就是神权法思想,而神权法思想是古老民族的最早的也是最重要的法律思想。在这种思想影响下,中华民族形成了“敬天法祖”的传统。古老的统治集团在采取重大行动时,常常从上帝神和祖先神那里获取启示和威力。夏启讨伐有扈时宣称:“有扈氏威侮五行,怠弃三正。天用剿绝其命。……用命,赏于祖,弗用命,戮于社。”(《尚书·甘誓》)商汤讨伐夏桀时立誓:“有夏多罪,天命殛之。……夏氏有罪,予畏上帝,不敢不正。……尔不从誓言,予则孥戮汝,罔有攸赦。”(《尚书·汤誓》)周武王征伐商纣时下令:“今予发,惟恭行天之罚。……勖(勉)哉夫子,尔所弗勖,其于尔躬有戮。”(《尚书·牧誓》)周穆王在宣布司法政策时首先援引历史经验:“若古有训。”(《尚书·吕刑》)凡此之例,不一而足。在这里“天帝”成了社会的主宰,而人间帝王只不过是上天的奴仆,完成着上天的旨意。在“天帝”的光环之下,人间帝王和他们的法令便都具有了神性。

在中国历史上常常有这样的情形,大凡经历社会变乱或改朝更代之后,都有人致力于总结以往,筹划当今。这种总结和筹划也包含法律实践活动在内。春秋战国是中国古代最重要的社会大变革时代。此间,一些民间学术团体和学者都致力于总结和筹划。且不说诸子百家聚徒讲学、著书立说,营造了百花齐放的学术氛围,更为重要的是,战国时出现了专门总结学术思想的著述。现择要介绍如下:

《孟子·滕文公下》站在孔子儒家的立场上,指出杨朱、墨翟之言的危害性:“圣王不作,诸侯放恣,处士横议。杨朱、墨翟之言盈天下。天下之言不归杨则归墨。杨氏为我,是无君也。墨氏兼爱,是无父也。无父无君,是禽兽也。……杨墨之道不息,孔子之道不著,是邪说诬民,充塞仁义也。仁义充塞,则率兽食人,人将相食。吾为此惧,闲先圣之道,距杨墨,放淫辞,邪说者不得作。作于其心,害于其事;作于其事,害于其政。圣人复起,不易吾言矣。”

《韩非子·显学》站在法家立场上,不仅从理论的角度批判了“儒墨显学”的不合理性和非现实性,更重要的是,对儒、墨两家的学术沿革作了总结:“世之显学,儒、墨也。儒之所至,孔丘也。墨之所至,墨翟也。自孔子之死也,有子张之儒,有子思之儒,有颜氏之儒,有孟氏之儒,有漆雕氏之儒,有仲良氏之儒,有孙氏之儒,有乐正氏之儒。自墨子之死也,有相里氏之墨,有相夫氏之墨,有邓陵氏之墨。故孔、墨之后,儒分为八,墨离为三。取舍相反不同,而皆自谓真孔、墨。孔、墨不可复生,将谁使定后世之学乎?孔子墨子俱道尧舜,而取舍不同,皆自谓真尧舜。尧舜不复生,将谁使定儒、墨之诚乎?”

《庄子·天下》不仅对诸如墨翟、相里勤、禽滑厘、彭蒙、田骈、慎到、老聃、庄子、关尹、惠施、桓团、公孙龙等人学术思想之得失进行了精当的评判,而且对学术界的宏观状况及有关学术著作进行总结:“天下之治方述者多矣,皆以其有为不可加矣。古之所谓道术者,果恶乎在?曰:无乎不在。曰:神何由降,明何由出?圣有所生,王有所成,皆原于一。不离于宗,谓之天人。不离于神,谓之至人。以天为宗,以德为本,以道为门,兆于变化,谓之圣人。以仁为恩,以义为理,以礼为行,以乐为和,薰然慈仁,谓之君子。以法为分,以名为表,以参为验,以稽为决,其数一二三四是也,百官以此相齿,以事为常,以衣食为主,蕃息畜藏,老弱孤寡为意,皆有以养,民之理也。古之人其备乎!配神明,醇天地,育万物,和天下,泽及百姓,明于本数,系于末度,六通四辟,小大精粗,其运无乎不在。其明而在数度者,旧法世传之史尚多有之。其在于《诗》、《书》、《礼》、《乐》者,邹鲁之士、缙绅先生多能明之。《诗》以道志,《书》以道事,《礼》以道行,《乐》以道和,《易》以道阴阳,《春秋》以道名分。其数散于天下而设于中国者,百家之学时或称而道之。天下大乱,贤圣不明,道德不一,天下多得一察焉以自好。譬如耳目鼻口,皆有所明,不能相通。犹百家众技也,皆有所长,时有所用。虽然,不该不遍,一曲之士也。判天地之美,析万物之理,察古人之全。寡能备于天地之美,称神明之容。是故内圣外王之道,暗而不明,郁而不发,天下之人各为其所欲焉以自为方。悲夫,百家往而不反,必不合矣!后世之学者,不幸不见天地之纯,古人之大体,道术将为天下裂。"

《荀子·非十二子》推崇孔子、子弓之学,对它嚣、魏牟、陈仲、史鳅、墨翟、宋钘、慎到、田骈、惠施、邓析、子思、孟轲共十二位学者的思想进行了批判,宣布:"今夫仁人也,将何务哉?上则法舜禹之制,下则法仲尼、子弓之义,以务息十二子之说,如是则天下之害除,仁人之事毕,圣王之迹著矣。"《解蔽》集中批评学术界的片面性:"今诸侯异政,百家异说,则必或是或非,或治或乱。……凡万物异则莫不相为蔽,为心术之公患也。……墨子蔽于用而不知文,宋子蔽于欲而不知得,慎子蔽于法而不知贤,申子蔽于势而不知智,惠子蔽于辞而不知实,庄子蔽于天而不知人。……孔子仁智且不蔽,故学乱(治)术足以为先王者也。一家得周道,举而用之,不蔽于成积也。故德与周公齐,名与三王并,此不蔽之福也。"

上述私人著述对当时学术思想进行了总结,其中的学术思想也包括法律思想。比如《韩非子》对前期法家思想的划分:商鞅重法、慎到重势、申不害重术;《庄子·天下》批判慎到主张的"公而不党,易而无私,决然无主,趣物而不两,不顾于虑,不谋于智,于物无择,与之俱往"是不现实的、无法实现的。《荀子·非十二子》对法家既"尚法"又"取听于上(国王)"的矛盾理论进行了批判:"尚法而无法,下修而好作,上则取听于上,下则取从于俗,终日言成文典。反纠察之,则倜然无所归宿,不可以经国定分。然而其持之有故,其言之成理,足以欺惑愚众,是慎到、田骈也。"今天,我们在研究古代法律思想时,应当重视古代学者对当时各种法律主张的评述。

西汉以后,历朝编纂正史时都注意法律实践的总结。《史记》有循吏、酷吏列传,在一定程度上总结了司法活动。而《汉书》始辟《刑法志》,此后历代相沿。《汉书·刑法志》文字不多。它一方面追述自黄帝、唐虞至殷周、战国、秦朝的法制沿革,一方面记载了西汉自高祖、孝文、景帝、武帝、宣帝、元帝、成帝以来诸朝的重大法制事件。该志详细记载自文帝废肉刑以后司法实践中出现的问题以及引起的争论,还专门援引《荀子·正论》中关于对"治古无肉刑而有象刑"的"世俗之说"的一大段批判性文字。《晋书·刑法志》文字比《汉书·刑法志》为多且更为详实。比如,对张斐注律表(序)、裴頠(wěi 伟)、刘颂关于"临时议处"、"议事以制"问题所上的奏章,及当时关于肉刑废复问题的争论等等,记载颇详。因此历代《刑法志》也是古代研究法律思想的重要成果。

明代丘濬著《大学衍义补》一百六十卷。作者因南宋真德秀曾著《大学衍义》,只论及《大学》"八目"中"格物"、"致知"、"诚意"、"正心"、"修身"、"齐家"六目,未及"治国"、"平天下"二目,故其专论"治国"、"平天下"以补之。该书包括十二目:正朝廷、正百官、固邦本、制国用、明礼乐、秩祭祀、崇教化、备规制、慎刑宪、严武备、双夷狄、成功化,共一百一十九条。其中慎刑宪中又分为十四节:总论制刑之义、定律令之制、制刑狱之具、明流赎之义、详听断之法、议当原之辟、顺天时之令、谨详谳之议、伸冤抑之情、慎眚灾之赦、简典狱之官、存钦恤之心、戒滥纵之失、明复仇之义。此书博纳经史子集之论,末附作者案语。上述唐虞,下迄五代,阐述儒家学说,宣明治国制刑要义,是研究古代法律制度、法律思想的第一部私人著作。

清代陈梦雷、蒋廷锡等奉敕编纂《古今图书集成》一万卷。分六个汇编:历象、方舆、明伦、博物、理学、经济。其中经济汇编又有八典:选举、铨衡、食货、礼仪、乐律、戎政、祥刑、考工。《祥刑典》共一百八十卷,又分祥刑总部、律令部、盗贼部、牢狱部、刑具部凡二十六部。每一部又分汇考、总论、艺文、纪事、杂录诸项。以《盗贼部》为例,《汇考》以历史发展为序,概括历代关于盗贼的见解及政策;《总论》集历代政治家思想家关于平盗贼治天下的论述;《艺文》收集历代学者关于治理盗贼的评论;《纪事》收集了古籍中关于盗贼的记载;《杂录》收集了古籍关于盗贼的评述。上述分类方法也许失之繁琐,但全面详细地汇集了大量有价值的史料,也是官方研究古代法制和法律思想的成果。

清末沈家本著《历代刑法考》一百五十余万言。分《刑法总考》、《刑法分考》、《赦考》、《律令》、《狱考》、《刑具考》、《行刑之制考》、《死刑之数》、《充军考》、《盐法考》、《律目考》、《汉律摭遗》、《明律目笺》、《明大诰峻令》、《历代刑官考》、《寄簃文存》等部分。作者学贯中西,是当时关于中国法制史和法律思想史的最有影响力的私人著作。

20 世纪初,梁启超在为北京法政专门学校讲授“中国政治思想史”课程的基础上撰写《先秦政治思想史》,20 年代发行。该书重点论述儒、道、墨、法四家的政治法律思想,且有“法律之起源及观念”一章。该书虽冠以“政治思想”,但实涉及法律思想。该书影响很大,许多提法被后世学者所沿用。梁启超撰写的《中国法理学发达史论》发表于 1905 年的《新民丛报》第 4 卷第 5、6 两期。这是一篇关于中国古代法律思想的学术论文。该论文论及儒、道、墨、法四家法律思想,提出“礼治主义”、“人治主义”、“放任主义”、“法治主义”等专门术语。梁启超的两部著述实为姐妹篇,共同呼唤着“中国法律思想史”走上学术舞台。

丘汉平撰《先秦法律思想》(上海光华书局 1931 年版),该书重点论述先秦法家的法律思想。

王振先著《中国古代法理学》(上海商务印书馆 1925 年版),该书论述道、儒、墨、法四家的法律观。杨鸿烈著《中国法律思想史》(上海商务印书馆 1936 年版),该书是中国法律思想史学科的开创之作。全书分五章:导言、殷周萌芽时代、儒墨道法诸家对立时代、儒家独霸时代、欧美法系侵入时代。该书对上起商周、下止近代的法律思想作了较为全面的梳理和论述,对后世学者影响更为直接和深远,它标志着法律思想史从政治思想史中脱离出来,最终成为一门有独立研究对象和内容的法学学科。

中华人民共和国成立之后,特别是 60 年代开始,国内一些政治院系开设了“中国政治法律思想史”课程。也出现了《中国政治法律思想史》教材。在注重政治而法律、法学颇受轻视的年代,法律思想自然被淹没在政治思想的框架里。党的十一届三中全会之后,法制、法学和法律教育受到普遍的重视。1979 年北京大学法律学系的张国华教授率先讲授“中国法律思想史”课程。同年 10 月,在长春召开的中国法律史学会第一届年会,就中国法律思想史成为独立学科达成共识,并成立了中国法律思想史学会。此后,该课程成为法学专业中 13 门必修课之一。司法部教育司主持编纂了统编教材《中国法律思想史》(张国华教授主编,法律出版社 1982 年)。尔后,各院校相继编写中国法律思想史教材,至今有数二十余种。除了教材之外,中国法律思想史的专门著作也不时问世,比如,由山西人民出版社于 1994 年相继出版的李光灿、张国华先生主编的《中国法律思想通史》(多卷本,国家“七五”重点研究项目),杨鹤皋著《中国法律思想通史》(湘潭大学出版社 2011 年版)等,而与中国法律思想史有关的著作、论文则不胜枚举。这些都说明,中国法律思想史作为一门学科在法学领域已经牢牢地扎下了根。

(二)一个植基于中国传统文化的法学学科

在法学园地里面,中国法律思想史可以说是一门土生土长的与中国传统文化血肉相连的学科。

首先,从中国古代法律思想的品质来看。由于社会、历史、文化等原因,中国古代的法律思想不具有明显的质的独立性或排他性。这表现在法律思想与诸如哲学思想、政治思想、经济思想、教育思想等常常是密如凝脂般交融在一起的。站在古代思想宝库的庐山面前,正是"横看成岭侧成峰"。这一特征也许和古代法律、法学发展不充分相关,中国古代法律、法学没有获得古希腊、罗马那样充分发展的机会和条件。中国古代文明走着与西方恰恰相反的道路。因此,在中国古代,一种较为精湛的思想观点,常常是贤智者在综观整个社会生活场景经过深思熟虑之后创造出来的。比如《论语·为政》有一段话:"道之以政,齐之以刑,民免而无耻;道之以德,齐之以礼,有耻且格。"大意是,作为统治者,如果用政令和刑罚来治理人民,人民可以循规蹈矩不去违法犯罪,但内心深处仍存有违法犯罪的念头,因为他们不知道违法犯罪是可耻而应当远离的;如果对人民施以宽容的德政,让人民富足起来,再进行忠孝仁爱的道德教育,使人民从内心里树立道德信念,这样自然会做到自我约束。这段话的内涵应当说兼涉政治思想、经济思想、伦理思想、教育思想、法律思想。而这些思想都是中国古代社会生活的一个反映,是中国传统文化园地上的树木花草,是中国传统文化成果的有机组成部分。

其次,从思想者的品格来看。古代的法律思想是古代思想家——政治家、思想家、社会集团、学术派别等思维主体的思维成果。一定的法律观点和理论是一定社会集团的政治经济地位所决定的。在中国古代,著名的政治家、思想家常常是身兼多种社会角色。比如,周公是西周初的摄政王,是政治家兼思想家。他提出"以德配天"的神权思想解决了当时的信仰危机和政治危机(新政权的合法性),还提出区别对待的刑法政策和区别犯罪行为人主观状态(故意、过失、累犯、偶犯)的思想。但是他仍很难称得上一位确切意义的法律思想家。比如,孔子是春秋末期的思想家、教育家。他做过三个月的鲁国司寇(主掌司法),其"德主刑辅"、"亲属相隐"的主张对封建法制影响极大。但他也不是确切意义上的法律思想家。战国时期的法家人物,大多参与变法实践并身居要职。他们重视法制,对法律的研究亦颇深入。他们在诸如法律的起源、特征、职能以及立法、司法政策方面所达到的深度,常常使其他学术派相形见绌。但是,由于他们做出了与传统文化决裂的姿态,故而当秦朝灭亡之后,法家学说便遭到冷遇,连他们重视法制、研究法律的正面遗产也被当作暴政一般抛弃掉了。在整个古代社会,著名的思想家大都因通经而入仕,因入仕而成名。他们既是国家的官吏,又是子民的教师。他们也涉足司法事务,但那只不过是行政和教化的辅助手段。当儒家经典成为钦定教材和通往官府的敲门砖之际,研究法律便成了左道旁门,而讼师们便被斥为"讼棍"。在这种文化氛围中,法律思想便失去了自己独立的形象和价值,成为官方御用学术的婢女。在中国古代社会,没有也不可能形成欧洲工业国家的那种职业法学者阶层。法律思想的生产者本身就是传统社会中生活的人群,他们都自觉不自觉地用传统的价值观和方法来审视法律问题并提出见解。这就使法律思想不可能超越传统文化的藩篱。

再次,从法律实践的风格来看。法律思想作为法律实践的表现形式是以实际的立法、司法活动为对象的。因此,立法、司法活动的发展水平从总体上决定着法律思想的发展水平。当然,一定的法律思想也在一定程度上决定着立法、司法活动的发展方向,特别是在社会大变革时代尤为明显。

在中国古代社会,立法、司法活动的价值目标常常是为了维系社会整体利益的。这种社会整体可以表现为家族、贵族、阶级和国家。法律正是在维系整体利益的大前提之下来塑造个人的义务。当家族首长、国王、皇帝成为家族和国家利益的代表者时,法律自然要求社会绝大多数成员承担一系列义务,并把这些义务道德伦理化。因此,社会的统治集团一方面运用法律的强制性,同时更多地是运用宽惠的仁政和道德教化来实现其政治目标。于是,立法、司法成为国家施政的一个帮手,一个失去独立品格的配角。朝廷不急于亦不便于把一切行为规范尽可能地加工上升为法律规范,因为大量的风俗习惯礼仪早已悄悄地拱卫着天子的权威。在司法活动中,地方行政首长与其说是充当法官的职能,毋宁说是担任着社会教师和平民父母的职能。在法无明文规定或虽有条文却有悖情理之际,法官便毫不犹豫地援引天理人情来拯救、修补法条,而天理人情就在儒家的子曰诗云里面,他们在十年寒窗之际就已谙熟于心了。一个有学问的大儒常常不屑于背诵法律条文,且更藐视只谙条文不明法理的俗吏。他们在疑难案件面前表现得沉着自信,他们的判决书写得既有鲜明的个性又有深厚的理性,既不悖乖国法又符合人情,足以为后人参照援引。面对亲戚之间的争财争地之讼,他们就摇身变为教师,屈尊于农舍,对他们当面诵读《孝经》,晓以大义,最终使他们幡然醒悟,抱头痛哭,从而实践着孔子"听讼吾犹人也,必也使无讼乎"(《论语·颜渊》)的教诲。

在立法、司法实践中,一方面,传统的风俗习惯(礼)被加工上升为法律条文,显示着凛然不可犯的权威;另一方面,大量的传统风俗习惯(礼)仍保存在社会生活中,等待法官们去寻找和发掘。事实上法官们在读书时早已完成了寻找和发掘的工作,因为儒家经典不仅仅是敲门砖,学子们在举起这些砖头时早已把它们的精神牢记心中了。

以上从法律思想的品质、思想者(思维主体)的品格、法律实践的风格来看,中国法律思想是深深地植根于中国传统文化的一个学科。该学科的一切内容和特征,都能从它的母体——中国传统文化那里找到它的原型。

(三)一个在深层次影响人们法律思维的法学学科

党的十一届三中全会以后的数十余年间,我国法制建设取得前所未有的大发展。经过立法机关的持续工作,我国社会生活的重要领域基本上都有了相应的法律制度。可以说是"诸产得宜,皆有法式。"(《史记·秦始皇本纪》载泰山刻石铭文)与此同时,法学教育和研究也取得了长足的发展。一批批政法院系的毕业生奔赴国家的各条战线,一批批年轻学者加入教学科研队伍,一个个新的法学学科相继问世。今天的法学学科体系已蔚为大观。

一般来说,对于一个未曾系统研习过法学的人而言,所有法学学科,不论是法学理论、宪法学,还是刑法、民法、行政法学;是刑事诉讼、民事诉讼、行政诉讼法学,还是国际法学、比较法学等等,都是一门门新的学问。学完了这些课程如果长期不去运用,也许就会还给老师了。但是中国法律思想史不同,这表现在:首先,作为一门知识,虽然你没有系统接触过它,但是,由于此前已经不知不觉地接受过中国传统文化的影响,因此,对中国法律思想史并不感觉陌生;其次,虽然学习了中国法律思想史,除非你接着当了中国法律思想史的教师,那么你无法找到一个学以致用的工作岗位或职业，但是，作为一门知识，尽管你没有直接运用它，只要你生活在中国，哪怕是美国的唐人街，或欧洲的中国城，你都会从周围人们的言行中时时感受到它的存在，并且自觉不自觉地照着它的精神去待人处事。何以至此？因为中国法律思想史是一门在深层次影响着人们思维意识的法学学科。

在国家立法、司法活动中，中国法律思想史的影响和表现可以信手拈来。在立法领域，法律统一是一个最重要的原则。该原则最早可以追溯到孔子主张的“天下有道，礼乐征伐自天子出”（《论语·季氏》）；墨家的“一同天下之义”，“上同于天子”（《墨子·尚同上》）；法家的“君臣上下贵贱皆从法”（《管子·任法》）。法家更强调：“法莫如一而固”（《韩非子·解老》），反对朝令夕改。更不必说西汉董仲舒的“大一统”说。在古代贤哲看来，立法权源于国家的最高权力，是不允许被分割的，即“国之利器不可以假人。”（《老子》第三十六章）。法律公示也是立法的一项传统政策，西周春秋的法条定期颁布在王宫门前一对高立的建筑物象魏上面，还要让老百姓去看（《周礼·天官冢宰·大宰》）。法家强调法令必须“布之于百姓”，以“使万民皆知所避就”，“吏不敢以非法遇民，民不敢犯法以干法官”。法令要“明白易知”，不要使用“微妙之言”（《商君书·定分》）。因时立法也是一条重要的原则，法家主张“苟可以强国，不法其故；苟可以利民，不循其礼”，“当时而立法，因事而制礼。礼法以时而定，制令各顺其宜。”（《商君书·更法》），“治民无常，唯治为法，法与时转则治，治与世宜则有功。时移而治不易者乱。”（《韩非子·心度》）。古人在面对“礼”时常常宣布“祖宗之法不可变”，而面对具体法律制度时，则坚定地主张因势制宜。有鉴于此，古代法制才得以除旧图新、日臻完善。

在司法领域，执法统一，即同等情况同等处分是一个重要的司法原则。古人宣布：“同罪异罚，非刑也。”（《左传·僖公二十八年》）为实现司法统一，古代思想家提出：首先，要把成文法律制定得十分详细，使法官办起案来如同算加减法一样简洁准确；其次，法官在审判中遇到疑难情况不得擅自主张，要逐级上报，由朝廷决断；再次，完善惩戒制度，使法官不得因收受贿赂而徇私枉法；最后，法顺人情，灵活处断也是司法的一项原则。古人清楚地意识到，成文法律是有缺欠的，即它不可能包揽无余，又不可能随时变更。因此，在法无明文规定的情况下，可以依据国家政策或风俗习惯，比附援引，灵活处断。只有这样才能推动法的发展。但是，在具体操作上要逐级上报，或援引被朝廷认可的判决先例。另外，调解和教育也是司法中的重要政策。古代的法官兼“民之父母”和社会教师。在他们看来人们因财利而争讼，是一件不光彩的事情。因此，在处理诉讼时，法官们总是自觉地充当教师角色，以期使诉讼双方提高觉悟，言归于好。在适用刑罚时，也常常注重教育的功能，对改过自新者网开一面，减免刑罚，更不必说定期的大赦天下了。

有幸涉足法律的人们，不论是立法者、司法者、研究者，还是普通人，都应当知道，我们是在传统中国文化的观念环境中来进行观察和思考的。这种传统的中国文化就包括中国法律思想史成果在内。面对同一个社会问题，我们之所以这样看，而西方人却不这样看，其原因除了我们所处的社会条件之外，还归因于我们的文化传统。中国法律思想史正是一门深深影响着我们的思维方式的学问。

（四）一个在我国法学领域占有一席之地的法学学科

一门法学学科能否在法学学科体系中占有牢固的一席之地，这取决于该学科的实用性，以及它在学科体系中的合理性。法学学科中大部分学科属于具有实用性的学科。政法院系毕业生能够谋到职业,很大程度上取决于他们学过这些课程。但是,此外还有一类课程,它们虽然不能为毕业生找工作提供直接的方便,但他们仍应当研习之,这就是中国法律思想史。

首先,我们的政法院系的课程体系中应有一门法学的“国情”课。中国法律思想史以史学的形式对学子们进行“国情”教育,使学子们意识到中国是世界的一部分,今天只是历史上的一个环节,从而明白自己在国家法制建设中的历史使命。

其次,政法院系的课程体系中应有一门法学“文化”课。中国法律思想史以史学的方式对学子们进行“文化”教育,使他们意识到法制建设必须置于总体文化建设之中,并与之同步发展,才可能循序渐进。

再次,现行课程体系中应有一门法学研究方法课。而中国法律思想史在传授知识的同时,也传授研究学问的方法。这对学生理论研究能力的提高是大有裨益的。

最后,中国法律思想史为学生提供古代刑法、民法、诉讼等方面的知识,这些知识本身就属于刑法、民法、诉讼法的内容之一,对于上述学科的深入研究和工作实践是有帮助的。

上述诸因,使中国法律思想史在法学学科中占有不容忽视的地位,并应当引起教学研究部门的充分注意。在市场经济的大潮之下,人们容易侧重实用而短视,以致演成法学研究和教学的偏颇之举而自以为得计。法学人才的培育不能只注重知识而废弃精神,只注重能力而不及品德,只注重法条而无视民族文化传统。

三、中国古代法律思想的学术特征

正如同婴儿的最初经历在很大程度上影响着他未来的生活道路一样,中国古代文明的早熟性也给它的整个古代历程带来不可逆转的巨大影响。笼罩着整个中国古代社会的自然经济、宗法结构和君主政体等一系列基本特征,无不可以从它的童年生活中找到它的原型。中国文明婴儿的早熟极大地影响着它的体质、营养和思维方式。

(一)宗法意识与自然经济相结合

在中国古代社会,国民意识的晚出正好与古代文明的早熟遥相呼应。国民,即指在国家政治生活中享有一系列权利并承担一定义务的个人;国民意识,即指包括平等、自由、权利观念在内的民主意识。中国古代文明的早熟及其所铸就的既定模式与传统惯力,沉重地压抑着国民意识的萌发与生长,造成中国古代社会国民意识先天不足、后天脆弱的基本特征。

中国古代文明的早熟所带来的第一个直接后果,是使本来应当打破的父系血缘为纽带的宗法家族结构大大膨胀起来。它在国家、政治、法律的外衣下面得到空前的发展,宗法血缘的社会价值与社会职能空前提高,它不仅成为划分统治与被统治阶级的标尺,而且还成了确定统治阶级内部成员权利、义务的尺度。宗法家庭成为社会的基本细胞,家长、族长成为家庭的代表。社会与个人的关系,国家与臣民的关系,实际上不过是君主与家长、族长的关系。家长、族长是全体家族成员的最高领袖,又是国家的无衔的官员。在家长、族长的淫威下,一般家族成员毫无独立的人格和权利,个人的自由、意志、权利统统被淹没在父系家长特权的洪涛之中。在这种社会结构中,民主意识是很难正常萌芽、成长的。

中国古代文明的早熟带来的第二个直接后果,是宗法家族规范直接上升为法律规范。既然家族是社会的基本细胞,那么,家族的安定便成了国家与社会安宁的基本前提。为此,国家不得不赋予家族首长以特殊的法律特权，即半司法权或准司法权，让他们共同维护社会的秩序。这样，法律规范就不能不把维护宗法制度和父系家长特权当作重要使命。这种法律处处浸透着宗法等级精神，任何危及尊卑、上下、长幼之序的行为，都被视为违反国家法律的犯罪行为施以严厉的制裁，“出礼则入于刑”（《后汉书·陈宠传》），家法、族法等于国法。法律以强制的手段惩罚违反宗法等级秩序的“犯上作乱”的行为，自然也就压抑着人们“犯上作乱”的思考。所有损及宗法秩序的思想、学说、观点都被视为异端邪说而大加诛伐。在这种法制结构中，民主意识也是很难萌发、成长的。

为了维护宗法家族的稳定，必须创造并保持一个安定的生存环境，这就是自给自足的自然经济。中国古代的统治者，或用“重义轻利”的道德说教，或用“强本抑末”（《史记·商君列传》）的暴力措施，借以驱使人们安居乐业，“死徙无出乡”（《孟子·滕文公上》）。生于斯，长于斯，死于斯，用自己的身体去消耗掉自己生产的农业、手工业产品，贱视或不敢从事正当的工商活动。古代的统治者，或出于“民农则朴，朴则易用”（《吕氏春秋·上农》）的考虑；或出于对工商大贾独揽财富的忌妒，他们宁可由国家垄断工商活动，也决不容许民间工商活动自由发展。在自然经济的条件下，由于分工单一，生产过程一样，产品也一样；又由于农业生产与手工业生产密切结合，因此，交换成为可有可无的东西。人们生活在彼此几乎隔绝的村落中，没有交换似乎也能够世世代代地生存下去。没有商品观念、交换观念，便不会产生平等观念。在这种经济结构中，平等、民主意识是很难正常萌发、成长的。

（二）宗法意识与皇权意识相结合

宗法家族制度这一客观存在在意识形态领域的反映，就是宗法意识。由于国民意识的薄弱，使中国古代社会的意识形态领域成为宗法观念一统天下的局面。宗法意识与宗法家族制度一齐制约着人们的行动与思考，严重束缚着生产力和商品经济的发展，压抑着人们的私有观念、平等观念、权利观念、交换观念、价值观念的正常发展。古代社会的统治者用宗法道德观念对人民进行灌输和教化，他们把人生的第一要义概括为“人之所以为人”，即是完成宗法伦理意义上的“人”的过程（《孟子·离娄下》及《荀子·非相》），把臣民驯化成“入则孝悌，出则忠敬”，冻死不造反，饿死不犯上，“可生可杀不可使为乱”（《春秋繁露·为人者天》）的忠臣顺民。宗法意识扭曲了宗教观念的形象，并把宗教宗法化。通过宗法的透镜，宗教世界原有的在神面前人人平等的精神荡然无存。在中国古代，神权是为皇权服务的。在神与鬼的二元神理论中，帝王已经被半神化，所以用不着再在皇权之上构筑一个凌驾一切的教权。因而中国古代的任何政治革命都没有采取宗教革命的形式。正如同宗法家族是皇权的基础一样，宗法意识也成为皇权意识的支柱。在整个古代社会，皇权庇护家族，而家族也拱卫皇权。皇帝的权威与家长、族长的权威同样是不得违逆的，只不过其权力范围有别而已。总之，宗法意识渗透一切、支配一切，左右着社会生活的各个方面。在这种思想结构中，民主意识是很难正常萌芽、成长的。

（三）国民意识的晚出

中国古代社会所固有的宗法组织、自然经济、皇权政治三位一体的文化背景与土壤，是国民意识薄弱与晚出的基本原因。中国传统文化为国民意识和民主思想预先准备了一块不毛的盐碱地。由于商品经济和市民阶层的软弱性，民主思想找不到一块经济和阶级的坚实阵地。农民不是新的生产力和生产关系的代表,农民战争的真实价值在于或多或少地松动一下王朝的统治机器,在客观上造成多少有利于商品经济发展的社会政治条件。农民阶级与地主阶级一起构成了古代社会关系的基础,农民的诸如皇权主义、平均主义等思想,究其实仍属于古代正统思想范畴。因此,农民起义的失败与成功,均不能改变古代政治制度的本质。中国历史上虽不乏与正统制度、思想"对着干"的异端思想家和启蒙者,但是,他们的带有民主主义光芒的思想,在漫漫长夜一闪即逝。这些思想被写在纸卷上,藏在山洞里,以逃避王朝法制的摧残。这是一些苦闷而孤独的"先觉"者,人民群众并不理解他们,顶多不过对他们的怀才不遇投以同情的目光。因此,带有民主色彩的思想根本不可能社会化——批判的武器因找不到战斗之士而沉默、锈蚀。

我们相信,在古代社会后期,随着商品经济的缓慢发展,资产阶级民主思想也会逐渐成熟,中国必然会经历资产阶级大革命的战斗洗礼。但是,人类社会的发展规律没有特别照顾中国古代社会的特殊性。资本主义生产关系伴随着商品、资本输入和掠夺战争而走遍全世界。正是在这种外界刺激下,中国的商品经济发展才获得了前所未有的加速度,中国的思想学术界才出现了前所未有的新气象。资本主义世界给中国带来苦难和屈辱,但也带来了蒸汽车、发电机和系统的民主制度、民主思想。这些东西都是中国本无的"舶来品"。但是,由于中国传统文化的惯性,使传入中国的资产阶级思想、制度不得不披上中国传统的外衣,康有为的《孔子改制考》、《新学伪经考》、《大同书》便是借古人的服装演出新的剧目。中国传统文化固有的科学民主性精华只有在新的思想体系中才能够重放光明。善于独立思考的中国人,他们并没有盲目崇拜和照搬外国的东西,而是努力辨别选择,并同中国具体国情相结合,完成国外先进思想与制度的"中国化"。这样一来,便宣告了中国古代社会的终结和新时代的开始。

第三节 中国古代法律思想史的学术概念和命题

中国法律思想史之所以成为独立的法学分支,是因为它具有相对独立的研究对象和学术范畴。这些研究对象和学术范畴具有相对稳定性和历史延续性,为我们展现出古代法律实践活动的一个重要的侧面。法律实践活动是人类有意识的实践活动,而且法律实践本身就包含法律思维,因此,我们应当从广义的角度来看待法律思想。

从宏观角度来看,中国法律思想史是以中国历史上各种法律理论和观点为研究对象的一门法学分支学科。它包括这些理论观点的内容、本质、特点,以及各种法律理论观点形成、发展、演变、相互对立、相互影响、相互吸收等问题。此外,它还包括立法、司法实践中重大理论问题或一般的具体见解、意见。由中国法律思想史和中国法律制度史构成的中国法史,和中国政治思想史、中国哲学史等学科既有区别,又有某种联系。

从微观角度来看,中国法律思想史的基本素材可以表现一系列约定俗成的具有特定内涵的观点、主张。这些观点、主张可以源于古人的论述、总结,也可以产生于今人的命名、概括。比如,从理论层面上看,它们包括法的概念、法的语言文字表述、法的起源、法的表现形式、法的社会功用、法与人性、法与人的作用、法与最高统治者、法与社会集团、法与物质生活、法与道德、法与治国方略、法的制定、法的体系、法律规范的表现形式、法的实施、法的适用，等等。从实践层面上看，它们包括立法艺术、司法艺术、法律解释和法律规范的编纂艺术、法的部门划分，如今天的刑法、民法、行政法和程序法等各个领域里的一系列具体的意见、主张、经验，包括对典型性人物、行为、典型制度、事件或案件的评价，等等。这些都应当属于法律思想史学科关注和研究的内容。

在古代法律思想的漫长发展过程中，在人们关于法律活动的评价与思索中，蕴含着一些带有实质性差别和决定性意义的矛盾。这些矛盾或隐或现、或弱或强、或明或暗地构成了中国古代法律思想发展的直接动力，并表现为中国法律思想历史发展的主要线索。只有把握这些主要线索，才能客观描述古代法律思想的发展过程并探索其规律性。

一、礼、礼制、礼治

“礼”源于古代战争和日常生活。“国之大事，在祀与戎”（《左传·成公十三年》），祭祀和战争是古代最重要的事情。这从远古的“礼”字亦可略见一斑。我国考古工作者在新石器时代的陶器上面，发现了最早的“礼”字，写作“”。该字形由一个礼器及多个“○”组成。“○”即玉琮，是射箭时戴在手指上的辅助工具。甲骨文的“礼”写作“”。即“豊”字。该字形由一个礼器“豆”及两个“丰”组成。“丰”表示三块被穿起来的玉，这块玉也是玉琮。“礼”还有一个古字形“”。该字形由“而”和“丨”组成。“而”是古人额头带头皮的头发，“丨”是贯穿头皮的绳索。因为古人有八岁时文额的习俗，故在战争中将文额的头皮割下来以领赏。可以推测，“礼”是古代祭祀活动的产物，而最重要的祭祀莫过于战争祭祀。在祭祀过程中，通过对祖先神膜拜而获得启示，从而产生誓词和军令，战争过后还有奉献之礼和论功行赏。于是作为行为规范的礼就这样产生了。

除了战争之外，“礼”还与风俗禁忌密切相关。许多古老民族都实行文身。《礼记·王制》：“东方曰夷，被（断）发文身”，“南方曰蛮，雕题（文额）交趾”。古人有男八岁文额、二十岁文胸，女十四岁文乳的习俗，即所谓成童、成人礼。其文化意义是杜绝母与子、父与女、兄弟与姐妹和亲属之间的性行为，以确立合法婚姻关系。这种合法性就是后世的“同姓不婚”。进入文明社会以后，礼被延续下来并被赋予新的内容。

“礼”是我国远古社会形成并一直延续下来的行为规范。“礼”最初的社会规范作用来源于它与宗教、禁忌、道德、理论的不可分割性。礼的最初表现形态是时代相延的风俗习惯，最初的适用范围是具有血缘联系的人群。在进入父系家长制时代以后，礼一方面成为当时唯一的行为规范的统称，另一方面又具有维护父系家长特权的色彩。当时，个人的价值融合在氏族集体之中，氏族是社会人群进行生产生活的基本单位。氏族既有自己的特殊利益，又要同周围氏族发生必然的联系。在进入文明阶段之际，当时的社会行为规范是氏族内部实行的以家长、氏族首长特权为后盾的宗法规范，这种规范后来演化成“礼”或“礼制”，其重要特征是强调行为规范的神圣性、氏族成员权利义务的统一性和人们血缘身份的先天差异性。

夏、商、西周既是三个朝代，又是以三个宗法部族实体为中心建立的三个政权。这种政权的确立实质上是完成了宗法家族的政治化。于是，以宗法行为规范为内容的“礼”便膨胀起来，进入政治生活领域，即所谓“夏礼”、“殷礼”、“周礼”。

史称周公“制礼作乐”,使“周礼”成为国家的基本制度。“周礼”的内容十分广阔,涵盖国家制度和风俗习惯的各个方面。“周礼”在政治领域表现为分土封侯、世卿士禄的宗法贵族政体,在社会生活领域表现为以维护父系家族秩序为核心的道德伦理规范。

先秦儒家主张“礼治”,即坚持宗法贵族政体和父系家族秩序,通过政治改良和教化的措施,继续维持旧秩序。西汉以后,“礼治”思想发生萎缩,因为当时的儒家放弃宗法贵族政体,转而支持集权君主政体。但是,仍然坚持父系家族的道德伦理观念。西汉以后,国家法律开始逐渐吸收父系家族的道德伦理规范,使古代法律不断“礼制”化、“儒家化。”

二、德、德政、德治

“德”的观念源于战争和对战败者的统治方法。甲骨文有“德”字,写作“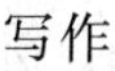”。该字由“彳”和“臣”组成。“彳”是“行”字的半边,表示城邑和街道。“臣”是战争俘虏。该字表示外出打仗获胜,押解俘虏归来,准备论功行赏。正是“行有所得”之意。西周金文的“德”字增加了一个“心”符,即“”。“心”符的增加,改变了殷商之“德”的内涵,与西周初期“以德配天”、“明德慎罚”、“怀保小民”的思想相呼应。“得”与“失”是相对应的,如果多少改善被统治者的生存条件,使他们安居乐业而不逃亡,不也是“得”吗?

先秦儒家继承了西周“德”的思想,并加以完善成为“为政以德”的“德政”或“德治”思想。其主要论点是,统治者首先要认识到统治者与被统治者之间相互依存、互相转化的关系,要实行自我约制,减少对人民的压迫和盘剥,逐步改善人民的生活状况,以获得人民的感恩戴德,自愿服从统治者的统治。在此基础上,再对人民进行教化,教化的内容是宗法道德规范。人民一旦在头脑里树立忠孝观念,就会自我约束,不会去犯上作乱。于是,刑罚就可以“措而不用”(放在那里不去使用)。当然,对个别不服从教化反抗统治政权的人,还是要运用刑罚,但治理国家主要还是靠德政。这就是“富而后教”的“德治”主张。“德治”思想的推行靠一系列政策及“德政”。“德政”是“以德服人”而不是“以力服人”。

西汉的循吏开始实践儒家的“德治”主张。西汉初期的官吏由两部分组成:一是法家式的官僚及其子弟,二是学习了儒家经典而被选拔入仕的知识分子。前者施政时仍然采取法家的学说,严刑酷罚,打击盗贼和豪强势力,被称为“酷吏”;后者施政时则采取儒家的学说,兴修水利,发展生产,开辟学校,施行教化,实现社会的安定和发展,被称为“循吏。”

汉武帝时“罢抑百家,表彰六经,”形成以儒家思想为主、以法家思想为辅的封建正统法律思想。在德刑关系上,则形成以德政为主,以刑罚为辅的理论。这一理论又被董仲舒的阴阳五行说神秘化,形成阳主阴辅、德主刑辅、春夏行德秋冬行刑的理论。这一理论对整个封建时代的政治法律实践活动产生极大影响。

三、法、法制、法治

据《尚书·吕刑》记载,在传说的黄帝、蚩尤时代就产生了“法”。是蚩尤“作五虐之刑曰灋”。甲骨文虽然没有发现“法”字,但是,殷商末年的《作册般铜鼋铭》中出现了“法”字,写作“”。在西周礼器铭文中“法”字多见,写作“”,多了一个“去”字。《说文解字》说:“灋者刑也,平之如水,从水,廌所以触不直者去之,从廌从去”;“去,人相违也”。据此,“灋”字中的“廌”很可能是世代执掌司法审判的氏族的独角兽图腾。因此,可以推测,“灋”与司法活动

有关,并凝结了先民对法这一社会现象的见解。

在部落联盟时代,私有制、奴役制和社会管理机构的萌芽出现,过去的风俗习惯已经不完全适用了。为了维护新的生活秩序,部落联盟开始制定适用于没有血缘联系的各个部落的新规范,在适用范围上超越了氏族之礼。这种“灋”的特征有三:一是创新性,它是由部落联盟机构在古老习俗不便适用的情况下,根据现实需要并经过一定程序制定的;二是公平性,即部落联盟范围内的各个氏族、部落的权利、义务是平等的;三是强制性,对违犯公共生活秩序的行为要予以严厉制裁。这种行为规范在进入文明时代后就成为国家制定和保障实行的“法”。

在先秦文献中,“法”的概念有时与国家基本制度相接近,如“周文王之法”;有时“法”也可以代表莫一项法律规范,如“夷蒐之法”。

春秋战国,一批土地私有者登上政治舞台,他们的政治代表就是法家。法家的口号是“以法治国”的“法治”。法家的“法”有时表示整个国家制度,即“法制”,法律制度;亦即“变法”之“法”。法家之“法”除了带有与刑罚相联系的暴力特征之外,还带有原始氏族平等的某些精神元素。他们主张“公法”观,认为凭借后天努力而获得权利、财产、地位是最公正的,而恃仗出身血统来作威作福则是毫无道理的。法家认为人都是自私自利的,自古及今无一例外,法律的作用就是“定分”,即维护私有财产权,不许他人任意侵夺。他们提倡公平交易,按质论价,认为君臣之间也是一种交易关系,“君垂爵禄以与臣市,臣出死力以与君市”。他们要求“法不阿贵”、“刑无等级”、“刑过不避大臣,赏善不遗匹夫”。他们的“法”实际上与私有、交换、平等等观念挂上钩,这可以说是中国古代国民意识的一次苏醒。

法家主张的“法治”不同于近代西方与民主政体相联系的“法治”。法家“法治”的内涵是在集权君主制度之下实行“以法治国”。在“法治”的领域里,“法”的确切含义是“成文法”。法家主张用妇孺皆知的文字来制定成文法并加以公布、广为宣传。这样做的好处是使人民知晓法律并预先避就,还可以杜绝官吏欺负百姓:“以非法遇民”。

“法治”是先秦法家法律思想的核心。法家“法治”的价值观是超血缘的、多民族的、统一的、个人与国家共富共强的国家主义。

法家主张的“尊君”还不是亚里士多德所谓“法治应当优于一人之治”的“一人之治”。〔4〕也不是孟德斯鸠所谓“夫专制者,以一人而具无限之权力,惟所欲为,莫与忤者也。”〔5〕法家把君主无视法律规矩为所欲为的行为称作“以私害法”的“身治”和“心治”,并明确加以反对。

“法治”也是个外来语,但作为一种治理国家的基本方法,可与法家的“法治”并行而不悖。西方近代的“法治”与先秦法家的“法治”各有自己的特征。“法治”作为一种治理国家和管理社会的方法,本来就与所谓价值观没有必然的逻辑关系。诚如梁启超说:“名之曰法治之精神,不问为专制国立宪国,其为用举无以异也,而首揭此精神,薪尽火传以迄于今者,则管子也”;“故不问为立宪为专制,苟名之曰国家者,皆舍法治精神无以维持之,盖为此也。”〔6〕丘汉平则提出“法治”的共同标准:“凡以法律为社会国家之唯一准则者,不论其准则是否为正

〔4〕［古希腊］亚里士多德:《政治学》,吴寿彭译,商务印书馆1965年版,第167页。

〔5〕［法］孟德斯鸠:《法意》,严复译,商务印书馆1981年版,第24页。

〔6〕梁启超:《梁启超论诸子百家》,商务印书馆2012年版,第48、49页。

义、公平、合理,皆曰法治。”〔7〕如果非要用西方“法治”的特征——比如与民主政体相联系——为唯一标准来衡量评判先秦法家的“法治”的话,就好像宣布西服是服装的唯一标准,那么,中国的长袍马褂又如何登得大雅之堂!

四、刑、刑罚、刑政、律

“刑”也许像“礼”一样古老。“刑”是个多意字,与“形”、“型”、“铏”等字同义。在甲骨文中,“刑”写作“丼”。“型”即模型、模范,本是铸造金属器具的磨具,故兼含“法”的意义。但在更多场合“刑”指“刑法”、“刑罚”。“刑法”和“政令”合起来称为“刑政”。

在甲骨文中还有一个引起争论的字“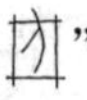”,表示“人”在“井”中。对此字之义学术界有“死”、“囚”、“葬”、“蕴”等诠释。其实,该字形很可能代表文身。东夷民族最早发明了文身。文身的工具有“辛”(刀具)和“校”。“辛”是文身的刀具,“校”是囚具,即“井”,是用来固定被文身者肢体的器械。如《周易》有:“何校灭耳”,“履校灭趾”,“噬肤灭鼻”,“其人天(文额)且劓”。陆德明释“天”为“剠”,马融释为“剠凿其额”。“剠”与“黥”意同。文身有“文额”、“文乳”、“文胸”诸种。后来,有文身习俗的东夷人被打败了,文身便成了战败者即俘虏的标识,也成为奴隶身份的标志。其中的“文额”就变成后来的“黥”刑。可见,刑罚的刑是从文身演变过来的。当然,刑罚的产生可能与战争有关,即对违背军令者、逃跑者施以惩罚的手段。

夏商周多以“刑”名。因为“刑”与“型”(模范、模型)同义,故“刑”兼而含有“刑罚”和“法”的双重意义。“刑”曾经和“法”一样表示国家制度。如“禹刑”、“汤刑”、“九刑”。直到春秋时仍然如此,如“刑鼎”、“刑书”、“刑器”。但在很多场合,“刑”、“刑政”都表示以国家强制力为后盾的刑法或刑罚。

如《左传》叔向谓“昏墨贼杀,皋陶之刑也。”春秋亦兼以“法”名,如“周文王之法”。及至战国,法家尚法,其“法”被赋予新意,使“法”与“公义”、“公法”、“公民”、“公利”、“公道”相联系。从而使“法”具有了《说文解字》所谓“平之如水”的社会含义。战国时代的“法”显然已经不是刑罚的概念所能涵盖的。因此,从理论层次而言,法家的“法治”无法等同与“罚治”。那种视法家之“法治”为“罚治”并进而否定法家“法治”的意见,也值得重新思考。

甲骨文中有“师惟律用”,《周易·师》有“师出以律”。“律”在甲骨文中写作“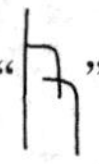”。其形以“又”(手)持“丨”,即以手持鼓槌,表示击鼓、击鼓者,引申为战鼓之音节频率,正是最早的军纪军令。〔8〕皋陶是东夷民族的领袖和著名法官,史称“皋陶作律”。而战鼓的名字就叫“皋陶”(《周礼·冬官·考工记》)。直到春秋时代,有诗歌还称赞他:“淑问如皋陶,在泮献囚。”(《诗经·鲁颂·泮水》)这正是战争之后论功行赏的情景。商鞅携李悝《法经》入秦,主持变法,“改法为律。”故《法经》六篇改以律名。据《睡虎地秦墓竹简》所记,秦律有30种。秦汉以后,律成为历朝刑法典的通称。

---

〔7〕 丘汉平:《法学通论》,载程波点校:《法意发凡——清末民国法理学著述九种》,清华大学出版社2013年版,第472页。初版于1933年。

〔8〕 武树臣:《寻找最初的律——对古律字形成过程的法文化考察》,载《法学杂志》2010年第3期。

五、人治、心治、身治

“人治”思想强调作为统治阶级的“人”即领袖人物在政治和法律活动中的决定性作用，即所谓“为政在人，其人存则其政举，其人亡则其政息”。在春秋战国，“人治”思想是西周春秋宗法贵族政体的产物。在贵族政体下，诸侯国或领地治理的好坏，在很大程度上取决于贵族领袖的个人品质、能力和道德感召力。因此，“人治”就是“贤人政治”，强调必须由圣君贤臣来治理国家。当然，这种主张带有相对轻视法律作用的色彩。“法治”则是君主集权政体和“成文法”的产物，它强调“法”在政治和法律活动中的作用，即“缘法而治”。当宗法贵族同新兴地主阶级处于尖锐对立的时代，“人治”与“法治”也必然处于全面对立状态。这种全面对立包括政体、统治方法、法律与道德评判、法律样式，以及具体法律制度的对立。

先秦法家否定“人治”而主张“法治”。法家认为“圣贤”人物数百年才出现一次。而且“人”具有个人的好恶及各种局限性，君主如果抛弃法律而以个人好恶来治理国家，就成了“心治”、“身治”，是不能治理好国家的。学术界常常把君主为所欲为说成是“人治”，属于概念含混。因为“人治”就是“贤人政治”，而“贤人政治”本身就排斥了君主无视法律为所欲为的可能性。

西汉以后，在国家政体意义上的“人治”与“法治”的对立已经退出历史舞台。此后，“人治”与“法治”的对立，仅限于司法领域。即在司法活动中，是作为统治阶级的“人”居于第一位，还是作为“法”居于第一位，这是法律思想也是法哲学的重要问题。“人治”思想强调“人”的决定性作用，故强调判例的价值；“法治”思想则强调“法”的决定性作用，故强调成文法的价值。唐代以后，逐渐形成“人”“法”和治、律例兼重的思想。以往“人治”与“法治”的对立即告结束。

六、仁、仁义、仁政

“仁”不仅是中国法律思想史而且也是中国传统文化中涉及价值观最重要的观念。甲骨文里面不仅出现了“仁”字，而且还有许多“仁”的原形字。如由左右两个侧卧之人组成的“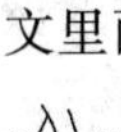”，被学者确定为“化”字。由上下两个仰卧之人组成的“”，被学者确定为“乘”字。这两个字很可能是“仁”字的原型字。这两个“仁”的原形字反映了东夷民族抵足而眠的风俗习惯，即《礼记·王制》所谓“雕题交趾”的“交趾”，《山海经·海外南经》所记“交胫国”的“交胫”，和《淮南子·地形》“交股民”的“交股”。从这种风俗当中逐渐衍生出男女之间、父母与子女之间、兄弟姐妹之间的互爱亲情。故后世所谓“仁爱亲也”，“仁者爱人”。在远古的氏族社会，实行严格的族外婚，于是才产生文身习俗，通过文额、文乳、文胸来区别人们的血缘关系，以杜绝父与女、母与子、兄弟与姐妹之间和同血缘亲属之间的性行为。这种观念即后世的“同姓不婚”。可见，在远古社会，互相关心的友爱之情与严格的礼仪风俗一开始就是携手同行的。

古人通过族外婚不断扩大生活的空间，“仁”的观念也不断成熟。到了春秋时代，孔子一方面继承、修正西周的礼乐制度，一方面发掘东夷殷商的“仁”。在道德领域，孔子不仅把“仁”提升为兼容所有道德伦理的集中体，是最高道德，即“仁义”；同时进一步扩大了“仁”的适用范围——从亲人群体到陌生人群体，这就是孔子既讲“孝慈”又讲“忠恕”的原因。孔子的"忠恕"之道是孔子思想中最光辉的地方。所谓"忠恕"之道即"己欲立而立人,己欲达而达人","己所不欲,勿施于人"。这种意识已经超越了狭小的血缘纽带。孟子继承了孔子关于"仁"的思想,并把它发展成为"仁政"学说。所谓"仁政"即统治者施仁于民,"仁政必自经界始",从经济领域即土地入手来解决人民的生活问题。可见,儒家的"仁政"和"德治"思想是相通的。

七、封建、专制、共治

"封建"指西周初期"封疆土建诸侯",即建立以血缘纽带为标志、以分封制世卿士禄制为基础的宗法贵族政体。及至春秋,这种贵族制度一直占据主导地位。春秋后期在一些诸侯国产生了局部的郡县设置。秦自商鞅变法以后,领土不断扩大,郡县制也不断发展。但是,作为国家政体的官僚制还没有上升到国家政体层面。此间,《吕氏春秋》的作者曾经建议恢复封建制:"观于上世,其封建众者,其福长,其名彰","权轻重,审大小,多建封,所以便其势也。"(《吕氏春秋·慎势》)这一建议可谓逆历史而行。公元前221年,秦王嬴政亲政25年之后,终于统一六国,建立了统一的秦帝国,秦王嬴政成为第一任皇帝——秦始皇。秦帝国成立之后遇到的一个问题就是政体问题,即采用什么样的政权形式来统治这个泱泱大国。是采用分封制,还是采用郡县制。对此,曾经有过一次争议。《史记·秦始皇本纪》载,"丞相绾等言:'诸侯初破,燕齐荆地远,不为置王,毋以填(镇)之。请立诸子,唯上幸许。'始皇下其议于群臣,群臣皆以为便。廷尉李斯议曰:'周文武所封弟子同姓甚众,然后属疏远,相攻击如寇仇,诸侯更相诛伐,周天子弗能禁止。今海内赖陛下神灵一统,皆为郡县,诸子功臣以公赋税重赏赐之,甚足易制。天下无异意,则安宁之术也。置诸侯不便。'始皇曰:'天下共苦战斗不休,以有侯王。赖宗庙,天下初定,又复立国,是树兵也,而求其宁息,岂不难哉!廷尉议是。'"紧接着分天下为36郡,郡设都、尉、监,"一法度衡石丈尺,车同轨,书同文字"。秦始皇显然接受了晋人所总结的历史教训——"唯有诸侯,故扰扰焉,凡诸侯,难之本也!"(《国语·晋语六》)

图01 秦始皇

古代学者习惯于把集权君主制称为郡县制。唐朝柳宗元著《封建论》,总结郡县制的历史合理性。其文曰:"封建非圣人意也,势也","秦有天下,裂都会而为之郡邑,废侯卫而为之守宰……此其所以为得也。"至秦末,天下大乱,"时则有叛人而无叛吏"。"汉有天下,矫秦之枉,循周之制",设立王国,发生诸国叛乱,"时则有叛国而无叛郡"。可见,"秦制之得",在于郡县,秦之失"在于政,不在于制"。[9] 柳宗元以为秦失于施政,而非郡县制,并认为郡县制适应时代要求而产生,并非源于个人意志,这些看法可谓真知灼见。自秦朝直至明清,我国古代政体都是集权君主政体而非"封建"政体。

在古代文献中,"专制"指大臣专断。如《韩非子·亡徵》:"出军命将太重,边地任守太

〔9〕(唐)柳宗元:《柳河东全集》,中国书店1991年版,第32、33页。

尊，专制擅命，径为而无所者，可亡也。"《战国策·赵策二》："先王之时，奉阳君相，专权擅势，蔽晦先王，独制官事。"《史记·穰侯传》："范雎言宣太后专政，穰侯擅权于诸侯。"又"专制"与"专政"义近，故有"封建专制"说。如认为"春秋时期列国均实行贵族专制制度"，"春秋时期列国的政体既不是君主个人独裁的专制政体，也不是贵族共和政体，而是以君主为主的贵族专制政体。"[10]

近代以后，西方政治学术语经日本传入中国，始有"东方专制主义"的"专制"一词。"专制"之义或与亚里士多德所谓"法治应当优于一人之治"的"一人之治"[11]以及孟德斯鸠所谓"夫专制者，以一人而具无限之权力，惟所欲为，莫与忤者也"[12]的概念有渊源关系。在另一版本，孟德斯鸠的话被译为"在专制政体中，除主子或暴君的意志外，没有其他法律。"[13]

"专制"不仅与"东方主义"紧密相连，而且成为"东方主义"的本质特征。络德睦说："孟德斯鸠、黑格尔、马克思和韦伯皆为古典欧洲东方主义者，他们的著作在实质意义上确认了西方文明和法律的优越性"；"东方主义者的意涵并不难以理解：中国是一个反面典型，代表了所有我们不愿成为，抑或不承认成为的对象"；"其中，最有才华的实践者之一是孟德斯鸠，或许较之其他任何人，他更多地将'专制'与'法律'对照起来，并进而将前者放逐到东方（这并不是说，在他之前不存在希腊与罗马的先辈同样将专制与东方联系在一起）。在《论法的精神》这本18世纪最为重要的政治理论著作之一中，孟德斯鸠在全球的层面上详尽阐释了一种比较专制理论。他将君主制与共和国同欧洲勾连起来（前者为所有政体中最可欲的一种），而将专制主义作为一种非洲、美洲与亚洲与生俱来的治理形式。君主制与专制政体在形式上是相似的，因为它们皆由单独一人统治，然而在君主制中，一种荣誉的精神确保了经由法律的统治，而专制政体皆纯粹通过恐惧来进行统治。尽管专制政体是欧洲之外的一种普遍的统治形式，但孟德斯鸠却将其天然家园定位在亚洲，中国便被其作为亚洲的其中一个原型。"[14]可见"专制"一词是西方学者研究西方政治沿革史使用的术语，不是详细研究中国政治史之后得出的结论。最重要的是，西方学者为了论证西方文明的优越性，必然需要"反面典型"来加以衬托。因此，以"专制"一词为中国古代政体定性是否合适，其本身就值得重新研究。不仅如此，学术界那种把君主"专制"说成是"人治"的观点，也应当重新思考。因为儒家的"人治"即"贤人政治"，本身就与所谓"专制"风马牛不相及。

从法家的法律思想来看，法家主张的政体还不是那种君主可以"为所欲为"的"一人之治"。法家无疑以建立和维护集权君主政体为首要目标，同时，法家还要求君主守法，以实行君臣共治。其实，坚持君臣共治的共和精神是法家在变革的时代注意继承古代文化传统的一个证明，正如同法家在注意国家政治秩序的同时也注意父系家庭秩序一样。可以说君臣共治是法家和儒家的共同理想。

中国古代的政体既非民主政体，亦非寡头暴君政体，而是中国式"君臣共治"的"共和"政体。这一政体经历了殷商君权与神权的共和、西周春秋天子与诸侯的共和、秦至清末皇族与官僚群体的共和，还有朝廷特别是地方官府与民间俊秀（乡绅群体）的共和。中国古代的共

---

〔10〕 徐鸿修：《春秋时代执政正卿的选拔》，载《文史哲》1994年第6期。

〔11〕 ［古希腊］亚里士多德：《政治学》，吴寿彭译，商务印书馆1965年版，第167页。

〔12〕 ［法］孟德斯鸠：《法意》，严复译，商务印书馆1981年版，第24页。

〔13〕 ［法］孟德斯鸠：《论法的精神》（上），许明龙译，商务印书馆2012年版，第29页。

〔14〕 ［美］络德睦：《法律东方主义——中国、美国与现代法》，魏磊杰译，中国政法大学出版社2016年版，第16、44页。

和思想起源于先秦儒家。先秦儒家大都坚持维护贵族政体,主张限制君主独断专横的权力,要求各级贵族在天子诸侯面前拥有更多发言权。孔子认为,如果一位君主把“唯其言而莫予违”(君主说什么都没有人敢反对)当作君主之乐趣,那必然会“丧邦”(《论语·子路》)。孟子甚至认为“贵戚之卿”的职责是“君有大过则谏,反复之而不听,则易位。”对像纣那样的暴君,人民可以起来推翻他:“贼仁者,谓之贼,贼义者,谓之残,残贼之人,谓之一夫。闻诛一夫纣矣,未闻弑君也。”(《孟子·万章下》、《梁惠王下》)西汉以后,儒法合流,限制君权的思想仍然延续下来。董仲舒的天人合一、天谴灾异之说的深意,就在于制约君权,实现君臣共治。古代共和思想的巅峰之作是明清之际启蒙思想家黄宗羲的“学校议政”说。[15] 按照他的设计,皇帝和大臣定期到太学听取名儒们的意见,接受他们对时政得失的批评谏议,以图改进政治。这种设计或许可以称得上是中国式议会的雏形。如果中国社会从明清之际顺利走上发展商品经济的道路,那么,黄宗羲也许就会成为中国的卢梭。

先秦法家主张一种“法治”之下的“共和”。法家主张君道无为,臣道有为,如《管子·任法》:“夫生法者君也,守法者臣也”;《慎子·民杂》:“君臣之道,臣事事而君无事”;《申子·大体》:“君如身,臣如手”,“君设其本,臣操其末,君治其要,臣行其详,君操其柄,臣事其常。”能够把君主与群臣联系起来的桥梁就是“垂法而治”、“缘法而治”的“法治”。法家虽然“尊君”但同时也要求君主守法。如《管子·任法》:“君臣上下贵贱皆从法,此谓为大治”,《法法》:“令尊于君”,《任法》:“圣君任法而不任智,任数而不任说,任公而不任私。”《商君书·君臣》:“明主慎法制,言不中法者,不听也;行不中法者,不高也;事不中法者,不为也。”但是,不论是儒家还是法家,他们都没有也不可能从制度设计上——比如近代议会制度——来制约君主的权力以实现真正的君臣共治。

但是,不论儒家还是法家,他们既没有直接论述“君臣共治”政体的科学构建问题,也没有从制度设计入手来达到有效限制君权的目的。他们主张限制君权的良好愿望,最终成了一种祈祷,相信“五百年必有王者兴”(《孟子·公孙丑下》),希望圣明君主从天而降。而法家则把君主设计为一个既非圣贤又不残暴的统治者,靠以法治国则是唾手可得的事情。纵观中国古代史,可以看到,大凡共和精神贯彻得比较好的朝代或时期,社会就比较安定繁荣;大凡共和精神被破坏甚至走向寡头统治的时期,社会就呈现停滞和纷乱的状态。

八、法律文化、法统、法体

法律文化有两层含义:首先,作为一种文化成果,法律文化是指人类法律实践活动(立法、司法及思维)所取得的成果,包括法律思想、法律规范、法律设施和法律艺术;其次,作为一种研究方法,法律文化是指导人类法律实践活动的价值基础,和人类法律实践活动的宏观样式。前者即法统,如家族本位、国家本位、社会本位、阶级本位、个人本位等;后者即法体,如习惯法、判例法、成文法,以及成文法与判例相结合的混合法。一个民族或国家的法统一经形成就具有极大的独立性,非经巨大社会变革不足以改变。但一个民族或国家的法体却可以相互影响和交融。

中国古代的法统经历了西周春秋的家族本位、战国秦朝的国家本位和西汉至明清的国家与家族本位几个阶段;中国古代的法体则经历了西周春秋的判例法、战国秦朝的成文法和西

---

〔15〕 黄宗羲:《明夷待访录》,载《学校》,中华书局1981年版,第9页。

汉至明清的成文法与判例法相结合的混合法几个阶段。

九、判例法、成文法、混合法、比附援引

“判例法”是一个借用语，中国古代的“判例法”的形式特征是“议事以制”，是指在没有成文法或者成文法条文由于过于笼统不宜于实用的情况下，创制适用判例的一种方法。西周、春秋时期，“判例法”成为法律的主体。应当说明，由于“判例”、“判例法”等术语都是“舶来品”，自有其特定的理论和规律。因此，著者曾经考虑用更为本土化的术语来取代之，比如“先例法”、“故事法”、“议事法”、“断事法”之类，却又感觉言不达义、不伦不类，故不得已而仍其旧。我们使用“判例法”一词，不等于认为中国古代曾经有过英国那样的“判例法”，就如同我们讨论战国法家的“法治”时，并不等于宣布中国古代曾经有过近代欧洲资产阶级那样的与民主政体相联系的“法治”一样。中国式“判例法”的工作程序是“议事以制”，即选择一个既有的先例，从中概括出某种原则，然后适用于正在审理的案件。中国式“判例法”有以下特点：第一，在世卿世禄的宗法贵族政体下，法官之职是世袭的，因此，后世法官遵循其父兄的判决先例，完全符合“帅型先考”的“孝道”；第二，它是分散而非统一的，“判例”的地位和作用没有经过某种法律程序加以确认；第三，“判例”创制与适用的方式因各诸侯国的传统而异；第四，法官所援引的“判例”实际上多为某种原则而隐去了“判例”的原始面貌；第五，法官在选择和援引“判例”时享有较大的自由裁量空间；第六，“判例”的作用非常广泛，它不仅适用于司法，而且还适用于日常政务，即所谓故事。

西汉以后，儒家思想进居主导地位，原先的成文法在一定程度上不太宜于实用，故判例法开始复兴。董仲舒审理“殴父”案时，就从《春秋》记载的“许止弑父”案中概括出“原心论罪”的原则，并适用于“殴父”案，以其人无“殴父”之心（故意）而赦免之。〔16〕 这种审判方法和英国的判例法之间是没有天壤之别的。丘吉尔说：“英国人的自由并不依靠国家颁布的法律，而是依靠长期逐渐形成的习惯”；“法律早就存在于国内的习惯之中，关键是需要通过潜心研究去发现它，把见诸史籍的判例加以比较，并在法庭上把它应用于具体争端。”〔17〕曾担任民国最高法院院长、司法院院长的居正曾经说过：“中国向来是判例法国家，甚似英美法系制度。”〔18〕

中国古代的法律实践活动是在封闭、自然的环境中进行的，她所形成的法律文化成果及其法律话语，与近代“舶来”的西法成果之间呈现出隔阂，是十分自然的事情。尽管如此，我仍然认为，我在使用这一外来术语时只是基于这样一种认识，即人类法律实践活动存在着大致的相通之处。发现不同民族文化的共同点比起认真地罗列出它们的种种差异性来，也许会更有价值。因此，我还是斗胆使用了这些舶来的术语。同时强调它们不过是中国式的“判例”、“判例法”。

“成文法”又称“制定法”，是指这样一种工作程序：国家一般以文字形式制定或者认可某种行为规范，向社会人群明示何种行为为违法、犯罪，又当依何种程序做出何种处分，法官以法律规定对案件作出判决，既不得援引以往的习惯、先例，也不得自作主张；“成文法”的优点是统一、明确、快捷，缺点是它既不可能包揽无余，又不可能随机应变，战国秦朝是古代中国

---

〔16〕 程树德：《九朝律考》，中华书局1963年版，第164页。

〔17〕 [英]温斯顿·丘吉尔：《英语国家史略》，薛力敏、林林译，新华出版社1985年版，第208页。

〔18〕 居正：《司法党化问题》，载《中华法学杂志》1935年第32卷第10号。

“成文法”的鼎盛时期。

“混合法”包括两层含义:一是“成文法”与“判例”相结合。西汉以后,以维护集权王朝为首要职能的“成文法”,和以古老风俗习惯为其精神本源的“判例法”,逐渐结合起来,成为中国独有的“混合法”。这种结合是在运动中实现的——先是有了成文法,但是成文法既不可能包揽无余又不可能随机应变,于是就创制适用判例,判例积累到一定程度,那些比较稳定的法律原则就会被新的成文立法所吸收。二是法律规范与非法律规范(家族法规、乡规民约、行业习惯等)相结合。

比附援引是司法中法律适用的方法或方式。比附的工作程序即后世的“比附”、“类推”。即在法无明文规定的情况下,比照最相类似的法律条文而做出判决;援引的工作程序是,在法无明文规定的情况下,依照国家政策精神创制一个先例,这个先例因被国家所确认而具有法律效力以后,遇到类似案件就可以援引这个判决先例来做出判决。诚如陈顾远谓:“比系以律文之比附为重,例则以已有之成事为主,是其所异。”[19] 秦律不仅包括详备的成文法,还包括一定数量的廷行事(判例),因此,秦律堪称中国“混合法”的滥觞。

清末修律时我国开始大量吸收“大陆法系”的“成文法”成果,并且在“三权分立”的理论下,批判了中国固有的“比附援引”(即创制和适用判例)的做法,引进“罪刑法定”原则,认为“比附援引”是司法官在染指立法事务,违背宪政原则。这就首开一种风气:在世界范围内偏向“大陆法系”,在国内法律活动中偏爱“成文法”。而数年之后的北洋政府大理院,在清朝旧律被废除,从西方引进的新律又不完全宜于国情的特殊情况下,仰仗着“司法独立”创制了大量判例。这可以说是对中国固有判例制度的一次绝妙回顾。南京政府建立后,先后制定大量成文法典而确立“六法”体系。同时,为弥补成文法典之不足,又对大量判例加以审定选编,以“判例要旨”的形式指导审判活动。“判例要旨”来源于判例,在个别场合还带有原始判例的痕迹,它是原始判例的抽象化,同中国古代的令、格、式等,有着某种相似之处。

十、古代法律的儒家化与法家化

关于中国古代法律的儒家化、法家化问题,是一个既虚拟而又真实的命题。说它是虚拟的命题,是因为,在儒家和法家诞生之前,中国古代法律实践中既存在崇尚“礼”又崇尚“法”的思想萌芽。假设儒家、法家从来没有问世,那么,古代法律仍然会按照自身的规律发展下去,并在某种程度上容纳“礼”和“法”的思想元素。其实,从某种角度而言,秦汉以后中国法制的发展变化既是儒家化的,又是法家化的。

因为儒家思想、法家思想本来就是交叉的,不是壁垒森严、截然对立的。或者说,儒家思想当中也包括一定程度的法家思想,法家思想当中也包括一定程度的儒家思想。在某种事物既是甲,又是乙的情况下,非宣布这个事物是甲而不是乙,这在事实上和逻辑上都是容易出问题的。事实上有些法律制度的产生,既是儒家化,也是法家化。中国古代法律文化的演进,是一个漫长、综合、全方位的过程,已经分不出哪一阶段、哪一领域是儒家化而不是法家化,哪一阶段、哪一领域是法家化而不是儒家化。

在中国社会科学领域,法学是“西化”最早且“西化”程度最深的领域。经过一个多世纪的学习和引进,今天的法律和法学,在理论、原则、语言、逻辑、名词、术语、形式等方面,都已经

---

〔19〕 陈顾远:《中国法制史概要》,台北三民书局1964年版,第90页。

全盘西化,甚至几乎找不到传统法律文化的影子了。于是就产生了这样的问题,在无意识之间我们已经习惯于用现代的视野去看待古人而不自知,用西方人的价值观或理论去研究衡量中国问题而不自觉。关键在于,当我们习惯于用西方的标准去研究中国时,中国的一切事物便统统改变了原来的模样甚至被当成"等外品"了,我们的历史经历和现实生活反倒成了适履之足。如果我们把西方的理论当做指导当今实践的唯一圭臬,尽管其用心何其善良,而其结果往往是不可避免地上演一幕幕生吞活剥、曲高和寡的戏剧。因此,历史研究不能背离实事求是,尤其不能丢失文化自信。

以上就中国法律思想史有关范畴、概念或术语进行了简要介绍,其目的是集中说明这些概念的内涵和外延,以避免混淆或重复。明确这些概念,对于学习和研究中国法律思想史的基本内容,把握中国法律思想历史发展的概况及其规律性,无疑具有重要意义。

第四节 中国古代法律思想的哲学基础

一、"人本"主义的价值观

中国古代法律思想的哲学基础,在某种意义上可以概括为"人本"主义。"人本"主义作为一种价值观念,不仅全面地支配着中国数千年来法律实践活动的方向与进程,而且还牢牢地左右着人们的思维活动。在"人本"主义浓烈的文化氛围中,法律思想和法学无不与"人本"思想融而为一,很难建立独立的形象。故而在中国历史上,任何重要的法律思想家首先是一个哲学家、思想家或政治家,以致后来的学者只能从先哲的只言片语中去探讨他们的法律思想。

作为法律思想意义上的"人本"主义,其主要内容可以简单地概括为:伦理化的人性,人性化的天道,天道派生道德,道德外化为法律。

(一)伦理化的人性

中华民族的先民同其他古老文明的民族一样,都曾经历了神权统治的阶段。但是,中国的祖先们很早就开始摆脱了神的支配,把眼光从虚无可畏的"上帝"转移到身边的现实生活中来。当然,这一转变过程比我们想象的要漫长得多。完成这一伟大转折的社会原因主要是:首先,相对稳定的农耕生产方式,使代代相续的人们得以认识并利用自然规律,以取得借以生存的物质生活资料,从而在大自然面前坚定了生活的勇气和自信心。其次,相对稳定的环境又导致宗法家族结构的充分发展与完善,从而使宗法观念不断被强化,以致冲淡了神权观念,形成神与鬼并存的二元神观念。最后,长期的政治实践,使人们逐渐认识到,政治生活是社会生活的一部分,应当从社会生活本身去寻求答案,而不能迷信鬼神。这一思想演变过程,正好是同从商代的"迷信鬼神、不重人事"到西周的"既信鬼神、兼重人事",再到春秋时代的"不信鬼神、注重人事"的发展过程相合拍。

当我们的祖先在温饱之余得以思索人类重大问题之际,便毅然把目光投向身边的现实社会。这时,他们便发现了真正的“人”。应当注意,当他们思索“人”这一重大课题时,在思考方式上带有两大特点。

首先,他们把“人”放在自然界之中,通过与其他自然物特别是动物进行比较的方式,来思考“人”这一问题的。正如《孟子·离娄下》所谓:“人之所以异于禽兽者几希,庶民去之,君子存之。”又《荀子·非相》:“人之所以为人者,非特以其二足而无毛也,以其有辨也。”正是基于“人”与其他自然物的差别,人们才看到了男人、女人、老人、小孩等一系列具体个人的共通性。也正是基于这一见解,孔子才豪迈地宣布:“性相近也,习相远也。”(《论语·阳货》)孔子怒斥“始作俑者”,也是基于“人”非一般自然物这一立场,这是“人类自觉的一种表现”。[20]

其次,他们又是在宗法家族的生活环境中来探讨“人”的。“人”一生下来就在宗法家族中获得了一个特定的位置。之后,他长大成人、结婚生育、抚养子女,直至死亡。在“人”成长的每一个阶段,都要完成特定的行为,尽特定的义务,享受特定的权利:你是子,应当孝;你是兄,应当友;你是夫,应当义;你是父,应当慈。这样,一个“人”当他刚刚从其他自然物中脱离出来并踏入人群的一瞬间,他就同时成了一个宗法家族意义上的“人”,而不是其他意义上的“人”。

标志着这一思想飞跃的,就是孔子的“仁”。“仁”字从人、从二,讲的本是人与他人的关系。如果说欧洲“文艺复兴”时代的“人文主义”是通过神的折射来发现“人”的价值的话,那么,孔子的“仁”则是从对方的瞳孔中发现自己的存在。也就是说,一个人是仰仗他人的存在而存在的。因此,人首先应当爱他人。这就是“仁者爱人”的要义。但是,“爱”的方式和内容又取决于爱的主体(爱人的一方)与爱的客体(被爱的一方)之间的血缘亲疏关系。比如,爱父则为孝,爱子则为慈,爱妻则为义,爱夫则为听,爱兄则为悌,爱弟则为良,等等。一个人只有完成了宗法伦理所规定的行为,才真正可以称其为“人”。在人们都不过是作为宗法结构网络中一个特定的“结”而存在的条件下,“人”的形象也就必然是宗法的形象了。

既然“人”是宗法意义上的人,那么,要想使自己成为真正的人,唯一的途径便是完成宗法伦理所规定的行为。同时,人生的价值似乎不在于谋取什么功名利益或物质享受,而在于完成“人之所以为人”的伟大过程。“人之所以为人”,成了人们终生进取的唯一目标,也是道德、法律的社会职能之所在。

(二)天道与道德

古代先民通过辛勤劳作和勇敢拼搏,获得了改造自然界的一系列成果。他们站在大地之上,面对无边的原野,摆脱了对自然力的无端恐怖和屈辱感,心中充满了自豪。只有在这时,他们才意识到:人不是自然界的奴仆,而是自然界的主人,也只有在此刻,人们才能够不按大自然的形象来描绘“人”,而是用“人”的形象来描绘大自然。这样,“人”就潜入大自然之中,并进而成为大自然的中心。

《吕氏春秋·情欲》:“人与天地也同”,“天地之间,惟人为贵。”《礼记·礼运》:“人者,天地之心也。”《鶡冠子·博选》:“神明者,以人为本者也。”这些论述都说明这样一个见解:“人”来自大自然并成为大自然的最高表现形式。

用“人”的形象来描绘大自然,其结果便是使大自然被“人”化为“天道”,即宗法伦理观念

---

〔20〕 冯友兰:《中国哲学史新编》(第1册),人民出版社1962年版,第117页。

的本源。《孝经·三才》:“夫孝,天之经也,地之仪也,民之行也,天地之经而民实则这。”《左传·昭公二十五年》:“礼,上下之纪,天地之经纬也,民之所以生也。”《礼记·礼器》:“礼也者,合于天时,设于地财,顺于鬼神,合于人心,理万物者也。”又《礼记·三年问》:“上取象于天,下取法于地,中取则于人,人之所以群居和一之理尽矣。”

人们常常产生违背礼的思想和行为,原因主要是受到内在的物质欲望和外在的物质生活环境影响。所以,必须用礼来加以限制和教育。如《荀子·富国》中称:“天下害生纵欲,欲恶同物,欲多而物寡,寡则必争矣。……离居不相待则穷,群而无分则争。穷者患也,争者祸也,救患除祸则莫若明分使群矣。”又如《荀子·礼论》中称:“人生而有欲,终而不得则不能无求,求而无度量分界,则不能不争,争则乱,乱则穷。先王恶其乱也,故制礼义以分之,以养人之欲,给人之求,使欲必不穷乎物,物必不屈于欲,两者相持而长,是礼之所起也。”《礼记·乐记》中称:“人生而静,天之性也。感于物而动,性之欲也。物至知知,然后好恶形焉。好恶无节,则是物至而人化物也。人化物也者,灭天理而穷人欲者也。于是有悖逆诈伪之心,有淫佚作乱之事。是故强者胁弱,众者暴寡,知者诈愚,勇者苦怯,疾病不养,老幼孤独不得其所,此大乱之道也。是故先王之制礼乐,以为之节。”

从孔子的“性相近也,习相远也”的命题,衍生出两种人性说——孟子的“性善”论和荀子的“性恶”论。孟子认为人生而具有仁、义、礼、智等道德伦理观念,人们一旦丢掉了这些品质,就会变成“小人”;荀子认为人生而具有自私自利的恶性,只要加强思想改造就能成为“君子”。其实,两者都强调这种思想改造的意义,前者强调改造的可能性,后者则强调改造的必要性。而这种改造的合理性正来自伦理化的天道。毫无疑问,凡符合天道的,便都是正义、公平、合理的。

(三)道德与法律

道德与法律,二者分别作为内在的行为规范和外在的行为规范,其社会价值和职能是一致的,都在于保障实现“人之所以为人”的人生理想,和维护“人之所以群居和一”的社会生活秩序。因为“人之所以为人”的“人”,是宗法伦理化的“人”,所以,“人”必须作为宗法链条之一,附着在宗法伦理网上面。换言之,在一个“人”周围,必须具备典型的宗法家族环境,即孝的对象、慈的对象、友的对象、义的对象等等,从而使“人”真正成为“人”。“人”必须生活在“人”的群体之中,这不仅仅出于抵御野兽侵扰和谋取生活资料的需要,而且更重要的是,只有在宗法群体中,“人”才能作为“人”而存在。中国传统法律文化的总体精神亦即“集体本位”,正是从这里起步的。

但是,表现为礼的宗法伦理规范,与国家制定的法律,毕竟不一样。其差别或联系主要表现在:

首先,礼是法律的本源。中国古代社会曾经历了漫长的父系家长制阶段,进入文明国家以后,宗法血缘纽带不仅没有被贫富分化的阶级对立所冲毁,反而在新的历史条件下被赋予新的政治价值和社会价值。这就使具有悠久传统的宗法行为规范始终发挥着实际有效的社会职能。同时,礼还不断被国家上升为法律,从而获得更高的权威。在西周和春秋时期,礼在很大程度上发挥着法律的作用,只不过常常以习惯法的形式出现而已。即使在新兴地主阶级开始登上政治舞台的战国、秦朝,某些礼的原则也被确立为法律制度,如“非公室告”即是例证。汉代以后,礼的原则逐渐被法典化,这一过程直至唐律产生才告一段落。

其次,礼高于法律。礼作为习惯性行为规范,其涉及的范围比法律要广泛得多。也就是说,在那些尚未有现成法律加以调节的社会生活领域,实际上是由礼来调节的。在礼不断法典化的形势之下,仍给礼留有极大的空间。在国家政权和法律鞭长莫及的无数乡野村落,实际发挥作用的仍是礼,有时礼还被赋予家法族规的形式。在立法领域中,违背礼的精神的内容自然是不可能上升为法律的。礼与法也有发生矛盾的情况,比如"复仇"问题,依国法则"杀人者死",依礼则"父死,子不复仇,非子也"。在这种情况下,统治者宁可绕过立法程序,不采取法律明文规定的形式,而听凭法官在司法审判中灵活掌握。其实质,还是尊重礼的精神。在法无明文规定的情况下,实际上全靠法官依据礼的习惯与先例来创制判例。即使在有明文规定的情况下,法官仍然可以根据具体情况酌情宽严,其依据就是"情理",而究其实仍是礼。

再次,法律是维护礼的屏障。法律的价值有两点:一是把礼的伦理道德教条法典化,从而增强礼的权威;二是以强制力为后盾,驱使人民不得不接受礼的教化。要使人们具备宗法道德观念,光靠法律和刑罚是远远不够的。基本的措施是"富而后教",即改善人民的物质生活条件,并在此基础上进行教化。但社会上总有不服从教化的顽凶,对这些人施以刑罚,一方面可以使他们改恶从善;另一方面又可以儆戒广大人民自觉接受教化。

最后,当我们讨论礼与法的关系时,应当注意:两者各源于不同的文化传统,后来在特定的历史条件下逐渐融合了。礼源于中原的农耕文化,即自然经济基础之上的宗法家族结构;法源于西北的牧猎文化,法是从军法演变而来的。战国、秦朝的法,正是中央集权的君主政体的象征。整个古代社会中,在自然经济、宗法社会、集权政体三合一的结构下,礼与法从对立走向统一,构成中国传统法律文化的两大基本要素。

二、"人本"主义对法律实践活动的影响

"人本"主义对古代法律实践活动的影响是极大的,主要表现在立法、司法和法学研究三个方面。

(一)立法:差异、酷烈与温情

伦理主义的法典化无异于向世人宣布:人与人之间的"亲亲"、"尊尊"的差别是天经地义、神圣不可侵犯的。于是,即使是完全一样的法律行为,也会因为行为人和行为所涉及的对象身份的差别,而得出迥然不同的结果。比如:父殴子致死,可以得到宽减,子殴父则要处以极刑;亲属之间的盗窃行为要根据亲疏的关系,给以不同的处罚,亲者轻而疏者重。这种伦理主义的差异性精神充斥在封建法典的字里行间。

为了维护"人之所以为人"的信条和秩序,法律对严重违反伦理规范的行为,不仅冠以"大逆不道"之名,还要施以极为残酷的刑罚而毫不怜惜。因为"人"是作为伦理意义上的"人"而存在的,当他犯了"十恶"重罪,无异于表示他已经跳出"人群"的界限,成为衣冠禽兽。对"乱伦"的禽兽又怎能怜悯呢!因此,法律规定对"十恶"重罪处以严厉的刑罚,并不惜株连无辜,甚至鼓励人们对"乱伦"者处以私刑。比如,丈夫在奸宿之处杀死奸夫和妻子,是不会被法律严究的。

然而,对那些危害性不大的轻罪,却往往表现出一系列的宽容与温情。比如,"三复奏"、"五复奏"的死刑复核制、慎刑恤狱、大赦、犯罪存留养亲、"原情定罪",等等。产生这种温情主义的原因主要是:第一,"天人合一"的"灾异"说。依照这种学说,人世间的刑杀无疑会干

扰"天道"的正常运行,从而产生灾变。所以,要谨慎司法,宁肯放纵有罪者,也切勿株及良善。第二,出于对犯罪社会现象的较深刻的认识。比如,人们生活无着、官吏的肆意压迫、教化不力等,都可能成为人们犯罪的直接原因,因此,不能把怒火全部发泄在犯罪者身上。第三,这种温情主义既可以美化统治者的形象,又可以使犯罪者悔过自新,从而有效地预防犯罪。

(二)司法:德主刑辅与息事宁人

在司法审判中,法官并非简单地使用刑罚手段,而是极力运用教育手段来达到审判的目的。《论语·颜渊》:"听讼吾犹人也,必也使无讼乎。"可见,"无讼"才是审判的目标,"无刑"才是司法的最高境界。遇到母亲告儿子不孝或母子相讼者,法官不是立即追究儿子的罪责,而是以儒家经典加以开导,终于使儿子"深自痛悔","母子感悟",后来不孝的儿子成了孝子,相讼的母子被人们赞为"孝慈"。有些地方官自以为"为民父母",当境内出现"兄弟争田"、"亲属争财"、"骨肉争讼"的案件时,便自认为无德无才、教化不行,从而引咎自责,解印去官。在社会舆论和宗族势力的干预下,诉讼当事人"感泣求解","知争田为深耻","终死不敢复争"。[21] 而更多的诉讼案件在报到官府之前,就在宗法家族的多方解劝说教之下化为乌有了。从本质上讲,宗法伦理道德不是"利己"的,而是"利他"的。这就要求人们尽力抑制"私欲"以实践伦理之大义。因此,道德教化是根绝诉讼、息事宁人的天然屏障。

(三)晚熟的法学与纯熟的律学

法学是对法律现象或立法司法活动的理论评述。可是,当法律深陷于礼的沼泽之中,立法、司法活动实际上围绕礼而运行的时候,法学在很大程度上成为礼学,法律思想也就实际上等同于礼的思想了。法律,当它把自己的绝大部分身躯屈折在礼的树荫下时,它最闪光的地方就剩下赤裸裸的刑罚了。在自然经济、宗法社会、集权政体三合一的社会土壤之上,商品经济步履艰难,与之携手而来的平等、交换、权利、自由、私有等观念无法正常萌发和成长。这一切都使宗法伦理观念始终居于牢固的统治地位而未曾动摇。王朝不惜用刑罚、行政强制手段来钳制人们的思想,用道德教化来禁锢人们的思考,以拱卫礼的一统天下。在这种情况下,任何新的质的观念很难萌生,即使萌生了也难于生存下去。这就使古代法学在很长的历史阶段实质上成为礼学与刑罚之学的混合物,而未能成为独立的学科。

但是,中国古代"理论法学"的落后只是问题的一个方面。另一方面,"实践法学"却得到长足的发展,这就是律学。狭义的律学是对法律条文之法理和法言的注释之学,如秦简中的《法律答问》和《唐律疏议》等;广义的律学还应当包括立法、司法技术,如立法组织与工作程序、司法审判技术、法医检验技术等属于法律实践层次的内容。中国传统法律文化在这一领域曾为人类做出了卓越贡献,并在域外广为传播。

总之,中国传统法律文化的"人本"主义,是"集体本位"的哲学支柱,它塑造的"家本位"(即家族本位)始终极大地支配着传统法律实践活动。它宣布这样一条真理:个人不是作为个体的自然人而存在的,他只不过是某一社会团体的组成部分之一。个人只有作为这一社会团体的缩影而存在时,才成其为真正的人。要使人真正成为人,必须具备使人成其为人的环

---

〔21〕 参见瞿同祖:《中国法律与中国社会》,中华书局1981年版,第291页。

境,即社会团体。法律的社会职能不是从确认和维护个人的权利出发,进而维护有利于实现个人权利的社会秩序的,恰恰相反,法律是从维护社会团体的整体利益和秩序出发,来考虑个人的地位、责任、权利和义务。实际上,在法律的天平中间,权利的指针总是倒向社会团体(或整体),义务的砝码则总是落在个人一方。法律的价值在于实现社会的安宁与和谐,至于如何才能促进个人发挥聪明才智以推动社会政治、经济、文化的发展,它是不关心的。

然而,正是仰仗着"人本"主义的权威,中华民族才世世代代地凝聚在东方的大地之上,艰苦卓绝地走过极其漫长的道路,为中国人,也为全人类留下了一份独特的、无与伦比的文化遗产,其中也包括法律文化遗产。

我们今天的任务,绝不是对"人本"主义简单地评头品足,或贴上各色各样的标签,而是双脚踏在历史坚实的土地上,寻找一条走向未来的实实在在的道路。今天,中国正处在深刻的社会变革之中。社会主义现代化事业离不开法制的现代化。而法制现代化的关键是法律思想、法律观念的现代化。为此,批判中国古代法律思想中的糟粕,吸收和发扬其中的精华,并在更高理论层次上进行加工改造,形成科学民主的现代法律思想、法律观念,这是一项长期而艰巨的历史任务。学习和研究中国法律思想史的现实意义就在于此,中国法律思想史学科的价值也正在于此。

第五节　中国法律思想历史发展概况

一、中国古代法的四次变革

一般认为,自夏朝开始,中国进入文明阶段,亦即阶级社会或国家。夏商周是由不同民族相继建立的早期国家。夏朝的社会情况究竟如何？苦于直接史料的缺乏,很难直接描述。但根据历史文献所载,亦可揣测到些许信息。比如,《左传·文公四年》谓:晋国"封于夏虚","晋国之封,启以夏政,疆以戎索";《国语·鲁语下》记载:"昔禹致群神于会稽之山,防风氏后至,禹杀而戮之,其骨节专车";《左传·昭公六年》:"夏有乱政,而作禹刑";《昭公十四年》引《夏书》:"昏墨贼杀",乃"皋陶之刑也";《襄公二十六年》引《夏书》:"与其杀不辜,宁失不经。"《尚书·甘誓》载夏启讨伐有扈氏时的誓命之辞:"用命赏于祖,弗用命戮于社,余则奴戮汝。"这些都说明夏时的国家权力机构已具有极大的权威,而且当时的法律制度已经初具规模。

最早论述夏商周三代制度之异同的是王国维。他在《殷周制度论》中指出:"都邑者,政治与文化之表征也。自上古以来,帝王之都皆在东方太皞之虚……少皞与颛顼之虚皆在鲁卫;""夏自太康以后以迄后桀,其都邑及他地名之见于经典者,率在东土,与商人错处河济间盖数百岁。……以地理言之,则虞夏商皆居东土,周独起于西方。故夏商二代文化略同。洪范九畴,帝之所以赐禹者,而箕子传之矣。夏之季世,若胤甲,若孔甲,若履癸,始以日为名,而殷人承之矣。"[22]

---

〔22〕 王国维:《观堂集林》(上册),中华书局2006年版,第452页。

陈梦家《夏世即商世说》甚至认为:“禹乃殷祖”,“夏世即商世。”〔23〕从文字产生和发展的规律而言,商代甲骨文已经是十分成熟的文字体系。这种文字体系在商代之前必然有一个逐渐积累、约定俗成的过程。因此,在文字上商承夏制是符合历史逻辑的。所以,可以说,从社会制度而言,夏与商之间共性大于差别,继承大于变革。19世纪末,由于甲骨卜辞的发现,使商代成为我国第一个有文字直接记载的朝代。此后,中国古代社会制度或国家政权形式曾经发生几次重大变革,从而直接或间接引起法律文化的演变。

(一)殷周之际——中国古代法的第一次变革

在涉及殷(商)周二代之制度差异时,王国维说:“夏殷间政治与文物之变革,不似殷周间之剧烈矣。殷周间之大变革,自其表言之,不过一姓一家之兴亡与都邑之移转,自其里言之,则旧制度废而新制度兴,旧文化废而新文化兴。”同时进一步指出“周人制度之大异于商者”有三个方面:一是立子立嫡之制,二是庙数之制,三是同姓不婚之制。“有周一代礼制,大抵由是出也。”加之,“殷之诸侯皆异姓,而周则同姓异姓各半”;“自殷以前,天子诸侯君臣之分未定也”,“诸侯之于天子,犹后世诸侯之于盟主”,周则始定“天子诸侯君臣之分”,“此周初大一统之规模。”〔24〕

商周之际的社会政治变革必然导致法律文化的变革。商周之际法律文化变革的总体特征是从神缘本位、神权政治、任意法演变成血缘本位、宗法政治、判例法。

周人原是西北部的游牧民族,在向农业生产转化的同时,入主中原。周人敬服于商人的典音文物:“惟殷先人,有册有典。”(《尚书·多士》)并在自己原有的宗法制度基础上“制礼作乐”,完成了“周因于殷礼”(《论语·为政》)的社会改革。商人、周人都先后生活在中原一带,他们是农耕文化的共同创造者。而真正继承和发扬商、周文化的,正是“启以商政,疆以周索”(《左传·文公四年》)的鲁国。儒家文化就是在这块土地上诞生的。其文化上的精神就是“商政”、“周索”,亦即“礼”。

中国传统法律文化发展到西周、春秋,便结束了“神本位—任意法”时代,而进入“家本位—判例法”时代。“家本位”即家族主义或“礼治”。以宗法家族制度为核心的“礼”,此时获得了空前的政治价值。这表现在:首先,“礼”不仅成了划分统治阶级与被统治阶级的界限,而且还成了统治阶级内部实行权力再分配的尺度。其次,“礼”不仅成了占统治地位的意识形态,支配着人们的思维方式,塑造着人们的心理结构,而且还决定了当时的国家形式,即宗法贵族政体。最后,“礼”成为立法、司法的指导原则,宗法等级观念借助于国家政权的强化而具有法律的权威,这就使“礼”常常以法律或高于法律的面貌出现。正因如此,西周、春秋又可以称为家族主义时代或“礼治”时代。

“礼治”思想在政治生活领域的集中体现就是贵族政体。贵族政体对法律实践活动施以直接的巨大影响,从而决定了立法、司法上诸如“单项立法”、遵循先例、故事等一系列特征,构成法律实践活动的整体样式,我们称之为中国式的“议事以制”的“判例法”。

如果说“家本位”是对“神本位”的否定,那么“判例法”便是对以占卜结果为依据的“神判法”的扬弃。“家本位”、“判例法”的确立,标志着“人”对“神”的战胜;当然,此时的“人”只

---

〔23〕　顾颉刚等:《古史辨》(第七册下编),海南出版社2003年版,第691、692页。

〔24〕　王国维:《观堂集林》(上册),中华书局2006年版,第453~467页。

是宗法家族意义上的“人”,而非个体的“自然人”。“人”对“神”摇撼的结果,是血缘国家对神缘国家的取代。它在一定程度上标志着古代人们对法律实践活动客观规律性的初次觉悟;标志着古代人们驾驭法律实践活动的主观能动性的一次升华;标志着传统法律文化已经进入新的发展阶段。

(二)周秦之际——中国古代法的第二次变革

春秋战国是我国古代社会第二次大变革的时代。春秋后期,随着经济、政治变革的深入,一个新的思潮——“法治”兴起了,一种新的法律实践样式——“成文法”也随之崛起。这一切都预示着“家本位—判例法”时代的衰落和终结。

春秋以降,政权下移,天子失位,政在诸侯,大夫执国命,政在家门。人间帝王的失势与天上神祇的失威携手同行、互为因果。上天既不能确保君上之位,又不能造福百姓,故上下务其实而不务其虚。在政治变乱中,“国人”发挥了举足轻重的作用,故“重民”思想兴;“国将兴,听于民,将亡,听于神”(《左传·庄公三十二年》);“夫民,神之主也,是以圣王先成民而后致力于神”(《左传·桓公六年》);“未能事人,焉能事鬼”(《论语·先进》);“务民之义,敬鬼神而远之。”(《论语·雍也》)而以“富民”、“博施于民”、“教民”为主要内容的“仁”的学说和“以德去刑”的思想,则标志着当时统治阶级关于统治与被统治阶级的同一性(互相依存、相互转化)的认识,达到了空前的高度。

春秋后期,随着社会变革的深入,“法治”不断冲决“礼治”,郡县官僚制逐渐取代世卿世禄制,“成文法”日益削弱“判例法”。“法治”思想、郡县制度和“成文法”不仅是“家本位—判例法”时代的掘墓人,而且还是“国本位—成文法”时代的奠基人。

就法律的基本精神而言,“国本位”与“家本位”是两种整体对立的东西。“家本位”是按照宗法家族制度,即“礼治”的原则来指导国家的法律活动,塑造个人的权利与义务,依人们“先天”的血缘来划分阶级,并实行权利再分配。“国本位”则是按照新兴地主阶级的“法治”原则来指导国家的法律活动,确定个人与国家(即专制君主)间的关系。依人们“后天”的行为和业绩实行权利再分配。新兴地主阶级“以法治国”的“法治”,其实质是建立和维护中央集权的君主专制政体,因此,“法治”与“国本位”是同义词。如果说西周、春秋的统治阶级是通过维护家族内部、家族之间以及家族与王朝的关系来达到“天下大治”的话,那么,战国和秦朝则是通过维护专制王权来实现“富国强兵”。

就法律样式而言,“判例法”与“成文法”是两种截然不同的东西。“判例法”崇尚法官的主观能动性,允许法官在遵循先例的总原则下,凭借法律意识和法律政策对案件进行裁判,判例既是司法的结果又是立法的产物,“寓立法于司法之中”,使司法和立法活动巧妙地融合起来。“成文法”则不同,其旨在由国家组织专门机构依一定程序制定相对稳定的法律规范群或法典,让各级法官根据法律的实体规定依法定程序审判案件,既不得参考以往的判例,也不允许任意出入、各抒己见。我们把西周、春秋称为“判例法”时代,把战国、秦朝称为“成文法”时代。如果说“判例法”时代培养了一批善于思考和随机立法的司法官的话,那么“成文法”时代则造就了一批博闻强记、长于操作的执法工匠。

在春秋战国的特殊历史背景下,“家本位”与“国本位”、“判例法”与“成文法”曾处于整体对立、水火不容的状态。这是因为,“判例法”是“礼治”的产物,与宗法贵族政体、土地贵族所有制、按血缘标准确定人们的权利义务等等,一脉相承。而“成文法”则是“法治”的产物,与郡县官僚制的君主集权政体、地主阶级的土地私有制、按人们"后天"行为和功绩实行权利再分配等等,携手同来。如果说,两者的对立,标志着两个时代亦即两种不同内容与样式的法律文化的矛盾的话,那么,"国本位"取代"家本位"、"成文法"取代"判例法",则标志着中国传统法律文化进入了一个新的发展时期。

在"成文法"时代,由于统治者崇尚"法治",重视法制建设,注意用法律手段调整社会生活,从而做到"诸产得宜,皆有法式","事皆决于法"(《史记·秦始皇本纪》)。

"成文法"时代的法律文化是中国传统法律文化的重要发展阶段,对后世产生极大的影响。这主要表现在以下几点:其一,"成文法"时代所确立的以郡县官僚制为基础的中央集权的君主政体,为后世历代王朝所仿效;其二,"成文法"时代初步完善的成文法典或为后世诸朝法律规范的重要形式;其三,"成文法"时代维护地主阶级土地私有制,维护官僚、父系家长特权的法律精神,为后世统治阶级所继承;其四,在"成文法"时代,经过法律实践经验的不断积累,开始萌发了一种新的法律样式,即适用成文法典与适用判例相结合的"混合法"样式。尽管判例(廷行事)的数量很少,与几十种"律"和繁多的"令"相比显得微不足道,但是,判例毕竟成为一种法律形势并占有一席之地。秦简《睡虎地秦墓竹简·语书》说:"凡良吏明法律令事,无不能也。"原书断句为:"凡良吏明法律令,事无不能也"。著者以为当断句为"法律令事"。[25] 此处"事"当指"廷行事",即当时的统治阶级已经把通晓和适用"事"(判例)视为"良吏"的业务标准之一。适用判例是"成文法"时代的催化剂,它在后来的年代里不断成长壮大,终于开拓了一个新的时代。

(三)秦汉之际——中国古代法的第三次变革

中国古代法律文化的第三次变革起步于秦汉之际,至唐代最终结束。这次变革以缓慢而渐进的方式完成。其主要特征是:第一,这一变革主要发生在政治法律制度和思想领域,既非根源于土地所有制和生产方式的革命,亦非伴随着民族战争;第二,农耕文化逐渐完成了历史性转移,即由宗法贵族政体转移到中央集权的君主政体上来,而宗法家族制度的恢复与发展又为此提供了社会基础;第三,中央集权政体被延续下来。统治阶级意识到,宗法家族不是王朝的对头,恰恰相反,它们作为王朝的社会基础,在官府鞭长莫及的广阔领域发挥着巨大作用。这一切都使集权政体与宗法家族携起手来,以拱卫和庇护为交换条件,结成同盟,以共同抵御商品经济的侵袭。于是,文化交融带来了法律的蜕变,这就是国家法律的礼义化,或曰民间礼仪的法典化。

在中国法史学界,有一个长期居支配地位的命题,就是"儒家思想法典化"。但这里存在着逻辑概念和历史事实的问题。首先,儒家思想的内容十分丰富,包括仁政、礼治、德治、人治等方面。那么,上述这些思想主张究竟是如何具体被法典化的呢?其次,如果说"儒家思想法典化"实质上是儒家主张的礼治思想被法典化,那么,被法典化的不过是传统的民间礼俗,而不是儒家的"礼治"思想;最后,"儒家思想法典化"的前提应当是存在着一种非儒家思想的法制,那就是所谓"法家的法律"。但是,法家究竟怎样创制了法家式的法律?这种被称作法家式的法律是否完全排斥宗法家庭伦理意义的礼制?法家理论是否完全排斥礼制?因此,基于以上看法,我们的提法是,西汉以后的法律演化实质上是民间礼俗的法典化。

---

〔25〕 参见《睡虎地秦墓竹简》,文物出版社1978年版,第19页。

在中国古代社会后期,虽然也曾出现少数民族入主中原的情况,但由于军事上的胜利与文化上的被“同化”几乎同时进行。因此没有演变成实质意义上的文化冲突。少数民族作为中华民族大家庭的一员,同样是中国传统文化的继承者和传播者。他们曾给传统文化注入新鲜血液。比如,元代禁止杀婴、堕胎的法律和判例制度等就是证明。

从西汉到清末的两千年,是中国传统法律文化最重要的发展时期——“国家家族本位—混合法”时代。此间,在法律思想领域形成了最突出的特点:“法礼合治”,即维护中央集权的君主国家的“法”和维护宗法家族秩序的“礼”,两者合而为一。在法律实践的方式上,“成文法”与“判例法”相结合,形成“混合法”的法律样式。在“混合法”时代,当“成文法”详备而宜于实用时则往往强调“法”的作用,强调严格依法办事;当“成文法”由于落后于现实生活而不太宜于实用之际,则常常突出“人”的作用,强调“判例”的重要性,甚至“有例则置其律”;当法制建设不甚完善,因而造成司法混乱时,又十分强调用法来统一全国审判活动的作用。但总的来看,先秦时代那种截然对立的“人—法”之辩已成过去。在“成文法”与“判例法”有机结合的“混合法”时代,“法”与“人”的作用被置于同等重要、不可或缺的地位,只不过在某一特定背景下分别有所侧重而已。“人法并行”正是“人治”与“法治”之辩的归宿。

(四)清民之际——中国古代法的第四次变革

鸦片战争以后,西方资本主义借用洋枪洋炮打开了古老封闭的中国大门,资本主义商品经济的发展加速了中国自然经济的解体,民主共和学说冲击着君主统治。与自然经济和君主专制携手共存的宗法家族制度及法律制度走到了历史的尽头。几千年一贯制的以奉法家族为核心的中国古代法制直到近代才真正受到严峻的挑战。当先进的中国人高举民主宪政大旗,前仆后继,为建立资产阶级民主共和国而英勇奋斗之时,清政府为了缓和阶级、民族的矛盾,继续维持自己的统治,不得不痛下决心修改旧有法律。于是,在中国近代法制史中上演了一场前所未有的修律活动。

清末修律活动是中国法律从古代向近代变革的开端。在辛亥革命前的几年内,清政府修改、制定多部重要成文法典。尽管在今天看来,清末修律活动存在一些不足之处,比如匆忙地吸收和采用西方法理,照搬照抄其法律条款;保留大量体现宗法家族精神和维护君主统治的法律规定,使修改后的法律成为中西法律的大杂烩,不仅有悖于西方资产阶级的民主精神,而且也与中国国情不尽相符。但是,毫无疑问,这次修律仍然不愧为中国法律史上最具时代性的立法活动,对中国近现代法制的变革和发展都产生了巨大的影响。它在结束一个旧时代的同时开启了一个新时代。

二、中国法律思想的四个历史形态

与中国法律思想史的四次变革相对应,中国法律思想的历史发展经历了四个形态:

(一)中国法律思想的原生形态

中国法律思想的原生形态,即传说时代至夏商周时期的法律思想。这是中国法律思想的萌芽时期。伴随着中国国家与法律的起源,最初的法律观念、司法原则、古老法条等已经出现。尽管由于社会历史条件的局限,这些思想成果还没有完全摆脱宗教神学和原始风俗习惯的影响,但是已经产生许多诸如“与其杀不辜,宁失不经”,“父子兄弟,罪不相及”等具有历史价值和积极意义的刑法思想。这些思想成果促进了早期官方学术的形成和传播。

（二）中国法律思想的多元形态

中国法律思想的多元形态，即春秋战国时期的法律思想。此间，由于传统神权、宗法礼制的削弱和官方学术的式微，促成了古代第一次思想解放运动。特别是诸子百家的兴起，非官方的私人学术研究活动得以相对自由地深入开展和相互交流，从而使中国法律思想呈现出生机勃勃、多姿多彩的格局。凭借众多思想家的思想创作实践，与法律思想有关的定义、概念、观点、理论一一问世，并对后世产生巨大影响。在诸家法律思想中，儒家、法家的法律思想居于重要地位。

（三）中国法律思想的正统形态

中国法律思想的正统形态，即西汉至清末的官方主流的法律思想。战国末期，儒家、法家思想出现兼容的趋势。荀子总结了先秦儒家、法家两家思想的长处，克服两家思想的短处，在集权君主政体的基础上，将儒家的礼治、德治、人治思想和法家的法治思想结合起来，形成"隆礼重法"、"德刑并用"、"人法兼行"的思想体系。西汉时汉武帝实行"罢抑百家，表彰六经"的文化政策，推崇儒家思想的正宗地位。但此时的儒家思想已经是半法家化了的新儒家思想。此间的法律思想以儒法合流为标志，明标孔孟之道，实行商韩之法，成为此后两千年法律实践活动的指导思想。

（四）中国法律思想嬗变形态

中国法律思想嬗变形态，即近代的法律思想。鸦片战争以后，中国古代社会进入前所未有的深刻变革阶段。西方列强的经济、军事、文化势力不断侵入并动摇着原先古老社会的方方面面。为了抵御列强保国保种，一些头脑清醒且具有进步思想的人士认识到古老国家面临数千年未遇的危机，在当时的社会条件下已经无法从本土文化中寻求救世良方，故而放眼世界，效法西方，以图强国救世。此间各阶层人士的法律思想都不再墨守成规而是带有方外的色彩。清末修律活动朝欧洲大陆法系一边倒，此后中国法律的近代化便渐与大陆法系合二而一。但是，中华法系并没有退出历史舞台，她始终顽强地表现着自己的存在。传统法律文化与西方法律文化的交织，构成这个时代法律实践活动的主旋律。

第六节　学习中国法律思想史的意义与研究方法

一、学习中国法律思想史的意义

中国法律思想史不论是作为一门课程、一门学问，还是一本教材或专著，对于我们了解中国国情，深入研习法学理论，挖掘传统法律文化的优秀成果，促进当今法律文化建设，无疑都具有十分重要的意义。

(一)有助于对中国国情的深入理解

中国历史上的法律思想,是当时社会实践特别是法律实践的产物。这种高度凝练的思想成果,蕴含了社会文化历史过程的全部养料和信息。中国是一个数千年一气呵成未曾中断的古老民族。她的文化底蕴、民族精神、总体价值观等,虽经千百年来的历史变迁,却生生不息地保存下来。乃至今日发生的事件与历史事件常有着惊人的相似之处,而今天的种种意识、观点也大都可以从古代找到它的原型。在中国比在任何国度都更容易使人感到古老传统的存在。

作为在当今中国生活的每一个人,不管你是在学习,还是已经工作,都应当了解自己生活的社会。人只有适应了社会才能生存,才能发展。当然这是个改造主观世界和改造客观世界相交织的辩证过程。学习中国法律思想史可以从历史的角度和思想观点的侧面了解中国民族和中国国情。这种了解比在某村、某企业搞社会调查,整理出大量令人信服的数字,更具理论色彩也更具普遍性。一个年轻人有了这样的国情意识显得尤其必要。其意义不仅在于使个人成长少经受一些波折,更为重要的是使其在适应国情、融入主流之后更好地服务社会、改造社会。

(二)有助于对法学理论的深入理解

我国今天的法学理论或曰法律思想,是古代法律理论、思想的历史发展的最新阶段,两者之间有着千丝万缕的联系。当然,从形式上来看,如今我国的法律制度抹去了古代的痕迹,早已经现代化了,连名词术语也大都是舶来品了。但是,中国法律传统中最深层的、最基础的价值观仍然在极大程度上支配着人们的行为与思考,其使得思考者首先是作为一个中国人来思考问题。这一客观存在在很大程度上决定着理论思维的基本形式和特征,其必然使我们今天的法学理论、法律思想仍然是中国式的而非西方式的。当然,我们绝非拒绝引进或借鉴西方有益的法学理论和法律思想。诚然,西方法学理论在古代即已相当发达,蔚为大观了,更不必说发展到今天更是五花八门,使人目不暇接。但是,由于历史、民族和现实社会生活条件的差异性,西方的法学理论和法律思想即使再完善、再新颖,对今日的中国来说,大都只是隔靴搔痒,顶多给予了人们可以参考的目标。因此,符合中国国情的法学理论,应当更多地从中国古代优秀的法律思想中汲取营养,并应当在批判历史糟粕方面多下气力。

(三)有助于对我国法律文化成果的批判继承

中国法制的现代化当然离不开学习和借鉴先进国家的法律制度。但是,法制的现代化是不能独立进行的,它有赖于法律文化的现代化。其中,最重要的是法律思想、法律意识的现代化。法律思想、法律意识的现代化,一方面要靠社会经济、政治、文化的整体进步,另一方面要进行自身的改造和组合。在这个过程中,必须对中国历史上的法律思想成果进行解剖,取其精华,去其糟粕,以完成中国法律思想现代化的历史使命。学习和研究中国法律思想史,就是为了发掘我国优秀的法律文化成果,总结其科学性、合理性,批判其野蛮、专制、落后的文化遗毒,为当今法律文化建设服务。

(四)有助于促进当今法律文化建设

历史是一个有始无终的过程,今天发生的一切都将成为历史。从这个角度来看,中国法律思想与当今法律文化建设有着现实的密切联系。这是因为中国古代的法律思想与中国近代、现代乃至当今的法律思想本来就构成一个完整的历史发展过程。我们学习和研究中国法律思想史必然会联系到当今的法律思想。我们不仅要学习和了解中国古代的法律思想,而且还应当较多地注意中国近代、现代的法律思想。只有这样,我们才能了解中国法律思想的本原及其流变,不仅知道周公、孔子、儒、墨、道、法,以及秦皇、汉武、唐宗、宋祖,还要知道康有为、梁启超、孙中山、章太炎,更要知道李大钊、毛泽东、邓小平。我们只有以世界的视野看中国,从历史的角度看今天,才能置身于更高的境界,吸取人类法律实践活动的精华,批判其糟粕,为当今法律文化建设提供可资借鉴的东西,进行清醒的国民性改造,树立科学、民主、法治的新的法律观,推动依法治国和建设社会主义法治国家的历史进程。

二、中国法律思想史的研究方法

学习和研究中国法律思想史,首先有一个态度问题,即抱着一种什么样的心态来对待你的研究对象,并达到一种什么样的目标。此外,还有一个很重要的问题,就是研究方法。做学问除了目标明确之外,方法很重要。否则,你再用功,读再多的资料,所起作用也远远比不上电脑。然而,只要有一个好的研究角度或方法,你就会发现别人未曾发现的问题,提出属于自己的见解并且事半功倍。因此,从这个角度而言,研究方法的更新直接推动着学术活动的深入发展。

(一)实事求是,服务当今

实事求是,服务当今,是学习和研究中国法律思想史的最基本的态度和方法。实事求是,即以历史事实为根据,再现历史的真面目,探讨历史发展的内在规律性;服务当今,即研究活动的目的是为当今社会发展提供有益的借鉴。这是做学问所追求的真理性和现实性的辩证统一。

要做到实事求是,服务当今,首先必须克服两种错误倾向:一种是民族虚无主义,另一种是把古人现代化。

所谓民族虚无主义,即从根本上否认中国传统文化的价值,认为中国古代史是漆黑一团,充满了糟粕、落后、反科学、反民主的东西,不值得研究挖掘,应当付之一炬。这种态度很容易与“欧洲中心”主义和“全盘西化”的观点一拍即合。无疑这种理论是错误的、不客观的,也是十分有害的。中华民族是个古老民族,她既有悠久的历史,又有光荣的今天,这是一个任何人无法否认的客观事实。诚然,到了近代,当世界某些先进国度飞速发展之际,中华民族保守落后的方面成了阻碍她前进的绊脚石。但百余年来,先进的中国人都在努力地弥补缺失的一课,而下课的钟声是不会敲响的。中国传统文化是伟大的中华民族在数千年实践中形成的。她是人类文化的重要组成部分。她的存在,是人类文化的多样性的重要体现。正如从艺术角度来看,苏州园林与哥特式教堂一样,都具各自的建筑风格,而这种艺术价值是难分高下的。历史是不能中断的,文化传统是不能漠视的。历史文化的力量不会因人们的主观态度而减弱。我们的文化传统中既有百种杂石,又有万两黄金。正确的态度是去其杂石而取其黄金,去塑造中华民族今日之辉煌。西方文明是人类的文明成果之一。这些文明成果不是从天上掉下来的,也不是一开始就如此这般的,而是经历了长期实践才获得的。今天,既然没有人因为欧洲中世纪曾经产生过英国亨利八世那样的暴君和宗教裁判所那样的酷刑机构而否定欧洲文明,那么,又怎能因为中国历史上产生过个别昏君和刑讯制度而否定中国传统文化呢?民族虚无主义和"欧洲中心"论的负面影响显而易见,它更多地表现在少数阅历不深的年轻人身上。一个唾弃自己民族历史甚至耻于作中国人的人,是难于为民族效力的。古代学子是言必称"子曰诗云",延安时代的青年亦不乏"言必称希腊"者。厚古薄今的腐儒不好,崇洋自贱的洋儒亦不佳。总之,对我国的传统文化,在没有充分进行研究之前,就轻率地下断语否定之是不可取的。

另一个错误倾向是把古人现代化。即用现代的思想标准描述古人,苛求古人。研究历史的人应时时注意从历史的真实背景出发去再现和研究历史人物、历史事件。否则,就难以得出客观的结论。一方面,对待传统文化,我们切忌盲目崇拜。比如孟子说过:"民为贵,社稷次之,君为轻"(《孟子·尽心上》),即所谓"民贵君轻",能否据此认为这是儒家的"民主"思想?甚至当近代民主思想传入中国时,还有人大言不惭地宣称:这有什么了不起,我们早就有民主思想了,西方的民主思想是从中国传去的哩!这显然是荒谬的。此话的原本含义是说,处理人民的事情最重要,处理国政次之,而至于谁来当君主就不那么重要了。即一民、二国、三君之序。今天,有些官员在大讲"重民"、"爱民"、"亲民"、"为民作主"之际,千万注意不要把自己视为"非民"之类,悄悄凌驾于国民之上,成为"民之主"。孟子还说过:"闻诛一夫纣,未闻弑君。"(《孟子·梁惠王下》)其意为,推翻暴君商纣王,不是犯上作乱。那么能否据此认为儒家号召人民拿起武器去推翻反动政权?显然也是不能的。此话的真正意思是说,你当君主的要注意顺从民意,如果倒行逆施,人民会起来反抗你,其立场还是替统治者谋划。另一方面,对待传统文化,还要切忌一棒子打死。比如,墨家讲求"天志"、"明鬼"。能否据此认为,战国各家各派中只有墨家坚持神权思想,是"一脑子鬼神上帝"的"黑衣教士"?其实,墨家代表了平民反对世袭贵族统治的愿望,他们不过是借助鬼神来对抗礼治。再如,法家主张"缘法而治"的"法治",以确立和维护中央集权的君主专制政体。有些学者提出,"法治"是天生与民主制度携手而来的,法家既然维护专制制度,就谈不上"法治"二字。其实,法家的"法治"本来就是为维护集权君主政体,唯有如此,才能打击六国诸侯和贵族的复辟势力,建立和维护统一的多民族的国家。

要做到实事求是,服务当今,还要注意正确运用阶级分析的方法。阶级分析的方法是研究阶级社会诸现象的一个重要方法。什么是阶级社会?阶级社会即阶级对抗的社会,"所谓阶级,就是这样一些集团,由于它们在一定社会经济结构中所处的地位不同,其中一个集团能够占有另一个集团的劳动。"[26]在运用阶级分析方法时,应当注意几个问题:一是研究阶级对抗社会时,可以运用该方法,而研究非阶级对抗社会时,比如原始社会、今天的社会主义社会,不能机械地照搬此方法;二是运用阶级分析方法时要把阶级的整体意识和形象,同该阶级内部成员个人的意识和形象区分开来,否则,就不能解释,为什么作为企业家的恩格斯却为无产阶级说话;三是客观看待对立阶级之间的同一性,即两者相互依存,互相转化,而且两者具有共同的历史文化传统,共同的道德观,只不过表现形式不同;四是将阶级分析的方法同其他方法结合起来运用,不要单打一。历史事件、历史人物和历史典籍都具有相当的复杂性,单打一就会导致简单地"贴标签"、出偏差。

在过去的年代,在特殊的理论背景下,老一辈学者当中不乏机械运用阶级分析方法的例

〔26〕［俄］列宁:《伟大的创举》,载《列宁选集》(第4卷),人民出版社1972年版,第10页。

子。比如,对历代起义农民一味同情、歌颂而忽视了客观批评;对剥削阶级行为之目的简单地归结为:为了维持奢侈腐化的生活;在《诗经》有关男女恋爱、私奔的诗句中,去挖掘阶级压迫的影子;乃至把杜甫《茅屋为秋风所破歌》中风趣诙谐的诗句“南村群童欺我老无力,忍能当面为盗贼,公然抱茅入竹去,唇焦口躁呼不得”,说成是反映了地主阶级对贫苦农民孩子的鄙夷……今天,当我们对阶级分析方法重新进行分析时,一定要注意:既不要机械地滥用它,也不要全盘否定它,否则就是以偏代偏,用一个倾向掩盖另一个倾向。因为它毕竟是一个有针对性的可以有效运用的方法。

(二)具备必要的基本功

学习特别是研究中国法律思想史,应具备一定条件,那就是要有一些基本功,主要包括以下几方面:

第一,要有基本的辩伪知识。辨伪主要指对先秦史籍真实性做出判断,去伪而存真。辨伪缘于先秦文化史上的“三把火”。第一把火即西周末统治集团内争,引来“犬戎寇周”。游牧民族进入都城,将国家图书馆收藏的各类文化典册付之一炬。所幸鲁国重视文化事业,故有“周礼尽在鲁矣”之叹。第二把火,秦统一六国,为防止旧贵族复辟,用行政手段统一思想,“以法为教”,“以吏为师”(《韩非子·五蠹》),“燔(fán音凡)诗书而明法令”,“偶语诗书者族”(《史记·商君列传》)。但是,“焚书”是针对民间的,其实仍由国家统一收藏管理各类图书,委派博士们研究。第三把火即秦末战争时,项羽率先攻入咸阳,将国家文库付之一炬,造成无法挽回的损失。西汉后,朝廷鼓励民间献书,赏之爵位,故有伪书出现。如《邓析子》,旧著为邓析所作,而用《邓析子》来研究邓析的思想,就铸成大错了。但是,有些史料又是“伪而不伪”的,因为它毕竟反映了作伪者那个时代的社会思想状况,故而伪书也有其价值。辨伪的原则是疑其所当疑,信其所当信。古人没有著作权观念,在传抄他人著作时,不小心也把自己的话写进去,对此就不能以一言而否定全书。

第二,要注意掌握古文字语句的真实含义。古汉语多音多形多义,很难掌握,故常常引起歧义。首先,从古文字来说,一字之差,其义迥异。《尚书·吕刑》有“折民唯刑”,曾被译为:只有用刑罚才能使人民折服。其实,“折”即“哲”,“民”即“人”,“刑”即“型”。即《康诰》所谓“哲人唯型”,意思是以贤哲之人为榜样。《老子》有:“民不畏死,奈何以死惧之。”可能被译为:人民不怕死,你用死威胁人民又有什么用呢?其实,“民”即“愍”,冥顽不灵。即《尚书·康诰》“愍不畏死”,暴徒冥顽不懂死之可惧,用死威胁他也不怕。其次,从词语来说,一词之别,其义甚远。《论语·述而》有“自行束脩以上,吾未尝无诲焉。”束为十,脩为干肉,束脩为十条干肉,即孔子说:如果有人自己拿着十条干肉来见我(向我求教),我怎能不教导他呢。这样则孔子似乎成了一位见钱眼开、有偿服务的商人了。其实,“脩”即“修”,“束修”即梳洗打扮。古人在祭祀或谒见地位高的人之前,先沐浴更衣,以示尊敬。意谓:你打扮得干干净净地来见我,我怎能不教导你呢。“自行”的“行”指村落、小巷。“三人行,必有吾师焉”,也就是说,即使是三家之巷,都有值得我学习的地方。从以上文字我们可以品味出孔子的平民立场。最后,从语句来说,同语同句,其义频出。《孟子·梁惠王上》有:“始作俑者,其无后乎!”即孔子说:最先发明用俑来殉葬的,恐怕要断子绝孙吧!孔子反对殉葬,即使用人形的木俑陶俑殉葬他也反对,认为“不仁”。可是,在文化大革命中,这句话被曲解了,认为孔子是坚持周礼的,按周礼规定,贵族死了,要用奴隶殉葬的,用俑殉葬就违反了周礼,所以孔子反对之。《论语·泰伯》有:“民可使由之,不可使知之。”是说,国家制定政策,人民服从就行了,要让人民懂得为什么这么做,是困难的。也有人译为:不要让老百姓知道为什么这么做。此解有一点愚民色彩,似不符合孔子思想。近代维新变法时,为了宣传民主宪政思想,改良派思想家主张民主宪政思想古已有之,证据就是这段话:孔子说了,制定政策要经过人民投票,人民通过了,就去执行(民可,使由之);通不过,就不执行,还要让政府知道为什么不行(不可,使知之)。显然把古人现代化了。

第三,要注意新史料的发现及其研究成果。由于先秦文化史上的三次火劫,使先秦史籍蒙受无法挽回的损失,给研究先秦史造成无法克服的困难。因此,应当高度重视新发掘的史料,包括甲骨文、金鼎文、石刻、竹简、木简、碑刻及其他民间收藏的各类史料。新史料的发现对史学研究意义重大:其一,它可以佐证一些史实。西汉人批评秦朝法律“繁如秋荼,密如凝脂”,但我们无从知晓,只有到了1975年发掘出《睡虎地秦墓竹简》之后,我们才对秦朝法律的详细完备程度有了感性的认识;其二,它可以纠正一些错误。一般认为,先秦儒家与法家两家思想是截然对立的,法家从根本上否定儒家的仁义礼智信之类的道德教条。但是,《睡虎地秦墓竹简》的《为吏之道》却告诉我们,秦朝统治者也用“君怀、臣忠、父慈、子孝”的教条来教育各级官吏,可见儒法思想之间也有局部重叠之处,而秦代统治者亦开始吸收儒家思想,或者说儒家思想在当时并未受到彻底清算。而且,在秦律当中,有了“不孝”罪和维护父系宗法家族秩序的规定,这起码说明,秦代未曾彻底清除父系宗法家族秩序。因此,那种认为秦代法律完全体现法家主张而没有儒家思想影响的痕迹的看法是不客观的。其三,它可以促成一些新的研究领域的诞生。甲骨、钟鼎、竹简等大量出土,为古文字学、古代艺术、冶炼史、古代哲学、法律史研究提供了新的史料,促成了新学科的产生。

第四,注意对史料的再发掘。除了注意新出土新发掘的史料之外,还应致力于既存史料的再发掘。王国维先生通过对甲骨文、《山海经》等文献的研究,对《周易·旅》的“丧羊于易”作了新的解释:殷先王亥,淫于有易,被杀,牛羊被夺走,后殷人复仇,夺回牛羊。可见,《周易》记载了历史上曾经发生的重大事件。《周易·泰》有“无平不陂,无往不复”,以往学者们常用哲学辩证法的角度解释它:一是没有平坦就没有斜坡,没有去就没有来;二是事物没有平坦无坡的,亦没有去而不归的。其实,“往”、“复”在《周易》里专指商业买卖行为。“平”者“议”也,“陂”者“贩”(bi 音必)也,《说文解字》:“贩,移予也”,即将财物由一地转到另一地。原句意思应当是:一是买卖双方没谈好合同,卖方就无义务送货,卖方不送货,买方就无义务付价金;二是按照买卖交易原则,没有订了合同而不给对方送货的,也没有收了货而不给对方价金的。这一交易原则与《拿破仑法典》第1612、1702、1650条的规定有着惊人的相似之处。[27]《周易·明夷》有“箕子之明夷”,是说殷末箕子发明了“明夷”。“明夷”亦即《尚书·洪范》中的“明用稽疑”,即出示证据,是古老的诉讼制度。“夷”是一付弓矢相符,“去”是弓矢不符,古人用弓矢上的族徽符号来判定猎获物之归属。“明夷”与古代“法”字有着直接的关系。对既存史料做出新诠释,其意义不亚于发现了新史料。值得注意的是,在研究法律文化起源问题上,对古文字的研究具有特殊意义。由于时代久远,古代文献中的原始含义已经

[27] 《法国民法典》第1612条:“在买受人未支付价金且出卖人并未同意于一定期间后支付价金的情形,出卖人不负交付标的物的义务”;第1702条:“称互易者,谓当事人双方约定互相以一物交换他物的契约;”第1650条:“买受人的主要义务,为按照买卖契约规定的时日及场所支付价金。”参见《法国民法典》,李浩培等译,商务印书馆1979年版。

无法复原了。但是,通过对单个古文字——诸如“礼”、“德”、“法”、“刑”、“律”、“夷”、“仁”等典型单字的研究,我们可以窥测中国古代法的原生形态。

（三）人物与典籍相结合

中国法律思想史研究的直接对象是历史上的重要人物或学派,使用的材料是他们的著作。比如研究孔子、孟子、老子、庄子、商鞅、韩非,就要分别研究《论语》、《孟子》、《老子》、《庄子》、《商君书》、《韩非子》;研究董仲舒、王充、柳宗元、白居易、黄宗羲、康有为,就要分别研究《春秋繁露》、《论衡》、《柳河东集》、《白居易集》、《明夷待访录》、《康南海文集》,以及正史中的本传。

另一方面,历史上有些著作是很难与一个确定的个人或学派挂钩的。比如《易经》、《诗经》、《周礼》、《左传》、《管子》、《吕氏春秋》、《淮南子》、《盐铁论》、《白虎通》等。这些著作包含丰富的思想史料,也是中国法律思想史研究的直接对象。在研究中,应当避免见人不见书的偏向,而应把研究人物同研究典籍结合起来。

（四）法律思想与法律制度相结合

法律思想与哲学思想不太一样,前者与法律实践有着密切的关系,它源于法律实践并影响着法律实践,这就使得法律思想与法律制度之间密不可分。实际上,法律规范和法律制度本身就包含着丰富的法律思想。比如《睡虎地秦墓竹简》中有“不孝”罪,这是用法律来维护“礼”的具体表现;对“盗采桑叶”的惩罚,则反映了当时对私有制的保护;《唐律》中“十恶”的规定,是封建法律维护皇权和族权的集中体现;禁止“别籍异财”,反映了维护家族秩序的立法宗旨;“犯罪存留养亲”,反映了统治者对刑罚的社会效果的全面考虑,等等。因此,除了人物、典籍之外,在研究古代法律思想时,还要兼而研究法律制度。

（五）法律思想与风俗习惯相结合

法律思想、法律规范与古老的风俗习惯本来就有着密切的联系。最早的习俗接下来被加工上升为法律,而关于习俗的意识就是接下来的法律思想。引进风俗习惯的研究角度,对于理解古代法律制度的原始意义是颇有裨益的。比如“刑弃灰于道者。”《史记·李斯列传》:“商君之法,刑弃灰于道者。夫弃灰,薄罪也。而被刑,重罚也。”《新序》:“今卫鞅内刻刀锯之刑,外深斧钺之诛,步过六尺者有罚,弃灰于道者被刑。”《汉书·五行志下》:“秦连相坐之法,弃灰于道者黥。”为什么要“刑弃灰于道者”？有人认为,道路有灰就会迷人眼睛,引起争斗;有人认为,灰可作肥料,弃灰于道,是破坏生产;有人认为,灰可复燃,有妨安全;还有人认为,马匹吸入烟灰会生病甚至死掉。但是,从风俗习惯的角度来看,火是避灾驱邪之物,娶妇时,令新妇跳火盆;出殡时,门前燃火,户外撒灰,驱赶家鬼。火余之灰或亦有此功能,弃灰于道,是以邪术害人,可降灾于路人,必引起路人与当地人的争斗,故禁之。又如,儒家讲求华夷之辨,即农耕民族与游牧民族的差别,讲求伦理道德,鄙薄“父死,子妻其庶母”,“兄死,弟妻其嫂”,“子死,父妻其子妇”之俗。故《荀子·非相》谓:“人之所以为人,非特以其二足而无毛也,以其有辨也。”辨即礼,礼即俗,源于“男女同姓,其生不蕃(fán 音凡)”(《左传·僖公二十三年》)的生活经验。同姓相婚会生出畸形胎儿,在古人看来这是违礼而必受上天之罚的凶兆。可见,礼的形成及其被古人严格遵守的传统,是以宗教信条和禁忌为佐助的。

(六)法律思想与地域文化相结合

中国地大物博,历史悠久,民族众多。在中央集权的君主专制政体出现之前,我国曾经历了很长的分封自立的宗法贵族政体。这种政体与地缘文化相结合,形成了各具特色的包括历史传统、民族心理、风俗习惯、宗教信仰在内的地域文化。这种地域文化传统即使在中央集权政体的统治下,仍然发挥着潜在的影响。过去我们研究历史,注重阶级分析,给各种思想、制度冠以"奴隶主阶级"、"封建贵族阶级"、"新兴地主阶级"、"劳动人民"、"手工业者"之类的标牌。这样划分虽然有利于从某一侧面(如政治立场和经济利益)去描述历史人物或事件,但有时容易陷入片面。因为它很难回答"为什么不同地区的贵族们或地主们有不同的主张"这样的问题。因此,引进地域文化的研究方法,是丰富中国法律思想史研究的有益尝试。

我国地域文化至少在西周初期"大封建"时即已形成。《左传·文公四年》载,春秋时卫国大夫子鱼在追述周初封建时曾有精辟的一段话:鲁国之封,"启以商政,疆以周索";"晋国之封,启以夏政,疆以戎索"。这是对地域文化形成原因的简洁概括。而《诗经》中的鲁颂、秦风、齐风等,亦是对地方风土人情的精彩描述。历代正史亦有方舆志,皆地域文化研究总结之成果。

简而言之,先秦地域文化主要分为四支:一是鲁国文化,这是农耕文化的产物。其最重要的观念是"礼治",反映在政体上是贵族政体,反映在法体(即立法司法活动的方式)上是判例法。鲁国文化的代表人物是孔子、孟子;二是晋国文化,这是游牧文化的产物。其最重要的观念是"法治",反映在政体上是中央集权的君主专制政体,反映在法体上是成文法。晋国文化的代表人物是商鞅、韩非;三是齐国文化,这是融和了农耕、游牧文化的混合文化。其最重要的观念是"隆礼重法",即在宗法家族的社会基础上构筑一个统一的国家。反映在法体上则是成文法与判例法相结合的混合法。齐国文化的代表人物是荀子;四是荆楚文化。荆楚地处南方,气候宜人,物产丰富,素有巫风。除关心民间之事外,还关心天道、鬼神之类。其作品有飘逸浪漫之风格。其主要观念是"道"。"道"的主要精神是"自然无为"。故要求统治者对人民不要过多干预。荆楚文化的代表人物是老子、庄子。

在中国封建史上,孔孟之旗高扬,商韩形象暗淡,而真正起作用的,是荀子之术。故近代思想家谭嗣同在《仁学》中总结道:"二千年来之政,秦政也;二千年来之学,荀学也。"[28]另外,作为一种补充,道家思想亦发挥不小的作用。中国历史上的"文景之治"、"贞观之治"等,都是在道家"清静无为"的影响下出现的。不仅如此,道家还把藐视和批判既存政权的勇气,传给了人民,成为历代起义农民团结民众反抗暴政的精神武器。

地域文化作为横向比较的一个标尺,应当与法律实践活动的纵向发展标尺结合起来。因为中国古代法律实践活动表现出横向发展的多样性和纵向发展的阶段性的和谐统一。中国法律思想史研究如果介入地域文化的研究方法,将会大大开拓我们的理论视野。

当然,在研究中国法律思想史过程中,还要不同程度地涉及外国的法律思想。而在进行中外法律思想比较研究时,发现它们之间的相通之处,往往比罗列它们之间的不同之处更有价值。

---

〔28〕 谭嗣同:《仁学》二十九,载《谭嗣同全集》,中华书局1981年版,第337页。

第一章　中国法律思想的原生形态

第一节　远古社会与文明初起

从原始社会末期到殷商、西周，是中国古代法律文化长期酝酿和初步形成的时期，中国古代法律思想也处于酝酿和初步形成的阶段。此间的法律和法律思想在很大程度上还受到神权思想和古老风俗习惯的制约，因而带有初级的或者说原生的色彩。因此，我们把这一时期法律思想的存在状况和发展形态，称为中国法律思想的原生形态。

传说时代即史前时代。由于这段漫长历史时期没有文字直接记载，因此只能靠后人追述的文献和地下发掘物来了解。但是，这段历史是中华民族的最初经历，是中华民族的婴孩时代，也是中华民族走向文明的重要历史时期。此间，国家和法逐渐萌芽。而国家与法萌芽时期所具备的一系列特征，都对后世产生了极大影响。因此，我们要研究中国法律思想史，不能不涉及法的起源这一最基本的问题。

一、传说时代及其社会状况

（一）关于传说时代

一般来说，人类的历史是指有文字直接记载的详实可考的经历。但是，文字的发展本身就经历了由简单到复杂、由偶然到必然、由低级到高级的漫长过程。事实是，在文字产生之前，人类社会已经存在并发展了相当长的历史时期。因此，没有文字直接记载的历史也是历史。它被称为人类的早期史或史前史。这段历史是经古老的人类用“口耳相传”的方法流传下来的，故而又称为“传说时代”。

中国有文字记载的历史大约是从商代开始的。商以前的历史，从炎帝、黄帝、蚩尤到唐尧、虞舜、夏禹，都未曾用文字直接记载下来。它们存在的证据，仅仅是后来古代文献中保留的对古老传说的描述。这段漫长的虽无文字直接记载但看来又确实存在的历史，就是中国古史的传说时代。

传说时代在形式上有如下特点：第一，传说时代的经历是靠古代人们祖祖辈辈口耳相传保留下来的，因此，传说中所描述的历史人物和事件常常缺乏时间和空间的连贯性和准确性。中国自古又是个多民族的大家庭，各民族的传说因彼此对立、吸收而不断改变，故传说中的人物与事件常常以彼此矛盾的面目出现。第二，我们今天所接触到的古代传说，不是“口耳相传直到今”的材料，而是古代史籍对前代的追述，而这种追述常常因为作者的主观动机而加以改造和渲染，其中也难免有误解或以讹传讹之处，从而使我们难以观察到古代传说的原貌。第三,古代传说往往同神话纠缠在一起,人的世界常常同神的世界混为一谈。如《韩非子·十过》说黄帝合鬼神于泰山之上,“蚩尤居前,风伯进扫,雨师洒道,虎狼在前,鬼神在后,腾蛇伏地,凤凰覆上,大合鬼神,作为清角。”表面看来,这些记载纯属无稽之谈。但是,古代民族都信仰图腾,那些虎狼凤蛇不过是氏族的图腾,而“大合鬼神”即是部落联盟大会或战前誓师,这就是神话告诉我们的史料。神话自有其合理的内容,正如拉法格在《宗教和资本》中所说的:“神话既不是骗人的谎言,也不是无谓的想象的产物。它们不如说是人类思想的朴素的和自发的形式之一。只有我们猜中了这些神话对于原始人和它们在许多世纪以来丧失掉了的那些意义的时候,我们才能理解人类的童年。”[1]

中华民族是崇尚祖先和怀念自己历史的民族。西周人“敬天法祖”,孔夫子“祖述尧舜”,直至康有为“托古改制”,都借用先代事迹来论证现实主张的合理性。商王盘庚发布命令,首先征引“古我先王”之例;周穆王下令立法时亦溯及“若古有训”;历任君臣议处疑事,亦每每称引古事,西汉“春秋决狱”便是突出的一例。这种崇古法祖的气质和风尚有利于古史原料的传播和记录,使浩如烟海的古代典籍,无论经、史、子、集,均不乏追述、转引先代史实的文字,从而为我们研究传说时代的历史提供了较为有利的条件。

(二)传说时代的社会状况

在传说时代的中原地区,已经进入了原始社会的末期。一方面,贫富已经开始分化,阶级已经萌芽,社会进入父系氏族阶段。另一方面,由于战争和交往的扩大,部落联盟初步形成并逐渐巩固。这一时期正是阶级、国家、法律萌芽及确立的时期。后来阶级社会的法律制度和法律思想无不可以由此找到它们的原型。

“国之大事,在祀与戎”(《左传·成公十三年》),这一特征在传说时代就已经存在了。对当时的人们来说,在社会公共事物中,最重要的莫过于“祀”(即祭祀活动)和“戎”(即军事活动)。祭祀活动形式上是解决人和神之间的关系问题,实质上则是维系氏族共同体的生存和发展。祭祀的结果是产生禁忌并导致“礼”的产生。比如,“同姓不婚”是“礼”的规定,它是某种禁忌的结果。因为同姓相婚会产生畸形儿,这是对神的冒犯和亵渎。于是,“礼”便以禁忌为基础而产生。

“礼”的内容随着人们生活领域的不断扩大而不断丰富和完善。军事活动是保族保种或获取生活物质财富(狩猎)的重要手段。为了获得军事活动的胜利,必须将族内成员高度地集中起来并统一指挥,不允许人们违反命令和誓言,否则将予以制裁。军法和刑罚就是这样产生的。当一个部族战胜并奴役另一个部族时,刑罚则更是不可或缺。于是,法律和刑罚就渐渐发达起来。

“礼”来源于原始部落的风俗习惯,但两者之间存在种种差别。首先,原始部落的风俗习惯是全体成员在长期共同生活中自然形成的,是靠舆论保障执行的。“礼”则是仰仗部落的政治权威来确立和实现的。其次,“礼”比原始部落的风俗习惯内容更准确、更规范。最后,“礼”比原始部落的风俗习惯更具有强制性。同样的道理,当时的刑罚也来源于原始部落的强制措施,但前者比后者更具准确性和强制性。传说时代已具备了“礼”和“刑”得以产生的社会条件,事实上古老的法律和与此相连的法律思想就是以此为土壤而产生的。

---

〔1〕[法]拉法格:《宗教和资本》,王子野译,三联书店1963年版,第2页。

二、关于中国国家的起源

在人类的历史上，文明的产生与国家的起源密不可分。国家是文明社会的概括，国家的出现被视为史前社会的终结和文明社会的开端。但是，在探讨人类文明的产生和国家起源的问题时却形成了不同的标准。在人类文明产生的问题上，长期以来国内外学术界较流行的观点是把文字、铜器、城市的产生视为文明诞生的标志。[2] 在探讨中国国家起源的问题时，国家形成的标志问题似乎具有关键性的意义。恩格斯在《家庭、私有制和国家的起源》中提出国家形成的两大标志，即按地域划分国民和公共权力机关的设立。

但是，人类文明的产生和国家的起源本身是多元的和地域性的，并不存在统一的放之四海而皆准的标准。在世界范围内实际上存在着没有铜器的文明、没有文字的文明和没有城市的文明。在我国历史上，即使到了西周初期仍然是按照血缘来划分阶级，真正按地域来划分居民应当是战国时才形成的制度。

由于史料和地下发掘物的欠缺，以及研究方法的不同，致使中国国家起源问题，包括中国国家形成的时间、标志以及中国国家形成的原因、途径等问题，成为长期聚讼的学术难题。

半个多世纪以来，学术界关于中国国家起源的时间，曾有不同的论述。1929 年，郭沫若在《中国古代社会研究》一书中提出，中国国家形成于商周之际，商代以前是原始公社社会。这一观点得到一些学者的赞同。[3] 20 世纪 40 年代，郭沫若、吕振羽、翦伯赞、吴泽等人先后提出新观点：商代是奴隶社会，夏代仍属于原始社会。建国以后，郭沫若主编的《中国史稿》、范文澜主编的《中国通史》都把夏朝定为中国国家的起点。这一观点得到学术界普遍的承认。尔后，唐兰提出中国国家出现于五六千年前的少昊时代。[4] 田昌五则认为黄帝时代就出现了部落奴隶制国家。[5] 看来，中国国家的起点似乎获得了加速度，向前越跑越快。这一有趣的学术现象大约与考古资料的增加和研究方法的变化有直接的关系。但是，至今在学术界占支配地位的观点仍是中国国家产生于夏代。

解决中国国家形成的原因和途径问题，对于研究中国国家的起源，具有特殊的意义。因为这些问题最能表现中国国家起源的独特性。对此，一些学者提出了以下观点：(1)贫富分化与阶级斗争：中原地区在大汶口文化晚期已发生贫富分化，出现私有财产，从而导致阶级矛盾和阶级对立，最终导致国家权力机关的出现。(2)部落间的防御或掠夺战争。各部落之间的旨在防御或掠夺财富的战争活动，促进了奴隶制的形成和发展，也促进部落的迁徙、分化和组合，其结局是部落联盟机关的权力不断扩大和地域性组织的发展。(3)共同治理洪水和兴修水利。尧舜时代的治理洪水，使管理公共事务的部落联盟机关获得空前的权威，共同治水活动一方面冲破原先氏族的界限，一方面在洪水之后重新划定疆界，这些都促进了地域性关系的发展。

国家不是在某一天突然形成的。国家的诞生经历了长期的量变积累过程。世界各古老民族无有例外。从黄帝时代到夏代国家确立的漫长过程，是我国原始社会到奴隶制社会的过

---

[2] 李学勤：《中国古代文明与国家形成研究》(第二版)，中国社会科学出版社 2007 年版，第 4 ~ 9 页。

[3] 参见侯外庐：《中国古代社会史论》，人民出版社 1957 年版；尚钺：《中国历史纲要》，人民出版社 1954 年版。

[4] 参见唐兰：《中国奴隶制社会的上限远在五六千年前》，载《大汶口文化讨论文集》，齐鲁书社 1979 年版。

[5] 参见田昌五：《中国奴隶制的特点和发展阶段问题》，载《人文杂志》1982 年增刊；《古代社会断代新论》，人民出版社 1982 年版。

渡阶段。此间,伴随着生产力的提高,社会分工的发展,私有财产的出现,战争、土地、人口和牲畜的掠夺,共同治理和防御洪水等等,古老的氏族制度和生活方式越来越不适宜新社会生活的需要,其被取代只是时间问题了。而部落联盟机关则顺应时代的要求,以主角的姿态登上历史舞台。这种日益扩大的公共权力机关正是国家的前身。这一漫长的过渡时代对于描述国家起源必不可少,而对于描述法律起源则更是至关重要。

第二节 中国法律文明的起源

古老人类的进化大约从原始族群发展到氏族,尔后随着古代先民生活领域的扩大,产生了部落和部落联盟。炎帝、黄帝、蚩尤时代正是中华民族进入部落联盟的时代,也是我国传说时代的重要时期。

一、部落战争与部落联盟

在辽阔的中华原野上生活本出一源的各部族中,居住在中原一带的华夏集团由两个部落组成:一是炎帝部落,二是黄帝部落。《国语·晋语》说:"昔少典氏娶于有蟜氏,生黄帝、炎帝,黄帝以姬水成,炎帝以姜水成。成而异德,故黄帝为姬,炎帝为姜。"与华夏集团并存的有生活在中国东部地区的东夷集团,即九黎集团,其首长即是蚩尤,它的"嫡系"是苗民部落。

炎帝、黄帝二部不断向东南发展,炎帝部走在前头。这样,华夏集团终于与东夷集团遭遇。经过长期战争,炎帝部力所难支,于是分划成主和部落和主战部落。后来主和部落占了上风,导致炎帝、蚩尤两部言归于好,并议定了势力范围。和平实现了,炎帝部却付出了沉重的代价:内部分裂。《逸周书·尝麦》记载:"昔天之初,□作二后,乃设建典,命赤帝分正二卿,命蚩尤于宇少昊,以临四方。"二后即指炎帝、蚩尤二首领;建典指达成协议;赤帝即炎帝;二卿指炎帝部分划成不同"政见"的两派;于宇即宇于,居住之义;少昊即《左传·定公四年》所说的"少昊之虚",是东夷集团的大本营,相当于春秋时鲁国的领土。炎帝部与蚩尤本系同源,现在两部相安无事,久而久之,两部便混然而一。故《路史·蚩尤传》说:"蚩尤姜姓,炎帝之裔也","(蚩尤)封禅号炎帝。"连他们的图腾也都一致起来:"炎帝神农氏人身牛首"(《绎史》卷四引《帝王世纪》),蚩尤则"人身牛蹄,四目六手"(参见《述异记》)。后来蚩尤便公开打起炎帝的旗号了,《逸周书·史记解》:蚩尤"自立号炎帝,亦曰阪泉氏。"而原来炎帝部主战的那个部落一怒之下返回故乡,准备东山再起。

图02 蚩尤像

和平带来了安定,交融促进了繁荣。炎帝部本来擅长农业生产,故号称"神农氏",他们进入农业社会比其他部落要早。在先进生产方式和生产技术的促进下，蚩尤部的经济得到迅速发展。经济实力的扩充与领土的扩大同步进行，最终，蚩尤部同原来主战的那支炎帝部又一次遭遇了。

《逸周书·尝麦》："蚩尤乃逐帝，争于涿鹿之阿，九隅无遗。赤帝大慑，乃说于黄帝。"那个好战的炎帝旧部被蚩尤部打得大败，丢了领土，无处藏身，只得乞求黄帝部的庇护。

蚩尤部打败了原来主战的炎帝旧部，扩大了领土，一时声威大震，四方恐惧。蚩尤部之所以能打胜仗，主要是兵器优良。《吕氏春秋·荡兵》说："蚩尤作兵。"《世本》说："蚩尤作五兵。"《尸子》说："造冶者蚩尤。"兵就是兵器，据说是用火山爆发形成的金属锻造而成的。《管子·地数》载："葛卢之山发而出水，金从之，蚩尤受而制之，以为剑铠矛戟。是岁，相兼者诸侯九。雍狐之山发而出水，金从之，蚩尤受而制之，以为雍狐之戟芮戈。是岁，相兼者诸侯十二。"于是，手执利器、身着铠甲的蚩尤部落的勇士，便俨然成了战无不胜的神人。《龙鱼河图》说："蚩尤兄弟八十一人，并兽身人语，铜头铁额，食沙石子，造立兵杖刀戟大弩，威振天下，黄帝仁义，不能禁止蚩尤，遂不敌，乃仰天而叹。"黄帝面对所向披靡的铁甲军，竟束手无策了。

在远古社会，战争是个伟大而神圣的事业，它关系民族每一个成员的生存和发展。战胜者永载史册，失败者淹没无闻，这似乎成了铁的规律。蚩尤部是战争之神的宠儿，战争给他们带来领土、财富、荣誉和周围部族的臣服，同时还带来了新的礼品——刑。

二、"五刑"与"灋"

古代"兵刑不分。"《国语·鲁语》记载鲁国大夫臧文仲的一段话："大刑用甲兵，其次用斧钺，中刑用刀锯，其次用钻凿，薄刑用鞭扑，以威民也。故大者陈之原野，小者致之市朝。"《汉书·刑法志》重复了这段话，并叹道："其所由来者上矣！"

至于"兵"与"刑"的联系，主要分为两个方面：其一，"兵"是"刑"的手段。用"甲兵"、"斧钺"去征服敌对部族，尸横旷野，血流漂杵，这是最大的刑罚；用"刀锯"、"钻凿"去截人肢体、毁人器官，这是中等的刑罚，是针对所辖部属的统治手段；鞭打是最轻的惩罚，是施于内部集团成员的。其二，"刑"是"兵"的条件。为了组织军事行动，必须创制和实施一些号令。正如《易·师》所追述的："师出以律。"意即军队行动要遵守号令。律指乐律，即钟鼓发出的高低不同、频率各异的声音，如后世"鸣金收兵，击鼓进军"之类。《周礼·春官·大师》："大师执同律以听军声而诏吉凶。""同律"即关于金鼓号角的节奏频率的规定。这些号令具有极大的权威，任何人不得违反，否则便施以刑罚。

据传，最古老的战鼓名叫"皋陶"，是由不同长度、直径和弧度的鼓木蒙以皮革而制成的。鼓的大小长短不等，击打时发出声音的频率、传播的距离也不相同："鼓大而短，则其声疾而短闻；鼓小而长，则其声舒而远闻"（《周礼·冬官·考工记》）。由一组型号不同的战鼓发出的声音就是指挥军队作战的军令，即"师出以律"的"律"。久而久之，战鼓的名字"皋陶"，也就被借代为军令的代名词。于是，蚩尤发明的"五兵"和军令"皋陶"便成了密不可分的同一宗遗产而留传于后世。

在频繁的战争中，蚩尤部的刑罚手段也逐渐完善起来，最后定型为"五刑"，即《尚书·吕刑》所叙述的蚩尤"作五虐之刑"。

蚩尤部既然能用火山爆发形成的金属来锻造兵器，自然也能用它制造工具。金属工具的运用和推广，大大提高了生产力，从而增加了部落的财富。凭借着经济上的优势，蚩尤部不仅用武力"相兼诸侯",而且还将战败的部族纳入自己的领域,逐渐加以"同化"。这就使蚩尤部所辖领域内的居民成分空前复杂起来。

财富使各氏族具有各自的特殊利益,战争需要供给兵器和粮食,新扩充的领地需要军队去固守,被征服的部族需要弹压和疏导,部落内部出现的互相欺诈、抢夺财物、违反传统礼仪的行为也需要制裁和整肃。一句话,旧的传统习惯显然已不宜于时用了,必须创制新的行为规范以维护现行秩序。这个新的行为规范就是"法"。而创造"法"的正是蚩尤。

《尚书·吕刑》载:"蚩尤惟始作乱,延及于平民,罔不寇贼、鸱义、奸宄、夺攘、矫虔。苗民弗用,灵制以刑,惟作五虐之刑曰灋。杀戮无辜,爰始淫为劓刵椓黥。"[6]全段文字大意是:蚩尤开始整肃社会秩序,制定新的行为规则,施及所辖领域内的各类部族,将各种坏的行为总括为寇贼、鸱义、奸宄、夺攘、矫虔五种类型,以此来制约大家。蚩尤的嫡系苗民积极地加以实施,但未能奏效,蚩尤便命令他们用刑罚加以惩制,这种惩罚手段同上述五种类型的坏行为相对应,于是产生了五种无情的刑罚,称为"法"。原先只运用杀戮这种手段,恐怕诛及无辜,才开始增加了割鼻、割耳、宫、刺面四种刑罚。

"法"的产生,无疑是一大进步。但是,背叛古老的传统是不能不受到报复的。当时,人们"罔中于信,以覆诅盟",即大家都不讲信用,不相信盟誓了。加之苗民在推行"法"时采取了过分的举动:"丽刑并制",即"法"外加刑,故而引起骚动,无辜的受难者纷纷向上天控诉蚩尤、苗民的罪恶——改革遇到了普遍的抵制。

战败的炎帝部的一支逃往黄帝部乞求援助,于是酿成了黄帝部与蚩尤部的空前大战。《山海经·大荒北经》:"蚩尤作兵伐黄帝,黄帝乃令应龙攻之冀州之野。应龙畜水,蚩尤请风伯、雨师,纵大风雨。黄帝乃下天女曰魃,雨止,遂杀蚩尤。"黄帝利用蚩尤部的内部混乱,终于打败了他们。但是,在当时的历史条件下,黄帝部无法完全控制蚩尤部。于是采取分别对待的办法,将苗民部赶到南方,选择少昊氏作蚩尤旧部的首领,以结盟而告终。《逸周书·尝麦》:"赤帝大慑,乃说于黄帝,执蚩尤,杀之于中冀,以甲兵释怒。用大正顺天思序,纪于大帝,用命之曰绝辔之野。乃命少昊清司马鸟师,以正五帝之官,故名曰质。天用大成,至于今不乱。"

由此,新的更大规模的部落联盟出现了。于是,黄帝在泰山召开部落联盟大会。《韩非子·十过》:"昔者黄帝合鬼神于泰山之上,驾象车而六蛟龙,毕方并鎋,蚩尤居前,风伯进扫,雨师洒道……"蚩尤旧部连同他的同盟军"风伯"、"雨师"一并臣服于黄帝的麾下。尽管蚩尤旧部中不乏顽抗到底的氏族,但已难以掀起大浪了。

蚩尤死了,他的"法"却活着。这是因为"法"适应了当时社会发展的需要,从而得到社会的承认。"法"一经产生,便打破氏族部落的狭小界限,成为当时社会的共同财产。就连战胜者黄帝也不能无视这一事实。《龙鱼河图》载:"蚩尤殁后,天下复扰乱不宁。黄帝遂画蚩尤形象,以威天下。天下咸谓蚩尤不死,八方万邦,皆为殄伏。"蚩尤的形象,与其说是"铜头铁额"、"人面兽身"的图腾,不如说就是"灋"。

黄帝部落战胜了蚩尤部落,建立了空前规模的部落联盟机构,《管子·五行》说"黄帝得六相而天地治。"这"六相"分管兵、廪、士师、司徒、司马、李诸职,而蚩尤部的酋长虽被黄帝杀

---

〔6〕 乱:治;延:波及;平民:指所辖领域内不同的部族;寇贼:抢劫杀伤人;鸱义:违反礼仪;奸宄:邪恶作乱;夺攘:抢夺财货;矫虔:矫诈骗取;用:奏效;灵:令;虐:猛;淫:增加;劓:割鼻;刵:割耳;椓,即刴,毁坏生殖器官;黥:刺面。

死,其部民却被吸收进来。蚩尤部仍主兵,他们创造的五种刑罚也被继承下来了。其实,“六相”不过是六个部落酋长,他们之间的分工被相对稳定地固定下来,这些部落显贵逐渐获得了担任其他一切官职的独占权,“同样也是军事首长、最高祭祀和某些法庭的审判长”[7],并世袭下去。

以黄帝为代表的部落联盟机构实际上近似于雅典总议事会,是个“中央管理机关”。“以前由各部落独立处理的一部分事务,被宣布为共同的事务,而移交给设在雅典的总议事会管辖了。由于这一点,雅典人比美洲任何土著民族都前进了一步:相邻的各部落的单纯的联盟,已经由这些部落融合为单一的民族所代替了。于是就产生了凌驾于各个部落和氏族的法的习惯之上的雅典普遍适用的民族法。只要是雅典的公民,即使在非自己部落的地区,也取得了确定的权利和新的法律保护。但这样一来就跨出了摧毁氏族制度的第一步……”[8]

以黄帝为旗帜的部落联盟的确立,正是中华民族形成的原始起点。正如《国语·周语下》总结的:“唯有嘉功,以命姓受氏,迄于天下。及其失之也,必有滔淫之心闲之,故亡其姓氏,踣毙不振,绝后无主,湮替隶圉。夫亡者岂繄无宠,皆黄炎之后也。”然而,以黄帝为首的部落联盟是通过长期战争后形成的。部落联盟的确立以参战各部落间的“权利再分配”为条件。因为“对被征服者的统治,是和氏族制度不相容的”。[9] 这样,为了维系部落联盟的权威,就很难仍然仰仗原有的氏族制度而不得不求助新的行为规范,这就是蚩尤部落创制的“法”。而蚩尤部落所创制的“法”正是针对“寇贼、鸱义、奸宄、夺攘、矫虔”(《尚书·吕刑》)等行为采取的制裁措施。

及至尧、舜、禹时代,部落联盟机构得到进一步的扩大和完善。当时已有“四岳”,即“四方诸侯”(《汉书·百官公卿表》)。实际上是四方之部落酋长。联盟的重大事情均要“咨四岳”然后决定,实际上是召集部落酋长议事会。尧、舜、禹即以部落酋长的身份被推选为联盟最高军事首长。[10] 一些著名的“群牧”、“群后”,如稷、契、皋陶、垂、益、伯夷、朱、虎、熊、罴、夔、龙等二十二人(《尚书·尧典》),都是世袭的部落酋长。他们在部落联盟中分别担任职务,这些职务则由该部落世袭下去。当时主持司法事务的是皋陶。《尚书·尧典》载:“帝曰:皋陶,蛮夷猾夏,寇贼奸宄。汝作士,五刑有服,五流有宅,五宅三居”,“象以典刑,流宥五刑,鞭作官刑,扑作教刑,金作赎刑,眚灾肆赦,怙终贼刑。”又《皋陶谟》:“皋陶方祗厥叙,方施象刑惟明”;“天讨有罪,五刑五用”。

五刑指五种刑罚:杀、宫、刖(一说刖为剕)、劓、墨。《尚书·吕刑》:(蚩尤)“杀戮无辜,爰始淫为劓、刵、椓、黥。”原义似为:起初只有杀戮一种措施,这样就会诛及无辜者,为此就增加了割鼻、割耳、破坏生殖器、刺面四种刑罚,加上原来的杀刑,共称为五刑。肉刑盖源于原始社会的同态复仇习惯。“只有那种与所受损伤恰恰相等的伤害——以命还命,以烙还烙——才能满足原始人追求平等的精神”;“同等报复是为代替流血复仇而创造和施行,它能为原始人所承认是因为这能满足他们的复仇欲,同等复仇一经成为风俗就应当像一切风习一样作出

---

[7] [德]恩格斯:《家庭、私有制和国家的起源》,载《马克思恩格斯选集》(第四卷),人民出版社1995年版,第126页。
[8] [德]恩格斯:《家庭、私有制和国家的起源》,载《马克思恩格斯选集》(第四卷),人民出版社1995年版,第106页。
[9] [德]恩格斯:《家庭、私有制和国家的起源》,载《马克思恩格斯选集》(第四卷),人民出版社1995年版,第152页。
[10] 金景芳:《中国奴隶社会史》,上海人民出版社1983年版,第5页。

具体规定。"[11]但是,当部落联盟成立之后。氏族之间、部落之间的复仇行为便受到限制,本来在氏族社会中享有的"权利"现在却由部落联盟机关代为行使了,刑罚制度由是产生。这种刑罚的社会意义冲破当事人的范围,带有现代刑法理论的"特殊预防"和"一般预防"的色彩。正如拉法格指出的:"埃及人把强奸自由妇女的犯罪者的睾丸割去,通奸的犯罪者则受割鼻之刑","伪造货币或关防者砍手","小偷小窃谈不到死刑,只是砍断他们的手。"[12]其作用是"去其为恶之具,使夫奸人无用复肆其志,止奸绝本,理之尽也。亡者刖足,无所用复亡。盗者截手,无所用复盗。淫者割其势,理亦如之。除恶塞源,莫善于此,非徒然也。"(《晋书·刑法志》)这种刑罚手段还起着"一般预防"的作用,使别人出于畏惧或耻辱感而不敢违法犯罪。刑罚没有区别,就没有法律。如果对违法犯罪者统统处以死刑,就不会产生专门执掌司法事务的法官了。

传说时代的文明成果可以从考古发现得到印证。一是冶铜。山东境内五处发现铜器制品,距今4400~4000年。[13] 这一发现,也许和《管子·地数》所载"葛卢之山发而出水,金从之,蚩尤受而制之,以为剑铠矛戟"具有某种联系;二是远古文字或文字符号。北辛文化、大汶口文化、龙山文化遗址出土器物装饰纹样,可能蕴含着文字符号的雏形。山东诸城前寨、莒县陵阳河、大朱村和安徽蒙城尉迟寺等大汶口文化遗联系址发现的陶文符号有21个,邹平丁公龙山文化遗址发现的陶文符号有11个,江苏高邮龙虬庄龙山文化遗址发现陶文4个。[14] 王国维所谓"自五帝以来,政治文物所自出之都邑,皆在东方。"表面上说的是"都邑",而实质上说的是"政治文物"。而"政治文物"就应当包括冶铜、文字,再加上刑法,共同构成中华文明的组成部分。其中最重要的文明成果就是法。

第三节　古老风俗与刑罚的产生

一"井"与文身

(一)"井"与"校"

"刑"字的原型是"井"。"井"是一个很古老的字形。二里头遗址出土陶器上面就有符号"井"。[15] 商代武丁时期甲骨文有一"井"字,距今有三千三百多年的历史。[16] 王襄认为"古井字,又古刑字"。商承祚归"井"为"刑",并提示:"毛公鼎作井,与此同。"[17]对于金文中的

---

〔11〕［法］拉法格:《思想起源论》,王子野译,三联书店1963年版,第75、76页。

〔12〕［法］拉法格:《思想起源论》,王子野译,三联书店1963年版,第76页。

〔13〕方辉:《海岱地区青铜时代考古》,山东大学出版社2007年版,第36页。

〔14〕王永波、张春玲:《齐鲁史前文化与三代礼器》,济南齐鲁书社2004年版,第116、118、119、125页。

〔15〕孙淼:《夏商史稿》,文物出版社1987年版,第224页。另参见李学勤主编:《中国古代文明与国家形成研究》,中国社会科学出版社2007年版,第107页。

〔16〕白冰:《青铜器铭文研究》,学林出版社2007年版,第295页。

〔17〕于省吾:《甲骨文字诂林》(第4册),中华书局1996年版,第2857页。

“井”，学者有各种理解。有人认为：“井为型之初文”，后“被借为水井之井，久而失去本义”。[18]

学者多以“井”为水井之“井”，“井田”之“井”。或以为乃“井”上面的栏杆。西周前期的金文仍作“井”。到了中期“井”中加“·”成为“丼”字。学者们对这个“·”有各种解释，比如释为井口、汲水之器、汲水之人、汲水之绳，或挖井时用的专门工具“木槌球”。到了西周后期，“丼”又返回到没有“·”的字形即“井”。[19]

关于金文中的“井”字，陈梦家先生认为：“西周金文隶定为井者，可分为两式：第一式是范型象形，井字两直画常是不平行而是异向外斜下的，中间并无一点。……第二式是井田象形，井字两直画常是平行的，中间常有一点。”[20]

日本学者白川静先生认为：“井有二义：用于刑罚时作首枷之形，用于铸造时作模型的外框之形。……刑罚的刑和范型的型原本均作井、刑，都是作外框之用，为同一语源。”[21] 将“井”释为“首枷”，颇具创意。

《说文解字》引《周易》：“井，法也。”这当然是后人的注释，但必有所本。《周易》有“何校灭耳”，“履校灭趾”，“劓刖，困于赤绂”，“噬肤灭鼻”，“困于株木，入于幽谷”，“困于金车”，“其刑剭”，“其人天且劓”，等等，俨然是一本行刑教科书。其中的刑罚可以分为两类：一个是用刀锯施行的刑罚，如割耳、鼻、脚；另一个是墨刑，即黥刑，刺额。“其人天且劓”的“天”，也是刺额。“臀无肤”是刺臀。“噬肤”，即刺皮肤，如胸、乳、额、臂。施行这些“刑罚”（其实当初还不是刑罚）所用的用具，除了刀锯之外还有“校”。《说文解字》：“校，囚具也。”即用木头制作的，可以活动的用来固定被行刑人身体各部位的专用工具。也就是《易经》里面说的“困于株木”的“株木”，“困于金车”的“金车”。“金车”大约是铜木结构的囚车。还有“赤绂”，红色的绳子，用来捆扎囚具的绳索。红色概因其辟邪，或因为染上了血色。

那么，“校”是什么样子的呢？“校”的样子就是“爻”、“交”、“井”。“爻”、“交”的甲骨文近似于“井”，只不过是斜向的“井”，这几个字是通用的。“井”象征四根木柱构成的，用红色绳索固定的，可以改变尺寸的“行刑”工具。甲骨文中的“井”除了用于地名、姓氏之外，用于器物的就有两个：一个是水井的井，其形如木结构的井栏杆；另一个就是刑法的刑。

“刑”字是从“井”字辗转演化而来的。“井”字的前身是“丼”字，“丼”字的前身是“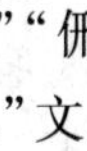”，即“侀”字。《礼记·王制》说：“刑者侀也，侀者成也。一成而不变。故君子尽心焉。”“侀”字指文身，意谓一经文身，终身不可改变。《礼记·王制》：“东方曰夷，被（断）发文身。”文身是东夷的风俗，其意义是作记号，给本人看，也给大家看，看的目的是约束和禁止，这和宗教禁忌和礼仪是密切联系的。文身习俗在甲骨文中可以找到痕迹。如在商代，男孩八岁要行成童之礼，女童十四、男童二十行成人礼即笄礼、冠礼，要文乳、文胸。他还列古文字中与文乳有关的17个“爽”形字“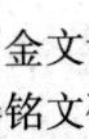”和有关文胸的10个“文”形字“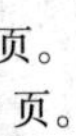”。[22] 日本古汉字学者白川静先生在

---

〔18〕 王文耀：《简明金文词典》，上海辞书出版社1998年版，第40页。

〔19〕 白冰：《青铜器铭文研究》，学林出版社2007年版，第296、297页。

〔20〕 陈梦家：《西周铜器断代》，载《古文字诂林》（第5册），上海教育出版社1999年版，第267页。

〔21〕 ［日］白川静：《字统》，日本东京平凡社1994年版，第226页。

〔22〕 周清泉：《文字考古——对中国古代神话巫术文化与原始意识的解读》（一），四川人民出版社2003年版，第688、673、680页。

20世纪60年代就指出:“爽字形以两乳为主题,显示女性的纹身。”[23]文身的“文”字,也是由于文身而得来的。“文”字本身即来源于“文身”。《说文解字》说:“文,错画也,象交文。”《史记·越世家》:“剪发文身,错臂左衽。”注:“错臂亦文身,谓以丹青错画其臂。”以刀割肤,令血出,又填之以墨,赤青相交。于是有“文彡”字。《广韵·文韵》:“文彡,青与赤杂。”又《礼记》:“青与赤谓之文。”

(二)文身·禁忌·礼仪

原始人类的文明脚步,与两性及家庭生活的进化完全合拍。而这种文明进化,正是伴随并仰仗着禁忌来实现的。而禁忌的设立与实施,离不开宗教仪式。这种仪式,就是最初的礼。在两性与家庭生活领域,礼的载体就是文身。

《礼记·王制》说:“东方曰夷,被发文身。”东夷最先发明了文身。蚩尤是东夷的部落首领,亦即咎繇、皋陶。在蚩尤部落发明的五刑中就有“黥”。“黥”开始并非刑罚,而是文身。文身的产生与两性及家庭生活的进化有关。而这种进化大约源于相应的禁忌:对父亲们与女儿们之间,对母亲们与儿子们之间和兄弟们与姐妹们之间性行为的排斥。

后起的殷商民族继承了东夷部落的文身习俗,并把他们定型化,成为“殷礼”的重要组成部分。殷礼中的文身之礼可以于甲骨文字中略见一斑。文身的工具是“井”、“辛”和“笔”。“井”即“校”。《说文解字》说:“校,囚具也。”大约是由四根木棍构成的可以活动的用来固定人们身体的器具。《易经》有“履校灭趾”,“何校灭耳”,可证。“辛”是用来刺破皮肤,填以墨汁的小刀,有直刀、曲刀之别。“笔”是用来填抹墨汁和颜料的。据说,最早的笔是用“鹰之毛”做成的。[24] 虽然在出土文物中至今尚未发现笔,但妇好墓中有一个“调色盘”之类的器皿,这也许是笔同时存在的间接傍证。[25] 因为文身与“辛”字密不可分,故与文身有关的字均有“辛”符。文身之礼主要有以下三种:

其一,成童之礼。幼男八岁行成童之礼。在商代,男孩八岁要行成童之礼。天干十位中辛为第八,表示要用辛行文身礼,即刺额。八岁文额为“童”,是成童之礼。《释名·释长幼》:“牛羊之无角者曰童,山无草木曰童,言未巾冠似之也。女子之未及笄者亦称之也。”“童”的本义是尚未生出角来的牛羊,没长草的土堆也叫童。童字上面是“辛”字,即文身的工具。文额的图案可能是在前额的中间偏上的部分,文一只牛角之类,表示长出了角,成熟一些了。《礼记·内则》谓:“成童舞象,学射御。”

其二,女子成笄之礼。幼女十四岁行成笄之礼。《素问·上古天真论》:女子“二七而天癸至。”女童十四岁出现“天癸”即月经,可生子,故行成人礼。先是把头发束起来,像一支独角的样子。同时还要文乳。天干十四即丁,《玉篇》:“丁,强也,壮也。”《易·姤》:“女壮,勿用,取女。”男女成年之后就可以“私奔”,谈对象了,即《周礼·媒氏》所谓“以仲春之月合男女,于时也,奔则不禁”之义。女子十四行礼为“妾”,“妾”字的另一种写法是左“女”右“辛”。《礼记·内则》谓:“聘则为妻,不聘为妾”。女子因为文乳而显得文静妖冶,故女、井合一为“妌”,表示文静漂亮之义。《说文解字》:“妌,静也。”《广韵》:“妌,女人贞洁也。”女、交合一

---

〔23〕[日]白川静:《金文通释》(第6辑),日本神户白鹤美术馆1964年版,第303页。

〔24〕(清)桂馥:《说文解字义证》,引《古今注》佚文。

〔25〕夏鼐:《商代玉器的分类定名和用途》,载《考古》1983年第5期。

为姣,"姣,好也。"《玉篇》:"姣,妖媚。"

其三,男子成人之礼。男子二十岁行成人之礼。包括冠礼,即把头发梳成一个角型。还有文胸、文额。天干二十为"癸",该字上半部即古樊字。[26] 中间有个井字,代表"校"。下面的"天"即黥额,即《易经》所谓"其人天且劓"的"天"。男人由于文了额、文了胸而显得美丽,"彦"字就是辛和彡组成的。彦,男子之美称也,如《说文解字》:"彦,美士有文",《尔雅.释训》:"美士为彦。"男子二十岁要文胸,表示最终成年,《礼记·内则》谓:"二十而冠,始学礼。"

(三)膺:文身的执行者

文身是一个专业活动,执掌文身的职官盖即"御膺"。郭沫若先生认为他是"执法小吏"。[27] 文身又是一种教育活动。在甲骨文中"学"与"教"为一字。在金文中"教"字或写作[膺爻]。[28] 爻即井,囚具也。执法小吏兼管教育是很自然的事情。在原始社会,对幼童的教育除了语言和身教,可能更多依靠强制性措施。古代的"学"字、"教"字、"孝"字都带有"井"、"爻"字,这就是"校"。春秋时子产"不毁乡校","乡校"就是集中进行教育的场所。"执法小吏"兼着民间教育的职能,这跟如今在中小学校设法制副校长有些相似。教育的方法免不了粗暴,这就是"鞭作教刑"。把坏孩子脱光了打他个体无完肤——"臀无肤","噬肤",身上出现鞭痕:××,这就是爻字。井、交、爻、文都是相通的字。[29] 正因为御膺兼着教师的职责,所以身边离不开"井"。开始是教育坏孩子,后来是教育违法者,开始是文身,后来是黥刑,还有其他残酷的刑罚。

古代文身并不是一件轻松的事,特别是给儿童文身,他们会哭闹。而且文身是较长时间的工作,有复杂的程序。因此需要"校"即"井"来固定人的身体。《易经》里说的"噬肤",就是文身的过程。"噬",咬也,亦即"肴"。文身是一个痛苦的过程,毅志薄弱的年轻人免不了要大呼小叫。于是便有了"倄"字。《说文解字》说:"倄,刺也,从人肴声,一曰痛声。"《广韵》:"倄,痛而叫也。"这个字反映了用"井"把人固定起来在皮肤上刺青的情景。

二、文身的文化意义

文身的文化含义十分丰富。它包括:其一,男童八岁应离开母亲们,由舅舅们集中教育培训。母亲们要远离那些有着文胸符号的少年们。其深意是母亲们与儿子们性关系的禁忌。其二,女童十四岁文乳,父亲们看到有文乳符号或图案的少女则应当约束自已的行为。其深意是父亲们与女儿们性关系的禁忌。其三,女童十四岁文乳与男子二十岁文胸,是兄弟们与姐妹们之间性行为的禁忌。他们或她们只能在族外去寻找伙伴。文身的社会职能,是用特定的图案符号确定个人与他人之间关系、个人与集体之间的关系,从而派生出个人对他人、个人对集团的行为模式。《尚书大传》佚文:"男女不以义交者,其刑宫。"通过对违反文身禁忌者

---

〔26〕(清)桂馥:《说文解字义证》。

〔27〕郭沫若:《出土文物二三事》,人民出版社1972年版,第26页。

〔28〕参见高明、涂白奎:《古文字类编(增订)》(下册),上海古籍出版社2008年版,第1395页;白冰:《青铜器铭文研究》,学林出版社2007年版,第305页。

〔29〕周清泉:《文字考古——对中国古代神话巫术文化与原始意识的解读》(一),四川人民出版社2003年版,第663、666、669页。

的制裁,慢慢演生出最早的刑罚。文身的文化含义,就是后来儒家所概括的"仁者人也"、"人之所以异于禽兽"、"人之所以为人"的理论,和"同性不婚"、"男女授受不亲"等风俗习惯。然而,《易经·贲》彖词的概括则更为精道:"天,文也,人,文也。文明以止。观乎天文,以察时变,观乎人文,以化成天下。"[30] 文即文身,包括文额、文胸,明即明示,止即行有所止。在远古社会,这些玄妙理论所掩饰的,不过是一些平常而朴实的生活经历。古代文明就是始于日常生活的。

以蚩尤为首领的东夷部落,由于发明了文身,施行了禁忌从而强健了人种优势,故形成了由九个血亲集团、八十一个氏族组成的强盛的父系部落,这就是《龙鱼河图》所谓"蚩尤兄弟八十一人","铜头铁额",横行天下的真实背景。但是,也许正因为父系氏族取代了母系氏族制度而触犯了古老传统,故引起内部纷乱,从而被黄帝部落乘机征服。但蚩尤部落的文明成果包括五刑之法却被后世继承延续。

三、文身与黥刑

殷商民族继承了东夷民族的文身习惯。这个过程很可能是在"殷因于夏礼"的形式下悄悄完成的。东夷人从童年开始在额上就文了一只角,这可能源于独角兽的图腾。最初很可能是有独角兽这样的动物,以后绝迹了。但东夷人,即蚩尤后代,世世代代都在额上文一个角,就把这个传统延续下来了,表示它没有死。也许到了以后的某个时代,东夷人集体地做了俘虏和奴隶,这样,额上的独角图案便成为奴隶的符号,才慢慢地把文身变成了黥刑。殷民族是东夷的一支,自然继承了文身的传统。后来,殷商政权被周人推翻,殷人整族整族地被降为奴隶。这时,殷人额上的墨痕便又一次成了战败者的象征。当执法小吏给奴隶或罪人文额之际,文身习俗便寿终正寝,真正意义的"黥"刑便问世了。可见当"刑"这个字出现时,它只是宣扬其暴力无情的一面。而它的前身,那些促使我们的先民从野蛮走向文明的,在齐鲁原野上的夕阳余晖中闪动的美丽动人的文身图案,早已荡然无存,只露出血淋淋的刀锯来。

我们在探讨刑的起源时,常常把刑和兵即战争联系起来。这一思路是完全确的。因为,第一,在战争中施行军法禁令既需要赏赐也需要刑罚手段;第二,治理战败的氏族成员也需要刑罚等强制措施。这与古代"兵刑不分"的见解相近。如《国语·鲁语上》所谓"大刑用甲兵,其次用斧钺,中刑用刀锯,其次用钻笮,薄刑用鞭扑,以威民也。"但是,这只是事物的一个方面或一个阶段,而非全部。刑的起源途径应当是多元的、分阶段的。换句话来说,作为与阶级统治的国家政权携手而来的确切意义的刑法和刑罚,在它被确立之前,还经历了漫长的"非刑法"、"非刑罚"的历史阶段。"黥"在传说蚩尤制作"五刑"(劓刵剢黥杀)之前,就是曾经历过久远的文身。文身凝聚了古代先民对人类自身生产和人种健康繁衍的关注。正如恩格斯所指出的:"根据唯物主义观点,历史中的决定因素,归根结底是直接生活的生产和再生产。但是,生产本身又有两种。一方面是生活资料即食物、衣服、住房以及为此所必需的工具的生产;另一方面是人类自身的生产,即种的繁衍。一定历史时代和一定地区内的人们生活于其下的社会制度,受着两种生产的制约:一方面受劳动的发展阶段的制约,另一方面受家庭的发

---

〔30〕 作者对原文顺序做了调整,原文为:"天文也,文明以止,人文也。"

展阶段的制约。”[31]

在漫漫的历史长河中，凡是实行两性及婚姻禁忌的氏族、部落，便得以永葆青春活力和强健体魄，反之便黯然失色、屈居人下。文身是在氏族内部施行的风俗，是一种标识、一种图腾、一种信仰、一种习惯、一种礼仪、一种禁忌，也是一种制度，更是一种重要的文明杠杆。古老的中华民族正是在这个杠杆的推动下，才摆脱野蛮，最终叩响了文明的大门。中华民族之所以被称为“礼仪之邦”，就是因为在礼的指导下，在不断改造客观世界的同时，不断改造自己的主观世界，即不断“修身养性”，“自强不息”，从而从野蛮走向文明。

第四节　古代“法”字的文化内涵

一、古代“法”字的写法及其诠释

古代“法”字写作灋，金文写作“”。[32] 这已为出土的钟鼎文和秦墓竹简所证实。

说到“法”字的本义，人们常常引用东汉许慎《说文解字》的说法，即“法，刑也，平之如水，从水，廌所以触不直者去之，从廌从去”，又说，“今省作法”。这种解释无疑是高度凝结了古人世世代代关于“法”这一社会现象的传统认识，但尚有进一步斟酌的余地。

大凡人类的早期历史，都经历了先有语言而后有文字的过程。汉字是象形文字，当它被一笔一画地创造出来时，它的形象结构不仅反映了造字者的主观构思，更重要的是，它已经具备了一经问世便不得不如此的历史必然性。因为它不仅蕴含着祖祖辈辈口耳相传的史影，还深藏着古人对某一社会现象的最朴实直观的普遍见解。古“法”字便是其中最明显的一例。

图03　商末作册般铜黿铭中的灋字[33]

[31]　[德]恩格斯：《家庭私有制和国家的起源》，载《马克思恩格斯选集》(第四卷)，人民出版社1995年版，第2页。

[32]　克鼎铭文。参见《汉语大字典》，四川·湖北辞书出版社1986年版，第1579页。

[33]　《中国历史文物》2005年第1期封面。作册般铜黿作为国家一级文物现藏于国家博物馆。

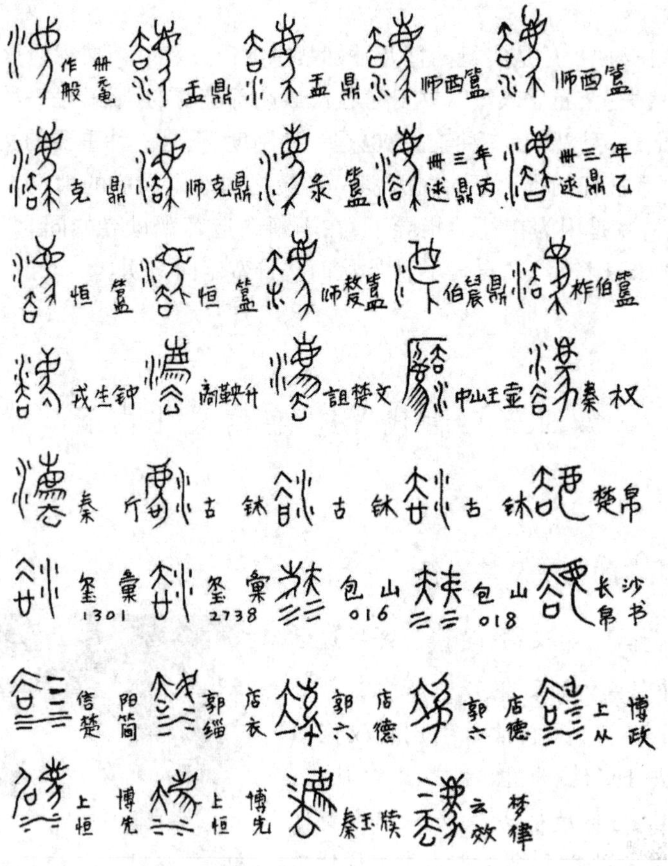

图04　古文字中的灋字〔34〕

二、古代“法”字的原始内涵

古“灋”字由氵、廌、去三部分组成,现分述如下:

(一)水的内涵

氵,即水。它有多种含义。

一是它的象征性含义,即平之如水、不偏不颇、公平正直。古代“法”字中的“水”,是否有如许慎所言“平之如水,从水”之义呢?在远古社会的行为规范中,会不会产生“公平”、“平等”那样的观念呢?我们似乎还提不出支持或否定的客观证据。在原始社会,平等很可能不是指个人与个人之间的平等关系,而是指氏族与氏族之间的平等关系。而这种平等只有在部落联盟形成之后才有条件产生。

二是它的实践性含义。远古人群的生活范围常常以山谷河流为界限,它们约定俗成地被视为此氏族活动的终点和彼氏族活动的起点。当时,个人不可能离开它的氏族而“离群索居”。“凡是部落以外的,便是不受法律保护的。在没有明确的和平条约的地方,部落与部落

〔34〕　作者摹写。

之间便存在着战争，而且这种战争进行得很残酷”。〔35〕

因此，放逐是无异于死刑的严酷惩罚之一。人们把违背公共生活准则的“罪犯”驱逐到“河那边”去，就相当于死刑宣告。这样，久而久之，就使河流带有刑罚的威严，并进而被赋予一种文化的意义，因为它成了当时公共生活准则的化身。

三是宗教意义，古人选择了火和水来清除其“不洁”。《周礼·秋官·掌戮》说：“凡杀其亲者焚之。”《礼记·檀弓下》说：“子弑父，凡在官者杀无赦，杀其人，坏其室，洿其宫而豬焉。”是说不仅把罪犯杀死，还要毁坏他的住所，用水淹之，以除不洁。《睡虎地秦墓竹简·法律答问》有“疠者有罪”，“定杀水中”的规定，即将患麻风病的犯罪者活活淹死在水中。这样，水便与火一样充当了观念上的“清洁剂”。

古人对死这一现象是敬畏而恐惧的，故用酒或水来排除不吉。《周礼·春官·小宗伯》：“王崩，大肆，以秬鬯渳。”即以黑黍香草造的酒浴尸。民间丧礼，则以洗米水加热浴尸。水和酒成了特殊的“清洁剂”。

古代的大傩礼便是在驱逐疫鬼、祈求平安的原始巫术的基础上形成的。《周礼·夏官·方相氏》：“帅百隶而时难（傩 nuó 音挪），以索室驱疫”；《礼记·月令·季春》：“命国难，九门磔攘以毕春风”；《论语·乡党》：“乡人傩，朝服而立于阼阶。”可见，大傩礼所由来者上矣。《续汉书·礼仪志》载东汉大难礼仪式：众人列队，执戈扬盾，作十二兽舞，把想象中的疫鬼投入洛水中。宗懔《荆楚岁时记》亦载民间难仪：“作金刚力士以逐疫，沐浴转除罪障。”水同样起了消灭疫鬼、保障平安的双重作用。

在古人心目中，水还具有祓除不祥的作用。古有“禊”之俗，即春秋两季在水浜设祭祓除不祥。汉刘祯《鲁都赋》：“素秋二七，天汉指隅，民胥祓禊，国于水游。”《后汉书·礼仪志上》：“上巳，官民皆絜于东流水上，曰洗涤祓除，去宿垢疢为大洁。”《诗经·郑风·溱洧》汉代薛汉注：“郑国之俗，三月上巳，此水招魂续魄，祓除不祥之故也。”晋王羲之《兰亭集序》：“暮春之初，会于会稽山阴之兰亭，修禊事也。”《史记·外戚世家》：“武帝拔霸上还”，南朝宋裴駰集解引晋徐广：“三月上巳，临水祓除谓之禊。”

四是技术含义。许慎所谓“法者，刑也，平之如水，从水。”“刑”即“型”，指模型、模范。是说法像模范一样平直，不偏不颇。用这种直观的技术意义来概括法的特征，也是完全成立的。古人在生产生活中完全能够体味出水的平直特征。生活在东汉的许慎用“平之如水”来概括“法”，很可能受到法家思想的影响。法的目的是消除犯罪和确保集体的平安，是强制性行为规范的一个符号。至于公平、公正之义，是战国法家为了以平等的“法”取代世袭贵族的“礼”而给“法”字新加上去的政治“添加剂”。一千多年以后，明清之际启蒙思想家黄宗羲倡导以“天下之法”取代“一家之法”时，才从本质上涉及法的公平性。

（二）廌的职能

廌（zhì 音志），据传是个貌似牛、羊、鹿、熊的独角兽。其实，它是古老部落的图腾。而“蚩尤”、“咎繇”、“皋陶（yáo 音遥）”、“獬豸”、“觟𧣾”（xièzhì 音谢志）不过是廌的读音和文字表达符号。据《尚书·吕刑》记载，蚩尤是“法”的缔造者，他“惟始作乱，延及于平民”，“作五虐之刑曰法”。黄帝战胜了蚩尤，很快将他们“同化”，并吸收了蚩尤创造的“法”。正如《龙

---

〔35〕［德］恩格斯：《家庭私有制和国家的起源》，载《马克思恩格斯选集》（第四卷），人民出版社 1995 年版，第 96 页。

鱼河图》所载:“蚩尤殁后,天下复扰乱不宁。黄帝遂画蚩尤形象,以威天下。天下咸谓蚩尤不死,八方万邦,皆为殄伏。”(《史记・五帝本纪》)“蚩尤形象”与其说是“廌”,毋宁说就是“法”。于是,“黄帝合鬼神于泰山之上……蚩尤居前,风伯进扫,雨师洒道。”(《韩非子・十过》)蚩尤部族臣服于黄帝并在新的部落联盟机构中世世代代主管司法。于是才有了“皋陶治狱,其罪疑者,令羊触之”,“斯盖天生一角圣兽,助狱为验,故皋陶敬羊,起坐事之”(《论衡・是应》)的传说。可见,廌是黄帝建立部落联盟之后世代主管司法的部族的图腾。在古“法”字中,廌是社会权威机构的象征。

图05　皋陶明刑图

(三)去的本义

去,许慎视之为动词,取弃去之义。但他在《说文解字》中又指出:“去,人相违也。”这一解释必有所本,可惜语焉未详。“去”字的古文作“[illegible]”[36],其实由[illegible]两部分组成。前者为矢,后者为弓。弓和矢是原始人重要的生产工具和武器,人们常常在弓、矢上面刻上记号或族徽。“去”字的本义表示弓与矢相离,两者的记号不相合。该字与“夷”字的本义正相反。“夷”的古字写作“[illegible]”[37],亦由弓矢两部分组成,但表示弓与矢正好系一套。原始人常常因为猎获物的归属问题发生纠纷,解决的办法是看猎获物身上中的矢与人们手中的弓之间记号是否一致。《易经・明夷》:“明夷,夷于左股,用拯马壮,吉”(一只马的左股被射伤,在伤口处发现箭头,据此查到箭的主人并责令医治马伤,这是对的);“明夷于南狩,得其大首,不可疾,贞”(射伤了一只野兽,一直尾随追到南方村落,因为野兽身上有箭头,当地人不敢拒绝归还);“入于左腹,获明夷之心,于出门庭”(有一个猎人追到别人家索要一只猎物,从猎物左腹发现箭头,终于满意而归);“不明,晦,初登于天,后入于地”(不肯把弓交出来验证,太暧昧了,这猎物不是你射的,就好像朝天射了一箭,又落到地上,你的箭头还在那里呢)。正因为弓矢是最可靠的证据,所以诉讼双方都要出示证据,即“明夷”。《周礼・秋官司寇》载:“以两造禁民讼,入束矢于朝,然后听之。”《国语・齐语》:“坐成以束矢。”韦注:“两人诉,一人入矢,一人不入则曲。”《睡虎地秦墓竹简・为吏之道》:“听其有矢。”至于“入矢”的意思,有人认为是证明自己像矢一样正直,有人认为是交“诉讼费”。其实,它正是从古老习俗“明夷”(即出示证据)演变而来的。

综上所述,可见古“法”字凝结了古代先民关于“法”这一社会现象的最朴实最可靠的见

---

〔36〕　参见《汉语大字典》(缩印本),四川・湖北辞书出版社1986年版,第384页。

〔37〕　《汉语大字典》(缩印本),四川・湖北辞书出版社1986年版,第527页。

解,即"法"是由社会权威机构行使的,通过查明证据来解决纠纷、判明是非曲直并对违法者施以刑罚的特殊社会活动,同时,也是通过这一社会活动来体现人们必须遵守的公共生活准则。古代"法"字以其象形文字的独特方式,为我们今天探讨"法"的定义和起源,提供了许多有益启示。

三、佱——古代法与婚姻禁忌

许慎《说文解字》谓"法"之古字有二形:其一为"灋",其二为"佱"。可惜,他对"佱"字本义未加解释。关于"佱"字的内涵,学界曾经有过研究。胡适认为,古时有两个法字,一个作佱,是模范之法;一个作灋,是刑罚之法。〔38〕蔡枢衡认为,"佱"字是"绘有人形的箭靶","就是后世所谓磔射。"〔39〕近年以来,学者又有进一步的发掘。〔40〕但时至今日,由于史料的不足,复原"佱"字的本义仍然是一件十分困难的事情。因此,我们不得不更多地依靠古代风俗和古代"佱"字本身的字形结构来进行窥测。

要诠释"佱"的本义,首先涉及"仁"的原形字"乘"。甲骨文里是否有从人从二的"仁"字,学术界至今未有定论。但是,老一辈学者很早就注意到"仁"的原形字问题。比如董作宾提出"仁"字"古或作仌","意谓人与人之间,互相亲爱。"〔41〕叶玉森提出"夾"字"疑即仁之初文","象一小人在大人臂亦下,隐寓提携扶持之意",正是"仁之真谛"。〔42〕甲骨文里面有许多双人结构的字,其中有一些字与"仁"字的寓意是相通的。这些字反映了古代先民的风俗习惯。如果把这些字视为"仁"字原形的话,那么,从人从二的"仁"字就是在这些原形字基础上加工抽象而成的。其中,重文符号二的使用成为"仁"字最终产生的技术条件。东汉去古未远,许慎《说文解字》"夷俗仁",郑玄注谓"相人耦"。这六个字正是探讨"仁"字起源的基本路径。而在"仁"的诸多原形字当中,有一个应当格外注意的字——"乘"。

在甲骨文中被判定的"乘"字的字形实际上有两种写法,其实是两个完全不同的字:一是上大下木,大即人,是正面叉腿而立的人,该字表示人在木之上。甲骨文写作"";二是上大下倒大,上正人下倒人,甲骨文写作"",俯瞰之,正是东夷二人抵足而眠之风俗,隐喻男女合欢,正是"相人耦"的本义。这个字其实就是"仁"字的一个原形字。后来加上重文符号变成"仧",即"太"字,后演变成"泰"字。《说文解字》谓"泰"之古文作"仧"。〔43〕

在古文字中,仁、夷、尸、𡰥都是相通的字。〔44〕因此,这个字原本就不是"乘"字,就其本义似当读为"仁"或"夷"。"太"字本为"仁"、"夷",那么,"太极"本应读为"仁极"、"夷极"、"人极"。甲骨卜辞当中多见的"望乘"一词似应读为"望夷"或"望仁",表示族名地名,或许较符合情理。《广雅疏证》谓"双耦娌匹貳乘再两二也。"疏曰:"《周官校人》乘马,郑注云:二

---

〔38〕参见胡适:《中国哲学史大纲》,中国言实出版社2014年版,第384页。

〔39〕蔡枢衡:《中国刑法史》,广西人民出版社1983年版,第44页。

〔40〕参见张永和:《灋义探源》,载《法学研究》2005年第3期;许进雄:《再谈金与法》,载《许进雄古文字论集》,中华书局2010年版;刘敬林:《说文法与其古文佱及乏之形义关系辨》,载《古汉语研究》2011年第1期;张伯元:《法古文拾零》,载《政法论丛》2012年第1期。

〔41〕董作宾:《古文字中之仁》,载宋镇豪、段志洪:《甲骨文献集成》(第11册),四川大学出版社2000年版,第392页。

〔42〕参见于省吾主编:《甲骨文字诂林》(第一册),中华书局1999年版,第238页。

〔43〕严一萍:《释太》,载宋镇豪、段志洪主编:《甲骨文献集成》(第12册),四川大学出版社2001年版,第16页。

〔44〕参见于省吾:《释人、尸、仁、𡰥、夷》,载《大公报·文史周刊》(天津)1947年1月29日。

耦为乘。凡经言乘禽乘矢乘壶乘韦之属,义与此同也。”[45]正因为“乘”字源于“仁”字,所以才保留了“双耦”之义,此非偶然。这种保留不仅靠着儒家经典,更可能靠着民间的口耳相传。

因为“人”与“大”同义,因此“佱”的上部实即“亼”字,即“仁”的原形字。其本义表示男女抵足而眠,相亲相爱。“亼”字亦体现了“仁”的“相人耦”的本质特征。“相人耦”并非源于高深的理论,而是源于东夷民族的生活习俗,比如靠背而卧(化)、抱哺其子(夾)、男女之爱(尼、皃)、母子之恩(身、弔)。从这些习惯之中衍生出人与人之间的真挚情感和行为规范,再上升为伦理观念,最后都被纳入“仁”的范畴。其中,男女之爱成为自远古以来永恒的艺术主题。

但是在严格实行族外婚的情况下,个体自然人的男女相爱与氏族之间的平等友爱是密切相连的。因此,该字又兼含氏族、部落之间互相尊重友好相处之义。“四海之内皆兄弟”、“己所不欲勿施于人”的“爱人”之“仁”,就是在这种文化传统土壤中酝酿出来的。

“佱”的下部是“止”,“止”有二义:一为履行,二为停止。即表示适可而履、行有所止。或即《周易·艮》彖辞所谓:“艮,止也,时止则止,时行则行。”这种规矩来源于古代先民社会生活经验的积累,其目的是规范人类的自身再生产。怎样才能实现适可而履、行有所止呢?其办法就是文身。

总之,“灋”是社会通用的通过裁判而宣示的行为规范,“佱”是血缘集团内部适用的靠宗教禁忌、自我约束和舆论监督来保障实施的行为规范。这种规矩即后世的“同姓不婚”和“男女之大防”,是人类组成人群社会的重要条件。恩格斯说,人类的生产活动有两种:一种是物质生活资料的生产,另一种是“人自身的生产,即种的繁衍”。[46] 古代的“佱”(法)字是中国古代法所蕴含的伦理精神的一个古老记号。

第五节 廌:一个古老图腾的始末

一、古文字中的廌

古代的“法”字在西周金文当中写作“灋”。如西周初期的《大盂鼎铭》中就出现了“灋”字。铭文为“天翼临子,灋保先王”,“勿灋朕命”。在“灋”字中,“廌”是个核心角色。甚至有学者认为“廌”与“灋”同义。如《广雅·释诂一》:“廌,法也。”王念孙疏证:“廌与法同意。”[47]商代甲骨文中没有发现“灋”字,而只有“廌”字。但是,在商代,金文也许是有别于甲骨文且与其并行的另一个文字系统,故殷商晚期的《作冊般铜鼋铭》中有“亡灋矢”句,“灋”字写作[氵廌]。[48] 东汉许慎撰《说文解字》时,涉及“廌”的字只有“廌”、“薦”、“灋”、“孝廌”四个字。可以推测,他很可能不仅没有看到[氵廌]字,也没有看到甲骨文中出现六十余次的“廌”,以及与廌相关的组合字:[廌匕]、[廌矢]、[廌丄]、[心廌]、[廌殳]、[纟廌]等,更不必

〔45〕(清)王念孙:《广雅疏证》(卷四上),江苏古籍出版社2000年版,第114页。

〔46〕恩格斯:《家庭、私有制和国家的起源》,载《马克思恩格斯选集》(第四卷),人民出版社1995年版,第2页。

〔47〕王念孙:《广雅疏证》,江苏古籍出版社2000年版,第9页。

〔48〕李学勤:《作册般铜鼋考》,载《中国历史文物》2005年第1期。

说甲骨文中的“子廌”、“黄廌”、“御廌”、“封廌”、“廌龙”、“廌协王事”这些词句了。[49] 可见，我国古代文字从甲骨文发展到小篆，的确经历了许多变革。

由于文字沿革本身出现的断层，致使东汉许慎《说文解字》在诠释“廌”、“薦”、“灋”、“[孝廌]”四字时，所依据的材料不大可能是小篆之前的完整的古文字系统，而更多的是依据口耳相传的民间史料。由于这种看似“不雅驯”的民间史料历来被儒家经典所“不语”，且为司马氏《史记》所不录，甚至为知识人如王充《论衡》者所批驳，因此，许慎的《说文解字》确实具有一定反传统的创新精神。

那么，我们看看《说文解字》是怎样注释“灋”、“廌”、“薦”、“[孝廌]”的：“灋，刑也。平之如水，从水。廌所以触不直者去之，从去。法，今文省”；“廌，解廌兽也。似山牛(羊)一角。古者决讼，令触不直。象形，从豸省”；“薦，兽之所食草。从廌从草。古者神人以廌遗黄帝。帝曰：何食何处？曰：食薦，夏处水泽，冬处松柏”；“[孝廌]，解廌属，从廌孝声。”[50] 可以推测，[孝廌]字可能即金文中的[廌攴]即“教”字。[51]

上述文字揭示，廌是传说中的黄帝时代专司诉讼的长相似羊似牛的独角解廌兽，是蚩尤部落的图腾。并且告诉我们，“廌”字是象形字。至于其具体形象则语焉不详。直到19世纪末甲骨文的发现，我们才看到“廌”的模样。

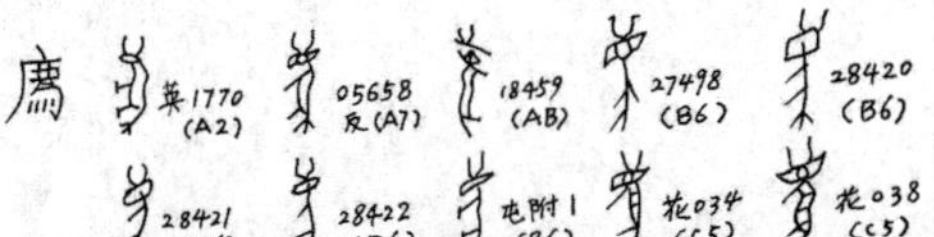

图06　甲骨文中的廌字[52]

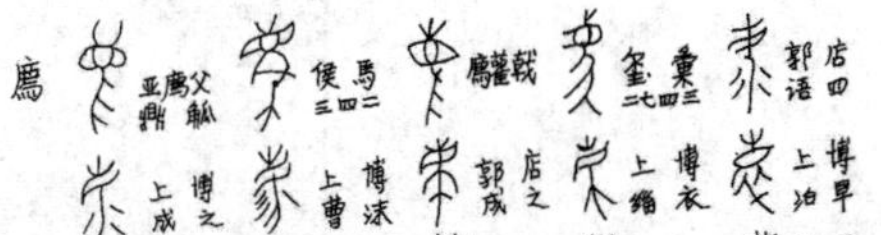

图07　其他古文字中的廌字[53]

[49] 分别参见李宗焜编著：《甲骨文字编》(中)，中华书局2012年版，第586页；姚孝遂：《殷墟甲骨刻辞类纂》(中)，中华书局1989年版，第632、633页；宋镇豪、段志洪：《甲骨文献集成》(第五册)，四川大学出版社2000年版，第75页。

[50] (汉)许慎：《说文解字》，中华书局1963年版，第104、202页。

[51] 参见高明、涂白奎：《古文字类编(增订)》(下册)，上海古籍出版社2008年版，第1395页。白冰：《青铜器铭文研究》，学林出版社2007年版，第305页。

[52] 作者摹写。

[53] 作者摹写。

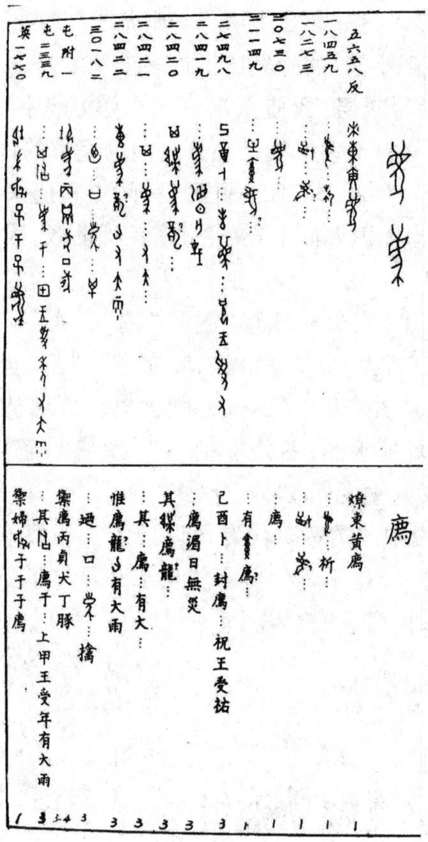

图 08　甲骨卜辞〔54〕

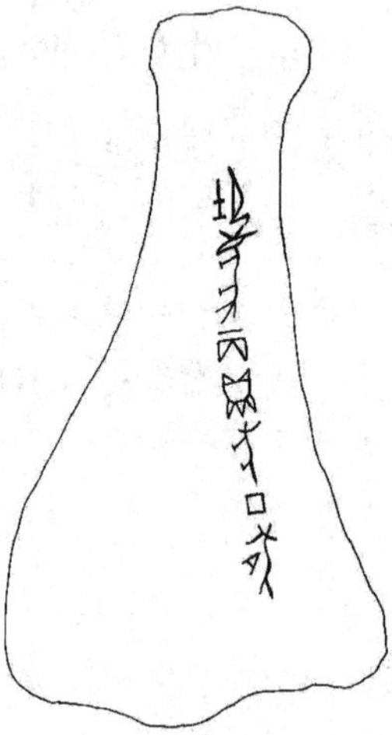

图 09　甲骨文御鹰〔55〕

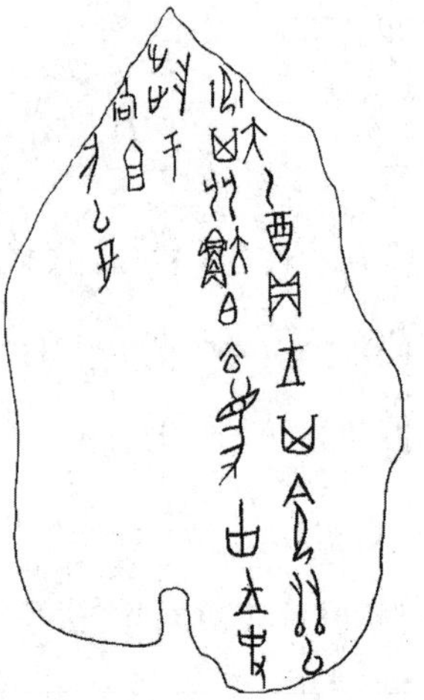

图 10　甲骨文鹰协王事〔56〕

〔54〕 参见姚孝遂:《殷墟甲骨刻辞类纂》(中),中华书局 1989 年版,第 632 页。

〔55〕 参见姚孝遂:《殷墟甲骨刻辞类纂》(中),中华书局 1989 年版,第 633 页。

〔56〕 参见宋镇豪、段志洪:《甲骨文献集成》(第五册),四川大学出版社 2000 年版,第 75 页,据《明义士收藏甲骨》,加拿大皇家博物馆 1872 年版影印,第 280 页(41)B2312。

二、廌与独角兽

最早把甲骨文“廌”字和“一角之兽”联系起来的是董作宾。据商承祚《甲骨文字研究》载：“廌，此字昔皆释马，余前承其误。董作宾先生谓，此乃一角之兽而非马。是也。然以为麟则非。余意廌字。《说文》：‘廌，解廌兽也。似山牛一角。古者决讼，令触不直者。象形，从豸省。’《异物志》：‘东北荒中有兽，名獬豸，一角性忠，见人斗则触不直者，闻人论则咋不正者。’是廌为善兽，古习见之。故甲骨文有获廌之辞。”[57]

董作宾在《获白麟解》一文中写道：“在中国古代记载里，一角的兽，名目繁多。如廌、犀、兕、麠、麃、驨、駮之类”；“此种一角能牴之兽，古或有之，但不知应属何类。解廌之名，当是后人附会为之者。因廌音宅买切，略同于牴，以其善于抵触，所以呼之曰廌。后来又因他能分解曲直，辨别斜正，所以在廌上又冠以解的美名。”[58]

1971年12月，殷墟发掘卜骨，刻词有“御廌”、“御臣”、“御众”、“御牧”等。郭沫若认为（御廌）“廌或作豸，是莫须有的一种怪兽——獬廌的省称。《说文》‘解廌，兽也。似山牛，一角。古者决讼令触不直者。’盖古时奴隶主于判处罪状时，将牛角去其一，以神乎其事。故后世司法官所戴之冠名‘獬廌冠’。廌字音读如宰，在此即读为宰，当是执法小吏。”[59]

郭沫若认为廌是“莫须有”——即不一定有的独角兽。其实，我们不仅可以从《山海经》中发现许多独角动物，而且从考古发掘出土的资料来看，我国远古时代也确实存在过独角兽。现择要罗列如下：

焦墩卵石摆塑独角龙。距今6000年。龙形呈昂首直身，曲颈卷尾，独角上扬。[60] 这是独角龙形象首次出现的记录。

濮阳西水坡墓葬独角龙独角虎。距今6000年。该墓中央有一具成年男性骨骸，骨骸东侧有蚌壳堆塑龙，西侧有蚌壳堆塑虎，头北尾南，龙虎均背向骨骸。[61] 蚌壳堆塑龙和虎的额上都有独角。故濮阳西水坡蚌壳堆塑龙虎应称为独角龙和独角虎。

凌家滩独角玉龙（一说玉虎）。距今5300年。玉龙呈偏心圆环状，首部呈兽面，脊背有长鬣形纹，直至尾部。[62] 我同意玉虎说，并发现长鬣形纹实即独角。

三星他拉独角玉龙。距今4000年。龙体呈环状，颈脊有长鬣。[63] 据我的观察，颈脊上的所谓“长鬣”实际当为独角。一个通身无毛的蛇形动物，在头颈后侧竟长着长鬣，这是无法想象的。这种独角的造型在后世艺术作品（如孔子墓神道甪端的独角）中屡见不鲜。因此，“三星他拉C形龙”应当改称为“三星他拉C形独角龙”。

肖家屋脊独角玉雕盘龙。距今4000年。龙体首尾相悬接，额顶到顶后部有长角形浮雕。[64] 龙头颈部上方的“长角形浮雕”，其实就是一只宽大肥厚的独角。因此，肖家屋脊“玉

[57] 商承祚：《甲骨文字研究》，天津古籍出版社2008年版，第126页。
[58] 董作宾：《获白麟解》，载宋镇豪、段志洪：《甲骨文献集成》（第26册），四川大学出版社2000年版，第180～194页。
[59] 郭沫若：《出土文物二三事》，人民出版社1972年版，第26页。
[60] 陈树祥：《黄梅发现新石器时代卵石摆塑巨龙》，载《中国文物报》1993年8月22日。
[61] 濮阳市文物管理委员会等：《河南濮阳西水坡遗址发掘报告》，载《文物》1988年第3期。
[62] 安徽省文物考古研究所：《安徽含山县凌家滩遗址第三次发掘报告》，载《考古》1999年第11期。
[63] 谢天宇：《中国玉器收藏与鉴赏全书》（上），天津古籍出版社2006年版，第55页。
[64] 朱乃诚：《中华龙：起源和形成》，三联书店2009年版，第24、25页。

雕盘龙”就应当称为“独角玉雕盘龙”。

商代甲骨文中出现了“麐”(麟)字。董作宾1930年作《获白麟解》一文推测,商代捕获的白麟,可能来自方外,即美索不达米亚地区。这种独角牛在亚述王朝和巴比伦王朝时代被视为神牛,称作“里姆”(Rimu)。“里姆”两字应当是音译得来的词,急读之便是“麟”(Lin)。[65]孔子晚年曾在鲁国见到麟,儒家以为麟非中原之兽。盖麟即“夷兽”,“夷”通“仁”,颐和园仁寿殿置铜麟,“仁寿”或即“夷兽”。满族的故乡正是东夷故地。

因此,面对濮阳西水坡墓葬的独角龙、独角虎,可以说,龙是中国的动物,而独角兽或是世界的动物。后来,龙、麟等都逐渐吸收了其他动物的共有特征,演变成双角动物,而廌却一直保留了它的独角特征。

殷周以后,在艺术品当中仍然能够看到独角龙、独角虎的形象。比如殷商的独角龙形佩、西周的独角龙形佩、战国的绞丝纹龙形佩和云纹独角龙形佩、东汉的红陶虎纹独角兽等等。从某种角度来说,这些艺术形象是远古独角龙、独角虎形象的继承和怀念,并非艺术家凭空臆造。

廌出现于黄帝时代,《说文解字》:“**薦**,兽之所食草,从廌从草。古者神人以廌遗黄帝。”又经于尧时,《艾子杂说》:“尧之时,有神兽曰獬豸,处廷中,辨群臣之邪僻者,触而食之。”至舜、禹之时则掌狱讼,《论衡·是应》:“廌者,一角之羊也,性知有罪,皋陶治狱,其罪疑者,令羊触之。”甲骨卜辞有“御廌”,当为执法官吏。[66]秦汉以后,廌的形象被饰于法冠之上,成为公正威严的象征。《说文解字》:“法,今文省。”当“灋”字失去“廌”之后,独角兽廌的形象并没有退出历史舞台,它在帝王宫殿的脊檐上,在皇家贵族的陵墓里,在江河湖泊的堤岸旁,在司法官员的朝服上,默默存在了多少个世纪!

三、廌的形象

至于廌的形象,历来说法不一:

似牛说。《说文解字》:“廌,解廌兽也,似山牛一角。”段玉裁注:“《玉篇》、《广韵》及《太平御览》所引皆无山字。”又《神异经》:“有兽如牛,一角,名曰解豸。”

似牛兼似熊说。《神异经》:“东北荒中有兽,如牛,一角,毛青,四足似熊,见人斗则触不直,闻人论则咋不正,名曰解豸。”

似羊说。《后汉书·舆服志下》:“解豸神羊,能别曲直,楚王尝获之,故以为冠。”《金楼子·兴王》:“常年之人得神兽若羊,名曰解豸。”《论衡·是应》:“觟䚦者,一角之羊也,性知有罪。”

似鹿说。《汉书·司马相如传》注引张揖曰:“解廌,似鹿而一角。人君刑罚得中则生于朝廷,主触不直。”

似麟说。《隋书·礼仪志》引蔡邕曰:“解豸,如麟,一角。”

就著者看来,似牛、似羊、似鹿、似熊者,形似也,而似麟者,可谓神似也。麒麟同类,“雄曰麒,雌曰麟”(《史记·司马相如传》注引张揖)。麒有角,《说文解字》:“麒,仁兽也,麋身,牛尾,一角,从鹿其声。”“仁兽”之说源于《春秋公羊传》哀公十四年:“麟者仁兽也,有王则至,无

---

〔65〕 董作宾:《获白麟解》,载宋镇豪、段志洪:《甲骨文献集成》(第26册),四川大学出版社2000年版,第180~194页。
〔66〕 郭沫若:《出土文物二三事》,人民出版社1972年版,第26页。

王者则不至。”又何休注：“状如麇，一角而戴肉。”古代“仁”、“夷”二字往往混淆不清，且多通用。[67] 故“仁兽”当为“夷兽”，非中原之兽也。[68] 此“夷”当指古义之夷，“小篆夷字从大从弓，为今夷字所出。大为人，人即夷，夷人善弓矢，字从人从弓，正为指事”，“从矢从弓，矢弓为夷人所造故也”。[69] 古夷人居住在今山东省一带，是蚩尤、皋陶的故乡。《说文解字》羊部：“东方貉从豸”，“夷，东方之人也，从大从弓。”豸与廌为一字。鹿与麒麟同为鹿属，同为一角，[70]同与朝廷政事有关联。廌触不直而主持公平，麒麟则“含仁怀义，音中律吕，行步中规，折旋中矩，择土而践，位平然后处。”（《说苑·辨物》）如此则廌亦麒麟也。春秋“西狩获麟”（《春秋经·哀公十四年》），汉武帝“西巡狩，得白麟，一角而五趾”（《论衡·指瑞》）。麒麟者，其廌乎！

廌不是一个个人，而是传说时代（自黄帝始）世代主管军事和司法事务的部族的图腾。远古时代兵刑不分、祀戎一体，主兵与司法兼于一职。黄帝建立部落联盟后确立职分，主兵与刑者便为某部族所世袭，这便是蚩尤，至舜禹时称作咎繇或皋陶，其图腾便是廌。《尚书·吕刑》谓蚩尤作五刑曰法，古法字写作灋，其重心便是鹿。可见它是公正、威严的象征，自产生之日起，便与法律、司法审判活动结下不解之缘。

毫无疑问，廌和古代的法字还蕴含着神明裁判的意味。如《墨子·明鬼》所载神羊裁判之事，并谓“当是时，齐人从者莫不见，远者莫不闻，著在齐之《春秋》”，而齐地正是皋陶的故乡。

但对于神羊裁判，自古就有人持疑义。如东汉王充。他在所著《论衡·是应》中指出：“羊本二角，觟䚦一角，体损于群，不及众类，何以为奇？……觟䚦之性，徒能触人，未必能知罪人，皋陶欲神事助政，恶受罪者之不厌服，因觟䚦触人则罪之，欲人畏之不犯，受罪之家，没齿无怨言也。”

郭沫若承其绪，谓：“廌或作豸，是莫须有的一种怪兽——解廌的省称。《说文》‘解廌，兽也，似山牛，一角，古者决讼令触不直者。’盖古时奴隶主于判处罪状时，将牛角去其一，以神乎其事。”[71]

杨树达《说廌》谓：“夫解廌之所触不必为不直，而不直者竟不为解廌所触，此在今日，尽人知之，其在初民，未必竟知。”[72]

瞿同祖指出：“至少上古的人都相信此种传说。可能当初即普通的羊，后人不明了神判的意义，加上神话的渲染，亦可能当初以羊为判时即利用神的心理，使人易于信服。后来解豸的绝迹与其说是神兽的绝迹，毋宁说是神判法的绝迹。”“神兽的产生正是古代第一法官产生的时代，其巧合不是无因的。”[73]

---

〔67〕 于恩泊：《释人、尸、仁、𡰣、夷》，载天津《大公报·文史周刊》1947年1月29日。

〔68〕 史树青：《麟为仁兽说——兼论有关麒麟的问题》，载《古文字研究》（第17辑），中华书局1989年版。

〔69〕 王献唐：《炎黄氏族文化考》，齐鲁书社1985年版，第38页。

〔70〕 参见《史记·孝武本纪》、《史记·司马相如传》索隐、《汉书·终军传》、《汉书·武帝本纪》师古注、《说苑》、《晋中兴徵祥记》、《一切经音义》、《论衡》。

〔71〕 郭沫若：《出土文物二三事》，人民出版社1972年版，第26页。

〔72〕 杨树达：《积微居小学金石论丛》，上海古籍出版社2007年版，第125页。

〔73〕 瞿同祖：《中国法律与中国社会》，中华书局1981年版，第253、254页。

图11　铜獬豸〔74〕

只有把廌作为神明裁判的缩影,特别是作为世代主持司法事务的部族的图腾来理解的时候,我们才能通过它来窥测古代法律生活的真实情景。

四、廌与蚩尤

廌的甲骨文写作[甲骨文],读为志(zhì)。〔75〕 廌是"灋"的缔造者蚩尤部落的图腾,它的读音和文字表达符号就是"蚩尤"、"咎繇"和"皋陶"。蚩尤与苗民创造的"兵"、"刑"、"法"和战鼓"皋陶"(《周礼·冬官·考工记》)一起被高度简练地凝结在他们的图腾上面。黄帝战败蚩尤,天下大乱。黄帝一方面悬示"蚩尤形象",表示继续沿用蚩尤创造的刑和法;另一方面选拔蚩尤部落的少皋氏出来统率旧部,天下始得平安。于是,蚩尤的图腾和他们创造的法一起作为一种公共的财产被重新组合的华夏民族消化、吸收并沿袭下来。

五、廌与皋陶

皋陶是尧舜时的大法官。《说苑·君道》:"当尧之时,皋陶为大理";《春秋元命苞》:"尧为天子,梦马啄子,得皋陶,聘为大理。"大约因为皋陶的出现与马相关,故《淮南子·修务》才有"皋陶马喙"的说法。《尚书·尧典》载帝舜曾任命皋陶为法官,执掌刑政:"皋陶,蛮夷猾夏,寇贼奸宄,汝作士,五刑有服。"《尚书·皋陶谟》又详载皋陶与禹的对话。可见,皋陶成了历经尧、舜、禹三个时期的超级寿星。其实,皋陶不是一个人,而是廌图腾部落的后裔,因长于断讼、工于刑政而世代因袭司法职务,这在当时是极自然的事。

皋陶能够世世因袭刑政之职,还有一个原因,就是廌图腾部落一直较为稳定地居住在中

〔74〕 东汉。甘肃酒泉市下河清 18 号墓出土。现藏甘肃省博物馆。参见杨泓:《墓葬及其他雕塑》(一),合肥黄山书社 2010 年版,第 181 页。

〔75〕 参见郭沫若:《出土文物二三事》,人民出版社 1972 年版,第 26 页。

原(今山东)一带。当年黄帝打败蚩尤,命少昊氏统率旧部,蚩尤旧部便在山东一带居住下来。故《帝王世纪》说:“少昊邑于穷桑以登帝位,都曲阜。”《左传·昭公十七年》载郯子言少皞(昊)氏以鸟名官,命“爽鸠氏司寇”。《左传·定公四年》子鱼追述云:周天子“命以伯禽而封于少皞之虚”。“少皞之虚”便成了鲁国的封地。《左传·昭公二十年》载晏子说“昔爽鸠氏始居此地”,亦指今山东一带。《帝王世纪》说:“皋陶生于曲阜”,亦在山东。《左传·昭公二十九年》记蔡墨云:“少皞氏有四叔(弟),曰重、曰该、曰修、曰熙……该为蓐收……世不失职,遂济穷桑”,“金正曰蓐收”。《尸子·仁意》说:“少昊金天氏邑于穷桑”。穷桑即在山东。《国语·晋语》载:虢公梦见“有神人面白毛虎爪,执钺立于西阿”,史嚚占之,对曰:“如君之言,则蓐收也,天之刑神也。”这些著名的司刑大吏均出没于齐鲁之域,岂偶然哉!史学界很早就提出“蚩尤与蓐收相类似”的观点。如杨宽《蚩尤与蓐收》:“蚩尤与蓐收之相类如此,不敢臆断为一神之分化,惟蚩尤之为刑神可无疑也。”[76]《史记·周本纪》下《正义》引《帝王世纪》云:“炎帝自陈营都于鲁曲阜,黄帝自穷桑登帝位,后徙曲阜,少昊邑于穷桑,以登帝位,都曲阜,颛顼始都穷桑,徙商丘。”如是,则历代司法之官皆居于齐、鲁,亦岂偶然哉!

随着时代的变迁和氏族的融合,廌的形象也忽明忽暗,逐渐模糊起来。后世描述它的时候,便有似牛、似羊、似鹿、似麒麟诸说。皋陶的形象也是如此,《荀子·非相》说:“皋陶之状,色如削瓜。”《淮南子·修务》说:“皋陶马喙(huì 会)。”《白虎通·圣人》则说:“皋陶鸟喙,是谓至信,决狱明白,察于人情。”大约是少昊氏以鸟名官,才使皋陶的脸上生出鸟嘴来。《逸周书:尝麦》:(炎帝)“乃说于黄帝,执蚩尤,杀之于中冀……乃命少昊清司马鸟师,以正五帝之官,故名曰质。”质与廌或同音异字。

然而,皋陶始终与廌保持着特殊的联系。《论衡·是应》说:“觟䚦者,一角之羊也,性知有罪。皋陶治狱,其罪疑者,令羊触之,有罪则触,无罪则不触。斯盖天生一角圣兽,助狱为验,故皋陶敬羊,起坐事之。”这个觟䚦,就是廌,它曾在最初的神明裁判中大显身手,故而成为蚩尤部落的图腾和法官的代名词。

六、廌在夏商

以廌为图腾族徽的氏族,虽经百般曲折,辗转流离,然历尽艰辛仍绵绵不绝,直到夏商。这是我们追踪廌的可靠依据。

《史记·楚世家》:“高阳生称,称生卷章,卷章生重黎。……共工氏作乱,帝喾使重黎诛之而不尽,帝乃以庚寅日诛重黎,而以其弟吴回为重黎后,复居火正,为祝融。”《国语·楚语》:“及少皋之衰也,九黎乱德。……颛顼受之,乃命南正重司天以属神,命火正黎司地以属民,使复旧常,无相侵渎,是谓绝地天通。其后三苗复九黎之德,尧复育重黎之后不忘旧者,使复典之,以至于夏商。”重黎、九黎均属蚩尤部的后裔。当这些后裔不服从统治时,当时的元首便从这些后裔中选拔归顺的氏族代表,让他们加入最高统治层为他们效力,这就叫“以夷制夷”,强梗好战的蚩尤部反倒因此而世世代代在部落联盟中占得重要席位。

一般说来,我国最早的文字是商代的甲骨文。在甲骨文里不仅有夏代五刑(墨、劓、刖、宫、大辟)的文字,而且还出现了“廌”字。这是关于神奇的独角圣兽的最早的真实记录。在一块卜骨上还同时出现了“御臣”、“御廌”的字样。经郭沫若先生考证,“御廌”即商代的司法

---

〔76〕 吕思勉、童书业:《古史辨》(七上),上海古籍出版社1982年版,第206页。

官的名称。[77]

在“廌”这个用尖刀划刻在卜骨上的并不复杂的文字之中,凝结了多少个世纪的人们口耳相传的实实在在的历史!

七、廌在西周

西周重礼,讲究“敬天孝祖”。周公“制礼作乐”,形成一整套礼仪制度。在诸侯的宗庙里供奉着祖先神位,案上摆着各式金属礼器,里面盛着各类祭品。这种金属礼器就是贵族身份和高贵血缘的象征。

西周的礼器上往往铸有一幅奇怪的图案,名叫饕餮(tāo tiè 音滔帖)。这是从商代礼器继承而来的。《吕氏春秋・先识》:“周鼎著饕餮,有首无身,食人未咽,害反及身,以言报更也。”《史记・五帝本纪》:“缙云氏有不才子,贪于饮食,冒于货贿,天下谓之饕餮。”《集解》:“贾逵曰:缙云氏,姜姓也,炎帝之苗裔,当黄帝时任缙云之官也。”《正义》引《神异经》云:“西南有人焉,身多毛,头上戴豕,性很恶,好息,积财而不用,善夺人谷物,强者夺老弱者,畏群而击单,名饕餮。”《路史后纪・蚩尤传》注:“三代彝器多著蚩尤之象,为贪虐者之戒,其状率为兽形,傅以肉翅。”由上可知:饕餮即是蚩尤之名(蚩尤亦称炎帝,姜姓),其形状正是“廌”的形象,“头上戴豕”,豕即矢、箭。头上竖着一支箭,这正是独角兽的特征,两旁的“肉翅”正是蚩尤“耳鬓如剑戟”之状。

西周铸造礼器的动因大致有三:一为有功于王室,被册封赏赐,铸其文辞于器而留传后世;二为贵族间争讼由法官裁决,将判词铸之鼎器之上以为见证;三为征讨不廷者,火其礼器而铸新器。如《国语・周语》:“无以鉴于黎苗之王,下及夏商之季,上不象天而下不仪地,中不和民而方不顺时,不供神祇而蔑弃五则。是以人夷其宗庙而火焚其彝器,子孙为隶,不夷于民。”铸饕餮之形的礼器当属第三种情况。对那些“贪于饮食,冒于货贿”,“积财而不用,善夺人谷物”的方国、贵族,来个“大刑用甲兵”,捣其庙堂,夺其礼器,永远开除他们的贵族身份,然后将礼器焚而铸之。这种新铸的带有饕餮之形的礼器之所以具有威慑力,就在于它上面有

图 12　鹿角觿[78]

〔77〕 郭沫若:《出土文物二三事》,人民出版社 1972 年版,第 26 页。

〔78〕 西周。觿是日常生活用具,其用途是解结。辽宁建平县董家沟村出土。现藏辽宁省博物馆。参见孙华:中国美术全集《青铜器》(二),合肥黄山书社 2010 年版,第 579 页。

“廌”的形象,这是一种无文的法典、有形的刑器。

铸在金属礼器上的文字称金文,这是由甲骨文演进而成的文字。其中便出现了“法”字,写作灋。其中的“廌”正是从甲骨文继承来的。

西周开始以蚩尤为战神加以祭祀。《周礼·春官·肆师》:“肆师之职掌立国祀之礼。……凡四时之大甸猎,祭表貉,则为位。”郑注:“貉,师祭也,读为一卜百之百,于所立表处为师祭,祭造军法者,祷气势之增倍也,其神盖蚩尤,或曰黄帝。”黄帝、蚩尤都是善于征战的英雄,黄帝是战胜的英雄,蚩尤是战败的英雄。唯蚩尤生得勇武,死得悲壮,故更得后世的青睐。

据《墨子·明鬼》说,齐国史书《春秋》中载有这样一件事:有两家贵族争讼。法官长期不能决断曲直,于是就请一只羊来裁决,其方法是让争讼双方站在盟所的两旁。分别宣读他们的讼辞。结果,读第一位当事人的讼辞时,羊毫无反应。而读第二当事人的讼辞时,那只羊便冲将过去,用羊角把那个当事人当场刺死了。《诗经·鲁颂·泮水》有:“矫矫虎臣,在泮献馘,淑问如皋陶,在泮献囚。”齐、鲁皆今山东一带,正好是皋陶的故乡。这种奇妙的审判方法,与其说是古老神明裁判的遗风,不如说是对先祖皋陶的乞灵和怀念。

《史记·夏本纪》:“皋陶卒,封皋陶之后于英、六,或在许。”《史记·楚世家》:“六、蓼,皋陶之后。”许即舒,称群舒(舒鲍、舒蓼、舒龚、舒庸、舒龙、舒鸠)。英、六、蓼、舒当在山东,后受周人的压迫而南迁。春秋时居住在今安徽六安、舒城一带,与原土著居民庭坚族友好相处。皋陶的后裔自然以廌为图腾或族徽,世世供奉,香火未绝。

然而好景不长,北边避狼,西边进虎,楚国的刀戈日日逼近了。楚成王二十六年(公元前646年)楚灭六国、英国;楚穆王四年(公元前622年)楚灭六国、蓼国;楚庄王三年(公元前611年)楚灭庸国(即舒庸);楚庄王十三年(公元前601年)楚灭舒蓼国;楚共王十五年(公元前576年)楚灭舒庸;楚康王十二年(公元前548年)楚灭舒鸠国。经过一个世纪的围追堵剿,皋陶之后与土著庭坚族终于失国,归顺楚国。《左传·文公五年》载:“臧文仲闻六与蓼灭,曰:皋陶、庭坚不祀忽诸。德之不建,民之无援,哀哉!”忽:于;诸:此。是说皋陶、庭坚之神位从此无人祭奉了。

其实,楚国与庭坚本属同源,皆奉颛顼高阳为始祖。屈原《离骚》的首句为:“帝高阳之苗裔兮,朕皇考曰伯庸。”《左传·文公十八年》说:“昔高阳氏有才子八人”,“明允笃诚,天下之民谓之八恺”,其中就有庭坚。庭坚族与皋陶之后长期相处,融和如一。鉴于这些因素,战胜的楚国对他们并不十分忌恨。

楚国灭掉皋陶之后,便把战利品陈列在王宫里,时时把玩。其中有一种嵌着廌的形象的帽子,很是奇特精美,便常常戴在头上。久而久之、这帽子便称为“楚王冠”。《汉书·舆服志下》:“法冠,一曰柱,高五寸……铁柱卷,执法者服之。……或谓之獬豸冠。獬豸,神羊,能别曲直,楚王尝获之,故以为冠。”《晋书·舆服志》:“獬豸,神羊,能触邪佞。”《异物志》云:“北荒之中有兽,名獬豸,一角,性别曲直,见人斗,触不直者;闻人争,咋不正者。楚王尝获此兽,因象其形,以制衣冠。”廌的形象于无意之间从皋陶后裔的祭台上转到楚王的头上,真是一次绝妙的“升华”。

八、廌在秦汉

战国伊始,“法”便成了时髦的文字。晋有“被庐之法”,楚有“茅门之法”,魏李悝撰次诸国法,作《法经》。法家们更是大讲“更法”、“变法”、“以法治国”。

“法”在当时的概念有两大特征:(1)“法”是“公意”的体现,故“不别亲疏,不殊贵贱,一断于法”(《史记·太史公自序》);(2)“法”是与刑相联系的,是“内行刀锯,外用甲兵”(《商君书·画策》)的标准。这两大特征正与古“法”字的本义相通。从秦墓竹简来看,“法”字都写作灋,这是对古“法”字的一次回顾与反思。

秦还以“尚法”著称,秦王政二十三年(公元前224年),秦灭楚国,尽获楚宫宝物,那些嵌有廌形的冠便被送进秦都。秦,嬴姓,伯益之后,奉少昊为白帝。皋陶,偃姓,据段玉裁考证,嬴偃本为一字。故皋陶亦为秦之先世。如今于楚宫中发现皋陶之后的遗物,真如获至宝。鉴于廌是蚩尤(亦皋陶)的图腾或族徽,又是善于决讼的独角兽,故秦王将嵌有廌形的冠赐给执掌司法事的御史。《史记·淮南王安传》:“于是王(刘安)乃令官奴入宫,作皇帝玺……汉使节法冠。”《集解》:“蔡邕曰:法冠,楚王冠也。秦灭楚,以其君冠赐御史。”嵌有廌形的冠便成为法冠而登入大雅之堂了。

秦以“尚武”名世,自然敬奉战神蚩尤。《史记·封禅书》:秦朝祭祀东方八神,“三曰兵主,祠蚩尤。蚩尤在东平陆监乡,齐之西境也”。廌与蚩尤在重法贵武的秦朝受到尊奉,实在是十分自然的事。

秦亡汉兴,汉承秦旧。汉兵据秦都,如萧何辈有卓识者,尽取秦宫中所藏文籍典册图书,以为治国工具。为治理泱泱大国,汉不仅沿用了秦的法律、官制,还承袭了舆服之制。故汉代执法官吏仍戴嵌有廌形的法冠,或称獬冠、豸冠。《淮南子·主术训》:“楚庄王好獬冠,汉效之也。”汉高诱注:“獬豸之冠,如今御史冠。”不仅如此,皋陶和廌的形象还被画在官署正墙上面,以渲染烘托端庄正义之气。东汉王充所撰《论衡·是应》:“今府廷画皋陶觟𧣾”,“觟𧣾者,一角之羊也,性知有罪”。东汉许慎撰《说文解字》说:灋,今文省作法。当廌的古老文字形象逐渐淡去的时候,其却早已在执法之吏的法冠上和官府衙门的影壁上悄悄地存在了几个世纪,为寻常百姓见惯不惊。它是一帧无彩的画卷、一卷无言的史诗,向人们诉说着往昔的岁月。

图13 彩绘木獬豸〔79〕

〔79〕 东汉。甘肃武威市磨嘴子出土现藏甘肃省博物馆。参见杨泓:《墓葬及其他雕塑》(一),合肥黄山书社2010年版,第182页。

图14　獬豸石兽〔80〕

至直唐代，豸冠仍为御史之冠。岑参诗《送韦侍御先归京》："闻欲朝龙阙，应须拂豸冠；"《唐会典・御史台・弹劾》："乾元二年四月六日敕御史台：所欲弹事，不须先进状，仍服豸冠。……（旧制）大事则豸冠、朱衣、纁裳、白纱中单以弹之，小事常服而已。"此其证也。

尔后，廌的形象出现在更多的场合：在已故司法官员的墓壁上，在帝王陵墓的神道旁，它还被当作吉祥之兽坐落在皇宫的飞檐上，俯瞰人间烟火、世态炎凉。

九、廌与法冠、补服

自汉而兴的法冠之制为后世所因循。如《晋书・舆服者》：（法冠）"铁为柱卷，取其不曲挠也；侍御史、廷尉正监平，凡执法官皆服之"；《南齐书・舆服志》："法冠，廷尉等执法者冠之。"《隋书・礼仪志・七》："法冠，一名獬豸冠，铁为柱，其上施珠两枚，为獬豸角形。法官服之。"直至唐代，獬豸冠仍为执法官员的法冠。《新唐书・车服志》："法冠者，御史大夫、中丞、御史之服也。一名解廌冠。"《岑嘉州诗・送韦侍御先归京》："闻欲朝龙阙，应须拂豸冠"；《唐会要・御史台・弹劾》载："乾元二年四月六日敕御史台：所欲弹事，不须先进状，仍服豸冠。……（旧制）大事则豸冠、朱衣、纁裳、白纱中单以弹之，小事常服而已。"到了宋代，规定更为详细。如《宋史・舆服志四》："朝服：一曰进贤冠，二曰貂蝉冠，三曰獬豸冠，皆朱衣朱裳"；"今御史台自中丞而下至监察御史，大理寺卿、少卿、丞，审刑院、刑部主判官，既正定厥官，真行执法之事，则宜冠法冠"；"御史大夫、中丞则冠有獬豸角，衣有中单"；"獬豸冠，其梁上刻木为豸角，涂以碧粉。"法冠上方有木制的独角，涂上绿色颜料，以示与众官之别。只可惜，由于没有实物，历代法冠的样子，只能凭空臆测了。

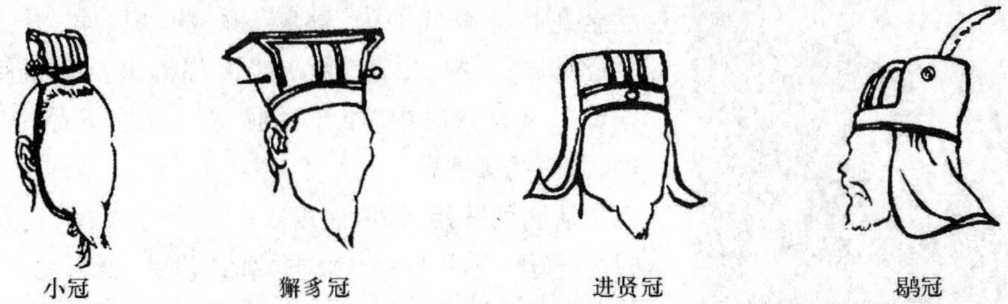

图15　汉獬豸冠〔81〕

补服又称补子，是缝制在官服前胸后背的方形纺织物，上面绣者飞禽走兽之图案，以表示官员的品阶和职掌。补服是何时产生的？黄震云、孙娟依据北周庾信《正旦上宪府诗》"苍鹰下狱吏，獬豸饰刑官"句，以及郊庙歌词"屈轶无佞人可指，獬豸无繁刑可触"句，认为"这里的獬豸则指司法"，"獬豸饰刑官，表明庾信时代司法官员身上穿着的官服上绘有獬豸图案。獬

〔80〕　北京昌平区十三陵神道石像生獬豸石兽。参见北京文物局：《北京文物精粹大系・石雕卷》，北京出版社2002年版，第206页。

〔81〕　参见孟琢、彭著东译注：《童蒙须知・明贤集》，中华书局2013年版，第10页。

豸已经由传说进入实际表现阶段,也就是说成为象征性的文化标志。之后如唐朝则专指监察御史之类的官职,则又是一变化。"〔82〕但是,"獬豸饰刑官"中的刑官,既可以指官员服饰,也可以指刑官的官府。如果是指官府的话,就和东汉王充《论衡·是应》所云"今府廷画皋陶"的意思一样了。至于府廷墙壁上的皋陶画像究竟是什么样子,我们尚不得而知。但是,我们看到古代牢狱墙上镶嵌虎头的雕塑,其象征意义是一样的。

据《旧唐书·舆服志》记载:"延载元年(公元694年)五月,则天内出绯紫单罗铭襟背衫,赐文武三品以上。左右监门卫将军等饰以对狮子,左右卫饰以麒麟,左右武威卫饰以对虎,左右豹韬卫饰以豹,左右鹰扬卫饰以鹰,左右玉金今卫饰以对鹘,左右金吾卫饰以对豸,诸王饰以盘龙及鹿,宰相饰以凤池,尚书饰以对雁。"如此,则补服当自唐代始。

图16 唐七梁冠〔83〕

正式的补服制度始自明朝。据《明史·舆服志》:洪武二十六年(公元1394年)初定文武官朝服,依据官员品位,其冠式革带绶佩颜色各有差,而"独御史服獬豸"。正德十三年(公元1519年),定文武官员服色:"一品斗牛,二品飞鱼,三品蟒,四五品麒麟,六七品虎彪,翰林科道不限品级皆与焉。时文臣服色亦以走兽,而麒麟之服逮于四品,尤异事也。"此后补服制度最终完善。关于明代补服的图案,有学者做了总结,文官一品至九品分别为:仙鹤、锦鸡、孔雀、云雁、白鹇、鹭鸶、鸂鶒、黄鹂、鹌鹑,杂职练鹊,风宪官服獬廌;武官一品至九品分别为:狮子、狮子、虎豹、虎豹、熊罴、彪、彪、犀牛、海马。〔84〕

图17 明官服〔85〕

清朝沿用了明朝的补服制度。据《清史稿·舆服二》记载,清代补服制度规定,文官一品至九品补服分别为:鹤、锦鸡、孔雀、雁、白鹇、鹭鸶、鸡鸠、鹌鹑、练雀;武官一品至九品补服分别为:麒麟、狮、豹、虎、熊、彪、犀牛、犀牛、海马。其中,文官三品中"惟都御史及按察使前后绣獬豸",文官四品中"惟道绣獬豸",文官五品中"惟给事中、御史绣獬豸"。

从明朝开始,补服制度不仅适用于本朝,还适用于当时的藩国。《明史·舆服志》载:"洪武二年,高丽入朝,请祭服制度,命制给之。"此后,高丽国官员亦按品阶服明朝官服。监察司法官员则以獬豸为补服。

〔82〕 黄震云、孙娟:《汉代神话史》,长春出版社2009年版,第322、323页。
〔83〕 唐代。现藏首都博物馆。参见北京文物局:《北京市文物精粹大系玉器卷》,北京出版社2002年版,第94页。
〔84〕 沈从文、王予予:《中国服饰史》,陕西师范大学出版社2004年版。转引自杨砚池:《浅析明朝补服图纹与明朝礼法的关系及内涵》,载《新余学院学报》2013年第2期,第81页。
〔85〕 明代官服补服图案。参见[韩]孙晟:《东洋法的象征》,东国大学出版社2007年版,第183页。

图 18　明獬豸补服一〔86〕

图 19　明獬豸补服二〔87〕

第六节　夏代的法律思想

夏是古代国家确立和初步发展的时期。通过有关夏朝的文献可以看到,夏人已经从当时的法律实践活动中总结了一些重要的经验,并对后世的政治法律活动产生影响。

一、夏朝的法律实践

关于夏代的史料寥若晨星,史学界有谓:"夏代之有无,本属疑问。"〔88〕但我们仍能看到夏代确是廌即皋陶之法的直接继承者。《隋书·艺文志》:"夏后氏正刑有五,科条三千。"《周礼·秋官·司刑》:"司刑掌五刑之法。"郑玄注:"夏刑大辟二百,膑辟二百,宫辟五百,劓、墨各千。"夏的"五刑"正是从皋陶修正了的"五刑"那里继承的。《左传·昭公十四年》记载晋大夫叔向的话说:"《夏书》曰:'昏、墨、贼,杀。'皋陶之刑也。"可见夏代的确是廌即皋陶之法的直接继承者。《尚书·皋陶谟》载皋陶的话:"天讨有罪,五刑五用哉!"《尚书·甘誓》载夏启的誓词:"天用剿绝其命,今予惟恭行天之罚。……用命,赏于祖,弗用命,戮于社,予则孥戮汝。"《甘誓》之文"在夏王朝是作为重要祖述历世口耳相传,终于形成一种史料流传到殷代。其较稳定地写成文字,大概就在殷代"。〔89〕夏代不仅继承了皋陶的"五刑"和刑法原则,还继承了皋陶的神权法思想。

二、神权天命思想

夏商统治者都把自己的统治说成是天的意志:"有夏服天命","有殷受天命"(《尚书·召诰》)。并把自己的立法、司法说成是禀受天命而行的。夏启讨伐有扈氏,作《甘誓》:"有扈氏

〔86〕明代官服补服图案。参见[韩]孙晟:《东洋法的象征》,东国大学出版社 2007 年版,第 183 页。
〔87〕明代官服补服图案。参见[韩]孙晟:《东洋法的象征》,东国大学出版社 2007 年版,第 184 页。
〔88〕杨宽:《说夏》,载吕思勉、童书业:《古史辨》七(上),上海古籍出版社 1982 年版,第 280 页。
〔89〕刘起釪:《〈尚书·甘誓〉校释译论》,载《中国史研究》1979 年第 1 期。

威侮五行,怠弃三正,天用剿绝其命,今予惟恭行天之罚。左不攻于左,汝不恭命;右不攻于右,汝不恭命;御非其马之正,汝不恭命。用命,赏于祖;弗用命,戮于社。予则孥戮汝”(《尚书·甘誓》)。

《左传·哀公六年》载:“《夏书》曰:‘惟彼陶唐,帅彼天常,有此冀方。今失其行,乱其纪纲,乃灭而亡。’”意即《夏书》说:“那位君主陶唐,遵循天道纲常,才据有中土四方。现在走到邪道上,扰乱了治国大纲,于是就被灭亡。”

这里出现了三个神:一是“天”,是天下的主宰,夏启讨有扈便是承受了“天”的命令;二是祖先神,服从命令征讨有功的,在祖先神位前受赏庆功;三是社神,不服从命令打了败仗的要杀头。而这种败类不齿于祖先,死后不得葬于同族之墓地,只能处死在中土之神的坛前。可见,夏人的祭祀活动已存在场合上和对象上的差异。

夏商的宗教观念可能是二元的,信“鬼”,又信“神”。大禹“菲衣食而致孝乎鬼神”(《论语·泰伯》)。鬼是死去的先辈或祖先,“神”是至上的人格神。这是中国古代宗教观念的一大特点。因而从某种角度而言,“鬼”是对“神”的一种束缚。当人间的帝王凭借祖先神已经被“半神化”时,就用不着在王权之上再塑造一个至高无上的教权。因此,在中国古代,教权总是为王权服务的,而王权是凌驾一切的。

三、夏之教训

《左传》中载《夏书》佚文十四则,另有《夏训》一则。这些文字对于了解夏代社会状况和法律活动十分重要。

首先是为君为臣之道。君主应当有德。《左传·庄公八年》载:“《夏书》曰:‘皋陶迈种德,德,乃降’。”《夏书》说:“皋陶勉力于德行,德行具备,别人自然降服。”君主要讲求信用。《左传·襄公五年》载:“《夏书》曰:‘成允成功’。”即《夏书》说:“有了信用,才能成就功业。”历史上有君主失德而亡国的教训。《左传·襄公四年》载:“《夏训》有之曰:‘有穷后羿。’……昔有夏之方衰也,后羿自鉏迁于穷石,因夏民以代夏政。恃其射也,不修民事,而淫于原兽。……有穷由是遂亡,失人故也。昔周辛甲之为太史也,命百官,官箴王阙。于《虞人之箴》曰:‘芒芒禹迹,画为九州,经启九道。民有寝庙,兽有茂草,各有攸处,德用不扰。在帝夷羿,冒于原兽,忘其国恤,而思其牝牡。武不可重,用不恢于夏家。兽臣司原,敢告仆夫’。《虞箴》如是,可不惩乎?”大意是说,《夏训》说到有穷后羿。……夏朝衰败时,后羿来到穷石,依靠夏人而得到政权。他仗着高超的射箭本领,不关心民事而沉溺于打猎。……有穷氏从此灭亡。周朝的辛甲作太史时,命令百官劝诫天子。在《虞人之箴》里写道:“辽阔的禹土,分为九州,开通九条大道。百姓有屋有庙,野兽享用丰茂的青草,各有住所,互不干扰。后羿身为君王,迷恋打猎,忘记国家的忧患。武事不可太多,否则会使国家衰亡。兽臣主管打猎,谨以此报告君王的左右。”难道不应当警戒吗?

为了使君主有德,臣下有劝谏君主的职责。《左传·襄公十四年》载:“《夏书》曰:‘遒人以木铎徇于路,官师相规,工执艺事以谏’。”即《夏书》说:“遒人摇着木铎在大路上巡行,官师规劝,百工献技艺以劝谏。”遒人征求百姓的意见,官员互相勉励,百工劝谏君主,都是不可缺少的措施。

其次是关于赏罚的主张。《左传·僖公二十七年》载:“《夏书》曰:‘赋纳以言,明试以功,车服以庸’。”即《夏书》说:“有益的建议要采纳,用功绩来考核他的行为,用车马衣服作为报酬。"《左传·文公七年》载:"'《夏书》曰:戒之用休,董之用威,劝之以《九歌》,勿使坏'。"即《夏书》说:"用庆赏来加以告诫,用刑罚来加以管束,用《九歌》来加以勉励,不要使人们变坏。"《九歌》常与《九辩》、《九招》、《九韵》、《九代》并提。古本《竹书纪年》:"启登后九年,舞九韶。"又今本《竹书纪年》:"帝启十年,帝巡狩,舞九韶于大穆之野。"《楚辞·天问》:"启棘宾商,九辩九歌。"朱熹《楚辞辨证》认为"启棘宾商"当为"启梦宾天"。《楚辞·离骚》:"启九辩与九歌兮,夏康娱以自纵。"王逸注:"九辩、九歌,禹乐也。言禹平治水土,启能承先志,育养品类,故九州之物,皆可辩数,九功之德,皆有次序,禹可歌也。"《山海经·海外西经》:"大乐之野,夏后启于此舞九代";《大荒西经》:"名曰夏后开,开上三嫔于天,得九辩与九歌以下,此天穆之野,高二千仞,开焉得始歌九招。"《吕氏春秋·古乐》:禹命皋陶作九成;《淮南子·齐俗训》:夏后氏其乐九成。九成即夏乐,又称"大夏"。《周礼·春官·大司乐》:"教国子舞云门,大卷、大咸、大声、大夏。"郑玄注:"大夏,禹乐也。禹治水传土,言其德能大中国也。"《左传·襄公二十九年》载:"为之歌秦,曰:此之谓夏声。夫能夏则大,大之至也,其周之旧乎!……见舞大夏者,曰:美哉,勤而不德,非禹,其谁能修之?"可见,《九歌》是夏代音乐。古代音乐具有特殊的社会意义。在祭祀中,音乐带有号令的作用,以规范人们的行为。在战争中,音乐即军令,如《周易·师》所谓"师出以律",《周礼·春官·大师》所谓"执同律以听军声而诏吉凶。"禹乐与禹刑之间,或许有着某种内在的联系。

再次是关于司法原则。《左传·襄公二十六年》载:"《夏书》曰:'与其杀不辜,宁失不经。'"即《夏书》说:"与其杀害无罪的人,还不如错放了有罪的人。"《左传·昭公十四年》载:"《夏书》曰:'昏,墨,贼,杀。'(皋陶之刑也)"即《夏书》说:"昏,墨,贼三种犯罪,都应处死。"(这是皋陶的刑法)

最后是关于统治之术的主张。《左传·成公十六年》载:"《夏书》曰:'怨岂在明,不见是图。'"即《夏书》说:"怨恨不是摆在明处的东西,要时刻注意那些看不见的事情。"

第七节　殷商的法律思想

一、殷商的神权思想

在商人的意识中,"上帝"是至上的人格神,它是众神之首,具有无比的威力。它支配着自然界的风云雷雨霜雪阴晴,还掌管着人间的祸福。在"帝"周围有众神"帝史"、"帝臣"、"帝五臣"、"四方"神,他们是"帝"的下属和臣佐。天神内部的等级不过是人间等级的反映。因为,人们总是依照现实世界的模样来塑造神的世界。

商人把自己的祖先称作"王帝"。"王帝"在"上帝"左右,共同主宰人类社会。但由于商人与"上帝"没有血缘关系,所以商人占卜都是向"王帝"请示,由"王帝"向"上帝"转告。祝、史是主掌占卜的神职人员,他们和商王一起独揽人间与鬼神交通的道路。

商朝后期,祖先神与至上神合而为一,祭祀祖先与祭祀"上帝"在仪式上几乎没有区别。到了西周初期,又开始恢复了传统的二元神观念。但不管是一元神观念还是二元神观念,统治集团都把自己的统治权和立法、司法权说成是神的意志。在这种情况下,任何触犯现存政权和法律的行为,都被视作悖逆鬼神天帝的元恶大罪。

商王盘庚迁殷,作《盘庚》:“古我先后既劳乃祖乃父,汝共作我畜民。汝有戕则在乃心,我先后绥乃祖乃父。乃祖乃父乃断弃汝,不救乃死。兹予有乱政同位,具乃贝玉。乃祖乃父丕乃告我高后曰:‘作丕刑于朕孙!’迪高后丕乃崇降弗祥。”(《尚书·盘庚》)大意是:从前我的先王既然役使过你们的祖先,你们自然应当做我的顺民。你们如果怀有恶毒的念头,(我就会告知我的先王)我的先王便告诉你们的祖先,你们的祖先就会抛弃你们,不把你们从死罪中救出来。我有治理政事的大臣,掌握着交通神祇的“贝玉”,一旦告到我的先王那里,你们的祖先会一致赞同说:“快惩罚我的子孙!”于是我的先王便把不祥降到你们头上。

在商人心目中有两个世界:神的世界和人的世界。在人的世界,商王统治着畜民;在神的世界,商王的先王统治着畜民的祖先。而畜民又服从他们的祖先神,畜民违背商王,等于违背自己的祖先神。其结果是既受到商王的惩罚,又失去了将来步入神的世界的权利。这是一幅多么阴森可怕的情景啊!

二、商代的“重人”思想

殷商君主汤,常以大禹、皋陶等贤臣为榜样,并教训部下:“毋不有功于民,勤力事,予以大罚殛女,毋予怨”;“古禹、皋陶久劳于外,其有功乎民,民乃有安。东为江,北为济,西为河,南为淮,四渎已修,万民乃有居。后稷隆播,农殖百谷。三公咸有功于民,故后有立”。他任用有才干但出身卑微的小臣伊尹,“举任以国政”,终于打败夏桀,建立商朝。(《史记·殷本纪》)

殷王盘庚教训部下说:“古我先王,亦惟图任旧人共政”;“迟任有言曰:人惟求旧,器非求旧,惟新。”(《尚书·盘庚》)“迟任”指古代贤人,意谓:用人当任用世家旧臣,不要像使用器具那样舍旧取新。殷末帝王纣,就违背了这一原则,“遗其王父母弟不用,乃维四方之多罪逋逃是崇是长,是信是使”,不任用亲戚子弟,反而任用“四方”的外人,所以才招致“百姓怨望而诸侯有畔者”,终于灭亡。(《史记·殷本纪》)

第八节　西周的法律思想

一、“以德配天”的君权神授说

周人以臣下的身份取代“上帝”之子的商人的统治之后,在意识形态领域遇到难题:究竟有没有天命?如果有,那拥有天命的商人何以败亡?本无天命的周人何以取胜?以周公为代表的西周贵族统治集团目睹万邦族众力量的伟大,从商人迷信神祇而亡国的教训中悟出这样的道理:“天不可信”(《尚书·君奭》),民不可轻。于是,他们提出“以德配天”(《尚书·蔡仲之命》)的君权神授说:天(“上帝”)是至上神,它不属于某一民族,而为天下各族人所共有;天把天命交给哪一族,要看该族是否有“德”,即是否获得天下人民的拥护;天把天命交给有“德”的民族,该族的祖先神便得以匹配“上帝”、“在帝左右”。于是,若要长久保有天命,必须有"德"，而要有"德"，又必须获得天下人民的支持。这样便构成周人"敬德保民"、"明德慎罚"（《尚书·康诰》）的思想。周人以"德"为法宝，把天命从商人手中夺了过来。但他们又受到"德"的束缚。"神"和"德"构成周人思想的两个重要支柱。

"以德配天"的理论首先把"天"、"上帝"说成是喜欢"德"的，是关心民间疾苦的。这样一来，就迫使人间的统治者去仿效"天"、"上帝"，去关心人民的生活。其目的是讨得神的欢心和庇护，以保有其统治权。

"以德配天"的理论，解决了周初思想意识形态中的信仰危机和困惑——人世间到底有没有神祇天命？如果没有，那么商人为什么能够长久统治人间？如果有，那么商人为什么会亡国？答案关键在于民心向背。"以德配天"的理论，一方面把神拉向人间，另一方面又把民推向上天，从而缩短了神与人的距离。这样一来就在一定程度上摇撼了神权的统治地位。先秦时代神权思想的动摇便是以此为起点的。此后，人们关心人事而不讲鬼神，从而奠定了中国传统文化中朴素唯物主义无神论的基调。同时，在社会政治生活领域，人民第一次作为重要的砝码被置于政治天平的一侧，这不仅极大制约着神权的发展，更重要的是，奠定了中国古代政治法律思想领域中"重民"、"重德"、"仁政"等"民本主义"的传统风格。

二、"德治"思想及其表现

（一）古代"德"字的文化内涵

在甲骨文中，"德"与"得"的字义是相通的。《说文解字》："得，行有所得也"。"得"古文写作"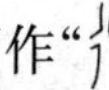"。该字由彳、贝、又三部分组成。彳象征道路或街头；贝即货币、朋贝；又即手。意谓一个人外出作生意赚了钱，持贝而归，行有所获。"得"与"失"相对应。《周易·坤》："西南得朋，东北丧朋。""得朋"即卖出货物获得货币；"丧朋"即支出货币获得货物。外出做生意，或买或卖，或得货物或得货币，皆行有所获。商代"德"字有两层含义：一是外出打仗，获得俘虏，用弓弦束缚其首，牵之以祭神明；二是外出做买卖，将多余产品卖出去，获得货币以归。尤以第一说为切于本义。

西周"德"字在商代"德"字基础上增加了一个心符。因为"德"即"得"，"不失"亦"得"。只要施以小恩小惠，使奴隶不逃亡，亦"得"也。西周的"德"字反映了当时统治思想的一次升华，是对商人专任武力刑罚方针的一次修正，是当时推行怀柔政策的真实记录。

（二）从商人之"德"到周人之"德"

商人、周人都有关于"德"的观念，但两者有实质上的差异。[90]

商人有"德"的概念。如《尚书·盘庚》："用罪伐厥死，用德彰厥善"，"汝有积德"，"动用非德"，"施实德于民"，"式敷民德"，等等。商人之"德"，仍未超出"财产"、"利益"的范围，还不是观念形态的东西。

而周人之"德"已经超越了财富和利益的旧界限，成为统治阶级应当具备的一种资格或品质，这种资格或品质正是"天"、"帝"所赞许的。《尚书·周书》言"德"颇多，如"周公之德"、"明德慎罚"、"朕心朕德"、"敏德用康乃心"、"天若无德"、"经德秉哲"、"惟助成王德

〔90〕　温少峰：《殷周奴隶主阶级"德"的观念》，载《中国哲学》（第8辑），三联书店1982年版。

显”、“勤用民德”、“既用明德”、“保受王威命明德”、“公称丕显德”、“惟公德明光于上下”、“单文祖德”、“永观朕子怀德”、“明德恤祀”、“奉德不康宁”、“嗣前人恭明德”、“秉德明恤”、“克敬德”、“疾敬德”、“羞刑暴德”、“不训于德”、“德明惟明”、“以教祗德”……可见,“德”不仅是统治国家的一种方针,而且还是统治阶级的一种资格、品质。一个统治阶级的成员可以因为具有“德”而显荣,整个统治阶级因为具有“德”而获得“民”的拥戴。更重要的是,“德”与“天”发生了联系。在周人那里,“德”成了联系“天”和人间的重要枢纽。

周人在坐稳了江山之后,用“德”的光环重新描绘人类历史。他们说,夏桀无“德”,“天”于是“乃命尔先祖成汤革夏。”(《尚书·多士》)当初,“殷之未丧师,克配上帝。”(《诗经·大雅·文王》)后来,“惟其不敬德,乃早堕厥命。”(《尚书·召诰》)周人有“德”,故“丕显文武,皇天弘厌厥德,配我有周,膺受大命。”[91]“文王在上,于昭于天,周虽旧邦,其命维新。”(《诗经·大雅·文王》)周人终于代商而成为天下的主宰。其结论是:“皇天无亲,惟德是辅。”(《尚书·蔡仲之命》,又《左传·僖公五年》引《周书》佚文:周人不仅用“德”谱写了人间的历史,还修正了“天”的形象。从此,“天”从只关心一姓一族之利益的威严无比的“神”,变成了关心天下各族人民利益的仁慈之“神”。这是“人”对“神”的第一次胜利。

(三)“明德慎罚”思想及其表现

西周时期德治思想在政治法律活动中的表现就是“明德慎罚”。西周初期以周公为代表的统治阶级在一定程度上看到了人民力量的强大,使他们感到单靠神权不足以维护其统治,必须关心民事,注意民心向背。他们说:“惟王受命,无疆惟休,亦无疆惟恤。”(《尚书·召诰》)意思是,周人获得天命,执掌了政权,这是无穷的美事,然而也带来了无穷之忧患。因此,必须时刻警惕,保有天命,不要让天命再次转移。

为了保有天命,必须“明德”,即保持人民对你的支持和拥护。于是,聪明的统治者不能再像殷人那样仰往天空、迷信鬼神,而应当目光向下,注视民间。他们提出,要把民心的向背当作一面镜子:“人无于水监(鉴,下同),当于民监。”(《尚书·酒诰》)因为人民的要求和呼声与“天”及“上帝”是相通的:“天视自我民视,天听自我民听。”(《孟子·万章下》引《泰誓》)“民之所欲,天必从之。”(《左传·襄公三十一年》引《泰誓》)统治者必须时时了解人民的疾苦:“知稼穑之艰难”,“知小民之依(隐痛)”,“怀保小民。”(《尚书·无逸》)因为只有能够“保享于民”的人,才能“享天之命”(《尚书·多方》)。“保民”的目的是“明德”,“明德”的目的是“配天”,“配天”才能维持自己的统治:“聿修厥德,永言配命,自求多福。”(《诗经·大雅·文王》)

“慎罚”即谨慎地施行刑罚。这是对殷人一味迷信鬼神、滥施刑罚的纠正。“慎罚”思想主要表现在以下几个方面:

首先,要求对犯罪进行具体分析以区别对待。《尚书·康诰》提出了过失(眚)、故意(非眚)、偶犯(非终)、累犯(惟终)的概念,主张对故意犯罪和多次犯罪要从重制裁,对过失犯罪和初犯要适当减免刑罚,同时要考虑行为人的认罪态度。

其次,反对族株连坐,主张罪止一身。反对殷人“罪人以族”的做法,主张“罪人不孥”(《孟子·梁惠王下》)。强调“父子兄弟,罪不相及”(《左传·昭公二十年》引《康诰》)。“父

---

〔91〕《毛公鼎铭》,载郭沫若:《两周金文辞大系考释》,日本东京文求堂书店1935年版,第135页。

不慈,子不祗(敬),兄不友,弟不共(恭),不相及也”(《左传·僖公三十三年》引《康诰》)。

最后,反对滥罚无辜,主张教化。西周初期统治集团告诫各级官员要认真地进行审判,“其勿误于庶狱”(《尚书·康诰》)。对于因不了解周人禁止群饮的法令而犯罪的殷遗民,“勿庸杀之,姑为教之。”对周人则毫不留情:“群饮,汝勿佚,尽执拘以归于周,予其杀。”(《尚书·酒诰》)

上述刑法思想即使在世界法律史上也是罕见的。这种比较进步的思想和主张,不仅对当时而且对后世施以积极影响。可以说,“德”作为一种文化杠杆,推动了中国古代法律由野蛮向文明的发展进程。

总之,西周“德”的观念的产生,导致“以德配天”的君权神授说的形成,这无异于是对鬼神世界的一次大震动,是神权思想的第一次动摇。同时促进“明德慎罚”思想的出现,极大地丰富和完善了当时的法律思想和法律制度,从而完成了古代法律文化的第一次飞跃。

三、“礼治”思想及其影响

(一)“礼治”的基本特征

古代“礼”字写作“豊”。《说文解字》:“禮,履也。所以事神致福也。从示从豊。”可见,“礼”是与祭祀活动相关的一种行为。古代“礼”字是祭祀活动形成的行为规范。“国之大事,在祀与戎”(《左传·成公十三年》)。祭祀是古代政治生活的一件严肃的大事。祭祀活动的目的是向“上帝”、祖先神表示敬意或请求启示。祭祀活动本身就要求规范、符合仪式,以讨神明之欢心。祭祀中常常得到神祇的指示,这些指示本身就具有神圣性和权威性。而且,祭祀活动常常伴以鼓号丝竹之声,故又称“礼乐”。所以,从祭祀活动中很自然地派生出行为的规范性,且这种行为规范具有不可违犯的神圣威力。于是,“礼”就成为与神明相联系的行为规范,在社会各个领域发挥巨大作用。

孔子说:“殷因于夏礼,所损益,可知也;周因于殷礼,所损益,可知也。”(《论语·为政》)又说:“周监于二代,郁郁乎文哉”(《论语·八佾》)。意即孔子经过对古代典章文物的整理和研究,得出这样的结论:周礼承继夏商之礼而又发扬光大之。

礼是父系家长制时代的产物。它的社会价值在于维护父系家长特权和宗法等级制度。“礼”字本义为祭祀祖先神的宗教仪式,后引申为具有神权色彩的行为规范。在“迷信鬼神”的夏商二代,“礼”是神权化了的行为准则。周公“制礼作乐”(《逸周书·明堂》),又鉴于二代而有所更革,使“礼”的社会内容不断扩大并从神权的束缚下相对独立了出来,成为不亚于神权思想的占统治地位的社会意识——“为国以礼”的“礼治”思想。

“礼治”是一种社会意识,它要求按照礼的面貌来支配国家的政治、经济、文化活动。“礼治”虽然曾经借助“神”来提高自己的权威,但究其实,“礼治”不同于“神治”,“神治”是按“神”的面目来描绘社会,而“礼治”则是按照“人”的形象来说明人间。“礼治”思想进居为社会的统治思想,正是“注重人事”的社会思潮的成果之一。

“礼”的基本精神是“亲亲”、“尊尊”(《礼记·大传》)。“亲亲”即亲爱自己的亲人,亲爱的程度与方式,取决于爱的主体与爱的对象之间的血缘联系。要爱你最亲近的亲属,而最亲的亲人莫过于自己的父亲,故“亲亲父为首”;“尊尊”即尊敬服从地位尊贵的人,其程度取决于彼此双方的社会地位,要敬爱最尊贵的人。而最尊贵的人莫过于国君,故“尊尊君为首”。

(《史记·太史公自序》《索隐·案语》)

(二)"礼治"对政治法律活动的影响

"礼治"在国家政治生活中的集中体现,是"亲贵合一"的宗法贵族政体。西周初期,封建天下,"封侯树屏"。周天子把全国土地连同土地上的居民按照与周天子血缘亲疏标准分给同姓诸侯和有功的异姓诸侯,让他们各自在自己的封地内掌握最高的政治、经济、军事、法律等一系列大权。同姓贵族与异姓贵族又在"同姓不婚"的原则下通过联姻结成政治联盟。各个诸侯又如法炮制,按照与诸侯血缘亲疏的标准将土地、人民分给下级贵族。这样,便在全国形成大大小小成千上万的独立王国。在这里,血缘亲疏等级与政治尊卑等级合而为一,"亲亲"与"尊尊"毫无二致。在名义上,下级要服从上级,诸侯要服从天子。天子是全国土地与臣民的最高主宰:"溥天之下,莫非王土;率土之滨,莫非王臣。"(《诗经·小雅·北山》)但实际上,由于各级贵族实权在握,如有纷争,也决非一纸法律、法令所能奏效,故每每兵戎相见。这就是"刑不上大夫"(《礼记·曲礼上》)的本义之一。

"礼治"成为当时政治生活的最高准则,叫作"政以礼成"。诸侯对周天子有朝觐之礼;诸侯之间有朝聘之礼;祭祀祖先有宗庙之礼;训练部队有军礼……因此,"礼也"、"非礼也",几乎成为当时辨别事物是非曲直的唯一用语。春秋以后,"礼崩乐坏","非礼"之事渐多。如:初税亩,非礼也;以臣召君,非礼也;诸侯互相献俘,非礼也;取人之地不返其君,非礼也;铸刑鼎,非礼也……"非礼"之声盈耳,正是"礼治"时代衰败的标志。

"礼治"在法律领域的反映是法律规范的宗法化。如"不孝不友",即"子不孝父"、"父不字子"、"兄不友弟"、"弟不恭兄"等行为,被视为"元恶大憝"(即罪大恶极),必须予以严厉制裁,"刑兹无赦"(《尚书·康诰》)。这正是后世《孝经》所谓"五刑之属三千,罪莫大于不孝"(《孝经·五刑章》)的滥觞。

"礼不下庶人,刑不上大夫"是"礼治"的基本特征。"礼不下庶人"主要指礼赋予各级贵族的权利,特别是世袭特权,平民和奴隶一律不得享受。非但如此,平民和奴隶却必须承担礼所加给他们的各种义务。特别是奴隶,其只是权利的客体,可以由奴隶主贵族任意处置。周孝王时的《曶鼎铭》记载,五个奴隶的价格仅值"匹马束丝",就是例证。"刑不上大夫"主要指刑罚特别是肉刑的锋芒不是针对大夫以上的贵族,而是指向广大劳动人民的。这种礼、刑的分野,充分说明西周实行的是一种公开不平等的特权法。正如列宁指出的:"在奴隶社会和封建社会中,阶级的差别也是用居民的等级划分而固定下来的,同时还为每个阶级确定了在国家中的特殊法律地位。"[92]西周的"等级划分"首先就表现在剥削者和劳动人民两大贵贱等级的区别上,并被"固定下来",绝对不许逾越。贵者恒贵,贱者恒贱,"君子务治而小人务力"(《国语·周语》),甚至在贵族内部也因等级不同而待遇各异。所以在西周的"礼治"下,等级非常森严。"天有十日,人有十等"(《左传·昭公七年》);"名位不同,礼亦异数"。(《左传·庄公十八年》)

"礼不下庶人,刑不上大夫"不但是西周"礼治"的特点,也是指导立法、司法的最高原则。根据这一原则,各级贵族不仅享有礼所规定的各种特权,即使发生越礼行为一般也不受刑罚的制裁。当然,所谓"刑不上大夫"并不是说大夫一类贵族犯有严重危害宗法秩序的罪行概

---

〔92〕［俄］列宁:《俄国社会民主党的土地纲领》,载《列宁全集》(第6卷),人民出版社1956年版,第93页。

不用刑，但即便用刑，通常也能享受各种特殊照顾。如“王之同族有罪不即市”（《周礼·秋官·小司寇》），“有赐死而无戮辱”（《汉书·贾谊传》），“公族无宫刑”（《礼记·文王世子》），等等。在诉讼方面还有“命夫命妇不躬坐狱讼”（《周礼·秋官·小司寇》）之类的规定。不但如此，许多高级贵族还享有减免罪刑的特权。“刑不上大夫”还存在着制度上的原因。在西周的分封制和世袭制下，各种贵族、特别是大夫以上的大贵族在自己封地内都拥有相对独立的行政、立法、审判权和各自的武装力量。天子和国君要想惩治他们，往往必须兴师动众，兵戎相见。这正是古代“大刑用甲兵”（《国语·鲁语上》）和兵刑不分的重要原因之一。而另一方面，对于广大劳动人民的反抗则一味强调镇压。周初的“明德慎罚”只是昙花一现。

西周的“礼治”是建立在“溥天之下，莫非王土；率土之滨，莫非王臣”的土地王有制基础上，维护贵族世袭特权和统治人民的整个上层建筑。它实质上就是西周奴隶主贵族政权的代名词。在西周初期那种各地区经济联系极其薄弱的情况下，它所维护的宗法等级制对于稳定社会和政治秩序，巩固一个疆域辽阔的王朝来说，曾经起过重要的作用。

周天子一统天下的宗法贵族政体，决定着当时法律实践活动的一系列特征。其中最主要的一条是：宏观统一与微观独立并存，即全国法律实践活动在重大基本原则上的统一和各诸侯国立法、司法的相对独立性同时存在。这一特点是西周作为统一的国家政权、各诸侯国频繁的相互往来，以及各诸侯国具有相对独立的统治权和各自的民族历史传统与地理环境等因素造成的。在当时的具体条件下，不论是周王朝还是各诸侯国都不可能也没有必要制定统一而详备的法律规范。在权力所及的生活范围内，法律实践活动按照各自的传统和习惯进行着。这种传统和习惯终于演化成“议事以制”的“判例法”。

春秋后期，随着社会变革的深入，“法治”思潮不断冲决“礼治”的藩篱。郡县官僚制逐渐取代世卿世禄制，“成文法”日益削弱“判例法”。“法治”思想、郡县制度和“成文法”不仅是旧时代的掘墓人，而且还是新时代的奠基者。

四、西周的“重人”思想

周人的先祖后稷（弃）、公刘、古公亶父及西伯（文王），都是笃仁敬老、礼贤下士，有功德于民，才得到人民的拥戴，“民皆歌乐之，颂其德”（《史记·周本纪》）。最后，周人取代商人建立周朝。

西周统治者十分重视贤人的作用。《尚书·大诰》载，周公教训部下：“嗣无疆大历服，弗造哲迪民康”；“有十夫予翼，以于敉宁武图功”，“爽邦由哲”。是说，当前的困难是没有明智的人把人民引向安全之地；如果有十位贤人助我，我就可以平定叛乱，成就大业。要治理好国家，必须有贤哲的人。

《尚书·吕刑》总结道，苗民由于“罔择吉人观于五刑之中”，即用人不当，才遭到上帝的惩罚。提出“哲人惟刑”，即选择贤人来作榜样。“非佞折狱，惟良折狱，罔非在中”，即不要选择能说会道、心术不正的人当法官。并总结出执法者容易犯的“五过”：“惟官，惟反，惟内，惟货，惟来”。五种过失即一是仗恃自己地位高，任意裁判；二是乘机报恩报怨；三是讨好地位高的人而枉法裁判；四是乘机受贿；五是贪赃枉法。周穆王时期的《吕刑》表述了西周统治者对官吏特别是法官素质的基本要求，是古代“重人”思想的集中体现。

第九节 夏商周三代法律文化及其对后世的影响

一、东夷文化的两宗遗产:“仁”和“灋”

(一)东夷的“仁”与儒家精神

东夷民族是在殷商之前的某个时代至战国末期,生活在以齐鲁平原为重心的环渤海地区,即今山东、辽宁、内蒙、河北、河南、安徽、江苏、浙江等广大地区的古老民族。王国维多次指出:“自五帝以来,政治文物所自出之都邑,皆在东方”;“自上古以来,帝王之都皆在东方太皞之虚”,“少皞与颛顼之虚皆在鲁卫。”[93]又有殷商是东夷民族的一支的观点:“商人原出于东夷”,“原始的商族可能是山东地区东夷族之一支。”[94]傅斯年《夷夏东西说》:“商人虽非夷,然曾抚有夷方之人,并用其文化。”[95]即认为东夷文化曾经是殷商民族的母体文化。

公元前16世纪形成的商代甲骨文已经是十分成熟的文字系统。在殷商之前,东夷民族经过长期实践而积累的丰富的生活经验和口耳相传的历史故事,已经形成一种集体的共同见解。当文字被刻画出来的那一刻,该文字所期表达的意义便无不与当时的社会生活和集体常识相契合。因此,运用殷商甲骨文材料不仅可以探讨殷商时期而且还可以探讨殷商以前漫长时期的社会生活。

甲骨文有没有从人从二的“仁”字,学界尚无定论。但是甲骨文中已有“仁”的原型字“仌”、“夾”、“化”、“乘”、“尼”、“兒”、“弔”等。这些字形反映了东夷人抵足而眠,即《礼记·王制》所谓“交趾”、《山海经·海外南经》所谓“交胫”的生活习惯,揭示了东夷人男女、兄弟、母子之间相互友爱的情感。[96] 在此基础上逐渐演变成行为规范和思想观念。

东夷民族留给中华民族的最伟大的遗产莫过于“仁”。东夷人的“仁”虽然以“亲”为基础,但是又不局限于血缘范畴,这正是东夷之“仁”的可贵之处。因为“仁”不仅施于具有血缘关系的亲人范围,而且还施于没有血缘关系的人群。在实行“同姓(同血缘)不婚”的母系氏族时代,那些周边氏族的男青年们都“嫁”到同一个氏族来,他们从其父辈母辈的血缘链条那里还找不到任何联系,他们一同外出渔猎、打仗,在寒冷的夜晚抵足而眠,这种超血缘的兄弟之谊,就是“化”,就是“仁”。这就使“仁”从一开始便具有了超血缘的无穷张力。“仁”始终关心周围甚至遥远的氏族,因为那里可能是后代子孙“出嫁”的地方。“仁”之俗在对外关系上的表现是谦让。《山海经·海外东经》载:“君子国在奢比之尸北,其人好让不争。”关于“让”,《春秋谷梁传·定公元年》谓:“人之所以为人者让也。”此处“为人”的“人”,似当即“仁”。谦让与宽容是相通的。《左传·襄公四年》载:寒浞为伯明氏所弃,而“夷羿收之,信而使之”。对外族人的同情和信任,正是“夷俗仁”的一个证明。这也是氏族社会中收养义子的

---

〔93〕 王国维:《殷周制度论》,载《观堂集林》(上册),中华书局1959年版,第451、452页。

〔94〕 张富祥:《东夷文化通考》,上海古籍出版社2008年版,第321、431页。

〔95〕 傅斯年:《傅斯年全集(三)》,湖南教育出版社2003年版,第213页。

〔96〕 参见武树臣:《寻找最初的仁——对先秦仁观念形成过程的文化考察》,载《中外法学》2014年第1期。

习惯。[97] 联想到殷王朝重用异族人伊尹，将伊尹与殷先王同列祭祀；联想到殷人珍视兄弟之谊，“商人祀其先王，兄弟同礼，即先王兄弟之未立者，其礼亦同”；[98] 联想到殷人对妇女的尊重，这些夷人风格，在周人伐纣的誓词中都成了罪行和讨伐的理由，如《尚书·牧誓》所谓“牝鸡之晨，惟家之索，今商王受，唯妇言是用，……乃唯四方之多罪逋逃，是崇是长，是信是用。”正如《论语·子张》所谓：“纣之不善，不如是之甚也。是以君子恶居下流，天下之恶皆归焉。”“下流”者莫过于失败，成者王侯败者贼。《孟子·公孙丑》亦谓：“纣之去武丁未久也，其故家遗俗，流风善政，犹有存者。”孔孟之言，当为平和之论。

“仁”不仅是中华民族的基本精神，也是中国法律文化的传统精髓。东夷民族对中华民族贡献巨大，其中就包括来源于习俗的“仁”的原始观念。建立新王朝的周人不提倡“仁”而提倡“德”，应当是有原因的。首先是因为“仁”未能与“天命”建立联系，而“德”却能够与天命建立联系，“怀保小民”、“明德慎罚”，施德于民，正是为了保有天命；其次，“仁”讲求“人相偶”，人与人、族与族平等友好地相处。而在当时严峻的政治形势之下，让刚刚取胜的周人与战败的殷民族、东夷民族讲平等，恐怕还没有这样的条件；最后，“仁”的观念源于东夷风俗，与周人的文化传统无切合之处，一时难以消化融合。一直到了春秋末年，“礼崩乐坏”，周人的典章文物渐渐失去昔日的权威，东夷民族的“仁”的观念才悄悄恢复，最后经过孔子的加工改造，使“仁”成为古代中国最重要的哲学观念和思想体系，同时也成为促进中国古代法律从野蛮走向文明的精神杠杆。

孔子的思想经历了从崇拜西周之“礼”到发掘东夷的“仁”的前后变化。最后形成了思想的核心“仁”。“仁”始终关注人与人群而非人与自然界的关系。“仁”表现在统治阶级与被统治阶级之间的关系上，就是西周“怀保小人”、“以德配天”的“德”。孔子把它完善为“为政以德”、“富而后教”的“德治”思想。“仁”表现在血缘亲属之间的关系上，就是“孝慈”。这一观念显然同样来自西周。“仁”表现在地缘上陌生人之间的关系中，就是“忠恕”。透过“忠恕”的棱镜，一切人都失去了血缘、政治、民族的差别，大家都是同样的个体自然人。你想得到的别人也想得到，你希望别人如何待你，你就应当如何待人。如果说“德”、“礼”是旧世界的古曲，“仁”则是新世界圣经。

（二）东夷的“灋”与法家传统

东夷民族不仅创造了具有哲学意义的“仁”，而且还创造了具有制度意义的“灋”。“灋”的本质是社会秩序。没有社会秩序，人类就会自相残杀、同归于尽。为了确立“灋”，必须确立社会权威。这个社会已经不是狭小的氏族和部落，而是部落联盟。因为“灋”天生不是为解决氏族内部的纠纷而出现的，氏族内部的纠纷凭借风俗习惯就完全可以解决了。这种社会权威的符号就是独角兽廌。独角兽的第一个职能是实行战争赏罚的军事法官，他运用弓矢作为证据来判断俘虏的归属；独角兽的第二个职能是运用裁判来树立部落联盟的公共秩序。众多氏族为了生存下去，必须无条件放弃自己的判断力，完全委托廌来做出判决。部落联盟的社会秩序就这样确立了。

法家比其他诸家更注重社会秩序的重建和对社会权威的服从。因此，法家独尚君权，以

---

〔97〕 王宇信：《中华远古史》，上海人民出版社 2004 年版，第 148 页。

〔98〕 王国维：《殷周制度论》，载《观堂集林》（上），中华书局 1959 年版，第 455 页。

为君权是社会秩序的制造者和维护者。虽然君主不一定都是圣贤人物,但是为了维护社会秩序,人们必须容忍君主的不贤和缺欠。因为没有君主就没有社会秩序。

“灋”是通过诉讼和判决来体现的行为规范。人们常常因为利益而发生争执。因此,“灋”是解决利益分配的公共行为。这就使“灋”一开始就与功利相联系。法家不仅讲功利,而且讲国家功利。与儒家“重民富民”的主张不同,法家主张“富国强兵”,人民的富裕要服从国家利益。

法家所推崇的“灋”一开始就和战争结缘,源于战争的祭祀活动正是礼的最初形象。从战争祭祀活动中产生的礼乐节拍、舞蹈举止,慢慢地派生出各种禁忌和仪式规则。特别是对勇敢者的奖励和对懦弱者的惩罚,都基于对人们的现实表现,这就使“灋”开始疏远人们的血缘身份,强调人们后天的努力实践,所以使“灋”具有广阔的适用性和平等性。

法家所推崇的“灋”一开始就容易与人群相对集中的游牧生活相契合,而与分散的农耕生活相对隔膜。前者更容易产生绝对权威和军令,后者更容易产生礼仪和伦理道德。

总之,“灋”与集中的公共权力、普遍适用的行为规范、人们后天的行为、社会功利等等联系密切。“灋”所具有的这些品格,在春秋战国的大变革时代,成为人们结束混乱、重建秩序的精神寄托。法家再一次酿造了这种精神,再加上进化史观、好利恶害的人性论、刑无等级的公法观、富国强兵的功利主义等等,从而提出了批判血缘贵族旧世界、建设统一富强新世界的法治理论。

中国古代文化内容丰富、博大精深。中国古代文化是古代先民生活实践经验的结晶。这些实践经验首先包括古人日常生活中最为重大的事项。《左传·成公十三年》:“国之大事,在祀与戎。”即古人认为最重大的事项是祭祀和战争。而能够把祭祀和战争结合起来的正是以战争为核心的祭祀活动。毫无疑问,祭祀是为了保证战争的胜利,战争是为了族群的生存和发展。通过这种祭祀,一些军事行为规范产生了,这就是最早的军令、军纪。它们规定对何种行为进行赏赐,又对何种行为进行惩罚。通过赏罚,表彰和推崇英雄勇士,处罚谴责胆小的逃兵。有了军令、军纪,必然要有监督军令、军纪执行和解决有关纠纷的专职人员,这就是最早的法官。这些法官长期掌管军令、军纪,熟悉断案的方法,获得了专门知识。这种专门知识或经过口耳相传,或经过书之简册,世世代代地传递下去。久而久之,他们逐渐形成了忠于法律规范、依法办事的习惯和传统。

法家正是古老的忠于法律规范传统的继承人。面对战国时期天下无序的混乱局面,法家以重建国家秩序为己任,主张通过变法,摒弃贵族为所欲为的世袭特权,尚贤使能,奖励耕战,富国强兵,建立统一的国家。因此,尽管法家是后起的学派,尽管法家的思想元素大都可以从其他诸家那里找到出处,但是,法家重视法律的精神远非其他各家所能比拟。面对传统文化,儒家选择了礼乐,墨家选择了平等,名家选择了逻辑,兵家选择了权谋,而法家则选择了法。

二、“刑名从商”:早期法律文化的形成

《荀子·正名》:“刑名从商,爵名从周,文名从礼。”是说,刑法的名称是殷商确立的,爵位的名称是周朝确定的,文物的名称是礼仪确定的。由此可知,有关刑法的名称和术语自殷商就已经奠定了基本轮廓。

(一)御事——判例的雏形

殷商时代的法官称作"御廌",颇具神权色彩。当时审理案件需经过占卜再作出判决。随着法律实践经验的积累,以后再遇到同类案件便不再占卜而直接参照成案判决。即《尚书·盘庚》所谓"有咎比于罚"。凭借武力"终大邦殷之命"的周人制定了沿用殷礼的基本国策。如《尚书·武成》所谓"反(返)商政,政由旧"。他们在处理政务和司法时,注意参考和比照殷人的成事或判例。

如《尚书·洛诰》所谓"肇称殷礼",《尚书·康诰》所谓"陈时臬事,罚蔽(比)殷彝","师兹殷罚有伦",《尚书·召诰》所谓"先服殷御事,比介于我有周御事"。"御事"之"御"是执掌、管理之义;"事"是故事成事判例等法律文献的泛称。既然"御事"是判例,那么运用判例来审判案件的法官也被称为"御事",应是自然的事情。古代有以职官为名的习惯,如《左传·文公七年》载:"华御事为司寇。"是"御事"为法官代名词之一证。

"御"是执掌之义,故"御事"又称"执事"。春秋时多称法官为"执事"。"以烦执事"与"以烦司败"、"以烦刑史"、"以烦司寇"可互代也。如《左传·襄公十六年》载:"偃知罪矣,敢不从执事";"寡君来烦执事,惧不免于戾(罪)。"古代"事"、"史"同字,故"御事"又称"御史"。《周礼·春官·御史》有:"御史掌邦国都鄙及万民之治令。"《史记·滑稽列传》有"执法在旁,御史在后"的职官之序。后来"御事"又成为司法监察之官。《睡虎地秦墓竹简》有"岁雠辟律于御史"的规定。可见,秦代"御史"成了专门管理法律文献的职务。总之,西周时"御事"取代"御廌"成为法官的称呼,这本身就意味着"神判法"时代的终结和"人判法"时代的诞生。

《左传·昭公六年》载晋卿叔向语:"昔先王议事以制,不为刑辟。"孔颖达疏:"临事制刑,不豫设法。"所谓"议事以制"即在司法时选择适当的先例、故事作为依据来裁判,而不预先制定包括何种行为为违法、犯罪,同时又应当承担何种责任这两项内容的成文法律。这是对"判例法"时代法律样式基本特征的高度概括。在"五刑之属三千"的格局下,法官的断案方式即《尚书·吕刑》所谓"上刑适轻下服下刑适重上服";《周礼·秋官司寇·司刑》所云"司寇断狱弊讼,则以五刑之法诏刑罚以辨罪之轻重";《周礼·地官司徒·遂师》所云"比叙其事而赏罚";《礼记·王制》所云"必察小大之比以成之。"在当时的情况下,案件的正确审理在很大程度上取决于法官个人素质的优劣,因此,法官的品质与才能受到特别的重视。《国语·晋语》将法官的标准称为"直"和"博":"直能端辨之,博能上下比之。"意即只有谙熟历史典章故事者才能正确定罪科刑。春秋时代曾经直接参与审判事务的叔向、子产都是"习于春秋"、"帅志博文"、"心率旧典"的著名政治家。在世卿世禄的贵族政体下,政治权力连同从事政治法律活动的知识、习惯、常规、技能、艺术、方法等一齐按照"嫡长继承制"的链条传递下去。前车后辙,上行下效,前事不忘,后事之师。祖辈们的言论、行为、训诫、旧例对后辈具有极大影响力,可以说"议事以制"的"判例法"正是"敬天法祖"、"帅型先考"的时代风尚在司法领域中的体现。

三代之法——以刑统例。夏商周三代法制常冠以"刑"。《左传·昭公六年》谓"夏有乱政,而作禹刑;商有乱政,而作汤刑;周有乱政,而作九刑。"当时的"刑"主要包括稳定的刑罚制度如墨、劓、剕、宫、大辟五刑。关于何为违法犯罪又应如何处分,这两项内容是不明示的,有待执政者根据具体情形临时处断,于是产生大量判例。这些判例分别隶属于五刑之后,即所谓“五刑之属三千”,“三千”者,非法条也,判例也。

(二)誓命——成文法的滥觞

成文法又称制定法,其特征不在于它是否表现为文字,而是具体规定何种行为是违法犯罪,又应当如何处罚。这种法律不管是见诸语言还是文字都必须“明白易知”,它们被公开颁布、广为宣传,使“妇孺皆知”。这种法律就是确切意义上的成文法或制定法。

从某种意义上说,中国古代成文法的端倪是远古时代的战争誓命。比如《尚书·甘誓》:“左不攻于左,汝不恭命;右不攻于右,汝不恭命;御非其马之正,汝不恭命。用命赏于祖;弗用命,戮于社。予则孥戮汝。”又比如《左传·哀公二年》所载晋赵鞅荀寅“铁之誓”:“克敌者,上大夫受县,下大夫受郡,士田十万,庶人工商遂,人臣隶圉免。”誓命是在大庭广众面对神祇发出的,其语言通俗易懂便于大众传播,容易理解和掌握,让人入耳而难忘。

古代的“誓命”经过逐渐丰富和积累,慢慢沿两条路线发展:一是司法实践经验积累延续的路线,逐渐形成判例法的格局;二是抽象概括的立法实践路线,逐渐形成成文法的模式。

战国时的学者曾经对成文法的特征进行学术概括。比如《墨子·非命》:“发宪出令,设为赏罚,以劝善沮暴”;《管子·立政》:“凡将举事,令必先出,曰:事将为,其赏罚之数,必先明之。立誓者慎守令以行赏罚,记事致令,复赏罚之所加。有不合于令之所谓者,虽有功力,则谓之专制,罪死不赦。”战国兴起的专门讲求“法律之所谓”的“刑名之学”,正是成文法兴起的副产品。

秦律使古代成文法达到第一个巅峰。如《睡虎地秦墓竹简》所示,秦律中的“某某律”是其所调整的某一社会领域的法律条文的集约化,带有后世单项法规的色彩。“某某律”不仅描述违法犯罪的概念,而且还明示所承担的责任,故多言“以某律论之”,“以某律责之”。从而依然保持了成文法的基本特征。值得注意的是,秦法初现成文法与判例相结合的端倪。当时的判例称“廷行事”,秦简“廷行事”凡九见。此为后世法典律例合体之雏形。

(三)明用稽疑与司法艺术

今天的“法”字在古代写作“灋”。“灋”字反映了古代先民对法这一社会现象的认识和理解,是对法这一社会现象的真实记录。尽管“灋”字的产生也许比法这一社会现象还要晚出很久,但是,当“灋”字得以产生之际,由于人们对法这一社会现象早已有了约定俗成的统一见解。因此,不管“灋”字的创作出自哪位历史人物之手,它都已经具备了非如此表现不可的必然性。

东汉许慎《说文解字》:“灋,刑也。平之如水,从水。廌所以触不直者去之,从去。法,今文省。”又说:“去,人相违也。”其实,“去”与“明夷”有关。

《周易·明夷》:“箕子之明夷。”箕子是殷末贤臣,纣王诸父,封国于箕,故名。《尚书·洪范》载箕子言治国洪范(大法)九畴,其七为“明用稽疑”,即《周易》所谓“箕子之明夷”。东夷人因发明弓矢而得名为“夷”。古代的“夷”字由弓、矢二字重叠而成,即“弓矢之合书”,“卜辞雉从隹,或从弓矢之合书,即雉,省作夷。《说文》以夷为从大从弓,误矣。”[99] 故“夷”字从

---

〔99〕 黎祥凤:《周易新释》,辽宁大学出版社1994年版,第185页。

矢从弓而非从大从弓。“把《说文》的从大从弓改释为从矢从弓,也就得到正确的解说。”[100]因此,我们可以知道,第一,“夷”的古字字形表示矢、弓合一。由于古人习惯于在弓矢上面刻上记号,故矢弓合一的含义是矢弓上面的符号一致。第二,甲骨文“去”字由弓、矢二字构成。“去”字与“夷”字的寓意正相反,表示矢、弓上面的符号不一致。故《说文解字》说“去,人相违也。”

因为弓矢是确定事实的重要证据,所以诉讼双方都要出示证据即“明夷”。《周礼·秋官司寇·大司寇》:“以两造禁民讼,入束矢于朝,然后听之。”《国语·齐语》:“坐成以束矢”,韦注:“两人讼,一人入矢,一人不入则曲。”《管子·中匡》:“无所诎而讼者,成以束矢。”至此,古老的风俗已经演化成了一种既定的仪式。《睡虎地秦墓竹简·为吏之道》:“听其有矢,从而则之。”[101]意谓原告起诉时有证据才受理,按照双方提供的证据来裁判案件。这种制度正是从古老习俗“明夷”——即出示和检验证据演化而成的。

“明夷”所体现的司法艺术一直被延续下来。《周礼·秋官·朝士》:“凡得获货贿、人民、家畜者,委于朝,告于士,旬而举之,大者公之,小者庶民私之。”此处的“朝士”类似于《周易》里面的“行”、“行人”、“中行”;“旬日”类似于《周易》里面的“七日得”,或即招领的期限。《左传·文公六年》所载“夷蒐之法”有“董逋逃,由质要”的规定。意即处理逃散马牛奴隶归属的争讼应以购买时的契书为凭据。《周礼·秋官司寇·士师》:“凡以财狱讼者,正之以傅别约剂”;《朝士》:“凡有责(债)者,有判书以治则听”,“凡属责(委托债务)以其他傅而听其辞”;《天官冢宰·小宰》:“听师田以简稽”,“听闾里以版图”,“听称责以傅别”,“听取予以书契”,“听买卖以质剂”;《地官司徒·小司徒》:“凡民讼,以地比正之;地讼以图正之”等等。《礼记·王制》:“有旨无简不听”,《月令》:“命理瞻伤、察创、视折,审断决,狱讼必端平。”这些记载都在强调证据对于公平断讼的意义。可以说这些思想和制度在理论上既告别了神判,又杜绝了刑讯。《睡虎地秦墓竹简·封诊式》保留了关于“贼死”、“经死”、“穴盗”、“出子”等案件现场勘验记录和“岁仇辟律于御史”的法律文献管理制度。并强调“治狱,能以书从迹其言毋笞掠而得人情为上,笞掠为下,有恐为败。”[102]指出“笞掠”有造成错案(为败)的弊端。汉代董仲舒提出“本其事而原其志”(《春秋繁露·精华》)的原则,即重视犯罪嫌疑人实施犯罪行为时的主观状态。凡此种种,都说明中国古代司法艺术已走在世界的前列。

三、西周的“礼乐刑政”

(一)关于周公“制礼作乐”

礼乐盖源于远古祭祀,最初的礼指仪式,乐指音乐。仪式由巫师主持,伴以歌舞奏乐。久而久之,礼乐就演变成行为规范和制度的代名词。后世又称为“礼乐刑政”。夏商周三代的“礼乐刑政”也许是一气呵成各有损益的,但由于史料的不足,这里仅涉及西周的礼乐制度。

(一)关于周公“制礼作乐”

一般认为,西周的政治文化制度源于周公的“制礼作乐”。尽管我们无法详细描述周公“制礼作乐”的过程,但是,后人以“制礼作乐”来概括西周初期的制度建设,应当是客观有据的。

---

〔100〕 张富祥:《说夷》,载《淄博师专学报》1997年第3期。

〔101〕 《睡虎地秦墓竹简》,文物出版社1978年版,第288页。

〔102〕 《睡虎地秦墓竹简》,文物出版社1978年版,第244页。

图20 周公

西周"制礼作乐"的核心内容是"制礼",即确立周礼。王国维认为西周之礼不同于殷商者表现在三个方面:"周人制度之大异于商者,一曰立子立嫡之制,由是而生宗法及丧服之制,二曰庙数之制,三曰同姓不婚之制。此数者,皆周之所以纲纪天下。"〔103〕

其实,周公"制礼"表现在三个方面:第一,在王位继承制方面,周公以身立法。《礼记·明堂位》说:"武王崩,成王幼弱,周公践天子之位以治天下,六年,朝诸侯于明堂,制礼作乐,颁度量而天下服。"在"明堂"这个庄严神圣的场所颁布礼乐度量,无异于一次正式的立法活动。武王死,成王年幼,周公摄政。及至成王成年,周公归政,始确立嫡长继承制,与殷商兄终弟及之制迥然相别。故廖平谓:"盖商法兄弟相及。武王老,周公立,常也。当时初得天下,犹用殷法。自周公政成以后,乃立周法,以传子为主。周家法度皆始于公。"〔104〕第二,按姬姓血缘链条封疆土建诸侯。《左传·僖公二十四年》:(周公)"封建亲戚,以蕃屏周";《左传·昭公二十八年》:"昔武王克商,光有天下,其兄弟之国者十有五人,姬姓之国者四十人,皆举亲也。"并依照父系宗法伦理规范约束各级贵族的行为,实行朝聘、巡视、供纳、赏赐等礼仪。第三,对人民实行怀柔政策,"怀保小民","明德慎罚"。

关于周公的"作乐",文献语焉不详。《左传·文公十八年》载:"先君周公制《周礼》曰:'则以观德,德以处事,事以度功,功以事民。'作《誓命》曰:'毁则为贼,掩贼为藏,窃贿为盗,盗器为奸。主藏之名,赖奸之用,为大凶德,有常无赦,在九刑不忘。'"据此,我们可以推测,周公所制《周礼》和《誓命》当在同一时期,当时已有"九刑"。而《周礼》和《誓命》都强调"则"(行为规范)的作用,《周礼》从正面即积极方面强调"则"的重要性,《誓命》则强调违背"则"的具体表现极其后果。可以推测,周公的"作乐"实为刑事立法,即"九刑"。

关于"九刑",《左传·昭公六年》载叔向语:"夏有乱政,而作禹刑,商乱政,而作汤刑,周有乱政,而作九刑。三辟之兴,皆叔(俶)世也。""叔"即"俶",始也。言"三辟之兴",皆在王朝初立之际,有贬抑末世多制之意。《竹书纪年》载:"祖甲二十四年,重作汤刑。"可证"汤刑"在商初所立。《逸周书·尝麦》:"惟四年孟夏,王命大正正刑书,太史筴刑书九篇,以升授大正,大正坐举书乃中降,再拜稽首,太史乃藏之盟府,以为岁典。"贾逵、服虔以为"九刑"乃正刑一,议刑八,合为九刑。郑玄以为"九刑"乃五刑加流、宥、鞭扑、赎。惠栋以为"九刑"即"刑书九篇"。沈家本认为,"《逸周书》言刑书九篇,是周初旧有九篇之名,后世本此为书,故谓之九刑,非谓刑有九也。"〔105〕

"周公制礼作乐"是西周初期在平定叛乱之后周人采取的重大立法活动,誓命、九刑即礼乐的具体表现形式,而礼乐就成为西周制度的代名词。于是,礼乐兴盛代表王朝兴盛,而"礼崩乐坏"则标志西周制度的衰落。如《史记·封禅书》:"自周克殷后十四世,世益衰,礼乐废,诸侯恣行,而幽王为犬戎所败,周东徙雒邑。"

---

〔103〕 王国维:《殷周制度论》,载《观堂集林》(上册),中华书局1959年版,第453、454页。

〔104〕 廖平:《经话》甲编卷二,载李耀仙主编:《廖平选集》(上),巴蜀书社1998年版,第452页。

〔105〕 沈家本:《历代刑法考(二)》,中华书局1986年版,第833页。

(二)礼乐刑政的内涵

鉴于礼乐在古代政治文化中的重要作用,故司马迁特作《礼书》、《乐书》。《史记·礼书》:“余至大行礼官,观三代损益,乃知缘人情而制礼,依人性而作仪,其所由来尚矣。……是以君臣朝廷尊卑贵贱之序,下及黎庶车舆衣服宫室饮食嫁娶丧祭之分,事有宜适,物有节文。”《史记·乐书》:“乐者为同,礼者为异。同则相亲,异则相敬。乐胜则流,礼胜则离。合情饰貌者,礼乐之事也。礼义立,则贵贱等矣。乐文同,则上下和矣。好恶著,则贤不肖别矣。刑禁暴,爵举贤,则政均矣。仁以爱之,义以正之,如此则民治行矣。”

西周的礼乐制度被概括为“礼乐刑政”。如《礼记·乐记》:“礼以道其志,乐以和其声,政以一其行,刑以防其奸,礼乐刑政,其极一也,所以同民心而出治道也”;“礼节民心,乐和民声,政以行之,刑以防之,礼乐刑政,四达而不悖,则王道备矣。”《礼记·明堂位》:“凡四代之服器官,鲁兼用之。是故,鲁,王礼也。天下传之久矣。君臣未尝相弑也。礼乐、刑法、政俗未尝变也。天下以为有道之国,是故天下资礼乐焉。”

礼即周礼,是在损益夏礼、殷礼的基础上形成的。简单来说,周礼就是以父系宗法道德为核心构筑起来的宗法贵族政体及其全部制度。该制度的基础是嫡长继承制、分封制和世卿世禄制。这些制度由于礼节、歌舞、音乐、服饰的加工而被充分仪式化了。周礼是全方位的礼,它不仅适用于国家政治领域,还适用于家族领域。在国家一体的宗法贵族制度下,礼是兼容了法律和道德伦理的放之四海而皆准的行为规范。

乐最初指音乐。在神圣的祭祀活动中,音乐不仅可以渲染气氛,感染人们的情绪,而且更重要的是,音乐其实是巫师的命令,所有参加祭祀的人必须服从音乐的指挥。《论语·阳货》:“礼云礼云,玉帛云乎哉? 乐云乐云,钟鼓云乎哉?”乐是离不开乐器的,其中,最重要的乐器是钟鼓。

钟鼓不仅鸣于庙堂之上,而且还奏响于军旅之间。鼓的规格不同,击打时发出的声调和传播的距离也不同。《周礼·冬官·考工记》载:“鼓大而短,则其声疾而短闻;鼓小而长,则其声舒而远闻。”《周礼·春官·大师》说:“大师执同律以听军声而诏吉凶。”《周礼·地官·鼓人》:“鼓人,掌教六鼓四金之声,以节声乐,以和军旅,以正田役。教为鼓而辨其声用:以雷鼓鼓神祀,以灵鼓鼓社祭,以路鼓鼓鬼享,以贲鼓鼓军事,以皋鼓鼓役事,以晋鼓鼓金奏,以金錞和鼓,以金镯节鼓,以金铙止鼓,以金铎通鼓。”又《夏官司马·大司马》:仲春教振旅,“王执路鼓,诸侯执贲鼓,军将执晋鼓,师帅执提,旅帅执鼙,卒长执铙,两司马执铎,公司马执镯,以教坐作进退疾徐疏数之节。”可见,周礼之六鼓,涉及祭祀、军事、赋役、音乐诸领域,而祭祀居其半。实际上,鼓充当了司祭、司寇、司徒、司乐、军事训练等指挥的角色。其中的军鼓,因战前对神祈宣誓,并且杀牲以涂鼓,便更具有神圣之威严。

在古代,最常见的行为规范是誓命、故事和训诫之辞,它们是礼乐刑政的载体。这些誓命、故事和训诫之辞等作为专业知识由固定的家族执掌并世代相传。在没有文字的时代,这些知识依靠人们背诵和口耳相传。正如穗积陈重所说:“法律记忆之公职,为中世纪北欧各国之通制”;也是“初期文化低级之国家普通之现象也”;“欲使民众周知法令之公布,须用呼唱法或朗读法。”[106]《尚书·胤征》:“遒人以木铎徇于路”,《周礼·秋官司寇·小司寇》:“令以

[106]　[日]穗积陈重:《法律进化论》,黄尊三等译,中国政法大学出版社1998年版,第13、86、168页。

木铎”,“属民读法”,都是公布法令、传布法令的方式。

这些誓命、故事和训诫之辞诞生于祭祀之际,是配以歌舞音乐的,是可以吟诵歌唱的。而重要的誓命和训诫之辞被口耳相传时,始终与歌舞音乐相伴随。故《国语·周语上》谓:“天子听政,使公卿至于列士献诗,瞽献曲,史献书,师箴,瞍赋,矇诵,百工谏,庶人传语,近臣尽规,亲戚补察,瞽史教诲。”那些能够吟唱誓命、故事和训诫之辞的,是世世代代以此为业的史官家族。当文字产生之后,他们仍然掌握着专门知识而且秘而不宣,以示尊贵。故孔子批评赵鞅铸刑鼎的理由之一是“民在鼎矣,贵何业之守?”(《左传·昭公二十九年》)

刑指刑罚制度,即墨、劓、剕、宫、大辟五种刑罚。在最原始的时代,对敌人或内部的叛逆者是不加区别统统处死的。经过漫长的实践,逐渐形成与罪行大体相匹配的刑罚措施。上述五种刑罚在甲骨文中都有所体现,而且流传甚为久远。西周实行“议事以制”的判例法,并以五种刑罚为框架,分别隶属适用此刑罚的判例故事,即所谓“五刑之属三千”。

政指政令,是权威机构随时发布的命令,告诉人们可以做什么,不可以做什么,否则将受到惩罚。广义的政还包括全部国家制度。

西周留给后世的文化遗产是礼乐刑政。从管理社会的手段而言,它既包括对人民进行教育的一手,又包括强制性的法律和刑罚。如果说后世的儒家主要继承了礼乐,那么法家则主要继承了刑政。

四、“御廌”和“儒”:早期官方学术的形成

(一)祭祀·巫史·学术

《左传·成公十三年》:“国之大事,在祀与戎。”祀指祭祀,戎指战争。祭祀活动的目的是求得神祇的保佑和启示。战争的目的是求得生存和发展。法家学术与古代祭祀、战争联系密切。

鬼神观念的产生与祭祀活动携手同来。《史记·日者列传》说:“昔先王之定国家,必先鬼策日月,而后乃敢代;正时日,乃后入家;产子必先占吉凶,后乃有之。自伏羲作八卦,周文王演三百八十四爻而天下治。”即卜筮源于占星。“司马迁《报任安书》亦云‘文史星历,近乎卜祝之间’,然则古史官固司星也。”[107]

在古代祭祀活动中,沟通人间与鬼神的神职人员被称作“巫觋”。《说文解字》:“巫,祝也。女能事无形,以舞降神者也。象人两袖舞形,与工同意”;“祝,祭主赞词者”;“觋,能斋事神明也。在男曰觋,在女曰巫。”甲骨文舞字写作“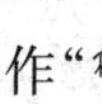”,“乃無之本字,即舞之古文,象人执物而舞之形。”[108]正是巫觋联络鬼神时的舞蹈之形。

巫是远古时代百官的名称,巫术即百官之术。“特上古之世,巫与工同,巫为一国之酋长,工亦百官之总称。”[109]巫的甲骨文写作“”,实由两个“工”字组成,《说文解字》:“工,巧饰也。象人有规矩也。与巫同意。”杨树达《积微居小学述林》:“以字形考之,工象曲尺之形,盖工即曲尺也。”“工”即矩,是测量九十度角的工具。大约是古人用来测量日月星辰的位置以探求“天道”的。农业生产离不开时令,而时令正是天道的体现。最早的巫当属女性,这是母

[107]　叶长青:《汉书艺文志问答》,华东师范大学出版社2015年版,第127页。

[108]　李孝定:《甲骨文字集释》,台北乐学书局1965年版,第1927页。

[109]　刘师培:《工艺学史序》,载《刘师培儒学论集》,四川大学出版社2010年版,第70页。

系氏族传统所至，女性首长兼司鬼神之事是很自然的。

巫觋主持祭祀活动，向神祇请求保佑并获得神的启示，这些经验和技术便是最早的“術”。“術”字由“行”、“术”二字组成，“行”表示十字路口或城邑。“术”字甲骨文写作“”，由两个字形组成：一是“工”，表示矩；二是“人”，表示规。《说文解字》：“術，邑中道也。”古人在修建城邑道路时，必先占筮，以求得神祇的启示。为了确定方向和距离，就需使用规和矩。此间，巫便以矩、规来确定方位走向。这种经验和技术便是最早的学术。

古文的“学”字写作“”。“古文字或从臼持爻以教膝下之子，或从子学爻于大人膝前。古文教、学原为一字，以后分化为二。”[110] 可以推测，“臼”表示两手形，教或学的内容是画图画，以“×”表示。“×”即作画用的工具“矩”，与“∧”形同义。山东省嘉祥县武宅山村武氏祠出土东汉“伏羲女娲执规矩像”中女娲所执“规”即为“×”形。[111] 可见，最早的学术与宗教、自然科学和物质生产有关，故均离不开工具规矩。

（二）战争·赏罚·御廌

在文字诞生之前，口耳相传的历史对古老民族的影响也许异乎寻常地强烈。对部落长老来说，“记住过去的事情是他们的份内工作。”[112] 在远古社会，公共行为规范和解决人们发生纠纷的处理原则或先例，这些知识都作为专业知识被固定的家族世代背诵。“法律记忆之公职，为中世纪北欧各国之通制”，而且是“初期文化低级之国家普通之现象也”。[113] 在中国远古时代，这种最早的“法律记忆之公职”可能就是占卜之官，即“诸史”之职的前身。

由于部落联盟的成立，出现了“王”和以王为中心的办事机构。那些协助王办事的“公职人员”就是“史”，“巫史”便是作为一种过渡形式出现的称谓。《说文解字》：“史，记事者也。”“史由巫而来，就是那种记录卜筮结果的，最开始是附属于巫的，后来才演变成为史官”。[114] 《礼记·礼运》说：“王前巫后史，卜筮瞽侑，皆在左右。”王、巫、史构成了最高领导群体。随着社会管理经验的积累，巫的作用逐渐弱化，史的作用不断加强。史不仅掌管文字，而且成为王的行政官吏。

祭祀活动与战争行为都离不开相应的礼节仪式，于是就产生了战争之礼——戎礼。在巫史当中，有一些人员是专门掌管戎礼的，其中还包括司法事务。《礼记·曲礼》：“卜筮者，先王之所以使民信时日、敬鬼神、畏法令也，所以使民决嫌疑、定犹与也。故曰：疑而筮之，则弗非也。”古老的法令显然是经过占筮而获得神圣性。《太平御览》卷八十二引《史记》：“昔夏后启筮，乘龙以登于天，枚占于皋陶。皋陶曰：吉而必同，与神交通。”皋陶是尧舜时的法官，因为司法活动也离不开占筮，故亦长于此道。

战争是古人最重大的活动。战争离不开祭祀，通过祭祀来召集族众，誓师，发布军令，指挥各族战士，捣毁敌方的城邑，杀死顽抗者，俘掠归顺者，最后向祖先神献俘，对有功者行赏，对有过者施罚。战争是古人全体参与的关系族人生死存亡的大事。这使我们推测，最早的礼源于战争祭祀，最早的法律是军令，最早的法官是论功行赏、论罪施罚的军事法官。

---

〔110〕《汉语大字典》（缩印本），四川辞书出版社1992年版，第428页。

〔111〕参见信立祥：《中国美术全集·画像石画像砖（一）》，黄山书社2009年版，第198页。

〔112〕［英］巴兹尔·戴维逊：《古老非洲的再发现》，屠尔康、葛佶译，三联书店1973年版，第12页。

〔113〕［日］穗积陈重：《法律进化论》，黄尊三等译，中国政法大学出版社1998年版，第13、86页。

〔114〕刘绪义：《天人视界：先秦诸子发生学研究》，人民出版社2009年版，第152页。

军事法官是诸史之一,可以称之为执法之史。他们的职能之一是论功行赏。据《说文解字》,"礼"的古字写作""。该字左侧即"而"字,表示额头带头皮的毛发。右侧的"乙"表示绳索,用来穿系头皮。李圃《甲骨文选注》说:"而,馘(聝)。旧释而,今释为馘。……当为古代战争割敌首以计战功之举。"[115]"而"可能是带头发的头皮,正是东夷民族黥额(雕题)之处,是杀敌后计功邀赏的凭证。古"礼"字的古义是结绳计功,同时用绳子把"而"穿成一串作为牺牲置之于礼器,来向祖先神献祭。军事法官的职能就是统计头皮,论功行赏,同时解决由此而发生的纠纷。如《诗经·鲁颂·泮水》所谓"淑问如皋陶,在泮献(谳)囚"。

甲骨文的"德"字写作"",左侧是"行"字的半边,代表街口,右侧是"臣"字,甲骨文写作"","臣"字上面的"丨"表示绳索。战胜者把自己的弓套在俘虏脖颈上,即"以弓缚首",弓上面刻有记号,以证明此俘虏是自己抓获的。"德"字的本义是打了胜仗,将"臣"(俘虏)牵回驻地。[116]

西周金文的"灋"字在商代金文的"法"字下面增加了一个"去"字,写作灋。"廌"是独角兽,代表专司审判事务的官吏。"去"由弓矢二字构成。弓矢是古代最重要的武器和工具,当人们在捕获俘虏和野兽时产生纠纷时,或者受到他人伤害时,法官凭着弓矢上面的符号来确定责任并做出判决。

从以上古文字可以看到,战争和日常生活,使司法事务成为一门必不可少的专业事务,而世代专司这一事务的家族便是司法之吏。在审判过程中,司法之吏或许会采取神判的方法。获取神意的方法是占卜。经过占卜而获得神的启示,必须严格执行。司法之吏无条件服从神的旨意,这种职业精神和后世法家忠于律的精神是相通的。

《尚书·甘誓》:"用命赏于祖,弗用命戮于社。"这是一条古老的誓命,也是一条最早的军令。实行这条军令的是最早的军事法官——御廌。甲骨文里面有[廌心]字,即"慶"字。"慶"与"赏"是相通的。《说文解字》:"慶,行贺人也。"《礼记·月令》:(孟春之月)"行慶施惠,下及兆民"。在祭祀祖先神的场合,在御廌的主持下对获战功者进行表彰和赏赐。御廌作为古代军事法官的职责与权威,应当说已经十分清晰了。

军事法官主持行赏施罚不仅需要秉公无私,还需要掌握审判技巧,才能够令人心服口服。《诗经·鲁颂·泮水》描绘了春秋时鲁国"既克淮夷"、"淮夷卒获"之后论功行赏的情景:"矫矫虎臣,在泮献馘,淑问如皋陶,在泮献囚"。《毛传》:"馘,获也,不服者杀而献其左耳曰馘。"献同谳、[氵献],讯问。"献囚"不是审问战俘而是论功行赏,是古老军事法官的重要职责。《睡虎地秦墓竹简·封诊式》载,两战士争首级而致诉讼,长官通过"诊首"即凭借创口的特征来判断谁是斩首者。但是在远古时代,这种矛盾早已经被解决了。因为古人的弓矢上面刻有族徽或记号,把弓挂在俘虏脖颈上面便是直接的证据。作为俘虏的"臣"字就是这样产生的。正确地行赏施罚不仅大大提高了誓命军令的权威性,还有力地维护了祖先神社稷神的统治地位,鼓励全体部民服从统帅勇敢杀敌立功。

在实行审判法的商代,法官"御廌"逐渐从占卜之官中独立出来,成为最早的司法官员:司寇、御史。他们不仅熟悉先王之政典、历代之故事,而且依然保留着忠于先王故典遗训的传统。

[115]　参见于省吾:《甲骨文字诂林(四)》,中华书局1996年版,第3444、3445页。

[116]　参见武树臣:《寻找最初的德——对先秦德观念形成过程的法文化考察》,载《法学研究》2001年第2期。

(三)礼仪·教化·儒

儒《汉书·艺文志》引其《别录》说:“儒家者流,盖出于司徒之官。助人君,顺阴阳,明教化者也。游文于六经之中,留意于仁义之际,祖述尧舜,宪章文武,宗师孔尼,以重其言,于道为最高。”《周礼·天官·大宰》:“以九两系邦国之民:一曰牧,以地得民;二曰长,以贵得民;三曰师,以贤得民;四曰儒,以道得民……”郑玄注:“儒,诸侯保氏有六艺以教民者也。”贾公彦疏:“诸侯师氏之下,又置一保氏之官,不与天子保氏同名,故号曰儒,掌养国子以道德,故云以道得民。”《说文解字》:“儒,柔也,术士之称,从人需声。”徐灏注笺:“人之柔者为儒,因以为学人之称。”章太炎《国故论衡·原儒》:“太古始有儒,儒之名盖出于需。……古之儒知天文占候,谓其多技。”

“儒”的本字是“需”。甲骨文需字写作“”。“甲骨文需儒一字”,“(需)象人沐浴濡身之形,为濡之初文。殷代金文作‘’。上古原始宗教举行祭祀之前,司礼者须沐浴斋戒,以致诚敬。故后世以需为司礼者之专名。”甲骨文有“儒人”、“儒师”、“丘儒”、“子儒”、“儒帝子御史”。其中的“子儒”在殷王武丁身边工作,是负责祭祀祖先、接待宾客的专职官员。[117]

儒的前身是殷王身边的神职人员即巫祝卜史,他们分别负责祭祀的仪式,传达神祇的启示,记录重要的事件和言论。儒在民间则是主持婚丧礼义的人员。周取代商以后,儒成为以相礼为业的术士。“相礼”的活动主要是主持丧葬和婚姻仪式。如《墨子·非儒下》:“其礼曰:丧,父母三年,妻后子三年”,“取妻,身迎,祗步为仆,秉辔授绥,如迎严亲,婚礼威仪,如承祭祀。”至于“术士”,可能就是今天的算命。如《庄子·田子方》:“儒者冠圜冠者知天时,履句屦者知地形,缓佩者事至而断。”

《周易》的第三卦《屯》记载抢婚习俗:“屯如邅如,乘马班如,匪寇婚媾”,“乘马班如,求婚媾”,“乘马班如,泣血涟如。”第四卦《蒙》讲送财礼的聘婚习俗:“纳妇,吉,子克家”,“勿用取女,见金,夫不有躬,无攸利”,“不利为寇,利御寇。”第五卦《需》记载儒主持婚礼之事:“利涉大川”,“需于郊,利用恒,无咎”,“需于沙,小有言,终吉”,“需于泥,致寇至”,“需于血,出自穴”,“需于酒食,贞吉”,“入于穴,有不速之客三人来,敬之,终吉。”可见古代结婚都需要司仪的安排。最初的婚礼还需要扮演抢婚时的“寇”的“不速之客”的角色。“需”既是动词,表示主持婚姻仪式的司仪,又是名词,表示主持仪式的人,即儒。《需》卦的《象》说:“云上于天,需,君子以饮食宴乐。”在古代,“酒食”、“饮食”有特殊含义。《礼记·乐记》:“酒食者,所以合欢也。”“合欢”即缔结婚姻。在婚姻家庭领域,最早的儒体现了媒人的职能。

春秋以降,礼崩乐坏。原先在贵族政体中靠俸禄为生的基层文职人员失去生活依靠,也加入儒的行列。他们一方面为老百姓主持婚丧礼仪,为人们算命,另一方面聚徒教学,以此谋生。其中,孔子是最重要的代表人物。《论语·雍也》载:“子谓子夏曰:‘女(汝)为君子儒,无为小人儒’。”“小人儒”是指主持婚丧礼仪的儒者,“君子儒”是指学得了六艺以后到诸侯或贵族那里作臣宰的儒者。孔子的理想是通过教育子弟,以“学而优则仕”作为渠道,去实现天下归仁的儒家理想。

及至战国,诸侯纷战,政权交替,纪纲废弛。子夏之儒,入教三晋西河,其弟子李悝参与魏国变法,富国强兵,故法家之学兴起于三晋,历久而未衰。

---

[117] 徐中舒:《甲骨文字典》,四川辞书出版社1989年版,第1248、878、879、880页。

第二章　中国法律思想的多元形态

西周以降,礼崩乐坏,古代社会进入一个新的历史时期。古代法律思想也进入一个成熟和多样化的发展阶段。

第一节　春秋战国的社会状况

春秋(公元前770年~公元前476年)战国(公元前475年~公元前221年)是我国古代社会从宗法贵族政体向集权君主政体、从礼治向法治过渡的大变革时期。此间,由于铁制工具的普遍使用,生产力大大提高,导致了阶级结构的重新组合。古老宗法贵族制度的解体和地主制的确立,神权和礼制的崩溃,造成了思想学术界的繁荣,并形成了百家争鸣的局面。其中,在法律思想方面主要是儒、墨、道、法四家。四家当中,影响最大的是儒法两家。大体而言,儒家是鲁国文化即中原农耕文化的代表,法家则是晋秦文化即西北游牧文化的代表。战国时期,两种文化的冲突演变成了内容丰富多彩的儒法对立,而将这两种文化结合在一起的,就是齐国文化即荀子的学术。严格说来,荀子的学术既非孔孟之儒学,亦非法家之学,而是两者的改造与合一,故可称之为儒法家、法儒家。在两千余年的中国古代社会中真正发挥作用的,既非孔子孟子的原始儒家,也非商鞅韩非的法家,而是荀子之学。荀子之学标志着先秦学术的终结和正统学术的肇始。古代社会的正宗学术均未超出荀子学术的范围。了解先秦学术的这一脉络,不仅对于研究先秦法律思想,而且对于研究后世的法律思想,都至关重要。

春秋战国是我国古代社会的大变革时代。简而言之,其是从分散的宗法奴隶制经封建贵族时代,再到新兴地主阶级的中央集权的王朝。

一、生产力的提高

春秋以后,社会生产力水平大大提高。这在很大程度上应归功于冶铁技术的发明,以及铁制工具和牛耕的广泛使用。《左传·昭公二十九年》载:赵鞅"遂赋一鼓铁以铸刑鼎,著范宣子所为刑书焉"。《国语·齐语》有:"美金(铜)以铸戈剑矛戟,试诸狗马;恶金(铁)以铸斤斧鉏夷锯欘,试诸壤土。"据《管子·海王》载,当时,从事纺织的人配有"一针一刀",农夫配有"一锹一犁一铲",手工业工匠配有"一斧一锯一锥一凿。"《墨子》中有"铁矢"、"铁鈇"、"铁钜"、"铁校"、"铁鉮"、"铁锁"等名称。《孟子·滕文公上》有:"以铁耕乎?"生产力的提高,使以"四口之家"、"五口之家"的小家庭为单位从事农业生产活动成为可能。从而改变了"古者公田籍而不税”(《礼记·王制》)、“千耦其耘”(《诗经·周颂·载芟》)、“率时农夫,播厥百谷”,“亦服尔耕,十千维耦”(《诗经·周颂·噫嘻》)的集体劳作的生产方式,逐渐被一家一户的个体生产所取代。于是,大片荒地和森林被开垦出来。比如,原先野草丛生、“狐狸所居,豺狼所嗥”的“南鄙之田”(《国语·晋语》)被开垦成为肥沃良田。不少农奴经过开垦荒地成为小土地所有者。他们的生产积极性很高:“公作则迟,分作则速,无所遁其力也。”(《吕氏春秋·上农》)此间,伴随着农业生产的发展,小手工业和商业活动也空前活跃。正如《荀子·王制》所说:“农夫不斲削不陶冶而足械用,工贾不耕田而足菽粟。”工商业的发展促进了各诸侯国人民的交流。

二、社会结构的变化

春秋以降,“礼崩乐坏”。周天子形同虚设,其要举办重要活动还要向有实力的诸侯“举债”。有的诸侯国长期不向周天子奉献,跟周天子斤斤计较,故有“数典而忘其祖”(《左传·昭公十五年》)之讥。奴隶以集体逃亡的方式同贵族进行斗争。他们被称作“盗贼”。如郑国的“萑苻之盗”、楚国的“云梦之盗”,更有盗跖“聚党数千人,横行天下。”(《史记·伯夷列传》)当时盗跖竟然得到人民的称赞:“名声若日月。”(《荀子·不苟》)各级贵族由于失去了养尊处优的物质基础,成为新的贫苦人群。原先的穷人有机会通过开垦荒地成为小土地所有者。而由于“土可贾焉”(《左传·襄公四年》),使商人有机会通过买卖而成为新的地主。战争有功者和因揭发坏人坏事被奖赏者,都有机会成为新的地主。原先居住在城邑中的平民在战争和重大政治事件中表现出空前的威力。特别是对待暴君的倒行逆施,“民闻公命,如逃寇仇”(《左传·昭公三年》),“疾视其长上之死而不救”(《孟子·梁惠王上》)。他们一旦联合行动就造成“民溃”,不仅使浩大工程空无一人,更使战事不战而败。于是,统治阶级不得不制定新的政策来获取广大平民和奴隶的支持。新的封建主为了赢得战争,不得不发布解放农隶的命令。如“铁之誓”:“克敌者,庶人工商遂,人臣隶圉免。”(《左传·哀公二年》)又如商鞅变法,宣布“有军功、努力本业耕织致粟帛多者复其身。”(《史记·商君列传》)在挣破宗法血缘纽带的同时,新的人身依附关系出现了。小土地所有者或无土地者,与有势力的大土地所有者建立新的权利义务关系,“册名委质为臣”,来换取庇护。同时,武侠也出现了。他们平日得到主人的优待,关键时刻则以死效忠。“士为知己者死”的豪迈宣言,打破了“父母在不远游”,“父母在,不许友以死”的古老教条。平民悄悄登上政治舞台,获得土地的人和获得财富的人,都要求国家用法律确认和保护他们的既得利益,并进一步保障他们的发展。然而旧的统治阶级当然是不愿自动退出历史舞台的。于是,在当时的政治舞台上飘舞着各色旗帜,响彻着各种声音。

三、思想学术界的活跃

春秋以后,原先居统治地位的思想观念进一步动摇。其表现在:一是神权思想进一步动摇。子产宣布:“天道远,人道迩,非所及也。”(《左传·昭公十八年》)孔子宣布:“未知生,焉知死”,“未能事人,焉能事鬼”(《论语·先进》)。此后,神权思想几乎境遇冷漠、无人问津。而“重民”、“爱民”思想大兴。二是礼制秩序不断弱化。西周政权的崩坏与礼制秩序的弱化同步进行。在富国强兵的目标下,各诸侯国争相变法图强。于是,“法治”思潮大盛。世袭贵族政权的崩坏打破了“学在官府”、“学在王官”、“宦学事师”(《礼记·曲礼上》)的旧的文化格局,造成了“天子失官,学在四夷”(《左传·昭公十七年》),“礼失而求诸野”(《汉书·刘歆传》)的新局面。

孔子率先开创的民间教育则推波助澜,终于酿成了“学术下私人”的伟大的文化变革。为了在群雄争霸中保存自己、壮大国力,各诸侯国都十分重视招贤纳士。如孟尝君、春申君、信陵君均养士千人;齐国则设稷下学官长期聚徒讲学;秦国吕不韦亦聚门客撰《吕氏春秋》。于是礼贤养士之风行。民间知识分子,官方知识分子,都从各自的立场出发,批评时政,宣传治世蓝图,并为实现其理想而付诸实践。正如李斯所谓“此布衣驰骛之时而游说者之秋也。”(《史记·李斯列传》)世谓“孔席不暖,墨突不黔。”(《汉书·叙传上》意思是说,儒家、墨家为宣传和实践自己的政治主张,不辞辛苦,席子尚未睡暖,炉灶的烟囱还没熏黑,就出发远行),正是对这种以天下为己任的时代精神的赞歌。

第二节　春秋战国的法制改革

面对春秋时期开始的社会变革,各阶级、阶层和集团的政治家都表明了自己的态度和立场。为了获得霸权和兼并战争的胜利,一些贵族中有作为的政治家开始实施改革,从而形成了当时的革新思想。当时著名的政治家主要有管仲、子产、叔向、邓析。管仲是奴隶主贵族中最早主张改革的人物;子产代表从奴隶主贵族转化而来的封建贵族;叔向代表贵族中的守旧势力;邓析则代表非贵族出身的新兴地主阶级。由于时代的局限性,使这些政治家的思想中大多存在新旧矛盾的特色,只不过程度不同而已。

一、首倡革新的管仲

管仲(? ~公元前645年),名夷吾,字仲,又称敬仲,齐国颍上(今安徽颍上)人。他年轻时曾和鲍叔牙一道经商,很可能出身平民或没落贵族。公元前685年齐桓公即位后,经鲍叔牙推荐,任管仲为相(一说卿),主持国政。他辅助齐桓公进行了一系列改革,使齐国日益富强,第一个取得了霸主地位,“九合诸侯,一匡天下”(《史记·管晏列传》)。他的改革和政治法律思想对战国时期法家有很大影响,并被视为法家鼻祖。

图21　管仲

管仲十分重视经济生活对国家政治和民众行为的决定作用,他说:“仓廪实则知礼节,衣食足则知荣辱。”(《管子·牧民》)管仲重视道德与法律的作用,曾把“礼义廉耻”比作“国之四维”(《史记·管晏列传》)。他认为首先必须解决人民的衣食问题,才谈得上礼义廉耻。因此,要想国富民安,就要发展生产和改善人民生活。这种思想是他在齐国进行一系列改革的理论基础。

管仲利用齐国的有利条件,大兴渔盐和铸铁之利。他设置盐官和铁官管理盐铁业,并采取渔盐出口不纳税的政策,以鼓励渔盐贸易。在农业方面,他也改革了赋税制度,按照土地的好坏分成等级来定税收额，即所谓“相地而衰征，则民不移”(《国语·齐语》)。他号召人们开垦荒地，兴修水利，种植五谷、桑麻，饲养六畜，努力“耕织”，他说：“一农不耕，民或为之饥；一女不织，民或为之寒。”(《管子·牧民》)为了奖励“耕织”和发展工商业，他提出“与民分货”(《管子·乘马》)，即必须让人民分享经济收益。

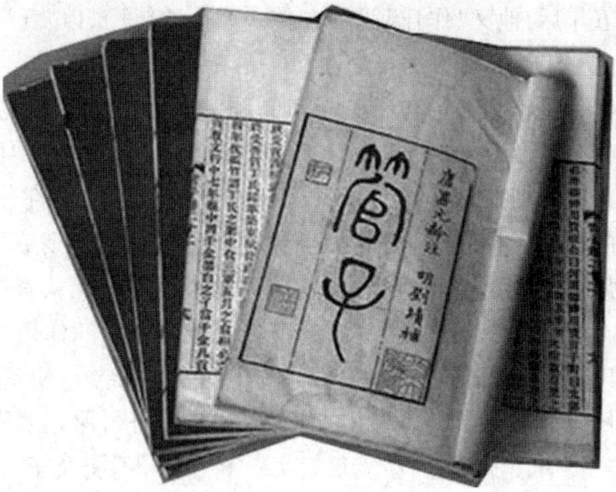

图 22　《管子》

管仲主张“令顺民心”。认为要使人民遵守法律，必须使人民感到有利可图。要求做到“民之所欲，因而予之；民之所否，因而去之。”(《史记·管晏列传》)根据这一原则，他主张“修旧法，择其善者而业用之”。

管仲认为要保证法令的贯彻，必须“劝之以赏赐，纠之以刑罚”。他一方面不顾周礼任人唯亲的“亲亲”原则，主张“匹夫有善，可得而举”，提倡破格选拔人才。规定乡大夫有推举人才的责任，如若有才不举，便以“蔽明”、“蔽贤”论罪。另一方面，他对那些“不用上令”、“寡功”和“政不治”的官吏要绳之以法：“一再则宥”，“三则不赦”(《国语·齐语》)。

管仲曾按职业和身份将“国”(国都以内)、“鄙”(国都以外)的居民重新加以编制并“寄内政于军令”，把行政组织和军事组织结合起来，以加强军事力量。总之，管仲的改革已超出了礼制的范围，突破了“礼不下庶人，刑不上大夫”的旧传统。他敢于打击旧贵族，曾剥夺“伯氏骈邑三百”(《论语·宪问》)。管仲“富国强兵”、“令顺民心”等主张，都与后来的法家一脉相通，所以后人一般称他为法家的先驱。他的改革成果与商鞅的法律被并称为“商管之法”(《韩非子·五蠹》)。

二、“铸刑书”的子产

子产(？～公元前 522 年)，即公孙侨，字子美，亦称公孙成子，郑国贵族。他从公元前 543 年到公元前 522 年执掌郑国国政，是当时享有盛名的政治家。子产是一个刚从奴隶主贵族转化而来的封建贵族。为了保持贵族的某些特权，他不但不公开反对周礼，反而赞美它，甚至认为“礼”是“天之经也，地之义也，民之行也；天地之经而民实则之。”(《左传·昭公二十五年》)因此，他被一些贵族看成是“知礼”和“有礼”的典型。但另一方面，子产执政后，却进行了一系列违反周礼而有利于封建化的改革，在个别问题上甚至带有比较激进的法家色彩。

图 23　子产

子产的改革措施从田制入手，即“作封洫”使“庐井有伍”，重新划分田界，明确各家的土地所有权，并把个体农户按五家为伍的方式编制起来。与此同时，他还重新确立了国都内外上下尊卑的等级秩序，奖赏忠于职守和节俭奉公的贵族和官吏，打击那些骄横奢侈之徒。“使都鄙有章，上下有服，田有封洫，庐井有伍。大人之忠俭者，从而与之。泰侈者，因而毙之。”（《左传·襄公三十年》）五年后，他又“作丘赋”（《左传·襄公四年》），以“丘”为单位，向土地所有者征收军赋，进一步肯定了土地私有权的合法性。

子产为了适应新的封建制和整顿城乡秩序的需要，于公元前536年“铸刑书”（《左传·昭公六年》），即把刑书内容铸在鼎上公布。这在中国法制史上是一个具有重大意义的创举。以往的贵族不制定包括什么行为是犯罪以及该判什么刑为内容的刑书，而采取“议事以制”的方法审判案件，使人民经常处于“刑不可知，则威不可测”（《左传·昭公六年》孔颖达疏）的恐怖之中。虽然这些成文法的具体内容，已无从查考，但从反对者的意见中不难看出单就颁布成文法本身来说，就已起了限制贵族特权的作用。子产公布刑书，正因为打破了“先王议事以制，不为刑辟”（《左传·昭公六年》）的传统，使贵族特权受到了一定限制，更重要的是使平民的利益得到一定保护，因而遭到晋国著名保守派贵族叔向的反对。正在主持郑国改革的子产没有屈服，他的答复很坚决：“侨不才，不能及子孙，吾以救世也。”（《左传·昭公六年》）可以推测，子产铸刑书是为了挽救郑国的危亡，刑书的内容具有鲜明的改革色彩。子产所铸“刑书”从内容和形式上都为后来法家“以法治国”的主张提供了经验。

子产第一个提出了“宽”、“猛”两手策略。“宽”即强调道德教化和怀柔，“猛”即严刑峻法和暴力镇压。子产在执政期间，主要采用“宽”的一手，主张“为政必以德”（《史记·郑世家》）。孔子赞美他是“惠人”，“其养民也惠，其使民也义。”（《论语·公冶长》）他执政后，郑人常到“乡校”议论其为政的得失。“乡校”本来就是国人举行乡射宴饮和议论国政的场所。有人劝子产毁掉乡校，他不同意，说：“何为？夫人朝夕退而游焉，以议执政之善否。其所善者，吾则行之；其所恶者，吾则改之，是吾师也。若之何毁之？吾闻忠善以损怨，不闻作威以防怨。岂不遽止，然犹防川，大决所犯，伤人必多，吾不克救也；不如小决使道，不如吾闻而药之也。”（《左传·襄公三十一年》）他这种以民为师、择善而从、闻过则改的风度是十分可贵的。到了晚年，他的“为政必以德”的观点发生了转变。他在临终前竟对后继者子大叔说：“我死，子必为政。唯有德者能以宽服民，其次莫如猛。夫火烈，民望而畏之，故鲜死焉；水懦弱，民狎而玩之，则多死焉。故宽难。”（《左传·昭公二十年》）这一改变表明他对在郑国的末世行“德政”已丧失信心，故舍宽而取猛。后世儒家主要继承和发展了他的“以宽服民”，主张立法从宽；法家主要继承和发展了他的“以猛服民”，主张立法从严。

三、既守礼又重法的叔向

叔向，即羊舌肸（xī 希），春秋时晋国卿，因其封邑在杨（今山西省洪洞东南），又称杨肸。大约与子产、孔子同时。晋悼公晚年时，叔向经司马侯推荐，作太子彪的老师（傅）。彪后即位为平公，叔向任太傅，参与国政。

叔向对晋国时政的评价是国势日衰，处于“季世”（末世）。其特征主要是：其一，公室衰落：“晋之公族尽矣”，旧卿失去爵位，甚至“降在皂隶”。宗法贵族政体面临着空前的危机：“公室之卑，其何日之有？”其二，诸卿专政，横征暴敛，奢侈无度：“政在家门”，“宫室滋侈”；其三，百姓生活困苦不堪：“庶民罢敝”，“民无所归”。从而导致反抗斗争：“民闻公命，如逃寇仇”（《左传·昭公二年》）。为挽救这种局面，他坚持“礼”的原则并主张宽以待民。

叔向崇尚“礼治”。他说：“礼，政之舆也；政，身之守也。怠礼，失政，不立。是以乱也。”（《左传·襄公二十一年》）又说：“忠信，礼之器也。卑让，礼之宗也。”（《左传·昭公二年》）因此，他强调：“礼，王之大经也。言以考典，典以志经。”（《左传·昭公十六年》）为了维护宗法贵族的统治，他主张对人民施以恩德：“施舍不倦，求善不厌。”（《左传·昭公十三年》）他赞扬赈济于民而不求回报的宋司城子罕“贷而不书”，“施而不德（得）”，结果“民归”而“得国”（《左传·襄公二十七年》）。

叔向长于历史典故，人称“习于春秋”（《国语·晋语七》），又有施政经验，因此，他总结治国失败的教训：“国家之败，有事而无业，事则不经；有业而无礼，经则不序；有礼而无威，序则不共；有威而不昭，共则不明。不明弃共，百事不终，所由倾覆也。”他还提出治国的“五难”和“五利”：“治国有五难：有宠而无人，一也；有人而无主，二也；有主而无谋，三也；有谋而无民，四也；有民而无德，五也”；“获神，一也；有民，二也；令德，三也；宠贵，四也；居常，五也。”治好国家，应运用“五利”以除“五难”（《左传·昭公十三年》）。

面对春秋时的社会变革，他从维护“礼治”的立场出发，对新生事物持否定态度。最突出的事例就是反对子产“铸刑书”。他说：“昔先王议事以制，不为刑辟，惧民有争心也”；“民知有辟则不忌于上。并有争心，以征于书，而徼幸以成之”；“民知争端矣，将弃礼而征于书，锥刀之末，将尽争之。乱狱滋丰，贿赂并行，终子之世，郑其败乎！”（《左传·昭公六年》）可见，他是从三个方面来批评子产的：其一，铸刑书违背了西周以来的判例法传统；其二，有了刑法典且公布之后，人们可以倚法而力争，必将不再遵守礼；其三，这种新的法制必然导致司法腐败。其实，子产创制的成文法适应了时代发展的需要，是古代法律实践走向成熟的标志。

在司法方面，叔向主张依法处死枉法循私的法官叔鱼（叔向的弟弟），体现了严格执法、大义灭亲的精神。故孔子称赞道：“叔向，古之遗直也。治国制刑，不隐于亲。三数叔鱼之恶，不为末减。曰义也夫，可谓直矣！”（《左传·昭公十五》）叔向的做法，反映了当时晋国重视法制传统的一个侧面。与后世法家“不别亲疏，不殊贵贱，一断于法”（《史记·太史公自序》）的“法治”精神是一脉相承的。

四、作“竹刑”传授法律知识的邓析

图24　邓析

邓析（？～公元前501年），郑国人。与子产同时。子产在郑国虽然进行了一系列有利于封建化的改革，但由于他是新的封建贵族，为了保持贵族特权，并不否定周礼。邓析则代表新兴地主阶级的利益，要求进一步改革。《荀子·非十二子》说他“不法先王，不是礼义”，可见他是最早反对“礼治”的思想家。

邓析对子产所推行的一些改革表示不满，曾“数难子产之治”（《列子·力命》）。他不满子产所铸刑书，竟私自编了一部更能适应新兴地主阶级要求的成文法，把它写在竹简上，叫作“竹刑”。晋人杜预在注《左传》时说，邓析“欲改郑所铸旧制，不受君命，而私造刑法，书之于竹简，故言‘竹刑’。”（《左传·定公九年》杜预注）邓析的

“欲改旧制”与“不法先王,不是礼义”的精神显然是一致的。“竹刑”的内容虽已无可考,但从当时历史条件来分析,邓析这部有别于“刑书”的“竹刑”,必然只能是体现新兴地主阶级意志的东西。

邓析曾聚众讲学,招收门徒,传授法律知识与诉讼方法,并助人诉讼。《吕氏春秋·离谓》说:邓析“与民之有狱者约,大狱一衣,小狱襦袴。民之献衣襦袴而学讼者,不可胜数”。他又以擅长辩论著称:“操两可之说,设无穷之词”(刘歆:《邓析子·序》),并能“持之有故,言之成理”(《荀子·非十二子》)。他在诉讼中也能打破旧传统,不以周礼为准,反而“以非为是,以是为非”(《吕氏春秋·离谓》)。在邓析的倡导和鼓吹下,当时郑国曾兴起一股革新浪潮,给新、老贵族的统治造成严重威胁,以致“郑国大乱,民口讙譁”(《吕氏春秋·离谓》)。最后,“郑驷歂(zhuān 专)杀邓析,而用其竹刑”(《左传·定公九年》)。驷歂是继子产、子大叔之后的郑国执政,他杀了邓析却不得不继续使用竹刑,可见竹刑确实适应了社会发展的需要。

五、主持改革编著《法经》的李悝

李悝(公元前455～公元前395年),魏国人。魏国是战国初期最早进行改革的一个诸侯国。魏文侯在位时(公元前445～公元前397)为了富国强兵,礼贤下士,招揽人才。李悝被任“魏文侯相”(《汉书·艺文志》)或“魏文侯师”(《晋书·刑法志》),主持变法。

李悝在经济领域的改革主要有两条:一是“尽地力之教”(《汉书·食货志》)。要求农民“治田勤谨”,多种粮食及其他农作物,深耕细作,勤于除草,及时抢收和充分利用空闲土地,努力提高农作物产量以增加国家与农户的收入,从而促进了封建土地私有制和封建经济的发展。二是“平籴法”(《汉书·食货志》)。丰年由国家平价收购粮食,用来备荒。荒年则由国家平价粜(tiao 跳)出,借以平衡丰年和荒年的粮价,“取有余以补不足”,制止商人囤积居奇。他认为“籴贵伤民(城市居民),甚贱伤农。民伤则离散,农伤则国贫”。他的“平籴法”就在于“使民无伤而农亦劝”。

在政治军事领域,李悝提出“为国之道,食有劳而禄有功,使有能而赏必行、罚必当”(《说苑·政理》)。在这一原则下,他大力提拔和重用有功之人,打击那些享有世袭特权而又无所事事的新老贵族,“夺淫民之禄,以来四方之士”。据《韩非子·内储说上》记载。他任上地郡守时,“乃下令曰:人之有狐疑之讼者,令之射的,中之者胜,不胜者负”。遇到疑难案件时,由两造以射箭是否中靶来定胜负。因此,习射者“日夜不休”,结果竟因“善射”而大败秦军。

在法律领域,李悝在总结了前人的立法经验的基础上,编撰了《法经》。《法经》失传已久,《晋书·刑法志》保存了它的篇目:“秦汉旧律,其文起自魏文侯师李悝,悝撰次诸国法著《法经》。以为王者之政莫急于盗贼,故其律始于《盗》、《贼》。盗贼须劾捕,故著《网》(当作囚)、《捕》二篇。其轻狡、越城、博戏、假借、不廉(或读为“假借不廉”)、淫侈、制以为《杂律》一篇。又以《具律》具其加减。是故所著六篇而已,是皆罪名之制也。”从《晋书·刑法志》的记载看,《法经》在内容和形式上都有显著特点。其一是它把“王者之政莫急于盗贼”作为指导思想,并首列《盗律》、《贼律》两篇,再加上《杂律》,正说明它是维护封建私有制和封建等级制度与统治秩序的产物。与此同时,这也足以证实在新的封建社会中,封建地主阶级同广大劳动人民之间的矛盾一开始就是基本的对抗矛盾。其二是其六篇“皆罪名之制”,一反过去“以刑统罪”的旧传统,转而以罪统刑,这在刑法史上也是前所未见的新体制。凡此两端,都为此后的封建法典创立了模式,成为秦汉以后封建立法的滥觞。正如《晋书·刑法志》所说:

"商君受之以相秦。汉承秦制,肖何定律,除参夷连坐之罪,增部主见知之条,益事律《兴》、《厩》、《户》三篇,合为九篇。"此后的《魏律》、《晋律》,也都一脉相传地发展下来。可见,《法经》对后世的影响的确深远。

六、"明法审令"的吴起

吴起(? ~公元前381年),卫国左氏(今山东定陶县西)人。他是战国初期的军事家,与春秋末年的孙武齐名。曾先后任鲁将、魏将,屡建战功。其曾任魏国西河郡守,魏文侯死,入楚,被楚悼王提升为令尹(相当于相),主持变法。楚悼王死,其便被旧贵族杀死。

图25 吴起

吴起认为楚国之所以削弱,在于"大臣太重,封君太众。若此则上逼主而下虐民。此贫国弱兵之道也"(《韩非子·和氏》)。故提出变法的基本原则:"损有余而继其不足"(《说苑·指武》),即逐步废除旧贵族的"世卿世禄"制度,取消封君(贵族)三世以后子孙的爵禄,"令贵人往实广虚之地"(《吕氏春秋·贵卒》)。降低官吏的俸禄,精简"无能"、"无用"官员,裁撤"不急之官"(《战国策·秦策》)。把节省下来的经费用于"抚养战斗之士,要在强兵"(《史记·孙子吴起列传》)。在推行法制的同时,他"塞私门之请,一楚国之俗",大力整顿楚国之吏治,纠正以私害公的不正之风。楚国经过变法很快强盛起来,曾"南收(原误作攻)杨越,北并陈蔡","却三晋,西伐秦"(《史记·孙子吴起列传》),一度战败魏国,"马饮于大河"(《战国策·齐策五》)。吴起的变法是在同贵族的激烈斗争中进行的。楚国的政权长期掌握在昭、景、屈三家大贵族手中。他们不甘心退出历史舞台,仇视一切变革,因而也仇视主张变法的吴起。公元前381年,楚悼王去世,吴起被守旧贵族杀害。楚国变法半途而废,秦国变法成功而富强。所以韩非说:"楚不用吴起而削乱,秦用商君而富强"(《韩非子·问田》)。

七、主持变法"改法为律"的商鞅

商鞅(约公元前390~公元前338年),出身魏国国君的疏远宗族,故称魏鞅或公孙鞅。其曾在魏国做过魏相公叔痤的家臣,熟悉李悝、吴起在魏国变法的理论和实践。公元前361年,秦孝公即位,为了富国强兵下令求贤,商鞅携带李悝《法经》入秦,取得秦孝公信任,主持变法。后因功封于商(今陕西商县东南商洛镇),号商君,史称商鞅。商鞅在秦国的变法,前后共分两次。

公元前359年(一说公元前356年)商鞅主持秦国的第一次变法。变法的主要内容是:第一,奖励军功,禁止私斗,取消世卿世禄制度,宗室贵族如无军功不能列入宗室簿籍,不能享受贵族特权;第二,奖励耕织,重农抑商,凡"僇力本业,耕织致粟帛多者,复其身,事末利及怠而贫者,举以牧孥"(《汉书·食货志》);第三,将《法经》加以修订补充,"改法为律"并增加"连坐法",作为《秦律》的一项制度予以公布,励行法治。

公元前350年,商鞅主持秦国的第二次变法。变法的主要内容是:第一,废除井田制,确立封建土地私有制,"开阡陌封疆","改帝王之制,除井田,民得买卖"(《史记·秦本纪,商君列传》);第二,推行县制,"集小都、乡、邑、聚(村落)为县",置地方官均由国君直接任免,集权中央,并统一度量衡制度;第三,按户口征收军赋,“舍地而税人”(《通典·食货典·赋税上》),以利开垦荒地和增加赋税收入,又明令规定“民有二男以上不分异者倍其赋”(《史记·商君列传》)。并革除旧俗,禁止“父子无别,同室而居”。

这两次变法,无论在广度和深度上都超过李悝、吴起,而且时间也比较长,因而使得秦国后来居上,一跃而为“兵革大强、诸侯畏惧”(《战国策·秦策》)的强国,为后来秦统一中国奠定了基础。正如汉代王充所说“商鞅相孝公,为秦开帝业”(《论衡·书解》)。公元前338年秦孝公去世,商鞅终于被守旧贵族杀害。

商鞅在法制建设方面的突出贡献是“改法为律”。即把李悝的法经六篇分别改成律文,以适应秦国文化传统和现实改革的需要。商鞅不仅是改革变法的主持者,也是法家思想的奠基人,他的法律思想在法家前期人物当中最为系统。

第三节 春秋战国的“百家争鸣”

一、诸子学术的产生

诸子之学的问世,离不开它们所生的时代。王国维说:在那个时代,“国民之智力成熟于内,政治之纷乱乘之于外,上无统一之制度,下迫于社会之要求,于是诸子九流各创其学说,于道德、政治、文学上,灿然放万丈之光焰。此为中国思想之能动时代。”[1]梁启超谓:“我国大思想家之出现,实在西纪前五三〇至前二三〇之三百年间。吾命之曰全盛时代。”[2]但是,诸子学术的产生不仅具有现实的社会原因,还具有其悠久的文化渊源。

诸子学术亦称“子学”,是以先秦民间知识分子为旗帜的学术思想,与西汉以后的官方“经学”相对而言。“百家之学”,始见于《庄子·天下》:“其数散于天下而设于中国者,百家之学时或称而道之。”“百家”乃民间学术流派之概称。“百”者言其众也。《史记·太史公自序·论六家之要旨》归纳为儒、墨、道、名、法、阴阳六家;《汉书·艺文志》则归纳为儒、墨、道、名、法、阴阳、农、纵横、杂、小说十家。除去小说家,谓之九流。而后又益医方、兵家,共十二家。

我们知道,春秋战国的诸子大都是个体自然人的概念,是个体知识分子。虽然当时的孔子、老子、墨翟都不曾自称为儒家、道家、墨家,但诸子与百家大都指个人,战国时人言“百家”实际上亦指诸子个人。如《庄子·天下》:“百家之学”,《荀子·成相》:“百家之说”。当时所言之“家”,不同于汉代人所谓六家、九流、十家的“家”。

最早将诸子划分为诸家并且概括其思想特征的是西汉的司马谈。《史记·太史公自序》有“论六家要旨”,其文如下:

易大传:天下一致而百虑,同归而殊途。夫阴阳、儒、墨、名、法、道德,此务为治者也,直所从言之异路,有省不省耳。尝窃观阴阳之术,大祥而众忌讳,使人拘而多所畏;然其序

---

〔1〕 王国维:《论近年之学术界》,载《王国维文集》,北京燕山出版社1997年版,第328页。

〔2〕 梁启超:《先秦政治思想史》,中华书局2015年版,第85页。

四时之大顺，不可失也。

儒者博而寡要，劳而少功，是以其事难尽从；然其序君臣父子之礼，列夫妇长幼之别，不可易也。墨者俭而难遵，是以其事不可遍循；然其强本节用，不可废也。

法家严而少恩；然其正君臣上下之分，不可改矣。名家使人俭而善失真；然其正名实，不可不察也。道家使人精神专一，动合无形，赡足万物。其为术也，因阴阳之大顺，采儒墨之善，撮名法之要，与时迁移，应物变化，立俗施事，无所不宜，指约而易操，事少而功多。儒者则不然。以为人主天下之仪表也，主倡而臣和，主先而臣随。如此则主劳而臣逸。至于大道之要，去健羡，绌聪明，释此而任术。夫神大用则竭，形大劳则敝。形神骚动，欲与天地长久，非所闻也。

夫阴阳四时、八位、十二度、二十四节各有教令，顺之者昌，逆之者不死则亡，未必然也，故曰使人拘而多畏。夫春生夏长秋收冬藏，此天道之大经也，弗顺则无以为天下纲纪，故曰四时之大顺，不可失也。

夫儒者以六蓺为法。六蓺经传以千万数，累世不能通其学，当年不能究其礼，故曰博而寡要，劳而少功。若夫列君臣父子之礼，序夫妇长幼之别，虽百家弗能易也。

墨者亦尚尧舜道，言其德行曰：堂高三尺，土阶三等，茅茨不翦，采椽不刮。食土簋，啜土刑，粝粱之食，藜藿之羹。夏日葛衣，冬日鹿裘。其送死，桐棺三寸，举音不尽其哀。教丧礼，必以此为万民之率。使天下法若此，则尊卑无别也。夫世异时移，事业不必同，故曰俭而难遵。要曰强本节用，则人给家足之道也。此墨子之所长，虽百家弗能废也。

法家不别亲疏，不殊贵贱，一断于法，则亲亲尊尊之恩绝矣。可以行一时之计，而不可长用也，故曰严而少恩。若尊主卑臣，明分职不得相逾越，虽百家弗能改也。

名家苛察缴绕，使人不得反其意，专决于名而失人情，故曰：使人俭善失真。若夫控名责实，参伍不失，此不可不察也。

道家无为，又曰无不为，其实易行，其辞难知。其术以虚无为本，以因循为用。无成埶，无常形，故能究万物之情。不为物先，不为物后，故能为万物主。有法无法，因时为业；有度无度，因物与合。故曰圣人不朽，时变是守。虚者道之常也，因者君之纲也。群臣并至，使各自明也。其实中其声者谓之端，实不中其声者谓之窾。窾言不听，奸乃不生，贤不肖自分，白黑乃形。在所欲用耳，何事不成。

汉代的学问大家关于先秦诸子百家的分类，凝聚了汉代知识分子的集体智慧，为后世乃至今天的学人研究先秦思想文化提供了太多的方便和启示。比如，司马谈六家之设计，并非简单地为了编辑图籍之所需，而是对此前先秦诸子研究之成果做了再研究之后才得出结论。那么，此前都有哪些研究成果呢？《庄子·天下》论及诸子有墨翟、禽滑釐、宋钘、尹文、彭蒙、田骈、慎到、关尹、老聃、庄周、惠施、公孙龙；《荀子·非十二子》论及诸子有它嚣、魏牟、陈仲、史鳝、墨翟、宋钘、慎到、田骈、惠施、邓析、子思、孟轲、仲尼、子弓；《吕氏春秋·不二》论及诸子有老耽、孔子、墨翟、关尹、列子、陈骈、杨朱、孙膑、王廖、兒良；《淮南子·要略》论及诸子有太公、周公、孔子、墨子、管子、晏子、纵横家、申子、商鞅、刘氏。纵而观之，便不难发现司马谈六家之设计应当是既简约而又得体的。仅以法家论，司马谈将慎到、申子、商鞅合并而称其为法家，应当是可行的，而且堪称创新。汉代以后所谓的“家”是一个集体的概念，是汉代的学者为总结先秦学术的方便而进行划分，把思想内容接近的几个人合起来称为某家。从个人之家发展到集体之家，未尝不是一种有益的方法。这种划分方便于梳理前代学术，具有积极意义。

二、"百家争鸣"的一般情况

春秋末期,各诸侯国在政治、经济、军事上进行了一些变革,产生了最初的革新思想。其代表人物主要有管仲、子产、邓析,他们的革新思想是尔后"百家争鸣"的先导。

孔子创立的儒家学派,是我国古代第一个民间学术团体。古代所谓"儒",泛指掌握一定文化知识即"六艺之学"(礼、兵、射、御、书、数)的文职人员或知识分子。儒家学派代表了由奴隶主贵族演化而来的封建贵族的利益。同时,他们生活在社会底层,因而对劳动人民又较为同情。儒家虽然主张改良,但总体上仍坚持古老的宗法礼治。他们主张用调和的方法,约束统治集团成员的过分行为,提倡"仁者爱人",即减轻对人民的剥削压迫,让人民过上富裕的生活。并在此基础上对人民进行教化,使人民树立道德伦理观念而自我约束,从而实现天下统一的安宁有序的美好社会。

最早起来批判儒家并与之分庭抗礼的是墨家。儒、墨两家被并称为当时的"显学"。《庄子·齐物论》说:"有儒、墨之是非,以是其所非,而非其所是。"《韩非子·显学》说:"世之显学,儒、墨也。"《吕氏春秋·有度》说:"孔、墨之弟子徒属,充满天下,皆以仁义之术教导于天下。"墨家从小生产者的利益出发,严厉批判世卿世禄的贵族政体。他们指责贵族是"不劳而获"、"无故富贵"(《墨子·尚贤下》),发出"官无常贵,民无终贱"(《墨子·尚贤上》)的怒吼。他们要求"尚贤举能","贤者举而上之,以为官长,不肖者抑而废之,贫而贱之"(《墨子·尚贤中》);"虽在农与工肆之人,有能则举之,高予之爵,重与之禄"(《墨子·尚贤上》);在司法上要求"赏当贤,罚当暴"(《墨子·尚贤中》),"不党父兄,不偏富贵"(《墨子·尚贤中》)。他们提倡集权政体,"尚同乎天子";"天子之所是,必亦是之,天子之所非,必亦非之";"上之所是,必皆是之,上之所非,必皆非之。"(《墨子·尚贤中》)他们希望出现一个至高无上、凌驾一切的皇帝,从上面洒给人间雨露阳光。此外,他们还指责儒家的"仁者爱人"是"爱有差等",要求代之以平等、互利,不分亲疏远近,"天下之人皆相爱"的"兼爱"(《墨子·兼爱中》)。

与墨家同期且与墨家并肩共同批判儒家的,还有杨朱学派。杨朱学派敢于藐视儒家所捍卫的贵贱尊卑长幼之序和忠孝仁爱等道德观念,他们主张"贵生"和"为我"。即"全生葆真,不以物累形"(《淮南子·泛论训》),"迫生不若死"(《吕氏春秋·贵生》),"杨子取为我,拔一毛而利天下不为也"(《孟子·尽心上》),"不以天下大利易其胫之一毛"(《韩非子·显学》)。"我"的本质是"生","生"是欲望得以满足的过程,"生"就是自由。因此,一切有碍于"生"的东西都是不道德的,无价值的。这种观念是私有制经济关系在人们思想中的极端化的反映。它是对忠孝仁爱的道德伦理观念的背叛,是对贵贱尊卑的等级观念的反动,是对当时维护贵族特权的法律制度的挑战。杨朱学派把生命的价值归结于物质欲望的满足,从而把追求物质利益的行为和思想合理化,这是对儒家"重义轻利"的否定。他们抛弃了传统的天道观和先王观,从人的感官的需要来说明道德,这又是对传统观念的冲击。

墨家学派和杨朱学派曾形成无形的"反儒联盟"。正如孟子所谓"杨朱墨翟之言盈天下,天下之言不归杨则归墨"。孟子以卫礼学、距杨墨为己任:"杨墨之道不息,孔子之道不著";"杨氏为我,是无君也;墨氏兼爱,是无父也。无君无父,是禽兽也。"(《孟子·滕文公下》)可见其对杨、墨之痛恨。

道家是以老子、庄子为主要代表的学术派别。因讲求“无为而无不为”(《老子》第五十七章)的“道”,故名。他们基本上代表了没落奴隶主贵族的消极悲观、不甘心灭亡又不与当权者合作的复杂心态。他们主张“清静无为”的“自然法”,即按照人类社会的自身规律办事,不要横加干涉。因此反对“有为”政治。他们批评儒家的“礼治”是“忠信之薄而乱之首”(《老子》第三十八章),批评法家的“法治”是“法令滋彰,盗贼多有”(《老子》第五十七章),都不能达到天下大治。他们把当权者嘲讽为“窃国大盗”,是“诸侯之门而仁义存焉”(《庄子·胠箧》)。对统治者的卑鄙与伪善每多揭露,常常歪打正着,入木三分。

法家是战国中期出现的代表新兴地主阶级利益的学术派别。法家也是以批判儒家的姿态登上政治舞台的。而且,法家对儒家的批判较其他学派更为有力。法家反对“亲亲”、“尊尊”、世卿世禄的“礼治”,要求实行以功劳大小来分配权利的“法治”。他们的口号是“刑无等级”(《商君书·赏刑》),推行“不别亲疏,不殊贵贱,一断于法”(《史记·太史公自序》)的“法治”,并且在郡县官僚制的基础上建立中央集权的君主专制政体。法家的重要理论之一是“好利恶害”的人性论。在这种人性论下面,儒家推崇的君仁臣忠、父慈子孝、兄良弟悌等道德规范都成了反人性的虚伪之物。法家是先秦诸家当中最重视法律作用,对法律也最有研究的一个派别,其在法的定义、特征、作用、起源等方面都提出了独到的见解,不仅提出了较系统的“法治”理论,而且还提出了关于立法和司法的具体主张。

名家是战国时期形成的一个学术派别。《史记·太史公自序·论六家之要旨》说:“名家苛察缴绕,使人不得反其意,专决于名,而失人情。故曰使人俭而善失真。若夫控名责实,参伍不失,此不可不察也。”名家发展曾经经历了两个重要阶段:一是“控名责实,参伍不失”,即与成文法相联系,研究法律名词术语之所谓的“刑名”之学,其代表人物是邓析、申不害、商鞅;一是“专决于名,而失人情”,即专门研究逻辑问题(如“白马非马”之类)的“形名”之学,其代表人物是惠施、公孙龙。春秋末的邓析可以说是“刑名”之学的鼻祖,战国申不害承其绪,商鞅、墨家后学均重视之。法家的“循名责实”、“定分止争”,严格依法办事的主张,都源于此,且开后世律学(注释、阐释成文法)之先河。

阴阳五行家是战国时形成的学术派别。阴、阳是万物生成和变化的两种基本因素;五行,指构成世界的五种基本元素:金、木、水、火、土。阴阳五行家用阴、阳和五行来解释世界运动的基本规律,来说明社会历史发展变化的原因。阴阳五行家最著名的代表人物是齐国的邹衍。他的“五德终始”说迎合了新兴地主阶级建立和巩固新政权的需要,并对秦朝的政策施以重大影响。不仅如此,阴阳五行理论还成为封建正统法律思想的重要理论形式。

农家是战国时期形成的一个学术派别,因重视农业生产得名。“先秦的农家思想有两方面:一方面是关于农业生产技术的,一方面是关于社会思想的。”[3]就社会思想而言,又分两部分:一是反映新兴地主阶级重视农业生产的主张,由此发展到法家“民农则朴,朴则易用”、“民舍本而事末,则好智,好智则多诈,多诈则巧法令”(《吕氏春秋·上农》)的“重农抑商”政策;二是反映农民的愿望和要求,即以许行为代表的一支。他们宣传“神农之言”、“神农之教”、“神农之法”,反对不劳而获,主张人人劳动,抑制商业活动,以实现“天下均平”。

杂家是战国末期出现的一个学术派别。其代表作之一是秦相吕不韦主持由其门客集体编纂的《吕氏春秋》,另一个代表作是西汉的《淮南子》。战国杂家因其晚出,得以总结各家学

〔3〕 冯友兰:《中国哲学史新编》(第一册),人民出版社1962年版,第176页。

术之优劣,择其长者,熔于一炉,反映了战国末期诸家学派从相互对立转向相互吸收的趋势。战国杂家的思想是以道为宗,以儒为基,以法为用,又兼取诸家。其目的是为行将出现的统一的秦帝国提供新的官方学术。

三、诸家学派的共同特点

诸家学派虽然代表着各自不同的阶级、阶层,与各自的地域文化传统密切相连,他们的主张也常常表现出对立的不妥协的色彩。但是,他们之间又有着许多共同的特点。

(一)诸家学派都具有批判现实的精神

诸家学派都具有批判现实的战斗精神。诸家学派对当时的社会现实都不满意,都进行了无情的批判。

儒家反对奴隶制传统,对殉葬的做法表示了极大的义愤:“始作俑者,其无后乎!”对破坏周礼的妄为表示愤怒:“八佾舞于庭,是可忍也,孰不可忍!”认为诸侯国君为了获得土地城池而驱赶人民为之战斗,以致“杀人盈野”,“杀人盈城”,是“率兽而食人!”对人民起来推翻商纣那样的暴君深表赞许,称“闻诛一夫纣,未闻弑君!”对只知作威作福,“惟其言莫予违”的君主,斥之为“丧邦之言!”

墨家仇视那些世卿世禄享尽各种特权的贵族,说他们是“不与其劳而获其实”的“面目姣好”者。对贵族们活着时享受荣华富贵,死了以后又用大量物品殉葬,表示愤慨。同时,墨家又批判传统的“礼”,认为礼所要求的“亲亲”,违背了“兼爱”的原则,只有平等地爱所有人,才是真正的“仁”。

道家对当时的掌权者持不合作的鄙夷的态度,把他们看成没有资格的暴发户,窃国大盗:“彼窃钩者诛,窃国者为诸侯”,“诸侯之门而仁义存焉。”意即就因为你们有权有势,你们才被赞美为“仁”、“义”。道家将“礼”、“法”看作社会病态的反映:“大道废,有仁义,智慧出,有大伪,六亲不和,有孝慈,国家昏乱,有忠臣”;“礼者忠信之薄而乱之首”,“法令滋彰,盗贼多有”。道家有时还看到社会动乱的根本原因:“民之难治,以其食税之多,是以难治。”

法家持进化史观,将故步自封、反对变革者称作“守株待兔”的蠢材。将摒弃法律全凭个人好恶来治国者,称作“心治”、“身治”,必将失信于民。将世卿世禄的“礼治”,称作“私”,将法家的“法治”称作“公”、“公义”和“公法”,要求君主“任法去私”。面对“法术之士”或被权贵陷害(或死于国法,或死于私剑)或被君主枉杀的凄惨境地,他们发出了悲愤的呼声:“法之不行,自上犯之”(《史记·商君列传》),“法术之士与当途之臣不相容也”(《韩非子·人主》),“明法术而逆主上者,不戮于吏诛,必死于私剑矣”,“智法之士与当涂之人不可两存之仇也”(《韩非子·孤愤》)。

(二)诸家学派都有自己的理想蓝图

诸家在批判现实的同时,都提出了自己的理想社会蓝图。

儒家的理想是“仁”的社会,即天下统一的多民族友好相处的社会。上有天子、诸侯,中有卿相、大夫、士,下有庶民、百姓。大家都按照“君君、臣臣、父父、子子”的“礼”的秩序,各尽义务,各享权利。为君者仁义而贤能,为臣者忠诚而无私,为民者富裕而顺从。先以孝慈之心爱其亲人,然后推而广之:“老吾老以及人之老,幼吾幼以及人之幼”,甚至“仁人草木”,达到

“天下归仁”。这是一幅虽有君臣上下贵贱尊卑长幼之异,却没有暴政因而也没反抗的美好社会。

墨家的理想是“兼爱”即“天下之人皆相爱”的社会。人民将最好的人选为天子,天子将最贤能的人选为各级正长。国家制定最好的法律,对“兼相爱、交相利”的人赏,对“兼相别、交相贼”的人罚。万民皆服从长上、服从君主,以君主之是非为是非。大家互相帮助,以诚相待,互不欺瞒,平等交易。诸侯国之间友好相处,不起战争。这是一幅虽然充满上下之别,强调服从,却没有强权,没有反抗的和谐社会。

道家的理想是“清静”的社会。在那里,人们没有君臣上下尊卑长幼之别,没有法令刑罚对人们的驱使强制,没有忠孝仁爱礼义廉耻的面纱,没有对名誉地位财富的如痴般的追逐,甚至没有车船器械,没有工具农具,没有文字。人们都生活在大自然里,与动物和万物并存。人们“耕而食,织而衣”,固守一隅,互不往来。人们忘记了人类社会的污浊喧嚣,生于兹,死于兹,平静地任人类之本性尽情显现。这是一幅消灭了人类社会各种矛盾的美好社会。

法家的理想是“法治”社会。君主带头遵守法律,“君臣上下贵贱皆从法”(《管子・任法》)。社会生活的方方面面都有法律加以规定。法律用百姓易懂的文字写就,使妇孺皆晓。百姓按法律约束自己的行为。官吏由贤能者担任,他们谨慎地行法,不敢背叛国君、欺凌百姓。国家对违法犯罪者处以严厉的刑罚,以使人民警觉。百姓按照法律的规定努力生产、战斗并获得良田美宅,进入官吏行列。不管你是谁,不管血缘是否高贵,不管你是哪国人,只要你努力奋斗,就可以获取辉煌。这是一个首次力图为个人发展大开方便之门并进而使国家强盛的美好社会。

(三)诸家学派都具有勇于实践的精神

诸家学派不仅都有各自的理想蓝图,而且还都具有为实现理想而努力奋斗的实践精神。正是靠着这种舍生取义的实践精神,中华民族才能够生生不已,连绵至今。

儒家为实现自己的理想,不辞劳累,游说各诸侯国君或聚徒讲学,寄希望于天下桃李。孔子周游诸国,寝食不安,受到土著人的围困,几乎断粮,更不必说遭到世人的嘲讽。其“知其不可而为之”的坚韧毅力跃然于史册。孟子游历齐梁,面对齐宣王,大声宣布:“君有大过则谏,反复之而不听,则易位!”(《孟子・万章下》)荀子在齐稷下长期主持学术活动,为行将出现的统一王朝铸造新的学说体系。

墨家是个既有理想又有纪律的团体。他们生活俭朴,不脱离劳动。为宣传自己的理想“日夜不休,以自苦为极”(《庄子・天下》),“为墨子服役者百八十人,皆可使赴火蹈刃,死不旋踵”(《淮南子・泰族训》)。他们反对侵略战争,主张“大国之攻小国也,则同救之”,故而闻楚攻宋,率徒急奔助宋守城。又有“墨者之法”,规定“杀人者死”。虽钜子(墨家领袖)之子杀人而被国君释罪,亦不为宽贷。

道家虽是个松散的学术团体,又常常隐居民间,但仍坚持各自为战,一遇机会便顽强地表现自己。孔子周游列国就经常遇到这些“隐者”。他们嘲笑孔子“四体不勤,五谷不分,孰为夫子”,是“知其不可而为之者”,“滔滔者天下皆是也,而谁以易之”,“往者不可谏,来者犹可追”(《论语・微子》),表现了对儒家的不满。楚庄王闻庄周贤,派使臣持厚礼迎之,并答应让庄周担任楚相。庄周笑谓楚使者曰:“千金,重利。卿相,尊位也。子独不见郊祭之牺牛乎？养食之数岁,衣以文绣,以入太庙。当是之时,虽欲为孤豚,岂可得乎？子亟去,勿污我！我宁游戏污渎之中以自快无为有国者所羁。终身不仕,以快吾志焉!”(《史记·老子韩非列传》)其透辟之思维,清高之志趣,言行一致之精神,非常人所能比况。

法家人物常兼为思想家和政治家两种角色,其实践色彩最浓。常常是夜之所思,日之所行者。商鞅留给世人的,除了《商君书》之外,还有“商君之法”,以及最终被追杀、被车裂的英雄史诗。商鞅的变法,其旨何止于富国强兵!其改变游牧民族传统生活方式,渐熔于中原农耕社会之更革,实乃中华民族大融合的一曲雄浑的交响乐。至于主持楚国变法,而最后死于贵族政变,被乱箭穿身的吴起,其生平之坎坷,其意志之坚毅,其事业之辉煌,其就义之慷慨,久被世人传诵。其生也烈烈,其死也烈烈。他们的生命与时代车轮一样铿锵作响,他们用鲜血塑造了在先秦历史舞台风云的前无古人后无来者的一代英雄群像。他们的事迹比他们的语言更为感人,因而也更为久长。

(四)诸家学术都具有一定的历史局限性

由于历史的文化传统的和阶级的局限,使诸家学术不同程度地都具有一定的局限性。指出这些局限性,并非苛求古人,而是立足于实事求是的客观评判。

儒家的眼睛是看着统治者的,他们主张的“德治”、“仁政”,其目的不过是为了确保统治者的长治久安。儒家坚持的“礼”,就是坚持君臣父子夫妇长幼尊卑男女之间的差异性精神,要求在下者对在上者的服从。儒家从理论上要求重视劳动人民的作用,但从感情上仍不免小视劳动人民,常常把他们归为“民可使由之,不可使知之”的“小人”之列。他们推崇教化,但对不服从教化者则毫不留情,露出残暴的另一只手。儒家的美好理想只是建立在君主的觉悟上面,对那些不听规劝、顽固不化的君主则束手无策。

墨家为了实现“兼爱”的理想,要求全体人民放弃自己的权利,把权利上缴到天子手里。以天子之是非为是非,实行完全绝对地服从。为了宣传“兼爱”的思想,墨家从最古老的思想仓库中找出了鬼神上帝的灵丹妙药。这一个音符,在不信鬼神注重人事的时代,显得尤其不协调。墨家代表小私有者的立场和要求,为了确保自己些许财产所有权,不惜扯出“杀盗非杀人”的大旗。墨家崇尚节俭,并无不妥。但他们“非乐”,认为音乐歌舞是奢侈浪费,无益于国计民生,却忘记了劳动人民也是文学艺术的创造者和欣赏人。

道家尽管看不上当时在台上的统治者,对他们施展嬉笑怒骂挖苦嘲讽之能事,但道家的内心还是惦记着台上人的。道家表面上若无其事地唱着旧时代的挽歌,而实际上是不厌其烦地为台上者提个醒儿。“民之难治,以其上之有为,是以难治”;“天下之大不足以赏罚。自三代以下,匈匈焉终以赏罚办事,彼何暇安其性命之情哉!”这不是对“治民者”出谋吗?“圣人之治,虚其心,实其腹,弱其志,强其骨。常使民无知无欲”;“善为道者,非以明民,将以愚之”,这显然还是为“治人者”出谋划策。

法家是新兴地主阶级的代言人。他们手举着双刃宝剑登上政治舞台。当他们把贵族赶走之后,便专心对付人民。法家把人性理解为“好利恶害”,因此认为只要用法律驱使人民去做想让他们做的事,用刑罚杜绝人民做他们不想发生的事,就万事大吉了。他们过于迷信暴力和刑罚,使人民陷于动辄得咎的恐惧之中。他们推行文化专制主义,使人们心存法令、不识不知,安心务农。“民农则朴,朴则易用”,为此,不惜禁绝工商,禁绝民间教育。法家把君臣关系描写成“君臣上下,一日百战”。于是,帝王便运用阴谋权术来驾驭群臣。

四、诸家学派的联系

在春秋战国时代,诸家学派林立于先秦思想学术园地,既表现了各自的独特风格和外部差异,又表现了相互间的内在联系。

(一)诸家学派的外部差异

由于诸家学派缘于各自不同的阶级、阶层,这必然造成诸家学说之间的差异性。这种差异性有时表现为对立性。

1. 儒、墨之间

儒、墨之间的对立是世袭贵族与平民的阶级对立。墨家用平等互惠的"兼爱"之"仁",批驳了儒家"亲亲爱仁"(爱有差等)的狭隘的"仁";用"兼爱"之"法",取代君君臣臣父父子子的"礼";用"同一天下之义"的集权政体取代世卿世禄的贵族政体;用"后天"的个人努力来取代"先天"的血缘身份。

2. 儒、道之间

儒、道之间的对立是新、旧贵族(即封建贵族与奴隶主贵族)之间的对立。道家以"过来人"的资格嘲笑儒家所坚持的东西,说这些东西"其人其事皆已朽矣"。道家鄙夷这些东西,不仅因为它们太迂腐,更重要的是,它们并不能改变没落贵族的不幸遭遇。道家断言,仁义礼智信是社会病态的产物,根本不能治理天下。

3. 儒、法之间

儒、法之间的对立,是封建贵族与新兴地主阶级之间的对立。它们表现在:政体上是世卿世禄的贵族政体与中央集权的君主专制政体(官僚政体)之间的对立;统治方法上是"以德服人"和"以力服人"的对立;法律样式上是判例法和成文法的对立;作为统治阶级的"人"与"法"的关系上,表现为"人"与"法"的对立。

(二)诸家学派的内在联系

诸家学术的差异性是十分明显的。这也是诸家独立门户的重要原因。但是,诸家学术都是中国古代社会发展到一定历史阶段的产物,都以古代历史文化传统为土壤。因此,它们之间仍然存在着各种内在联系。

1. 儒墨之间

儒墨之间主张相异者虽多,然两者关心天下、身体力行之精神未尝有别也。孔子曾盛赞叔向"治国制刑,不隐于亲",是"古之遗直也"。而墨家钜子杀了犯罪的独生子,正是无私之直。墨家主张"尚同"、"兼爱"、"尚贤"、"天志"、"明鬼",而《礼记·大同》有"大道之行也,天下为公,……是谓大同";"人不独亲其亲,不独子其子,使老有所终,壮有所用,幼有所长,矜寡孤独废疾者,皆有所养";"选贤与能,讲信修睦";"圣人作则,必以天地为本","圣人参于天地,并于鬼神以治政也"。其旨何其相近也。

2. 法儒之间

法儒之间的对立也许可以称得上是全面对立。但是,儒家并非在一般意义上否定法律和刑罚的作用。比如,孔子言"道之以政,齐之以刑","宽以济猛,猛以济宽"。孟子言"徒善不足以为政",反对"上无道揆,下无法守",可证。只是儒家没有把它们摆在治国的第一位。同时,法家也并非在一般意义上否定忠孝仁爱的道德观念,只是要把它们纳入法治的范畴之内。如《商君书·画策》说:"所谓义者,为人臣忠,为人子孝,少长有礼,男女有别。非其义也,饿不苟食,死不苟生,此乃有法之常也";《韩非子·忠孝》说:"臣事君,子事父,妻事夫。三者顺则天下治,三者逆则天下乱";《睡虎地秦墓竹简·为吏之道》有"君怀臣忠,父慈子孝,政之本也"。可见,先秦法家是"三纲"的首创者。

3. 法道之间

法家是后起的学派。故早期法家人物多受其他学派影响者。如申不害、慎到、商鞅都学习过"黄老之学"(黄老是道家的一个分支)。《庄子·天下》说慎到主张"弃知去己","笑天下之尚贤","非天下之大圣"。这与《老子》主张的"绝圣弃智,民利百倍","常使民无知无欲","不尚贤,使民不争",如出一辙。慎到将道家的"无为而治"、"清静无为"加工成"君道无为"、"臣道有为",即"君臣之道,臣事事而君无事,君逸乐而臣任劳"(《慎子·民杂》),"大君任法而弗躬"(《慎子·君人》)。商鞅重农抑商,禁绝民间教育学术活动,让农民固着在土地上努力耕织,很可能是受了道家愚民政策的影响。因为农民埋头种地,无知无识,最容易治理。韩非的《解老》、《喻老》两篇,正是用法家思想来诠释老子的命题。如:"治大国而数变法,则民苦之。是以有道之君贵静,不重变法。故曰:治大国若烹小鲜。"韩非的帝王之术,概源于老子"知其雄,守其雌","柔弱胜刚强"的统治谋略。

4. 法墨之间

法墨均站在儒家的对立面,对儒家的"礼治"进行了无情的批判。法家主张"尊君",建立中央集权的君主专制政体,君主享有最高的权力。墨家的"尚同于天子",以天子是非为是非,两者的宗旨是一样的。法家主张用法律"定分止争",维护土地所有者的私有财产,墨家则主张"杀盗非杀人",两者的深意是一致的。在司法上,法家主张"信赏必罚","法不阿贵,绳不挠曲","刑过不避大臣,赏善不遗匹夫"。墨家主张"赏当贤,罚当暴","不杀不辜,不失有罪","有党父兄,不偏富贵"。两者的精神是相同的。

5. 法名之间

前期法家人物如商鞅、申不害都曾学过"刑名之学"。创立"刑名之学"的鼻祖是邓析。当时的"刑名之学"与成文法的问世关系密切,是注释法条法言法语之所谓的。商鞅长于此道,故在立法上建树颇多。至申不害谓:"君操其柄,臣事其常,为人君者操契以责其名。"其"刑名之学"乃君道无为、臣道有为、循名责实之学。"循名责实"的原则一到法家之手,便演变成严格依法办事的"法治"。

五、"百家争鸣"的终结

百家争鸣是春秋战国社会大变革时代的特殊产物。随着社会现实生活的发展,一些学术显得迂回而不见于用,一些主张过于偏激而不被采纳,一些观点没落消沉而和者盖寡,一些设计则由于切于实际而独领风骚,而只有根基雄厚善于博采它长、与时偕行者始能久长。诚如蒙文通所说:"儒家制度本取自墨家。儒盛而墨衰者,墨偏于宗教之信仰,儒富于哲学之寻求。……道家起于南方,偏于玄虚,以仁义为小;法家盛于北方,重视现实,以仁义为迂(大也);皆远于中国传统之文化。……东周为旧社会之崩溃,而儒以衰者,以旧儒学之偏于旧社会也。

汉初为新社会之长成，而儒反以大盛者，以新儒学之融合百家有以应新社会之需要也。”[4]

又如吕思勉所说：“诸子之学，并起争鸣，经过一个相当时期之后，总是要归于统一的。统一的路线有两条：一是淘汰无用，而存留其有用的。二是将诸家之说，融合为一。在战国时，诸家之说皆不行，只有法家之说，秦用之以并天下，已可说是切于时务的兴，而不切于时务的亡了；”“这时候，最要紧的是：一是裁抑贵族，以铲除封建势力。二是富国强兵，以统一天下。这两个条件，秦国行之，固未能全合乎理想，然在当时，毕竟是最能实行的，所以卒能并天下。致秦国于富强的，前有商鞅，后有李斯，都是治法家之学的。……法家是最主张审察现实，以定应付的方法的，所以最主张变法而反对守旧。这确是法家的特色。其学说之能最新，大约即得力于此。”[5]

秦统一以后，实行文化专制政策，禁止私学，以法为教，以吏为师；汉武帝时统一学术，罢抑百家，表彰六经，独尊儒术。百家争鸣遂偃旗息鼓，百家之术不绝如缕。此时，朝廷所尊崇之儒学已经融合诸家特别是法家学术而发生质变，此时之儒学已远非彼时之儒学。

第四节　地域文化与先秦法律思想的主旋律

一、关于地域文化及研究方法

在秦帝国中央集权君主政体确立之前，我国曾经历了长期的分封自立的宗法贵族政体阶段。这种政体与地理、气候、生活方式等地缘特点密切结合，形成了各自独特的包含着历史传统、民族心理、风俗习惯、宗教信仰等因素在内的地域文化。这种地域文化甚至可以追溯到更为悠久的史前时代。即使是在统一的中央集权君主政体之下，这种地域文化在社会生活当中仍然发挥着潜在的影响。

早在传说时代，在辽阔的中华大地上就生存着不同的古老氏族部落，并形成各自的风俗。正如《礼记·王制》所谓：广谷大川，寒暖燥湿，“民生其间者易俗”，“言语不通，嗜欲不同”，“五方之民，皆有性也，不可推移”，“东方曰夷，被发文身，有不火食者矣；南方曰蛮，雕题交趾，有不火食者矣；西方曰戎，被发衣皮，有不粒食者矣；北方曰狄，衣羽毛穴居，有不粒食者矣。”到了殷商时代，商人踞中原而有天下，而四方土著民族与之并存，被称为诸方之国。

西周初期的封疆土建诸侯的“大封建”，是运用中央政治权力对地域文化的一次整理和确认。《左传·文公四年》载，卫国大夫子鱼在追述周初封疆土建诸侯时曾说道：“昔武王克商，成王定之。选建明德，以蕃屏周。”封伯禽始立鲁国，统率“殷民六族”，“因商奄之民，命以伯禽，而封于少皋之虚。……皆启以商政，疆以周索”；封唐叔始立晋国，统率“怀姓九族”，“封于夏虚，启以夏政，疆以戎索。”《史记·鲁周公世家》载，太公吕尚为齐国之君，他治理齐国，“简其君臣礼，从其俗为也”，很快取得成效。可见，鲁国沿用了商人的习惯，用周礼来治国；晋国沿用了夏人的习惯，用军法来治国；齐国沿用了东夷的习惯，用当地风俗来治国。西

---

〔4〕 蒙文通：《经史抉原》，巴蜀书社1995年版，第152页。

〔5〕 吕思勉：《中国文化史》，载《吕思勉讲中国文化》，九州出版社2008年版，第204页。

周初期的统治集团,虽然十分重视周礼的作用,但是,他们对待地域文化,同时也对夏人、商人甚至东夷民族的历史传统,都持宽容态度。这种宽容的原因,与其说是出于西周统治集团对自身统治力量的高度自信,毋宁说是出于对强大的地域文化传统的无法驾驭。因为,不论是姬姓诸侯还是异性诸侯,在统治殷民六族、殷民七族、怀性九族这些广大土著居民时,是不能背离当地的生活方式和风俗习惯的。西周以降的地域文化就是这样继承和延续下来的。

从某种角度来看,法律思想是一种由地方性的知识和经验所构成的体系。这种知识体系受到一定的生产方式、社会组织、思想方式等方面的制约。而一定的生产方式、社会组织、思想方式又常常首先表现为风俗习惯。这种内容广泛的风俗习惯,一方面派生出禁忌和礼仪,最后形成人们必须遵守的行为规范;另一方面又孕育出思想观念,其中就包括最初的法律思想。

在中国法律思想史研究方法上面,我们常常习惯于从社会经济生活、阶级关系、政治斗争等内容为出发点,来把握其思想实质。在这种模式下,诸家思想常常被定性并被冠以"奴隶主贵族"、"封建阶级"、"新兴地主阶级"、"平民"等标志。这种划分虽然有利于从某一个侧面(如政治立场与经济利益)去分析历史人物、学术派别的思想主张形成的原因,但有时也难免陷入片面。因为它很难回答类似"为什么在不同地区,相同的阶级会有不同的主张","同样的思想主张为什么没有被别的地区所接受"这样的问题。本节试图从地域文化的静态角度来展现先秦儒法两家的法律思想的文化基因,以期在注重政治、经济诸因素的同时,探讨该时期法律思想历史演进的文化根源。

在我国古代,学术界历来重视对地域知识的研究和整理。比如《山海经》、《尚书·禹贡》等。孔子亦曾注意到地方风俗对思想观念的决定作用,如《论语·子路》:"叶公语孔子曰:'吾党有直躬者,其父攘羊,而子证之。'孔子曰:'吾党之直者异于是:父为子隐,子为父隐,直在其中矣。'"《荀子·议兵》则论述秦地风俗对秦人性格的影响:"秦人其生民也狭隘,其使民也酷烈",故有"干赏蹈利之兵"。

地域文化的研究方法在先秦史研究中具有特殊的意义。在这方面老一辈的学问大家为我们留下诸多宝贵启示和研究成果。傅斯年先生指出:"研究一国之历史,不得不先辨其种族,诚以历史一物,不过种族与土地相乘之积。"[6] 他还专门撰写了《论战国诸子之地方性》一文。蒙文通先生说:"余作《经学抉原》,深信齐鲁学外,而古文为三晋之学,则经术亦以地域而分。"[7] 并著有《古史甄微》、《古学甄微》。王献唐先生提出:研究古史有三术:一为姓氏,一为地名氏名,一为语言。[8] 并有《炎黄氏族文化考》行世。把地域文化和政治、经济乃至个人经历等内容结合起来,无疑将有利于深化古代法律思想的研究,将古人鲜活的形象展现在今人面前。

运用地域方法系统研究先秦诸子思想的当属清代刘师培。他说:"齐国背山临海,与大秦同,故管子田骈之学,以法家之实际,而参以道家之虚无。若邹衍之谈瀛海,则又活泼进取之证也。西秦三晋之地,山岳环列,其民任侠为奸,雕悍少虑,故法家者流,起源于此,如申韩商君是也。盖国多奸民,非法不足以示威。峻法严刑,岂得已乎?鲁秉周公之典,习于缛礼繁

〔6〕 傅斯年:《中国历史分期之研究》,载欧阳哲生主编:《傅斯年全集》(第1卷),湖南教育出版社2003年版,第33页。
〔7〕 蒙文通:《古史甄微》,载《自序》,巴蜀书社1999年版,第14页。
〔8〕 王献唐:《炎黄氏族文化考》,齐鲁书社1985年版,第56、57页。

文,故儒家亲亲尊尊之说,得而中矣。宋承殷人事鬼之俗,民习于愚,故墨子尊天明鬼之说,得而中之。盖山国之民,修身力行,则近于儒。坚忍不拔,则近于墨。此北方之学所由发源于山国之地也。荆楚之壤,北有江汉,南有潇湘,地为泽国,故老子之学起于其间。从其说者,大抵遗弃尘世,藐视宇宙,以自然为主,以谦逊为宗。如接舆沮溺之避世,许行之并耕,宋玉屈平之厌世,溯其起源,悉为老聃之支派。此南方之学所由发源与泽国之地也。由是言之,学术因地而殊,益可见也。"[9]

二、先秦法律思想的主旋律

在先秦(春秋战国)法律思想研究领域,儒法两家的法律思想似乎成为最受关注的传统课题。先秦儒法两家法律思想的对立与融合,构成了先秦法律思想的主旋律。具体而言,春秋战国形成了以孔子、孟子为代表的以礼治、德治、人治为基本内容的法律思想;战国时期产生了以商鞅、韩非为代表的以"以法治国"的法治为核心的法律思想,并与儒家形成对立;战国末期,以荀子为代表的齐儒家(或曰儒法家)在继承改造儒家、法家法律思想的基础上,提出儒法合流、礼法统一的新理论,把先秦法律思想提升到一个新阶段,并标志着先秦法律思想的终结。

先秦(春秋战国)时代的法律思想和其他思想一样具有鲜明的地域文化色彩。在大体平静的社会背景下,这种多元化特征维持了相当长的时间。它们各自相对独立,很难互相替代,这也是形成思想学术界百家争鸣的原因之一。

在社会大变革的背景下,各种带有地域文化色彩的法律思想都面临着历史的检验和选择。只有那些适应社会发展、获得民众支持的思想主张,逐渐成为社会的主流意识,成为推动社会发展的精神力量。如《韩非子·五蠹》说:"今境内之民皆言治,藏管商之法者家有之。"此其证也。

战国时期,深刻的社会变革使地域文化之间的相互差异性得到充分的体现。比如鲁国文化和晋国文化就曾经处于对立之中。这种对立在法律思想上主要表现在:一是在政体方面是世袭的宗法贵族政体和中央集权的君主官僚政体的对立;二是在法律价值观方面是宗法伦理主义的礼和集权国家主义的法的对立;三是在统治方法方面是"富而后教"的德治和"以刑去刑"的法治的对立;四是在法律样式方面是判例法和成文法的对立。这些对立正是当时社会大变革在法律实践领域的反映。

各种地域文化之间的相互差异性并不是绝对排斥的,它们之间还具有相互渗透性和可融性。主导这种渗透和融合的,常常是最具有传统力量的观念,这就是儒家坚持的礼。以法家为例,《商君书·画策》:"所谓义者,为人臣忠,为人子孝,少长有礼,男女有别。非其义也,饿不苟食,死不苟生,此乃有法之常也";《韩非子·忠孝》:"臣事君,子事父,妻事夫。三者顺则天下治,三者逆则天下乱";《睡虎地秦墓竹简·为吏之道》说:"君怀臣忠,父慈子孝,政之本也"。可见,法家并非一般地否定礼,只不过实现的手段不同而已。儒家思想的生命力亦在于此。诚如傅斯年先生所说:"东方的经济人文,虽武力上失败,政治上一时不能抬头,一经多年安定之后,却是会再起来的。自春秋至王莽时,最上层的文化只有一个重心,这一个重心便是

---

[9] 刘师培:《国学发微》,扬州广陵书社 2015 年版,第 226、227 页。

齐鲁。"[10]在新的历史条件下,各种地域文化的优越之处便在新形势下结合在一起,持久地发挥作用——"鲁以伦理及礼制统一中国,""三晋一带以官术统一中国,""齐以宗教及玄学统一中国"。[11]

在社会变革的大潮中,任何地域文化或思想主张都不会自行发挥作用,它们还要靠社会集团和个人的主观能动作用。那些以天下为己任的先知先觉者,只要顺应历史潮流,找对了方向,便能够做出一番伟大的业绩。

第五节 鲁国文化与儒墨的法律思想

一、鲁国文化及其代表人物

先秦儒家的代表人物是孔子和孟子。他们总结的"仁政"(德治)、"礼治"、"人治"理论,构成了儒家法律思想的核心内容。儒家的法律思想来源于了鲁国文化。鲁国文化即中原文化、农耕文化,是中国文化的重心之一,其造就了原始儒学和墨家学说,是春秋时代思想学术中最耀眼的一面旗帜。鲁国文化有两个思想渊源:"仁"和"礼",二者构成了儒家和中国古代法律思想的基础价值。

首先是"仁"。"仁"源于东夷文化传统。在甲骨文当中,"人"字字形不论是侧立屈膝,还是踞、蹲、坐,大都反映了东夷人的形象。甲骨文中的"人"和"仁"字是相通的。由左右两个侧卧之人组成的字形,被学者确定为"化"字;由上下两个仰卧之人组成的字形,被学者确定为"乘"字。这两个字形很可能是"仁"字的原型字。可以推测,这两个字形的原始意义即"抵足而眠",亦即《礼记·王制》"雕题交趾"的"交趾",《山海经·海外南经》"交胫国"的"交胫",《淮南子·地形》"交股民"的"交股"。后来"仁"字象征亲人之间相濡以沫、相亲以热的亲人之爱。"仁"的本质特征是"相人耦"或即"人相偶"。随着生活经验的积累,后来从风俗习惯派生出夫妇、母子、兄弟、姐妹和同胞氏族之间互相友爱、相互尊敬之义。"仁"是人类自觉的表现。"仁"摒弃了对鬼神的无限仰慕,相对关注于人与人的对应关系,讲求此方对彼方的感情和责任,强调互相依存、友好相处。西周初期"以德配天"、"怀保小民"、"以民为鉴"的"德治"思想就是对"仁"观念的第一次政治化。春秋时代的孔子把"仁"加工提炼成人世间最高的精神境界和理想。"仁"字从人、从二,讲的本是人与他人的关系。如果说欧洲"文艺复兴"时代的"人文主义"是通过神的折射来发现"人"的价值的话,那么,孔子的"仁"则是一个人从对方的瞳孔中发现自己的存在。也就是说,一个人是仰仗他人的存在而来印证自己的存在的。因此,人首先应当善待他人。这就是"仁者爱人"的要义。孔子把"仁"视为未来美好理想的蓝图,其深意还在于改造当时的社会。他透过"仁"的透镜,对传统思想成果进行审视、取舍和改造:他打破了以往狭隘的先天血缘界限和神权思想的束缚,改造了西周之礼,提升了西周之德,把它们融进统一的仁学体系。孔子的"仁"在很大程度上超越了血缘界限,成

---

〔10〕 傅斯年:《夷夏东西说》,载欧阳哲生主编:《傅斯年全集》(第2卷),湖南教育出版社2003年版,第229页。

〔11〕 傅斯年:《论战国诸子之地方性》,载欧阳哲生主编:《傅斯年全集》(第3卷),湖南教育出版社2003年版,第275页。

为以个体自然人为出发点的适用于陌生人群的新道德。孟子继承孔子的仁学思想,并把它发展成仁政学说。

其次是礼,包括夷礼、殷礼、周礼。鲁国不仅从"商政"、"周索"那里继承了殷礼、周礼,而且还继承了夷礼。"仁"所概括的人与人之间的关系,恰恰是运用礼来规范的。礼起源于文身,包括文额、文胸、文乳。通过文身来明确血缘身份以杜绝父与女、母与子、兄弟与姐妹之间的性行为。文身与祭祀活动同时进行,于是产生了最初的礼。[12]

西周初期,周公摄政,而后归政于成王。于是鲁国成了"祀周公以天子之礼乐"的重要场所,而鲁国之礼乐兴焉。故《礼记·明堂位》说:周公践天子之位以治天下,制礼作乐颁度量而天下大服。成王以周公为有勋劳于天下,是以封周公于曲阜。地方七百里,革车千乘。命鲁公世世祀周公以天子之礼乐。是故鲁,王礼也,天下传之久矣。其时之鲁国,实第二之王畿也。故傅斯年先生说:"鲁是西周初年在东方文明故域中开辟的一个殖民地。西周之故域既亡于戎,南国又亡于楚,而周礼尽在鲁矣。"[13]

鲁国文化的经济基础是农耕生产方式。农耕生产有以下特点:首先,农业生产周期比较长。这就使农业生产经验、技术的积累成为漫长的过程。而且,农业生产的季节性很强,比如春播、夏收、冬藏,需要把所有劳动力集中起来使用,更不必说集中人力去兴修水利防洪抗灾和抵御外族的入侵,这就使男性的长者在群体中处于支配的地位。其次,农业生产离不开土地。每块土地都由一定的经度和纬度所确定,并形成与地域密不可分的生产节奏(节气)。一旦离开这块土地,原先的节气就失效了。所以,人们"安土重迁","自给自足"。这些特点又造成了社会人群的稳定,人们在同一块土地上世世代代生活下去,形成了稳定的社会组织:宗法家族。为了维护宗法家族的稳定,又形成了一整套以维护父家长族长权力为核心的、以男尊女卑为特征的宗法道德伦理观念和制度:礼和礼制。在农业社会,"天"的权威是相对的。一方面,"天"派生出万事万物;另一方面,"天"的运行规律是可以摸索可以利用的。人们在"天"面前是敬而不畏的,对自己的能力是自信的。这就使古代的神权思想大打折扣,自西周开始便一蹶不振,几乎完全退出历史舞台,而对祖先神的崇敬则发达起来,并演化成完整的礼仪和"孝"的观念。

"孝"观念要求人们尊敬服从父亲,所谓"亲亲父为首"。这是问题的一方面。另一方面则要求"父父",即父亲要像父亲,即要慈爱子女。"孝"在社会政治领域的折射便是"忠",故"寻忠臣于孝子之门"。"忠"要求下属要尊敬服从君长,所谓"尊尊君为首"。同样,也要求"君君",君长要像君长,即要仁及属下,"为民父母","怀保子民"。"孝"、"忠"观念与"人治"思想是相通的,即要求"父"、"君"成为贤人圣者,即《礼记·中庸》所说:"为政在人,其人存则其政举,其人亡则其政息。"对"人"的作用的充分肯定,意味着对"法"的作用的相对轻视。正如《孟子·离娄上》所谓:"徒善不足以为政,徒法不能以自行",对"人"的作用的推崇,表现在立法司法活动中,便是《左传·昭公六年》所谓"议事以制"(即选择并依据适当的判例、故事来裁判案件)的中国式的"判例法"。在世袭制下,子继父业,兄终弟及,法官的职务也是世袭的。按照父亲兄长先前的做法去做,符合"帅型先考"的"孝悌",于是形成"遵循先例"的审判方式。

---

〔12〕 参见武树臣:《寻找礼的源头——以古文字为视野》,载《人大法律评论》2016 年卷第 2 辑。
〔13〕 傅斯年:《战国子家叙论》,载《傅斯年文集》,上海古籍出版社 2012 年版,第 33 页。

战国以降,社会变革。以小家庭为纽带的个体农民和小手工业者登上历史舞台。他们要求参与国家管理,故反对世袭的贵族政体。他们主张"尚同于天子",希望国家用政权和法律保护他们的权利。他们提倡"兼相爱,交相利",通过对等的交换关系来解决社会矛盾。因此,在同样的鲁国文化园地,在不同的社会背景下,产生了墨家思想。孔孟之道是君子之学,是为君子长治久安设计的,墨家之道就是平民之学,为平民生存发展谋出路;孔孟之道是通过些许改良来缓和社会矛盾,以继续维系贵族政体,墨家就是通过社会变革来建立平民的国家;孔孟的"父慈、子孝、兄良、弟梯"是适用于宗法大家族的,墨家的"交相利"是适用于个体小手工业生产者的。而且,墨家的"兼爱"精神与古老东夷民族的"仁"的观念是一脉相承的。因此,可以说,孔子、孟子和墨家思想都是鲁国文化的杰出代表。孔孟思想代表着鲁国文化的传统精神,墨家思想则代表着鲁国文化的现状与未来。

二、孔子孟子的法律思想

图26 孔子

孔子(公元前551~公元前479年),名丘,字仲尼。鲁国昌平乡陬(zōu音邹)邑(今山东曲阜南)人。祖先原为宋国贵族,后避居鲁国。至孔子时,家境贫寒,他自谓"吾少也贱,故多能鄙事。"(《论语·子罕》)他二十岁左右作过权贵季氏的家臣,担任过管理仓库的"委吏"和管理牛羊的"乘田"。后以通晓礼仪而闻名,为人"相礼"。三十岁左右开始聚徒讲学,开创"有教无类"的民间教育活动。五十岁以后曾一度任过鲁国中都宰及鲁司空、司寇等职,但为时不长,一生中主要精力是从事教育。他生长在礼仪之邦的鲁国,又长期以"相礼"为业,对有关周礼的典章制度很有研究。他崇拜"制礼作乐"(《尚书大传·周书·归禾》)的周公,向往西周的"礼治",把重建西周的太平盛世当作自己的理想。到了封建社会,儒学被奉为官方正宗学术,儒家著述被尊为经典,孔子也被冠以"大成至圣"、"至圣先师"、"文宣王"等称号,成为封建文化的圣人。

孟子(约公元前390~公元前305年),名轲,战国时邹(今山东邹县南)人。他曾师承曾参、子思的门人,忠诚继承孔子的思想和主张,为捍卫孔子之学而同墨家、杨朱学派进行论战。他和子思共同创立的一派称"思孟学派",被后世看作儒学的正宗。孟子在坚持"礼治"的同时,把孔子的"德治"思想发展成为"仁政"学说。他对人民的力量有较为清醒的认识,并将远古社会的原始民主思想和当时的重民思想结合起来,提出了"民贵君轻"、"诛暴君"等闪烁着原始民主光辉的激烈口号。孟子一生主要从事讲学和著述,虽曾四处游说,但终不被采纳。到了封建社会,其著作《孟子》被奉为经典,他本人也被奉为仅次于孔子的"亚圣"。

(一)“为国以礼”的“礼治”思想

图27　孟子

孔、孟继承了先代关于礼的思想,要求用礼的精神和原则来指导国家的政治法律实践活动,从而形成了“为国以礼”的理论。这是孔孟法律思想中最重要的内容之一。

1. 建立统一而开明的贵族政体

孔、孟的“礼治”思想反映在国家政权形式的问题上,就是要求确立统一的开明的宗法贵族政体。

(1)“天下有道,礼乐征伐自天子出”

孔子虽然维护贵族特权,却反对分裂割据,希望全国统一。所以他主张制礼作乐的立法权应归天子掌握,出兵征伐应由天子决定;最好能像西周初年那样再出现一个“天下有道,则礼乐征伐自天子出”(《论语·季氏》)的“太平盛世”。孟子看到当时各诸侯国之间“争城以战”、“争地以战”、“杀人盈城”,“杀人盈野”的战争给广大人民带来的苦难,强烈要求用“仁政”统一国家、安定社会。这种“大一统”的思想,对统一的多民族国家的建立和巩固曾产生良好影响,也符合各族人民的共同愿望。过去,有些人认为,只有法家讲统一,儒家则搞分裂,这种观点是错误的。其实不只是法家,儒家、墨家和道家都讲统一,都在为统一献策,只不过方法各有不同。孟轲曾对儒、法两家统一天下的方法作过分析,即儒家主张“以德服人”的“王道”,法家主张“以力服人”的“霸道”,孔子正是第一个主张“王道”的思想家。应当指出,孔子不但主张以“王道”统一天下,反对搞分裂割据,而且还有一点要求相对集权中央的味道。所以他说:“天下无道,则礼乐征伐自诸侯出”;“天下有道,则政不在大夫”(《论语·季氏》)。

(2)“正名”:“以礼让为国”

为了维护贵族政体,他们要求严格“正名”。所谓“正名”,即要求纠正当时各种违反“君君、臣臣、父父、子子”等级名分的混乱现象,做到“非礼勿视,非礼勿听,非礼勿言,非礼勿动”(《论语·颜渊》)。反对僭越和犯上作乱,实质上也就是要求各级贵族严格遵守礼制。孔子虽然生当“礼坏乐崩”的春秋末期,但仍向往西周的典章制度,主张“为国以礼”的“礼治”。他要求各级贵族“以礼治国”(《论语·里仁》),互相克制,停止争夺,遵守周礼。

(3)“贵贱不愆”,反对公布成文法

据《左传·昭公六年》记载,公元前513年晋国当权的封建化贵族赵鞅等继郑国子产“铸刑书”之后也“铸刑鼎”,公布了“范宣子所为刑书”(《左传·昭公六年》)。孔子像叔向反对子产那样也反对这次“铸刑鼎”。他的理由有两条:一条是从制度上看,不应公布成文法。因为按照贵族的传统,不应制定包括何种行为是违法犯罪又当如何制裁两方面内容在内的成文法,也不应向老百姓公布,以便贵族在惩治平民和奴隶时可以根据具体情节并照以往判例临时处断。否则就会束缚贵族的手脚,也有碍人民对贵族的尊重。这是维护贵族统治的一种重要的传统制度,所以孔子指责说:“今弃是度也,而为刑鼎,民在鼎矣,何以尊贵,贵何业之守?贵贱无序,何以为国?”另一条是反对这部成文法本身,因为它的内容是“晋国的乱制”,根本不该定为法律。孔子的议论与叔向写给子产的信如出一辙,都把公布成文法看成是关系贵族存亡的大事。孔子明确指出,公布成文法就破坏了“贵贱不愆”的“法度”。可见他仍然坚持

“先王议事以制,不为刑辟”的旧传统。

(4)“民为贵,社稷次之,君为轻”的“民贵君轻”说

这是孟子对西周以来的重民思想的大发展。《孟子·尽心上》提出:“民为贵,社稷次之,君为轻。”意思是说民心的向背最重要;作为国家象征的土神、谷神次之;至于谁来作君主的重要性则更次之。他强调只有取得老百姓信任的,方可以作天子,因而天子不能为所欲为。与此相应,诸侯国君不论“进贤”、“杀人”都应征求“国人”的意见,“国人皆曰贤,然后察之,见贤焉,然后用之”;“国人皆曰可杀,然后察之,见可杀焉,然后杀之。”(《孟子·梁惠王上》)国君如果滥杀无辜,各级贵族和官吏都可加以抵制:“无罪而杀士,则大夫可以去;无罪而戮民,则士可以徙”(《孟子·梁惠王上》)。但孟子尊重贵族,重视“世臣”,声称“为政不难,不得罪于巨室”(《孟子·离娄上》)。他还主张,那些与国君同宗的“贵戚之亲”有权改立国君:“君有大过则谏,反复之而不听,则易位。”(《孟子·万章下》)

(5)“独夫可诛”的“暴君放伐”论

孟子不但提出了“民贵君轻”说,而且还提出了更为大胆的“暴君放伐”论。这是他回答齐宣王询问“汤放桀,武王伐纣”是否“臣弑君”时提出的。他以纣为例说:“贼仁者谓之残,贼义者谓之贼,残贼之人谓之一夫(独夫)。闻诛一夫纣矣,未闻弑君也。”(《孟子·梁惠王下》)

在君臣关系上,他发展和修正了孔子的“君使臣以礼,臣事君以忠”和“正名”思想。孔子既反对君不君,也反对“臣不臣”。但孔子的倾向性很明显,重点是反对“臣不臣”。孟子在这一点上却颇有点反其道而行之的架势。即他把侧重点转向反对“君不君”,不但认为可以对不君之君加以指责,而且主张对待残民以逞的暴君应当为民除害,如说商汤征伐横暴的葛伯是为匹夫匹妇复仇,武王伐纣是救民于水火之中,甚至人民自己也可以起来推翻暴君。与此同时,他又把君臣之间说成是一种比较平等的关系。《孟子·离娄下》说:“君之视臣如手足,则臣视君为腹心;君之视臣如犬焉,则臣视君如国人;君之视臣如土芥,则臣视君为寇仇。”

2.“兴礼乐,正刑罚”的法律原则

为了维护“礼治”,孔子提出并建立了以“仁”为核心、以“复礼”为目的的思想体系,作为整个儒家的理论基础。在法律上,他主张必须以“礼”作为适用刑罚的指导,只有在礼乐的指导下,刑罚的运用才能得当,才不致使人无所适从。所以他说:“礼乐不兴则刑罚不中,刑罚不中则民无所措手足。”(《论语·子路》)孟轲也认为:“无礼义,则上下乱。”(《孟子·尽心下》)要求“法先王”,“不愆不忘,率由旧章”(《孟子·离娄上》),要求以维护等级制的礼作为立法和审判的基本原则。

“礼治”是宗法和等级相结合的产物。孔、孟尤重“亲亲”的宗法原则,一再强调“笃于亲”。认为“尧舜之道,孝悌而已矣”(《孟子·告子下》)。甚至“亲亲”与法律发生矛盾时仍主张坚持“亲亲”,提倡“父为子隐,子为父隐”,在犯罪问题上反对父子互相告发。《论语·子路》载:“叶公语孔子曰:‘吾党有直躬者,其父攘羊,而子证之’。孔子曰:‘吾党之直者异于是:父为子隐,子为父隐,直在其中矣。’”《孟子·尽心上》载:“桃应问曰:‘舜为天子,皋陶为士,瞽叟杀人,则如之阿?’孟子曰:‘执之而已矣。’‘然则舜不禁与?’曰:‘夫舜恶得而禁之?夫有所受之也,’‘然则舜如之何?’曰:‘舜视弃天下犹弃敝屣也,窃负而逃,遵海滨而处,终身欣然,乐而忘天下。’”可见,在礼和国法矛盾的情况下,孔、孟都主张牺牲国法而保全礼。

值得注意的是,在孔子看来,除了“父子相隐”的“直”之外,还有另一种“直”。《左传·昭公十四年》载:叔向的弟弟叔鱼接受贿赂,枉法载判,叔向主张“杀之以正刑书”。孔子称赞

叔向"治国制刑，不隐于亲"，"杀亲益荣"，是"古之遗直也"。"父子相隐"是"直"，"兄弟不隐"也是"直"，看来似乎矛盾，其实不然。孔子在这里提出一条明确的原则：小罪可隐，隐小罪以维系家族的安宁；大罪不可隐，刑大罪以维护统治阶级的根本利益。后世封建法制的"亲属相容隐"、"十恶不赦"和族诛连坐都是顺着孔子的这一模式确立起来的。

（二）"为政以德"的"德治"思想

孔孟继承了周公重"德"、"明德慎罚"、"怀保小民"等思想，并把它们加以完善和理论化。孔子主要是提出了"仁者爱人"的"仁"的学说，孟子则进一步把"仁"发展成可以操作和贯彻的"仁政"学说。

1. 从孔子的"仁者爱人"到孟子的"仁政"

面对当时"礼坏乐崩"的现实，孔子认为当务之急莫过于想方设法来挽救和维持摇摇欲坠的"礼治"。从这一目的出发，他一方面严厉谴责各种破坏和违反周礼的言行；另一方面也想通过一些改良的方法来缓和当时的阶级矛盾和贵族内部的矛盾。而所有这一切他希望主要用道德感化的手段来促其实现。因此，他不遗余力地进行道德的说教，提倡"仁者爱人"（《论语·颜渊》），要求"克己复礼"，建立了一个以"仁"为核心、以"复礼"为目的的思想体系，作为整个儒家的理论基础。这一思想体系，是他从维护当时各级贵族和整个剥削者的根本利益出发的。不过，孔子并不顽固地坚持奴隶制。与此相反，他对奴隶制违反仁道的行为十分反感。如他反对苛政，认为"苛政猛如虎"（《礼记·檀弓》）；反对人殉，认为"始作俑者其无后乎"（《孟子·梁惠王上》）；主张"敛从其薄"、"使民以时"、"使民如承大祭"、"博施于民"等等，都是例证。特别是他所提出的仁者"爱人"的口号，其中就包括有把奴隶当人看待的含义。但是，尽管如此，孔子却又坚持维护贵族宗法等级特权的"礼"。关键在于：孔子是古代剥削阶级中一个颇有远见的思想家。他既看到了剥削者和劳动人民之间的根本对立，因而严格区分"君子"与"小人"的界限；又在一定程度上认识到劳动人民反抗力量的巨大。他在当时虽然主要维护贵族的利益，但同时又着眼于所有剥削者的长远与整体利益。从这里出发，他力求缓和剥削者与被剥削者的阶级矛盾，并提出了一套调和阶级矛盾的比较细致和有所让步的统治方法。这套"宽则得众"、"惠则足以使人"的方法往往不易为人民所识破，因而也最有利于已经占据统治地位的既得利益阶级和阶层。

孟子的"仁政"和孔子以"仁"为核心的"德治"一脉相承，又有所发展。第一，他比孔子更重视民心的向背，把民心向背看成是"得天下"或"失天下"的关键。第二，孔子讲"仁者爱人"，主要着眼于调和剥削阶级内部的矛盾。具体说来，即调和贵族内部以及贵族和新兴地主阶级之间的矛盾。孟子的"仁政"则主要着眼于调和整个剥削阶级和劳动人民之间的矛盾。在孔子所提倡的"仁"中，虽然包含着对人民作些让步，施以小恩小惠，从而缓和阶级矛盾的内容，但孔子却把"博施于民，而能济众"（《论语·雍也》）看成是"尧舜其犹病诸"的难题。孟子则不然，反而认为"人皆可以为尧舜"（《孟子·尽心下》），极力主张统治者"推恩于民"，把"推恩于民"作为他实行"仁政"的主要内容，把能否"推恩于民"看成是能否保持统治者地位的急务，因而他说："推恩足以保四海，不推恩无以保妻子。"（《孟子·梁惠王上》）孔、孟的"德治"、"仁政"其所以有这些区别，就在于孟子对人民的重要性的认识比孔子更深刻。他不但充分认识到人民反抗力量的巨大，而且认识到统治者要靠劳动人民来养活。如果没有劳动人民，便会"无野人，莫养君子"（《孟子·滕文公上》）。当然，从这里决不能得出孟子的"仁政”是为民众设想的。实际上他和孔子的“德治”都不是为民众设想的。鲁迅当年批判孔子时说过:“孔夫子曾经计划过出色的治国方法,那都是为治民众者即权势者设想的方法,为民众本身的,却一点也没有。”〔14〕孟子也一样,所以他首先就说:“无君子,莫治野人。”(《孟子·滕文公上》)

孟子的“仁政”对孔子的“仁”的发展,还有很重要的一面,就是他不但提出了实行“仁政”的必要性,而且指出了实行“仁政”的可能性。“孟子道性善,言必称尧舜”(《孟子·滕文公上》),即他以“性善论”为依据,把他的“仁政”说成是“以不忍人之心,行不忍人之政”(《孟子·公孙丑上》),也就是以怜恤别人或不忍见人困苦的心情来实行怜恤别人之政,而这种“不忍人之心”是人皆有之的。因此,对于任何一个统治者来说都有实行“仁政”的可能性,关键在于为与不为。正由于孟子把实行“仁政”的必要性与可能性结合了起来,从而也就把孔子以“仁”为核心的“德治”思想系统化为“仁政”学说。他的法律思想就是以这套学说为指导的。

2.“宽惠”、“薄税敛”、“制民之产”

孔子一再提醒统治者对人民必须“宽”、“惠”,即必须减轻压迫和剥削。其理由是“宽则得众,惠则足以使人”(《论语·阳货》)。可见他的出发点不外乎替统治者谋长治久安之计。但这在客观上也有利于社会生产和人民生活。另外,他对那些残民以逞的统治者则曾发出“苛政猛如虎”的感叹。鲁国的季康子“患盗”,同他商量对策,他竟回答说:“苟子之不欲,虽赏之不窃。”意谓偷盗之发生,在于统治者的贪得无厌。他不但比较重视犯罪的经济原因,而且主张“富民”、“裕民”,并强调先富后教,把经济问题置于优先考虑的地位。季康子又曾“问政”于他,想用杀人的办法来维持统治。他的回答是:“子为政,焉用杀?”他曾多次称道子产,认为子产有不少美德,其中就包括“其养民也惠,其使民也义”(《论语·公冶长》)。

为了得民心和使教化发挥作用,孟子认为最根本的办法是在经济上“推恩于民”,并使人民富裕起来。他主张统治者在制订经济政策和法规时,必须“薄其税敛”,还要使“民有恒产”(《孟子·梁惠王上》),农户每家农户应有“五亩之宅、百亩之田”。因为“无恒产而有恒心者,惟士为能,若民,则无恒产,因无恒心。苟无恒产,放辟邪侈,无不为己。及陷于罪,然后从而刑之,是罔民也”。所以“明君制民之产,必使仰足以事父母,俯足以畜妻子,乐岁终身饱,凶年免于死亡”才有可能使他们走向善良,如果像现在这样,“制民之产,仰不足以事父母,俯不足以畜妻子,乐岁终身苦,凶年不免于死亡”,那么,人民“救死而恐不赡,奚暇治礼义哉?”孟子这种思想实质上已涉及道德、法律与经济的关系以及犯罪的根源问题。除“无恒产而有恒心者,惟士为能”的偏见外,他还是懂得管仲“仓廪实则知礼节,衣食足则知荣辱”(《管子·牧民》)的道理的。他同孔子一样都把解决人民的衣食问题作为防止犯罪的首要条件。他主张“富民”,反对“罔民”,甚至认为如果富到“菽粟如水火,而民焉有不仁者乎?”(《孟子·尽心上》)意即百姓的粮食如果多得像水和火一样,人民怎么会不仁呢?

3.提倡“有教无类”,反对“不教而杀”

在主张“宽”、“惠”的同时,孔子特别重视教化的作用。他提倡“有教无类”(《论语·卫灵公》),主张不分贫富贵贱和族类,对庶民也进行礼教,以期“齐之以礼”。这也是他对周礼的重大修正,突破了“礼不下庶人”的旧传统。他对统治者不教而杀非常反感,尖锐地指出

〔14〕 鲁迅:《在中国现代的孔夫子》,载《鲁迅全集》(第六卷),人民文学出版社1973年版。

“不教而杀谓之虐”(《论语·尧曰》)。

孟子主张“仁政”,反对“虐政”;主张“省刑罚”,反对“重刑罚”。他认为“杀人以政”与“杀人以梃”、“杀人以刃”没有什么本质的不同。统治者以虐政杀人无异于“率兽而食人”(《孟子·梁惠王上》)。正确的态度应当是“行一不义,杀一不辜,而得天下,皆不为也”(《孟子·公孙丑上》)。从“仁政”出发,在统治方法上,他重视道德的感化作用,相对轻视法律的强制作用。他认为要想人们遵守礼义法度,不应靠刑罚而主要应靠教化,主张对人们“教以人伦:父子有亲,君臣有义,夫妇有别,长幼有叙(序),朋友有信”(《孟子·滕文公上》)。这样就可做到“人人亲其亲,长其长,而天下平”。

教化的另一内容就是重义轻利。孔子认为“君子喻于义,小人喻于利”(《论语·里仁》),孟子反对“上下交征利”(《孟子·梁惠王上》)。重义轻利的目的之一是想对唯利是图的统治者施加压力,使其有所收敛,以行“仁政”。而更重要的是用来束缚劳动人民,避免他们为自己应得的权利进行斗争。

4.“宽猛相济”、“德主刑辅”

孔子虽倡“德治”,但从不否定刑罚等暴力作用。每当教化无效时,他也主张诉诸暴力,使用刑罚。甚至当他听到郑国统治者“尽杀萑苻之盗”的消息,竟说:“善哉！政宽则民慢,慢则纠之以猛。猛则民残,残则施之以宽。宽以济猛,猛以济宽,政是以和。”(《左传·昭公二十年》)这种“宽猛相济”的思想曾被后世封建统治者奉为圭臬。但在一般情况下,他总是强调德化的一手。《论语·为政》说:“道之以政,齐之以刑,民免而无耻;道之以德,齐之以礼,有耻且格。”意思是说:用政令、刑罚驱使人民,人民可以被迫去做,但心中没有善恶的道德观念;用恩德、教化对待人民,人民由于获得善恶的道德伦理观念而自我约束。看来,孔子认为道德伦理规范的价值要高于法律规范。这种理论被后人概括为“德主刑辅”。

“德治”思想是孔子在统治方法上的重要主张。他认为统治者如行“德治”,就能得到人民的衷心拥护。他还期望通过“德治”,“胜残去杀”,从而达到“无讼”的境界。他说:“听讼吾犹人也,必也使无讼乎!”(《论语·颜渊》)既然狱讼都不会发生,当然用不着刑罚。这就是一般所说的“以德去刑”,是他替实行“德治”进行辩护的重要理由。在他看来,只要统治者能富民、裕民,不使人民衣食无着而又加强礼教,迟早会实现这一理想。

孟子认为:“善政得民财,善教得民心。”(《孟子·尽心上》)民心向背是至关重要的:“失天下也,失其民也,失其民者,失其心也。”(《孟子·离娄上》)因此,他主张德政、仁政。但是,对于杀人越货、拦路抢劫这些罪犯,他认为是“不待教而诛者”(《孟子·万章下》),应当严厉制裁。可见,孟子也不是一般地否定刑罚的作用,而视之为推行德政、教化的手段。在这个问题上,孟子和孔子的立场是一致的。

(三)“为政在人”的“贤人政治”论

孔孟既主“礼治”、“德治”,必重“人治”。“人治”是从“礼治”、“德治”派生的,其本质是主张“贤人政治”。“礼治”的基本特征之一是维护等级制,级别愈高,特权愈多,权力也愈大。尤其是西周以来的宗法世袭制,各级贵族在自己的封地内享有相对独立的行政、立法、审判等世袭特权,统治者个人的作用更为突出。另一方面,为了实行德治,又要求有能以身作则充分发挥道德感化作用的统治者,因而也必然重视统治者个人的作用。这就与主张法治、重视法律作用的法家发生了“人”与“法”在治理国家方面谁起决定作用的论争,因而形成了“人治”

与“法治”的对立。在这一争论中,孔孟始终坚持“人治”或曰“贤人政治”,其基本论点是:

1.“其身正,不令而行”

孔子十分重视贵族个人以身作则的表率作用。这是他维护“礼治”、提倡“德治”的必然逻辑。在“礼治”下,各级贵族都有相对独立的统治权,个人的作用比较突出,而要实行“德治”又必须以有德者能居高位为前提,否则便不能发挥道德感化的效力。因此,孔子特别强调统治者以身作则的重要性,多次指出统治者“不能正其身,如正人何”(《论语·子路》),甚至认为“其身正,不令而行;其身不正,虽令不从”。由于统治者能否以身作则关系到国家的治乱,因而他不惜修正周礼的“亲亲”原则,要求“举贤才”,在“近不失亲”(《左传·昭公二十八年》)即“笃于亲”的原则下,又主张“远不失举”,即让非贵族出身的“贤才”能参与国政。并认为“举直错诸枉,则民服;举枉错诸直,则民不服”(《论语·为政》)。

2.“其人存则其政举,其人亡则其政息”

这主要是从以孔、孟为代表的儒家正统思想中得出的结论。他们认为政治的好坏主要取决于统治者,特别是最高统治者个人的好坏。因此,他们希望统治者都能成为像他们所理想的尧、舜、文、武、周公那样的“圣贤”,故主张“祖述尧舜,宪章文武”(《礼记·大学》)的“贤人政治”。国家的治乱既然系于统治者个人的贤与不贤,其结论也就必然如《礼记·中庸》以孔子名义所说的“为政在人”,“其人存则其政举,其人亡则其政息”。

3.“惟仁者宜在高位”

与上述反对暴君、虐政等主张相呼应,在战国时期的“人治”与“法治”之争中,孟子又是坚持儒家“人治”观点最有力的一个。他虽然也讲“世臣”、“世禄”的“礼治”,并不一般反对世袭制,但因其更重“德治”,在各级官吏的人选上,他都反对让无德无才的旧贵族世袭,而主张“贤者在位,能者在职”(《孟子·公孙丑上》)。甚至当“望之不似人君”的梁惠王问他谁能统一天下时,他竟答之以“不嗜杀人者能一之”。可见无论天子、国君,他都主张应由“贤者”担任。这和他的“民贵君轻说”、“暴君放伐论”的精神正相一致。他是先秦“贤人政治”的倡导者。在他看来,要想平治天下,就得期待像尧、舜那样的圣贤出来当政。并且认为这样的圣贤大概每隔五百年左右必出一个,所以他说:“五百年必有王者兴。”(《孟子·公孙丑下》)不过,他和孔丘相同,并不否定法律和法制的作用。他曾提出:“徒善不足以为政,徒法不能以自行。”(《孟子·离娄上》)既反对“上无道揆”,也反对“下无法守”。他认为“善”和“法”必须互相配合,而二者都必须统一于“仁政”,否则即使有尧、舜之道,不以“仁政”,也不能平治天下。因此,关键仍在于“仁政”。反过来,他又说既要实行“仁政”,就得让仁者处于统治地位:“惟仁者宜在高位。”不仁的人处于统治地位,就会把他的罪恶播给群众:“不仁而在高位,是播其恶于众也。”由此可知,他的侧重点始终是“人”而不是“法”。

先秦儒家所主张的“人治”是西周宗法贵族政体及附着于贵族政体的法律制度的产物。周人灭商后实行贵族分封制,天子一统天下与各分封国相对独立同时并存。这一政治格局决定了不论是周王室还是封国,都不能而且也不必要制定统一而详备的法律规范。在政权所及的范围内,法律实践活动按照各自的传统和习惯进行,当时司法特征是“议事以制,不为刑辟”(《左传·昭公六年》),即在决狱时依据习惯和先例定罪处分。贵族政体与习惯法自然而然地将“人”置于至关重要的地位。法律运用得恰当与否,社会效果的优劣都取决于断狱者“议事”的水平,得人则狱直,失人则狱枉。正因为“人”的重要,西周统治者才格外强调“唯良折狱”(《尚书·吕刑》),主张损益西周典章制度而为现实服务的儒家创始人孔子,在总结西周统治经验时提出“为政在人”。

“为政在人”主要有两个内容:第一,“人存政举”。在政治领域“为政在人”的含义是强调统治者的榜样作用。“其身正,不令而行,其身不正,虽令不从。”(《论语·子路》)即统治者如果能够以身作则,严于律己,百姓便会自觉地效法。相反,国家虽然制定了法律,但统治者带头不执行法令,破坏法制,那么法律制定的再好也无济于事。“其人存则其政举,其人亡则其政息。”(《礼记·中庸》)即政治的得失,关键在于用人的得失。第二,人良法行。在法律领域“为政在人”的含义是:在立法、司法过程中,作为断狱者的“人”的作用是第一位的,法律条文的作用是第二位的。因为:首先,法律是靠人来制定的,人的善恶直接决定了法的优劣;其次,法律是靠人来执行的人的品德才能直接决定了法的实施效果;再次,法律条款毕竟有限,它不可能包罗万象,更不可能自己随机应变去适应变化的现实,法律条款的疏漏之处,只有靠断狱者凭借法律意识灵活掌握来加以弥补。正因如此,在法律条文与断狱者两者的比较中,断狱者则被置于首位。断狱者是否具备“直”与“博”(《国语·晋语》),便直接决定着审判的质量及整个立法、司法的状况。

三、墨家的法律思想

墨家是战国初期墨翟(约公元前490~公元前403年)创立的一个学派,也是继儒家之后兴起的最早起来批判儒家的学派。墨家成员大都是小手工业者和小私有者的平民。他们代表着平民的利益和愿望,要求取消贵族政体,结束剥削行为,建立一个以小私有财产制度为基础的平等交换的社会。因此,他们激烈批判维护贵族政体的“礼治”,要求代之以中央集权的官僚政体,并推行“赏当贤、罚当暴”的“法治”。墨家法律思想的意义在于:第一,它比较坚决地批判儒家以“礼治”为核心的思想,打破了“礼治”的一统天下;第二,它对后来兴起的法家有极大影响。可以说,法家的基本思想和主张都源于墨家。秦汉以后,儒家思想上升到统治地位,而墨家学术成为“绝学”。但是,历代的农民起义常常从墨家思想中吸取批判现实的精神和组织民众的宗教形式,用以实行对贵族制度的“武器的批判”。

墨家的创始人墨翟,鲁国人(一说宋国人)。出身小手工业者,自称“贱人”(《墨子·贵义》),早年曾“学儒者之业,受孔子之术,以为其礼烦扰而不悦,厚葬靡财而贫民,久服伤生而害事,故背周道而用夏政”(《淮南子·要略》)。他背弃儒术而创立了与之对立的学派,并与儒家并称为“孔墨显学”。

墨家著作现存《墨子》53篇,是一部以阐述墨翟思想为主的墨家论文集。其中有一部分文章分上、中、下三篇,显然是墨家后期分离为三派的产物。有些篇章儒家色彩较浓。而《经》上下、《经说》上下、《大取》、《小取》是后期墨辩学者的作品。

(一)平民意识的觉醒与墨家学术

西周春秋的宗法贵族政体是在宗法血缘纽带基础上确立的。这种世卿世禄的制度与原始社会的民主、平等精神是不相容的。可以说,以种族统治为特征的“礼治”思想的确立,正是以压抑原始民主、平等思想为条件的。春秋以降,宗法血缘纽带崩裂,礼制衰败,贵族政体的基础在坍塌。与此同时,原始民主、平等思想复兴,形成“重民”思潮。诸如“国将兴,听于民;将亡,听于神”(《左传·庄公三十二年》)、“民之所欲,天必从之”(《左传·襄公三十一年》引《太誓》)、“社稷无常奉,君臣无常位,自古以然”(《左传·昭公三十二年》)的呼声不绝于耳。当平民(国民、国人)的力量积累到一定程度之后,便开始从理论上批判和清算古老的贵族制度,以宣布自己的存在。在这场伟大的社会变革中,墨家学派就是作为平民的政治代表登上历史舞台的。墨家学派的平民精神主要表现在以下几个方面:

首先,墨家成员大多出身于小生产者特别是小手工业者。他们过着艰苦的生活,节俭自励,又都助人为乐,见义勇为。故曾被儒家斥为“役夫之道”。

其次,表现在他们的政治理想上面。墨家主张“兼爱”,“兼相爱,交相利”,以实现“天下之人皆相爱”(《墨子·兼爱下》)的理想社会。他们批评儒家的“仁者爱人”是假爱人,是“爱有差等”,即贵族只爱自己的亲戚,不爱天下人。而墨家的“兼爱”是平等的普遍的相互的“爱人”,不分远近亲疏,一视同仁,“爱无差等”。因此,孟子批评道:“墨氏兼爱,是无父也。”(《孟子·滕文公下》)同时,“爱人”的愿望与“利人”的效果是统一的,它是以平等交换来实现的,由此而反对“亏人自利”。“爱有差等”的表现是世卿世禄的贵族政体,“爱无差等”则要求实现“官无常贵,民无终贱”(《墨子·尚贤上》)的官僚政体。

墨子
墨子卷之一
親士第一
入國而不存其士則亡國矣見賢而不急則
緩其君矣非賢無急非士無與慮國緩賢忘
士而能以其國存者未曾有也昔者文公出
走而正天下桓公去國而霸諸侯越王勾踐
遇吳王之醜而尚攝中國之賢君三子之能
達名成功於天下也皆於其國抑而大醜也
太上無敗其次敗而有以成此之謂用民吾
聞之曰非無安居也我無安心也非無足財

图28　墨子卷

再次,表现在他们对贵族剥削制度的仇视上面。他们仇视贵族制度,认为在这种制度下,贵族恣意欺压劳动人民,过着挥霍浪费、腐朽享乐的生活。他们不从事劳作,却享受劳动果实:“不与其劳而获其实”(《墨子·天志下》),“厚作敛于百姓,暴夺民衣食之财”(《墨子·辞过》),世世代代养尊处优,“面目姣好”。他们主张消灭剥削行为:“赖其力者生,不赖其力者不生。”(《墨子·非乐上》)

最后,表现在他们对原始平等的向往上面。墨家是原始平等精神的赞颂者。但是,由于长期以来,“礼治”思想占据支配地位,使原始平等思想几无容身之地。墨家为了宣传平等主张,不得不借助于带有神权色彩的“天志”说。他们认为,“天志”的精神就是“兼爱”。天兼有万物,公正无私,一视同仁。因此,“天下无大小国,皆天之邑也,人无幼长贱贵,皆天之臣也”(《墨子·法仪》)。国不分强弱大小,人不分等级,都是平等的。于是,在“天”面前人人平等观念对讲究差别的“礼治”思想来说是有力的冲击。

在战国期间,提倡原始平等精神的除了墨家之外,还有两家。一是孟子,二是法家。孟子主张重大事情要向人民咨询:“国人皆曰贤”,“国人皆曰可杀”,然后行赏施罚。法家反对贵族政体,要求代之以新兴地主阶级的官僚政体,用“公法”取代“礼治”,大唱“公”的赞歌。主张“刑无等级”,“法不阿贵”。尽管如此,墨家的平等精神与孟子、法家还是有很大差别的。这主要表现在:墨子的平等是以劳动民众为出发点的,而孟子的平等是为维护贵族政体服务的,法家的平等则是为新兴地主阶级取代贵族统治服务的。正因如此,墨家的平民式的平等精神才显得更加可贵。

(二)以“兼爱”为核心的法律思想

“兼爱”是墨家思想的核心内容,也是其法律思想的理论基础。

1.“天下之人皆相爱”的理想社会

墨家认为当时正值“强执弱、众劫寡、富侮贫、贵傲贱”的“大乱之世”;人民“饥者不得食,寒者不得衣,劳者不得息”,原因就在于“天下之人皆不相爱”。因此,他们渴望代之以一个“天下之人皆相爱”的理想社会。为了实现这一理想,他们提倡“兼相爱,交相利”,反对“别相恶,交相贼”。在他们看来,只要大家都能不分亲疏、厚薄、贫富、贵贱,一视同仁地爱所有的人,不“亏人自利”,就会实现“强不执弱、众不劫寡、富不侮贫、贵不傲贱、诈不欺愚”的美好社会。不过,墨家虽然提出了美好的社会理想,但是却没有提出实现这一理想的办法。他们由于历史的局限性,仍寄希望于当时掌权者的觉悟。为此,墨家才不辞劳苦,四处宣传自己的主张。

2.“法天”,“以天为法”

墨家很重视“法”、“法仪”或“法度”,认为治理天下、国家当然更应该有“法”。但是必须“以天为法”,“莫若法天”。因为“天之行广而无私,其施厚而不德(《群书治要》作‘息’),其明久而不衰”,天是最公正、最仁慈的。天对一切都“兼而有之,兼而食之”,因而“天必欲人之相爱相利,而不欲人之相恶相贼也”。也就是说“以天为法”,就应以“兼相爱、交相利”为“法”。到此为止,墨家的“法天”,完全可以理解为“法自然之天”,亦即把他们的“兼相爱,交相利”说成合乎自然法。但墨家最后却转入“神道设教”,请来了上帝(天)、鬼神,而说“爱人利人者,天必福之;恶人贼人者,天必祸之”;“天子为善,天必赏之;天子为恶,天必罚之”(《墨子·法仪》)。这样就把“天”说成是可以赏善罚恶的人格神和凌驾于天子之上的最高主宰,幻想利用宗教迷信的力量来实现他们的理想。

3.“壹同天下之义”,“尚同于天子”

他们认为,“古者民始生未有刑政之时”,每人都有自己的是非标准,“一人一义,十人十义”,人人意见不一,而又“各是其义,以非人之义”。因此,大家互相争夺、互相亏害,“天下之乱,若禽兽然”。为避免纷争才“选择天下之贤可者立以为天子”和各级“正长”。然后由天子“发宪布令于天下之众”,自上而下地“一同天下之义”。使“爱利天下者,上得而赏之;恶贼天下者,上得而罚之”。人民不但要“上同乎天子”:“天子之所是,必亦是之;天子之所非,必亦非之”;而且也要服从各级“正长”:“上之所是必皆是之,上之所非必皆非之”;“上有过则规谏之,下有善则傍(访)荐之”,这样就一定能使“天下治”(《墨子·尚同上》)。

这种“壹同天下之义”的法律起源论,目的在于使“兼相爱,交相利”能够上升为国策和法律,以便用国家强制力加以贯彻。另一方面,他们虽然主张一切都“上同乎天子”,但并未把君权绝对化。他们拥护爱民的“兼君”,却反对害民的“别君”。而且君主虽然有权立法,“能发以为刑政”,但必须考察其在实践中能否“兴国家人民百姓之利”,否则不可为“法”。

4.“不党父兄、不偏富贵”,“赏当贤、罚当暴”

墨家认为当时诸侯国之所以治理不好,关键在于“不能尚贤事(使)能为政”,不知“尚贤之为政本”。因此,墨家坚决反对周礼规定的宗法世袭制和任人唯亲的“亲亲”原则,也反对仍然维护“礼治”的儒家。明确指出:“今王公大人其所富、其所贵,皆王公大人骨肉之亲,无故富贵面目姣好者也”,这些人并不都贤,如果让其治理国家,“则其国家之乱可得而知也”。而且这些人的身份又非别人“可学而能者也”,这就会使人民感到“沮丧”,而不肯努力为善。

所以要想治理好国家,就必须“不党父兄,不偏富贵,不嬖(bì 音闭,宠爱)颜色。贤者举而上之,以为官长;不肖者抑而废之,贫而贱之,以为徒役”。只要是“贤者”,虽“在农与工肆之人,有能则举之,高予以爵,重予以禄”;如果不贤,即使是贵族也必须“抑而废之”。其结论就是“官无常贵而民无终贱”(《墨子·尚贤上》)。他们的“尚贤”主张,实际上正是后来法家要求变世卿世禄制为非世袭的官僚制的前奏。但墨家的尚贤又不同于法家,区别主要在于贤的标准不同。墨家的“为贤之道”是“有力者疾以助人,有财者勉以分人,有道者劝以教人”,而法家则从是否有功于耕战出发。

墨家在法律上主张“赏当贤,罚当暴”。如果“赏不当贤,罚不当暴”,赏就起不到“劝善”的作用。罚也起不到“止暴”的作用。为了使赏罚充分发挥威力,墨家还指出法律与道德、舆论必须一致,“上之所赏则众之所非”或“上之所罚则下之所誉”,也同赏罚不当一样,不可能“劝善”、“沮暴”。(《墨子·尚贤中、下》)与此同时,要使赏罚发挥作用,还必须做到“赏贤罚暴勿有亲戚兄弟之所阿”,也就是反对徇私,确实做到“赏当贤,罚当暴,不杀不辜,不失有罪”(《墨子·尚同中》)。

5.“杀人者死、伤人者刑”,“杀盗人非杀人”

“杀人者死,伤人者刑”是作为“墨者之法”(墨家纪律)规定的。墨者钜子对其成员不仅有权指挥,而且可以刑杀。《吕氏春秋·去私》载:“腹?(tūn 音吞)为墨者钜子,居秦,其子杀人。秦惠王曰:‘先生之年长矣!非有他子也,’‘寡人已令吏勿诛矣!先生以此听寡人也’。腹?对曰:‘墨者之法,杀人者死,伤人者刑。此所以禁杀伤人也。王虽为之赐而令吏弗诛,腹?不可不行墨者之法。’不许惠王而遂杀之。”基于这一精神,墨家对于定罪量刑,特别是死刑,都主张慎重。一再强调“不杀不辜,不失有罪”。《墨子·经上》说:“罪,犯禁也。”又说:“罪不在禁,惟(虽)害无罪。”意即只要不犯禁令(刑法),即使有害,也不构成犯罪。

《墨子·小取》提出了“杀盗人,非杀人”的命题,原因在于墨家是在维护私有制基础上来谈“兼爱”的。他们认为盗窃行为之所以构成犯罪,即因其“不以其劳获其实,以非其所有取之故”(《墨子·天志下》)。因此应当受到惩罚,甚至可以刑杀。意即杀人之为盗者,不是杀一般的人。墨家主张“赖其力者生,不赖其力者不生”(《墨子·非乐上》),反对“亏人自利”和“不劳而获”,特别是反对“富侮贫”、“贵傲贱”,所以他们打击的主要对象不是一般盗贼,而是那些不顾劳动人民死活,一味骄奢淫逸,铺张浪费,“厚作敛于百姓,暴夺民衣食之财”的“当今之主”(《墨子·辞过》)。

6.立足于“利民”的立法原则

墨家针对当时贵族不顾人民死活,铺张浪费极其严重的情况,提出了立足于“利民”的发展生产和限制浪费的经济立法原则。其一,“强乎耕稼树艺,多聚菽粟”(《墨子·非命下》)和“使各从事其所能”(《墨子·节用中》)。墨家认为贫富不取决于“命”,而取决于人们是否努力从事生产,只要人们愿意积极劳动做到各尽所能,就能创造更多财富。因此,统治者在立法时,必须以此为指导;其二,“凡足以奉给民用则止,诸加费不加于民利者圣王弗为”。意即生产生活资料,以能满足需要为止,不应生产奢侈品和贪求享受;必须杜绝浪费,所有活动如不利于人民生活,便应终止。基于这一观点,墨家提出“节用”、“节葬”和“非乐”等主张,反对贵族劳民伤财的各种礼仪。但他们甚至把音乐等精神文明成果也看成是徒供贵族享受的奢侈品,一概加以反对,而没有意识到劳动人民精神生活中也需要艺术。当然,总的说来,墨家主张发展生产、反对浪费的经济立法思想,是值得肯定的。

第六节　晋秦文化与晋秦法家的法律思想

一、晋秦文化与法家思想的诞生

（一）晋秦文化的基本特征

晋国文化即西北文化、游牧文化，是中国文化的重要一翼。晋国经历了变法实践，培育了法家队伍，造就了法家学术。法家学术是战国时代法律思想领域中最强悍的一面旗帜。晋国“封于夏虚，启以夏政，疆以戎索”，戎即军队，或泛指中国西北部的游牧民族。也就是说，晋国立于戎狄之间，故沿用夏朝的政事，依照戎人的法度来治理国家。诚如《尚书·甘誓》所谓“用命赏于祖，弗用命戮于社，余则孥戮汝”，晋封于戎狄之邦，“诸戎”以游牧为生：“戎狄荐居（即逐水草而居），贵货易土，土可贾焉。”（《左传·襄公四年》）故“诸戎饮食衣服不与华同，贽币不通，言语不达”（《左传·襄公十四年》）。晋与诸戎屡兴战事，但以友好交往为主流。晋与戎长期通婚。“诸戎”也在晋的影响下开垦荒地，从事农业生产。在戎狄的影响下，晋国公族失势而诸卿专政，很难形成宗法礼治的浓重传统，却养成“尚武”、“重法”、“尚能”的风尚和与中原诸国迥然不同的观念。晋人对“仁”有不同的理解。《国语·晋语一》载骊姬之言：“为仁与为国不同，为仁者，爱亲之谓仁；为国者，利国之谓仁。故长民者无亲，众以为亲。……自桓叔以来，孰能爱亲？唯无亲，故能兼翼。”《国语·晋语六》谓：“国君无亲，国以为亲”；“唯有诸侯，故扰扰焉，凡诸侯，难之本也”。在这种思想影响下，晋人任官不以血缘亲疏，而以才能功劳为标准。“晋人之教，因材授官”；“无功庸者不敢居高位”。（《国语·晋语四》）

晋君对部下“类能而使之”（《左传·襄公九年》）。晋人用人不介意国别，故楚国人才纷纷入晋，“虽楚有材，晋实用之”（《左传·襄公二十六年》）。这种以官爵田宅为报酬大胆引进外国人才的做法，给晋国政治输入了无限活力。在传统礼治薄弱的晋国，较早地形成了与宗法血缘意识大相径庭的新型的封建主仆关系，以及与此相适应的观念：“无私，忠也；尊君，敏也”，“报生以死，报赐以力，人之道也”；“委质为臣，无有二心”，“事君以死，事主以勤”，“事君不避难，有罪不逃刑”；“委质而策死，古之法也”。忠君的结果是尊君：“不图而杀者，君也”；“不从君者为大戮（族诛）”。（《国语·晋语》之一、七、三、八）在晋国历史上，由于政治斗争而“灭家”、“灭宗”、“尽灭其族”者史不绝书。《尚书·甘誓》谓：“弗用命，戮于社，予则孥戮汝。”这正是晋人“启以夏政”的证明。

晋国承夏人风俗，军政一体，军法与国法相融。晋人重“军礼”，如“大蒐之礼”。阅兵，整编部队，任命军事统帅，组成阁僚，制定法律，都在此间完成。晋国重视法律还表现在经常立法和修订法律。晋有最早的“唐叔之法”（《左传·昭公六年》），至文公“修唐叔之法”而作“被庐之法”（《左传·僖公二十七年》），赵盾执政，作“夷蒐之法”（《左传·文公六年》），武季曾“讲求典礼以修晋国之法”（《左传·宣公十六年》），晋悼公时曾“修范武子之法”、“修士蒍之法”（《左传·成公十八年》），赵鞅、荀演则“铸刑鼎”、“著范宣子所为刑书”（《左传·昭公二十九年》）。终晋之世，立法修法活动独多，其军法以严明为特征，违犯者不论何人均要受到制裁,于是在这个基础上形成了“刑无等级”、“刑上大夫”的传统。叔向主张处死自己违法的弟弟叔鱼,“治国制刑,不隐于亲”(《左传·昭公十四年》),绝非出于偶然。故孔子称赞道:“叔向,古之遗直也。治国制刑,不隐于亲。三数叔鱼之恶,不为末减。曰义也夫,可谓直矣!”(《左传·昭公十五年》)叔向的做法,是当时晋国重视法制传统的证明。这与后世法家“不别亲疏,不殊贵贱,一断于法”(《史记·太史公自序·论六家之要旨》)的“法治”精神是一脉相承的。

晋国文化源于游牧生产活动。首先,游牧生产是流动的,不稳定的,即居无定所,逐水草而徙。在流动中很难组成大规模的家族。其次,狩猎活动是集团的活动,需要统一的号令和指挥,才能成功。狩猎是以动物为对象的,而战争不过是把对象变为人,游牧集团之间常常因为流动而产生战争,战争的要素就是人多势众,并统一行动。这就使军令、军法发达起来了,故担任指挥的领袖凭借的不是他的血缘身份,而是他的勇猛强壮。军法不是靠道德感化和教育,而是靠刑罚来施行的。法令的颁布和刑罚的施行,又常常通过祭祀礼仪(如大蒐礼)来进行,从而使刑法带有神圣的色彩。于是,刑法完善起来并形成了“人人都要服从法律”这样的观念。君主的权威因法的权威而上升,法的权威又因为君主的权威而上扬。君臣之间就是上与下、支配与服从的关系。这种关系被法律逐渐确定下来,并形成“缘法而治”、“垂法而治”的“法治”观念。诚如蒙文通先生所言:“战国以来,法家之治已被于南,则摧周政之旧而代之者,非法家耶!商君相秦,多取李悝之治,商君取之晋而用之秦,吴起取之晋而用之楚。三晋多法家者流,则晋者,授以戎狄之民,治以戎狄之法,戎索周索错,而法家之说生焉。”〔15〕

秦为后起之诸侯国,秦人“辟在雍州,不与中国诸侯之会盟,夷狄遇之”。秦之先民为皋陶之后,以玄鸟为图腾,与殷商民族同源。本来居住在“商奄”即后来的齐鲁一带,西周初年因变乱被迫迁徙至西陲,后发展成为诸侯国。〔16〕 因此,秦人祭祀蚩尤,以皋陶为祖先,自然继承了东夷民族和殷商民族的文化传统。这些传统包括善战尚律,厉行赏罚。秦人自东而西,进入夏人的故地。夏人能够接纳秦人也是由于秦人与夏人同源同祖。《国语·鲁语上》:“夏后氏禘黄帝而祖颛顼。”《秦本纪》:“秦之先,帝颛顼之苗裔,孙曰女修,女修织,玄鸟陨卵,女修吞之,生子大业(即皋陶)。大业娶少典之子曰女华,女华生大费。……大费拜受,佐舜调顺鸟兽,鸟兽多驯服,是为伯益,舜赐姓嬴氏。”“秦之先为嬴姓,其后分封,以国为姓”,秦嬴姓,以皋陶为先祖,“到皋陶的儿子伯益、仲甄时,才为了区别族系,分成嬴、偃两姓。但直到一千四百多年后的春秋时期,嬴、偃仍认为同姓同族。如楚灭偃姓舒、蓼诸国,而嬴姓的秦孝公为之挂孝。”〔17〕皋陶是尧舜时代的刑官,《竹书纪年》:“咎陶作刑”;《风俗通义》:“咎陶谟,始造律”;《急就篇》:“皋陶造狱法律存”;《后汉书·张敏传》:“皋陶造法律”;《路史·后纪·少昊》:“立犴狱,造科律,……是皋陶。”因此,商鞅变法,“改法为律,”并不是偶然的。周幽王时,犬戎、申戎南下寇周,秦人赞周“将兵救周,战甚力,有功”。平王东迁,秦护之。“平王封襄公为诸侯,赐之岐山以西之地。曰:戎无道,侵我岐丰之地。秦能攻逐戎,即有其地。与誓封爵,襄公于是始国。”至秦谬公时,“伐戎王,益国十二,开地千里,逐霸西戎”。

秦人始为游牧部落,又以战争立国,故素有尚武之风。《诗经·秦风·无衣》:“王于兴师,修我戈矛,与子同仇。”司马迁说:西北地区,“地边胡,数被寇,其民好气任侠”(《史记·货

〔15〕　蒙文通:《古族甄微》,巴蜀书社1993年版,第22页。

〔16〕　王洪军:《新史料发现与“秦族东来说”的坐实》,载《中国社会科学》2013年第2期。

〔17〕　何光岳:《东夷源流史》,江西教育出版社1990年版,第21页。

殖列传》）。班固云："山西天水、陇西、安定，北地处势迫近羌胡，民俗修习战备，高上勇力鞍马骑射。故秦诗曰：王于兴师，修我甲兵，与子皆行。其风声气俗，自古以然。今之歌谣慷慨，风流犹存耳。"（《汉书·赵充国辛庆庆忌传》）因此，秦人崇尚军律军法，是十分自然的事。秦人习惯于用"律"，与秦军队中原本熟悉军律的司法官吏，转业到地方后仍执掌司法工作这一社会现象是有联系的。近代思想大家章炳麟在《文录·古官制发源于法吏说》一文中指出："法吏未置以前，已先有战争矣。军容国容，既不理，则以将校分部其民，其遗迹存于周世者，传曰官之师旅，……及军事既解，将校各归其部，法吏独不废，名曰士师，征之《春秋》，凡言尉者，皆军官也，及秦而国家司法之吏，亦曰廷尉，比因军尉而移之国中者也。"[18]由于历史文化的原因，秦国虽然没有产生自己的法家人物，但是却为法家的变革提供了用武之地。

晋秦二国，同处中国西北，国境相比。晋为夏族之后，又封于夏虚。秦为夏族支脉，居于戎狄之邦。两国同源同地，又长期通婚，其经济、政治、文化相似之处颇多。晋秦两地风俗大体一致，故可谓：晋秦之封，启以夏政，疆以戎索。在法律思想方面，晋秦文化的代表是商鞅、韩非。到了战国末期，由于统一的需要，出现了以《吕氏春秋》为代表的杂家的法律思想。这一现象是晋秦文化与东方文化相融合的一个标志。

在春秋战国的社会大变革中，晋秦同属宗法"礼治"链条中的薄弱环节。晋邻近中原诸国，得风气之先，最早接受先进思想而实践之。秦引进三晋人才与智能而承其绪，改革大刀阔斧，义无返顾，后来居上。两国在变革中所取得的成果，如"以法治国"、郡县官僚制、中央集权制、成文法体系等等，后来均被封建王朝所继承，成为中国封建社会政治文化与法律文化的骨干。而包含这些成果的晋秦文化终于由地域性文化上升为中国传统文化的重要组成部分。而法家学术和法治思潮正是以晋秦文化为土壤而成长、发展起来的。

刘师培说："西秦、三晋之地，山岳环列，其民任侠为奸，雕悍少虑，故法家者流起源于此，如申、韩、商君是也。"[19]蒙文通认为："法家之士多出于三晋，而其功显于秦，则法家固西北民族之精神，入中夏与三代文物相渐渍，遂独成一家之说，而与儒家之说相冲击，若冰炭之不可同器，一若道家之出于楚民族。则儒法之争谓之新旧之争，周秦之争亦即戎夏之争盖亦可也。"[20]傅斯年认为，"《七略》《汉志》有九流十家皆出于王官之说……出于王官之说实不可通。……百家之说皆由于才智之士在一个特殊的地域当一个特殊的时代凭借一种特殊的职业而生"；"故儒、纵横、刑、名、兵、法皆以职业名，墨家独以人名"；"刑名之学，出于三晋周郑官术，更是一种职业的学问"；"在不能开富不能启土范围内，想把国家弄得强且固，于是造成一种官术论，即所谓中子之学，而最能实行这些官术论者，仍然是秦"；"韩子之学，虽许多出于名实之外，然'引绳墨，切事情，'亦即名实之推广，不必因狭广分申韩为二，两人亦皆是韩地的地道出产。"[21]

萧公权认为："法家之发源地似以晋为中心，而卫郑为附庸。卫国康叔始封为周司寇。既无周礼之背景，重法复为开国之遗训，则应晚周之趋势而发为商鞅之学，事亦可能。……三晋之环境尤适于法家之萌长。唐书所受之法，虽未必为刑书，而昭公二十九年（公元前513年）则铸刑鼎矣。足见春秋之世，晋已有任法之风，与郑相似。……及三家分晋，韩赵魏争雄于列国之间，于是魏有李悝，韩有韩非，而学兼道法之慎到则出生于赵"；"刑书刑鼎分出郑晋。法

〔18〕 转引自杨鸿烈：《中国法律发达史》，商务印书馆1930年版，第24页。

〔19〕 刘师培：《南北学派不同论·南北诸子学不同论》，载《刘师培儒学论集》，四川大学出版社2010年版，第91页。

〔20〕 蒙文通：《古学甄微》，巴蜀书社1987年版，第304、305页。

〔21〕 傅斯年：《战国子家叙论》，载《傅斯年文集》，上海古籍出版社2012年版，第7、13、14、55、58页。

术盛行,多在秦及三晋诸国。"[22]

从师承关系来看,法家学派源于儒家的子夏一派。傅斯年说:"子夏说教西河,是儒学西行一大关键。"[23]子夏居于西河,为魏文侯所礼遇,聚徒讲学,有孔子之风。曾参曾责备子夏"退而老于西河之上,使西河之民疑女于夫子(孔子)"(《礼记·檀弓上》)。据《吕氏春秋·当染》、《史记·儒林列传》、《后汉书·徐防传》、《经典释文·叙录》等文献所记,子夏在西河讲学,其弟子有田子方、段干木、吴起、曾申、子弓、李悝、禽滑厘、公羊高、谷梁赤、高行子、子伯先等人,被郭沫若称为"子夏氏之儒","李悝、吴起、商鞅都出于儒家的子夏,是所谓子夏氏之儒。"[24]蒙文通谓"儒家之李克,固亦浸淫于法者。战国之世,儒之杂取法家者多,岂特贾生、晁错然后乃兼明申商之说哉?……儒分为八者,皆儒之出入于诸子者也。"[25]

这一团体又被称为"西河学派"。值得注意的是,居于西河的"子夏氏之儒"与居于鲁国的"子夏氏之儒"风格迥异,后者曾受到荀子的批评,称其为"子夏氏之贱儒"(《荀子·非十二子》)。西河的"子夏氏之儒""比较注意与统治者的合作,与子思、孟子一派的抗议精神和批判精神不同"。[26] 同时,"子夏氏之儒"与其他孔门弟子充当各类实力家族之家宰以食人之禄也不同,他们有意或无意间捕捉到时代的大潮,有机会佐助魏文侯,提拔任用改革人士,实行变法,富国强兵,首开战国养士和变法之序幕,从而为法家的正式出台奠定了政治实践基础。因此,子夏入西河聚徒讲学,参与国家政治,是鲁国孔孟儒学晋国化的第一次胎动,是三晋法家思想酝酿于母腹的第一次胎动,是法家之舟驶出儒家江湖的第一座港湾。

(二)晋秦法家的代表人物

图29　商鞅

晋秦法家的代表人物很多。主要有李悝(约公元前455~公元前395年),魏国人;吴起(?~公元前381年),卫国人;商鞅(约公元前390~公元前338年),魏国人;慎到(约公元前390~公元前315年),赵国人;申不害(约公元前395~公元前337年),郑国人;韩非(约公元前280~公元前233年),韩国人;李斯(?~公元前208年),楚国人。他们都程度不同地参与了三晋(韩赵魏)和秦国的变法和法制建设。其中,影响最大的是商鞅和韩非,他们是晋秦法家"法治"理论的初创者和集大成者。《商君书》和《韩非子》是研究法家思想的重要文献。商鞅是先秦变法革新运动中最有成效的政治家,也是法家理论的奠基者。韩非在总结前人思想的基础上,提出了更为完整的"法治"理论体系,他是三晋法家思想的集大成者,他的思想代表着先秦法家思想的最高成就。他们提出的"以法治国"和法、势、术相结合等主张被秦国采纳,成为秦变法图强统一天下的思想武器。法家的法律思想来源于齐国管仲,生根于晋国文化,成熟于战国时期的变法实践。

〔22〕 萧公权:《中国政治思想史》(上册),商务印书馆2015年版,第30、34、35页。
〔23〕 傅斯年:《战国子家叙论》,载《傅斯年文集》,上海古籍出版社2012年版,第62页。
〔24〕 郭沫若:《十批判书》,载《郭沫若全集》历史编(第二卷),人民出版社1982年版,第341页。
〔25〕 蒙文通:《古学甄微》,巴蜀书社1987年版,第235页。
〔26〕 姜广辉:《中国经学思想史》(第1卷),中国社会科学出版社2003年版,第170页。

二、晋秦法家的法理学

图30 韩非

战国时期的法家在法律思想上虽然有各种差别，但是他们在政治上都主张依法治国。不仅如此，由于他们重视法律的作用，因此对法这一社会现象曾经进行过探讨，提出其他各家所未曾提出的见解。有些思想已经涉及法理学或法哲学领域，为后世留下了宝贵财富。还有大量思想属于法律实践领域，是法家对实行法治的设想和经验总结。这些内容都成为法家法律传统的有机组成部分。

（一）法律的概念及其本质特征

法家是先秦时期最重视法律研究的一派，在法律的一般理论方面提出了独具特色的见解。法家有很多关于法律的定义和本质的论述，其中有些内容不乏历史唯物主义的身影。比如《韩非子·定法》说："法者，宪令著于官府，赏罚必于民心。赏存乎慎法，而罚加乎奸令者也。"从字面意义来看，法律是国家制定的行为规范，是规定何种行为合法、何种行为违法的行为规范，是国家通过赏赐鼓励合法行为，运用刑罚制裁犯罪行为的特殊行为规范。同时，这种行为规范又符合大众的普遍心理。

法家认为，法律有以下本质特征：

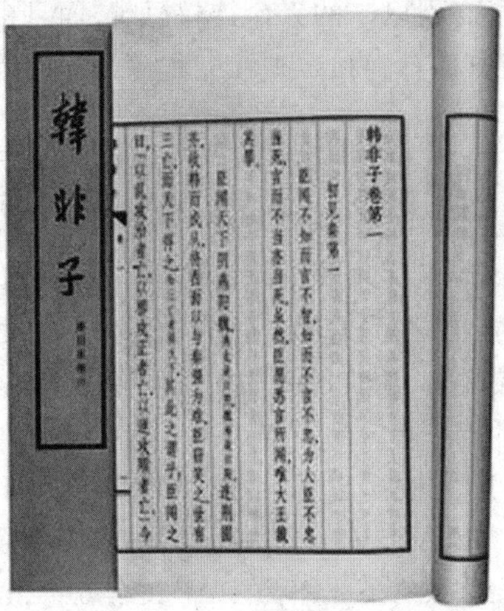

图31 《韩非子》

第一，法律是客观的不以个人意愿为转移的行为准则。法家人物常常用称量重量的权衡、测量长度的尺寸、识别曲直的绳墨、检验方圆的规矩、衡量容积的斗斛等工具来比喻国家法律。如《商君书·修权》："法者，国之权衡也。"《管子·七法》："尺寸也、绳墨也、规矩也、衡石也、斗斛也、角量也，谓之法。"法家以度量衡来比拟法律，其目的就是强调法的客观性、普遍性和平等性。这就使法家的"法"从本质特征上不同于"别亲疏，殊贵贱"的"礼"。同时，法家又把"法"和"刑"结合起来，视"法"为刑罚的依据。这样一来，就把"礼不下庶人，刑不上大夫"（《礼记·曲礼上》）的"礼治"，变成"刑无等级"的"法治"。这种观点以"公义"的普遍性的形式出现，即代表社会全体成员的共同利益，其实质主要反映了当时新兴地主阶级的愿望，即反对贵族世袭特权，实现在法律面前与旧贵族相平等。

第二，法律是国家制定并保障实施的特殊行为规范。《管子·法法》："夫生法者，君也。"《韩非子·定法》："法者，宪令著于官府，刑罚必于民心，赏存乎慎法，而罚加乎奸令者也。"可见，法律是官府即国家制定的。法律是国家强制力保障实现的特殊的行为规范。法律具有强制力，这种强制力来自国家政权。法律是国家行赏施罚的标准，国家依照法律对合法行为进行奖赏，对违法犯罪行为进行惩罚。因此，法和刑是密切相联系的。法家将"法"与"刑"结合起来,也就意味着“刑上大夫”。任何人违背法律都要受到刑罚的制裁。

第三,法律是社会整体利益的“公义”的体现。在法家看来,维护旧贵族垄断经济政治利益世袭特权的“礼”是不公平的,是旧贵族私利的体现。新兴地主阶级反对旧贵族世袭特权,要求实行土地私有,按功劳与才能授官予爵,这些主张才是公平的。法家主张的平等,是平民出身的新兴地主阶级与贵族的平等。尽管这种平等与近代资产阶级的“法律面前人人平等”大异其旨,但是在当时的社会条件下仍然具有一定进步意义。

(二)法律的起源

法家法律起源论作为其“法治”理论的组成部分之一,既具有现实意义,又具有理论色彩。

《商君书·开塞》说:“天地设而民生之,当此之时也,民知其母而不知其父,其道亲亲而爱私。亲亲则别,爱私则险,民众而别险为务,则民乱。当此时也,民务胜而力征,务胜则征,力征则讼,讼而无正,则莫得其性也。故贤者立中正,设无私,而民说仁。当此时也,亲亲废,尚贤立矣。凡仁者以爱利为务,而贤者以相出为道。民众而无制,久而相出为道,则有乱。故圣人承之,作为土地货财男女之分。分定而无制,不可,故立禁。禁立而莫之司,不可,故立官。官设而莫之一,不可,故立君。既立君,则上贤废而贵贵立矣。”法家认为,人类社会在“民知其母而不知其父”的时代,并没有国家和法律;后来,人与人、族与族之间互相争斗,为了“定分”、“明分”、“止争”、“止暴”,需要“立禁”、“立官”、“立君”,才产生了国家和法律。法家在这里所说的“分”,即所谓“作为土地货财男女之分”,主要是指以土地私有制为基础的财产所有权。这种“定分止争”的法律起源说不但排除了商周以来的天命神权思想,而且由于和“定分止争”联系起来,因而也就初步触及到适应保护私有制和维护社会秩序与安定等需要的问题。

法家认为,国家是“为民兴利除害”的目的而产生的。《管子·君臣下》:“古者未有君臣上下之别,未有夫妇妃匹之合,兽处群居,以力相征。于是智者诈愚,强者凌弱,老又孤独不得其所。故智者假众力以禁强虐,而暴民止。为民兴利除害,正民之德,而民师之。……上下设,民生体,而国都立矣。是故国之所以为国者,民以为国;君之所以为君者,赏罚以为君。”远古人群曾经像野兽一样不受任何约束,其结果是强者欺凌弱者,善良的人们无法生存。同时,君主凭借赏罚来扬善除恶。因此,国家和法律得到人民的拥护。

法家还从人口数量与物质财富之间的比例关系来论证法律起源问题。《韩非子·五蠹》:“古者丈夫不耕,草木之食足也。妇人不织,禽兽之皮足衣也。不事力而养足,人民少而财有余,故民不争。是以厚赏不行,重罚不用,而民自治。今人有五子不为多,子又有五子,大父未死而有二十五孙。是以人民众而货财寡,事力劳而供养薄,故民争,虽倍赏罚而不免于乱。”远古时代,人口少而货财多,所以人们不争夺而相安无事;后来,人口不断增长,而物质财富增长得比较缓慢,从而造成人口众而货财少的局面,同时由于人性“好利恶害”,必然导致争夺,于是,国家和法律的产生就是必然的了。

(三)法律的作用

法家认为,治理国家维系社会的稳定和发展,没有法律是不行的。法律作用体现在三个方面:

法律的第一个作用是"定分止争"。所谓"分"即"土地货财男女之分"(《商君书·开塞》),包括生产资料的私有制和婚姻家庭制度。"定分"即用法律来确认财产私有制关系和家庭关系,明确当事人的权利义务,告诉人们应当做什么和禁止做什么,以达到"止争"即制止纷争的目的。《商君书·定分》:"一兔走,百人追之,非以兔可以分为百也,由名分之未定也。夫卖兔者满市,而盗不敢取,由名分已定也。故名分未定,尧舜禹汤且皆如骛而逐之。名分已定,贫盗不取。"可见,私有财产经过法律的确认,就具有了他人不可侵夺的权威,违者将受到法律的制裁。

法律的第二个作用是"兴功惧暴"。法家生活的时代,各诸侯国正处于激烈的兼并战争中。法家深刻地意识到,只有发展国力才能取得兼并战争的胜利并进而统一天下。因此,国家必须"兴功"即"富国强兵"。为此,仅靠道德说教是远远不够的。法家主张通过法律和赏罚手段,驱使人们做有利于"富国强兵"的事情,禁止人们做有害于"富国强兵"的事情。所谓"惧暴",即通过立法,明确规定什么行为是违法犯罪,并对犯罪进行严厉的惩罚,以迫使失去统治地位的旧贵族和广大被统治阶级,不敢起来反抗统治阶级的政权。

法律的第三个作用是"一民而使下"。"一民"即通过制定、颁布法律来统一人们的思想、言行。法家主张立法时应当使用百姓通俗易懂的语言,法律应当公布,法官有义务解答官吏和百姓的咨询,以期使法律家喻户晓、妇孺皆知,统一人们言行。"使下"主要指君主役使臣下。意即君主对臣下的支配不是靠人格的感召力,而是通过法律以"循名责实",即用法律明确规定臣下的职权,并用法律来加以考核,以确定赏罚黜陟。

(四)法律与人性

法家坚持"法治"的理由之一,源于他们对人性的见解。在人性的评价上,法家既不同意孟子的"性善"说,又有别于荀子的"性恶"论,法家认为人生来皆"好利恶害"、"趋利避害",这是人固有的本性,本无所谓善恶。而且人的这种本性是不可能经过后天教育来加以改变的。商鞅最早提出"好利恶害"的人性论,韩非则把"好利恶害"的人性称为自私自利的"自为心"(《韩非子·难三》)。在法家看来,人自私自利、"趋利避害"是古往今来人所共有的秉性,它表现在社会生活的各个方面。

首先,在法家看来,那些远古圣人也是自私自利的。《韩非子·五蠹》说:"禹之王天下也,身执耒臿以为民先,股无胈,胫不生毛,虽臣虏之劳不苦于此矣。以是言之,夫古之让天子者,是去监门之养,而离臣虏之劳也。故传天下不足为多也。"即大禹贵为天子而禅让天下,不是因为他品德高尚,而是因为做天子得不到更多的实惠,反要付出比常人更多的辛劳。

其次,寻常百姓也是心怀自利之情。《管子·禁藏》说:"夫凡人之性,见利莫能勿就,见害莫能勿避。其商人通贾,倍道而行,夜以继日,千里而不远者,利在前也。渔人入海,海深万仞,就彼逆流,乘危万里,宿夜不出者,利在水也。故利之所在,虽千仞之山,无所不上;深渊之下,无所不入焉。"商人倍道兼程渔夫入海千里,都是为了获得财利。《韩非子·备内》说:"故舆人成舆,则欲人之富贵,匠人成棺,则欲人之夭死也。非舆人仁而匠人贼也,人不贵则舆不售,人不死则棺不买,情非憎人也,利在人之死也。"做车子的匠人盼人发财,做棺材的匠人盼人多死,不是前者善良后者心恶,而是利之所在也。《韩非子·外储说左上》说:"夫买庸而播种者,主人费家而美食,调布而求易钱者,非爱庸客也,曰:如是,耕者且深,耨者熟耘也。庸客致力而疾耘耕者,尽巧而正畦陌畦畤者,非爱主人也,曰:如是,羹且美,钱布且易云也。"佣工努力干活,地主好饭相待,不是出于相互友爱,而是各有所图也。《韩非子·备内》说:"医善吮人之伤,含人之血,非骨肉之亲也,利所加也。"医生救死扶伤不避污秽也是因为有利可图。

再次,家庭亲属之间也是斤斤计较于利害。《韩非子·备内》说:"夫妻者,非有骨肉之恩也,爱则亲,不爱则疏。语曰:其母好者其子抱,然则其为之反也,其母恶者其子釋";"故后妃夫人太子之党成而欲君之死也,君不死则势不重,情非憎君也,利在君之死也。"《韩非子·外储说左上》说:"人为婴儿也,父母养之简,子长而怨。子盛壮成人,其供养薄,父母怒而诮之。子父至亲也,而或谯或怨者,皆挟相为而不周于己也。"《韩非子·六反》说:"父母之于子女也,产男则相贺,产女则杀之。此俱出于父母之怀衽,然男子受贺,女子杀之者,虑其后便,计之长利也。"社会上有这样的习俗,生男相贺,生女杀之,这是因为养儿可以防老,而养女出嫁却亏财的缘故。

最后,既然夫妻父母子女之间尚且如此,那么君民、君臣之间则更无例外。《韩非子·杨权》说:"黄帝有言曰:上下一日百战。下匿其私,用试其上,上操度量,以割其下。故度量之立,主之宝也,党羽之具,臣之宝也。臣之所以不弑其君者,党羽不具也。"《韩非子·奸劫弑君》说:"夫君臣非有骨肉之亲,正直之道可以得利,则臣尽力事其主;正直之道不可以得安,则臣行私以干上";"从是观之,父之爱子也,犹可以毁而害也,君臣之相与也,非有父子之亲也,而群臣之毁言,非特一妾之口也,何怪夫贤圣之戮死哉!"《韩非子·六反》说:"君上之于民也,有难则用其死,安平则用其力";《韩非子·难一》说:"臣尽死力以与君市,君垂爵禄以与臣市,君臣之际,非骨肉之亲也,计数之所出也";《韩非子·外储说左下》说:"明主者,不恃其不我叛也,恃吾不可叛也,不恃其不我欺也,恃吾不可欺也。"《韩非子·飾邪》总结道:"故君臣异心:君以计畜臣,臣以计事君。君臣之交,计也。害身而利国,臣弗为也,害国而利臣,君不为也。臣之情,害身无利,君之情,害国无亲。君臣也者,以计合者也。"既然君出爵禄,臣出智力,君臣相市,那么,君仁臣忠就成了虚伪的掩饰之辞。

总之,在法家眼中,人性充满了阴暗、冰冷、残酷和危险。法家的这种心理并非出于其主观想象,而是对春秋以来社会各种矛盾交集的过激反映。在"好利恶害"的人性面前,仁义德教是无济于事的,只有法令赏罚才能奏效。但是,法家却认为,人性"好利恶害"并非坏事,"人情者有好恶,故赏罚可用";"人性有好恶,故民可治也。"(《商君书·错法》)"凡治天下,必因人情。人情有好恶,故赏罚可用;赏罚可用,则禁令可立。禁令可立而治道具矣。"(《韩非子·八经》)正因为"人性好爵禄而恶刑罚",所以只能用赏罚的法律手段而不能用仁义德教来进行统治。其结论是治理国家不能靠道德说教,只能用赏罚和"法治"。

法家的人性论实际上是战国时期私有制、商品经济发展的产物,是商品等价交换在人们利益上的反映。法家正是利用这种建立在社会现实利害基础之上的人性论来否定温情脉脉的宗法关系和儒家鼓吹的"礼治"、"德治"、"人治",为实行"法治"提供理论基础。法家把"好利恶害"的人性与国家的富强结合起来,用赏赐、刑罚诱使、驱使人们"耕"、"战"、"告奸"。凡是生产粮食多的、杀敌有功的、揭发违法犯罪的,都可以得到官爵、田宅。任何人,不论出身如何,只要努力按照国家的法令去做,就能得到富贵荣华,而国家也就强盛起来了。同时,法家的人性论也为帝王驾驭臣民之术提供了理论依据。

(五)法律与社会发展

为了论证推行"法治"的必要性,法家提出了进化史观:人类历史是向前发展的,一切法律制度都必须随着历史的法而相应变化，不能复古倒退，也不能故步自封。商鞅早在秦国主持变法时，就对守旧派“法古无过，循礼无邪”的观点进行了批驳，认为人类社会历史的发展经历了四个阶段：“上世”是“民知其母而不知其父”的社会，人们亲爱亲人、贪图私利；“中世”出现了抢夺、争执的现象，但人们尊重贤人，喜爱仁慈；“下世”出现了私有制、君主、刑法，人们尊重官吏和贵族；“今世”是各国忙于兼并，民众有技巧而奸诈。而时代不同，统治方法也要改变：“上世”可以靠“亲亲”，“中世”则只能靠“仁义”，“下世”则“亲亲”、“仁义”都行不通了，“今世”更不能沿用这些旧的统治方法。(《商君书·更法》)其口号是“不法古，不循今”，因时立法。韩非继承、发展了商鞅的历史观，讥讽言必称尧、舜，“欲以先王之政，治当今之民”的儒家是“守株待兔”的蠢人；认为人类社会是发展变化的，而且越变越好；上古时期，“人民少而财货众，故民不争”，以“德治”、“礼治”就能治理好天下；现在，“人民众而货财寡，事力劳而供养薄，故民争”(《韩非子·五蠹》)。最后，韩非得出结论：“法与时转则治，治与世宜则有功”，“时移而治不易者乱”(《韩非子·心度》)。从这种历史观出发，法家进一步指出战国时期的形势是：“强国事兼并，弱国务力守”(《商君书·开塞》)，“力多则人朝，力寡则朝于人”(《韩非子·显学》)。在这种形势之下，所谓“礼治”、“德治”都没有用，必须致力于变法，迅速发展农业生产、加强军事力量，才能富国强兵。为此，唯一有效的办法就是：颁布法律，奖励耕战，使人们都能喜农乐战。为了保证这些法律的贯彻执行，就必须厉行“法治”。

（六）法律与公义、平等、公开

法家主张“废私立公”的公法观。基于这样一种认识，法家特别是前期法家认为，法律是为整个国家利益服务的，高于包括最高统治者在内的所有社会成员的个人利益；这种个人利益为“私”，整体利益为“公”；体现这种整体利益的“法”则为“公法”；“公”高于“私”，因而“法”也高于“私”，而且二者势不两立。《慎子·威德》说：“故蓍龟所以立公识也，权衡所以立公正也，书契所以立公信也，度量所以立公审也，法制礼籍所以立公义也。凡立公，所以弃私也。”《韩非子·五蠹》说：“公私之相背也”，“私行立而公利灭。”《韩非子·诡辩》说：“夫立法令者，以废私也。法令行而私道废矣。私者，所以乱法也。”《韩非子·有度》也说：“能去私曲就公法者，民安而国治。能去私行行公法者，则兵强而敌弱。”因此，维护新兴地主阶级的整体利益，法家坚决反对“君臣释法任私”(《商君书·修权》)。法家把“法”和“礼”对立起来，认为“公”代表社会的共同利益，“私”代表贵族的一己私利。实行“礼治”的结果是：“国利未立，封土厚禄至矣；主上虽卑，人臣尊矣；”“国地虽削，私家富矣；……公民少而私人众矣。”(《韩非子·五蠹》)因此，为了“兴公利”，必须实行“不别亲疏，不殊贵贱”的“法治”。法家把法治说成是社会全体成员的“公”的表现，其实，法治首先代表的是新兴地主阶级的意志。

因为法律是公的表现，所以法律必然是平等的。其主要表现是“刑无等级”，“不别亲疏，不殊贵贱，一断于法”(《史记·太史公自序》)。如《商君书·赏刑》所说：“所谓壹刑者，刑无等级。自卿相将军以至大夫庶人，有不从王令、犯国禁、乱上制者，罪死不赦。有功于前，有败于后，不为损刑；有善于前，有过于后，不为亏法。忠臣孝子有过，必以其数断。”尽管法家的平等究其实只是在王权面前的平等，还远远称不上是在法律面前人人平等。但是，原先在贵族政体下各级贵族享受的特权，已经得到严厉制约。

因为法律是公的表现，所以法律必然是公开的。法家主张制定并公布成文法。而且，法律条文应当通俗易懂。《商君书·定分》说:“圣人为法,必使之明白易知,名正,愚智遍能知之。”法家还主张设立“法官”一职,专门回答官吏百姓的咨询。法家甚至认为,百姓掌握法律的好处是使官吏“不敢以非法遇民,民不敢犯法以干法官”。这种比较透明的司法环境,比起贵族政体下那种令人恐惧的“刑不可知则威不可测”的“议事以制”的“判例法”来,其进步性是十分明显的。

(七)法律与国家政体

法家注意到法律与国家政体的关系问题。法家认为,法治的推行以建立国家政体为前提,这个政体必然是集权君主政体。在先秦诸子中,法家和儒家一样看到春秋弑君内乱兼并亡国的社会现实,极力寻找解决之策。儒家选择了人治(贤人政治)、德治、礼治,试图重建宗法贵族政体;法家则选择了集权君主政体,并将确立集权君主政体作为重要宗旨。儒家主张“民贵君轻”,“从道不从君”,甚至可以“诛暴君”。与儒家不同,法家则认为君臣之序是绝对不可以颠倒的。法家的这一政治主张在思想上的表现是“尊君卑臣”。正如《韩非子·外储说左下》所言:“夫冠虽贱,头必戴之,履虽贵,足必践之”;“冠虽穿弊,必戴于头,履虽五彩,必践之于地。”这种“君臣之序”是万万不可动摇的。法家的“尊君”思想是在总结历史教训的基础上提出的。他们认为,国家的动乱莫不是因为君臣关系的颠倒混淆造成的。“上古之传言,春秋所记,犯法为逆以成大奸者,未尝不从尊贵之臣也。”(《韩非子·备内》)因此,君主应当时刻把握住国家权力,即所谓“国之利器不可以假人”,处处防备大臣的反叛阴谋。其办法就是施行法治、势治、术治。当然,也需要教育大臣:“孝子之事父也,非竞取父之家也;忠臣之事君也,非竞取君之国也”;“人主虽不肖,臣不敢侵也”(《韩非子·忠孝》)。法家的“君臣之义”说,与儒家“以道事君”、“民为贵,社稷次之,君为轻”和“诛一夫纣未闻弑君”的主张是截然对立的。

法律与国家政体的关系直接反映在君臣关系问题上。自从孔子提出理想主义的“君使臣以礼,臣事君以忠”以后,后世儒家出现了两派意见。一派以孟子为代表,以为国家社稷高于君主,国家治理得不好责任全在君主,故谓“君有过则谏,反复之而不听,则易位”(《孟子·万章下》)。能够决定王位大事的是“贵戚之臣”。另一派以子夏为代表,以为国家治理得不好,责任在于乱臣贼子,故君主应当运用权势禁奸于未萌。慎到的重势之论或源于此。二派之分歧盖源于宗法贵族政体和君主集权政体之别。如李源澄所言:“韩非与儒家论政之异,重君与重臣而已。儒家以贤人格君心之非,韩非则以君率臣以法。韩非恶大臣太重,左右太贵,群臣比周,而制其主,故术尚焉。”[27]韩非显然继承了子夏、慎到重势和申不害重术的意见,进而宣布:“尧舜汤武或反君臣之义,乱后世之教者也。尧为人君而君其臣,舜为人臣而臣其君,汤武为人臣而弑其主,刑其尸,而天下誉之,此天下所以至今不治者也”其结论是“人主虽不肖,臣不敢侵也。”(《韩非子·忠孝》)。

(八)法治与社会组织

法家注意到法治与社会组织的关系,认为实行法治必须进行社会组织方面的改革。其目的是冲破古老宗法血缘家族的藩篱,用地域来划分居民,使臣民个人和国家之间建立简洁的

---

〔27〕 李源澄:《诸子概论》,华东师范大学出版社2009年版,第110页。

权利义务关系。为了推行法治和统一各地风俗习惯,在郡县之下“设三老以掌教化”。同时实行什伍行政组织。包括实行“生者著,死者削”(《商君书·去强》)的户口管理制度。在此基础上,赏告奸,“不告奸者腰斩,告奸者与斩敌首同赏”,“民人不能相为隐”,“夫妻交友不能相为弃恶盖非”(《商君书·禁使》)。禁止民间复仇,“使民怯于邑斗,而勇于寇战”(《商君书·战法》)。

(九)法治与伦理风俗

法家注意到法律与风俗之间的关系问题。在这个问题上,法家的态度是:法律可以改变风俗,同时,法律也应当尊重风俗。《商君书·立本》:“俗生于法”,“错法而俗生”。这是强调法律可以改变旧风俗,建立新风俗。商鞅变法中的一些措施,比如,“民有二男以上不分异者倍其赋”之类,就是为了改革旧风俗,树立新风尚的。在传统风俗礼仪方面,只要不干扰法治的进行,法家则采取容忍和保护态度。比如《商君书·画策》说:“所谓义者,为人臣忠,为人子孝,少长有礼,男女有别,非其义也,饿不苟食,死不苟生,此乃有法之常也。”符合法律的行为同时也就成了符合道德的行为。《韩非子·忠孝》说:“臣之所闻曰:臣事君,子事父,妻事夫,三者顺则天下治,三者逆则天下乱。此天下之常道也。”商鞅、韩非的看法和荀子是一致的。《荀子·仲尼》谓:“少事长,贱事贵,不肖事贤,是天下之通义也”,荀子的“天下之通义”、韩非的“天下之常道”是如出一辙的。这种“通义”、“常道”后来被西汉董仲舒则归纳为“三纲”说——“君臣父子夫妇之义,皆取诸阴阳之道。君为阳,臣为阴,父为阳,子为阴,夫为阳,妇为阴”;“王道之三纲,可求于天”(《春秋繁露·基义》)。可见,他们在法家和儒家在维护政治等级和家庭秩序方面是高度一致的。在意识形态方面,法家和儒家都维护宗法道德观念。法家强调道德的外在行为,故崇尚法律;儒家则强调忠孝仁爱的内在伦理感情,故重视教化。《睡虎地秦墓竹简·为吏之道》说:“君怀臣忠父慈子孝,政之本也。”以及秦律关于“不孝”、“非公室告”等规定,这些都反映了新兴地主阶级用宗法观念维系统治阶级内部及家庭内部秩序的愿望。

(十)法治与文化政策

法家注意到法治与国家文化政策的关系。认为,要推行法治,应当实行相应的文化政策。商鞅为了推行耕战,主张采取“重农愚民”政策,人民“归心于农,则民朴而可正也”,民农则愚,“民愚则易治”;“圣人知治国之要,故令民归心于农。归心于农则民朴而可正也,纷纷则易使也,信可以守战也。”法家将不利于耕战的交游、私学、商贾、游说、技艺等行为称为“六虱”、“五蠹”,必须严加禁止。《商君书·农战》说:“诗、书、礼、乐、善、修、仁、廉、辩、慧,国有十者,上无使守战。国以十者治,敌至必削,不至必贫”;“学者成俗,则民舍农,从事于谈说,高言伪议,舍农游食,而以言向高也。故民离上,而不臣者成群”;《商君书·靳令》说:“六虱:曰礼、乐,曰诗、书,曰修善,曰孝悌,曰诚信,曰贞廉,曰仁、义,曰非兵,曰羞战。国有十二者,上无使农战,必贫至削。十二者成群,此谓君之治不胜其臣,官之治不胜其民,此谓六虱胜其政也”;《韩非子·五蠹》说:“乱国之俗:其学者则称先王之道以籍仁义,盛容服而飾辩说,以疑当世之法,而贰人主之心。其言谈者为设诈称,借于外力以成其私,而遗社稷之利。其带剑者聚徒属立节操,以显其名,而犯五官之禁。其患御者(逃兵)积于私门,尽贿赂而用重人之谒,退汗马之劳。其工商之民,修治苦窳之器,聚沸靡之财,蓄积待时,而侔农夫之利。此五者,邦之蠹也";"今境内之民皆言治,藏商管之法者家有之,而国愈贫,言耕者众,执耒者寡也;境内皆言兵,藏孙吴之书者家有之,而兵愈弱,言战者多,被甲者少也。故明主用其力,不听其言,赏有功,必禁无用。故民尽死力以从其上。……故明主之国无书简之文,以法为教,无先王之语,以吏为师;无私剑之捍,以斩首为勇。是境内之民,其言谈者必轨于法,动作者归之于功,为勇者尽之于军。是故无事则国富,有事则兵强,此之谓王资。"为了树立法治的权威,商鞅在变法期间,曾经"燔诗书而明法令"(《韩非子·和氏》)。秦统一后,李斯继承商鞅的做法,建议以吏为师,将民间收藏的诗书百家语等著述皆烧之。

(十一)犯罪与刑罚

法家抛开人们物质生活和精神生活的社会背景,把犯罪现象归结于人们"好利恶害"的本性,自然会得出片面的唯心主义的结论。法家通过国家立法,奖励农耕、战斗、告奸,把破坏国家利益的行为定性为犯罪,并加以制裁。同时,法家立足于人们两利相权取其重、两害相权取其轻的斤斤计较的秉性,认为刑罚的程度要大于犯罪行为所预期取得的利益,如果刑罚的程度要小于犯罪行为所预期取得的利益,那么刑罚就不能起到制止犯罪的作用。因此,法家提出"重刑"的主张。《商君书·开塞》说:"刑加于罪所终,则奸不去。赏施于民所义,则过不止。刑不能去奸,而赏不能止过者,必乱。故王者刑用于将过,则奸邪不生;赏施于告奸,则细过不失。……此吾以杀刑之反于德而义合于暴也";"夫利天下之民者莫大于治,胜法之务莫急于去奸。去奸之本莫深于严刑。"商鞅认为,刑罚是对已经完成的犯罪行为的一种惩处,不能预防犯罪;而大的犯罪往往是从小的犯罪发展而来的;人们之所以犯罪都是由于"好利恶害"本性的驱使,而这种本性是无法改变的。因此,要预防犯罪,只有在刑罚上想办法。而最有效的办法就是对轻微的犯罪施以重的惩罚,从而使人们出于利害得失的考虑而不敢犯罪。《商君书·画策》说:"故行刑重其轻者,轻者不生则重者无从止矣,此谓治之于其治也。行刑,重其重者,轻其轻者,轻者不止,则重者无从止矣,此谓治之于其乱也。故重轻,则刑去事成,国强。重重而轻轻,则刑至而事生,国削";"刑生力,力胜强,强生威,威生德,德生于刑";"故以战去战,虽战可也;以杀去杀,虽杀可也;以刑去刑,虽重刑可也。"《商君书·赏刑》说:"重刑连其罪,则民不敢试。民不敢试,故无刑也。夫先王之禁,刺杀,断人之足,黥人之面,非求伤民也,以禁奸止过也。故禁奸止过,莫若重刑。刑重而必得,则民不敢试,故国无刑民。国无刑民,故曰:明刑不戮。"后期法家代表人物、法家思想的集大成者韩非继承、发展了商鞅的"重刑"说。《韩非子·内储说上七术》说:"公孙鞅之法也,重轻罪。重罪者人之所难犯也,而小过者人之所易去也。使人去其所易,无离其所难,此治之道。夫人过不生,大罪不至,是人无罪而乱不生也。"即韩非认为,用重刑去制裁轻罪,可以达到预防犯罪的效果。《韩非子·六反》说:"夫以重止者,示必以轻止也;以轻止者,必以重止矣。是以上设重刑而奸尽止,尽止则此奚伤于民也!所谓重刑者,奸之所利者细,而上之所加焉者大也,民不以小利加大罪,故奸必止也。所谓轻刑者,奸之所利者大,上之所加焉者小也。民慕其利而傲其罪,故奸不止也。……今轻刑罚民必易之,犯而不诛,是驱国而之也;基而诛之,是为民设陷也。是故轻罪者,民之至也。是以轻罪之为道也,非乱国也,则设民陷也,此则可谓伤民矣。"按照韩非的逻辑,用轻刑制裁轻罪,不仅不可以制止再犯轻罪,反而从客观上怂恿人们去犯重罪,到那个时候再对人们处以重刑,就等于为人民设了陷阱。其结论不是"重刑害民"而是"轻刑害民"。

与孔孟儒家“富而后教”（先让人民富裕起来，再对人民进行教化，从而杜绝犯上作乱）的“德治”主张不同，商鞅、韩非都从“好利恶害”的人性论出发得出“重刑”的结论。他们不像儒家那样把犯罪视为社会现象，同时又否认了教育的作用，于是就把“重刑”视为治理国家的唯一有效的手段。秦王朝实践了法家的这一理论，激化了阶级矛盾，导致“二世而亡”。

（十二）法家法理学的得与失

尽管法家人物在政治思想上各有特长，但是他们在坚持法治上是一致的。法家之所以具有这些共同之处，是因为他们以现实主义的态度看待当时的社会问题。在战国时期的社会大变动中，与儒家代表人物泛泛提倡仁政德治，或批评“春秋无义战”不同，法家代表人物敏锐而深切地捕捉到当时社会的基本矛盾和焦点，就是诸侯国内部的变革和诸侯之间的兼并战争。这两个焦点既关系诸侯国的生死存亡，又关系新兴地主阶级的命运。他们觉悟到，以土地分封制、世卿世禄制为代表的宗法贵族政体越来越成为社会发展的阻力和障碍。必须打破先天的血缘身份制度，用人们后天的努力来重新进行权利再分配。即以耕战的功劳为标准来分配权力、地位和奉禄，打破旧的经济制度，由国家和私人直接掌握土地。法家以耕战为核心的富国强兵政策在客观上推动了当时的政治经济改革，顺应了社会发展的需要，为建立统一的中央集权的国家创造了条件。

法家的法律思想，虽然为繁荣古代法律、法学作出了贡献，但其中也有不少的糟粕。首先，法家的“法治”是集权君主政体下的“法治”。尽管法家标榜维护君权的目的是为了实行“法治”即所谓“君尊则令行”，但是，从理论上说，君主既然有权立法，也就有权废法，即使随意立法、司法也不可能受到法律的限制。正如章太炎所说：“今法家之训曰：‘王者无恶，神圣而不可侵。’”[28]于是，“尊君”便与“尚法”之间产生了内在矛盾。对此，法家只能期盼明主的产生或对君主晓之以利害，他们没有也不可能提出任何限制君权的制度性主张。其次，法家治国经验积累相对有限，对人民的反抗力量认识不足，过分强调暴力和赏罚的功能，忽视教育和古老风俗习惯的作用，不利于新政权及时调整治国之策，客观上促使秦帝国二世而亡。

三、晋秦法家的法治说

（一）法家“法治”的概念

法家思想的核心是“法治”，即所谓“以法治国”（《管子·明法》、《韩非子·有度》）。法家的“法治”作为一种理论，主要包括两项：一是“尊君”，二是“尚法”。所谓“尊君”，即确立集权君主政体，以取代以分封世禄为特征的宗法贵族政体。所谓“尚法”，即由国家制定并公布成文法，以取代以往的判例法和风俗习惯，用成文法来管理社会生活的各个方面。最早提出法家思想的核心即“法治”思想的是商鞅。在《商君书》里又称为“据法而治”（《更法》），“垂法而治”（《壹言》），“缘法而治”（《君臣》），“任法而治”，“以法相治”。（《慎法》）这种主张与后来韩非的“以法为本”（《韩非子·飾邪》）都是一致的。法家“法治”的本质特征是将新兴地主阶级的利益和要求上升为法律，用法律作为衡量人们言行是非曲直的唯一标准，运用法律和赏罚来实行改革、治理国家、富国强兵、统一天下。“法治”的价值观是超血缘的多

---

〔28〕 章太炎：《检论·刑官》，载《章太炎全集》（三），上海人民出版社1984年版，第558页。

民族的国家主义。

法家的“法治”思想不是个别思想家的艺术创作,而是时代的产物。面对春秋以降天子失权、“礼崩乐坏”、政在大夫、战争频仍的纷乱局面,法家主张实行变法,重建国家秩序。正如梁启超所说:“法治主义起于春秋中叶,逮战国而大盛,而其所以然者,皆缘社会现象与前古绝异,一大革命之起,迫于眉睫。故当时政治家,不得不应此时势以讲救济之道,郑子产铸刑书,晋叔向难之,子产曰:侨不才,不能及子孙,吾以救世也。救世一语,可谓当时法治家唯一之精神。”〔29〕

(二)法家“法治”的理论支柱

法家的“法治”理论由四个支柱所构成。

1.“不法古,不循今”的进化史观

法家认为人类社会是发展运动的,而且越变越好。法律制度因势而立。上古之世,“人民少而财货有余,故民不争”。当时用“德治”、“礼治”就能治理天下。现在“人民众而货财寡,事力劳而供养薄,故民争”(《韩非子·五蠹》)。而且国与国争战不休,“强国事兼并,弱国务力守”(《商君书·开塞》),“力多则人朝,力寡则朝于人”(《韩非子·显学》)。一个国家如果要生存、安定和发展,必须致力于富国强兵,实行“法治”是历史的必然。

2.“好利恶害”的人性论

在法家看来,“趋利避害”是古往今来人人固有的本性。古帝王禅让不是因为品德高尚,而是因为做天子得不到更多的实惠,反要付出比常人更多的辛劳;做车子的匠人盼人发财,做棺材的匠人盼人多死,不是前者善良后者恶劣,而是利之所在也;佣工努力干活,地主好饭相待,不是出于相互友爱,而是各有所图也。社会上有这样的习俗:生男相贺,生女杀之,这是因为养儿防老而养女亏财的缘故。君出爵禄,臣出智力,君臣相市,何谈仁爱。“好利恶害”并非坏事,“人情者有好恶,故赏罚可用”;“人性有好恶,故民可治也。”(《商君书·错法》)即治理国家不能靠道德说教和君主的人格魅力,只能用行赏施罚。

3.“废私立公”的公法观

法家把“法”和“礼”对立起来,认为前者代表社会的共同利益,后者代表贵族的一己私利。实行“礼治”的结果是:“国利未立,封土厚禄至矣;主上虽卑,人臣尊矣;国地虽削,私家富矣;……公民少而私人众矣。”(《韩非子·五蠹》)因此,为了“兴公利”,必须实行“不别亲疏,不殊贵贱”的“法治”。法家把新兴地主阶级的意志解释为是社会全体成员的意志。

4.民富国强的功利主义

法家把“趋利避害”的人性与国家的富强结合起来,用赏赐和刑罚诱使、驱使人们耕、战、告奸,生产粮食多的、杀敌有功的、揭发违法犯罪的,可以得到官爵田宅。任何人,不论出身如何,只要努力按国家法令去做,就能得到富贵荣华,而国家也就强盛起来了。在法家看来,一个国家因虚弱而被强国并吞,如同老百姓因“怠而贫”一样,都是理当如此的事情。

(三)法家“法治”的价值观

如果说儒家的“礼治”的价值观是以血缘伦理为内容的家族主义的话,那么,法家“法治”

〔29〕 梁启超:《中国法理学发达史论》,载《梁启超论中国法制史》,商务印书馆2012年版,第63页。

的价值观则是国家主义,具体而言是超血缘的多民族的统一的国家主义。所谓超血缘即扫除宗法血缘的社会根基,通过以赏罚为二柄的法律,在个体自然人与国家之间实现以民富则国富、民强则国强为目标的简洁的权利义务关系所维系的政治共同体。仅此意义而言,法家堪称旷古之英雄也!所谓多民族是秦民族与东方各民族相互融合而形成的民族共同体。所谓统一国家就是具有统一政治、经济、文化、法律的集权君主制国家。面对以上三件大事,由于历史的原因,法家只完成了第二件事,第一件事只完成了一半,第三件事也是半途而废。

纵观秦汉以后的王朝,由于宗法家族的恢复与发展,个体自然人与国家的联系又一次被家族所隔绝,个人与国家似乎成为隔水相望毫不相干的陌生人。由于民富则国富、民强则国强的政治共同体受到极大削弱,世代从事农耕生产的农民既希望王朝关心他们的命运,同时又由于对王朝的失望而反过来对王朝的命运漠不关心。当王朝伤害了他们的利益的时候,他们便希望改朝换代,希望出现新的圣明天子。只有面临亡国亡种的危险时刻,他们才会奋不顾身地承担起挽救天下衰亡的责任。

法家"法治"的价值观其实就是希望在个人和国家之间建立直接的简洁的权利义务关系。而这种设想在古代社会显得多么超前,其实行起来又是多么艰难!回味法家的国家主义理想,我们是否可以发出陈子昂那样的慨叹——前不见古人,后不见来者,念天地之悠悠,独怆然而涕下!

(四)法家"法治"说的理论缺欠

法家的"法治"说不仅是一个口号,而是一个相对完整的理论体系。法家的"法治"理论最后归结为尊君尚法的政治主张和以赏罚二柄推行法治的具体措施。这样,法家的法治理论就为新兴地主阶级夺取政权、维护政权,并进而建立统一的王朝提供了理论和方法。

法家的"法治"思想以"尊君"、"尚法"为基本内容。法家曾经相信"尊君"与"尚法"可以并行不悖。但是,其前提就是君主自觉遵守法律,而法家没有提出任何保障君主遵守法律的制度或措施。商鞅发现"法之不行,自上犯之",韩非慨叹"智法之士"与"当涂之人"的生死矛盾。但是,他们除了劝说君主守法之外,没有别的办法。这就使法家的"法治"理论不仅在逻辑上而且在实践上都存在缺欠。当然,我们不能苛求古人。法家之所以会产生理论缺欠,其原因还应当从社会文化中去寻找。

四、晋秦法家的"势治"说

(一)法家"势治"的概念

在法家思想中,"势"特指国家政权。"势治"意即凭借国家政权来治理国家。在先秦法家中,属于前期法家的慎到一派以重视"势治"而著称。他们认为实行"法治"的前提必须获得国家政权,没有"势"就是坐而论道的空谈。法家心目中的国家政权不是以往的贵族政体而是集权君主政体。因此只有确立了集权君主政体才能制定法律并且贯彻执行。

图 32　慎到

(二)“势治”与政权的性质

慎到一派主张的“势治”说,强调“势”对于实行法治的重要性。《慎子·威德》说:“腾蛇游雾,飞龙乘云,云罢雾霁,与蚯蚓同,则失其所乘也。故贤而屈于肖者,权轻也;不肖而服于贤者,位尊也。尧为匹夫,不能其邻家;至南面而王,则令行禁止。由此观之,贤不足以服不肖,而位足以屈贤矣。”君主如果没有权势,即使像尧那样贤智,百姓也不会听从。结论就是治理天下必须依靠权势。

在法家看来,通过变法而确立的政权必须是中央集权的君主政体。《慎子·德立》说:“疑则动,两则争,杂则相纷,害在有与,不在独也。故臣有两位者,国必乱;臣两位而国不乱者,君在也,恃君而不乱矣,失君必乱。子有两位者,家必乱;子两位而家不乱,父在也。恃父而不乱,失父必乱。”君主只有“权重位尊”,才能“令行禁止”。

(三)“势”与为君之道

慎到认为,中央集权的君主政体确立之后,君主应当实行“臣事事而君无事”的为君之道。他说:“以死守法者,有司也,以道变法者,君长也”(《慎子》佚文);“守职之吏,人务其治,而莫敢淫偷其事。官正以敬其业,和顺以事其上。”(《慎子·知忠》)主张实行君道无为臣道有为的为君之道。《慎子·民杂》说:“君臣之道,臣事事而君无事,君逸乐而臣任劳。臣尽智力以善其事,而君无与焉,仰成而已。故事无不治,治之正道然也。”这样君主就可以运用权势来驾驭臣下推行“法治”。

(四)“势”与君主的关系

战国后期的韩非继承并发展了慎到的“势治”说,强调君主必须掌握一切权力以防备臣下欺君塞主。《韩非子·难一》说:“臣重之实,擅主也。有擅主之臣,则君令不下究,臣情不上通,一人之力能隔君臣之间,使善败不闻,祸福不通,故有不葬之患也。”《韩非子·内储说下》说:“权势不可以借人,上失其一,臣以为百。故臣得借则力多,力多则内外为用,内外为用则人主壅”;“赏罚者,利器也,君操之以制臣,臣得之以拥主。故君先见所赏,则臣鬻之以为德;君先见所罚,则臣鬻之以为威。故曰:国之利器不可以示人。”

(五)“势”与“法”的关系

慎到认为,君主掌握了权势,是为了实行“法治”。《慎子·君人》所谓:“君人者,舍法而以身治,则诛赏予夺从君心出也。然则受赏者虽当,望多无穷;受罚者虽当,望轻无已。君舍法而以心裁轻重,则同功殊赏,同罪殊罚矣,怨之所由生也。……故曰大君任法而弗躬,则事断于法矣”;《慎子·威德》说:“国家之政要在一人之心矣。古者立天子而贵之者,非以利一人也。曰:天下无一贵,则理无由通,道理以为天下也。故立天子以为天下,非立天下以为天子也;立国君以为国,非立国以为君也;立官长以为官,非立官以为长也。法虽不善,犹愈于无法,所以一人之心也。”君主的权威和势位只有同“法治”密切结合起来,才能统一人民的言论行为,达到天下大治。

韩非关于“势”的思想比慎到更为全面,他强调两者必须结合,不可偏废。《韩非子·难势》所说:“抱法处势则治,背法去势则乱。今废法而待尧舜,尧舜至乃治,是千世乱而一治也;抱法处势而待桀纣,桀纣至乃乱,是千世治而一乱也。”韩非更强调“权势”不能背离“法治”,是强调新兴地主阶级的政权必须坚持“法治”的政治方向，否则，国家政权就不是新兴地主阶级的政权。

图33　申不害

五、晋秦法家的“术治”说

（一）法家“术治”的概念

先秦前期法家中申不害一派以重“术”而著称。他们所推崇的“术”，即权术，源于道家的“君人南面之术”。是指君主推行法治、驾驭臣下的一种手段或措施。申不害认为，有了法和势还不能防止臣下篡权夺位。只有同时拥有术才能使臣下忠于职守、实行法治。

（二）“术治”的特征

和其他法家人物一样，申不害关于术的主张有三个特点：一是坚持法治的基本前提。他说：“尧之治也，盖明法审令而已。圣君任法而不任智，任教而不任说。黄帝之治天下，置法而不变，使民安乐其法也；”“君必有明法正仪，若悬权衡以称轻重，所以一群臣也。”（《申子》佚文）二是坚持君臣之间的名分。说：“昔者尧之治天下也，以名。其名正则天下治。桀之治天下也，亦以名。其名倚而天下乱。是以圣人贵名之正也。王处其大，臣处其细。以其名听之，以其名视之，以其名命之”；“明君如身，臣如手，君如号，臣如响。君设其本，臣操其末；君治其要，臣行其详；君操其柄，臣事其常。为人君者操契以责其名。”有了这样的名分，君主就可以对臣下“循名责实”，行赏施罚，驾驭臣下。防止“蔽君之明，塞君之聪，夺之政而专其令，有其民而取其国”（《申子·大体》）。三是贯彻“循名而责实”的方针。即《韩非子·定法》所谓：“术者，因任而授官，循名而责实，操生杀之柄，课君臣之能者也。”要根据才能来授予官职，同时还要根据其职责了考察其政绩，以定赏罚。韩昭侯就是“循名而责实”的典范：“昔者韩昭侯醉而寝，典冠者见君之寒也，故加衣于君之上。觉寝而悦，问左右曰：谁加衣者？左右对曰：典冠。君因兼罪典衣与典冠。其罪典衣，以为其失事也；其罪典冠，以为越其职也。”（《韩非子·二柄》）

（三）“术”与“法”的关系

《韩非子·定法》对前期法家的思想和实践做了总结，指出商鞅“徒法而无术”，只知道变法和推行法制，却“无术以知奸”。其结果是“故战胜则大臣尊，益地则私封立”；“商君虽十饰其法，人臣反用其资。故乘强秦之资数十年，而不至于帝王者，法虽勤饰于官，主无术于上之患也。”申不害则“徒术而无法”，“申不害不擅其法，不一其宪令，则奸多，故利在故法前令则道之，利在新法后令则道之。故新相反，前后相悖，则申不害虽十使昭侯用术，而奸臣犹有所其辞矣。故托万乘之劲韩十年，而不至于霸王者，虽用术于上，法不勤饰于官之患也。”而且，如果脱离了“法”的前提而一味地讲求“术”，就会导致君主背离法律实行随心所欲的“身治”和“心治”。韩非的结论是“法”、“术”两者缺一不可：“人不食十日则死，大寒之隆不衣亦死。谓之衣食孰急于人？则是不可一无也，皆养生之具也。……君无术则弊于上，臣无法则乱于下，此不可一无，皆帝王之具也。”

(四)“阳术”与“阴术”

所谓“阳术”指君主公开实行的方法,即《韩非子·定法》所概括的:“术者,因任而授官,循名而责实,操生杀之柄,课群臣之能者也。因任而授官,循名而责实。”即根据官吏的政绩来检验其是否忠于职守。其方法就是“众端参观”:“观听不参则诚不闻,听有门户则臣壅塞。”《韩非子·内储说上》“参观”即“参伍”。《韩非子·八经》说:“参伍之道,行参以谋多,揆伍以责失。行参必折,揆伍必怒。不折则渎上,不怒则相和。折之微足以知多寡,怒之前不及其众。观听之势,其征在比周而赏异也,诛毋谒而罪同。言会众端必揆之以地,谋之以天,验之以物,参之以人。四征者符,乃可以观矣。”

所谓“阴术”即《韩非子·难三》所谓:“术者,藏于胸中,以偶众端,而潜御群臣者也。”韩非出于“君臣相市”、“上下一日百战”的见解,认为君主要想维护自己的权势以防备臣下谋权篡位,必须有一套驾驭臣下的“阴术”,包括“疑诏诡使”、“挟知而问”、“倒言反事”(《韩非子·内储说上》)。有了这种“阴谋权术”就可以时时监督控制群臣百吏众。

战国后期,伴随着中央集权的君主政体在各诸侯国的相继确立,新兴地主阶级与宗法贵族之间的矛盾基本得到解决,然而以君主为代表的国家和取得各种既得利益的“重臣”、“重人”、“当涂之人”之间的冲突成为主要矛盾。法家从“循名责实”的“阳术”发展到“潜御群臣”的“阴术”,正反映了当时政治领域的这一重要变化。

六、“法”、“势”、“术”相结合

在前期法家中,商鞅、慎到、申不害分别以主张“法治”、“势治”、“术治”而著称。韩非继承、修正、发展了他们的思想,提出“以法为本”,法律、权势、权术三者紧密结合的主张。据《韩非子·难势》所述,韩非的主张有以下三个特征:

第一是“以法为本”,即“法治”优于“势治”和“术治”。“法治”是新兴地主阶级实行改革建立政权和治理国家的根本性的政治基础。“法治”要求建立的国家必须是新兴地主阶级的新政权而不是宗法贵族阶级政权的改朝换代,必须是集权君主政体而不是分散割据的贵族政体的延续,同时,指导国家活动的行为规范必须是国家制定的新的成文法,而不是以往的判例法。这些内容构成了“法治”的基本框架,君主应当在这个框架当中发挥作用。因此,君主掌握的权势和权术必须在“法治”允许的范围内而不能逾越,否则就会背离“法治”的精神。

第二是“法治”也离不开“势治”和“术治”。“法治”作为新兴地主阶级的政治理想和政治路线,不可能自然地付诸实施,它必须具备一定的社会条件和政治前提,其中,最重要的条件是国家政权。没有国家政权,或者说国家政权仍然被守旧的贵族集团牢牢掌握着,“法治”理想再完美也只是坐而论道、纸上谈兵。因此,在实行“法治”之前最重要的任务就是夺取国家政权。新兴地主阶级夺取国家主权之后并非一劳永逸,如果没有治理国家、驾驭臣下的手段,就难免因贵族集团复辟而丧失政权。此间,如何维护政权的“权术”就显得格外重要了。

第三是“法治”、“势治”、“术治”三者相结合。其结合的方式有二:一是“法”与“势”相结合,即“抱法处势则治”。新兴地主阶级在取得国家政权以后必须在“法治”范围内运用国家权力,否则,国家权力就会发生质变,甚至成为宗法贵族政体的翻版。二是“法术兼重”:“法术皆帝王不可一无之具。”韩非认为如果“徒法而无术”,那么改革的成果就会被既得利益集团所窃取,平民百姓得不到改革的利益,就会离心离德。甚至改革家还会被阴谋家除掉。如果君主“徒术而无法”，就会使国家权势演变为君主个人随心所欲的“身治”、“心治”，从而背离了“法治”轨道。

韩非的“以法为本”，“法”、“势”、“术”相结合的主张，是对前期法家思想特别是对变法实践的总结。值得注意的是，韩非“法”、“势”、“术”相结合的主张是以集权君主为核心的，在君主的权威下，大臣百吏处于极其次要甚至负面的位置。而在治理国家中，过分强调君主居高临下、唯我独尊的作用，忽视群臣百吏的作用，只会助长君主个人权威的恶性膨胀。

对待法家关于法势术的主张，我们不仅应当从道德和价值观的角度去观察，更应当从战国时期的改革实践的角度去观察。法家关于法势术的见解，其实客观地反映了法家变革实践的历史轨迹。法家“以法治国”的“法治”思想，在法家参与变法活动之前，仅仅是书斋里的议论。一旦付诸实施，就变成革新的纲领。首先，革新要有思想路线，这就是“法治”，故此间的法家如商鞅者重视“法”的作用；改革必须首先掌握政权，故此间的法家如慎到者重视“势”的作用；掌握政权之后，外有贵族复辟势力相威胁，内有既得利益集团相掣肘，故此间的法家如申不害者重视“术”的作用。及至战国后期，有韩非者出，对前期法家的主张及政治实践进行总结，始有法势术三者相结合之说。用这种眼光看待法家思想，或许能够客观地再现战国时期社会变革的历史轨迹。

七、晋秦法家的“法治”实施蓝图

一个负责任的思想家不仅提出他的理想，而且还指出实现的途径。如同儒家提出“仁政”理想，同时设计“仁政必自经界（土地制度）始”一样，法家在提出“法治”理想的同时，也设计出实施“法治”的蓝图。

（一）“以法为本”：制定并颁布成文法

法家主张“以法治国”，其前提是必须有法律，才能实施变法并统一人们的言论行为。因此，法家十分重视立法活动。

法家主张“生法者，君也”（《管子·法法》），“政法独制于主，而不从臣出”（《管子·明法解》），即君主掌握国家立法大权。但君主立法不能随心所欲，应当考虑以下因素：第一，要根据现实需要来立法：即所谓“当时而立法”（《商君书·更法》），“法与时移，禁与能变”（《韩非子·心度》）。第二，要注意法律要符合民心，即人们的秉性。如《商君书·错法》：“人情好爵禄而恶刑罚，人君论二者以御民之志，而立所欲焉。”《管子·形势解》：“人主之所以令则行，禁则止者，必令于民之所好，而禁于民之所恶也。”第三，要考虑人民是否能够接受。如《管子·形势解》：“明主度量人力之所能为而后使焉。故令于人所能为则令行，使于人之所能为则事成。乱主不量人力，令于人之所不能为，故其令废，使于人之所不能为，故其事败。”

法律制定之后，必须公布于百姓。《韩非子·难三》说：“故法莫如显。……是以明主言法，则境内卑贱莫不闻知也。”《管子·法法》说：“号令必著明，赏罚必信密，此正民之经也。”这样做的目的是使百姓预先知道应当做什么和不能做什么，以法律自我约束。因此。法律条文必须以通俗易懂的文字写成。《商君书·定分》：“行法令，明白易知，为置法官吏为之师以道之知，万民皆知所避就。”百姓明晓法律的另一个好处是杜绝司法官吏枉法裁判或法外徇私。即《商君书·定分》所谓：“吏不敢以非法遇民，民不敢犯法以干法官。”

《商君书·定分》提出，各级官吏和百姓均应明晓“法令之所谓”，其方法是组织学习和提供咨询服务:“郡县诸侯一受宝(賫)来之法令,学问并所谓。吏民欲知法令者,皆问法官;故天下之吏民无不知法者”;“诸官吏及民有问法令之所谓也,于主法令之吏,皆各以其故所欲问之法令明告之”;“为法令置官吏,朴足以知法令之谓者,以为天下正。则奏天子,天子则各主法令之,皆降受命,发官。各主法令之民(人),敢忘行主法令之所谓之名,各以其所忘之法令名罪之。”

(二)树立法律的权威:“君臣上下贵贱皆从法”

法家认为,要实行“法治”,使法令成为判别人们言论行为是非曲直的唯一准则,就必须使法令具有绝对权威。一方面,要使法令高于一切;另一方面,法令一出,无论任何人都必须遵守。商鞅总结了已往破坏法制的历史教训,一针见血地指出:“法之不行,自上犯之。”(《史记·商君列传》)不仅要求各级官吏守法,而且要求君主本人“慎法制”,甚至认为,君主更应“先民服”,带头遵守。当然,法家打击的矛头并不是君主,而是那些敢于坏法的贵族和大臣。至于一般老百姓,更只能“服法死制”,不许违犯,也不许议论。因为“人主为法于上,下民议之于下,是法令不定,以下为上也,此所谓名分之不定也”(《商君书·定分》),否则就对作议者处以死刑。不仅如此,法家还主张“禁奸于未萌”,以期从思想上根本解决问题,并认为这是最好的办法,即所谓“太上禁其心”。从“禁其心”出发,法家要求统一思想,“以法为教”、“以吏为师”,一切与法令不合的仁义、道德及诗、书、礼、乐,等等,都必须禁止。结果,从商鞅的“燔诗书而明法令”发展到秦始皇、李斯的“焚书坑儒”,都用极其野蛮的手段实行文化专制。法家试图树立法律权威的方法如下:

第一是要求君主带头服从法律。法家以“尚法”著称。《商君书·君臣》:“言不中法者,不听也;行不中法者,不高也;事不中法者,不为也。”《韩非子·问辩》:“明主之国,令者言最贵者也;法者,事最适者也。言不二贵,法不两适。故言行不轨于法令者必禁。”《管子·任法》:“君臣上下贵贱皆从法,此之谓大治。”

第二是排除贵戚的干扰和破坏。法家的改革措施首先伤害了旧式贵族集团的世袭特权,他们无时无刻企图复辟。同时,在改革过程中还形成了新的既得利益集团,他们出于保护私利的目的,千方百计阻挠改革的继续深入。因此,商鞅慨叹:“法之不行,自上犯之”(《史记·商君列传》)。韩非亦悲愤道:“智法之士与当涂之人不可两存之仇也”(《韩非子·孤愤》)。这些特殊利益集团与君主有着千丝万缕的联系,他们对付改革之士有太多的手段。因此,要实行“法治”,树立法律的权威,必须排除贵戚的干扰和破坏。

第三是保持法律在空间和时间上的统一性和稳定性,反对朝令夕改。《韩非子·五蠹》:“法莫如一而固。”强调法律的统一和稳定。韩非批评申不害在韩国变法的失策:“晋之故法未息,而韩之新法又生;先君之令未收,而后君之令又下。申不害不擅其法,不一其宪令,则奸多故。”(《韩非子·定法》)韩非说:“凡法令更则利害易,利害易则民务变,……治大国而数变法则民苦之,是以有道之君贵静,不重变法。”(《韩非子·解老》)法令的改变意味着人们利益的改变,是必须慎重对待的。

(三)信赏必罚:“刑无等级”

所谓“信赏必罚”即指按照法律规定,该赏的一定要赏,该罚的一定要罚,以树立法律的权威并取信于民。“民信其赏,则事成功;信其罚,则奸无端。”(《商君书·修权》)要做到“信赏必罚”必须排除私利:“罚不讳强大,赏不私亲近。”(《战国策·秦策》)为实现“必罚”的精神,法家主张“不宥过,不赦刑”,坚决反对赦罪和减免刑罚,否则法律就失去权威。

商鞅提出“壹刑”的主张:“所谓壹刑者,刑无等级。自卿相将军以至大夫庶人,有不从王令、国犯禁、乱上制者,罪死不赦。有功于前,有败于后,不为损刑;有善于前,有过于后,不为亏法。忠臣孝子有过,必以其数断。守法守职之吏,有不行王法者,罪死不赦,刑及三族。周官之人,知而讦(揭发)之上者,自免于罪。无贵贱,尸袭其官长之官爵田禄。”(《商君书·赏刑》)韩非也提出:“法不阿贵,绳不挠曲”;“刑过不避大夫,赏善不遗匹夫”。(《韩非子·有度》)

法家强调要贯彻“信赏必罚”的方针必须善于运用赏罚。其方法有二:

第一是“厚赏重罚”。即“赏厚而信,刑重而必”。如韩非所说:“赏厚则所欲之得也疾,罚重则所恶之禁也急。”重赏“非独赏功也,又劝一国”,“是报一人之功而劝境内之众也”;重罚则可以起到威吓作用,“重一奸之罪而止境内之邪”。(《韩非子·六反》)

第二是“赏誉同轨,非诛俱行”。法家认为,如果社会舆论的誉毁与法律的规定相左,那么,法律的作用就大打折扣。慎到说:“士不得背法而有名。”(《慎子》佚文)社会舆论不能因为某人违背了法律而得到称赞。韩非说:“有重罚者必有恶名”,“赏者有诽焉不足以劝,罚者有誉焉不足以禁。”因而要求“赏誉同轨,非诛俱行”(《韩非子·八经》)。为了解决国家法律与社会舆论的矛盾,法家主张“以法为教,以吏为师”。

(四)重轻罪:“以刑去刑”

在前期法家当中商鞅一派以主张重刑著称。《商君书·赏刑》说:“禁奸止过莫若重刑。”其“重刑”有特定的含义:一是与赏相对,在数量上应该“刑多而赏少”,只赏有功于农战、告奸者,反对滥赏;但是,后来却发展到取消赏,认为“赏善之不可也,犹赏不盗”,“故善为治者,刑不善而不赏善,故不赏而民善”。二是加重轻罪的刑罚,从而提出了“以刑去刑”的理论。《商君书·勒令》说:“行刑,重其轻者,轻者不至,重者不来,此谓以刑去刑,刑去事成。”法家的“以刑去刑”不但反对重罪轻判,而且也反对罪刑相称。他们认为,要想“去刑”,就必须重轻罪而不能就事论事地“重重而轻轻”;并且宣称轻罪重判可以“不刑而民善”,因而提出“德生于刑”和“以战取战,虽战可也;以杀去杀,虽杀可也;以刑去刑,虽重刑可也”的主张。(《商君书·画策》)作为法家集大成者的韩非,原来认为“用赏过者失民,用刑过者民不畏”,但后来也赞成“以刑去刑”,并反驳当时儒家攻击法家“重刑伤民,轻刑可以止奸,何必于重哉”的论点。他的理由是:“夫以重止者未必以轻止也,以轻止者必以重止矣。”因此并非“重刑伤民”,反而“轻刑伤民”;“令轻刑罚,民必易之。犯而不诛是驱国而弃之也;犯而诛之,是为民设陷也。”(《韩非子·六反》)

(五)营造良好的“法治”环境

为了树立法律的权威,法家主张营造良好的“法治”环境。其措施主要是“不尊贤”,“不任智”,禁绝私议。避免社会上的所谓贤人智者干扰破坏君主和国家法律的权威。慎到说:“立君而尊贤,是贤与君争,其乱甚于无君。是故有道之国,法立而私议不行,君主则贤者不尊,民一于君,事断于法。”(《慎子》佚文)《韩非子·诡使》说:“道私者乱,道法者治。上无其道,则智者有私词,贤者有私意。上有私惠,下有私欲,圣智成群,造言作辞,以非法措于上。

上不禁塞,又从而尊之,是教下不听上,不从法也。"《商君书·修权》:"夫废法度而好私议,则奸臣鬻权以约禄,秩官下吏隐下而渔民。"因此,《管子·任法》得出结论说:"任法而不任智,任数而不任说,任公而不任私,任大道而不任小物。"《管子·任法》:"以法制行之,如天地无私也。是以官无私论,士无私议,民无私说,皆虚其胸以听于上。"《韩非子·问辩》:"明主之国,令者,言最贵者也;法者,事最适者也。言无二贵,法无两适,故言行不轨于法令者必禁。"《韩非子·说疑》:"禁奸之法,太上禁其心,其次禁其言,其次禁其事。"

在营造良好的"法治"环境方面,商鞅不仅有主张而且还有行动。商鞅主张"壹教",取缔一切不利于农战的社会活动,使"富贵之门"只对有功于农战者开放。他把不利于农战的"礼乐、诗书、修善、孝悌诚信、贞廉仁义、非兵羞战"(《商君书·靳令》)说成是国家的"六虱",坚决反对"国以六虱授官予爵"。商鞅认为:"人主为法于上,下民议之于下,是法令不定,以下为上也,此所谓名分之不定也"(《商君书·定分》)。故商鞅变法,法令颁布以后,有人批评法令不合理,不宜实行。商鞅对这些批评者进行了严厉惩罚:"秦民初言令不便者,有(又)来言令便者,卫鞅曰:此皆乱化之民也。尽迁之于边城。其后民莫敢议令。"(《史记·商君列传》)韩非则将游学者、言谈者、带剑者、患御者(逃避兵役)、商工之民视为国之五蠹(蛀虫),必须严厉禁绝,同时主张:"明主之国,无书简之文,以法为教;无先王之语,以吏为师;无私剑之捍,以斩首为勇。是境内之民,其言谈者必轨于法,动作者必归于功,为勇者尽之于军"(《韩非子·五蠹》)。

法家是重视实践的学派。在春秋战国的乱世,法家不仅提出结束混乱治理国家的主张,而且还设计出似乎具有可操作性的实施蓝图。尽管这个蓝图在今人看来是多么强硬而酷烈,在这个蓝图之下广大人民实际上成为任由国家政权任意摆布甚至宰割的虫蚁,一切均以国家利益为依归。但是,如果抛开道德意义上的评价,在当时的社会背景下,相对于诸家所有治国之策,也许法家的"法治"蓝图最具有实现的可能性。

法家的"法治"不仅是个口号,更重要的还是一个社会工程。从国家政权的确立,到法律的制定和颁布、法律的宣传教育、法律实施方法和技术等等。我们看到法家丝毫没有坐而论道的习气,而是倾注身心地为实现他们的理想而努力实践。法家的"法治"思想与其说是个理论不如说是个社会工程。我们今天仍然需要像法家那样,不仅仅满足于各种漂亮的标语口号,而是兢兢业业地潜心谋划,我们的"法治"建设才能够健康地深入进行。这也许就是二千年前的法家留给今人的启示。

第七节　楚国文化与道家的法律思想

一、楚国文化及其代表人物

楚国文化指春秋战国时楚国的传统文化,是当时重要的地域文化之一。楚国文化与道家学术有着十分密切的联系。

楚国地处南方,即今湖南湖北一带。其地气候宜人,土壤肥沃,物产丰富。人民受到来自物质生活方面的压力较小。故有条件从事物质生活以外的其他活动。楚国有着浓烈的宗教巫术传统。人们除了关心社会现实问题之外，还关心天道、鬼神之类。人们一方面注意从天道、鬼神那里获取治国安邦的道理，另一方面又从祭祀天帝神祇的鼓乐声中，去品味个体自然人的人格平等与欢快之情。由于礼对个体自然人的影响力较弱，致使天帝至上神和天道的影响力较大。个体自然人得以从精神上跨越家族的狭小樊篱，直接与伟大的支配一切的天帝相勾通。这种个体的精神自由的风格，培育了楚国人民的豪迈情操和浪漫气质。这种气质在《楚辞》中表现得淋漓尽致。试读《楚辞》，其间充满浪漫的激情，保留了绚烂的南国远古传统和浓厚的巫术宗教气息。人神杂处，情景怪诞，思绪飘逸，不受时空之限制。"日月忽其不淹兮，春与秋其代序；""乘骐骥以驰骋兮，来吾道夫先路"（《楚辞·离骚》）。"青云衣兮白霓裳，举长矢兮射天狼。操余弧兮反沦降，援北斗兮酌桂浆"（《楚辞·九歌·东君》）。其独特之风格意境，为《诗经》诸风、雅、颂所罕见者。而探索天道、遵守天道的精神，便养育出道家推崇天道的思想理论。这种理论由于有本体论作理论基础，故而显得比其他诸家思想更具理论色彩。道家极力推崇"无为而无不为"的"道"，并对违背"道"的精神的"礼治"、"法治"进行了无情的批判。

一般认为道家创始人老子即老聃，姓李，名耳，楚国人，做过"周守藏室之史"，后成为隐士。据说"孔子适周，将问礼于老子"（《史记·老子韩非列传》）。《礼记·曾子问》说孔子自称："吾闻诸老聃"。《吕氏春秋·当染》说："孔子学于老聃。"可证，老子与孔子同时而年长。《老子》是道家的第一部经典，并非老子手著，但反映并发展了他的思想。该书成于战国初期。其中涉及的具体法律观点并不多，但包含丰富的法律哲学。

庄子（约公元前369～公元前286年），名周，宋国蒙（今河南商丘县东北）人，约与孟子同时。曾作过管理漆园的小吏，并曾与魏相惠施交游。楚威王曾聘他为相，他以"终身不仕，以快吾志"（《史记·老子韩非列传》）拒绝之。可见，他也是一名隐士。《庄子》一书成于战国中后期。其中有的篇章是庄子自作，也有的出于庄子后学，其思想大体一致。

除了老子、庄子之外，道家还有一个人物就是杨朱。《庄子》中有阳子居，《吕氏春秋》有阳生，恐怕都是杨朱。杨朱与墨子的影响在战国初期都很大："天下之言不归杨则归墨"（《孟子·滕文公》）。"杨子取为我，拔一毛而利天下不为也"（《孟子·尽心上》）。《韩非子·显学》说："今有人于此，义不入危城，不处军旅，不以天下大利，易其胫之一毛，世主从而礼之，贵其智而高其行，以为轻物重生之士也。"恐怕说的就是杨朱之徒。"轻物重生"并非极端利己主义，而是重视生命，不肯用小腿上的一根毫毛去换取天下大利。《吕氏春秋·不二》说："阳生贵己"。《淮南子·泛论训》说："全性葆真，不以物累形，杨子所立也。"可见，"贵己"、"重生"是杨朱的中心思想。这种思想也许是当时私有制初步发展在意识形态领域的一个反映。它与儒家的忠孝观是截然对立的。目无君父，心中充满着自己，故孟子批评杨朱和墨子是"无父无君"的禽兽。杨朱把人们的注意力从社会生活拉向"自己"，而老子、庄子则把它推向虚无缥缈的"道"和远古社会。

道家对当时掌权者持以不合作的态度，对礼和法极尽批判之能事。有些观点无意中恰中要害，揭露了当权者的虚伪本性。这对于启发人们批判貌似神圣正义的剥削制度无疑是有益的。道家思想对当时及后世的法律实践活动并无明显的直接影响，但其"清静无为"对人民尽量少加干预的主张，对后世产生了积极意义。比如"文景之治"、"贞观之治"，和汉文帝"除肉刑"等，均与此有关。

二、没落贵族的悲观情绪与道家学术

春秋战国正是奴隶主贵族统治由瓦解到崩溃的时代。在这一过程中,由于广大劳动人民和新兴地主阶级反对贵族的斗争,以及贵族间连绵不断的兼并战争,曾使许多下级贵族以至中、上级贵族陆续丧失贵族地位和身份,沦落为庶人,成为隐士。

春秋战国时有很多隐士。孔子就遇到几位隐士。《论语·宪问》载:"子路宿于石门。晨门曰:'奚自?'子路曰:'自孔氏'。曰:'是知其不可而为之者与?'""子击磬于卫,有荷蒉而过孔氏之门者,曰:'有心哉,击磬乎!'既而曰:'鄙哉铿铿乎,莫己知也,斯己而已矣。深则厉,浅而揭'。"《微子》载:"长沮、桀溺耦而耕,孔子过之,使子路问津焉。长沮曰:'夫执舆者为谁?'子路曰:'为孔丘。'曰:'是鲁孔丘与?'曰:'是也。'……曰:'滔滔者天下皆是也,而谁以易之?且而与其从辟人之士也,岂若从辟世之士哉?'"又载:"子路从而后,遇丈人,以杖荷蓧。子路问曰:'子见夫子乎?'丈人曰:'四体不勤,五谷不分,孰为夫子?'"又载:"楚狂接舆歌而过孔子曰:'凤兮凤兮,何德之衰?往者不可谏,来者犹可追。已而,已而,今之从政者殆而!'"孔子和他的弟子则明确表示了"吾则异于是","不仕无义","君臣之义如之何其废之!"

这些隐士穿着平民的衣服,做着百姓的营生,却操着不同凡响的口吻以评时政。因为他们对现实是不满的。之所以不满,主要在于他们已经落破,已经从贵族队伍中掉到了一向为他们所鄙视的庶民行列。这对他们这些过惯了颐指气使、养尊处优生活的寄生虫来说,实无异从"天堂"掉到了"地狱"。他们之所以不满,并对坚持"礼治"的儒家冷嘲热讽,是因为那个神圣的"周礼"并没有能够保护他们的命运,否则便不会沦落得如此下场。他们之所以不满,是因为当时的当权者都是些血缘低贱的暴发户,凭着自己的机敏钻营踏着他人的肩膀爬上了宝座戴上了王冠,这些人有什么资格耀武扬威?面对这一切,他们一方面感到悲观失望,另一方面又不甘心自己的灭亡,总想寻找没落的原因和挽救的办法,然而又总是一筹莫展。

由于他们不情愿地跌到社会下层,对劳动人民的生活、生产和社会现实有所了解,也有机会观察自然界的现象,这对他们是一个意外的收获。他们看到,任何事物都是对立统一的整体:"有无相生,难易相成,长短相形,高下相倾。"矛盾双方各向其相反的方面转化:"祸兮福之所倚,福兮祸之所伏。"事物的发展总是从小到大由弱到强:"合抱之木,生于毫末,九层之台,起于累土,千里之行,始于足下。"事物过于强大便会走向反面:"兵强则灭,木强则折",其规律是"柔弱胜刚强","反者道之动"。

基于这种认识,道家认为,事物的对立统一与相互转化,并不是事物本身内在规律起作用,而是一种超然物外的客观唯心主义精神本体支配的结果。这个精神本体就是"道"。因此,他们认为,只要认识"道"的规律,就可以顺应它,设法消除矛盾,避免斗争,始终保持住自己的统治地位。也就是说,社会可以存在着阶级统治和剥削,却可以没有反抗斗争。这就给他的辩证法带来了一个致命伤,即把矛盾的斗争性看成是有条件的、暂时的、相对的,而把同一性看成是无条件的、绝对的。他们取消了斗争,也就取消了转化和发展。所以他们认为统治者只要能避免斗争,就可保持对立面的统一,使其不发生转化。基于这种哲学,整个道家在政治上都主张"无为",并以此作为"君人南面之术"。与此相应,他们在法律上则崇尚"道法自然"的自然法,实行"无为"之治。从这一观点出发,他们反对一切违反自然的人定法,并把矛头指向当时儒家维护的"礼"和法家倡导的"法",从而构成了道家的法律思想。

三、老子“道法自然”的自然法思想

图34　老子

老子法律思想的主要内容是崇尚自然无为的自然规律，鄙视有为的礼义法度，从而对儒家的“礼治”和法家的“法治”均持否定态度。

（一）崇尚“无为而治”

在中国法律思想史上，老子第一个提出了“道法自然”的自然法观点。他认为，“道”之所以能生养和主宰万物，并不是它对万物有所作为或横加干涉，而是让万物自然而然地生长变化。正因为它自然无为，才有化育万物的巨大威力。因此，统治者要想保持自己的统治，也必须“惟道是从”。“道”的基本特征，就在于“损有余而补不足”。对立的双方一旦发生斗争，柔弱的一方必然战胜刚强的一方，即所谓“柔弱胜刚强”。统治者如果自恃刚强，横征暴敛，自己的地位就会转化，走向反面。所以统治者应使自己经常处于柔弱的地位，“知其雄，守其雌”，并尽可能避免斗争，特别是不要主动去挑起斗争。这样就可以退为进，使“天下莫能与之争”。为此，一方面，统治者必须清静无为、“少私寡欲”，克制自己的欲望，切忌过分压榨人民。他告诫统治者“祸莫大于不知足”，否则，“金玉满堂，莫之能守”。因此，他要求统治者在立法、定制时必须“去甚、去奢、去泰”。并且指出最理想的法制就是不去宰割人民，即所谓“大制不割”。另一方面，必须防止人民起来斗争，办法就是采用愚民政策来窒息人民的反抗思想。“古之善为道者，非以明民，将以愚之。民之难治，以其智多。故以智治国，国之贼；不以智治国，国之福。”因此，他极力反对开发民智，要求从精神上、物质上杜绝一切能够激发民智和引起争端的措施。从这一要求出发，他主张“不尚贤，使民不争，不贵难得之货，使民不为盗，不见可欲，使民心不乱。是以圣人之治，虚其心，实其腹，弱其志，强其骨，常使民无知无欲。”他竟不惜大开历史的倒车：“绝圣弃智”，“绝仁弃义”，“绝巧弃利”，以便使“民复孝慈”、“盗贼无有”。老子的理想社会，就是他自己所描绘的“小国寡民”：“使有什伯之器而不用，使民重死而不远徙。虽有舟舆，无所乘之；虽有甲兵，无所陈之；使复结绳而用之。甘其食，美其服，安其居，乐其俗，邻国相望，鸡犬之声相闻，民至老死，不相往来。”这一理想社会像田园诗一样和谐，没有矛盾，没有斗争，所以军队、监狱、法律等等也就失去作用。

（二）鄙薄有为的人定法，抨击“礼治”、“法治”

老子认为，当时统治者奉行与“天之道”相反的“人之道”，不是“损有余补不足”，而是“损不足以奉有余”，只知加重对人民的压榨。这样一来，必然要招致人民的强烈反抗：“民之饥，以其上食税之多，是以饥；民之难治，以其上之有为，是以难治；民之轻死，以其上求生之厚，是以轻死。”他甚至把横征暴敛以至“财货有余”的统治者比作“盗竽”，即强盗头子。因此，他在鼓吹“无为而治”的同时，鄙视有为的人定法，并对儒家的“礼治”、法家的“法治”进行抨击：

其一，“大道废，有仁义；智慧出，有大伪；六亲不和，有孝慈；国家昏乱，有忠臣。”意即忠孝仁义之类的道德规范的出现，都是“大道”废弃的产物，都是社会病态的反映。

其二,“夫礼者,忠信之薄,而乱之首。”这是他对儒家主张“礼治”的批判。由于“礼”是维护贵族“有为”的工具,不但起不了“齐民”的作用,反而是忠信浅薄的表现和引起祸乱的开端。

其三,“法令滋彰,盗贼多有。”老子特别反对法家的“法治”,认为统治者制定的法令越彰明,人民就越陷入贫困,盗贼也就越多;或者说“天下多忌讳,而民弥贫”。这时,即使施之以严刑峻法,也无济于事,原因就在于:“民不畏死,奈何以死惧之?”

老子对礼、法的揭露和批判是比较深刻的,具有积极意义。他反对过重的剥削和压迫,要求清静无为和“惟道是从”等主张,在汉初和唐初起过安定社会的良好作用。但他提倡复古倒退,以致一般地否定法律、道德的作用,则是消极的。

图35　庄子

四、庄子的法律虚无主义

战国中期的庄周与老子一脉相通,世称老庄。明焦竑《庄子翼》序:“夫老之有庄,犹孔之有孟也。”庄子法律思想的基本特征,是“法律虚无”主义。

(一)主张绝对“无为”,否定法律、道德与人类文明

庄子进一步从消极方面发展了老子的思想。从“道”出发,他也认为必须“无为而治”。如说:“君子不得已而临莅天下,莫若无为。”(《庄子·在宥》)并激烈反对各家的“有为”政治。他批评墨家“兼爱”、“节用”、“节葬”等主张是“乱之上也,治之下也”。他又批评儒、法两家,认为“赏罚利害,五刑之辟,教之末也;礼法度数,刑(形)名比详,治之末也。”(《庄子·天道》)在他看来,只有未经人工改造的自然事物才有价值,而社会文明的发展都是对自然的破坏。因此,庄子的理想已不满足于老子的“小国寡民”,而要求回到人与动物无别的“浑沌时代”,也就是“同与群兽居,族与万物并”,“无知无欲”,“无人之情”的“至德之世”。庄子主张“绝圣弃智,大盗乃止;擿玉毁珠,小盗不起,焚符破玺,而民朴鄙;掊斗折衡,而民不争。殚残天下之圣法,而民始可与论议。”(《庄子·胠箧》)他所要取消的包括道德、法律、制度、度量衡等所有规范,以及一切物质和精神文明,实质上就是对整个人类文化的否定。

(二)追求绝对的精神自由

庄子认为,人对人世间的生死、存亡、穷达、富贵、毁誉等等,自己根本无法掌握,只能“安时而处顺”(《庄子·大宗师》),“知其无可奈何而安之若命”,从而陷入了宿命论。但他又极端不满现实,愤世疾俗,不愿受仁义道德、礼法刑政的约束,只好从精神上追求自我解脱。其办法就是超然物外,把人生看成一场大梦,物我两忘。他认为这样就可以与“道”同体,获得不受任何约束和限制的绝对自由。他把老子的对立面可以无条件转化的错误,发展为相对主义。完全否定事物的质的规定性和事物之间的差别,也不承认有判断是非、功过的客观标准。“是亦彼也,彼亦是也;彼亦一是非,此亦一是非”(《庄子·齐物论》)。既然如此,也就没有什么可以作为人们言行是非的客观规范。

（三）“窃钩者诛，窃国者为诸侯”

庄子以相对主义为武器，对当时的仁义道德和法律制度进行了揭露。如说：“彼窃钩者诛，窃国者为诸侯。诸侯之门而仁义存焉。”法律、道德之类，对于这些窃国者，不但起不了制裁作用反而会成为被他们利用的工具：“为之斗斛以量之，则并与斗斛而窃之，为之权衡而称之，则并与权衡而窃之；为之符玺以信之，则并与符玺而窃之；为之仁义以矫之，则并与仁义而窃之”（《庄子·胠箧》）。

庄子的没落贵族式的悲观绝望和不与统治者合作的情绪，引起后世不当权的封建士大夫和失意政客的共鸣。他对当时礼法刑政的抨击虽有助于加深对剥削者法制的认识，但他鼓吹的法律虚无主义，对法律思想的发展却有消极作用。

第八节　齐国文化与齐国学者的法律思想

一、齐国文化的基本特征

齐国文化是综合性的文化，或曰海洋文化。其代表人物是管子和荀子。管子是齐学的开创者，荀子是齐学的总代表，荀子之学是战国末期思想学术领域中最博大的一面旗帜。齐国文化具有悠久的历史文化渊源。其中最重要的是东夷民族的勇敢善战和重视法律的传统。东夷民族的领袖之一蚩尤是英雄式的人物，据传说，他不仅发明了“五兵”，还发明了“五刑”并把它们称为“灋”（《尚书·吕刑》）。

战争导致军事思想和军法的发达，即《周易·师》所谓“师出以律”。“律”是最早的军令。皋陶是东夷民族的领袖和著名的军事法官，故史称“皋陶作律”。据《周礼·冬官·考工记》记载，战鼓的名字就叫“皋陶”。《诗经·鲁颂·泮水》：“淑问如皋陶，在泮献囚。”正是战争之后论功行赏的情景。可见，齐国重视战争和军法是有其历史渊源的。

西周初定，大封诸侯。作为“四岳之后”、“东夷之士”、“东海上人”的齐太公吕尚，由于助周灭商，善用兵，多奇计，有功于周室，故以异姓功臣封为齐侯。太公治齐，不照搬西周之礼，保留和沿用当地民俗习惯，以稳定开国初期的政治局势。这就形成了齐人不甚讲求周礼的传统。齐太公初到齐地营丘，莱夷即来伐，与之争营丘。后又有“北戎伐齐”、“翟人侵齐”。齐人不得不以战争求生存。故形成重兵革、讲谋略的传统。“其事多兵权与奇计，故后世之言兵及周之阴权，皆宗太公为本谋。”而齐国之民“阔达而多匿智，其天性也”（《史记·齐太公世家》）。及至管仲相桓公，令重罪以甲赎，轻罪以盾赎，“甲兵大足”，“兵车之会三，乘车之会六，九合诸侯，一匡天下”（《国语·齐语》），使齐国为春秋第一霸主。周礼影响的薄弱和重视兵战的必然结果是重法和尚贤。管仲治齐，重视道德教育的作用，他把“礼义廉耻”比作“国之四维”，认为“四维不张，国乃灭亡”（《管子·牧民》）。但他又清醒地认识到：“仓廪实则知礼节，衣食足则知荣辱”（《史记·管晏列传》）。要实行教化必须首先改善人民的物质生活条件。因此要“富民裕民”、“与民分货”（《管子·乘马》）。

在任人方面,他实行的不是西周任人唯亲的“亲亲”原则,而是“匹夫有善,可得而举”的尚贤原则。甚至乡大夫有才而不举,以“蔽明”、“蔽贤”论罪(《国语·齐语》)。管仲重视法制。为保障法令的贯彻,他主张“劝之以庆赏,纠之以刑罚”。对“不用上令”、“寡功”和“政不治”者绳之以法:“一再则宥”、“三则不赦”。这些主张和措施首开法家思想之肇端。齐国领地“自泰山属之琅邪,北被于海,膏壤二千里”,具有发展农、渔、盐诸业的得天独存的自然条件。太公治齐,因地制宜,“设轻重鱼盐之利”,“通商工之业,便鱼盐之利”(《史记·齐太公世家》),故农、渔、盐、商诸业发达。后人承其绪,至桓公时有盐官、铁官操其业。“宫中七市,女官七百”,市场繁多,交易频仍(《战国策·东周》)。故齐人讲“利”,“相语以利”,“以其所有,易其所无”,未有轻商贱贾的观念。管仲治国,注重发展农、渔、工、商四业。他用“相地而衰征”(《国语·齐语》)的办法减轻农民负担,提高农民从事耕织的积极性。他设置盐官、铁官管理盐、铁生产,并以减税的办法鼓励渔、盐、铁贸易。

齐国文化造就了齐国之学,齐国之学的代表人物是管子、荀子。管仲的思想和实践进一步巩固了齐国文化的基本模式。其一,齐国有重礼的传统,故鲁国儒学得以传入并扎下了根;其二,齐国有减轻人民负担的故政,因此以“清静无为”为尚的道家思想能够在齐国发展起来;其三,齐国有重法尚贤之风,故主张“以法治国”(《管子·任法》)的法家思想得以在齐国蔚然成风。宋钘尹文学派的理论正体现了齐学儒、道、法三家合一的基本风貌。《管子·心术》道:“礼者,因人之情,缘义之理而为之节文者也。故礼者谓有理也。理也者,明分以谕义之谓也。故礼出乎义,义出乎理,理因乎道者也。法者,所以同出不得不然者也。故杀戮禁诛以一之也”;“事督乎法,法出乎权,权出乎道”;“虚而无形谓之道,化育万物谓之德,君臣父子人间之事谓之义,登降、揖让、贵贱有等,亲疏有体谓之礼,简物、大小、一道、杀戮、禁诛谓之法。”儒家的“礼”、法家的“法”都归结于“虚而无形”的“道”,这正是儒、法、道三家混一的理论。在这种诸家互补、混然而一的学术氛围下,任何外来思想都不可能保持其原有的面貌。

齐国文化培养了自己的思想家,其总代表是荀子。荀子重礼,故有人称他为儒家;又重法,故有人称他为法家。其实,他可以称作儒法家、法儒家,但更宜于称作齐儒家。他是礼治合流、儒法统一的先行者。荀子的思想带有兼容的特点。正如傅斯年先生所说:“荀卿的思想,一面是鲁国儒家的正传,一面三晋的采色那么浓厚。”〔30〕

他“隆礼重法”,在社会领域讲求“礼治”,要求维护父父子子的宗法伦理规范;在政权范围讲求“法治”,主张确立和维护君君臣臣的中央集权的君主政体,从而把儒家的礼和法家的法统一起来。他又兼重德刑,一手实行仁政德治,另一手对不服从教化的人施以刑罚,从而把儒家的德治和法家的重刑主义结合起来。他同时强调“人”和“法”的作用,认为“法者,治之端也”,治理国家离不开法律;又说“君子者治之原也”。他的结论是:“有治人无治法”(有十全十美的人而没有十全十美的法)。“故法不能独立,类不能自行,得其人则存,失其人则亡。”(《荀子·王制》、《君道》)即构建以“人”为主以“法”为辅的统治模式。这种模式在审判领域的反映,就是以法官为中心,以成文法为标准的“混合法”,即《荀子·王制》所概括的:“有法者以法行,无法者以类举,听之尽也”,和《君道》所言“法不能独立,类不能自行,得其人则存,失其人则亡”。“法”指成文法典、法律条文;“类”指判例、故事和它们所体现的法律原

〔30〕　傅斯年:《论孔子学说所以适应于秦汉以来的社会的缘故》,载欧阳哲生主编:《傅斯年全集》(第1卷),湖南教育出版社2003年版,第481页。

则。“类”作为一种原则和精神，与社会风俗、习惯、道德是相通的。

荀子的“混合法”理论是对鲁国“判例法”传统的公开肯定，是对晋秦“成文法”传统的革命性的修正，也是对古代法律实践活动从以贵族政体为背景转移到以集权君主制政体为背景的一次预见性的表述，当然也是对人类法律实践活动规律的一次理论总结。荀子的“混合法”理论对中国封建时代的司法实践具有极大影响。董仲舒的“春秋决狱”就是一次演习，封建历朝的比、故事、例、断例等，就是证明。总之，齐国文化对中国封建社会的影响是巨大的。汉武帝时代独尊的儒术，其实正是荀学。此后，封建文化的旗帜上虽然写着孔孟之道，但实行的正是荀子之术。故近代谭嗣同说：“二千年来之学，荀学也。”〔31〕

二、齐法家的法律思想

先秦法家分两种类型：齐国式的法家和晋秦式的法家。他们虽然都坚持“法治”，但由于各自的历史文化传统所至，其“法治”的内容、特征是不尽相同的。齐法家之学正是齐学的产物。齐法家的法律思想主要反映在托管仲之名的《管子》一书中。

（一）“令尊于君”

齐国法家虽主张“尊君”，但又强调“令重则君尊”，“令尊于君”。（《管子·重令》）要求君主“行法修制先民服”（《管子·法法》），带头守法，以达到“君臣上下贵贱皆从法”（《管子·任法》）的境界。这就把君主权力限制在法律允许的范围内。晋秦法家把“尊君”视为推行“法治”的必要前提：“君尊则令行。”（《商君书·君臣》）故主张君主独揽大权：“权者君之所独制也”，“权制断于君则威”，（《商君书·修权》）“权重位尊”（《韩非子·难势》），“独视者则明，独听者则聪，能独断者，故可以为天下王”（《申子·大体》）。

（二）“以德使民”

齐法家继承管仲“礼义廉耻，国之四维”的传统观念，认为“四维张则君令行”（《管子·牧民》）。他们虽认为人皆“趋利避害”，但人非禽兽，人性可以改变，故承认道德教化的作用：“教训成俗而刑罚省数”（《管子·权修》），故治理天下不能专任暴力“以力使”，而应“以德使”，以致“民从之如流水”（《管子·君臣下》）。晋人本来就有“畏威如疾，民之上也，从怀如流，民之下也”（《国语·晋语》）的传统见解。晋秦法家以为人性“好利恶害”终生不能改变，故治国“任其力不任其德”（《商君书·错法》），“不务德而务法”（《韩非子·显学》），从根本上否认道德教化的意义。

（三）“杀戮不足以服其心”

齐法家受管仲“仓廪实则知礼节，衣食足则知荣辱”（《管子·牧民》）思想的影响，又受到道家、儒家思想的浸渍，认为人民的物质生活状况决定着他们对法律的态度。如果他们衣食无着，饥寒交迫，就会铤而走险，此刻“以法随而诛之，则是诛重而乱愈起”（《管子·治国》），刑罚的威力是有限的，“刑罚不足以畏其意，杀戮不足以服其心，杀戮众而心不服则上位危

---

〔31〕　谭嗣同：《仁学》二十九，载《谭嗣同全集》，中华书局1981年版，第337页。

矣”(《管子·牧民》)。晋秦法家迷信暴力和刑罚的淫威,以为重刑在前,人莫敢犯,故行罚“重轻罪”,“轻者不至则重者不来”,此谓“以刑去刑”(《商君书·壹刑》)。

(四)“务本饬末则富”

齐国素重工商,齐法家受其熏陶,以为“先王使农士商工四民交能易作”,自古以然。故治国虽应重农却不压抑工商:“务本饬末则富”(《管子·幼官》)。“饬末”即整顿管理工商,勿使商贾参与朝政:“商贾在朝则货财上流。”(指卖官鬻爵)(《管子·权修》)“百工商贾不得服长貂”(《管子·立政》),亦此旨也;晋秦法家皆重农而贱商,以为“事商贾,为技艺,皆以避农战也”,视“不战而荣”、“无禄而富”者为“奸民”(《商君书·农战》),而“民农则朴,朴则易用”(《吕氏春秋·上农》)。秦法:“僇力本业耕绢致粟帛多者复其身,事末利及怠而贫者举以为收孥”(《汉书·食货志》)。魏律:贾门逆旅遣而从军,攻城堙壕,(《睡虎地秦墓竹简》)皆其绪也。

(五)兼容并蓄的“稷下学风”

齐国重视学术研究,齐宣王曾置学宫于稷门,招徕各派知识分子,自由讲学。赵国荀况即为稷下老师并三为祭酒。他兼容晋秦之学与齐鲁之学。齐法家承其风,其著述颇含道、儒、阴阳而兼有之。晋秦以“寡礼”、“无儒”著称,虽曾招贤纳士,然皆征战、谋略、法术之士,重实用而轻理论。故其法家著述大都苍白无血色,缺乏理论营养。晋秦法家以为诸子之学非本国固有,且“儒无益于国之治”,“儒以文乱法”,“民不贵学问则愚”,“愚则易治”。(《商君书·垦令》)故治国明法令,“以法为教,以吏为师”(《韩非子·五蠹》),“燔诗书而明法令”(《韩非子·和氏》),“焚书坑儒”。晋秦法家虽有并吞天下之雄心而无兼容他家学术之襟怀。

(六)“治国之道”

齐法家也讲“术”,其“术”实为治国之“道”:“道德出于君,制令传于相,事业程于官”,是“明公道而灭奸伪之术也”(《管子·君臣上》),此乃“循名责实”之道也。晋秦法出于维护君权、推行法治、防止臣下篡权和阳奉阴违的考虑,大讲“帝王之术”。此“术”除“循名责实”的“阳术”外,还有不可告人之“阴术”:“术者,藏于胸中,以偶众端而潜御臣下者也。”(《韩非子·难三》)其术有“倒言反是”、“挟知而问”、“疑诏诡使”(《韩非子·内储说下》)之类,何其狡诈也。这些阴谋权术多为后世帝王所秉承。

三、荀子的法律思想

孔子创建的儒家学派发展到战国中后期,已经不断分化,至“儒分为八”(《韩非子·显学》)。其中孟子、子思一派基本继承并恪守孔子学说,成为孔学正宗。而荀子一派则独辟蹊径,另立门户。从历史的纵向观点而论,荀学是孔、孟之学的新的发展阶段;从地域的横向观点而言,孔、孟之学是鲁儒之学,而荀学则是齐儒之学。

齐学的代表是荀子(约公元前313~公元前238年)。他出生在赵国,曾游历过秦、楚、燕等国,但一生的大部分时间是在齐国度过的。他在稷下学宫讲学,且“最为老师”、“三为祭酒”,这是他才华横溢、成就卓著的辉煌时期。在儒、法、道诸家兼容的齐国文化氛围中,荀子不仅总结并完善了光辉的唯物主义理论,而且将鲁儒的“礼”和晋秦法家的“法”有机地结合起来,成为“隆礼重法”(《荀子·强国》)、儒法合流、礼法统一的先行者。这一划时代的伟业能够成功于齐国,并非偶然。

图36　荀子

在以孟子为首的鲁儒和以荀子为代表的齐儒之间存在着一系列差别。孟子主张“法先王”,荀子主张“法后王”(《荀子·儒效》)。孟子认为“人性善,其恶者放(遗失道德品质)也”(《孟子·滕文公上》),荀子认为“人之性恶,其善者伪(学习和改造)也”(《荀子·性恶》)。孟子主张“以德服人”的“王道”,反对“以力服人”的“霸道”(《孟子·公孙丑上》),荀子则王、霸并重。孟子非兵羞战,认为“善战者服上刑”(《孟子·梁惠王上》),荀子则坚持“夺然后义,杀然后仁”的“义兵”(《荀子·议兵》)说。孟子重德轻刑,重礼轻法;荀子则德刑并重,隆礼重法。孟子主张“亲亲为大”,治国“不得罪于巨室”(《孟子·离娄上》),荀子则主张“尚贤使能”,“无恤亲疏,无偏贵贱”,“虽王公大人之子孙也,不能属于礼义则归之庶人”(《荀子·王制》)。孟子坚持贵族政体,认为“贵戚之卿”的职权是“君有过则谏,反复之而不听,则易位”(《孟子·万章下》)。荀子认为:“君者国之隆也”,“隆一而治,二而乱,自古及今未有二隆争重而能长久者。”(《荀子·致士》)荀子特别强调大儒和“社稷之臣”在治理国家中的作用,他主张“社稷之臣”为了维护国家社稷利益甚至可以“强君”、“矫君”、“抗君之命”,“反君之事”(《荀子·臣道》)。

今存《荀子》32篇,大部分为荀子本人所作。是研究荀子思想的可靠文献。

四、既“隆礼”又“重法”的礼法统一说

荀子一方面改造了孔孟的“礼治”思想,摒弃了其中的世卿世禄的宗法贵族政体,保留了宗法家族的道德伦理精神,另一方面也改造了晋秦法家的“法治”思想,排除了其中的否定教化、严刑酷罚的内容,保留了中央集权的官僚政体,同时将两种本来处于对立的观点在更高理论层次上融合起来,完成了礼法统一的理论框架。

(一)从孔孟之礼到荀子之礼

荀子以“隆礼”著称。但他的“礼”与孔孟不同。孔孟都坚持“礼治”,用“礼”的精神支配社会政治生活。这主要表现在两方面:一是“为国以礼”,即坚持贵族政体和“亲亲为大”、“贵戚之卿”的世袭特权。二是“为法以礼”,即用宗法等级观念支配立法、司法活动,以维护宗法家族秩序。因此,孔孟之“礼”是国家政体与宗法家族一气呵成的一元化的“礼”。

荀子对孔孟之“礼”进行改造,这主要分两方面:一是排斥“为国以礼”,反对“任人唯亲”、“世卿世禄”的贵族政体,主张“尚贤使能”,“贤能不待次而举,罢不能不待须而废”,“虽王公大人之子孙也,不能属于礼义,则归之庶人;虽庶人之子孙也,积文学正身行能属于礼义,则归之卿相士大夫。”(《荀子·王制》)这一主张实际上和法家要求建立的封建官僚制度如出一辙。二是仍然坚持“为法以礼”。他说:“礼者,法之大分而类之纲纪也。”(《荀子·劝学》)这是明确要求以宗法等级观念指导立法和司法,以维护宗法家族制度。经过一舍一取的改造,使原先的“礼”由于失去了国家政体这一阵地而发生量变,由“国”与“家”结合的一元化之

“礼”蜕变为“国”与“家”相分的二元化之“礼”。[32] 不仅如此,荀子之“礼”还发生了质变,正如他所说:“礼之于正国家也,如权衡之于轻重也,如绳墨之于曲直也,故人无礼不生,事无礼不成,国家无礼不宁。”(《荀子·大略》)“非礼,是无法也。”(《荀子·修身》)这里的“礼”实际上同国家的“法”相差无几了。

(二)从法家之法到荀子之法

荀子不仅“隆礼”,而且“重法”。他的“法”与法家的“法”息息相通。法家的“法”或“法治”有两个主要内容:一是摧毁世袭制和贵族政体,建立以郡县官僚制为基础的中央集权的君主专制政体;二是以法律作为辨别人们言论行动之是非曲直并行赏施罚的最高标准,严格依法办事,“不别亲疏,不殊贵贱,一断于法。”(《史记·太史公自序》)荀子主张“无德不贵,无能不官,无功不赏,无罪不罚”(《荀子·君子》),“君者,国之隆也,……隆一而治,二而乱,自古及今未有二隆争重而能长久者”(《荀子·致士》),“君法明,论有常,表仪既设民知方,进退有律,莫得贵贱孰私王”(《荀子·成相》),“怒不过夺,喜不过予,是法胜私也。”(《荀子·修身》)可见荀子之“法”与法家之“法”是基本一致的。这说明荀子已经转变了先儒的贵族立场,同法家并肩站到新兴地主阶级一边了。

荀子重视“法治”,主张制定和颁布成文法典并大力宣传。这样,一方面使各级官吏“进退有律”(《荀子·成相》),另一方面使“天下晓然皆知夫盗窃之不可以为富也,皆知夫贼害之不可以为寿也。皆知夫犯上之不可以为安也,……皆知夫为奸则虽隐窜逃亡犯不足以免也”(《荀子·君子》),法律公布之后,要“庆赏刑罚必以信”,“信赏必罚”。(《荀子·议兵》)做到“无功不赏,无罪不罚”(《荀子·君子》),“无恤亲疏,无偏贵贱”(《荀子·王霸》),“内不可以阿子弟,外不可以隐远人”(《荀子·正论》),这同法家“法不阿贵”的精神毫无二致。他主张罪与刑相称,功与赏相当:“赏庆刑罚皆报也,以类相从者也……赏不当功,罚不当罪,不祥莫大焉。”(《荀子·正论》)因此,他反对“以族论罪”(即族诛)。这些主张同晋法家“重轻罪”、“造参夷之法”相比,的确高出一筹。

在对人性的评价上,荀子与晋法家不同。晋法家以为人性皆“好利恶害”,不可改变,故否认教化的功用。荀子虽认为“人性恶”,但坚信可以通过学习而改变之,故重视教化。他认为,只要教化奏效,就可以“赏不用而民劝,罚不用而民服”(《荀子·君道》)。他指出:“以德兼人者王,以力兼人者弱。”(《荀子·议兵》)这一见解与孔孟大体一致,都基于对统治者与被统治者的同一性(互相依存、相互转化)的认识。正如他所强调的:“君者舟也,庶人者水也,水则载舟,水则覆舟。”(《荀子·王制》)重德思想和重礼思想是使荀子被列于儒家阵营的重要依据。

(三)“明分使群”、“化性起伪”的礼义法度起源论

荀子认为,人的本性是恶的:“饥而欲食,寒而欲暖,劳而欲息,好利而恶害,是人之所生而有也,是无待然者也,是禹桀之所同也”(《荀子·荣辱》)。这种人性论既不同于孟子的性善论,也不同于法家的“好利恶害”的人性论。前者是一种天赋道德观,后者则否认人们后天的学习和改造。荀子认为人性虽然生来是恶的,但后天可以改造:“人之性恶,其善者伪(学习

---

〔32〕 张国华、饶鑫贤主编:《中国法律思想史纲》(上),甘肃人民出版社 1984 年版,第 118～119 页。

和改造)也。"(《荀子·性恶》)而且,正由于人生来性恶,故非进行改造教育不可。

由于人人"好利恶害",故必然产生争夺并导致暴乱:"从人之情,顺人之性,必出于争夺,合于犯分乱理,而归于暴"(《荀子·性恶》)。另一方面,人类为了战胜自然,必须合群,组成人类社会。而为了组成社会,必须分工合作,各守本分。但由于人都是自私自利的,因此必须"明分使群"(《荀子·富国》)。出于组成社会和制止争夺的需要,必须要有国家、法律和道德规范:"古之圣人以人之性恶,以为偏险而不正,悖乱而不治,故为之君上之势以临之,明礼义以化之,起法正以治之,重刑罚以禁之,使天下皆出于治合于善也。"(《荀子·礼论》)简言之,人类为了"明分使群"组成社会以战胜自然,就必须"化性起伪"制止争夺,因而产生了礼义、法度和国家。

荀子的国家、法律、道德起源论把礼义、法正、刑罚相提并论,正说明礼义和法度、刑罚是统一的。就是说,治理社会,单靠道德教化,或只靠法令刑罚,都是不能奏效的。必须把它们统一起来,即将"君上之势"、"法正之治"、"刑罚之禁"、"礼义之化"结合起来,才能"化性起伪",改造人性。

(四)"有法者以法行,无法者以类举"的司法样式

荀子曾经为行将出现的封建王朝提供严谨而完备的治国理论,并为未来的立法、司法活动设计了一整套行之有效的方案。事实证明,整个封建社会的法律实践活动正是沿着荀子指示的方向和模式进行的。故可以一言概之曰:两千年来之法,荀法也。

1. 礼、法、类

荀子有一句名言:"礼者,法之大分,类之纲纪也"(《荀子·劝学》)。礼,即宗法道德伦理观念;法,指成文法;分,根本,基础;类,指判例故事和判例故事所体现的法律原则。有时也指统治阶级的法律意识、法律政策;纲纪,指导原则。全句大意是:宗法道德观念是制定成文法典和创造判例的指导原则。这正是对孔子"兴礼乐,中刑罚"(礼乐不兴则刑罚不中)(《论语·子路》)思想的全面阐述。在"成文法"时代,统治阶级已经开始注意用法律来维护宗法家族制度,如据《睡虎地秦墓竹简·法律答问》载,秦律有"不孝"罪和"非公室告"制度,即是证明。荀子的这一命题是对上述做法的高度总结和概括。后来封建社会的引经决狱、引经注律、纳礼入律,都不过是荀子这一命题的社会化。

2. 法、类

荀子还提出"有法者以法行,无法者以类举,听之尽也"(《荀子·王制》)的司法审判原理。大意是:在审判中,有现成的法律条文可援引的,就按法律条文定罪科刑;没有法律条文就援引以往的判例;没有判例,就依照统治阶级的法律意识、法律政策来定罪量刑,创制判例。在"成文法"时代,审判活动要严格依法办事,不允许法官主观裁断。但法律条文再详备也不可能包揽无余、应有尽有。在无法律明文的情况下,也曾依照法律政策创制少量判例,《秦律》中有少量的"廷行事"就是证明。荀子对"成文法"时代以成文法典为主、以少量判例为辅的审判方式进行总结,才概括出"有法者以法行,无法者以类举"的司法原则。

3. 法义、法数

荀子说:"不知法之义而正法之数者,虽博,临事必乱。"(《荀子·君道》)"法义"是法律的原理、立法的宗旨或法律意识;"法数"是法律条文或判例的具体内容。原文大意是:作为一个法官,如果不懂法律的原理和立法的宗旨,只知道法律条文或判例的具体内容,那么,他

掌握的法条和判例再多,遇到具体案件也免不了束手无策、乱了章法。这一命题强调法律意识的重要性,等于强调法官主观能动性的价值。荀子所要求的法官,是具有纯熟法律意识从而善于随机应变的法律专家,而不是“成文法”时代只知“法条之所谓”的执法工匠。

4. 人、法、类

荀子说:“法不能独立,类不能自行,得其人则存,失其人则亡。”(《荀子·君道》)大意是:法律不会自行产生,判例也不会自行适用,有了好的法官来掌握,就会融会贯通;没有好的法官来掌握,就形同虚设,不能发挥作用。

荀子这里所说的“人”,不同于“为政在人”、“其人存则其政举,其人亡则其政息”(《礼记·中庸》)的“人”。后者泛指统治者特别是最高统治者;而前者仅指法律领域内的专门工作者。他认为,在司法活动中,“人”、“法”、“类”三者当中,“人”的作用是第一性的、关键性的,法律条文再详备也不可能囊括各种复杂情况。因此,在审判中要靠法官根据具体情况机动灵活地独立思考、融会贯通。“法而不议,则法之所不至者必废,职而不通,则职之所不及者必坠。故法而议,职而通,无隐谋,无遗善,而百事不过,非君子莫能。”(《荀子·王制》)法官不仅应当明晓法律条文,更要掌握法律条文所依据的法律意识:“人无法则伥伥然,有法而无志(识、知)其义则渠渠然,依乎法而又深其类,然后温温然。”(《荀子·王制》)法律意识是相对稳定的因素:“类不悖,虽久同理。”故法官要“以圣王之制为法,法其法以求其统类”(《荀子·解蔽》),掌握了法律意识就可以“卒然起一方则举统类而应之”(《荀子·儒效》),“以类度类”(《荀子·不苟》),“以类行杂,以一行万”(《荀子·王制》),“推类接誉,以待无方”(《荀子·君道》)。

5. 治人、治法

荀子提出:“有治人,无治法。”意即有尽善尽美的“人”,而没有尽善尽美的“法”。这包含三层意思:其一,法是人制定的:“君子者法之原也”,有了好的“人”才能制定出好的“法”。其二,“法”是靠“人”来执行的,有了好的“法”而没有好的“人”也是枉然:“羿之法非亡也,而羿不世中,禹之法犹存,而夏不世王。故法不能独立,类不能自行,得其人则存,失其人则亡。”(《荀子·君道》)其三,法律既不能包揽无遗,又不能随机应变,全靠“人”来掌握。有了好的“人”,“法虽省,足以遍矣”;没有好的“人”,“法虽具,失先后之施,不能应事之变,足以乱矣。”其结论是:“有良法而乱者,有之矣,有君子而乱者,自古及今,未尝闻也。”(《荀子·王制》)

6. 荀子的蓝图

荀子在“成文法”时代竭力强调发挥法官的主观能动性,是有针对性的,这就是单一的“成文法”。在他看来,治理国家光靠哪怕是良好详备的法律也是远远不够的,还应当以统治阶级的法律意识为核心,充分运用判例的价值。荀子的目的与其说是把博闻强记、长于操作的执法工匠变成深明法理、得心应手的法律大家,毋宁说是为了建立一种新的法律活动方式。他绘制了一幅蓝图,这就是“有法者以法行,无法者以类举”(《荀子·天论》)的“成文法”与“判例法”相结合的“混合法”。这种方式既吸收了西周春秋时“议事以制”的判例法和战国时“事皆决于法”的成文法的优点,又克服了它们的缺欠。可以说,整个封建社会的法律实践方式都是沿着这一模式进行的。

荀子是我国古代最杰出的思想家和唯物主义者,先秦诸家思想几乎都受到他的无情批评。他的历史功绩在于改造了儒家的“礼”和法家的“法”,并把它们在更高的理论层次上有机结合起来,从而成为后世正统学术的真正开山鼻祖。可以说,两千年古代社会的正宗学术和法制,均未出荀子设计的蓝图。

但是,荀子个人的遭遇却是十分悲惨的。孔、孟、荀虽都生不逢时、未得重用,但他们死后的境遇却大不相同。西汉以后,孔、孟受到封建统治者的青睐,设博士专门传授《论语》、《孟子》,孔、孟在后世先后被尊为"至圣"和"亚圣"。而《荀子》一书则无人问津,以致"编简烂脱"。直到唐朝中叶,才有杨倞为之作注。荀子其人其书被贬为"杂家者流"而无人研究。

历代统治者如此扬孔孟而抑荀子,并非偶然。这主要是因为:其一,荀子是比较坚定的唯物主义思想家,他反对宗教迷信和阴阳方术,主张"天人相分"、"制天命而用之"(《荀子・天论》),这种思想不利于封建帝王的神圣化;其二,荀子主张"性恶"论,认为不论什么人其性均恶,"其善者伪(后天学习改造)也"(《荀子・性恶》),这一思想不利于美化统治阶级,不利于麻痹劳动人民的反抗意识,在一定程度上承认人们物质欲望的合理性,并多少冲淡了统治阶级对人民实行道德教化的社会功用;其三,荀子敢于直语"严刑",甚至主张不待教而"先诛"(《荀子・非相》),这有碍于统治阶级的"仁德"形象;其四,荀子反对"以世举贤"、"以族论罪"(《荀子・君子》),这既不利于维护贵族特权,又不利于强化以刑罚为后盾的国家法制;第五也是最重要的是,荀子主张"社稷之臣"为了国家利益可以对君主采取特殊措施:"强君"、"矫君"、"抗君之命"、"反君之事"。(《荀子・臣道》)

如此等等,均使荀子学说基本上不适合历代统治阶级的胃口。但是,历代统治者对荀学的真实态度是表面弃之,暗中用之。

唯有荀子的弟子深明荀学的价值,以荀子为圣人帝王,认为荀学博大精深足以为"天下法式"。《荀子・尧问》中记载着荀子的弟子对他们老师的评论:

"为说者曰:'孙卿不及孔子'。是不然:孙卿迫于乱世,遒于严刑,上无贤主,下遇暴秦,礼义不行,教化不成,仁者绌约,天下冥冥,行全刺之,诸侯大倾。当是时也,知者不得虑,能者不得治,贤者不得使,故君上蔽而不睹,贤人距而不受。然则孙卿怀将圣之心,蒙佯狂之色,视天下以愚。《诗》曰:'既明且哲,以保其身,'此之谓也。是其所以名声不白,徒与不众,光辉不博也。今之学者,得孙卿之遗言余教,足以为天下法式表仪。所存者神,所过者化,观其善行,孔子弗过,世不详察,云非圣人,

奈何!天下不治,孙卿不遇时。德若尧禹,世少知之,方术不用,为人所疑,其知至明,循道正行,足以为纪纲。呜呼,贤哉,宜为帝王!"

五、阴阳家的法律思想

就法律思想来说,战国时期除了儒、墨、道、法四家外,在当时或对后世有影响的还有阴阳家。阴阳家是战国时期形成的一个学术派别,它是自春秋以降神权思想不断衰落之际,公开研究和宣传神秘理论的一个学派。

(一)阴阳家及其代表人物

阴阳家(又称阴阳五行家)是战国时期提倡阴阳、五行说的一个学派。司马谈《论六家之要旨》将它列为六家之首,《汉书・艺文志》置之于"九流"的第三位。阴阳说和五行说本来是西周神权思想衰落时期产生的具有朴素唯物主义因素的两种流行思想。阴阳,是古代思想家用来解释自然界"相反相成",即相互对立和消长的两种势力的哲学概念,他们用阴阳交替来

解释宇宙发展运动的规律。五行,指水、火、木、金、土五种物质元素。古代思想家用五行“相生相胜”的相互关系来说明自然界变化的原因。阴阳说与五行说的合流,就构成了我国古代朴素唯物主义自然观,并对后来的哲学和自然科学的发展,起着不小的作用。战国时期的阴阳家把阴阳、五行说纳入唯心主义轨道,把它演变成一种神秘的学说。其中,最著名的代表人物,就是战国末期的邹衍。

邹衍(又作驺衍),战国末期齐国人。约生活于公元前305年至公元前240年。曾为燕昭王师,又在齐稷下讲过学。善谈天文历象,人称“谈天衍”。曾游历梁、赵、秦等国,“以阴阳主运显于诸侯”(《史记·封禅书》),受到诸侯、大夫的“尊礼”:“王侯大人初见其术,惧然顾化”(《史记·孟子荀卿列传》),其理论曾轰动一时,于是“怪迂阿谀苟合之徒自此兴,不可胜数也”(《史记·封禅书》)。由于他的理论迎合了新兴地主阶级建立和巩固政权的需要,因而得到地主阶级的赞扬。《史记》本传说邹衍作“《终始》、《大圣》之篇十余万言”。《汉书·艺文志》录《邹子》49篇、《终始五德》56篇,皆佚。现在只能从秦汉及以后的有关著作和邹衍一派的著述来了解他的思想。

(二)阴阳、五行

阴阳这对概念,是古代人们在观察天文气象、时节变化等实践活动中逐渐萌发形成的。阴(陰),本义是云覆日;阳(阳),本义是日出。人们看到昼夜、阴晴、寒暑、月蚀等现象中都包含有互相对立的两个方面,于是加以抽象、概括,名之为阴、阳。并把它们看成是推动万物生成变化的两种基本元素,支配着一切事物:在自然界则天为阳,地为阴;在人类则男为阳,女为阴;在性情则刚为阳,柔为阴……人们还用阴阳之间的关系来解释自然和社会现象,周幽王时的伯阳父(史伯)就用阴阳失调来说明地震的原因:“阳伏而不能出,阴迫而不能烝,于是有地震”(《国语·周语上》);周内史叔兴说陨星降落是“阴阳之事,非吉凶所生也”(《左传·僖公十六年》);春秋末医和以“阴、阳、风、雨、晦、明”、“六气”的相互关系说明疾病产生的原因。(《左传·昭公元年》)《老子》以阴阳来说明万物的矛盾:“万物负阴而抱阳”;《易经》以阴阳交替来说明事物发展的规律:“一阴一阳谓之道。”五行,指水、火、木、金、土五种构成世界的基本物质元素。古代思想家用日常生活常见的这五种物质来说明世界万物的起源和事物的多样性。伯阳父说:“先王以土与金、木、水、火杂以成百物。”(《国语·郑语》)宋国大夫子罕说:“天生五材,民并用之,废一不可。”(《左传·襄公二十七年》)“五材”就是五行。春秋战国之际,五行说十分流行。当时曾有人提出五行“相生相胜”的观点。“相生”,即“木生火”、“火生土”等;“相胜”,即“水胜火”、“火胜金”等。墨子曾经批驳“五行常胜”、“五行相生”的理论(《墨子·贵义》);孙子也不同意“五行常胜”,认为“五行无常胜”(《孙子兵法·虚实》),可见当时五行说在社会上影响是不小的。原始的阴阳、五行说,以对立的矛盾来解释世界运动的形式,以生活中常见的物质来说明世界存在的形式,从而排斥了用神意来描绘人间的荒诞构想,这在一定程度上是符合唯物主义精神的。但是,由于历史的局限,它还不是建立在科学认识的基础上,仍处在直观、简单的阶段中,不能将唯物主义坚持到底,因而不可避免地陷入唯心主义。伯阳父用阴阳失调解释地震,却又认为阴阳不调是“民乱之”造成的(《国语·周语上》),并把五行构成万物说成是“先王”的创造(《国语·郑语》)。可见原始的阴阳、五行说已经夹杂着极浓的唯心主义色彩。

（三）阴阳五行说对法律思想的影响

阴阳家的阴阳五行说曾经红极一时，对秦帝国乃至后世王朝均施以极大影响。

1.“五德终始”论

邹衍的思想可分为三个方面：一是天文星历的天论；二是“大九洲”的地理论；三是“五德终始”论。其中著名于时且对后世影响最大的是“五德终始”论。

李善曾引有关邹衍的两句话：“五德从所不胜，虞土、夏木、殷金、周火。”（《文选》卷五十九《齐故安陵君王碑》李善注引）“邹子有终始五德，从所不胜。土德后木德继之，金德次之，火德次之，水德次之。”（《文选》卷六《魏都赋》李善注引《七略》）可见，“五德终始”论是原始的“五行相胜”说的发展。

但是邹衍不讲“相胜”而只讲“从所不胜”（服从它所不能战胜的），回避新“德”对旧“德”的“胜”、“克”的一面，而强调旧“德”对新“德”的服从，其原因，在于劝诱当时的人们，使他们觉悟到旧时代的灭亡是“气数”将尽、不可避免的，从而自觉顺应和拥护新的制度。这种理论是从“现实”出发的，也是向前看的，迎合了新兴地主阶级的口味。

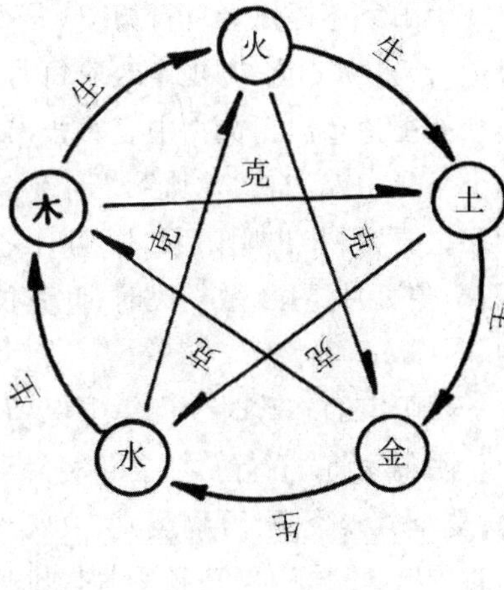

图 37　五行图

“五德”既是“五行”的属性，又是“五行”在人类社会领域中的显示。这样，它们就成了决定历史进程和社会政治面貌的神奇力量。邹衍认为，每一朝代都受着一种“德”的支配，该“德”的盛衰决定这个王朝的兴废。统治者必须按“德”的面貌来建立制度、进行统治，这就叫作“五德转移，治各有宜，而符应若兹”（《史记·孟子荀卿列传》）。这一原理，被保存在《吕氏春秋·应同》中：“凡帝王之将兴也，天必先见祥乎下民。黄帝之时，天先见大螾、大蝼。黄帝曰：‘土气胜’。土气胜，故其色尚黄，其事则土。及禹之时，天先见草木，秋冬不杀。禹曰：‘木气胜’。木气胜，故其色尚青，其事则木。及汤之时，天先见金，刃生于水。汤曰：‘金气胜’。金气胜，故其色尚白，其事则金。及文王之时，天先见火，赤乌衔丹书，集于周社。文王曰：‘火气胜’。火气胜，故其色尚赤，其事则火。代火者必将水，天且先见水气胜。水气胜，故其色尚黑，其事则水。水气至而不知数备，将徙于土。”这正是“五德从所不胜”的最好注脚。这种理论，不过是传统的君权天授说的再版。它把剥削阶级的国家和法律制度说成是“天”的安排，因而是神圣不可侵犯的。“五德”虽然有胜有衰，却永远存在，因此剥削制度也万古长存。

邹衍的理论，其作用不仅在于总结以往，更重要的还在于服务“当今”。战国末期，正是封建制度在各诸侯国内确立、巩固，并进而走向全中国统一的时代。邹衍的“五德终始”说为封建制度在全中国范围内的确立提供了理论依据，因此受到地主阶级的重视：“邹子之徒，论著终始五德之运，及秦帝而齐人奏之，故始皇采用之”（《史记·封禅书》）。而“齐人”怎样“奏之”的呢？《封禅书》载：“秦始皇既并天下而帝，或曰：黄帝得土德，黄龙地螾见；夏得木德，青龙止于郊，草木畅茂；殷得金德，银自山溢；周得火德，有赤乌之符。今秦变周，水德之时。昔秦文公出猎，获黑龙，此其水德之瑞。”邹衍曾预言“天且先见水气胜”，其门徒又真的找出“水德之瑞”,于是,秦帝国俨然是应天运而降生的。秦始皇统治集团完全接受了邹衍“五德终始”的理论,并且认认真真地贯彻实行了:“更名河曰德水,以为水德之始”;“衣服、旄旌、节旗皆上(尚)黑”(《史记·秦始皇本纪》)。水至平无颇、清明无浊、冷酷无情,《说文解字》:“法者刑也,平之如水,从水。”所以治国尚法:“刚毅戾深,事皆决于法。刻削毋仁恩和义,然后合五德之数。于是急法,久者不赦。”(《史记·秦始皇本纪》)他们全不顾人民死活,以为只要深于用法以合“天数”之“德”,就能永保嬴姓王朝于二世、三世及至万世。这些地主阶级的代表人物,曾经比较清醒地批评过前代帝王“假威鬼神”、“故不长久”。(《史记·秦始皇本纪》)而当他们一旦坐稳了江山之后,便努力使衰落的神权思想在新的形势下重新复活。他们在胜利之际头脑发热,忘记了世上还有一个真正的水德,那就是“水能载舟,水亦能覆舟”。

五德之说并未因秦亡而匿迹。据说,秦亡是因为始皇祭泰山迂风雨而未能封禅。汉文帝时曾有汉属水德还是土德的争辩。北魏孝文帝以拓跋部“出于黄帝,以土德王”,土为“万物之元”,故改姓元。(《资治通鉴》卷一四〇《齐纪》六)可见五德说影响十分深远。

2. 德刑时令说

阴阳家还提出春夏行德、秋冬行刑的德刑时令说。他们以“五行相生”的原理来解释四时运行、万物变化,并规定政府每月应当进行的经济、政治、军事、司法、宗教等活动。1942年长沙战国楚墓出土文物中有一张帛书,绘有每月的神象,记有月名及每月应进行的政事。譬如十一月中就记着“攻城”、“刑首事”、“戮不义”诸项,俨然是一种行政月历。[33] 司马谈《论六家之要旨》指出阴阳家“序四时之大顺,不可失也”;《汉书·艺文志》也说阴阳家“敬顺昊天,历象日月星辰,敬授民时,此其所长也”。可见阴阳家的施政时令说在秦汉的影响是很大的。

阴阳家的施政时令说集中保留在《礼记·月令》(即《吕氏春秋》十二纪中每纪的首篇)中。阴阳家将“五行”之“德”附会于四时,把四时神秘化。春季气候温和,草木萌生,故属木德;夏季气候炎热,万物茂盛,故属火德;夏秋之间冷热相均,万物不盛不衰,故属土德(一说:四时周行,土居中央);秋季气候渐凉,有肃杀之气,故属金德;冬季寒冷,万物隐蔽蓄藏,故属水德。木生火、火生土、土生金、金生水,于是,四季循环往复,无有终期。统治者出政布令必须依照五德四时之数:“凡举大事,毋逆大数;必顺其时,慎因其类。”春属木德,万物生长,宜用赏庆:“命相布德和令,行庆施惠,下及兆民”;夏属火德,万物繁荣,宜行教化、举荐人材:“命太尉赞桀俊、遂贤良、举长大,行爵出禄”,同时“断薄刑、决小罪、出轻系”;秋属金德,万物凋谢,宜于选练军兵,施行刑罚:“命将帅选士厉兵、简练桀俊、专任有功”,“审断决狱讼必端平,戮有罪、严断刑”,“命有司申严百刑,斩杀必当,毋或枉桡”;冬属水德,万物隐藏,“可以罢官之无事、器之无用者,涂阙廷门闾,筑囹圄,此所以助天之闭藏也”(《礼记·月令》)。这种时令说还包含有按照四季变化调节和管理农业、手工业生产活动的合理内容,如规定春、夏禁止伐木、焚林、捕杀幼兽,冬季修理农具等。

值得注意的是,阴阳家在用“五德终始”解释王朝更替的同时,提出德刑时令说,其目的在于:一方面为新兴地主阶级政权的建立提供理论依据;另一方面还为新上台的统治者提供治理国家的具体办法。这两部分内容的结合就构成了阴阳家的全部理论。秦王朝只取其前,

---

〔33〕 杨宽:《战国史》,上海人民出版社1955年版,第471页。

不取其后，这正是秦帝国二世而亡的原因之一。

3. 阴阳五行说对后世的影响

阴阳五行说不仅对秦朝的政治法律活动施以重要影响，而且还对整个古代社会的法律思想产生重大影响。这主要表现在以下两个方面：

首先，阴阳家的思想为汉代法律的确立提供了重要的理论支柱。汉武帝时，为适应巩固专制主义中央集权制度的需要，董仲舒以儒家思想为核心，融合阴阳家的神学目的论，以及法家等诸家的思想，完成了儒学的更新，使儒家思想成为中国古代社会的统治思想。殷商时代的统治思想是神权思想。西周以后，神权动摇，导致春秋战国的百家兴起、百家百义。战国时代，各诸侯国先后接受法家主张，变法图强，完成了全中国的统一，法家思想成为地主阶级治国的理论基础。其后秦亡汉兴，汉初统治阶级为恢复经济、巩固统治地位，实行了以外黄老而内刑名的混合思想为指导的过渡政策。当时，作为封建社会上层建筑重要内容的统治思想，还处在摸索阶段而未曾确立。道家轻仁薄义、非圣无法；法家无视德治教化、一味任刑，都显然不符合统治阶级的胃口。儒家的道德伦理学说最适于以自然经济为基础的宗法等级社会，然而孔、孟多重人事而鲜语鬼神；荀子讲“天人相分”与人“性恶”（包括君主），这在客观上阻碍了儒家思想的宗教化。要以儒学为封建社会的统治思想，就必须对先秦儒学进行一番改造，注入一些新的内容。阴阳家的理论虽然“闳大不经”，但是“要其归，必止乎仁义节俭，君臣上下亲疏之施”，主张“尚德”和“整之于身，施及黎庶”，（《史记·孟子荀卿列传》）显然与儒家思想合拍。更重要的是，阴阳家能够“深观阴阳消息”，“载其禨祥制度”，有一套使人“惧然顾化”的神秘理论，最宜于滋补儒学营养不良的躯壳。于是，经董仲舒之手，完成了对先秦儒学的改造，使儒家思想得到阴阳家神秘主义这根支柱，又吸取其他诸家（主要是法家）思想的有利因素，最后上升为古代社会的统治思想，并作为古代正统法律思想的理论基础，始终指导着历代统治阶级的立法和司法活动。

其次，阴阳家的德刑时令说神化了正统法律思想的基本理论。以“三纲五常”为核心的道德伦理观念，是儒家思想的精髓。而封建的伦常纲纪，贵贱、尊卑、长幼、男女、亲疏的差别和相互之间的关系，又无不可以纳入阴阳的模式：君为阳，臣为阴；父为阳，子为阴；夫为阳，妻为阴……从而使这种差别从“物之不齐，物之情也”（《荀子·荣辱》）上升为“人之不齐，天之道也”（著者语）。因而，“父慈、子孝、兄良、弟弟（悌）、夫义、妇听、长惠、幼顺、君仁、臣忠”（《礼记·礼运》）等道德伦理规范也都成为符合“天道”的、不可违犯的神圣教条。同时，儒家主张先教后杀、先德后刑、德主刑辅。而阴阳家的德刑时令说则提出“阴阳者，天地之大理也；四时者，阴阳之大经也；刑德者，四时之合也。刑德合于时则生福，诡则生祸”（《管子·四时》），主张“明于阴阳，审于刑德”（《史记·龟策列传》），即春夏行德教，秋冬施刑罚，以符合“春生夏长秋收冬藏”的“天道之大经”。《史记·太史公自序·论六家之要旨》）依据这种理论，一方面，统治阶级的德教、刑罚都是合于“天道”的，因而是合理的；另一方面，如果没有春夏的万物繁荣，那么秋冬的肃杀、蓄藏也就失去了对象，所以德教不仅先于刑罚而且还重于刑罚。这种模式不仅与儒家的法律思想不谋而合，而且还使之神秘化、权威化。再有，儒家主张“慎刑”，而阴阳家则强调德教刑罚的合“第次”：“春凋、秋荣、冬雷、夏有霖雪，此皆气之贼也。刑德易节失次则贼气速至。贼气速至则国多灾殃。”（《管子·四时》）秋冬行德、春夏行刑是大的“易节失次”，而庆赏不当、刑罚枉滥是小的“易节失次”，都会产生“贼气”，干扰四时运行而引起灾难。这就使儒家原来的“慎刑”说教更增添一层神圣的光彩。

阴阳家的德刑时令说被汉后历代统治者沿用。“汉法以冬月行重刑,遇春则赦若(或)赎。”(《资治通鉴·汉武帝元光四年冬十二月》胡三省注)而后立春至秋分停止决囚,春季行赦,迁灾异行赦,秋冬行刑等逐渐成为定制。明、清的秋审、朝审、热审制度也受这种理论的影响。德刑时令说除了神化封建法制之外,还在一定程度上限制司法专横。历代运用这一理论来反对严刑酷罚和司法枉滥的不乏其人其事。它在唯君主独尊、君主即国家、君言即法律的君主制度下,对于限制君主的司法专断和改革残酷的刑罚制度,具有某种微妙的积极作用。

第九节　儒家法家法律传统的差异与重叠

由于文化传统和现实社会地位的不同,儒家法家各自形成了自己的法律传统。在春秋战国时代,儒家法家的法律传统表现出明显的差异性。

一、法家思想与儒家思想的对立

法家思想与诸家思想既有差别又有联系。但是,由于法家主张变法革新,儒家主张守旧改良,因此,在特定时期内,法家与儒家处于总体对立状态。

(一)“法治”与“礼治”、“德治”、“人治”的对立

法家思想的核心是“法治”。“法治”说在诸家中标新立异,且与儒家思想迥然相异。法家是继墨家之后反对儒家最力的一个学派,其对儒家思想的批判也最为全面和深刻。同时,儒家也极力批判法家政治。比如,商鞅变法后,赵良即以“恃德者昌,恃力者亡”(《史记·商君列传》)当面批评商鞅。于是就形成了法家与儒家思想的对立。这种对立主要表现在以下三个方面:即“法治”与“礼治”、“德治”、“人治”的对立。

首先是“法治”与“礼治”的对立。这是两种不同质的法律和制度的对立。“法治”是法家针对儒家的“礼治”所维护的宗法制而提出的。法家的“法治”要求“不别亲疏,不殊贵贱,一断于法”(《史记·太史公自序》),反对旧贵族垄断土地所有权的土地国有制和世卿世禄的宗法等级制;主张土地私有并允许自由买卖,实行按军功、才能选拔官吏的官僚制,因而与维护奴隶主贵族世袭特权的“礼治”形成了对立。

其次是“法治”与“德治”的对立。这是法家和儒家在统治方法上的对立。法家主张“不务德而务法”(《韩非子·显学》),统治人民只能“以力服人”,强调以国家暴力为后盾的法律的强制作用,把法律的强制手段说成是最有效的甚至是唯一有效的统治方法,轻视甚至完全否定道德教化的作用。儒家则主张“以德服人”的“德治”、“仁政”,强调道德教化的作用,相对轻视法律刑罚的强制作用。

最后是“法治”与“人治”的对立。这是在治理国家上“法”、“人”二者哪个起决定作用问题的对立。法家强调治理国家的关键是“法”,而不是“人”;认为只要有了根据新兴地主阶级意志所立的“法”,并坚决贯彻执行,就能轻而易举地治理好国家,即所谓的“以法治国,举措而已”。儒家则鼓吹“为政在人”的“人治”,认为在治理国家上起决定作用的是“人”,而不是

"法",即所谓"其人存则其政举,其人亡则其政息"(《礼记·中庸》)。法家抨击儒家的"人治",认为"人治"就是统治者随心所欲的"心治"或"身治",如《慎子·君人》说:"君人者舍法而以身治,则诛赏夺与从君心出矣。然则受赏者虽当,望多无穷;受罚者虽当,望轻无已。君舍法而以心裁轻重,则是同功而殊赏,同罪而殊罚也。怨之所由生也。"《韩非子·用人》也说:"释法术而任心治,尧不能正一国。"可见,法家的"法治"思想符合战国时期集权君主制度确立的时代要求,比儒家的"礼治"更具有积极意义。

(二)法家儒家法律思想对立的具体表现

在春秋战国时代,法家与儒家法律思想的对立具体表现在以下几个方面:

第一,在国家政体方面,孔孟儒家坚持自西周以来的宗法贵族政体。但是,他们又主张在贵族政体之下进行局部改良:其一是恢复天子的权威;其二是实行"亲亲"原则下"举贤才"——亲齐则贤者先贵,贤齐则亲者先贵。儒家坚持贵族政体,故重视各级贵族个人品格的作用,主张"贤人政治",相对忽视法律的作用。法家则主张通过变法废除宗法贵族政体,建立集权君主官僚政体。运用法律武器剥夺贵族的世袭特权,尚贤使能,选拔有功者参与国家管理。各级官吏由君主任免,对君主负责。治理国家不寄希望于"贤人"而依靠"法治"。

第二,在处理统治者和被统治者之间的关系方面,儒家认为两者相互依存并可以互相转化,故主张"德治"。儒家对统治阶级与被统治阶级之间的辩证关系——相互依存缺一不可,在一定条件下又可以互相转化——有极为深刻的认识。《荀子·王制》说:"君者,舟也;庶人者,水也。水则载舟,水则覆舟。"意思是说,老百姓在正常情况下可以奉养君子,但在特殊情况下也可以起来推翻君子的统治。因此,儒家反复强调要重视老百姓的问题,注意改善人民的物质生活条件,劝说统治阶级不要过分压迫剥削劳动人民,要自我克制,不要专横暴虐,以免引起人民的反抗斗争。其基本方法就是"富而后教",即"德治"、"仁政"、教化。以期实现一个虽有阶级分别和阶级剥削却没有阶级反抗的和谐社会。法家则独尚君权,维护君主的绝对权威。臣下和百姓应当无条件服从君主的支配,不能阳奉阴违,更不能对立反抗。法家主张运用法律管理和役使人民,用赏罚二柄奖励有功于国家的行为,制裁有害于国家的行为,用法律规范人民的言论行动,以期实现富国强兵、统一天下。

第三,在君主与大臣的关系方面,儒家主张君臣共治,共同治理国家社稷。君主要尊重大臣,大臣在君主面前应当有更多的发言权。儒家主张限制君主专横,君主不能凭着个人的喜怒专断。孟子甚至提出,对暴虐的君主,人民可以起来把他打倒;对屡劝不改坚持作恶的君主,大臣有权力罢免其王位并选立新的君主。即使是支持确立封建官僚政体的荀子,也主张社稷大臣为了国家的利益可以"强君"、"矫君"、"抗君之命"。儒家还要求大臣敢于讲真话,敢于批评君主的过失,这才是真正的"忠"。儒家把君主和大臣视为统治阶级的一个整体,认为君主与大臣虽然有差别,但不像法家所理解的差别之大。法家则法家主张尊君卑臣,认为君主的地位神圣不可侵犯,凡是君主的命令,都要绝对执行,不得违抗,否则就是犯上作乱。法家还提醒君主时时提高警惕,严防臣下谋权篡位。显然,儒家的"君臣一体"与法家的"尊君卑臣"是大异其旨的。

第四,在对道德伦理规范与法律规范作用的评价上,儒家强调道德规范是第一性的,法律规范是第二性的。在儒家看来,社会行为规范大致上可以分为两种:一种是以内心感情为基础的道德伦理规范;另一种则是凭借强制力保障实行的法律规范。儒家认为,发自内心的道德规范是真实的、有价值的、美好的,因而也是最为有效的;而靠暴力驱使的法律规范则是不真实的、片面的、不美好的,其效力是十分有限的。法律用强迫的办法迫使人们做什么,禁止人们做什么,但并不能使人们从内心深处自觉地弃恶从善。人们一旦从内心的伦理要求出发去做什么或不做什么,人们就能够自我制约。这样,法律就失去了作用。儒家强调宗法道德伦理规范的作用,所以,他们特别强调教化。法家则认为法律规范是第一性的。法家认为人们"好利恶害"的本性不可改变也不必改变,教育的作用十分有限,治理国家不能靠德政教化,只能靠法律和刑罚,只要人们服从法律即可,不必考虑内心是怎么想的。

第五,在评价人与法的作用方面,儒家一般更强调人的作用,认为法是人制定的,又是靠人来执行的,故人的作用是第一位的。因此,在法律样式方面,儒家坚持"议事以制"的判例法,相对轻视成文法。法家则认为法律的作用是第一位的。人的因素有许多局限性,无法实现统一规制。只有法律特别是明确而详细的成文法,才能统一人们的行为和思想。

第六,在司法原则方面,儒家坚持礼的精神,依照当事人的血缘身份和社会地位,区别对待。比如所谓"刑不上大夫,礼不下庶人"、"亲疏相隐"等等。法家则一般坚持"刑无等级",不论什么人,只要违反了国家法律,都要承担责任。一人犯罪,其亲属故人不得隐瞒不报。

第七,在犯罪原因、杜绝犯罪和刑罚措施方面,儒家认为犯罪是社会现象,其原因有二:一是由于物质生活上的贫困,使人民铤而走险;二是思想意识上没有达到自我约束。因此,儒家一般都把矛头指向统治阶级,要求他们减轻剥削压迫,实行富而后教的政策,从而杜绝犯罪。在刑罚措施上儒家一般主张罪刑相称,适当宽宥,尤其反对扩大打击面,反对族株连坐。法家认为犯罪是从人们自私自利的秉性使然,是通过犯罪获得更大的利益。因此,杜绝犯罪只能依靠严刑峻法,使人们不愿意因图小利以获重罪。在刑罚措施上法家主张重轻罪,不赦免,对重大犯罪实行族诛连坐,以期"以刑去刑"。

二、法家思想与儒家思想的重叠

儒家和法家思想既具有对立的一面,也有相同的一面。其实,"法治"与"礼治"并不是格格不入的整体对立,而是既有分立之处,又有重叠之处。

第一,在阶级属性上,儒家法家都是统治阶级的代表。前者代表宗法贵族阶级的利益,后者则代表非贵族出身的平民上升而成的新的土地私有者的利益。两者在维护财产私有制的经济关系上具有一致性。

第二,儒家法家都主张建立统一国家。在政体上,儒家要求建立"礼乐征伐自天子出"的统一的贵族政体,法家则要求建立"尊君卑臣"的统一的集权官僚政体。

第三,儒家法家都主张维护等级制度。儒家维护宗法政治等级和家庭伦理等级制度,法家则维护集权官僚政体的政治等级制度。法家不仅维护国君一家一姓的世袭特权,也注意照顾各级官吏和有爵位者的特殊利益,这些同"礼治"的差别精神毫无二至。

第四,在君臣关系问题上,儒家法家都反对君主为所欲为寡头作风,希望君臣分工合作。儒家设计了"君仁臣忠"的贵族政体,各级贵族在君主面前有极大发言权;法家设计了"君臣上下皆从法"的集权政体,实行君道无为、臣道有为的官僚政治。这两种政体虽然不同,但是,君臣合作的寓意却是相通的。

第五,在社会经济和组织方面,法家和儒家都维护自然经济和宗法家族社会结构,只不过方法不同:法家运用法律的强制手段,儒家则以"重义轻利"和忠孝仁爱的道德说教。秦律维护父系家长对卑亲属的种种特权，证明国家已经把司法权的一部分（或曰准司法权）交给了父系家长，让他们共同维系集权王朝的社会基础。

第六，在意识形态方面，法家和儒家都维护宗法道德观念。法家强调道德的外在表现，故崇尚法律；儒家则强调忠孝仁爱的内在伦理感情，故重视教化。正如《商君书·画策》所言："所谓义者，为人臣忠，为人子孝，少长有礼，男女有别，非其义者，饿不苟食，死不苟生，此乃有法之常也。"符合法律的行为同时也就成了符合道德的行为。《韩非子·忠孝》说："臣事君，子事父，妻事夫。三者顺则天下治，三者逆天下乱。"这也是强调"事"的外在行为，至于是否具备忠孝的伦理感情，法家是不关心的。《睡虎地秦墓竹简·为吏之道》说："君怀臣忠父慈子孝，政之本也。"这些都反映了地主阶级用宗法观念维系统治阶级内部及家族内部秩序的愿望。

第七，在生产方式上，儒家、法家都注意保护农耕生产方式。儒家用"重义轻利"的教化特别是维护宗法家族的秩序出发来维护农耕生产方式，法家则从维护集权政体的稳定出发来维护农耕生产方式，其结果都是抑制商品经济的萌芽和发展。礼治、法治都是自然经济和宗法社会的产物，两者的差异仅仅在于：儒家是从维护宗法社会到维护自然经济，法家则是从维护自然经济到维护宗法社会，这正是绝少的异曲同工、殊途同归。〔34〕

法家自战国初期到战国末期的发展，与儒家自孔子、孟子乃至荀子的发展，有着微妙的和谐之处。法家、儒家都由理想型转变为务实型，法家从"刑无等级"到捍卫宗法伦理观念，儒家从坚持贵族政体到容纳集权政体，二者最终都由强调礼法对立而走向礼法合一。秦律维护政治特权及父系家长对卑亲属的支配权，无异于"礼治"的局部法典化。可以说"法治"、"礼治"都是自然经济和宗法社会的产物。

综上所述，儒法两家法律思想的差异是很明显的。诚如《史记·太史公自序》论六家之要旨所概括："儒者博而寡要，劳而少功，是以其事难尽从，然其序君臣父子之礼，列夫妇长幼之别，不可易也；""法家严而少恩，然其正君臣上下之分，不可改矣。……法家不别亲疏，不殊贵贱，一断于法，则亲亲尊尊之恩绝矣。可以行一时之计，而不可长用也。故曰严而少恩。若尊主卑臣，明分职不得相逾越，虽百家弗能改也。"

太史公指出儒法两家思想的特点和差别是比较客观的。但是，事实上儒家不仅重视父子夫妇长幼的宗法血缘之礼，也重视君臣上下的政治之序；法家不仅重视君臣上下之序，也重视父子夫妇长幼之礼。儒法两家在强调社会等级差异性方面是一致的。儒家法家法律思想在许多方面是重叠的，只不过角度和程度不同而已。比如，他们都认为法是人类社会产生的，不是神的派生物；他们都主张建立统一的国家，他们都承认政治等级和家庭秩序；他们都忽视个体自然人的权利；他们都主张一定形式的君臣合作，等等。秦汉以后，儒法两家之所以能够合流，和儒法两家思想具有共同特征是分不开的。

---

〔34〕　武树臣等：《中国传统法律文化》，北京大学出版社1994年版，第288页。

第三章　中国法律思想的正统形态

“六王毕，四海一”，秦始皇统一中国，建立了中央集权的君主政体，汉承秦制并一直延续至清末。历时两千年的法律思想便是中国古代正统法律思想。它自汉武帝时代确立之后，逐渐法典化、哲理化，并在立法司法实践领域不断深化。在整个古代社会，如先秦那样壁垒森严的儒法对立虽已不复存在，但在特定历史条件下，一些统治阶级内部的较为清醒的政治家、思想家，曾提出变法图强、加强法制、整肃纲纪的主张。另外，一些带有异端色彩的人物或派别，还曾尖锐地批判纲常名教。比如晋代玄学家推崇自然、否定名教，鲍敬言的“无君”论，以及明末清初启蒙思想家对传统法制的批判等等。这些内容无疑构成了古代法律思想的一个支流，但它们对当时的法律实践活动影响甚微。而正统法律思想则一直支配着整个古代的法律实践活动。

第一节　正统法律思想的形成

古代正统法律思想是古代正统思想的组成部分，它的酝酿和确立经历了三个阶段。

一、“专任刑罚”的秦代

靠着法家“法治”武器统一天下的秦帝国的主宰者，没有意识到“得天下之道”与“守天下之道”的区别，故未能完成从统一天下到治理国家的战略转移。他们沾沾自喜、忘乎所以，丧失了政治家的理智。就在这时，一个齐国方士向帝国领袖奉献了神秘的“五德终始”说。

“五德终始”说的创始者是齐人邹衍。“邹子有终始五德，从所不胜，土德后木德继之，金德次之，火德次之，水德次之。”（《文选》卷六《魏都赋》李善注引《七略》）按邹衍的理论，“五德”是“五行”（土、木、金、火、水）的属性，是决定人类社会进程和社会政治面貌的神奇力量。每一朝代都受一种“德”的支配，这种“德”的盛衰决定着该朝代的兴废，统治者只有按该“德”的面貌治理天下，才能延续国祚。所谓“五德转移，治各有宜而符应若兹”（《史记·孟子荀卿列传》），黄帝属土德，夏属木德，商属金德，周属火德。木克土、金克木、火克金、水克火，故行将产生的新王朝属水德：“代火者必将水，天且先见水气胜，水气胜故其色尚黑，其事则水。”（《吕氏春秋·应同》）这种理论很适合秦帝国统治者的胃口。据《史记·封禅书》载：“邹子之徒论著终始五德之运，及秦帝而齐人奏之，故始皇采用之。”“秦始皇既并天下而帝，或曰：黄帝得土德，黄龙地螾见；夏得木德，青龙止于郊，草木畅茂；殷得金德，银自山溢；周得火德，有赤鸟之符。今秦变周，水德之时。”这样，秦帝国俨然是应天运而降生的王朝。秦帝国接受了“终始五德”的理论并认真执行了。“更名河曰德水，以为水德之始”；“衣服、旄旌、节旗皆上（尚）黑。”水至平无颇、清明无浊、冰冷无情。法者刑也，平之如水，故治国尚法。“刚毅戾深，事皆决于法，刻削毋仁恩和义然后合五德之数，于是急法，久者不赦。”（《史记·秦始皇本纪》）他们全不顾人民死活，以为只要深于用法以合“天数”之“德”，就能永保王朝于二世、三世及至万世。这些新兴地主阶级的政治家，曾经比较清醒地批评过前代帝王“假威鬼神”、“故不久长”，（《史记·秦始皇本纪》）而当他们一旦坐稳了江山之后，便努力使衰落的神权观念在新形式下重新复活。正是这个神秘的“水德”给秦王朝带来灭亡的厄运。

秦的统一，把确立土地私有制的法典带到六国，受到新兴地主阶级和小土地私有者的拥护。同时，国家的统一适应了人民要求结束割据与战乱，实现全国安定并发展生产、扩大交往的愿望，得到人民的支持。秦帝国的建立是历史的必然。但是，由于阶级的和历史的局限，秦帝国的主宰者不可能认识社会发展的客观规律。他们迷信暴力和刑罚，一味严刑酷罚，“杀人之父，孤人之子，断人之足，黥人之首，不可胜数”（《史记·张耳陈余列传》）。使百姓动辄得咎，臣下人人自危，又滥施民力，横征暴敛，终于激化了阶级矛盾。于是，陈胜“奋臂于大泽而天下云集响应”，泱泱大国，土崩瓦解。秦帝国的兴亡，正说明了“水则载舟，水则覆舟”（《荀子·王制》）的道理。

二、崇尚“黄老之术”的西汉初期

在西汉确立至文帝、景帝的六十余年间，由于首先，当时经济凋敝、府库空虚、人民困穷；其次，当时的统治者从秦亡中吸取教训，对秦专任刑罚的政策有所纠正；再次，儒学经秦国秦朝文化专制主义政策的打击之后，元气尚未恢复，且儒家理论又有迂腐不切用之嫌；最后，汉承秦政，仍然沿袭了秦的中央集权的君主专制政体。因此，汉初统治集团选择了黄老之学作为当时制定政策的理论依据。

黄老之学是战国道家的一支。黄，指黄帝，以尚法善战著称；老，指老子，是道家的鼻祖，主张清静无为。西汉政权既然继承了集权专制政体，要操纵庞大官僚机器，非法家“法治”不能奏效；当时经济困难，要与民休养生息以图安定社会发展国力，非道家清静无为不能成功。而黄老学派一方面重视法制，另一方面主张宽缓政策。这些特点正好符合西汉初期统治集团的胃口，故自然选择它作为指导思想。

黄老学派法律思想的内容和特征主要有：主张“文武并用”、“德刑相济”；强调“明具法令”、“进退循法”；（《新语·思务》）坚持“约法省禁”（《淮南子·原道训》）、“尊主安民”（《汉书·晁错传》）；要求“设刑者不厌轻”、“行罚者不患薄”（《新语·至德》）。这些主张有利于当时经济生产的恢复和发展，有利于社会的安定，也有利于巩固汉王朝的统治。在法制方面，秦苛法和肉刑的废除正是在这种社会文化背景下实现的。

汉初的黄老之学一方面对秦专任刑罚的政策有所纠正，另一方面又为儒学的恢复与发展创造了条件。儒学就是在这种宽松的政策下恢复元气的。

三、“独尊儒术”的汉武帝时期

在汉武帝时代，首先，在经济上由于文景之治而积累了实力，国库充实；其次，中央政权由于平定地方势力的叛乱而空前加强；再次，儒学经过民间教育和政府的取士措施而大大发展

图38 汉武帝

起来;最后,汉武帝个人性格是好大喜功,他要有所作为。因此,原先的黄老之学的"清静无为"显然已不再适合统治者的需要,非改弦更张不可。

西汉初期,统治阶级曾试图寻求一种理论作为统治思想。当时,法家思想由于秦朝暴虐早亡而无人问津,墨家主张"官无常贵,民无终贱"(《墨子·尚贤上》),又反对"不与其劳获其实"(《墨子·天志下》)的剥削行为,显然不合时宜,主张"清静无为"、"约法省禁"的黄老之学,虽然颇见成效,但又过于消极而不利于削弱割据势力,巩固中央政权,不利于富国强兵以御外患。于是,统治阶级的眼光最后落到儒学上面。儒家既主张建立"礼乐征伐自天子出"(《论语·季氏》)的"大一统"王朝,又强调君臣上下尊卑长幼之序;既重视德政教化,又不一般地排斥法律刑罚的作用,故有利于维护王朝的根本利益和社会的安宁。于是,儒学便得到统治者的青睐。

武帝采纳董仲舒的建议,"罢黜百家,表彰六经"(《汉书·董仲舒传》),独崇孔子之术。从此,使孔孟之学成为整个封建社会的正宗学术,同时也宣布了封建正统法律思想的诞生。但此时的儒学并非孔孟之原始儒学。孔孟主张贵族政体而又崇德礼抑刑法,显然不宜于汉初形势。故"作书美荀卿"而深明荀学大旨的董仲舒名崇孔孟之道而实循荀子之术。董仲舒的政治法律观主要有以下两点:其一,"天人合一"的君权天授说。天子是天之子,天下之圣明,天子承天意以治天下,天子治国失当、滥施刑罚,则天必降灾异以谴告之。这样既满足了帝王要求神化君权和强化中央集权政体的口味,又照顾了儒家限制君主专断的传统主张。其二,"大德小刑"说。天道有阴阳,阳为主而阴为辅,阳为德而阴为刑。故治理国家应以德为主而刑为辅。这样,既神化了儒家"重德轻刑"的传统见解,又暗中把刑法提高到天道之一翼的神圣地位。上述主张不过是对荀学的巧妙翻版,董仲舒的作用仅是神乎其说而已。

四、董仲舒的法律思想及其地位

董仲舒(约公元前179~公元前104年),广川(今河北枣强县)人。少时治公羊春秋,孝景帝时为博士,兼通五经,为群儒之首。汉武帝时号召各地举荐贤良方正直言敢谏之士,他上"天人三策",提出"推明孔氏,抑黜百家"的建议。得到汉武帝的重视。曾任江都相、胶西相。晚年居家著书。朝廷有疑难案件,常向他咨询,他首创"春秋决狱"的做法,对当时及后世的司法影响极大。其著作有《春秋繁露》和《贤良对策》。(《汉书·董仲舒传》)

董仲舒远承孔孟,近取荀子,兼收阴阳五行及某些神权思想因素,构成了新儒家的理论体系。他的法律思想标志着古代正统法律思想的确立。

图39 董仲舒

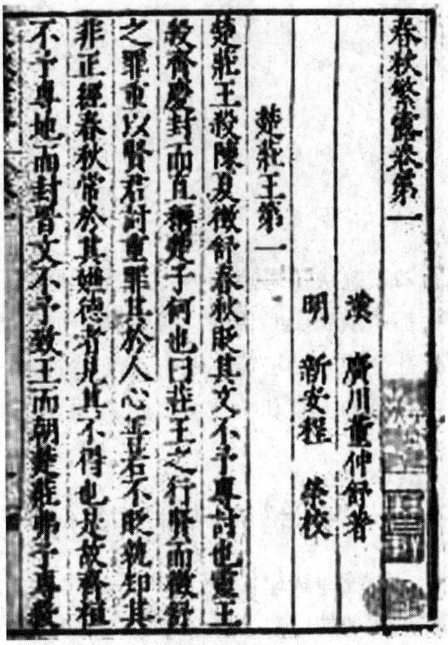
春秋繁露卷第一

漢　廣川董仲舒著

明　新安程　榮校

楚莊王第一

楚莊王殺陳夏徵舒春秋貶其文不予專討也靈王殺齊慶封而直稱楚子何也曰莊王之行賢而徵舒之罪重以賢君討重罪其於人心善若不貶孰知其非正經春秋常於其嫌得者見其不得也是故齊桓不予專地而封晉文不予致王而朝楚莊弗予專殺

图 40 《春秋繁露》

（一）“天人合一”的神学思想

董仲舒认为“天”是有意志的至高无上并派生万物的人格神。“天者，百神之大君也”（《春秋繁露·郊祭》），“天者，群物之祖也”（《春秋繁露·王道通三》）。“天”为人类社会派生出两件东西：一是“天之子”，即帝王：“受命之君，天意之所予也”（《春秋繁露·深察名号》），“王者承天意以从事”（《汉书·董仲舒传》）；二是整个国家制度：“仁义制度之数，尽取之天”，“王道之三纲，可求于天”，“君臣父子夫妇之义，皆取诸阴阳之道。”（《春秋繁露·基义》）

董仲舒的理论是对专制皇权的一曲赞美诗，其价值在于神化皇权。这种立场显然与孔孟异旨而同于荀子及法家。但他又主张：“天之生民，非为王也，而天立王，以为民也。故其德足以安乐民者，天予之；其恶足以贼害民者，天夺之。”（《春秋繁露·尧舜》）意即天子毕竟是天的儿子，所以，天子政治刑罚有误，天就降下灾异以示警告。这就是“谴告”说，又迎合了孔孟限制君权的传统主张。

（二）“德主刑辅”、“大德小刑”

董仲舒认为，人类社会的政治行为应当效法天道：“圣人副天之所行以为政，故以庆副暖而当春，以赏副暑而当夏，以罚副凉而当秋，以刑副寒而当冬。庆赏罚刑异事而同功，皆王者之所以成德也。”（《春秋繁露·四时之副》）天道的精神是以阴阳来体现的，这个精神就是阳为主而阴为辅，阳主德而阴主刑：“刑者德之辅，阴者阳之助也。”（《春秋繁露·天辨在人》）“王者承天意以从事，故任德教而不任刑。”（《春秋繁露·王道通三》）春夏属阳，故行德政；秋冬属阴，故行刑罚。治国以刑罚为务，是违背天道。但是若废除刑罚，也不符合天道。

这种神秘理论的意义是：一方面神化了孔孟的“为政以德”的传统主张，另一方面在纠正秦朝专任刑罚的政策的同时，也把法家的法治安顿到一个重要的位置上，或者说也使法家的法治具有了神性。这样，就把荀子的德刑兼重的主张理论化权威化了，从而把本来是对立的主张在神学模式下调和起来。

（三）首创“春秋决狱”的审判方式

在儒家思想被奉为官方正宗学术而法律实践领域仍遵循法家传统的特定历史条件下，董仲舒首创“春秋决狱”的审判方式，并作《春秋决狱》二百三十二事（今佚）。这一做法对当时至唐以前的长期司法活动施以极大影响。关于“春秋决狱”将在后文中详述。

第二节 正统法律思想的内容和特征

正统法律思想的内容和特征是在漫长的法律实践过程中形成的。从思想渊源来看,它们大都是从先秦时代的思想材料中加以提炼而成的。这些思想材料有的本来是对立的,但在古代社会的政治法律实践中逐渐融而为一、并行不悖。这些都代表着其他法系所无而中华法系所独有的内容和特征。因此,它们不仅仅属于古代正统法律思想的范围,而应属于整个中华法系。

一、"礼治"与"法治"相结合的法律传统

法统即法律传统,是指导法律实践活动(立法、司法及思维)的价值基础。它决定着法律实践活动的内容、特点和发展方向。一般而言,一个民族的法律传统是一元的,而中国古代的法律传统则是二元的,即"礼治"和"法治"。

"礼治"指源于远古时代的宗法家族的行为规范和伦理观念;"法治"则是春秋战国新兴地主阶级的君主专制的官僚政体。

春秋战国时,"礼治"与"法治"的对立主要表现在:第一,宗法贵族政体与集权官僚政体的对立;第二,"以德服人"和"以力服人"的统治方针的对立;第三,重"判例法"的"人治"与重"成文法"的"法治"的对立。但是,这种整体上的对立并未排除局部上的统一。这种局部的统一性主要表现在:第一,在阶级属性上,儒法都是统治阶级的代表,前者代表由奴隶主贵族转化而来的新贵族,后者则代表由平民上升的地主阶层。第二,法家并不是一般否定等级特权,法家不仅维护君主一家一姓的世袭特权,而且还维护各级官吏的特权。这同礼的差异性精神毫无二致。第三,两者都维护自然经济和宗法社会,只不过方法不同。儒家以道德说教,而法家运用赏罚。秦律便赋予父系家长以种种特权,证明国家已经把司法权的一部分交给父系家长,以换取家族对王朝的效忠。第四,在意识观念方面,儒家并非一般地否定法律和刑罚的作用,而法家也并非一般地否定宗法道德观念,只是实现的方式不同。儒家强调忠孝仁爱的内在伦理感情,故重教化;法家强调外在表现,故崇尚法律。正如《商君书·画策》所言:"所谓义者,为人臣忠,为人子孝,少长有礼,男女有别,非其义者,饿不苟食,死不苟生,此乃有法之常也。"合法的行为同时也就成了符合道德的行为。《韩非子·忠孝》:"臣事君,子事父,妻事夫,三者顺则天下治,三者逆则天下乱。"也是强调"事"的外在行为。至于是否具备忠孝的伦理感情,法家是不关心的。《睡虎地秦墓竹简·为吏之道》:"君怀臣忠,父慈子孝,政之本也。"怀、忠、慈、孝都是经法律确认的特殊行为,这些都反映了地主阶级用宗法观念维系统治阶级内部及家族内部秩序的愿望。

西汉以后,儒学被奉为官方正宗学术,这是一纸有形的宣言;中央集权的君主专制政体的继续存在,则是无形的宣言。宗法家族社会细胞的生存与发展,是"礼治"的坚实基础;集权官僚政体的巩固与壮大,则继续呼唤着"法治"。而儒家思想的法典化和法家法律的儒家化,则使两者结合起来。

“礼治”与“法治”的结合可以从《唐律》中的“十恶”中得到集中反映。“十恶”中有四条半是维护宗法家族秩序的,有四条半是维护集权专制政体的,而有关一般犯罪的只有一条。这种二元式的法律传统在中国特殊的社会条件下竟结合得天衣无缝,这不能不说是一个奇迹。古老的礼终于被国家上升为法条,以致在家族社会中发挥威力。而法家的法则在指挥一个庞大的官僚机器时发挥独特的效力。法律和法律制度的字里行间处处浸透着尊卑、长幼、亲疏、男女、贵贱之间的不平等精神,这些都是使中华法系有别于其他法系的重要原因。

简而言之,“礼治”的价值在于使“人之所以异于禽兽”,或者说使“人之所以为人”。这个“人”不是个体自然人,而是宗法意义上的“人”。也就是使人作为宗法血缘网络中的一个结而存在。“法治”的价值在于使臣民作为集权专制大机器上的小小螺丝钉而发挥作用,它是实现皇权的一个环节。这种二元的法律价值观使人不仅成为人,而且必须履行家族和国家所赋予的双重义务。古代法官的社会职能正是在家族之礼和国法之间寻求平衡。

二、“德政”与刑罚相结合的治国方策

在春秋战国时,儒家主张的“为政以德”、“以德服人”的“德政”、“仁政”,与法家主张的“以法治国”、“以刑去刑”、“以力服人”是截然对立的。可以说,儒家的主张由于难以操作而显得过于理想化;法家的主张由于缺乏实践经验而显得过于简单化。秦汉以后,历代统治者吸取秦朝暴虐亡国的教训,转而注重德政。而支配一个泱泱大国,又非运用法律刑罚手段不可。不搞德政,人民会起来造反;不搞刑罚,地方分裂势力就会发难。汉武帝时采纳董仲舒的建议可以说是个历史性的选择。董仲舒的神秘主义的“德主刑辅”论,一方面把儒家的“德政”置于首位,另一方面又给法家的刑罚落实政策,甚而使之具有神性。历代王朝在制定国策时,都标榜“德政”以获取民心,而教化措施则是预防人民犯罪的第一道防线。“德政”具有使统治者自我约束的积极作用,其目的还在于达到长治久安。刑罚的政治价值在于镇压人民的反抗斗争,和制止统治阶级内部的“犯上作乱”。当皇权和族权被宣布为神时,任何反叛皇权和族权的行为便成了渎神行为。而对这些叛逆者施以严刑就不仅是合法的,而且也是合理的了。特别是到了唐代以后,当“一准乎礼”的法典被宣布为符合“天理”时,对所有犯罪行为的制裁便都是正义的了,在使用刑罚时大可不必隐讳和扭捏作态了。

在“德刑”关系上值得一提的人物,除了孔子、董仲舒之外,还有南宋的朱熹。他的基于“气禀”差别的“德礼政刑”、“相为表里”、“相为终始”的学说,达到“德刑”关系方面的认识的最高水平。而“刑为盛世所不能废,而亦盛世所不尚”(《四库全书总目提要·政书类·法令之属案语》),则概括了古代士大夫和社会舆论对刑罚的一般见解。意即在施政中毫不掩饰地使用刑罚,而社会舆论却不赞扬刑罚。其结果,一方面对统治者的行为多少有些牵制,另一方面却产生了轻视法律的副作用。研究法律、法学,成了圣贤所不齿的左道旁门,更不必说视讼师为“讼棍”了。无疑,这种偏见不利于法律思想和法学的正常发展。

三、“人”与“法”相结合的法体理论

法体指法律实践活动(立法、司法)的工作程序或方式。比如成文法、判例法或两者相结合的混合法。关于法体的思想和观点,是法律思想也是中国法律思想史的重要内容之一。

《尹文子·大道下》曾有这样一段对话:问:“圣人与圣法何以异?”答:“圣人者,自己出也,圣法者,自理出也。”梁启超说:“谓治由圣人出者,具体的直觉的也,谓治由法出者,抽象

的研究的也。"并指出:"儒家者非持简单肤浅的人治主义,而实合人治法治以调和之者也。"[1]从法理学角度而言,"法"是经过立法程序法典化了的统治阶级集体的法律意识;"人"是常常以个人评判为表现形式的并非完全法典化的统治阶级个体的法律意识。"法"是国家对一切行为规范的宏观设计;"人"则是对具体案件事实的微观评判。在礼法大对立的春秋战国特殊背景下,"人"与"法"的关系因各自隶属于不同的政体(贵族政体和中央集权政体)而显得对立多于谐调。礼法统一、儒法合统的先行者荀子则更着眼于它们的内在联系。他指出:"法者治之端也,君子者法之原也。""法不能独立,类不能自行。"在他看来,真正的法官应"依乎法而又深其类","辨异而不过,推类而不悖,听则合文,辨则尽故",既能严格依法办事,又能在特殊情况下"以类行杂,以一行万","推类接誉(与),以待无方"。这样才能熔立法、司法于一炉,"有循于旧名,有作于新名",(《荀子·君子》、《君道》、《修身》、《正名》、《王制》、《臣道》、《正名》)从而把"法"的作用与"人"的作用统一起来。我国古代有真知灼见的思想家、政治家均无"法律至上"的幼稚偏见,他们既重视"法"的整体控制作用,又重视"人"的微观调节作用。正如南宋朱熹所说的:"大抵立法必有弊,未有无弊之法,其要只在得人。"(《朱子语类》卷一〇八)明代邱濬也说:"法者存其大纲,而其出入变化固将付之于人。"(《大学衍义补·慎刑宪·谨号令之颁》)这种"法"与"人"相结合的思想成为中国传统法律思想的重要支柱。它在法律实践活动中的反映,就是"成文法"与"判例法"相结合的"混合法"。

"混合法"的基本特征,曾被战国末期的伟大预言家荀子概括为:"有法者以法行,无法者以类举。"(《荀子·王制》)即在司法审判中,对于有法律明文规定的,依法判决;对于没有法律明文规定的,则适用以往的判例或遵循统治阶级的法律意识判决之。在统治阶级看来,成文法典的作用是巨大的,它维护全国立法、司法的统一,规范全体臣民的行为,为社会全体成员指明了判别言行是非曲直的准则。故荀子说:"法者治之端也。"没有这个"端"则无由达到"治"。但是,他们也认识到,"三尺律令,未穷画一之道"(《隋书·刑法志》),"刑书之文有限而舛违之故无方,故有临时议处之制,诚不能皆得循常也"(《晋书·刑法志》)。因此,在特殊情况下,应结合具体案件,运用统治阶级的法律意识和政策精神做出判决,是为判例。这种判例既是司法的结果,又是新的立法,即"有作于新名"。它的价值在于:其一,为后来的审判所援引,以弥补成文法典之不足;其二,为新的立法或法典修纂创造条件。这样,相对稳定的成文法典、应变而生的判例和源于判例的法令三者循环往复,未有穷期。就动的一面来看,判例沟通了立法和司法的联系;就静的一面而言,判例内容较具体,可比性强,可以注释成文法条,故封建后期常使律文判例合典。

中国的"混合法"既不同于西方的大陆法(成文法),又不同于英美法(判例法),它以兼具两者的长处而别具一格。这种法律样式大体上反映了法律实践活动的本质特征及其运动规律,较好地维护了有利于统治阶级的社会秩序。

自西汉至明清的整个古代社会,其法体是"成文法"与"判例法"相结合的"混合法"。当社会稳定时,"成文法"起支配作用;当社会生活发展加快,原有法典明显不适用时,则"判例法"(表现为故事、决事比、断例、判例等)起支配作用。而判例又常常被法典所吸收。古代社会的"人治"、"法治"之争已不包含政体的内容,而仅涉及对"成文法"、"判例法"的评价上。当"判例法"占上风时,便有人出来赞颂"议事以制"的古老传统;相反,则有人出来强调法律

---

〔1〕 梁启超:《中国法理学发达史论》,载《梁启超论中国法制史》,商务印书馆2012年版,第42、43页。

的统一性和尊严。后来,“议事以制”被制度化了,即法官遇到疑难案件不得擅断,须上报朝廷,由皇帝裁决。而“人治”、“法治”之辩也偃旗息鼓,变成了“任法而不任人,则法有不通,无以尽万变之情;任人而不任法,人各有意,无以定一成之论”(《东坡续集·王振大理少卿》),“法所不载,然后用例”(《大学衍义补·慎刑宪·定律令之制》)。终于实践了荀子的预言:“有法者以法行,无法者以类(判例和法律意识)举。”(《荀子·君道》)

中国的“混合法”及其理论,是古代先民聪明才智的反映,也是法律实践活动内在规律性的表现。它不仅构成了中华法系的重要特征,也是中华法系优越性的表现。

第三节　正统法律思想的社会化

汉武帝时代确立了儒家思想为官方正宗学术,即正统法律思想。但是,一方面,此时的儒家思想已经由于局部地融入了法家等诸家思想而具有更广泛的适应性;另一方面,正统法律思想的确立,和正统法律思想真正能够指导当时的法律实践活动之间,还有很大距离,或者说正统法律思想尚未社会化。正统法律思想确立之后,其社会化是必然的,这是一个长期的复杂的充满斗争的融合过程,大体上是通过政治组织领域、思想领域、司法领域和立法领域逐渐实现的。

一、官吏群体领域:先进与后进的融合

《论语·先进》:“子曰:先进于礼乐,野人也;后进于礼乐,君子也。如用之,则吾从先进。”孔子说,先学习礼乐而后做官的,是平民子弟;先有了官爵而后学习礼乐的,是卿大夫子弟。如果要我选择人才,那么我主张选用先学习礼乐的平民子弟。汉代官吏也有两种成分:一种是“武力有功之臣”和子承父业而为官者。他们未曾系统接触过六经之学,不明子曰诗云之类,但谙习施政的惯例,通晓法律成事,熟知钱粮赋税捕盗及审判业务。正如《论衡·程材》所谓:“文吏幼则笔墨,手习而行,无篇章之诵,不闻仁义之语,长大成吏,舞文巧法。”另一种是出身平民以“通经而入仕”的贤良文学。他们系统学习过儒家经典,深明仁义礼智信等道德伦理和宽惠博施、富而后教的治民之道,以及“格物致知正心诚意修身齐家治国平天下”(《礼记·大学》)的路数。但是,他们不通政务,不习法律,不懂审判。两种成分的人“皆为掾吏,并典一曹,将知之者,知文吏儒生笔同而儒生胸中之藏当多奇余;不知之者,以为皆吏。”(《论衡·量知》)当两种貌同而神异的官吏共同处理政务和司法时,将不可避免地发生分歧和冲突。但是,随着时代的推移,两种官吏最终走上融合的道路。

(一)循吏、酷吏的产生及其社会职能

循吏、酷吏是汉代中央集权官僚政体中风格迥异的两种官僚。他们各有不同的出身、经历和文化程度,并以其不同的施政方式来完成拱卫集权专制政体及其社会基础的政治使命。循吏、酷吏正是各自扮演着“以宽服民”、“以猛服民”的角色而已。

酷吏与循吏出身经历不同。大体上说,西汉酷吏发迹于基层幕僚。如宁成曾为小吏,赵

禹“以刀笔吏积劳稍迁为御史”,张汤“无尺寸功起刀笔吏,陛下幸致为三公”,王温舒曾为亭长、小吏,“以治狱至廷史”,尹齐“以刀笔吏稍迁至御史”,(《史记·酷吏列传》)等等。因此,他们谙习政务,通晓法律,其任务以推行朝廷法规为尚。为达此目的,不惜采用强制手段以速见成效。西汉循吏大都受过儒家思想的影响,故较为注意个人品行的自我修养,从而深得“吏民爱敬”。如朱邑以贤良被荐举,龚遂“以明经为官”,召信臣“以明经甲科为郎”,“举高第迁上蔡长”。(《汉书·循吏列传》)东汉后,这一特征发生量变。酷吏黄昌“仕郡决曹”,曾“就经学,又晓习文法”,阳球“举孝廉补尚书侍郎”,董宣“举高第,累迁北海相”,李章“习《严氏春秋》,经明教授,历州郡吏”,周纡“好韩非之术”,而其奏章每引《春秋》,王吉“少好诵读书传”。(《后汉书·酷吏列传》)可见,东汉酷吏亦受到儒学的一定影响。而东汉循吏受儒学教育则更为系统,如卫飒“家贫好学问,随师无粮,常庸以自给”;任延“年十二为诸生,学于长安,明《诗》、《易》、《春秋》,显名太学”;王景“少学《易》,遂广窥众书,又好天文术数之事”;秦彭“崇好儒雅,敦明庠序”;王涣“敦儒学,习《尚书》,读律令,略举大义”;孟尝“少修操行,仕郡为户曹史”,后又“策孝廉,举茂才”;第五访“少孤贫,常庸耕以养兄嫂。有闲暇,则以学文,仕郡为功曹,察孝廉,补新都令”;刘宠“父丕,博学,号为通儒”,“宠少受父业,以明经举孝廉”;仇览“少为书生淳默,乡里无知者”,后曾“入太学”,专务经学。(《汉书·循吏列传》)可以说,学儒经者虽未必为循吏,但循吏必崇儒学。

1. 酷吏及其社会职能

西汉以降,秦所确立的中央集权的君主政体被承继下来。因此,秦原来用以维护集权政体的一整套官僚机构和治国方法也必然地被继承下来。这就是汉代酷吏得以生存的政治环境。酷吏的特征,为《史记·酷吏列传》所谓“其治暴酷”、“直法行治,不避贵戚”、“暴酷骄恣”、“其治如狼牧羊”、“内深次骨”、“务在深文”;《后汉书·酷吏列传》所谓“以暴理奸”、“风行霜烈”、“政严猛好申韩法”、“专任刑罚”、“刻削少恩”、“专事威断”、“肆情刚烈”、“重文横人”,等等,其要只在“以猛服民”。汉代酷吏作为皇权的鹰隼,其政治作用主要表现在以下几个方面:

首先是镇压人民的反抗行为。西汉时,朝廷的残暴政治常激起民变,“吏民益轻犯法,盗贼滋起”,“大群至数千人,擅自号,攻城邑,取库兵,释死罪,缚辱郡太守都尉,杀二千石,为檄告县趣具食;小群以百数,掠卤乡里者,不可胜数也”。因此,“诛灭盗贼”是当时地方行政长官的要务。比如,定襄吏民为乱,义纵率军平之,被升为定襄太守。“纵至,掩定襄狱中重罪轻系二百余人,及宾客昆弟私入相视亦二百余人。纵一捕鞠,曰‘为死罪解脱’。是日皆报杀四百余人。其后郡中不寒而栗,猾民佐吏为治。”(《史记·酷吏列传》)东汉时,“九江山贼起,连月不解”,阳球因擅理盗贼而官拜九江太守。“球到,设方略,凶贼殄破。收郡中奸吏尽杀之。”(《后汉书·酷吏列传》)凭借武力和刑威来平息民变以图社会的安定,是酷吏的一项政治职能。

其次是翦灭地方豪强势力。汉初,王国与郡同为地方高级行政机关。诸王拥兵自重、煮盐铸币,成为中央政权的威胁。而诸王宗族横行乡里,不遵法度,往往激起民变。因此,翦灭地方豪强是拱卫中央政权的需要。西汉时,“济南瞯氏,宗人三百余家,豪猾,二千石莫能制。于是景帝乃拜都为济南太守。至则族灭瞯氏首恶,余皆股栗。居岁余,郡中不拾遗”;郅都“独先严酷,致行法不避贵戚,列侯宗室见都侧目而视,号曰苍鹰”。(《史记·酷吏列传》)东汉初,李章拜阳平令,“时赵、魏豪右往往屯聚,清河大姓赵纲遂于县界起坞壁,缮甲兵,为在所害。章到,乃设飨会而延谒纲。纲带文剑,被羽衣,从士百余人来到。章与对宴饮,有顷,手剑斩纲,伏兵亦悉杀其从者,因驰诣坞壁,掩击破之,吏人遂安。”(《后汉书·酷吏列传》)在翦灭地方豪强方面,酷吏发挥着刑官和军官的作用。

再次是维护社会治安。严延年为涿郡太守,当时,不逞之徒在当地大姓庇护下无恶不作,致使“道路张弓拔刃,然后敢行”。延年至,“穷竟其奸,诛杀各数十人。郡中震恐,道不拾遗”。尹赏为长安令,当时“长安中奸猾浸多,闾里少年群辈杀吏,受赇报仇,相与探丸为弹,得赤丸者斫武吏,得黑丸者斫文吏,白者主治丧。城中薄暮尘起,剽劫行者,死伤横道,木包鼓不绝”。尹赏收捕“轻薄少年恶子”数百人,又掘坑方深各数丈,以大石盖其口,名为“虎穴”,将人犯纳其中,以大石掩其口。“数日壹发视,皆相枕藉死。”(《汉书·酷吏列传》)王吉为沛相时,“凡杀人皆磔尸车上,随其罪目,宣示属县。夏月腐烂,则以绳连其骨,周遍一郡乃止,见者骇惧。视事五年,凡杀万余人。其余惨毒刺刻,不可胜数。郡中惴恐,莫敢自保。”(《后汉书·酷吏列传》)酷吏正是以酷烈的刑杀手段威慑人们,来达到“以刑去刑”的目的。

最后是铲除奸党叛逆。酷吏王于审讯,长于理奸,因此在打击叛逆奸党方面成绩卓著。张汤“治陈皇后蛊狱,深竟党与”,“治淮南、衡山、江都反狱,皆穷根本。”(《史记·酷吏列传》)阳球为司隶校尉,奏治权宦王甫狱,“球自临考甫等,五毒备极”,“朴交至,父子悉死杖下”。(《后汉书·酷吏列传》)

总之,汉代酷吏以拱卫中央集权的封建王朝为己任,以“以猛服民”为方针,以酷烈为手段,充当皇权的“鹰犬之任”(《后汉书·酷吏列传》)。其作为虽有悖三尺律令,但因其符合王朝的根本利益,故每每得到朝廷的首肯。

2. 循吏及其社会职能

循吏有着深厚的社会文化根基,这就是儒家的思想。即使是在“焚书坑儒”的秦代,这种思想观念乃未绝迹。《睡虎地秦墓竹简·为吏之道》所谓“安静毋苛”、“严刚毋暴”、“宽容忠信”、“和平毋怨”、“慈下勿陵”、“善度民力”、“正行修身”、“喜为善行”、“恭敬多让”、“除害兴利、慈爱万姓”、“均徭赏罚”、“敬而起之,惠以聚之,宽以治之”、“与民有期,安驺而步、毋使民惧”等等,其注意力在百姓身上,也在自我道德修养上面,这与《语书》唯法律令是从的旨趣是截然相反的。在某种程度上可以说,《为吏之道》是循吏施政准则,尽管它在当时未得实行。西汉以后,伴随着儒学的复兴和官吏荐举制度的推行,受到儒学教育的知识分子逐渐登上政治舞台。当他们有条件实施夙愿时,便沿着儒家的“德治”、“仁政”一展雄才,成为循吏。汉代循吏的社会职能主要有以下几方面:

首先是为民兴利,使民安居乐业。汉代循吏在一定程度上认识到人民的物质生活状况对于维护封建统治的重要性,故将改善人民的生产和生活视为施政的重要内容之一。如西汉时召信臣为南阳太守,“好为民兴利,务在富之。躬劝耕农,出入阡陌,止舍离乡亭,稀有安居时。视行郡中水泉,开通沟渎,起水门提阏凡数十处,以广灌溉,岁岁增加,多至三万顷。民得其利,畜积有余。……其化大行,郡中莫不耕稼力田,百姓归之,户口增倍,盗贼狱讼衰止。吏民亲爱信臣,号曰召父。”(《汉书·循吏列传》)东汉孟尝为合浦太守时,“郡不产谷实,而海出珠宝,与交比境,常通商贩,贸籴粮食。先时宰守并多贪秽,诡人采求,不知纪极,珠遂渐徙于交界。于是行旅不至,人物无资,贫者饿死于道。尝到官,革易前敝,求民病利。曾未逾岁,去珠复还,百姓皆反其业,商货流通,称为神阴。”(《后汉书·循吏列传》)

其次是行德政以得民心。汉宣帝时,“渤海左右郡岁饥,盗贼并起,二千石不能禽制”,即任龚遂为渤海太守。他认为民乱的原因是“民困于饥寒而吏不恤”,“治乱民犹治乱绳,不可急也,唯缓之,然后可治”。龚遂“至渤海界,郡闻新太守至,发兵以迎,遂皆遣还,移书敕属省悉罢逐捕盗贼吏。诸持钽钩田器者皆为良民,吏无得问,持兵者乃为盗贼。遂单车独行至府,郡中翕然,盗贼亦皆罢。渤海又多劫略相随,闻遂教令,即时解散,弃其兵弩而持钩钅且。盗贼于是悉平,民安土乐业。遂乃开仓廪假贫民,选用良吏,尉安牧养焉”。(《汉书·循吏列传》)东汉安帝时,镡显为豫州刺史。“时天下饥荒,竞为盗贼,州界收捕且万余人。显愍其困穷,自陷刑辟,辄擅赦之,因自劾奏。有诏勿理。”(《后汉书·循吏列传》)在对待“盗贼”的方法上,循吏的怀柔手段比起酷吏的大砍大杀来,真是相去甚远。从社会效果而言,有时宽的一手比猛的一手更为得力。

再次是施行教化,移风易俗。循吏以地方行政长官的身份而肩负着教育者的职能。他们把推行国家的法律政令同向老百姓灌输儒家的道德伦理结合起来,成为把强制性行为规范演变为人们内心的伦理规范的灵魂工程师。西汉黄霸“独用宽和为名”,“为条教,置父老师帅伍长,班行之于民间,劝以为善防奸之意,及务耕桑,节用殖财,种树畜养,去食谷马”,“百姓乡化,孝子弟弟贞妇顺孙日以众多,田者让畔,道不拾遗,养视鳏寡,赡助贫穷,狱或八年亡重罪囚,吏民乡于教化,兴于行谊,可谓贤人君子矣”。(《汉书·循吏列传》)东汉卫飒为桂阳太守,“郡与交州接境,颇染其俗,不知礼则。飒下车,修庠序之教,设婚姻之礼。期年间,邦俗从化”;秦彭为山阳太守,“以礼训人,不任刑罚。崇好儒雅,敦明痒序。每春秋飨射,辄修升降揖让之仪。乃为人设四诫,以定六亲长幼之礼。有遵奉教化者,擢为乡三老,常以八月致酒肉以劝勉之。吏有过咎,罢遣而已,不加耻辱。百姓怀爱,莫有欺犯”;许荆为桂阳太守,“郡滨南州,风俗脆薄,不识学义。荆为设丧纪婚姻制度,使知礼禁。尝行春到耒阳县,人有蒋均者,兄弟争财,互相言讼。荆对之曰:‘吾荷国重任,而教化不行,咎在太守。’乃顾使吏上书陈状,乞诣廷尉。均兄弟感悔,各求受罪。在事十二年,父老称歌”;刘矩为雍丘令,“以礼让化之,其无孝义者,皆感悟自革。民有争讼,矩常引之于前,提耳训告,以为忿恚可忍,县官不可入,使归更寻思。讼者感之,辄各罢去,其有路得遗者,皆推寻其主”;仇览为蒲亭长,“人有陈元者,独与母居,而母诣览告元不孝”,览劝之:“奈何肆忿于一朝,欲致子以不义乎?”“母闻感悔,涕泣而去,览乃亲到元家,与其母子饮,因为陈人伦孝行,譬以祸福之言。元卒成孝子”。(《后汉书·循吏列传》)这种教师的角色缩短了官僚与百姓的距离,标榜了“为民父母”的仁慈形象。

最后是制约统治集团内部的过分行为。循吏大都受过儒家思想的熏陶,对统治者与被统治者之间相互依存、相互转化的关系有较为清醒的认识,因此,他们为朝廷长治久安计,敢于纠正统治集团的不理智的专断行为。如龚遂为郎中令,事昌邑王贺,“贺动作多不正,遂为人忠厚,刚毅有大节,内诤争于王,外责傅相,引经义,陈祸福,至于涕泣,……面刺王过,王至掩耳起走,曰‘郎中令善媿(kuì,音愧)人’。及国中皆畏惮焉。”(《汉书·循吏列传》)如汲黯“好直谏,数犯主之颜色”,被称为“社稷之臣”。与廷尉张汤议事,“汤辩常在文深小苛,黯伉厉守高不能屈,忿发骂曰:‘天下谓刀笔吏不可以为公卿,果然。必汤也,令天下重足而立,侧目也视矣。’”(《史记·始皇本纪》)这种言行对封建统治往往起着“补过拾遗”的作用。

3. 循吏、酷吏得以产生的社会原因

循吏、酷吏是汉代政治法律活动的必然产物。大致而言,循吏的作用在于维护王朝的社会根基,没有循吏的工作,统治阶级和被统治阶级之间的政治关系就永远是紧张激烈的,社会不安定,王朝的稳定也就难以实现;酷吏则是皇权的忠诚“鹰犬”,他们用酷烈手段打击那些直接威胁皇权的民变和地方割据势力，其作用正如酷吏周纡所云："见无礼于君者，诛之如鹰鹯之逐鸟雀。"（《后汉书·酷吏列传》）

汉代循吏、酷吏得以产生的社会原因是复杂的。总的来看不外乎以下诸端：

首先从思想渊源来看，秦虽灭亡，但其治国的基本方法即"以法治国"仍有强大的影响力。这种方法是与中央集权的官僚政体密切相连的。汉朝既然承袭了这种政体，便不能不同时继承这种治国方法。特别是当人民的反抗斗争和地方豪强势力直接威胁王朝统治时，便只能倚仗暴力和刑罚。儒家思想虽经秦代文化政策的打击而一蹶不振，但它凭借深厚的社会根基和民间教育而保存下来，汉初黄老学术一面矫正秦之猛酷，一面为儒学的复兴打开方便之门。而汉武帝"罢黜百家，表章六经"及选拔官吏的措施，使儒家知识分子登上政治舞台以实现其夙愿。这便是酷吏、循吏存在的思想条件。

其次，从社会经济状况看来，汉承战乱之后，民生凋敝，百业待举。无论百姓和朝廷都希望重振经济，这就使循吏有条件实现其富民兴利的主张。这种措施是与个体家庭的农业经济的恢复发展同步进行的。它不仅有利于人民安居乐业，还为对人民施行教化创造了物质条件。从这个角度来看，循吏的职能是持久性的，非一朝一夕所能奏其效。另外，地方豪强凭借其特权而鱼肉乡里、横行不忌，深为百姓所痛恨，有些民变就因此而发生。因此，对这些豪强绳之以法是大得民心的。在这方面，酷吏发挥了立竿见影之效。

再次，从政体来看，郡县守令作为中央朝廷的代表，在其行政范围内，拥有相当独立的权力。正如当时人所谓"今之襄守重于古诸侯"（《汉书·王嘉传》）；"今郡守之权非特六乡之重也，地畿千里非特闾巷之资也，甲兵器械非特棘矜之用也，以逢万世之变，则不可胜讳也。"（《汉书·严安传》）在这种环境下，郡守县令的个人素质和风格得以淋漓尽致地表现出来。因此，面对同样的"盗贼"，酷吏可以快刀斩乱麻而威震境内，循吏则可以怀柔克刚而消弭祸患。故郡县之治乱及其风貌在极大程度上取决于行政首长。在这里，我们似乎感受到了先秦贵族政体的"为政在人"的浓烈气息。

最后，从法律制度来看，由于当时法制尚不完善，尤其是监察机构未充分发挥职能，致使郡县首长得以罪刑擅断、无所顾忌。如严延年"所欲诛杀，奏成于手"，致"流血数里，河南号曰屠伯"；尹赏为"虎穴"，"窒杀数百人"；（《汉书·酷吏列传》）樊晔"政严猛，好申韩法，善恶立断，人有犯其禁者，率不生出狱"；周纡动辄"杀县中尤无状者数十人"，"收考奸臧，无出狱者"，"每赦令到郡，辄隐闭不出，先遣使属县尽决刑罪，乃出诏书"；黄昌为宛令，"人有盗其车盖者，……悉收其家，一时杀戮"，后"再迁陈相，县人彭氏旧豪纵，造起大舍，高楼临道。昌每出行县，彭氏妇人辄升楼而观。昌不喜，遂敕收付狱案杀之"；王吉为沛相，"课使郡内各举奸吏豪人诸常有微过酒肉为臧者，虽数十年犹加贬弃"，"专选剽悍吏，击断非法"，"视事五年，凡杀万余人，其余惨毒刺刻，不可胜数"。（《后汉书·酷吏列传》）可见，汉代郡县守令在定罪量刑上有相当大的主观任意性，这与秦代"事皆决于法"（《史记·始皇本纪》），法吏断刑失当则以"不审"、"不直"、"纵囚"、"失刑罪"（《睡虎地秦墓竹简》）论处的精神是很不一样的。西汉初，刘邦"约法三章"、"悉除去秦法"（《史记·高祖本纪》），法网由密而疏，故官吏得自行。如周阳由为郡守，"所爱者挠法治之，所憎者曲法诛灭之"；王温舒为中尉，"有势家，虽有奸如山，弗犯；无势者，贵戚必侵辱"；严延年为河阳太守，"贫弱虽陷法，曲文以出之，其豪桀侵小民者，以文内之，众人所谓当死者，一朝出之；所谓当生者，诡杀之"。（《汉书·酷吏列传》）这种情况在秦代是绝对不被允许的。

(二)儒生与文吏逐渐走向融合

西汉以后,曾经倍受打击与压抑的儒学逐渐复兴。民间教育的深厚根基使儒学仍保持生命力,通经入仕的政策又使儒学步入王朝的殿堂。于是,肩负着历史重任的一代儒家演出了新的一幕。

1.“学而优则仕”:儒生悄悄踏上官府的台阶

儒学迂阔而不切于实用,故长期无人问津。加之前有商鞅“燔诗书而明法令”(《韩非子·和氏》),后有李斯“焚书坑儒”及“偶语”、“挟书”之禁,使儒学备受打击,处境艰难。但是,儒学并未断绝,它在自己的故乡仍保留着极强的生命力。正如司马迁在《史记·儒林列传》中所指出的:“天下并争于战国,儒术既绌焉,然齐鲁之间,学者独不废也。”“及高皇帝诛项籍,举兵围鲁,鲁中诸儒尚讲诵习礼乐,弦歌之音不绝,岂非圣人之遗化,好礼乐之国哉?”“夫齐鲁之间于文学,自古以来,其天性也!”

儒生首次参与政治活动是在秦末。“陈涉之王也,而鲁诸儒持孔氏之礼器往归陈王。于是孔甲为陈涉博士,卒与涉俱死……缙绅先生之徒负孔子礼器往委质为臣者何也?以秦焚其业,积怨而发愤于陈王也。”(《史记·儒林列传》)

儒生正式参与国家政治是在高皇帝之际。“叔孙通作汉礼仪,因为太常,诸生弟子共定者咸为选首,于是喟然叹兴于学。”(《史记·儒林列传》)儒生以所操之礼乐参与政治事务并进而为官,这正是孔子的百年梦想。

“学而优则仕”是孔子也是儒家梦寐以求的理想。这一理想是在汉武帝时代逐渐实现的。高皇帝时“未暇遑庠序之事”,“孝惠、吕后时公卿皆武力有功之臣”,“孝文帝本好刑名之言”,“孝景不任儒者”,“窦太后又好黄老之术”。此间,“诸博士具官待问,未有进者”,与秦朝“博士虽七十人,特备而弗用”曾无二致。然而至汉武帝时,形势大变。武帝下诏:“延天下方正博闻之士,咸登诸朝。”又“绌黄老刑名百家之言,延文学儒者数百人,而公孙弘以《春秋》白衣为天子三公,封以平津侯,天下之学士靡然乡风矣。”(《史记·儒林列传》)

据《史记·儒林列传》载,公孙弘曾提出四条建议:一是“因旧官”:“为博士官置弟子五十人复其身,太常择民年十八已上仪状端正者补博士弟子”;二是“选贤良”:选拔“郡国县道邑有好文学、敬长上、肃政教、顺乡里、出入不悖所闻者,令相长丞上属所二千石”;三是“举文学”:“一岁皆辄试,能通一艺以上,补文学掌故缺,其高第可以为郎中者,太常籍奏,即有秀才异等,辄以名闻”;四是“罢不材”:“小吏浅闻,不能究宣”,“其不事学若寡材及不能通一艺,辄罢之”。武帝皆批准实施。于是,儒家“学而优则仕”的理想终于实现了。

2.儒生与文吏的冲突与融合

《论衡·程材》曰:“文吏,朝廷之人也。幼为干吏,以朝廷为田亩,以刀笔为耒耜,以文书为农业,犹家人子弟生长宅中,其知曲折愈于宾客也。宾客暂至,虽孔墨之材,不能分别。儒生犹宾客,文吏犹子弟也。”首批“通经入仕”的儒家知识分子正如登堂入室的外地客人,他们和原先的“武力有功之臣”(《史记·儒林列传》)、子承父业之吏,在政治素质和思想意识上存在明显的差异。这种差异在立法、司法活动中表现得尤为突出。加之,朝廷采纳公孙弘的建议,罢免了一批“不事学”、“不能通一艺”(《史记·儒林列传》)的官吏,又用考试的办法大量取用儒生,这就更加深了儒生与文吏的隔阂与对立。但这毕竟是暂时的现象,历经坎坷,两者最终握手言和、合而为一了。两者的冲突与融合过程大致如下:

（1）排斥阶段："儒者寂于空室，文吏哗于朝堂"

文吏看不起儒生："文学能言而不能行，居下而讪上，处贫而非富，大言而不从，高厉而行卑，诽誉訾议以要名采善于当世。夫禄不过秉握者不足以言治，家不满担石者不足以计事，儒皆贫羸，衣冠不完，安知国家之政县官之事乎！"（《盐铁论·地广》）"呻吟槁简，诵死人之语，则有司不以文学，文学知狱之在廷后而不知其事，闻其事而不知其务。儒者之安国尊君未始有效也。"（《盐铁论·大论》）儒生也看不起文吏："文吏不晓吏道，所能不过案狱考事，移书下记。"（《论衡·谢短》）"人不博览者，不闻古今，不见事类，不知然否，犹目盲耳聋鼻痈者也。"（《论衡·别通》）"不治其本而事其末，古之所谓愚，今之所谓智。以箠楚正乱，以刀笔正文，古文所谓贼，今之所谓贤也。"（《盐铁论·大论》）两种官吏相互鄙薄，互不通容，其结果是"儒者寂于空室，文吏哗于朝堂"（《论衡·程材》）。

鹽鐵論卷之一　漢　汝南　桓寬　撰

明　雲間　張之象　註

本議第一

惟始元六年有詔書使丞相御史與所舉賢良文學語問民間所疾苦

图 41　《盐铁论》

（2）相峙阶段："文吏以事胜、以忠负，儒生以节优、以职劣"

实践表明，儒生、文吏各有长短："儒生治本，文吏理末。""取儒生者必轨德立化者也，取文吏者必优事理化者也。""文吏以事胜，以忠负"："舞文巧法，徇私为己，勉赴权利，考事则受赇，临民则采渔"；"儒生以节优、以职劣"："儒生不晓簿书，置之于下第，法令比例，吏断决也。""儒生务忠良，文吏赴理事。"（《论衡·程材》）两者缺一不可，故不应相互鄙视仇怨。

"掺沙子"的成绩随着时间的推移而日见其卓越。致使"一府员吏，儒生什九"，"簿书之吏，什置一二"。（《论衡·程材》）儒家知识分子不仅位居三公，而且在一些郡县官府中占了八九成。其结果是：鄙视儒生之论难以存在；而儒生必须亲自"理事"。这就使儒生与文吏的对立与隔阂日益消除。

（3）融合阶段："以经术润饰吏事"

儒生、文吏各有长短，应取长补短。于是，儒生改变了"入文吏之科，坚守高志，不肯下学"的孤芳自赏的态度，向文吏学习"理事"的本领；文吏也改变了"循今不顾古，趋仇不存志，竞进不案礼，废经不念学"的旧姿态，转而向儒生学习六经之术。互相学习的结果是："吏事易知而经学难见也"，"儒生能为文吏之事，文吏不能立儒生之学"。儒生终于沾沾自喜，发出了"牛刀可以割鸡，鸡刀难以屠牛"（《论衡·程材》）的慨叹。儒生在官府中站稳了脚，造成了"以经术润饰吏事"（《汉书·循吏传》）的新局面。

二、法律思想领域：儒法斗争的最后一役

（一）"盐铁"论战：洋溢着时代气息的大论战

"盐铁会议"召开于汉昭帝始元六年（公元前 81 年）。当时，盐铁官营和平准均输等措施已实行近三十年，出现了许多问题。为解决这些矛盾，中央政府召各郡贤良文学来到京师，与丞相、御史大夫共商对策，是为"盐铁会议"。会议中，以御史大夫桑弘羊为一方，贤良文学为

另一方,就武帝时及现行的经济、政治、外交、军事、法律、学术等问题,各自提出针锋相对的见解。

"盐铁会议"的论争是先秦儒法对立的回光返照,而非简单的再现。先秦诸家思想经过相互渗透与吸收,至西汉时已失去原来的面目。壁垒森严、泾渭分明的儒法对立已成为过去。武帝时被奉为正宗的儒学已融合了阴阳家、法家等思想,而先秦法家的法治理论已经以中央集权的君主专制政体的形式被确立并延续下来。在"盐铁会议"上,桑弘羊既赞颂商鞅、韩非,又大谈"春秋之法";贤良文学既祖述尧、舜、文、武、孔、孟,又侈谈"尽地力",承认"法势者,治之具",(《盐铁论·周秦》)甚至主张"刑必加而无赦"(《盐铁论·周秦》),就是证明。

"盐铁会议"产生于这样的时代:一方面,自武帝以降,在意识形态领域定儒学为一尊,五经之学兴而通经入仕者日众;另一方面,由于施政的实际需要,朝廷又重用有才干和经验的官吏,如张汤以狱掾为御史大夫,"天下事皆决于汤"(《史记·循吏列传》),并采用先秦法家的一些治国措施。正所谓"武帝、宣帝皆好刑名,不专重儒"。可见,作为正宗学术的儒学真正支配上层建筑诸领域,还需要一个过程。及至"元、成以后,刑名渐废,上无异教,下无异学,皇帝诏书,群臣奏议,莫不援引经义以为据依。国有大疑,辄引《春秋》为断。一时循吏多能推明经意,移易风化,号为以经术饰吏事",[2]这个过程才告一段落。正是在这种情况下,桑弘羊与贤良文学虽视若仇敌却都从儒家经典中寻找论据,这些无不显示着浓烈的时代气息。

总的来看,桑弘羊及御史是汉武帝加强中央集权政策的继承者,他们时刻牢记景帝时吴楚七国之乱的教训,试图以法律和强力扼制地方割据势力的复活;贤良文学则念念不忘秦朝暴虐而亡的前车之鉴,希望修正武帝"退文任武、苦师劳众"(《盐铁论·诘和》)的好大喜功政策,以维护王朝的长远利益。这就是双方对立的政治动因。

就法律思想而论,贤良文学是董仲舒确立的正统法律思想的忠实继承者。但是,一来,正统法律思想尚未真正指导立法、司法活动;二来,儒家思想在以加强中央集权和抵御外患为首务的时代还显得不那么切实有效。正如桑弘羊所谓:"儒者之安国尊君,未始有效也。"(《盐铁论·论儒》)因此,从国家实际管理的需要出发,在朝大臣仍坚持先秦法家的某些措施。这就在新形势下演变成了两种法律思想的对立。

(二)儒法两家法律思想的对立

以桑弘羊和贤良文学为代表的两种法律思想的对立,主要表现在以下几方面:

1. 义利之辩

贤良文学继承儒家"重义轻利"的思想,反对盐铁官营、"与民争利"。认为当权者带头争利,百姓自然效法,必然否定教化的作用,"开利孔为民罪梯"(《盐铁论·本议》);桑弘羊一派认为盐铁官营可以富国利民、抑制豪强,而且,要对人民实行教化,需具备一定的物质条件,做到"文实配行,礼养俱施"(《盐铁论·孝养》)。

2. 德刑之争

贤良文学记取秦"专任刑罚"而速亡的教训,主张广施德教,即减轻对人民的剥削压迫,并施以教化,以达到"教成而刑不施"(《盐铁论·后刑》)的境界;桑弘羊一派认为,治国只能靠权势和法律,人性皆"好利恶害",教化很难起作用,"礼不足以禁邪而刑法可以止暴"(《盐

[2] 皮锡瑞:《经学历史》,中华书局1959年版,第103页。

铁论·诏圣》)。

3. 立法、司法原则的对立

贤良文学认为秦亡的原因是法网严密刑罚酷烈,故立法应简约,量刑应适中。他们强烈反对株连而主张亲属相容隐:"今以子诛父,以弟诛兄,亲戚相坐,什伍相连",是"以一人之罪而兼其众","以有罪诛无罪"。(《盐铁论·周秦》)他们反对客观归罪,强调行为人的动机和目的。但又夸大为"论心定罪","志善而违于法者免,志恶而合于法者诛";(《盐铁论·刑德》)桑弘羊一派认为治国主要靠法制完备和执法严厉:"少目之网不可以得鱼,三章之法不可以为治,故令不得不加,法不得不多。"(《盐铁论·诏圣》)他们反对亲属相容隐,主张株连:"一室之中,父兄之际,若身体相属,一节动而知于心",不轨之徒知道犯罪必然"戮及父兄,必惧而为善"。(《盐铁论·周秦》)

4. 灾异与司法

贤良文学承袭董仲舒的"天人感应"论,说"狱讼平、刑罚得则阴阳调、风雨时",如果一味重刑,就会干扰阴阳之道,致使"日月有变"、"水旱不时",出现灾异;(《盐铁论·执务》)桑弘羊一派则坚持天道与人事两不相关:"水旱,天之所为,饥穰,阴阳之运也,非人力故……天道然,殆非独有司之罪也!"(《盐铁论·水旱》)

5. 人治与法治

贤良文学重视"人"即统治阶级成员在治国中的作用,认为法律必须靠贤人来掌握,"法势者,治之具也,得贤人而化"(《盐铁论·刑德》);桑弘羊一派则认为"法"的作用比"人"大,"无法势,虽贤人不能以为治"(《盐铁论·申韩》)。

"盐铁会议"所反映的两种法律思想的斗争,从形式上来看,是先秦儒法对立的最后一役。此后,类似这般旗鼓相当的论战实未曾再现。盐铁论战告诉我们,正统法律思想自武帝时确立以后,曾受到重视法制的官方人士的挑战;而当时的立法、司法现状,也受到在野的儒士们的批评。这表明,正统法律思想作为一种理论虽已确立,且公羊大师以引经断狱来促进它对司法活动的渗透,但是,当时它还远没有达到可以完全指导司法实践的程度。儒士出身的狱吏并不普遍,既通经又通律的儒学大师毕竟少见,故桑弘羊指斥当时的儒士:"文学知狱之在廷后而不知其事,闻其事而不知其务。"(《盐铁论·大论》)但是,应当指出,在儒学定于一尊之后,经学方兴未艾且浸润到法律注释领域,儒生通经而入仕者渐多,在立法、司法上的发言机会也随之增加,加之春秋决狱之风的盛行,这一切都使儒学在思想上、组织上站稳了阵脚,儒学向法律领域的战略挺进已成不可遏止之势。

三、司法领域:"春秋决狱"

(一)"春秋决狱"及其发展

西汉武帝时代,曾出现意识形态与法律实践分道扬镳的奇特现象:在意识形态领域,由于罢抑百家、表彰六经,使儒学上升为正宗学术,儒家著作成为官方经典,儒家思想成为社会的统治思想;在法律领域,由于汉承秦制、汉承秦吏、汉承秦法,致使当时的法律和司法活动仍体现秦律和法家的基本精神。但是,既然儒家思想已上升为统治思想,就不可能不按照它的形象来支配社会生活的各个方面。儒学对法律领域的渗透终于酿成了司法活动中前所未有的重大事件:"春秋决狱"。

董仲舒是“春秋决狱”的始作俑者。当时廷尉张汤每遇到义关伦常的疑难案件,便向董仲舒请教。董仲舒便以儒家经典(特别是《春秋》)所载的古老判例、故事或某种原则来予以裁定,并作《春秋决狱》二百三十二事,为当时法官审判时所援引。此书大约在隋唐后失传,今《太平御览》、《通典》仅存其零星片断。

(二)“春秋决狱”的操作方式

“春秋决狱”在操作方式上可分两类:

其一是引古判例以断案。《太平御览》六四载一案:“甲父乙与丙争言相斗。丙以佩刀刺乙,甲即以杖击丙,误伤乙。甲当何论?或曰:殴父也,当枭首。(仲舒)论曰:臣愚以父子至亲也,闻其斗,莫不有怵怅之心。扶杖而救之,非所以欲诟父也。《春秋》之义,许止父病,进药于其父而卒。君子原心,赦而不诛。甲非律所谓殴父,不当坐。”董仲舒援引《春秋》中记载的一宗判例:许止父病,许止进药而未曾先尝,致使其父吃错了药而病故,当时的法官因许止无“弑父”的动机,只宜于受到道德舆论的谴责而未追究其刑事责任。董仲舒从这一判例中总结出一条审判原则——“原心论罪”,即在定罪量刑时应分析行为人的动机、目的。并用这一原则来分析当时的殴父案,认为甲无殴父的动机,不应以殴父处枭首之刑。

其二是引经义以论狱。《太平御览》六四又载一案:“甲夫乙将船,会海风盛,船没溺流死亡,不得葬。四月,甲母丙即嫁甲,欲皆何论?或曰:甲夫死未葬,法无许嫁,以私为人妻当弃市。议曰:臣愚以主《春秋》之义,言夫人归于齐,言夫死无男有更嫁之道也。妇人无专制擅恣之行,听从为顺,嫁之者归也。甲又尊者所嫁,无淫行之心,非私为人妻也。明于决事,皆无罪名,不当坐。”董仲舒从《春秋》中引出“夫死无男有更嫁之道”和“妇人无专制擅恣之行”两条原则,施于本案,免除对当事人的处罚。又《通典》载一案:“时有疑狱曰:甲无子,拾道旁弃儿乙养之,以为子。及乙长,有罪杀人,以状语甲,甲藏匿乙。甲当何论?仲舒断曰:甲无子,振活养乙,虽非所生,谁与易之?《诗》云:螟蛉有子,蜾蠃(luǒ)负之。《春秋》之义:父为子隐。甲宜匿乙而不当坐。”(《通典》六十九《东晋成帝咸和五年散骑侍郎乔贺妻于氏上表》引)董仲舒从《诗经》、《春秋》中引出“养父如同亲父”和“父为子隐”两条原则,遂得出甲虽隐瞒乙杀人罪而不予追究刑事责任的判决。

“春秋决狱”强调法官对行为人的真实动机和目的进行深入慎重的探究,叫作“原心论罪”,这是对秦汉法律中“客观归罪”精神的否定。董仲舒提出重要的审判原则:“必本其事而原其志。”(《春秋繁露·精华》)即以犯罪事实为依据,兼而参考行为人的动机、目的。这是一条正确的审判方针,至于有人片面夸大行为人心理状态的作用,说什么“志善而违于法者免,志恶而合于法者诛”(《盐铁论·刑德》),从“客观归罪”跳到“主观归罪”,这不能归咎于董仲舒的“春秋决狱”。

(三)“春秋决狱”在中国法律史上的地位

“春秋决狱”是西汉司法领域的大事件,它是儒家思想向司法领域渗透的第一步,标志着儒家的法律原则已处于高于法律的优越地位。“春秋决狱”的真正价值在于揭示了这样一个道理:对统治阶级来说,当无法律明文规定可依或虽有现成法条却显然不符合统治阶级法律意识的时候,以统治阶级法律政策和意识为指导,援引以往的判例及其所体现的某些原则来审理现行案件,是势在必行、顺理成章的事情,完全没有必要等待制定成文法典而踌躇不前、束手无策。董仲舒所倡始的“春秋决狱”,与其说是用儒家法律思想改造当时的司法活动,毋宁说是在恢复一种古已有之的审判方法:判例法。

汉代“春秋决狱”的范围颇广,不仅仅限于诉讼案件,而常常涉及日常政务。如诸大臣以《春秋》“君子大居正”之义谏止窦太后立梁王为皇太子;大鸿胪禹以《春秋》“诛君之子不宜立”之义谏止罪臣立嗣,等等。[3]

“春秋决狱”并非机械照搬《春秋》原义,而是根据统治阶级现实政治的需要有所取舍。《汉书·终军传》载:元鼎中博士徐偃矫制,使胶东鲁国鼓铸盐铁,张汤以“矫制大害法”论其死罪。偃以为《春秋》之义,“大夫出疆,有可以安社稷存万民,专之可也”。张汤无言以对。终军谓古者诸侯国异俗分,故有不受辞造命专已之宜,今天下为一,万里同风,偃巡封域之中,称以出疆何也？徐偃词穷服诛。

汉代“春秋决狱”之风最为盛行,除董仲舒之外,公孙弘以《春秋》之义绳臣下,取汉相;吕步舒以《春秋》之义决淮南狱,深得天子赏识;儿宽以古法义决疑狱,颇受廷尉张汤的赞扬。汉代君臣均重儒家经义,武帝特令太子学习《公羊春秋》,以为治国之具。故人谓:“不通经术知古今之大礼,不可以为三公及左右近臣。”(《史记·梁孝王世家》)

“春秋决狱”之风至魏晋南北朝而连绵未绝。如魏时朝议以《春秋》破棺陈尸故事,“发凌愚冢,剖棺暴尸于所近市三日”;晋时周处以儒经“证父攘羊,伤风污俗”之义处死手杀其父(其父叛逃)的李忽;北魏世祖诏:“诸有疑狱,皆付中书,以经义量决”;世宗时大臣以《盘庚》“无令易种于新邑”之义诛及罪者之子,等等。[4] 及至隋唐,儒家经义已基本法典化,“春秋决狱”已无必要,故其风渐息,此必然之势也。

“春秋决狱”的历史贡献不仅在于使儒家思想逐步法典化,而且在于为古老的“判例法”构筑了一块坚固的阵地,从而初步奠定了“成文法”与“判例法”相结合的“混合法”的雏型。

第四节　中国古代法律的儒家化、法家化

所谓中国古代法律的儒家化、法家化,这是一个既虚拟而又真实的命题。说它是虚拟的命题,是因为,在儒家和法家诞生之前,中国古代法律实践中既存在崇尚“礼”又崇尚“法”的思想萌芽。假设儒家、法家从来没有问世,那么,古代法律仍然会按照自身的规律发展下去,并在某种程度上容纳“礼”和“法”的思想元素。儒家、法家的功绩在于总结历史、评判当今、筹划未来。他们从不同角度崇尚古代法律文化的某一个侧面,各自形成了相对独立的思想体系。后来,人们为了简洁地评价某一思想的属性,慢慢习惯于用“儒家的”、“法家的”这样的概念,去说明古已有之的思想元素。须知,“儒家的”、“法家的”这样的概念有似作品的标签,而不是原产地证书。否则,就不免产生错觉,似乎这些法律思想是儒家或法家创造出来的。其结果是“数典而忘祖”,喧宾夺主。

---

〔3〕 参见程树德:《九朝律考》,商务印书馆1935年版,第170页。

〔4〕 参见程树德:《九朝律考》,商务印书馆1935年版,第221、273、387、388页。

所谓中国古代法律的“儒家化”、“法家化”,“化”即是变化,就是一种过程。有过程就应当有始点有终点。“儒家化”、“法家化”的逻辑起点是,某个时代的法律本来没有儒家因素,后来逐渐加入儒家元素,使法律演变成儒家式的法律,或者说某个时代的法律本来没有法家因素,后来逐渐加入法家元素,使法律演变成法家式的法律。其实,这个逻辑起点是虚拟的、并不存在的。远在儒家之前,古代思想当中就包含丰富的成果。这些思想成果当中的某一部被后来的儒家所推崇,而另一部分被后来的法家所推崇。所以儒家、法家并不是他们所推崇的思想的原作者。因此,如果用“儒家化”、“法家化”的名词来概括某种变化的性质,实际上是极不准确的。在这个意义上如果强调先秦本无学派,也许有利于全面客观地审视先秦法律文化发展脉络。

“儒家化”、“法家化”的术语之所以不十分准确,还在于儒家思想、法家思想本来就是交叉的,不是壁垒森严、截然对立的。或者说,儒家思想当中也包括一定程度的法家思想,法家思想当中也包括一定程度的儒家思想。在某种事物既是甲又是乙的情况下,非宣布这个事物是甲而不是乙,这在事实上和逻辑上都是容易出问题的。事实上有些法律制度的产生,既是儒家化,也是法家化。中国古代法律文化的演进,是一个漫长、综合、全方位的过程,已经分不出哪一阶段、哪一领域是儒家化而不是法家化,哪一阶段、哪一领域是法家化而不是儒家化。

尽管如此,作者仍然认为,学术研究应当尊重既有的约定俗成的成果和习惯,因为这些成果虽然受制于当时的文献不足,却仍然具有不可忽视的学术价值,而且已经被学界所认可,那么就不必全盘颠覆、另起炉灶。因此,作者仍然沿用“儒家化”、“法家化”的名词,并试图注入新意。

一、关于“古代法律儒家化”命题及其影响

20世纪40年代,陈寅恪先生首先提出“刑律儒家化”的命题:“古代礼律关系密切,而司马氏以东汉末年儒学大族创制晋室,统制中国,其所制定之刑律尤为儒家化。既为南朝历代所因袭,北魏改律,复采用之。辗转嬗蜕,经由齐隋,以至于唐。实为华夏刑律不祧之正统。”[5]此后,瞿同祖先生率先系统论述“中国法律之儒家化”问题。他指出:“秦汉的法律是法家所制定的,其中并无儒家思想的成份在内”,“归纳言之,中国法律之儒家化可以说是始于魏晋,成于北魏、北齐,隋唐采用后便成为中国法律的正统”,“儒家化是中国法律发展史上一个极为重要的过程,中国古代法律因此而产生了重大深远的变化”,“所谓儒法之争”“亦即差别性行为规范及同一性行为规范之争”,“所谓法律儒家化”“也就是怎样使同一性的法律成为有差别性的法律的问题”。[6]瞿同祖先生的观点在历史学界特别是中国法史学界影响很大。许多教材、论文都在不同程度上沿用了这一论断。正如有人总结的:“瞿先生的这个观点目前在国内仍居绝对主导地位,接受该观点的学者及其著作或教材不胜枚举,海外学者接受此观点者亦居多数。”[7]

20世纪70年代以后,随着睡虎地秦墓竹简、张家山汉简等出土文献的出现,其中所反映的看来应当属于儒家思想的内容引起重视。因此,有学者提出,古代法律的儒家化从战国秦

---

〔5〕　陈寅恪:《隋唐制度渊源论稿》,河北教育出版社2002年版,第102页。

〔6〕　瞿同祖:《中国法律与中国社会》,中华书局1981年版,第270～346页。

〔7〕　苏亦工:《唐律一准乎礼辩证》,载《政法论坛》(中国政法大学学报)第24卷第3期2006年5月。

代就已经开始。[8] 在这之前，余英时提出“儒学的法家化”；[9] 祝总斌亦撰文指出，古代法律的儒家化成果集中体现在晋代的晋律当中；[10] 张纯、王晓波提出汉代法家被儒家化、儒家被法家化的观点；[11] 郝铁川提出“封建法典法家化”一说，认为李悝法经、竹简秦律和后世法典一脉相承，都是“法家化的法典”，古代法律未曾儒家化，[12] 对此，范忠信提出批评意见。[13] 杨振红撰文，在对中国古代法律儒家化、法家化问题进行总结性评论的同时，以大量出土秦汉律文献为证据，描述了秦汉社会的等级秩序和家庭伦理秩序，指出，中国法律之儒家化说的前提——秦汉的法律是法家所制定的，其中并无儒家思想的成分在内，是对秦汉律特质以及中国历史上儒家、法家思想的误读；秦汉律的基本框架、原则和内容为商鞅所确立，秦汉律所构建和维护的家庭伦理秩序亦应当本于商鞅。这种秩序，是从其建立伊始就已经存在了，而不是法律儒家化的结果。这样的结论显然与儒家化说或法家化说关于礼法观念、关于儒法思想主张的认识有相当大的距离。[14]

这些观点都分别反映了作者各自对中国古代法律历史演进过程的某一阶段或某一侧面的特征的理解，因此都具有相对客观性。但是应当指出，上述观点所谓之“法律”实际上大都属于刑事法律，并未涉及刑事以外的诸如民事、经济、行政等领域的法律制度。而所谓法律的“儒家化”、“法家化”实际上或者在很大程度上只是“刑事法律”的“儒家化”、“法家化”。

二、中国古代法律的演进轨迹既是儒家化也是法家化

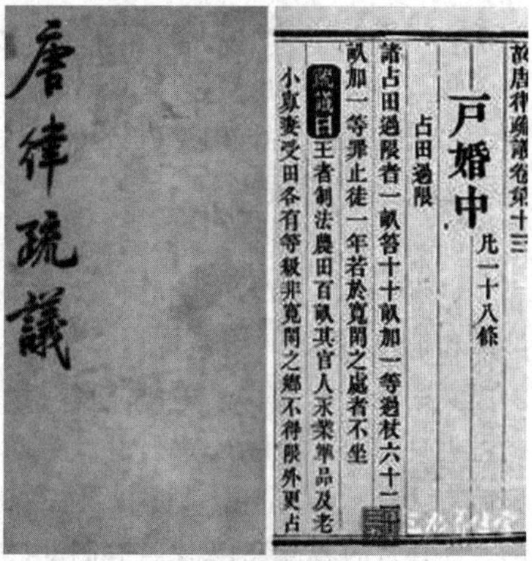

图 42 《唐律疏议》

在学术界，所谓“中国古代法律的儒家化”，是一个历时久远、影响深刻的学术命题。其立论以为，秦的法律是在法家思想影响之下确立的，没有体现儒家思想的成分。及至汉武帝时代，以确立儒学为官方正宗学术为其开端，中国法律开始儒家化进程，且以唐代《唐律疏议》颁布为其终点。其实，此命题的起点并不能完全成立。因为，第一，在儒家、法家出现之前，中国古代法律实践活动已经取得丰富成果，形成自己的基本特点并一直延续下来，其中就包括后来儒家、法家所主张的内容；第二，法家虽然十分重视集权君主政体的确立和维系，但是在婚姻家庭领域，法家仍然注意维护父系家族的伦理秩序。而父系家族的伦理秩序也正是儒家始终坚持的。

在先秦时代，作为一种行为规范，“礼”与“法”是有差别的。儒家主张的“礼”是适用于具

---

〔8〕 孙家洲：《试论战国秦汉时期立法指导思想的演变》，载《杭州师院学报》（社会科学版）1986 年第 1 期。
〔9〕 余英时：《反智论与中国政治传统》，载《历史与思想》，台北联经出版社 1981 年版，第 31 页。
〔10〕 祝总斌：《略论晋律之儒家化》，载《中国史研究》1985 年第 2 期。
〔11〕 张纯、王晓波：《韩非思想的历史研究》，台北联经出版事业公司 1994 年版，第 249 页。
〔12〕 郝铁川：《中华法系研究》，上海复旦大学出版社 1997 年版，第 1 ~ 56 页。
〔13〕 范忠信：《中华法系法家化驳议——〈中华法系研究〉商榷》，载《比较法研究》1998 年第 3 期。
〔14〕 杨振红：《从出土秦汉律看中国古代的礼、法观念及其法律体现——中国古代法律之儒家化商兑》，载《中国史研究》2010 年第 4 期。

有“骨肉之恩”的“血缘群体”的规矩,而法家主张的“法”则是适用于“好利恶害”的陌生人的“地缘群体”的规矩。这两种规矩或者可以简称为“熟识人的法”和“陌生人的法”,它们之间有对立也有重叠。前者靠风俗习惯和世袭法官的“判例法”来维持,后者靠官僚法官的“成文法”来维持。在表现形式上,“礼”通过风俗习惯的熏陶、教育和“先例故事”来保护,“法”则通过国家正式制定的成文法和司法活动来体现。

但是,应当注意,“礼治”、“法治”除了对立还有重叠。这个重叠面就是维护社会阶级的差异性和家族的伦理秩序。这对于儒家来说不过是与天地同久颠扑不破的真理,对于法家来说则是基于统治经验积累的现实觉悟。法家主张的“法治”就其本质而言只是个政治变革的纲领,其矛头始终指向政治领域。一切反对、破坏、诋毁这种政治变革的思想、行为、言论,都在禁止和打击之列。而在社会基层组织领域,“法治”并没有宣布以宗法家族秩序为敌,更没有一般地否定忠孝仁爱等宗法道德观念。正如瞿同祖先生所言:“法家并不否认也不反对贵贱、尊卑、长幼、亲疏的分别及存在,但法家的兴趣并不在这些与治国无关、无足轻重甚至与治国有妨碍的事物上,他所注意的是法律、政治秩序之维持。”[15]在意识形态方面,儒、法两家都程度不同地维护宗法道德规范。两者的差别在于儒家重视忠孝仁爱的内在感情而法家则重视它们的外在行为。《韩非子·忠孝》:“臣事君,子事父,妻事夫,三者顺则天下治,三者逆则天下乱。”相对于“敬”来说,“事”是一种看得见摸得着的客观行为。《商君书·画策》:“所谓义者,为人臣忠,为人子孝,少长有礼,男女有别,非其义者,饿不苟食,死不苟生,此乃有法之常也。”当忠孝礼义都被具体法条加以规定之际,判别某一具体言行是否符合忠孝礼义,就不必琢磨人们的内心世界,只要符合法律规定就行了。这样一来,法家就用法兼容了道德的功能,因为合法的行为同时也就自然成了符合道德的行为。在某种意义上可以说,在自然经济和宗法家族面前,儒家和法家的立场并无本质差别——儒法两家都维护自然经济和宗法家族结构,只不过方法不同。

自西汉以后,古代法律的法家化方式,不是表现为从零开始的创新,而是表现为实质上的继承和延续。继承和延续的内容包括先秦法家缔造的集权政体和新式成文法。而行政领域的成文法逐渐成为王朝法律的重要组成部分。正如余英时所谓:“儒教对汉代国家体制,尤其是中央政府的影响是比较表面的,当时的人已指出是‘以经术润饰吏事’。以制度的实际渊源而言,‘汉承秦制’在《汉书·百官公卿表》上有明白而详细的记载,法家的影响仍然是主要的。汉宣帝的名言云:汉家自有制度,本以霸王道杂之,奈何纯任德教,用周政乎?(《汉书·元帝本纪》)这是汉代政治未曾定于儒家之一尊的明证。”[16]但是,法家的“法治”自始就不意味着必然全部排斥文化传统。事实上法家不仅没有一般地否定父系家族伦理秩序,反而十分注意用法律手段维护这种秩序。这一特征在《睡虎地秦墓竹简》中得到较为充分的反映。《秦律》有“非公室告”的规定:“父母擅杀、刑、髡子及奴妾,不为公室告”,“非公室告,勿听”。又有“父盗子不为盗”,“子告父母,告者罪”,“免老告以不孝,急执勿失”等规定。《封诊式》中的“黥妾”记载着主人要求官府对其婢女施行黥劓之刑的请示公文,“迁子”记载着父母要求官府对其亲子实施断足流放的请示公文。《为吏之道》宣传“君怀臣忠,父慈子孝,政

〔15〕 瞿同祖:《中国法律与中国社会》,中华书局1981年版,第282页。

〔16〕 余英时:《汉代循吏与文化传统》,载《中国思想传统的现代诠释》,台湾联经出牍事业公司1987年版,第180页。

之本也”,〔17〕这些规定与儒家坚持的“孝”、“君臣无狱”、“父子无讼”的古老礼治原则是一脉相承的。秦律维护父系家长的特权和家族秩序,无异于礼的局部成文法化。可以说,当成文法还没有诞生的时候,古老的礼治就已经发挥着法的功能了。因此,可以说这一过程是很难以儒家化、法家化来命名的。究其实是两者兼而有之。在这种所谓“纳礼入律”的实践过程中,似乎并没有引起大的思想交锋,一切都平平静静理所当然地进行着。这说明,在法家的思想深处,仍然为古老的礼治留有极大的空间。同时,这一现象也反映了新兴地主阶级用古老的宗法家族的行为规范来维系新国家的社会基础的愿望。

三、对中国古代法律儒家化法家化的全方位描述

从中国法律文化史角度而言,所谓“中国古代法律的儒家化”,是一个复杂多元的历史文化演化过程。这一过程是中国古代法律思想、法律规范、法律设施、法律艺术全方位发展成熟的过程,也是中华法系酝酿、磨合乃至最终确立的过程。如何客观描述这一过程,最为重要的前提是,西汉以后的儒家已经完成了由原始儒家(孔孟之儒)向新儒家(荀董之儒)的演变,而新儒家的形成,一方面对原始儒家思想进行了局部的修正,另一方面又吸收了先秦法家的部分主张。因此,“中国古代法律的儒家化”就其实质或思想本源而言是古代法律的儒家化兼法家化。或者说,中国古代法律的进化过程,已经不能再以先秦儒家思想或先秦法家思想作为各自孤立的观察标尺了。古代法律的儒家化和法家化过程已经交融为一、无法分开了。这一过程大致可以表现在以下几个方面。

(一)确立皇权本位与族权本位的双向法统

从法律实践的价值观来看,西汉以后中国古代法律的儒家化和法家化表现为确立皇权本位(法治)与族权本位(礼治)的双向法统。法统即指导法律实践活动(立法、司法及思维活动)的价值基础,它决定着法律实践活动的内容、特点和发展方向。一般而言,一个民族的法统是一元的,而中国古代的法统则是二元的,即族权本位(礼治)和皇权本位(法治)相结合。

(二)形成以儒家为主体以法家为辅助的正宗学术

从政治法律思想角度来看,西汉以后中国古代法律的儒家化、法家化,表现为以儒家为主、以法家为辅的正宗学术的形成。

“汉承秦制”,西汉政权延续了集权君主政体和维持这一政体的法律制度,这是继承的一面;汉武帝时确立儒学的官方正统地位,这是创新的一面。延续了集权君主政体就必然要继续法家的治国方略“以法治国”;定儒学为一尊就必然要用儒家的主张来修正法家的弊端。如果说秦代是专任刑罚的时代,西汉初期是崇尚黄老的时代,那么,汉武帝时则是开启了独尊儒术的时代。秦朝因实行法家政策严刑酷罚导致二世而亡,致使法家思想受到社会的普遍抵制和鞭笞。黄老思想虽然宜于困顿社会的休养生息,但它过于消极,不利于削弱割据势力,巩固中央政权,不利于富国强兵以御外患,不利于大一统王朝的巩固与发展。

武帝采纳董仲舒的建议,“罢黜百家,表彰六经”(《汉书·董仲舒传》),独崇孔子之术。“作书美荀卿”而深明荀学宏旨的董仲舒,名崇孔孟之道而实循荀子之术。董仲舒的“天人合

〔17〕《睡虎地秦墓竹简》,文物出版社1978年版,第196、195、260、261、285页。

一”的君权天授说和“大德小刑”说主张天道有阴阳,阳为主而阴为辅,阳为德而阴为刑。故治理国家应以德为主而刑为辅。这样,既神化了儒家“德主刑辅”的传统见解,又暗中把刑法提高到天道之一翼的神圣地位;他还强调儒家经典和经义对司法活动的指导作用,首倡“春秋决狱”,在清算法家政治弊端的同时,探讨新的司法模式。董仲舒是最早开始系统运用儒家经义指导司法活动的儒家大师。从某种意义上可以说,董仲舒的思想和实践是对荀学的真诚而巧妙的注释。

(三)立法领域:儒学的“法典化”与法律的“儒学化”

儒生不断涌入官吏队伍,经过长期的施政实践,他们逐渐熟习政事与法律,于是开始肩负起伟大的历史使命:用儒学精神改造现行法律。这一历史使命是分作以下三个阶段完成的。

1. 引经决狱

引经决狱是儒学在法律领域构筑的第一座“桥头堡”,由汉武帝时治公羊学的名儒董仲舒开其端。所谓引经决狱(或春秋决狱),是指遇到义关伦常而法律无明文律定或虽有明文却有碍纲常的疑难案件,则引用儒家经典中所记载的古老判例或某项司法原则对案件作出判决。这实际上等于确认儒家经义具有高于现行法律的特殊地位,从而为儒学向司法领域的渗透打开一条通道。

2. 据经注律

两汉经学大兴,著名经学大师获得官职之后,有机会兼而研讨儒经与汉津,从而派生出一门实用型的新学科——律学,或云法律注释学。他们用儒家经义来解释现行法律条文,洋洋万言。《晋书·刑法志》说,当时注律者“十有余家,家数十万言,凡断罪所当用者合二万六千二百七十二条,七百七十三万三千二百余言”。其价值在于:(1)论证了某些法律条文的合理性;(2)使某些法律条文经过注释以后向儒家经义靠拢;(3)指出某些法律条文违背儒家伦理。这些注释之言或则经过朝廷的批准而具有法律效力,或则通过改变司法官的法律意识在司法中悄悄发挥作用。这一切都为下一步作了准备。

3. 纳礼入律

纳礼入律是指通过国家立法的渠道使儒家经义直接上升为法律条文或法律制度。贾谊的“刑不上大夫”被采纳,应当说是纳礼入律的开端。大规模的纳礼入律是从魏开始的。如“除异之子科使父子无异财”(《晋书·刑法志》),既是对秦法“民有二男以上不分异者倍其赋”《史记·商君列传》的否定,又是对儒家孝义的强化。此后,“八议”、“以服制论罪”、“子孙违犯教令”、“犯罪存留养亲”、“官当”、“十恶”等等体现儒家伦常精神的东西纷纷入律,直至“一准乎礼”(《四库全书总目提要·政书类·法令之属案语》)的唐律出现,刑礼合一,“出礼则入刑”(《后汉书·陈宠传》),纳礼入律便大功告成。此刻,引经决狱之风渐息,而法律注释学便成了对现行法条的正面阐发。

儒学的法典化和法律的儒学化是古代法律实践活动的两个侧面。其中起着决定作用的因素是:第一,儒学进居统治地位并发挥了实际作用,皇帝下诏、大臣奏章无不据引儒家经典,以儒家经义为最高指导思想;第二,儒家知识分子进居官吏行列且身兼要职,获得修订法律和参与重大司法活动的机会,得以贯彻初衷。儒学的法典化与法律的儒学化的过程,究其实正是儒家、法家法律思想血肉凝结、鲁文化与晋文化水乳融合的过程。这种融合塑造了中国传统法律文化的基本形象。

（四）司法层面的局部冲突与磨合

西汉以降，伴随着儒家法家法律思想的逐渐融合，正统法律思想悄然诞生。但这只是问题的一个侧面，思想的融合并不能马上导致司法领域的变革。在司法领域，儒家法家法律传统还处在局部冲突状态。这种局部冲突经过长期磨合之后才最终解决。

司法层面的局部冲突与磨合的第一个典型事例是"复仇"。

儒家出于维护宗法家族的秩序和伦理感情，一般是支持复仇但又主张对复仇行为有所限制。法家出于维护国家秩序和法律权威，故严厉禁止私人复仇。汉汉武帝以后，儒家思想的正统地位被确立，盛行"春秋决狱"，儒家经义往往高于法律，五伦范围以内的复仇已成习惯，不复仇则为社会舆论所蔑视、谴责。在司法中对复仇者每每加以宽贷而民间舆论则极力颂扬复仇。复仇问题在整个古代都没有解决。在以家族为本位的社会制度下，国家法律既然要求"一准乎礼"，就不可能真正禁止复仇，这样必然造成礼与国法的矛盾。因此，家与家、族与族之间的复仇、械斗便连绵未断。

司法层面的局部冲突与磨合的第二个典型事例是亲属相隐与族诛连坐。先秦儒家主张亲属相隐，反对族株连坐。法家则反对亲属熟知互相包庇罪行，又主张族诛连坐。作为法律制度，亲属相隐和族诛本是截然对立的东西。但是经过法律实践特别是国家立法，亲属相隐和族株连坐中竟得以并行不悖。其办法是：对谋反、谋大逆、谋叛等重罪，施行族诛而不适用亲属相隐，允许子孙奴婢揭发检举；对此以外的一般罪行则允许亲属相隐而不施行搞族诛连坐。这样便可以既维护了王朝的根本利益，又维护了王朝的社会基础。

（五）儒家经学与法家刑名之学共同促成司法职业化

从司法职业训练角度来看，古代法律的儒家化和法家化表现为儒学的律学化或律学的经学化，从而完成了古代法官的职业化。

西汉以后儒家知识分子不断通过举荐、通经入仕等渠道进入国家官僚队伍，这不仅实现了孔子"先进于礼乐"（《论语·先进》）、"学而优则仕"（《论语·子张》）的百年梦想，而且还在不断改变官僚队伍结构素质的同时，悄悄地改变儒家知识分子的传统学风——从深居书斋到关心社会现实问题。因为，在官言官，既然入仕为官，就不能不介入日常政务和司法。此间，伴随着著名宿儒被提拔为三公重臣，董仲舒创始的"春秋决狱"之风也起着推波助澜的作用。与"春秋决狱"之风并驾齐驱的是"引经注律"的活动。据《晋书·刑法志》载，汉代法律，世有增损，集类为篇，结事为章，"后人生意，各为章句"。深谙儒家经义的名儒们，将探寻微言大义、字斟句酌的看家本领，施用于法言法语之间，而这些活动曾经是法家津津乐道而被儒家视为旁门左道的雕虫小技。这实际上是对战国法家"以法为教，以吏为师"主张的第二次落实和推广，而乐此不疲的儒生们早把孔夫子"重德轻刑"的教诲忘置脑后了。"后进于礼乐"、子继父业的文吏们开始倾心学习儒家经典，而"先进于礼乐"的儒家知识分子也逐渐熟悉日常政务。实践与理论的深层次结合促进了司法官吏群体的专业化进程。其结果是法家式的文吏与儒家知识分子的深层次的交融，最终完成了司法群体的儒法化或专业化。司法群体专业化的副产品就是儒学的律学化或律学的经学化。

(六)零散的古老习俗礼仪逐渐被编入刑法典

从刑法典编纂沿革角度来看,古代法律的儒家化、法家化表现为宗法礼制的逐渐成文法化。

以荀子为代表的新儒学,自其诞生之际就吻别了久仰的贵族政体转而颂扬集权王朝,同时以前所未有的清醒和远见去构筑新的法律知识系统。儒家对社会生活的深切理解以及对家族这一社会存在的政治意义的清醒认识,都有利于促使古老的民间之礼登上政治法律的殿堂,最终导致礼的精神和原则不断制度化和法律化。汉代以降的国家立法走的就是这条路。汉代贾谊的"刑不上大夫"的"阶级论"被采纳,可以说是个开端,此后便一发不可收拾。比如"除异子之科使父子无异财"(《晋书·刑法志》),既是对秦法"民有二男以上不分异者倍其赋"的否定,又是对儒家孝义的强化。及至"八议"、"以服制论罪"、"子孙违犯教令"、"犯罪存留养亲"、父母在禁止"别籍异财"、"同姓不婚"、"义绝"、"七出"、"三不去"、"八议"、"官当"、"十恶"等体现儒家伦常精神的内容,逐渐变成法律条文或制度。《四库全书总目·政书类·法令之属》案语谓唐律"一准乎礼",宣告刑礼合一,"出礼则入刑"(《后汉书·陈宠传》)终于大功告成。在世界主要法系当中,只有中华法系通篇洋溢着古老的伦理主义的浓烈气息。唐律那些"一准乎礼"的法律规定,大都不是立法机关的创制,而充其量只是一种整理或再确认。因此,它使寻常百姓感受到那些见惯不惊、耳熟能详的乡间礼俗,一夜之间都变成了庄严肃穆的法条。比如,按照乡间礼俗,婚姻的缔结和解除要遵照"七去三不去"的原则,《唐律》照单录之;按照民间礼俗,"子不复仇非子也",《唐律》规定:父为人所杀而私和者罪之;按照民间礼俗,父母在,"不有私财",《唐律》有禁止父母在子女"别籍异财"和"私辄用财"之制;按照民间礼俗,身为子孙应服从父母祖父母之指挥,《唐律》有"子孙违犯教令"之罪;按照民间礼俗,"闻丧即须哭泣",《唐律》有闻父母夫丧"匿不举哀"之罪;按照民间礼俗,"事亲有隐无犯",《唐律》有侮骂、殴打、状告父母祖父母之罪;按照民间礼俗,身为子孙对其父母、祖父母应当"以其饮食忠养之",《唐律》有"供养有缺"之罪,等等。[18] 可以看到,经过历代王朝的立法实践,那些本来在民间流传既久的,曾经被儒家经典记载或讨论过的,靠着道德自律和乡里组织调节的各种风俗习惯,都一一披上法律的盛装,闪烁着王法的威严。这一过程,正是民间礼俗的成文法化。

(七)儒家的理论与法家的实践共同培育了"混合法"样式

从法律样式角度来看,古代法律儒家化、法家化表现为儒家提倡而法家实践的"混合法"逐渐社会化。

代秦而立的西汉统治集团牢记暴秦以严刑酷法速亡的前车之鉴,故而政缓法疏,其结果是法律缺失。汉武帝时儒家思想复兴且与现行法律之间每每发生冲突,这些情况都为创制和适用判例进而形成"混合法"提供了前提。西汉是判例法的草创和混合法的酝酿阶段。一定数量的成文法律和大量的"春秋决狱"和"决事比例"共同勾勒出"混合法"的雏形。以解决特殊案件而产生的"春秋决狱",无意间使儒家经义高于法律之上。由于律典有限,法官在裁判中常常援引相近的律令,从而形成大量"决事比",其前身正是《睡虎地秦墓竹简》的"廷行

---

〔18〕 参见(唐)长孙无忌等撰:《唐律疏议》,刘俊文校,中华书局1983年版。

事”。经过朝廷核准的“春秋决狱”和“决事比”，与成文法共同构成基本的法律渊源。这种创制适用判例的新方法与其说是用儒家法律思想浸润改造当时的司法实践，不如说是对古老判例法的旧梦重温和对“混合法”格局的第一次速描。如果说“判例法”时代培养了一批善于思考和将立法寓于司法之中的法官，“成文法”时代则造就了一批博闻强记、长于操作的执法工匠式的法官的话，“混合法”时代则要求培育两者相结合的更高层次的司法群吏。这种实践，其实都是在应验荀子的预言——“有法者以法行，无法者以类举，听之尽也。”（《荀子·王制》）

儒家研究儒学经典，不仅有家法师承，而且还有一套方法，盖由孔子所首创。孔子不仅讲述《春秋》，编纂《春秋》，还有机会参与国家诉讼。我们相信，孔子断案很可能以《春秋》所载判例故事为依据。孔子讲学，不仅讲理论原则，还要以事实阐明之，从而形成以例释义的方法，为后世学者所继承。

汉武帝以后，儒家知识分子进入官府，必然会接触法令刑狱。儒家知识分子出身的官吏，通过实践和学习，增加了履行职务的真本领，终于改变了“儒生不晓簿书，置之于下第，法令比例，吏断决也”（《论衡·程材》）的局面。儒者研究律令，自然是援用研究儒经的方法，即用一系列具体的案例来阐释法律条文之所谓。特别是汉武帝以后，“春秋决狱”蔚然成风，时间长了，经学研究与律学研究便融为一体，不分彼此。故“邵子曰，《春秋》，孔子之刑书也。程子曰，五经之有《春秋》，犹法律之有断例也。唐陈商立曰，《春秋》者，儒家之法经也”，“《春秋》之为法经，为刑书，为断例，可以见其梗概矣”。〔19〕儒家从过去强调仁德、鄙视刑政，发展到对律令断例融会贯通、津津乐道，是孔孟之儒不曾想到的。可见，儒家知识分子接受新事物是十分自信和敏捷的。更重要的是，儒家义理与法律实践得以结合，这种新学风对后世立法、司法悄悄地产生了巨大影响。

西汉时期形成的“混合法”格局意义重大。因为它反映了法律实践活动的规律性，既克服了成文法、判例法的天然缺欠，又发扬了两者的优点，从而有效发挥了法律对国家社会的积极作用，同时也体现了中华法系的优越性。简言之，从西汉至明清的整个封建时代，大都实行以“成文法”与“判例法”相结合为特征的“混合法”。在社会稳定、“成文法”宜于时用之际，则成文法便发挥支配作用；在相反的情况下，“判例法”（表现为故事、决事比、断例、判例等）则起支配作用。由于成文法的天然欠缺（既不能饱览无遗又难以随机应变），从而使判例成为不可或缺的伙伴。被朝廷核准的判例一方面弥补成文法的空白，另一方面又阐释着法言法语之所谓。判例积累到一定程度，又被成文立法所吸收。如此循环往复、未有穷期。

西汉创始的“混合法”经过长期磨合、总结、提高，至明清而日臻完善。其代表性成果就是《大明律例》、《大明律例》。如果说西周春秋的法律编纂方式是“以刑统例”，战国秦朝是“以罪统刑”的话，那么明清《律例》则是律例合典。这种编纂方式，既凝结了法律专家群体的集体智慧，又反映了中央朝廷和广大官员对法律生活的理性认识，同时也能够为寻常百姓所知晓，是一种易于被全民族接受、理解、掌握和传播的知识体系。如果说，《唐律疏议》毕其功于一役，既确立皇权本位与族权本位的双向法统，又完成了民间风俗礼仪的成文法化，那么，明清《律例》则将中国古代法律样式的“混合法”发展到极致。

---

〔19〕范罕：《法论四篇》，载《法意发凡：清末民国法理学著作九种》，程波点校，清华大学出版社2013年版，第20、21页，初版于宣统二年十月。

人类法律实践活动丰富多彩,而中华法系在世界法律文化园地独树一帜。儒家、法家思想的密切结合,共同塑造了中华法系。中华法系是在自然的环境中形成的,它在空间上所表现多样性和时间上表现的一致性,为我们展现了古代法律历史发展的阶段性和整体规律。包括儒家、法家在内的古代思想家为探讨这些规律付出心血并取得丰硕成果,对我们今天的思考仍有深刻启迪意义。

中华法系从西汉逐渐形成及至今天,从来就没有死亡。虽然自近代以后,中华法系所具有的宗法伦理主义精神总体上已经退出历史舞台,但是,中华法系所独有的集体本位精神和混合法传统一直延续到近现代。特别是其中的混合法传统,它充分展示了中华民族的古老智慧。中国古代混合法的科学性在于,它既肯定了法的作用,又肯定了人的主观能动性,在法律实践过程中自觉克服了法的缺欠——既克服了成文法的过于僵化,又克服了判例法的过于灵活,从而始终保持了法的生命力,为维护一定的社会秩序发挥了重要作用。

第五节 正统法律思想的哲理化

一、正统法律思想的内在危机

西汉董仲舒以先秦儒学为基础,吸收法家、阴阳家等思想,并借助于“天人合一”的神学模式,完成了儒学的蜕变与更新,使百家之一的儒学成为凌驾诸家之上的正宗之术,同时宣示着正统法律思想的诞生。但它的未来却吉凶未卜。

西汉以后,正统法律思想在法律实践领域和意识形态领域走着两种不同的路线,经历了两种不同的境遇。

在法律实践领域——胜利进军。由于统治阶级的提倡,经过“引经决狱”、“据经注律”、“纳礼入律”的三部曲,使正统法律思想的核心即三纲五常等道德伦理观念不断权威化、法典化,始终支配着封建立法司法活动。

在意识形态领域——坎坷艰辛。一种思想能够得到社会的承认并占据主导地位,必须具备两个条件:思想内容和理论形式。由于正统法律思想在理论形式上的缺欠与薄弱,使它虽得助于国家政权的支持与保护,却仍然不能取得实际、完全的统治地位,从而造成儒术尊而未独,百家罢而未黜的局面,使儒学难以抵御其他思想的侵袭。东汉以降,佛学的传入,道教的兴起,玄学的风行,有如重重排浪摇撼着儒学的正宗地位。在南北朝和隋唐,佛教甚至获得一时的独尊。佛、道势力的壮大,终于演成了三家争胜、长期并存的局面。使得儒生不得不与僧徒道士为伍,在皇廷宝殿并肩接踵、同趋同步。这就使正统法律思想处于这样的境地:以阴阳五行、天人合一为模式的旧理论形式显然已经陈旧,而已经法典化了的三纲五常又因为得不到理论的营养滋补而显得毫无生气。

正统法律思想的虚弱和宗教的盛行,直接影响到当时的政治与法律活动:帝王弃皇冠而入寺院,与“弃君弃父”、“不敬王者”、“不拜父母”的僧人同榻论佛;遍立国中的佛寺道观成为国家赋税不得问津并与国争民的国中之国;法吏惑于来世福报而妄出人罪;豪强之徒自恃操有步入来世天国的圣券而不惮于今世违法犯罪……这一切都表明,正统法律思想已经到了非完善强化不足以生存的地步了。

二、朱熹对正统法律思想的完善

于五代纷争之后建立的赵宋王朝,为适应高度集权的政治需要,迫切要求统一思想,统一学术,以稳住内外交困的政局。于是,深深植基于自然经济与宗法社会而源远流长,同时又受国家法律长期庇护的儒学,便再度成为这种统一的核心。而儒、佛、道三家之间息息相通的内部联系,和魏晋以降三家的相互渗透与融合,又为这种统一创造了条件。于是,统一思想的任务便由一代理学家们承担了起来,其中最杰出的人物就是朱熹。

由朱熹集前人思想之大成而确立的客观唯心主义理学体系,以思辨的、精致的理论形式取代了粗糙浅陋的"天人合一"说,使儒学具备了比其他思想更为完善的理论体系,真正获得独尊地位并牢牢统治了当时的意识形态领域。同时,也使正统法律思想步入了新的发展阶段。

朱熹的法律思想既不是对以往正统法律思想的一般转述,也不是其哲学理论与以往正统法律思想的简单糅合,而是在其哲学体系的基础上对正统法律思想的重新加工和完善。他以"理"与"气"的哲学范畴为基点,提出了"理同而气异"的人性论和"圣人代天而理物"的"天理君权"说。(《朱子四书或问·中庸或问》)论证了人间贵贱、富贫、智愚、贤不肖等一系列差异的终极原因和传统国家与法律的神圣性、合理性。他把传统道德伦理观念和封建国家、法律打扮成"天理"在人间的体现,把违反上述事物的行为贬为"人欲"的产物,从而扯起"存天理、灭人欲"(《朱子语类》卷十二)的旗帜,步入强化传统道德与法律的轨道。他论证了"德礼政刑"、"相为终始"的德刑关系说。(《论语集注》卷一《为政》)并把"德礼政刑"四种治国措施同"气禀"各异的人们一一对应,以区别对待、循序渐进。他强调刑罚在治国中的关键性地位,从而把传统的"德主刑辅"说修正为"以严为本而以宽济之"(《朱子语类》卷一〇八)的司法原则。儒家纲常既然已经法典化,又借助"天理"的点染,因此,完全没有必要如同以往那样奢谈德礼、讳忌严刑。正统法律思想经过理学的加工改造,变得更加缜密和系统,从而完成了哲理化的进程。

朱熹(1130～1200年),字元晦,号晦庵,晚年称晦翁。祖籍江西婺源(今江西婺源县)。十九岁考取进士,曾任地方官吏。一生绝大部分时间从事讲学和著述。他在世时并不得志。死后被先后谥为"文",赠"太师",追封"信国公"、"徽国公","朱子学"也被推崇为官方学术,在明清七百年间始终居支配地位。他的著作极多,主要有《四书集注》、《朱子语类》(门人辑录)、《朱文公文集》、《朱子大全》(清李光第编)。朱熹的法律思想在一定程度上代表着中国封建社会后期的正统法律思想。

图43　朱熹

(一)"德礼政刑""相为终始"的德、刑关系说

朱熹继承孔子"道之以政,齐之以刑,民免而无耻;道之以德,齐之以礼,有耻且格"(《论语·为政》)的理论的

图44 朱熹《四书章句》

基本精神,并在此基础上进行系统的阐发。他认为,作为统治方法的德、礼、政、刑,在本质上是一致的,都统一于传统道德伦理规范:“盖三纲五常、天理民彝之大节而治道之本根也,故圣人之治,为之教以明之,为之刑以弼之。”(《朱文公文集》卷十四《戊申延和奏札一》)但在具体运用中,又有轻重本末之别。他说:“愚谓政者,为治之具;刑者,辅治之法。德礼则所以出治之本,而德又礼之本也。此其相为终始,虽不可以偏废,然刑政能使民远罪而已。德礼之效,则有以使民日迁善而不自知,故治民者不可徒恃其末,又当深探其本也。”(《论语集注》卷一《为政》)

在“政刑”与“德礼”的关系上,他认为两者在本质和目的上是一致的、无差别的。他说:“若夫道德性命之与刑名度数,则其精粗本末虽若有间,然其相为表里,如影随形,则又不可得而分别也。”(《朱文公文集》卷七十《读两陈建议遗墨》)然而,两者间是有差别的。首先,它们本身的特征不同。“政刑”具有使人“莫敢不如吾志之所欲”(《朱文公文集》卷十二《己酉拟上封事》)的强制性和“伤民之肌肤,残民之躯命”(《朱文公文集》卷十六《奏推广御笔指挥二事状》)的暴力性;“德礼”所要求的,是人们以“知善之可慕”、“知不善之可羞”的发自内心的自觉行为,而这种自觉行为不能靠暴力威胁来获取,只能靠引导和教育来启发;其次,它们在治理国家中所处的地位不同。“德礼”是“本”、“精”、“形”,“政刑”是“末”、“粗”、“影”。“政刑”必须以“德礼”为指导,并且以“政刑”的实施来保证“德礼”的贯彻。“政刑”不能取代“德礼”,但在人们完全效法君主、自觉服从教化的特定情况下,“德礼”却可以取代“政刑”。因此,治理国家,不能不把“德礼”放在首位。但是,“政刑”也是必要的:“有德礼而无刑政又做不得。”(《朱子语类》卷二十三)它可以在一定程度上限制“人欲”,使“天下之人耸然不敢肆意于为恶”(《朱文公文集》卷十六《奏推广御笔指挥二事状》),从而为德治、教化创造条件。但它不能根除人们犯罪的“为恶之心”:“民不见德而畏威,但图目前苟免于刑,而为恶之心未尝不在。”(《朱子语类》卷二十三)因此,他十分强调教化的作用。在他看来,只要教化奏效,就可以“不待黜陟刑赏一一加于其身,而礼义之风、廉耻之俗已丕变矣”(《朱文公文集》卷十二《己酉拟上封事》)。

朱熹有一段话值得注意:“问:道之以德,齐之以礼。曰:这德字只是适来说底德:以身率人。人之气质有浅深厚薄之不同,故感者不能齐一,必有礼以齐之。……齐之不从,则刑不可废;”“先立个法制如此,若不尽从,便以刑罚齐之。”(《朱子语类》卷二十三)在这里,朱熹勾勒出“德”、“礼”、“政”、“刑”四种治国之策与其人性论之间息息相通的线条。在他看来,由于人们“气禀”的“浅、深、厚、薄”的差异,人们“气质之性”中包含的“人欲”的程度也不同,这就决定了他们不同的社会素质。所以,有的人能够出于感恩戴德而自觉效法君主,有的人能够按照道德伦理规范言行,有的人只能被动地服从国家的政令,有的人只能为刀锯的威力所折服。按朱熹的逻辑,可以把常人分成“气禀”最厚、厚、薄、最薄四类,而“德”、“礼”、“政”、“刑”这四种措施又分别以上述四类人为对象:

对气禀最厚者:导之以德→自觉服从(后三类“不从”)

对气禀厚者:齐之以礼→服从(后两类“不从”)

对气禀薄者:制之以政→服从(后一类“不从”)

对气禀最薄者:惩之以刑→被迫服从(尚有“为恶之心”)

这样,经过“德”、“礼”、“政”三个阶段之后对“不从”者施以刑罚,是理所当然,又是仁至义尽。但刑及躯命并不能铲除其“为恶之心”,刑的作用至此便失去了威力。这就对“德礼”提出了新的任务。这样,便构成了由“德”中经“礼”、“政”而“刑”,又由“刑”而至“德”的“相为终始”的循环运动。它好象永不休止的法轮一样,在整个社会的范围内逐次地、有目的地改造着“禀赋”不同的人群,又轮番地、由浅而深地清扫着各类人的“人心”。朱熹相信,只要这个万能的法轮不断旋转下去,就一定会除尽“人欲”,恢复“天理”,把人类社会载向尽善尽美的“天理”王国。

(二)“以严为本而以宽济之”的司法原则

朱熹认为,既然制定法律和执行法律的目的是“存天理、灭人欲”,那么,在司法中即使造成“伤民之肌肤,残民之躯命”(《朱子大全》《文集》卷十六《奏推广御笔指挥二事状》)的结果,也是合乎义理的。因此,完全没有必要在执法中,人为地从轻、从宽借以表现出仁慈的姿态。他反对司法审判中的“宽”、“轻”论调,说“轻刑”的结果是适得其反:“刑愈轻而愈不足以厚民之俗,往往反以长其悖逆作乱之心,而使狱讼之愈繁。”(《朱子全书》卷六十四《治道二·论刑》)从而提出“以严为本而以宽济之”(《朱子语类》卷一〇八)的司法原则。

朱熹指出,人们主张执法以“宽”和“轻刑”,原因有三:其一,看问题的方法片面,认识糊涂:“今人说轻刑者,只见所犯之人为可悯,而不知被伤之人尤可念也。如劫盗杀人者,人多为之求生,殊不念死者之为无辜,是知为盗贼计,而不为良民地也。”(《朱子语类》卷二十三)他说:“杀其人之所当杀,岂不是天理?”犯罪的人已经违反了“天理”:“如残贼之事,自反了恻隐之心,是自反其天理。”(《朱子语类》卷五十七)那么,同情、宽宥犯罪者,也便同样违反了“天理”。其二,执法之吏受佛教“因果报应”说的迷惑:“今之法吏惑于罪福报应之说,多喜出人罪以求福报。”他驳斥道:“夫使无罪者不得直,而有罪者得幸免,是乃所以为恶尔,何福报之有?”(《朱子语类》卷一一)他还指出:“生死轮回之说”造成了“可以不沦于罪苦”的幻想,才使“黥髡盗贼”不惮于在今世违法犯罪。(《朱子全书》卷六十《诸子三·释氏》)这反映了朱熹将佛教影响从司法领域中清除出去的强烈要求。其三,执法之吏对“恤刑”本旨的曲解。他说:“所谓恤刑者,欲其详审曲直,令有罪者不得免,而无罪者不得滥刑也。”其目的在于避免枉滥,也就是“罪疑惟轻”的意思。“所谓疑者,非法令之所能决,则罪从轻”,“非谓凡罪者皆可以从轻”,就是说,当犯罪事实清楚,而在适用罪名和刑罚时产生疑问,经上级批准后,科处较轻的刑罚。执法之吏却误“以为当宽人之罪而出其死。故凡罪之当杀者,必多为可出之途以俟奏裁,则率多减等”(《朱子语类》卷一一)。

朱熹执法“从严”的原则在刑罚手段问题上的反映,首先是主张限制赎刑。他认为赎刑按其本义只适用于轻罪,即“罪之极轻,虽入于鞭扑之刑而情法犹有可议者”。因此,他认为“后世始有赎五刑法,非圣人意也”(《朱文公文集》卷三十七《答郑景望》)。对重罪适用赎刑制度,其结果是有财者皆可以杀人伤人,而无辜者何其不幸。不利于社会秩序的安定。但他又不主张废除赎刑制度。他要求对赎刑严加限制,即小罪可赎、重罪不可赎;其次,就是主张恢复使用“肉刑”。他说:“今徒流之法,既不足以止穿窬淫放之奸,而其过于重者则又有不当死而死。如强暴赃满之类者,苟采陈群之议,一以宫剕之辟当之,则虽残其支体,而实全其躯命,且绝其为乱之本,而使后无从肆焉。”(《朱文公文集》卷三十七《答郑景望》)自汉文帝废墨、劓、刖后,虽不断有人建议恢复肉刑,但一直未能实现。朱熹却敢于冒此不韪,是与一般以仁义慈爱为口头禅的儒家之士不同的。朱熹恢复肉刑的理论依据仍是儒家的“仁”,即“全其躯命”。其实,这种主张的本旨在于增加刑罚的威慑力量,即以“残其支体”的手段来达到“绝其为乱之本”的特殊预防的目的。

执法“以严为本”在审判活动中的另一反映,就是要求把传统宗法等级观念直接灌输到审判中去,他向皇帝建议:“臣伏愿陛下深诏中外司政典狱之官:凡有诉讼,必先论其尊卑、上下、长幼、亲疏之分,而后听其曲直之词。凡以下犯上、以卑凌尊者,虽直不右;其不直者,罪加凡人之坐;其有不幸至于杀人者,虽有疑虑可悯,而至于奏谳,亦不许辄用拟贷之例。”(《朱子全书》卷十四《治道二·论刑》)

总之,在朱熹看来,只有执法“以严为本,而以宽济之”,才能正确地实施统治阶级的“刑”。如果不能把好“刑”这一关,就不仅无辅于“政”,也不能为“礼”、“德”创造条件。因为对“气禀”最“薄”的人们,如果不能残杀他们的躯体和生命,从而遏止他们心中过多的“人欲”,则既不可能使他们接受统治者的教育,更不能使他们被统治者的“恩德”所感化。但是,在儒者当中,像他这样大谈“严刑”的并不多见。这主要是因为,处于衰落之中的统治者,为了维护其统治,镇压人民的反抗,调整内部秩序,维护日益残破的三纲五常等道德伦理规范,在人民的反抗斗争越来越激烈而导致传统的“德治”、“礼教”手段越来越难以奏效之际,不能不比前代更多地祈灵于法律的暴力手段。

三、丘濬对正统法律思想的总结

图45 丘濬

丘濬(1420~1495年)字仲深,号琼台,广东琼山人。明代政治家和思想家,出身贫寒,聪敏好学,致力于经史子学和典故的研究,景泰五年取进士第,以后历任翰林、礼部尚书、文渊阁大学士。他学识渊博,著有《大学衍义补》。宋真德秀著《大学衍义》,阐述大学“八目”中的正心、诚意、格物、致知、修身、齐家六目,而未及治国、平天下。故丘濬作《大学衍义补》,专门论述治国、平天下之义。此书以“经世致用”为指导思想,专门论述“治国、平天下”的道理和主张,在广泛汇辑整理前代关于法律制度、法律思想的丰富资料的基础上,阐发和总结了封建正统法律思想。

丘濬生活在明代中朝,正是资本主义商品经济开始萌芽,古代制度进一步衰败,而中央集权的君主制度空前强化的时期。他目睹了统治阶级内部的政治腐败和劳动人民的反抗斗争,强烈要求统治阶级实行自我约制,缓和阶级矛盾,以解除政治危机,维护明王朝的统治。他反对横征暴敛、严刑峻法,主张轻徭薄赋、宽法省刑,反对贪官污吏和豪强专恣,主张让人民安居乐业。这就使他的思想具有反对暴君专断、主张德化仁政的传统儒家色彩。他上承孔、孟,博引程、朱,实际上是在理学的立场上对封建正统法律思想进行总结和发挥。

丘濬的法律思想集中体现在《大学衍义补》一书中。他在序中称,这是他“采六经诸史百氏之言,汇辑十年”写就的饱含“忠君爱国之诚”的著作。该书包括正朝廷、正百官、固邦本、制国用、明礼乐、秩祭祀、崇教化、备规制、慎刑宪、严武备、驭夷狄、成功化共12目。各目又分若干节。比如慎刑宪下面分总论制刑之义、定律令之制、制刑狱之具、明流赎之义、详听讼之法、议当原之辟、顺天时之令、谨详谳之议、伸冤抑之情、慎眚灾之赦、明复仇之义、简典狱之官、存钦恤之心、戒滥纵之失凡14节。集中阐释治国制刑之旨，总结立法审判经验，是研究古代法制和法律思想的重要文献。

(一)“应经合义”，顺情便民

丘濬认为，礼即传统纲常名教，是国家政治制度和法律的核心：“礼者，其大者在纲常，其小者在制度”；“礼乐者，政刑之本”。法律制度符合礼的原则的，就是“良法”，否则就是“淫刑”。因此，统治阶级立法时必须以礼的精神为指导，在司法中，当法律与礼的原则发生矛盾时，必须服从礼的原则。礼的精神和原则集中体现在儒家经典之中，所以，儒家经典及其所体现的原则，就成了统治阶级立法的指导思想。他说：“经者，礼义所自出。人必违于礼也，然后入于刑法。律令者，刑法之所在，义而校定，必礼也、法律两无歉焉。”因此，他对东汉和帝时陈宠按“应经合义”原则修定法律的做法表示赞同，说：“其所平定，唯取其应经合义者，则百世定律之至言要道也。”(《大学衍义补·慎刑宪·定律令之制》)他强调：“惟明于经训者乃用法”，“吏胥不通经，不可以掌律令”。(《大学衍义补·慎刑宪·简典狱之官》)主张由明晓经义的儒家之士参与立法活动，以保证法律制度符合礼的精神。丘濬提出“应经合义”的主张，主要不是因为当时法律没有体现儒家经义，而是当时司法枉滥，刑罚严酷。正如他所指出的：“近年以来，乃有酷虐之吏，恣为刑具，如夹棍、脑箍、烙铁之类，名数不一，非独有以违祖宗之法，实有以伤天地之和。”(《大学衍义补·慎刑宪·制刑狱之具》)要求“痛加禁革”：“妄于律文讯杖之外巧意用刑者，坐以违制之律，造之者重罚，用之者除名。”(《大学衍义补·慎刑宪·戒滥纵之失》)可见，他的“应经合义”是要求用儒家思想来指导立法，以改变当时刑罚严酷的局面。

同较有远见的历代士大夫一样，丘濬对统治阶级与被统治之间的“同一性”(互相依存、相互转化)有较为深刻的理解。他说：“民为邦本，本固邦宁”，“君以民存，亦以民亡”，这些精辟的警句应当“书于座右”，成为统治者的施政大纲，不可遗忘于一时一刻，这是因为，国家的治乱富贫都与民密切相关：“国家之财，皆出于民。君之所用，皆民之所供。”(《大学衍义补·制国用·贡赋之常》)“国家之用度，皆取自民”，所以，“国以民为本”，“君以民为天”(《大学衍义补·固邦本·择民之长》)，他主张君主以“养民”、“安民”为务，要“重民之事”、“宽民之功”、“悯民之穷”、“恤民之患”、“除民之害”，用法制保证人民安居乐业，发展生产。

他认为，立法应当以“顺民”、“便民”为宗旨。这主要表现在如下几点：

其一，省刑罚、薄税敛。他主张立法应当使“刑之所加必称罪之轻重”(《大学衍义补·慎刑宪·戒滥纵之失》)，“治狱必先宽”，“寓忠爱之意于鞫讯之中”，存“仁厚测怛之心于明慎详审之中”，在科刑时，“生不可得，而后杀之”，“与其杀之而害彼之生，宁姑全之而受失刑之责”。(《大学衍义补·慎刑宪·总论刑制之义》)国家取之于民的赋税徭役应有定制，“善制国者，不能不取于民，亦不可过取于民。”(《大学衍义补·制国用·贡赋之常》)他说，“财者，民之心”，统治者只知道榨取财富，社会“得其财，失其心”，“得民心之道无他，惜民财爱民力而已”，这样，“苟得民心，吾虽不得其财，而其得者，乃万倍于财焉”(《大学衍义补·制国用·总论理财之道》)。他以“秦取民太半之赋”而亡国、汉“十五而取一”而兴盛的史实说服统治者,以"薄税宽役"为原则,制定"经常可久、百世而不变"的贡赋制度,作为"判民足国之定制"。(《大学衍义补·制国用·贡赋之常》)总之,只要"上之人不以兴作疲其筋力,不以刑法残其体肤,不以征役散其父母妻子,不以诛求耗其田产资财,则凡民之所爱好者,皆为其所有"(《大学衍义补·固邦本·总论固本之道》)。百姓就会"乐生而重死",不肯轻易犯上作乱了。

其二,维护土地私有制,限制兼并。他认为,古代井田制自秦汉始就废除了,现在要求恢复井田是"拂人情"的。土地私有制行之既久,就应切实加以保护,不许任何人侵犯。土地私有者出卖或扩大田地的,则"听民自便",不加干涉。为限制土地兼并,应根据"不追咎既往,而惟限制其将来"的原则,制定一丁有田有顷的限数,对以前超限之田,概不追夺,对法令公布后超限者,要没收新购之田,并追夺过去超限之田。这样,"既不夺民所有",又可抑制土地兼并。(《大学衍义补·固邦本·制民之产》)他站在折中的立场上,既不触动大地主的既得利益,又对他们的贪欲加以限制,同时还保护一般地主和富裕农民的要求。

其三,保护工商,反对"与民争利"。他对国家用法律手段抑制、摧残私人工商业发展的政策,表示了明确的否定意见:"天地生物以养人,君为之禁,使人不得擅其私而公共之,可也。乃立官以专之,严法以禁之,尽利以取之",这就违背"养民"之意。(《大学衍义补·制国用·贡赋之常》)国家应当通过法律来维持正常的经济秩序,禁止个人垄断财物,保证天下之人都能从事生产经营,而不能据"天下之财利"为己有。他抨击当时"禁盐"法令,认为这是故意与人民为敌,把民众视为"盗贼","而绳之以盗贼之法"。他说,唐末黄巢起义的直接原因就是对私贩食盐的法令过严、刑罚太重,"使盐而无禁,则巢必终身业之,盐虽有禁而无大罪,巢必不改业而为盗"。(《大学衍义补·慎刑宪·遏盗之机》)因此他主张废除历代沿用而明代尤盛的"榷盐"制度,只要申之官府获准,私人便可"自煮"、"自卖",经营食盐的生产和销售。他进一步指出,"官不可与民为市,非但榷盐一事也。大抵立法以便民为本,苟民自便,何必官为"。(《大学衍义补·制国用·山泽之利》)他把国家垄断或直接经营商业,视为"争商贾之利,夺庶民之有"的非"义"行为。他还引古论今,从市籴之令、银钱之法、贡赋之制、关市之禁,以及海运、对外贸易等方面提出"听民自便"的主张,要求放手让私人工商业和市场经济自由发展。这无疑反映了明代中期资本主义商品经济进一步发展的客观要求。

(二)慎刑恤狱的司法原则

丘濬重视法律的作用、维护法律尊严的思想体现在司法问题上,就是慎刑恤狱、不枉不滥、刑罚适中。这主要有如下几点:

1. 原情定罪

他认为,审理案件单靠有限的法律条文是不够的,还应注意以往的判例,衡量犯罪的情节和行为人的动机、目的。(《大学衍义补·慎刑宪·定律令之制》)司法官必须"原其情,揆诸理,定以法比,审故误之因,求法外之意",然后"执刑书以断天下之狱"。因此,他主张"因情以求法",对情无宥者,"依律处断";对"情可原者",则应予以宽免,反对"移情就法"。(《大学衍义补·慎刑宪·详定断之法》)

2. 注重证据

他主张,审理案件,"必备两造之辞,必合众人之听,心核其实,必审其疑"。要让被告人把话说完,"不可以盛怒临之","不可以严刑加之","输其情则真伪可得而见"。对盗窃、抢劫案,要注意收集"器杖"、"货财"等物证,还要"访其邻保","质诸亲属",以取得证言。对田地之讼,要"严佐证、按图本",以决曲直。他说:"盗贼之名,天下之至恶者也,一旦用以加诸其人,非真有实情显迹者,不可也。"(《大学衍义补·慎刑宪·谨详谳之议》)出于重视证据的见解,他对刑讯制度持否定态度。他认为,汉代路温舒所言"捶楚之下何求不得"一语,切中历代酷刑冤滥之要害。

3. 限制赎刑

他认为,赎刑本来只对官府内部犯鞭扑一类轻罪者适用。后来"一概用之以为常法",甚至犯死罪者亦可以金赎免,这就违背"圣人制刑之意"。天下生民众多,有贫有富,有钱者可赎死免刑,"则犯法死者皆贫民,而富民不复死矣!"他主张对赎刑严加限制,只可适用于轻罪,而决不可适用于死刑。这样,才能使"富者不以财而幸免,贫者不以匮而独死"(《大学衍义补·慎刑宪·明流赎之意》)。

4. 控制复仇

复仇是儒家一贯肯定的行为,是孝、慈、友、爱的体现。因此,复仇常常得到官府的宽免和民间的称道。丘濬首先肯定复仇,认为"复仇之义,所以使人知杀者必报而不敢相害,非但畏公法,亦畏私义;非但念天理,亦念人情也。然而王法虽公,刑官虽明,而无告诉者,则其冤不能上达,此圣人制其法于礼"。但是,如果国家法律对复仇行为不加控制,"苟杀者转相报复,焉用国法为哉!"因此,他主张实行有限制的复仇,即父母兄弟被他人所杀,欲报仇者要当告官,若官府循私畏势而不予受理,报仇者将仇人杀死,若所杀仇人为所当杀者,报仇者不罪,官府坐以赃罪除名;若不报官而擅杀仇人,且所杀仇人为所当杀者,免死流放。但误杀、戏杀、过失杀人不准复仇。这样,"于经于律,两无违悖,人知仇之必报,而不敢相杀;知法之有禁,而不敢专杀矣。"(《大学衍义补·慎刑宪·明复仇之义》)

5. 慎行赦宥

他认为,古代的赦宥是针对因过失和意外事件而触犯刑律的轻罪,对这种轻罪以赎金犹觉太重,所以干脆赦免之,而且专为一人一事而论。后世典解其旨,经常滥赦,且定为常制。这样,对"良民"毫无益处,却让"奸民"钻了空子。他说:"当承平之世,赦不可有","当危疑之时,赦不可无"。赦宥只应施行于社会动乱之时和案情可疑之际。滥赦的结果,非但不能使罪犯感动从而改过自新,而且还会助长犯罪。(《大学衍义补·慎刑宪·慎眚灾之赦》)正是基于这一见解,他批评唐太宗的"纵囚"是"以己意纵罪人,而又以己意舍之"的破坏法制的行为。(《大学衍义补·慎刑宪·存钦恤之心》)

(三)人法兼重、律例互补

丘濬认为,在司法实践中,"人"与"法"不可或缺,律与判例两者相辅相成。他一方面强调法律的重要性,要求严格依法办事,"皆以律令从事",反对"分破律条,妄生端绪"。同时,他又强调"人"的作用。只有贤人在位,才能杜绝徇私枉法,做到司法公正。他说:"典狱之职,所系之重如此,膺天命而制生灵之命者,可不择其人以用之乎?要之,狱所以不公者,外为权势之嘱托,内为财礼之贿赂故也。"(《大学衍义补·慎刑宪·简典狱之官》)在"法"与"人"的关系上,他认为应当兼顾两者的作用,其办法是使"法者存其大纲,而其出入变化固将付之于人"(《大学衍义补·正朝廷·谨号令之颁》)。法网不要过于严密,给人留有余地,从而做到"守一定之法,任通变之人"(《大学衍义补·正百官·典铨叙之制》),"守法而又能于法外推情察理"(《大学衍义补·慎刑宪·简典狱之官》),在法律空缺或不宜于时用之际可以参酌判例:“法所不载,然后用例。”(《大学衍义补·慎刑宪·定律令之制》)但是,他又十分重视司法统一,其办法是法官在援引判例时必须逐级请示:“事有律不载而具于令者,据其文而援以为证。有不得尽如法者,则引法与例取裁于上。”(《大学衍义补·慎刑宪·定律令之制》)这样,既照顾了法的灵活性,又维护了法的统一性。

第六节　正统法律思想的局部深化

在秦汉至明清的整个古代社会,由于自给自足的自然经济、宗法家族的社会组织结构和集权君主政体的“三合一”的基本构造没有发生本质的改变,因此,正统法律思想的理论从内容到形式也没有发生质的提升。这是问题的一个侧面。另外,由于法律实践活动的深入发展,促使正统法律思想在法律基本理论和实践方面逐步深化。下面分三个方面加以介绍。

一、基本理论与制度

所谓法律基本理论指关于法的概念、功能、起源等范畴的见解和观点。在这方面先秦法家曾经做出卓越贡献。在整个古代的上层建筑领域,由于正统法律思想基本定型并始终居支配地位,加之对法律、法学研究的重视不够,因此,对法这一社会现象的理论研究也显得不足。尽管如此,在法的一般问题上,一些有真知灼见的思想家和法律实践者仍然提出不少有见地的观点。

(一)法的起源

在法的起源问题上,先秦思想家主要提出两种见解:一是“上天派生”说。即“天生烝民立之君立之师”,认为国家法律是“天”派生出来的;二是“人间自生”说。即认为国家法律是人类社会发展到一定阶段,为适应物质生活、政治生活的需要而产生的。

西汉董仲舒为论证封建王朝的合理性,提出了“君权神授”说。他说:“天者,百神之大君也”(《春秋繁露·郊语》),“天子受命于天,天下受命于天子”(《春秋繁露·为人者天》),“王者承天意以从事”(《春秋繁露·尧舜汤武》),“王道之三纲,可求于天”(《春秋繁露·基义》)。君权是天授的,君主又是代表天意来统治人间的,于是法律就带有“天意”的权威,谁违犯了国法,就违背了天意,就要受到无情的制裁。

东晋鲍敬言批判“君权神授”说,认为国家法律是暴力和征服的结果。他说:“夫强者凌弱,则弱者服之矣;智者诈愚,则愚者事之矣。服之,故君臣之道起焉;事之,故力寡之民制焉。”人间的国家法律与“天”无关。(《抱朴子·诘鲍篇》)

唐代韩愈提出“圣人”立法设刑的理论。他说,“圣人”“为之君,为之师”,一方面创造了衣、食、住、行的生活条件,另一方面“为之礼以次其先后,为之乐以宣其湮郁,为之政以率其怠倦,为之刑以锄其强梗。相欺也为之符玺斗斛权衡以信之;相夺也为之城廓甲兵以守之”。(《韩昌黎文集·原道》)

唐代柳宗元继承了荀子的理论,认为国家法律不是天派生的,也不是“圣人”创造的,而是人类社会发展到一定阶段的必然产物。他说:“彼其初与万物皆生,草木榛榛,鹿豕狉狉,人不能搏噬,且无毛羽,莫克自奉自卫。荀卿有言,必将假物以为用者也。夫假物者必争,争而不已,必就其能断曲直者听命焉。其智而明者,所伏必众。告之以直而不改,必痛之而后畏。由是君长刑政生焉。”(《柳宗元集·封建论》)

南宋朱熹提出“圣人”“代天而理物”的国家法律起源说。他认为“圣人”具有“精英之气”,故而“无人欲之私”,是“天理”创造出来治理天下的:“圣人纯于义理而无人欲之私,则其所以代天而理物。”(《朱子四书或问·中庸或问》)法律也是“天理”的派生物,用“天理”以治理天下的。它们的价值都在于“存天理,灭人欲”。

清末劳乃宣认为,法律来源于生计即物质生活:“法律何自生乎?生于政体。政体何自生乎?生于礼教。礼教何自生乎?生于风俗。风俗何自生乎?生于生计。”农桑、猎牧、工商三种生计,产生三种类型的风俗礼教政体,从而又产生出家法、军法、商法三种类型的法律。“农桑之国”的人民,有固定的土地、住所,全家人都听命于父兄的安排,“父兄为家督而家法以立。是家法者,农桑之国风俗之大本也”。依据家法,君臣关系等于父子关系,“其分严而其情亲,一切法律皆以维持家法为重,家家的家治而一国之国治矣”。在这种法律下,“人人亲其亲,长其长”,天下由此而太平;“猎牧之国”的人民,没有固定的住所,“结队野处,逐水草而徙居”,这种习惯决定其必须有兵法约束才能谋生存。“人人服从于兵法之下。是兵法者猎牧之国风俗之大本也。”君臣关系等于军队中的将帅与士兵的关系。“分严而情不甚亲。”这种国家的“一切法律皆与兵法相表里”,约束甚严而简单易行,合乎用兵之道;“工商之国,人不家食,群居于市。非有市政不能相安,故人人服从于商法之下。是商法者工商之国风俗之大本也。”他们的君臣关系是一种雇佣关系。“情亲而分不甚严。”君主形式的国家就像独资商业公司,民主形式的国家就像合资商业公司。“一切法律皆与商法相览表,凡所为尚平等重契约,权利义务报酬,皆商家之性质也。”总之,劳乃宣认为,“风俗者法律之母也,立法而不因其俗,其凿枘也必矣。”中国是农桑之国,风俗礼教政体都从家法中产生出来,所以政治必须“从家法”,而不能从朔方的军法和欧美的商法;刑律必须维护家法,而不能维护军法和商法。“今欲以欧美的商法政治治中国,抑独可行之无弊乎?”[20]

图46　劳乃宣

（二）国家政体

在政体问题上,儒家法家的立场是对立的。面对春秋礼崩乐坏、诸侯兼并、陪臣执国命的社会现实,儒家要求“正名”,“为国以礼”,重建“礼乐自天子出”的统一的宗法贵族政体;法家则主张尊君尚法、废止世袭、赏功任能,建立非血缘的集权君主政体。

自西周春秋以来,以血缘为纽带的分封制一直占据主导地位。春秋后期在一些诸侯国产生局部的郡县设置。秦自商鞅变法以后,领土不断扩大,郡县制也不断发展,但是,作为国家政体的官僚制还没有上升到国家政体层面。此间,《吕氏春秋》的作者曾经建议恢复封建制:

〔20〕《桐乡劳先生(乃宣)遗稿》,台北文海出版社1969年版,第235、236、237页。

图47 李斯

"观于上世,其封建众者,其福长,其名彰","权轻重,审大小,多建封,所以便其势也。"(《吕氏春秋·慎势》)这一建议可谓逆历史而行者。

公元前221年,秦王嬴政亲政25年之后,终于统一六国,建立了统一的秦帝国,秦王嬴政成为第一任皇帝——秦始皇。秦帝国成立之后遇到的一个问题就是政体问题,即采用什么样的政权形式来统治这个泱泱大国。是采用分封制,还是采用郡县制。对此,曾经有过一次争议。

《史记·秦始皇本纪》载,"丞相绾等言:'诸侯初破,燕齐荆地远,不为置王,毋以填(镇)之。请立诸子,唯上幸许。'始皇下其议于群臣,群臣皆以为便。廷尉李斯议曰:'周文武所封弟子同姓甚众,然后属疏远,相攻击如寇仇,诸侯更相诛伐,周天子弗能禁止。今海内赖陛下神灵一统,皆为郡县,诸子功臣以公赋税重赏赐之,甚足易制。天下无异意,则安宁之术也。置诸侯不便。'始皇曰:'天下共苦战斗不休,以有侯王。赖宗庙,天下初定,又复立国,是树兵也,而求其宁息,岂不难哉!廷尉议是。'"紧接着分天下为36郡,郡设都、尉、监,"一法度衡石丈尺,车同轨,书同文字"。秦始皇显然接受了晋人所总结的历史教训——"唯有诸侯,故扰扰焉,凡诸侯,难之本也!"(《国语·晋语六》)

郡县制实行数年之后,又遭到儒生的非议,乃至引起重大事变。"博士齐人淳于越进曰:'臣闻殷周之王千余岁,封弟子功臣,自为枝辅。今陛下有海内,而弟子为匹夫,卒有田常六卿之臣,无辅拂,何以相救哉?事不师古而能长久者,非所闻也。'始皇下其议。丞相李斯曰:'五帝不相复,三代不相袭,各以制,非其相反,时变异也……若欲有学法令,以吏为师。'制曰:'可。'"经过禁私学、焚诗书的强制措施之后,这种非议才被压制下去。将法家精神与集权政治紧密结合在一起。法家精神与集权政治的精髓就是"事皆决于上"、"事皆决于法"。(《史记·秦始皇本纪》)秦以后的历代封建统治者都继承了秦始皇的衣钵,延续了集权政体。

秦朝速亡,汉承秦制。尽管汉初知识界总结秦亡教训之一是不分封子弟功臣,但是,西汉仍然延续了秦朝的官僚政体。特别是平定吴楚七国之乱以后,中央集权政体得到加强。西汉以降,历朝无不延续中央集权的官僚政体。西晋时,刘颂曾经建议局部恢复封建制,其疏曰:"今宜反汉之弊,修周之旧跡";"善为天下者,任势而不任人:任势者,诸侯是也;任人者郡县是也。郡县之察,小政理而大政危;诸侯为邦,近多违而远虑固";"若乃兼建诸侯而树潘屏,深根固蒂,则祚延无穷,可以比跡三代。"(《晋书·刘颂传》)但是未能实行。

及至唐朝,柳宗元著《封建论》,总结郡县制的历史合理性。其文曰:"封建非圣人意也,势也","秦有天下,裂都会而为之郡邑,废侯卫而为之守宰……此其所以为得也"。至秦末,天下大乱,"时则有叛人而无叛吏","汉有天下,矫秦之枉,循周之制",设立王国,发生诸国叛乱,"时则有叛国而无叛郡"。可见,"秦制之得",在于郡县,秦之失"在于政,不在于制"。(《柳河东全集·封建论》)柳宗元以为秦失于施政,而非郡县制,并认为郡县制适应时代要求而产生,并非源于个人意志,这些看法可谓真知灼见。又如王夫之所云:"郡县之制,垂二千年而弗能改矣,合古今上下皆安之,势之所趋,岂非理而能然哉?……强弱相噬而尽失其故,至于战国,仅存者无几,岂能役九州而听命于此数诸侯王哉?于是分国而为郡县,择人以尹之。郡县之法,已在秦先。秦之所灭者六国耳,非灭三代之所封也。则分之为郡,分之为县,俾才可长民者皆居民上以尽其才,而治民之纪,亦何为而非天下之公乎?"(《读通鉴论·秦始皇一》)

后世学人,如南宋朱熹出于抑制君主专断的目的曾建议将封建之国"杂建于郡县之间"。(《朱子文集》卷十四《经筵留身西陈四事扎子》)明末清初黄宗羲出于巩固边防的需要,建议加强方镇:"今封建之事远矣,因时乘势,则方镇可复。……是故封建之弊,强弱吞并,天子之政教有所不加;郡县之弊,疆场之害苦无已时。欲去两者之弊,使其并行不悖,则延边之方镇乎?"(《明夷待访录·方镇》)此外,罕见恢复分封制之论。而具有法家思想倾向者则始终坚持中央集权的郡县制。可见,先秦法家尊君尚法思想影响之深远。

应当注意,法家主张建立的集权君主政体,还不是君主专制政体。"专制"一词传入中国伊始即发生混淆。如康有为《请定立宪开国会折》谓:"吾国行专制政体,一君与大臣数人共治国家。"〔21〕康氏的"专制"概念与"为所欲为"的"一人之治"颇异其旨。近代学者又多以"专制"与法家思想相联系,且以"集权君主专制"命名中国古代政体,甚至有"专制"实即"人治"之说。"可以说,20世纪中国学界有关中国古代的历史与思想是否专制的争论,与专制概念的模糊混乱以及认知错位造成的文化移植困境密切相关。"〔22〕"专制的概念以及专制中国的概念,都出于近代西方,它深刻地影响了中国现代学者对于先秦法家的认知。"〔23〕

(三)君臣关系论

关于君臣关系的思想与政体密不可分。先秦儒家坚持贵族政体,故要求"君使臣以礼,臣事君以忠"(《论语·八佾》)。儒家一方面主张大臣在君主面前有更多发言权,要求君主尊重大臣的意见,另一方面也强调大臣遵守为臣之道,自觉遵守礼仪,不得僭越。但从总体上看,儒家更重视对君主权力的制约。如孔子强调君主"无为而治","恭己正南面"。(《论语·卫灵公》)其基本方法是"恭己",要求君主从维护朝廷长治久安的目的出发,通过修身养性来克制自己的私欲。

自从孔子提出理想主义的"君使臣以礼,臣事君以忠"以后,后世儒家出现了两派意见。一派以孟子为代表,以为国家社稷高于君主,国家治理得不好责任全在君主。另一派以子夏为代表,以为国家治理得不好,责任在于乱臣贼子,故君主应当运用权势禁奸于未萌。慎到的重势之论或源于此。二派之分歧盖源于宗法贵族政体和君主集权政体之别。如李源澄所言:"韩非与儒家论政之异,重君与重臣而已。儒家以贤人格君心之非,韩非则以君率臣以法。韩非恶大臣太重,左右太贵,群臣比周,而制其主,故术尚焉。"〔24〕韩非显然继承了子夏、慎到重势和申不害重术的意见。法家则从"君臣相市"、"君臣上下一日百战"的残酷现实出发,要求君主时时掌握好权势和权术,防备臣下篡位。在法家眼里,大臣之所以未发难,是因为党羽未备也。法家为了维持社会秩序而尊君并不惜容忍不肖之君。因此,法家主张"尊君卑臣,明分职不得相逾越。"(《史记·太史公自序》)。

---

〔21〕 康有为:《康有为政论集》,中华书局1981年版,第338页。

〔22〕 宋洪兵:《二十世纪中国学界对专制概念的理解与法家思想研究》,载《清华大学学报》2009年第4期。

〔23〕 俞中:《法家三期论》,载《法学评论》2016年第3期。

〔24〕 李源澄:《诸子概论》,华东师范大学出版社2009年版,第110页。

但是,法家同时也主张君主和大臣分工合作。法家主张君道无为,臣道有为。法家虽然“尊君”但同时也要求君主守法。在推行法治的情况下,君臣分工合作必然既限制臣下的行为,又对君主有所约束。

秦汉以后的君主与夏商周三代的君主不同,夏商周三代的君主可以从远古圣王和血缘那里得到神圣性和合法性。秦汉以后君主的权威已经失去了这种天然的传统神性,而不得不主要依靠政治权势。在古代政治辞典当中,没有一部法律明确规定君主可以为所欲为,也没有一部法律限制君主为所欲为。在这种政治文化背景下,君主至高无上的权力和圣明仁慈的个人品德,都不可能直接来源于并受制于某种文化力量,而只能来源于制度运行中所形成的习惯。

秦朝建立之后,十分重视法律的作用,立法活动蔚为大观。如泰山刻石:“皇帝临位,作制明法,臣下修饬”,“治道运行,诸产得宜,皆有法式”,“事皆决于法。”(《史记·秦始皇本纪》)历代朝廷都组建庞大的官僚机器,制定了完备的法律制度,驾驭着地域广阔的泱泱大国。

应当注意,秦汉以后国家立法活动和司法实践活动已经实现职业化、专门化,这实际上对皇帝随意干预立法事务和司法事务构成制约。

在立法方面,秦孝公变法之际,秦始皇否定分封制确定郡县制之际,都经过众臣的认真讨论而后形成决策。唐代立法,经过众多阅历颇深且长于律例的官员认真搜集材料,反复讨论修改而始成:“摭金匮之故事,採石室之逸书,捐披凝脂,敦兹简要,网罗训诰,研覈丘坟,撰律疏三十卷,笔削已了,实三典之隐括,信百代之准绳,铭之景钟,将二仪而并久,布之象魏,与七曜而长悬。”[25]此非精通历代法律沿革者所能完成之事业。在立法事务上皇帝只是高居于专业工作之上的领导者而已。

在司法活动方面,后世皇帝很少像秦始皇那种事无巨细、“躬操文墨,昼断狱,夜理书”(《史记·秦始皇本纪》)。司法已经成为专业化的领域了,即使皇帝也不能轻易地为所欲为。实际上在一般情况下皇帝还要求各级官吏依律裁断,不得随便上奏。宋建隆三年《非疑狱不得奏裁诏》谓:“国家外建庶官,共分忧寄,各专职任,素有纲条。苟务因循,渐成弛紊。应诸道州府,凡有刑狱公事,仰详断官依法断遣,不得申奏取裁。如显是疑狱及有异见,即听上闻,稍涉不公,当行朝典。”[26]

对君主权力的约束也主要来源于制度运行中形成的习惯。如张释之审理百姓“犯跸”案,依法只判罚金。汉文帝嫌太轻,十分不满。张释之说,我是皇帝委任的司法官吏,你是皇帝,你可以自己审理,但是你既然让我审,我必须按照法律规定判决,我审理案件只服从法律。张释之所言者就是制度运行中形成的习惯。皇帝虽然可以自己直接从重判案,但是那样会招致天下的非议——为人父母之君,待民岂可如此刻薄!于是,这就成为一个制度先例,对后世人君具有约束力。

在司法活动领域,君主和大臣的分工合作已经制度化。如《晋书·刑法志》载刘颂疏云:“君臣之分,各有所司。法欲必奉,故令主者守文。理有穷塞,故使大臣释滞。事有时宜,故人主权断。主者守文,若释之执犯跸之卒也。大臣释滞,公孙宏断郭解之狱也。人主权断,若汉祖斩丁公之为也。”毋庸讳言,由于皇帝享有至高无上、不受法律约束的权力,这种君臣分工合

---

〔25〕(唐)长孙无忌等撰:《唐律疏议》、《进律疏表》,刘俊文点校,中华书局1983年版,第579页。

〔26〕司义祖整理:《宋大诏令集》,中华书局2009年版,第471页。

作是难以真正制度化的。因此,历史上不乏不守法纪、无视祖训、不听谏言、倒行逆施的“昏君”、“暴君”。但是,“昏君”、“暴君”之政不可能持久,反而充当历史的反面教材。西汉海昏侯刘贺和唐代的敬宗就是典型的事例。

另外,朝廷专门设置谏官制度,谏官以批评朝政得失为职责而言者无罪。皇帝常常受到尊亲长特别是母亲的约束。这是“孝”的道德要求。这些尊亲长又常常以习惯、先例、礼义等等教训或劝诱皇帝。加之太子亲政之前亦经过长期的学习,得以系统熟悉传统文化,其中不乏六经之训和子曰诗云者。还有足以令人生畏的“天谴灾异”说,历代均行大赦之制,其弦外之音只是避免冤狱之气上达苍天。一遇天灾人祸,皇帝便下诏罪己并同时发布大赦令。中国古代的皇帝正是由于受到制度运行中形成的习惯的束缚,才无法成为“为所欲为”的“一人之治”。从宏观的文化角度言之,皇帝只是一种制度而非一个特殊的个体自然人。或者说一个自然人一旦成为皇帝就变成庞大制度的一个组成部分了。

(四)人法之辩

在法律实践活动中,“人”与“法”是两个不可或缺的因素,两者相辅相成,互为补充。但是,在春秋战国时期,在“成文法”取代“议事以制”、集权政体取代贵族政体、“法治”取代“礼治”的特定背景下,却演变成了儒家“重人”与法家“重法”两种观点的对立。

儒家认为,在法律实践活动中,作为统治阶级成员的“人”是第一位的,“法”是第二位的。只要有了得力的“人”,就能治理好天下。“人治”思想与其说重视人的作用,不如说是重视将人置于重要地位的“法”。正在这个意义上,梁启超的《中国法理学发达史论》说:“儒家固甚尊人治者也,而其所以尊者,非以其人,仍以其法”,“凡儒家之尊圣人,皆尊其法,非尊其人也。”[27]其实,儒家所重视的法就是贵族政体和判例法。在法律领域,儒家也依然重视“人”的作用,其理由是:首先,法律是“人”制定的,好的“人”自然可以制定出好的法律;其次,法律又是靠“人”来执行的,有了好的法律,但没有德才兼备的法官,必然使法律变样;最后,法律的规范作用毕竟有限,它们不可能包罗无遗,不可能预先描述各种具体复杂的情况,更不可能自己随机应变去适应变化了的新形势,只有靠法官凭借法律意识灵活掌握。

法家则认为,在法律实践活动中,作为统治阶级整体意志的“法”的作用是第一位的,人是第二位的。有了完备的“法”,即使“人”不太精明贤良,也能够依法治理好国家。与君主集权政体及成文法携手而来的便是“法治”思潮。这一思潮的主要内容,便在于对新确立的君主集权制政体及成文法作出理论上的解释,并对反对“法治”的政治、学术观点进行抨击。主张“以法治国”的法家认为,在时代的变革面前,在“竞于气力”的时代,贵族政体及习惯法已经过时,建立君主集权制及公布成文法,是在竞争中立于不败之地的唯一出路。君主集权制使国家可以在更广泛的范围内选拔官吏,以便于能者尽能,力者尽力,这较之于贵族政体下的世卿世禄制更为合理。成文法体系严密,条款规范,使人知其可为与不可为,在量刑定罪时,断狱者有法可依,这较之于“议”而定罪更为公正合理。因此,法家认为,加强君主权力,完善成文法是最好的治国方法。它能维系社会的长期稳定。完善的制度与法律使“圣人不必加,凡主不必废”(《商君书·赏刑》),社会秩序不会因统治者的变更而动荡。而儒家的“人治”则难以达到这种效果。法家认为,在君主世袭制下,君主不可能个个都如尧舜那样圣明,“人

---

〔27〕　梁启超:《中国法理学发达史论》,载《梁启超论中国法制史》,商务印书馆2012年版,第42、43页。

治”与“法治”的优劣便由此而显示出来,《韩非子·难势》说:大凡君主,以中庸之材居多,圣明之主与昏暴之君千世一出,若“废势背法”则“尧舜至乃治,是千世乱而一治也”。相反,若“抱法处势”,则“桀纣至乃乱,是千世治而一乱也”。故“废常(法)尚贤则乱,舍法任智则危,故曰:‘尚法而不尚贤’”(《韩非子·忠孝》),这便是“法治”思想的含义所在。

儒家的“人治”与法家的“法治”这两种观点的对立,经过春秋战国时代的全面对立和秦汉以后的局部对立两个发展阶段。全面的对立包括:在政体方面,表现为贵族政体与集权政体之争;在统治方法上,表现为王道与霸道之争;在价值观念上,表现为道德伦理观念与功利主义,即义与利之争;在法律样式上,表现为判例法和成文法的对立。伴随着新兴地主阶级变法的深入开展,法家的“法治”思想占了上风,获得统治地位,秦王朝便是在法家理论指导下建立起来的。秦汉以后,集权君主政体被延续下来。“人法之辩”的内涵也开始萎缩。原先以宗法贵族政体和集权君主政体为背景的“人治”与“法治”之争——在国家政治生活中,作为统治阶级特别是最高主宰者的“人”的作用是决定一切的还是法律的作用则是第一位的——已成过去,此后的“人法之辩”仅仅局限在法律领域,即在立法、司法过程中,作为法官的“人”的作用是第一位,还是法律条文是第一位的。

秦汉以后,伴随着“成文法”与“判例法”相结合的“混合法”的形成,“人法之辩”逐渐失去市场。经历了长期的法律实践特别是唐代以后,统治阶级已积累了近千年的实践经验,逐渐认识到:“人”与“法”各有其长处和局限性,应当使两者结合起来,相辅相成,互相补充。于是就逐渐形成了“人法并重”的观点,其表现形式是兼重“法”的威严性与“人”的灵活性。

宋代欧阳修说:“已有正法则依法,无正法则原情。”(《欧阳文忠全集·论韩纲弃城乞依法札子》)王安石谓:“盖夫天下至大器也,非大明法度不足以维持,非众建贤才不足以保守”(《王文公文集·上时政书》),“在位非其人而恃法以为治,自古及今未有能治者也”(《王文公文集·上皇帝万言书》),“有司议罪,惟当守法,情理轻重,则敕许奏裁。若有司辄得舍法以论罪,则法乱于下,人无所措手足矣。”(《文献通考·刑考九》)苏轼云:“任法而不任人,则法有不通,无以尽万变之情;任人而不任法,人各有意,无以定一成之论”(《东坡续集·王振大理少卿》),“任人而不任法,则法简而人重;任法而不任人,则法繁而人轻。法简而人重,其弊也请谒公行而威势下移;法繁而人轻,其弊也人得苟免而贤不肖均”,“人胜法则法为虚器,法胜人则人为备位,人与法并行而相胜,则天下安。”(《东坡奏议·应制举上两制书》)朱熹指出:“大抵立法必有弊,未有无弊之法,其要只在得人。”(《朱子语类》卷一〇八)“古之立法,只是大纲,下之人得自为,后世法皆详密,下之人只是守法,法之所在,上之人亦进退下之人不得”,“法至于尽公(详备)而不私(无余地)便不是好法,要可私而公,方始好。”(《朱子全书·治道一·总论》)明代丘浚强调:“法者存其大纲,而其出入变化固将付之于人”(《大学衍义补·谨号令之颁》),“守一定之法,任通变之人”(《大学衍义补·公铨选之法》),“守法而又能于法外推情察理”(《大学衍义补·简典狱之官》),“事有律不载而具于令者,据其文而援以为证。有不得尽如法者,则引法与例取裁于上。”(《大学衍义补·定律令之制》)清初王夫之道:“天下有定理而无定法,定理者,知人而已矣,安民而已矣,进贤远恶而已矣,无定法者,一兴一废一繁一简之间,因乎时而不可执也”(《读通鉴论·光武一九》),“任人任法,皆言治也。而言治者曰:任法不如任人。……苟有法以授之,人不得以玩而政自举矣。故曰则人而授以法,使之遵焉,非立法以课人也”(《读通鉴论·三国二三》),“夫法之立也有限,而人之犯也无方,以有限之法,尽无方之慝,是诚有所不能该矣。于是律外有例,例外有奏准之令,皆求以尽无方之慝，而胜天下之残。”（《读通鉴论·汉昭帝四》）清末沈家本总结道：“法之善者仍在有用法之人，苟非其人，徒法而已”（《寄簃文存·书明大诰后》），“大抵用法者得其人，法即严厉，亦能施其仁于法之中，用法者失其人，法即宽平，亦能逞其暴于法之外”，“有其法犹贵有其人。”（《历代刑法考·刑制总考·唐》）

总之，在中国古代，当“成文法”详备而宜于时用时则往往强调“法”的作用，强调依法办事，当“成文法”由于落后于现实生活而不太宜于时用之际，则常常突出“人”的作用，强调灵活机动的必要性；当法制建设不甚完善，因而造成司法混乱时，又十分强调用法来统一全国的审判活动，故强调“法”的作用。但总的来看，先秦时代那种截然对立的“人—法”之辩已成过去。在“成文法”与“判例法”有机结合的“混合法”时代，“法”与“人”的作用被置于同等重要、不可或缺的地位，只不过在某一特定背景下分别有所侧重而已。“人法并行”正是“人治”“法治”之辩的归宿。

（五）变法精神

在社会大变革的战国时期，法家代表人物提出了一套变法的理论，在各诸侯国进行了轰轰烈烈的变法实践。这种以进化历史观为指导的“与时偕行”、“法与时转”的变法精神对后世产生了深远的影响。

变法主张历来与现实政治要求密切联系。战国末期的《吕氏春秋》曾经对法家的变法思想做了总结，其基本主张是“治国无法则乱，守法而弗变则悖”。杂家根据当时的政治要求，总结以往的政治法律实践经验，提出“世易时移，变法宜矣”的口号。这一口号在当时具有鲜明的针对性，就是反对“法先王之法”的守旧态度。《察今》篇集中地批驳了“法先王之法”的主张。其理论依据是：第一，先王之法“不可得”：“先王之法，经乎上世而来者也。人或益之，人或损之，胡可得而法？”第二，古今言语、事体、风俗不同，很难掌握古法的真义：“虽人弗损益，犹若不可得而法。东夏之命，古今之法，言异而典殊。故古之命多不通乎今之言者，今之法多不合乎古之法者，殊俗之民有似于此”。第三，先王之法是依当时的情况而立的，今时异于古时，所以古法不可法：“凡先王之法有要于时也。时不与法俱至，法虽今而至，犹若不可法”。第四，今人完全有权力依今时而立今法：“故择（一作释）先王之成法，而法其所以为法。先王之所以为法者何也？先王之所以为法者人也。而己亦人也。故察己则可以知人，察今则可以知古。古今一也，人与我同耳”，何必拘泥于先王之成法呢？

《察今》篇举了四个例子：其一，“荆人欲袭宋，使人先表（做标记）澭水。澭水暴益，荆人弗知，循表而夜涉，溺死者千有余人”。其二，“楚人有涉江者，其剑自舟中坠于水，遽契其舟曰：‘是吾剑之所从坠’。舟止，从其所契者入水求之”。其三，“譬之若良医，病万变，药亦万变。病变而药不变，向之寿民，今为殇子矣”。其四，“有过于江上者，见人方引婴儿欲投之江中。婴儿啼，人问其故。曰：‘此其父善游’。其父虽善游，其子岂遽善游哉！”

其结论是：“今世之主法先王之法也，有似于此。时已与先王之法亏矣，而曰：‘此先王之法也’。而法之以为治，岂不悲哉！故治国无法则乱，守法而弗变则悖。悖乱不可以持国。世易时称，变法宜矣！”杂家的变法理论既不是对法家变法理论的重复，也不是单纯的经验总结，它有着明确的“现实”意义。这就是修改秦国传统的君主集权政体，建立开明的君主专制政体。杂家不仅宣布“先王之法”不宜于“当今”，甚至敢于指出“其父善游，其子岂遽善游哉”，这连同它称道“禅让”、“多封建”，批评“不与贤”而“与其子孙”的“私道”等等，构成了一种完整的新理论。这种新理论显然与秦国秉持的政治路线相左,因而理所当然没有被秦王朝所采纳。

西汉初期的贾谊从秦末农民起义中看到人民力量的强大,他说:“故夫民者,至贱而不可简也,至愚而不可欺也。故自古至于今,与民为仇者,有迟有速,而民必胜之。”(《新书·大政上》)基于这种认识,他总结秦亡之教训:“秦王置天下于法令刑罚,德泽亡一有,而怨毒盈于世,下憎恶之如仇雠,祸几及身,子孙诛绝,此天下之所共见也”,“以礼义治之者积礼义,以刑罚治之者积刑罚。刑罚积而民怨背,礼义积而民和亲。”(《汉书·贾谊传》)因此,贾谊建议“悉更秦之法”,恢复儒家的德治教化政策。并且在国家政治层面进行改革,以示与民更始。《史记·贾生列传》载:“贾生以为汉兴至孝文二十余年,天下和洽,而固当改正朔、易服色、法制度、定官名、兴礼乐,乃悉草具其事仪法,色尚黄,数用五,为官名,悉更秦之法。”他主张“廉耻礼节以治君子”,故建议“系缚榜笞髡刖黥劓之罪,不及大夫”,(《新书·阶级》)纠正了法家“刑无等级”的主张。

《淮南子》对先秦法家的变法思想进行总结和发挥,反对一味遵循古制的“循旧”、“法古”思想,主张“法与时变”、“各因其宜”。《淮南子·氾论训》说:“圣人制礼乐而不制于礼乐。治国有常,而利民为本;政教有经,而令行为上。苟利于民,不必法古;苟周于事,不必循旧;夫夏商之衰也,不变法而亡。三代之起也,不相袭而王。故圣人法与时变,礼与俗化,衣服器械各便其用,法度制令各因其宜,故变古未可非,而循俗未足多也”,“夫伏羲神农不施赏罚,而民不为非,然而立政者不能废法而治民;舜执干戚而服有苗,然而征伐者不能释甲兵而制强暴。由此观之,法度者,所以论民俗而节缓急也;器械者,因时变而制宜适也。”《齐俗训》说:“世异则事变,时移则俗易。故圣人论世而立法,随时而举事。……法度不同,非务相反也,时世异也。是故不法其已成之法,而法其所以为法。所以为法者,与化推移者也。”至于变法的目的,《氾论训》说:“法制礼义者,治人之具也,而非所以为治也。故仁以为经,义以为纪,此万世不更者也。若乃人考其才,而时省其用,虽日变可也。天下岂有常法哉!当于世事,得于人理,顺于天地,祥于鬼神,则可以正治矣。”可见,变法的目的还是实现儒家的仁义。

北魏孝文帝拓跋宏(467~499年)在位29年,即高祖。积极推行鲜卑族的汉化,进行了政治、经济、文化领域的变法改革。包括迁都洛阳,颁行均田令;“始班俸禄”,统一官制,整顿吏治,惩治贪污,倡导慎刑,一依魏晋南朝制度;改定郊祀宗庙礼仪,禁胡服,一遵汉制;断诸北语,一从正音;改姓氏祖籍,提倡各族通婚;建三长制,五家为邻,五邻为里,五里为党。(《魏书·高祖纪》)这些措施都有力促进了各民族的融合和社会的演进。他重视法律的作用,经常“躬亲听狱”,并参与修律,“魏律系孝文自下笔,此前古未有之例”。[28]

王安石(1021~1086年)是北宋著名的政治家、思想家,字介甫,神宗熙宁年间,官至参知政事,主持变法,富国强兵,借以扭转北宋积贫积弱的局势。作为中国11世纪时的改革家,王安石立意变法,崇尚法治。其变法实践与变法思想都受到了先秦法家的影响。他提出“三不足”的变法理论,即天变不足畏,祖宗不足法,人言不足恤。自然灾害与人事各有其规律,两不相关;祖宗之法也是因世制宜、因时制宜,不能固守不变;国家立法以长远利益为标准,不必迁就舆论指责。王安石的变法措施主要有:设立制置三司条例司负责筹划、制定新的财政经济政策,变更旧法,议定新法并颁布施行。制定、颁布了一系列“富国强兵”的法令,史称“熙宁

〔28〕 程树德:《九朝律考》,中华书局1963年版,第348页。

图48　王安石

新法”。主要有:一为均输法,统一采购物资,防止富商大贾操纵市场;二为青苗法,目的是救济贫弱,防止豪强以高利贷兼并;三为农田水利法,即《农田利害条约》,鼓励各地开垦废田,兴修水利,建筑堤防,扩大圩田和淤田,以利农业生产;四为免役法,规定由国家出钱雇人充役,按户等收免役钱,以减轻农民的负担;五为方田均税法,规定每年九月,由县官丈量土地,以东西南北各千步为一方,按土地的肥瘠分等级确定税额,以纠正田产不实、赋税不均的弊病;六为市易法,在京师开封设立市易务,以一百万贯作为流动资金,控制商业贸易,收购或出售物资,调节物价,打击富商大贾对商业的垄断;七为兵将法,裁减老弱兵士,选择武艺精良的军官,负责操练军队,提高军队的战斗力;八为保甲法,规定乡村民户以十户组成一保,五十户为一大保,十大保为一都保,农闲时进行军事训练,平时要巡逻、放哨,维护治安。如果保内发现“强盗”不报,同保人要连坐。(《王文公文集·上皇帝万言书》)由于保守派的阻挠,王安石辞去相位,新法都被废除。此外,王安石非常重视法律的作用,并要求严格依法办事。首先,主张君主应当知法、守法,即君主不仅谨慎行法,而且要学习、明晓法律。其次,要用法律手段抑制权贵的特权,使其像普通百姓一样循法守令,因此必须严厉制裁违法犯罪的贵戚、大臣。最后,为维护司法的统一,反对法官在审判中不循法律、任其私虑,建议加强司法监督。

张居正(1525~1582年)明代政治家、思想家。神宗即位后,升任首辅,长达10年,成为明代第一权相。张居正任相时正值明军政败坏,财政破产,农民起义此起彼伏,危机严重。为挽回颓势,维持统治,张居正力主改革时政,中振纪纲。改革措施主要有:一是在政治上,主张“省议论,振纲纪,重诏令,核名实”,“尊主权,课吏职,行赏罚,一号令”。他认为,嘉靖以来朝政腐败的重要原因之一是豪门势力过强,骄恣不法,以至中央的政令只能行于百姓,不能达到豪门,朝廷没有权威,地方各自为政。因此,他主张高度集权中央,加强内阁和六部的权力,以法律政令规范天下。针对时弊,整饬吏治,汰除冗员,选拔支持变法的新生力量。实行“考成法”,严格考察各级官吏贯彻朝廷诏旨的情况,地方官员定期向内阁报告政事。二是在经济上,主张“厚农而资商”,“厚商而利农”,实行“一条鞭法”,清丈土地,清查大地主隐瞒的庄田,各州县的田赋、徭役,以及其他杂税统统计算在一起,一律按地亩折纳征收银两。这在一定程度上改善了政府的财政状况。三是在军事上,主张“饬武备,谨边防”。为了防御女真入寇边关,张居正选派戚继光守蓟门,李成梁镇辽东,在山海关至居庸关的长城上加筑“敌台”三千余座。又与鞑靼部落进行互市贸易。巩固北地边防。四是在司法上要求以严刑制裁严重的犯罪。在他看来,宽缓的政策是以仁爱之心导致祸患,严明的法制则能造成天下安宁。(《张文忠公全集·疏奏》)因而,提出了“法在必行,奸无所赦”的主张。他认为,所谓“姑息之爱”是“独见犯罪者身被诛戮之可悯,而不知被彼所戕害者皆含冤蓄愤于幽冥之中”,“不忍于有罪之凶恶而反忍于无辜之良善”。(《张文忠公全集·论决重囚疏》)五是在学风上,他批评空谈心性的风气。他认为,当时政治的腐败、民风的浅薄,都与这种学风有关:“士习日弊,民伪日滋,以驰骛奔趋为良图,以剽窃渔猎为捷径,居常则德业无称,从仕则功能鲜校。”(《张文忠公全集·请申旧章饬学政以振兴人才疏》)然而张居正因积劳而病故,守旧派立即群起攻之。张居正最终成了改革的牺牲品,家产被抄没,子弟戍边。

19世纪70、80年代,资产阶级改良思潮在中国出现。1895年甲午战争之后,帝国主义的侵略使中国陷入严重的民族危机。社会各阶层掀起"救亡图存"的爱国热潮。至90年代终于爆发了震惊中外的变法运动。变法实施于1898年即农历戊戌年,故称"戊戌变法",因变法只实行了一百零三天,故又称"百日维新"。以康有为、梁启超、谭嗣同为首的改良主义者,在光绪皇帝支持下进行资产阶级政治改革。改革的主要内容:一是在思想上,学习西方,提倡科学文化,引进"天赋人权"、民主、自由、平等、权利等政治观念,以改变中国固有的"纲常名教"旧思想;二是在政体上废止君主制度,代之以"君民同体"的君主立宪政体;三是在经济上"以商立国",开银行、修铁路、建轮船、开诸矿,以强国富民;四是在法制上引进西方及日本之民法、商法、讼律、军律、国际公法;五是在教育上废八股,兴新学,京师设大学,各省设高中、各县设中小学,兴办海、陆、农、商、矿、医、律、师范等专门学校;六是在军事上设立并加强陆军、海军建设。变法运动受到以慈禧太后为首的守旧派的强烈反对,当年九月守旧派发动政变,光绪皇帝被囚,维新派人物康有为、梁启超逃往海外。谭嗣同等六人被杀害,史称"戊戌六君子"。

沈家本(1840~1913年),历任刑部,光绪三十三年(1907年)任修订法律大臣,主持法律改革。沈家本既精通熟知中国旧律,又熟知西方法律。其修律宗旨是"模范列强","折衷各国大同之良规,兼采近世最新之学说"。他说:(泰西各国)"十九世纪以来,科学大明,而精研政法者复朋兴辈作,乃能有今日之强盛,岂偶然哉?方今中国屡经变故,直事艰难,有志之士,当讨究治道之原,旁考各国制度,观其会通,庶几采撷精华,稍有补于今世。"(《寄簃文存·政法类典序》)沈家本指导做了大量工作:一是修订法律馆主持翻译了欧美等各国现行法律,推动西方法学在中国的传播;二是删除《大清律例》300余条,奏请废除凌迟、枭首、戮尸、刺字、刑讯、缘坐,死罪执行斩决,改良狱政;三是编定大量法律草案,如《大清现行刑律》、《刑事民事诉讼法》、《法院编制法》、《违警律草案》、《大清商律草案》、《国籍条例》、《禁烟条例》、《大清民律》等;四是创设法律学堂,培养兼通中外的新式司法人才。成立法学会,政法研究所,创办《法学会杂志》,进行法学研究和交流。沈家本开创了中国法律近代化的先河。

总之,在中国历史上,先秦法家的变法精神始终成为激励有识之士改革旧制,树立新风,强国富民,推动社会向前发展的精神动力。正如童书业所说:"在历史上,凡是受到法家影响的人物,多是比较进步的。由于法家的进化观点和法治思想等,都是针对儒学的缺点的,这类思想被统治者所舍弃,而被历史上比较进步的人物所吸收,成为他们变法改革的根据。这样,法家的变和儒家的不变就成为历史上进步与落后两种势力的理论核心。"[29]

(六)德刑关系

治理国家的基本国策是靠恩德还是刑法刑罚,这是先秦儒法两家矛盾的焦点之一。孔子提出"以德去刑"的主张,但这不过是一种美好的理想,在纷扰的春秋时代尚不具备实行的可能性。孔子"以德去刑"的主张旨在对当时统治者的专制行为进行批判,之后被孟子完善为"仁政"说。"仁政必自经界始",即通过解决土地问题来"富民",然后进行教化,使百姓获得

---

〔29〕 童书业:《先秦七子思想研究》,齐鲁书社1982年版,第287页。

道德礼义,自我约束,从而远离犯罪。孟子的这种“仁政”说,在理论上具备了可行性。西汉董仲舒总结出“德主刑辅”的原理,并且用春夏属阳秋冬属阴的天道将它神圣化。在董仲舒生活的时代,尚不具备公开主张强化刑政的社会条件。一方面是因为社会对秦暴虐而亡的教训记忆犹新,另一方面是因为当时的“刑”(法律)尚未体现儒家的精神,不便于公开宣扬。到了南宋,情况不同了。朱熹公开提出“严本宽济”的司法原则,是因为儒家思想至唐代已基本上法典化,执法“以严为本”正是用法律和国家强制力来捍卫儒家的纲常名教。同时也反映出,当时的统治者在人民反抗斗争越来越激烈,传统的德治、教化手段越来越难于奏效之际,不能不比前代更多地乞灵于刑罚的暴力手段。这正是直语“严刑”的荀子始终被拒于孔庙之外,而大谈“以严为本”甚至要求恢复肉刑的朱熹却被抬进孔庙的社会原因。

(七)混合法观念

秦法已出现“混合法”的雏形。从《秦简》来看,一方面,大量的成文法构成了秦法的主体;另一方面,秦司法审判已出现判决先例。当时的判决先例有两种:一是无形的判决先例;二是有形的判决先例。无形的判决先例数量极大,大都是因为法无明文规定而比照最相类似的条文作出的判决,如“臣强与主奸”比“殴主”;“殴高大父母”比“殴大父母”。(《睡虎地秦墓竹简》第183、184页)这些判决本应属于判决先例,但是,由于该判决先例已经上升为成文法条了,原先的判决先例就被隐去了。有形的判决先例即“廷行事”,秦简中“廷行事”凡9件,“行事”1件。其中,法无明文规定而做出判决的有6件,如门扇不严致谷物流出,罚一甲。(《睡虎地秦墓竹简》第169、175、215、216页)虽有明文规定却未按规定做出判决的有3件,如对诬告者依法应罚一盾,而廷行事却罚二甲。(《睡虎地秦墓竹简》第167、180、214、220页)这样就隐去了判决先例而直接形成成文法条,这种工作程序实即后世的“比附”和“类推”;而有形的判决先例通过司法过程先被创制出来,以后再被适用于同类案件的审判。这种工作程序,即后世的“援引”。诚如陈顾远谓:“比系以律文之比附为重,例则以已有之成事为主,是其所异。”[30]可以说,秦法律制度是后世“比附援引”从而也是“混合法”的滥觞。可以说,秦朝法制已经出现了成文法与判例制度相结合的“混合法”的萌芽。

战国末期的荀子在总结春秋的判例法和战国成文法的基础上,提出“有法者以法行,无法者以类举”(《荀子·王制》)的混合法理论。法家崇尚成文法。但是,成文法本身具有先天的弊端——它既不可能包揽无遗,又不可能随机应变,于是就产生了判例制度。可以说,荀子的理论正是在吸收西周春秋的判例法和战国时期成文法的基础上形成的。

西汉以后,历朝均制定法典,如《汉律》、《魏律》、《唐律》、《宋刑统》、《元典章》、《明律》、《清律》等等。汉以后的历代法制也在一定程度上继承了先秦法家“罪刑法定”的基本精神。由于法典在制定、修改方面受到各种条件的限制,为适应新形势,历代王朝还制定大量法令,效力与法典相同或优于法典。但是,由于成文法的局限性,即“三尺律令,未穷画一之道”(《晋书·刑法志》),“刑书之文有限而外违之故无方。故有临时议处之制,诚不能皆得循常也”(《隋书·刑法志》)。因此,在特殊情况下,应结合具体案件,运用统治阶级的法律意识和政策精神做出判决,是为判例。这种判例既是司法的结果,又是新的立法,即“有作于新名”。它的价值在于:一是为后来的审判所援引,以弥补立法之不足;二是为发布较抽象的法令和法

---

〔30〕 陈顾远:《中国法制史概要》,台北三民书局1964年版,第90页。

典修纂创造条件。这样,相对稳定的成文法典、应变而生的判例和源于判例的法令三者循环往复,未有穷期。判例的表现形式比较丰富,如汉代及后世的"春秋决狱"、"决事比"、"故事"、"法例"、"断例"、"例"等等。即在审判中遇到法无明文规定者,则依据统治阶级的法律意识、法律政策予以裁处,于是形成案例。案例经国家核准,具有与成文法典同等的效力,即"法所不载,而后用例"(《大学衍义补·定律令之制》)。

经过长期实践,成文法和判例的适用逐渐制度化。《唐律疏议·断狱律》规定:"诸断罪皆须具引律令格式正文,违者笞三十。"疏议曰:"犯罪之人,皆有条制,断狱之法,须凭正文,若不具引,或致乖谬。"故"曹司断狱,多据律文,虽情在可矜而不敢违法,守文定罪,或恐有冤"。但是《唐律疏议·名例律》又规定:"诸断罪无正文,其应出罪者则举重以明轻,其应入罪者则举轻以明重。"这是适用类推的原则。又《唐律疏议·断狱律》:"诸制敕断罪临时处分不为永格者,不得引为后比。若辄引致罪有出入者,以故失论。"疏议曰:"事有时宜,故人主权断,制敕量情处分不为永格者不得引为后比。"又《唐律疏议·职制律》:"诸称律令格式不便于事者,皆须申尚书省,议定奏闻,若不申议辄奏改行者,徒二年。"可见,在唐代,在无律令格式正文的情况下,可以适用类推或援引经过国家审核批准的判例。不仅如此,唐律还创立了律例合典的法律文献编纂模式。

"混合法"是"成文法"与"判例法"的统一。当成文法典宜于社会实际时,往往推崇"成文法"而排斥判例的创制与适用;成文法典尚未出现或现行法典明显不宜于社会生活时,则创制和适用判例,以此指导全国的司法活动。判例积累到一定程度,经国家加工后上升为法条。以统治阶级法律意识为核心,"成文法"与"判例法"周而复始,循环运动。

"混合法"的直观表现形式是:法条与例文合为一典,即在成文法条下面罗列许多例文(其中有的即源于案例)。例文是可以随时产生的,这就克服了成文法的僵化和笼统的缺欠。在"混合法"当中,判例制度最具有活力。

但是,应当注意的是,尽管从理论上将"成文法"与"判例"视为同等重要的东西,然而在法律实践中,"判例"并没有达到与"成文法"平起平坐的地位。事实上,根据一般的见解,人们总是偏向"成文法"而抑制"判例"的。甚至有"引律者多公,引例者多私"这样的偏见。其主要是因为,"成文法"常常是皇帝正式制定的,具有最高权威。正因如此,历史上批评诋毁"判例"的大有人在。如清代袁枚曾指出:"律者,万世之法也;例者,一时之事也。万世之法,有伦有要,无所喜怒于其问,一时之事,则人君有宽严之不同,卿相有仁刻之互异,且狃于爱憎,发于仓促,难据为准。"又说:"夫例者,以彼物以肖此物,援甲事以配乙事;其能无牵合影射之虞乎?律虽繁,一童子可诵而习。至于例,则朝例未刊,暮例复下,千条万端,藏诸故府,聪强之官,不能省记。一旦援引,惟吏是循。或同一事也而轻重殊,或均一罪也而先后异,或转语以抑扬之,或深文以周内之。往往引律者多公,引例者多私,引律者直引其词,引例者曲为之征。"(《小仓山房集·答金震方问律例书》)

中国古代的混合法是中华法系是中华民族智慧和人类法律实践活动内在规律的体现,是中华法系区别于西方大陆法系、英美法系的最典型的特征。中国古代的判例法自然不同于英美,但是也存在形似之处。故中华民国最高法院院长、司法院院长居正说:"中国向来是判例法国家,甚似英美法系制度。"[31] 而中国古代的混合法最初萌芽于秦朝,它是短暂的秦朝留给

---

〔31〕 居正:《司法党化问题》,载《中华法学杂志》1935年第32卷第10号。

后世最有价值的法律文化遗产。

中国的“混合法”传统一直延续到近代。民国初期，在法律或缺的特殊背景下，大理院的法官们勇敢地创制适用判例，形成大量的判例和解释例，有效地维护了社会秩序。据不完全统计，自1912年至1927年，大理院汇编的判例有3900余件，公布的解释例有2000余件。[32]之后，成文法与判例相结合，构成了比较完善的六法体系。当时的法规如《司法院组织法》、《法院组织法》、《最高法院处分规则》等，对判例的选择、公布、修定等事项都作出了具体规定。[33]

中国古代的混合法除了成文法与判例法相结合以外，还包括法律规范与非法律规范相结合。在国家法律鞭长莫及的领域，那些非法律规范如家法族规、乡规民约、行业习惯等，曾经都发挥着实际的作用。[34]

（八）劲士精神

战国、秦朝是我国中央集权官僚政体确立的时代。它酿造了“尊君尚法”的劲士精神和“事皆决于法”的成文法传统。这两者互为因果、相辅相成。尔后，虽经世代变迁、王朝更迭，劲士精神因深深植入忠君敬上的为人之道的行为模式，而始终发挥着支配作用。劲士精神是中国古代一气呵成的成文法的精神支柱。正是仰仗着这种劲士精神，中国古代成文法传统才得以维系和发展，进而维护着统一的泱泱大国的生存与发展。

所谓劲士精神，是指执法守职之吏心存法律，严格依法办事，不畏权贵，不徇私情，不记个人得失，忠于职守的风格和情操。其内涵是：忠于国家，忠于君主，忠于法律，依法办事，敢于同违法行为做斗争。劲士又称“端直之士”、“能法之士”、“智术之士”、“法术之士”。先秦古籍对此论述颇多。如《商君书·修权》：“君好法则端直之士在前”；《庄子·天下》：“以法为分，以名为表，以参为验，以稽为决，其数一二三四是也，百官以此相齿”；《管子·君臣下》：“据法而不阿，上以匡主之过，下以振民之病者，忠臣之所行也”；《韩非子·孤愤》：“能法之士必强毅而劲直，不劲直不能矫奸”，“智术之士明察，且烛重人之阴情；能法之士劲直，且矫重人之奸行”；《诡使》：“据法直言，名刑相当，循绳墨，诛奸人，所以为上治也”；《荀子·儒效》：“行法志坚，不以私欲乱所闻，如是，则可谓劲士矣”。

春秋战国以后，随着集权官僚政体的发展，又形成了尊君精神。国家的核心是君主，他掌握最高权力，所有官僚由君主委派，并向君主直接负责。这种政体要求臣民对君主无条件服从和效忠。以集权君主为对象的“忠君”思想是在“亲亲”的宗法礼治思想的废墟上确立并发展起来的，其在社会生活领域的折射，便是“士为知己者死”的侠义精神。

劲士精神的承载者是秦代所谓“良吏”和“循吏”。《睡虎地秦墓竹简·为吏之道》：“凡为吏之道，必精洁正直，慎谨坚固，审悉毋私，微密纤察，安静毋苛，审当赏罚。严刚毋暴，廉而毋刖，毋复期胜，毋以忿怨决。宽俗（容）忠信，和平毋怨，悔过勿重。兹（慈）下勿陵，敬上勿犯，听间（谏）勿塞。”并列举了官吏的五大善行：“忠信敬上，清廉毋谤，举事审当，喜为善行，恭敬多让。”两汉“循吏”与“良吏”的形象大致相同，甚至有些严格司法的“酷吏”亦应归于

---

〔32〕肖永清：《中国法制史简编》（下），山西人民出版社1982年版，第193页。

〔33〕武树臣等：《中国传统法律文化》，北京大学出版社1994年版，第656～659页。

〔34〕武树臣：《中国传统法律意识批判》，载《烟台大学学报》1988年第2期。

"良吏"。这些"良吏"在百姓心目中就是"清官"。

"清官"是中国古代民间对品行清廉、公正,守法持正,刚直不阿,执法如山的司法官吏的美称。如张释之审理百姓"犯跸"案,盗皇陵玉环案,张释之依法判刑,汉文帝以为太轻,十分恼怒。张释之说,我是皇帝委任的司法官吏,你是皇帝,你可以自己审理,但是你既然让我审,我必须按照法律规定判决,我审理案件只服从法律。又如西汉的郅都,敢于直谏,公廉,执法不避权贵;张汤,官至三公,被诬陷入罪,自杀,死后家产仅总值不过五百金,都是所得奉赐之物;尹齐病死后,家产不值五十金。其中最著名者就是宋代的包公,他不畏权贵、执法如山、严惩贪官、为民雪冤、断案清正的事迹被后人以戏曲、小说等形式热情讴歌,在民间广为流传,世人称为"包青天"。还有明代的海瑞,他生活在明朝从全盛走向衰败、政治最腐败、贪污成风的时代,其为官 18 年,以自奉节俭、力矫旧弊、刚正廉洁、不畏强权、执法如山而著称,明末时家喻户晓,人称"海青天"。

但是,在集权君主政体下,劲士、良吏、清官往往不得善终。因为在皇帝周围总是簇拥着一大批既得利益集团,他们有太多私利需要保护,又有太多手段得以上下其手。在这种政治环境中,忠贞之士安能不危!故历经数次变法的商鞅慨叹道:"法之不行,自上犯之。"(《史记・商君列传》)韩非亦谓:"智法之士与当塗之人不可两存之仇也。"(《韩非子・孤愤》)然而历代的变法和中兴都离不开"劲士"的冲锋陷阵甚至英勇捐躯。劲士精神所体现的严于执法、疾恶如仇、不避权贵的品性,正是对先秦法家传统的继承和发扬。

(九)吏治传统

秦朝确立的集权君主政体彻底取代了世袭血缘贵族政体,国家机器的运转完全依靠中央地方官僚群体,特别是郡守、县令拥有相当独立的权力。正如汉代人所谓"今之郡守重于古诸侯"(《汉书・王嘉传》),"今郡守之权非特六卿之重也,地畿千里非特闾巷之资也,甲兵器械非特棘矜之用也,以逢万世之变,则不可胜讳也"(《汉书・王嘉传》)。官吏群体担负着直接管理社会和人民的任务,他们的素质和施政行为直接关系地方的治乱和国家的安危。因此,先秦法家一直比较重视对官吏的治理,正如韩非所谓"明主治吏不治民"(《韩非子・外储说右下》)。

秦朝建立中央集权的官僚政体,严于吏治的精神体现在秦律当中。从《睡虎地秦墓竹简》来看,法律条文中大都是针对官吏如何履行职务而制定的。如有"不胜任"、"不廉"、"纵囚"、"不直"、"失刑"等具体的罪名,还有"犯令"、"废令"罪名。秦实行的官吏责任制、官吏考核制,以法的形式将各级、各部门官吏的职权、职责固定下来,要求要求官吏各行其职、各负其责,并定期检查,予以奖惩。即使官吏免职或调任后,如对其在职时所犯的罪或对其下属犯罪负有责任,则该官亦不能因免职或调任而逃脱刑事制裁。

秦统治者标榜"以法治国",又以为"明主治吏不治民",故在"以法治吏"的前提下重视对官吏的教育培训。《睡虎地秦墓竹简》所载《语书》、《为吏之道》应当说是今天所能见到的最早的官箴。《语书》以"有公心"、"能自端"、"明法律令事"、"廉洁佐上"为"良吏";以"无公端之心"、"易口舌"、"轻恶言而易病人"、"不明法律令、不知事"、"不廉洁无以佐上"为"恶吏"。《为吏之道》则列举官吏的道德与业务标准,如:"精洁正直、慎谨坚固、审悉无私、微密纤察、安静毋苛、审当赏罚、严刚毋暴……"还有吏之"五善"、"五失"等等。这写内容既包括上级对下级的劝诫之词,同时也是官吏施政行法的经验总结。

秦汉以后的律典继承并发展了秦律严于吏治的立法精神,设专篇规定官吏职司。如西晋时,《晋律》有《违制》篇,北齐沿用;隋《开皇律》则改为《职制》篇,唐、宋律沿用。《职制》律的内容是有关官吏超编、贡举非其人、玩忽职守、泄漏机密、奏事犯讳、制书有误、指斥乘舆、贪赃枉法等方面。

明朝则发展到一个新的阶段:一方面,明初朱元璋废除宰相制,六部直属皇帝统领,以适应高度专制主义中央集权发展的需要。为此,《大明律》一改唐律的体例,仿《元典章》以六部官制编目:《名例》、《吏律》、《户律》、《礼律》、《兵律》、《工律》。其中,《吏律》2 卷,分为"职制"15 条、"公式"18 条,为清朝律典所承用。另一方面,朱元璋"刑乱国用重典"的立法指导思想中包括"治吏"、"治民",首要的是"治吏"。"治吏"不仅是为了维护中央集权,更好地发挥官僚机构的统治效能,而且也是为了更有效地"治民"。为此,朱元璋亲自指导编定了《大诰》,其突出特点之一就是强调重典治吏:一是《大诰》所列举的各种案件中,大部分是惩治官吏的,以《大诰续编》为例,共 87 条,属于打击官吏贪污和豪强作恶的案件就占了约 70 条;二是朱元璋所作的"训导"绝大多数也是针对官吏而发的;三是以法外用刑、轻罪重判的原则惩治官吏犯罪。

秦汉以后,中央集权的官僚制政体一直延续下来。为了有效地控制官吏的所作所为,同时也为了传递施政行法的经验,在国家行政法日趋完备的同时,官箴逐渐发达起来。"不辱官箴"、"有玷官箴"成了官吏忠于职守或失职的代名词。尔后,官箴名目日渐繁多,如官箴、政经、自箴、臣戒、政训、牧鉴、仕的、政学等等,不胜枚举。

官箴是中央集权君主政体和官僚制度的产物。中央朝廷控制着幅员辽阔、人口众多的泱泱大国,主要靠两件东西:一是官吏,二是法律,而法律又靠官吏来执行。这样就使官吏处在十分关键的位置上,管好官吏成为事关全局的事情。《学治说赘·福孽之辨》谓:"州县一官作孽易,造福亦易。天下治权,督抚而不莫重于牧令,虽藩臬道府皆弗若也,何者?其权专也,专则一,一则事事身亲。……牧令之所是,上官不能意为非,牧令之所非,上官不能意为是。"

国家控制官吏的方法有两条:一是以人治之,二是以法治之。以人治之是设立有关监督机关,赏善惩恶;以法治之是用法律制约官吏的行为。但是这两条都不是十分有效,官吏仍可以钻各种空子以逞其私。因此,要使官吏自觉守法奉公,避免众多官署与官吏在无谓的互相摩擦、彼此倾轧中拖滞国家机器的正常运转,防止官吏治民无术无方而激化阶级矛盾,光靠法律和监督机关是远远不够的,于是就必须借助于道德教化的力量。另外,官吏施政内容复杂,有一定专业要求,不断总结官吏的业务活动经验,以指导官吏施政,也是提高统治效率的重要途径。于是,官箴就应运而生了。它在对官吏的职业道德教育和专业技能培养方面,的确起到了国家法律难以奏效的作用。官箴的内容以统治阶级的道德、法律为依据,又是多年施政实践经验的总结与提高,因此,它常常成为官吏行动的指南。正是在这个意义上,我们可以把官箴视为特殊的"官法"。

官箴是官吏行动指南和处世准则,所谓"居官格言"、"为吏须知"、"幕僚宝鉴";又是长期施政执法经验与惯例的总结。违背官箴,可以造成直接或间接的后果,不仅有碍于施政与执法,而且还会遭到同僚和上级的非难、抵制、弹劾,必然影响官吏的前程。因此,官箴实际上成了官吏的第一法律。

官箴的内容很丰富,既有道德条目,又有施政纲要;既有中朝官、地方官之要务,又有钱粮、农桑、市贾、国课、教化、刑狱、防御等具体专项。官吏日常施政所及,应有尽有。但总的来看,官箴的内容大致可以分为三类:一是为官道德,二是为政要则,三是施政经验,四是司法艺术。

首先是为官道德。官箴十分重视为官道德(即职业道德)的作用。认为,只有具备了为官道德,才能获得官吏必须具备的“心术”、“才识”、“器度”、“言貌”,才能处理好与上下级和百姓的关系,处理好政务特别是刑狱,成为优秀的官吏。如宋吕本中《官箴》:“当官之法,唯有三事:曰清,曰慎,曰勤”,“当官之法,直道为先”,“当官之大要,直不犯祸,和不害义”,“当官者先以暴怒为戒”,“忍之一字,众妙之门”,“事君如事亲,事官如事兄,与同僚如家人”。元张养浩《风宪忠告》:“尽己之职为国为民而得罪,君子不以为辱而以为荣”,“为人臣唯欲收名而不敢任怨,此不忠之尤者”。明杨昱《牧鉴》:“清心省事居官守身之要”,“不惑有三:酒、色、财”;《公门不费钱功德录》:“忠君为国,洁己爱民”,“临民矢公矢慎,事上不抗不卑”。这些都属于为官的一般道德要求。

其次是为政要则。官箴中有相当多的内容属于为政原则,即执行公务的一般原则,官吏只有遵循这些原则才能居官有绩,避免偏差。宋梅挚《五瘴说》:“仕有五瘴,避之犹未能也:急征暴敛,剥下以奉上,租赋之瘴也;深文以逞,良恶不白,刑狱之瘴也;晨昏荒宴,废弛王事,饮食之瘴也;侵牟民利,以实私储,货财之瘴也;盛陈姬妾,以娱耳目,帷薄之瘴也。”《牧民忠告·不可以律己之律律人》:“同官有过不至害政,宜为包容,大抵律己当严,待人当恕,必欲人人同己,天下必无是理也。”《风宪忠告》:“荐举之体,则宜先小官,纠弹之体,则宜先贵官。”《公门不费钱功德录》:“不知情故枉,不执法太严,不贪赃枉法,不逢上虐下”,“不动怒,不作威,不轻拘妇女,不轻用刑”,“不断离婚姻,不拆散骨肉”,“词讼宜劝速结,和息宜早批准”。这些原则是与具体政策密切相连的,比为官道德更为具体明确。

再次是施政经验。施政经验是官吏执行公务的方法、技术、诀窍,是官箴的重要组成部分。官吏尤其是地方官吏,政务繁多,如刑名、赋税、收支、文教、选士、缉查、市易、水利及日常公文往来等,均须过问,没有一套方法是不行的。下面仅以司法为例说明之。清汪辉祖《学治说赘》总结出一套文簿管理方法,设《稽狱囚簿》、《查管押簿》、《宪批簿》、《理论簿》等,分别记载狱囚出入年月日、暂时拘押的牵连当事人、上级下发的诉讼文件、原被告的姓名地址词状等,以便随时处置,勿使滞留拖累,还建议官吏“宜设粉版一方,将应办事件随手登记,办一条,抹一条,自无遗忘之患”。汪著《学治臆说》还总结办案的具体方法,如“相验宜速”,即及时勘验犯罪现场;“验尸宜亲相亲按”,即司法官亲自验尸,以防他人作弊;“法贵准慎”,即参酌具体情节定罪而不可拘泥法条;“办案宜有限断”,即提高办案效率,不因细小之事拖延;“拒捕不宜轻信”,即不可轻信办案小吏的谎报,以拒捕之罪加重对当事人的惩罚,等等。

最后是司法艺术。如明吕坤《刑戒》总结出一套刑讯的方法。如“五不打:老不打,幼不打,病不打,衣食不继不打,人打我不打”;“五勿就打:人急勿就打,人忿勿就打,人醉勿就打,人随行远路勿就打,人跑来喘息勿就打”;“五且缓打:我怒且缓打,我醉且缓打,我病且缓打,我不见真且缓打,我不能处分且缓打”;“三莫又打:已拶莫又打,已夹莫又打,已枷莫又打”;“三怜不打:盛寒酷暑怜不打,佳辰令节怜不打,人方伤心怜不打”;“三应打不打:尊长该打,为与卑幼讼,不打,百姓该打,为与衙门人讼,不打,工役铺行该打,为修私衙或买办自用物,不打”;“三禁打:禁重杖打,禁从下打,禁佐贰非刑打”。在刑讯盛行、动辄打人的时代,这些经验对基层官吏的行为或许多少有些约束作用。

（十）止争无讼

“无讼”作为中国古代社会的法律观念，在古代司法实践中发挥重要的社会职能。“无讼”一词出自《论语·颜渊》：“子曰：‘听讼，吾犹人也，必也使无讼乎。’”听：审理、判断、处分。如《尚书·吕刑》“无简不听”，《荀子·王制》“听断以类”，《睡虎地秦墓竹简·为吏之道》“听其有矢”，皆为此义。“讼”：与“狱”相对而言，又“狱讼”并用。《周礼·地官司徒·大司徒》：“凡万民之不服教而有狱讼者与有地治者，听而断之。”注：“争罪曰狱，争财曰讼。”但“狱”与“讼”常常是不可分的，如《周礼·秋官·布宪》：“凡伤人见血而不以告者，攘狱者，遏讼者，以告而诛之。”“伤人见血”既可引起刑事诉讼，又可引起民事（赔偿）诉讼，故“狱”、“讼”连用。此处之“讼”，应泛指“狱讼”。“听讼”即“折狱”，孔子曾“听讼”，弟子仲由曾“折狱”，皆指断案。孔子的这段话可译为：我审判案件和别人没有什么不同，但是我的目标在于使人们不争讼。

但是，“无讼”的思想并不是儒家的专利，法家也有类似的主张，即“止争”。法家实现“止争”的方法是“定分止争”。他们认为，人性皆“好利恶害”，天生如此，不可改变。因此，争讼是毫不奇怪的，国家法律就是为解决争讼而产生的。《商君书·开塞》：“天地设而民生之。当此之时也，民知其母而不知其父。其道亲亲而爱私。亲亲则别，爱私则险，民众以别险为务，则民乱。当此时也，民务胜而力征。务胜则争，力征则讼，讼而无正，则莫得其性也。故贤者立中正，设无私，而民说仁。”法律的最大作用是“定分”，即确定“土地货财男女之分”，“制土分民之律”。（《商君书·来民》）法家多次引用这样的事例：“一兔走，百人逐之，非以兔可分为百也，由名分之未定也。夫卖兔者满市，而盗不敢取，由名分已定也。故名分未定，尧舜禹汤且骛焉而逐之。名分已定，贫盗不取。”（《商君书·定分》）法家相信，只要做到“定分”，并保障实施，那么，不仅能够制止民间财产纠纷，还可以制止犯罪。“定分止争”的具体办法是：一是制定并公布详尽的成文法律，使之足以规范社会生活的各个领域。二是向老百姓进行法制宣传，使家喻户晓，妇孺皆知。为此，法家不惜禁绝诗书百家语，实行文化专制主义政策，“以法为教”，“以吏为师”。（《韩非子·五蠹》）三是重轻罪，行连坐，“以刑去刑”。用严刑酷罚威慑人民，使他们不敢违法犯罪，从而达到不用刑罚的目的。四是提供法律服务。设立法官解答官吏和百姓的法律咨询。（《商君书·定分》）法家在一定程度上也可能允许民间的法律咨询，如春秋时的邓析。史传邓析“与民之有狱者约：大狱一衣，小狱襦。民之献衣襦而学讼者，不可胜数”（《吕氏春秋·离谓》）。五是从司法程序上实现“止争”。如《睡虎地秦墓竹简·法律答问》规定卑亲属不得到官府控告尊亲属的侵害行为，即官府不得受理“非公室告”案件。粗略而言，如果孔子“重义轻利”、“富而后教”的“无讼”思想与法家“立法明分”、“定分止争”的操作过程能够有机地结合起来，也许不失为通向“无讼”的可行道路。

西汉以降，儒家思想也重返政治舞台，并最终在汉武帝时代上升为官方正宗学术。此间，“通经入仕”的措施实现了孔子“学而优则仕”的理想，并为儒家思想的社会化提供组织保障。于是，“无讼”思想再一次成为“循吏”施政执法的指导原则。“循吏”兼国家官僚与社会教师于一身，其社会功能是“导之以德，齐之以礼”，简言之便是安民与教化。“循吏所扮演的角色便比卿相和经师都要重要得多，因为他们是亲民之官。”[35]这些“亲民之官”在施政和司法中

---

〔35〕　余英时：《汉代循吏与文化传播》，载《中国思想传统的现代诠释》，台北联经出版事业公司1987年版，第180页。

自然积极贯彻孔子的“无讼”主张。

实现“无讼”的基本措施是“诉讼和解”。东汉许荆任桂阳太守,“尝行春到耒阳县,人有蒋均者,兄弟争财,互相言讼。荆对之曰:‘吾荷国重任,而教化不行,咎在太守’。乃顾使吏上书陈状,乞诣廷尉。均兄弟感悔,各求受罪”;东汉刘矩任雍丘令,“以礼让化之,其无孝义者,皆感悟自革。民有争讼,矩常引之于前,提耳训告,以为忿恚可忍,县官不可入,使归更寻思。讼者感之,辄各罢去”;东汉仇览任蒲亭长,“人有陈元者,独与母居,而母诣览告元不孝,”仇览劝之:“奈何肆忿于一朝,欲致子以不义乎?”“母闻感悔,弟泣而去。览乃亲到元家,与其母子饮,因为陈人伦孝行,譬以祸福之言。元卒成孝子。”(《后汉书·循吏列传》)行政官吏审理词讼时,用礼让人伦教育当事人,使他们自愿撤诉,和好如初。

这种调解的做法为后世良吏所继承。在“无讼”意识影响下,历代法官均以息事宁人为基本原则,以诉诸法律为下策,故对当事人想方设法令其撤诉言归于好。如唐代韦景骏任贵乡令,“有母子相讼者。景骏谓之曰:‘吾少孤,每见人养亲,自恨终无天分。汝幸在温清之地,何得如此?锡类不行,令之罪也。’垂泣呜咽,取《孝经》付令习读。于是母子感悟,各请改悔,遂称慈孝。”(《旧唐书·良吏列传》)地方官吏即使判决民间词讼,也不乏息讼宁人的教化之举。如宋代胡石壁《母讼子不供养》判词:“嫠妇阿蒋,茕然孑立,所恃以为命者,其子钟千乙而已。其子狼狈如许,既不能营求勺合,以赡其母,阿蒋贫不聊生,至鬻其榻,以苟朝夕,剥庆及肤,困穷极矣。钟千乙又将其妄用,久而不归,致割其爱,声诉于官,此岂其情之得已哉!钟千乙合行断治,今观其母羸病之余,喘息不保,或有缓急,谁为之倚,未偏听偏信之于法,且责戒劝,放。自此以后,仰革心悔过,以养其母。本州仍支五斗,责付阿蒋,且充日下接济之须。”(《名公书判清明集·人伦门·母子》)明邱濬《大学衍义补·慎刑宪》指出:“有一讼累数十年历十数世而不能举奉,所用之费校其所争之直始至数倍,往往废业破产。”认为这是法官处置不当的结果。清汪辉祖《佐治药言·息讼》说,有些争端“不过一对竞气,冒昧启讼”,只要好生劝诱,“皆可随时消释。可息便息,亦宁人之道。断不可执持成见,必使终讼,伤闾党之和,以饱差窄之欲”。对于族人乡党因细故一时动气而起的争讼,可以不急于殴理,待双方冷静下来分头劝说,自可息讼;对由于讼棍挑唆而睡的争讼,只要惩治了讼棍,双方自然无事;对争讼双方,一方面劝以道德伦理,另一方面晓以诉讼的弊害,使“理直者既通亲友迁情,义曲者可免公庭之法”。对亲戚相讼的,有些法官不但不予受理,而且以“居官无德”自责,挂印欲去,使当事人在舆论压力下醒悟谢罪。在诉讼中,法官常借助当地德高重年长者出面调停,以期息讼。此外,在家法族规家训里面,也充满了“无讼”的训诫之词。如《袁氏世范·处己》:“居乡不得已而后与人争,又大不得已而后与人讼。……不必费用财物交结胥吏,求以快意,穷治其仇。……大抵人之所讼,互有短长,各言其长而掩其短,有司不明则牵连不决,或决而不尽其情,胥吏得以受赃而弄法,蔽者之所以破家也。”《王士晋宗规·争讼当止》:“太平百姓,无争讼,便是天堂世界。盖讼事有害无利:要盘缠,要奔走,若造机关,又坏心术。且无论官官廉明何如,到城市便被歇家撮弄,到衙门便受胥皂呵叱。伺侯几朝夕,方得见官。理直犹可,理曲到底吃亏。受笞杖,受罪罚,甚至破家、忘身、辱亲,冤冤相报,害及子孙。总之则为一念客气,始不可不慎。经曰:‘君子以作事谋始’。始能忍,终无祸。始之时,义大矣哉。即有万不得已或有关系祖宗父母兄弟妻子情事,私下处不得,没奈何闻官,只宜从直告诉。官府善察情,更易明白。切莫架桥捏造,致问招回。又要早知回头,不可终讼。"[36]

在我国古代,"无讼"作为一种传统法律观或诉讼价值观,之所以能够对官吏和民众发挥实际的指导作用,大体上得益于以下诸因素:一是儒家"重义轻利"观的影响。《论语·里仁》说:"君子喻于义,小人喻于利。"君子讲求义理,小人追逐货利。而诉讼正缘于争财夺利,是小人之行,君子耻之。善良百姓一旦涉讼,被官府传唤,便被邻里所小视,这就使人们不愿轻易走进衙门。二是地方官吏的政绩和形象的特殊要求。古代地方官兼行政、司法于一身,地方治理的好坏,直接关系到他们的政绩与升迁。而一个地方的百姓诉讼浩繁、争讼不断,正是地方官治民无方、德教不彰所至。因此,封建官僚从心里厌恶讼诉,尤其痛恨挑词架讼、包揽官司的"讼棍",似乎"天下本无事,讼师自扰之",不惜对之大兴挞伐。三是封建诉讼制度的黑暗。百姓一走进衙门就身不由己了,"阎王难见,小鬼难缠",处处需打点,节节需疏涌。其结果是为着一纸判状而倾家荡产。加之当事人和证人常常被关到班房里候审,家里人忙不迭送茶送饭,一个不大的官司常常耗时一年半载,由于诉讼而花费的金钱远远超过诉讼标的的价值。这一切都使人们望而生畏。四是自给自足的自然经济的庇护。古代社会的经济形式是自给自足的自然经济,人们在封闭的农村生活,鸡犬之声相闻,商业交换很不发达。因此,产生争讼的机会也不多。这实际上是"无讼"的天然土壤。

在古代社会,"无讼"的社会功能是十分明显的。首先是维护了王朝的社会基础。试想,一个充满乱与争讼的社会,一股在诉讼中权钱交易的腐朽风气,一个对官府裁判行为充满敌意的人群的存在,正是对王朝统治的潜在威胁。其次是维护了自然经济秩序。若两个家庭之间的争讼如果得不到调停,最终会演成两个家族的对立,其结果是田地荒芜,家人离散,族人仇杀,这对维护自然经济秩序是不利的。因此,古代的民间调解受到普遍重视,而"始能忍,终无祸"的"无讼"观,倒成了维护自然经济秩序的一剂清凉丸散。最后,"无讼"观也带有压抑人们正当权利观念的副作用。一般而言,当自己的正当权利被他人非法侵害时,应当勇敢地走进公堂,用法律来维护自己的正当权利。但是,当这种正当行为代价太高时,人们便会望之却步,转而更易于接受现实。

历史上也曾有过支持诉讼的意见,如清代崔述《无闻集·讼论》说:"今不察其曲直,而概不欲使讼,陵人者反无事,而陵于人者反见尤。此不惟赏罚之颠倒也,而势亦不能行。……不得已而讼之于官,则官以为好事,而里党亦共非之。是以豪强愈肆,而良善常忍泣而吞声。无讼则无讼矣,吾独以为反不如有讼之为善也。"但这种见解的声音同"无讼"观相比,真是微乎其微。

(十一)"议事以制"

春秋末期,郑国子产铸刑书,晋国叔向批评之,其理由之一即"先王议事以制,不为刑辟"。"议事以制"是叔向对春秋及以往司法宏观方式的概括,也是中国古代判例法的最重要的特征。秦汉以后,在成文法未完备之际,判例法有所复兴,于是,"议事以制"又一次走到法律实践活动的前台。

据《晋书·刑法志》载,晋惠帝时"议事以制"已蔚为风气。上自皇帝,下至法吏,无不行之。皇帝亲自决狱,事求曲当;法吏"牵文就意,以赴主之所许"。这种做法发生许多问题,即

---

[36]　武树臣等:《中国传统法律文化》,北京大学出版社1994年版,第499~500页。

"政出群下,每有疑狱,各立私情;刑法不定,狱讼繁滋",故引起一代法律家的思考。

尚书裴顾上疏道:"刑书之文有限,而舛违之故无方,故有临时议处之制,诚不能皆得循常也。"但是,"临时议处"应符合法定程序,"按行奏劾,应有定准"。三公尚书刘颂又上疏谓:"天下至大,事务众杂,时有不得悉循文如令",故"议事以制"有其合理性,但应当满足这些条件:第一,"议事以制"要以"名例"为依据,"律法断罪皆当以法律令正文,若无正文,依附名例断之、其正文名例所不及,皆勿论";第二,司法官吏在审判中可以发表不同意见,但不得自行"议事以制","主者守文,死生以之,不敢错思于成制之外以差轻重","守法之官唯当奉用律令,至于法律之内所见不同,乃得为异议也";第三,大臣、皇帝独揽"议事以制"之权:"事无正名,名例不及,大臣论当,以释不滞","君臣之分,各有所司,法欲必奉,故令主者守文;理有穷塞,故大臣释滞;事有时宜,故人主权断"。熊远亦上疏云:"法盖粗术,非妙道也,矫割物情,以成法耳。若每随物情,辄改法制,此为以情坏法","储立议者皆当引律令经传,不得直以情言,无所依准,以亏旧典","凡为驳议者,若违律令节度,当合经传及前比故事,不得任情以破成法","开塞随宜,权道制物,此是人君之所得行,非臣子所宜专用"。(《晋书·刑法志》)

上述议论可综合为以下几点:第一,在司法审判中,有成文法则适用成文法,"设法未尽当,则宜改之"。法吏应严格以法办事:"法轨既定则行之,行之信如四时,执之坚如金石","守法之官唯当奉用律令","不得援求诸外论随时之宜,以明法官守局之分"。第二,法官"得为异议",发表己见,但不得漫无边际、无所据依,要合于"经传"之义,遵循"前比故事",然后整理成文牍上报朝廷,不得擅自"以情坏法"。第三,"观人设教,在上之举",大臣及皇帝才有"议事以制"之权。于是法律家们设计了一套万无一失的司法方案:法官严格依法断案,遇疑难案件则附法律令、经传之义、前比故事上报朝廷;大臣集体讨论,提出方案,上报皇帝,皇帝御笔决断。

经过长期法律实践,古代法律家认识到如下的事实:其一,成文法是有缺欠的,它不可能包罗各种复杂情况,又不能随机应变。其二,"议事以制"的基本精神是永存的,无此则不能弥补成文法的天然缺欠。其三,"议事以制"等于在司法中自行立法,但在中央集权的君主政体下,只有君主才享有最高立法权,法官只有司法职权。所以,"议事以制"本身深藏着立法权与司法权在形式上的矛盾,即君主与臣下在等级名分上的悖离。但"政出群下"的局面与君主执掌最高立法、司法权的集权政体是不能并存的。因此必须把"议事以制"的合理性与君主集权的独断性统一起来。其四,君主的独尊地位使他高高凌驾于法律与众臣之上,他可以根据具体情况做出"非常之断",这一特权"唯人主专之,非奉职之臣所得拟议","此是人君之所得行,非臣子所宜专用"。

可见,在"混合法"时代,原先"判例法"时代"议事以制"的审判方法,被中央集权政体改变了形象,使贵族政体下普遍而全面的"议事以制"变成皇帝独揽的"议事以制"。这种做法在一定程度上杜绝了各级法官的恣意妄为,维护了国家法律在时间和空间上的统一性。同时,作为一项制度和司法程序,它不仅制约了官吏的行为,而且还在一定程度上约束了皇帝随时干预司法活动的行为,使皇帝只能依程序关注那些数量有限的疑难案件,从而改变了像秦始皇那种事无巨细、"躬操文墨,昼断狱,夜理书"(《史记·秦始皇本纪》)的施政风格。

(十二)天谴灾异与福报

古人认为,自然界与人类社会是统一的整体,而人类是自然界的组成部分。因此,自然界与人类是相互影响的,自然界决定人类社会的生存与发展,反过来人类社会又反作用于自然界,这就是"天人合一"之说。在此理论之下,自然界的灾害失去了自然性,而具有了社会性或政治性。简言之,人类社会的恶行会产生不平之气,不平之气可上达云霄,干扰天道,故而引起上天的不满,于是产生灾害。上天以灾害来警示统治者,是为天之谴告。统治者如果不听从天之谴告,不改弦更张,就会引起社会动乱,直至灭亡。这种"天人合一"的神学目的论,被西汉董仲舒进一步理论化了,是为"天谴灾异"说。

在汉代,天谴灾异说不仅在民间而且在官府中均已流行。当时有一孝妇冤案,一位年轻寡妇矢志孝敬婆婆,竭力侍奉。婆婆内心不安,欲再嫁之,儿媳不肯。婆婆不忍心拖累儿媳,自缢身亡。姑女告嫂杀其母,儿媳被冤杀。郡中大旱二年,颗粒不收。太守知其冤情,杀牛祭祀孝妇,天降大雨。(《汉书·于定国传》)当时审判偏重口供,故盛行刑讯。严刑之下,何求而不得。加之官吏多有受贿而至枉法者,故狱多冤枉。其冤气上腾,必然干扰天道,故有灾异。正如孔稚珪所言:"法书徒明于帙里,冤魂犹结于狱中。今府州县千有余狱,如令一狱岁枉一人,则一年之中枉死千余矣。冤毒之死上干和气,圣明所急,不可不防致此之由。"(《南齐书·孔稚珪传》)

历代朝廷常常因发生灾异而联想到冤狱,故诏令清理狱案释放囚犯。如汉光武帝建武五年(公元28年)五月诏:"久旱伤麦,秋种未下,朕甚忧之。将残吏未胜,狱多冤结,元元愁恨,感动天气乎?其令中都官三辅郡国出系囚,罪非犯殊死,一切勿案,见徒免为庶人。"(《后汉书·光武帝纪》)和帝永元十六年(公元104年)七月诏:"今秋稼方穗而旱,云寸不雩,疑吏行惨刻,不宣恩泽,妄拘无罪,幽闭良善所致,其一切囚徒于法疑者勿决以奉秋令,方察烦苛之吏,显明其罚。"(《后汉书·和帝纪》)尔后历朝均仿效此作法,乃至有录囚、热审之制。

不仅如此,汉后又有大赦之制。即因日蚀、月蚀、地震、火灾、蝗灾、彗星、水灾、饥荒等灾害而大赦天下,以合天道。大赦之行,史不绝书,以至于滥。故有人批评之,以为大赦之制使有罪之人免刑,而无辜被害人之人其冤未伸,更将干扰天道。(《五代会要》卷九《论赦宥》)

外来宗教在中国影响最大的莫过于佛教。佛教主张的不杀生和因果报应的观念,不仅对一般民众,而且对朝廷官吏均有极大影响。在元代,"僧人修佛事毕,必释重囚。有杀人及妻妾杀夫者皆指名释之",被批评为"岁作佛事,恣意纵囚"。(《新元史·刑法志》)至于因果报应之说,影响更大。魏高允说:"吾在中书时有阴德,济救民命,若阳报不差,吾寿应享百年矣。"(《魏书·高允传》)清代名吏汪辉祖亦曾总结说,积三十余年所见所闻,凡"尽心奉职,昭昭然造福于民,即冥冥中受福于天。反是则下民可虐,自作之孽矣。余自二十三岁入幕,至五十七岁竭选人,三十余年所见所闻牧令多矣。其于阳谴阴祸亲于其身,累及子嗣者,率皆获上朘民之能吏。而守拙安分,不能造福,亦不肯作孽者,间亦循格迁官。勤政爱民,异于常吏之为者,皆亲见其子之为太史为侍御为司道。天之报施捷于响应。"(汪辉祖:《说赘》)

正是在这种观念影响下,执法之吏畏惧诛及无辜,得到恶报,常常一意从宽,不肯刑杀,谓"救生不救死"(方大湜:《平平言》卷三),积其阴德,以图福报。这种司法宽纵之风,一方面使犯罪行为愈演愈烈,危害社会稳定;另一方面又使无辜被害者无处申冤,有失公允。故受到有识之士的严厉批评。如朱熹说:"今之法家惑于罪福报应之说,多喜出人罪以求福报。夫使无罪者不得直,而有罪者得幸免,是乃所以为恶尔,何福报之有!""今人狱事只管理会要从厚,不知不问是非善恶,只是从厚,岂不长奸惠恶!"(《诸子语类》卷一一〇)他还指出,"生死轮回之说"给恶人造成了"可以不沦于罪苦"的幻想,才使"黠髡之盗贼"不惮于在"现世"违法犯罪。(《朱子全书》卷六〇《诸子三·释氏》)但历朝统治者既需要扼制违法犯罪,又需要粉饰自己的仁慈形象,故经常在两者之间寻求平衡。

二、刑事法律制度

在中国古代法律体系中,刑事法律制度具有十分重要的位置,而且也取得丰富的成果和经验。比如,夏代就产生了"与其杀不辜,宁失不经"(《尚书·大禹谟》)的思想。西周则产生了关于区别罪与非罪、偶犯与累犯、故意与过失的刑罚理论。秦汉至明清,由于法律实践经验的积累,刑事法律的理论也逐步深化。

(一)罪刑法定

战国秦朝期间,在法家"法治"理论的指导下,秦始终重视立法活动,逐步形成了"诸产得宜,皆有法式","天下事无大小皆决于法"(《史记·秦始皇本纪》)的成文法格局。为了确保法律的统一,秦朝采取了两个办法:一是把法律条文制定得十分详细,避免出现歧义;二是要求官吏严格依法办案,不得自作主张。法家又主张制定公布成文法,以此来杜绝以往的习惯法或判例故事,统一人民的言论行为。法家主张进行法律宣传,让"妇孺皆知"法律,使"天下之吏民无不知法者","吏不敢以非法遇民,民不敢犯法以干法官"。(《商君书·定分》)从《睡虎地秦墓竹简》可以看到,秦律对罪名、刑罚做出详细的规定,而且特别规定了"失刑罪"、"不直罪"、"纵囚罪",以规范法官的职务行为。有鉴于此,如果从中引出"罪刑法定"的刑法原则应当是符合逻辑的。

与罪刑法定相联系的是"法不溯及既往"原则。《韩非子·定法》说:"晋之故法未息,而韩之新法又生;先君之令未收,而后君之令又下。申不害不擅其法,不一其宪令,则奸多。"在这里,韩非在强调法律在时间上地域上的统一性的同时,也间接涉及了法律的时效问题。《管子·法法》:"令未布而民或为之,而赏从之,则是上妄予也;令未布而罚及之,则是上妄诛也。"杜绝"妄予"、"妄诛"的唯一办法是依法赏罚,而依法赏罚的前提是有法可依。又如《睡虎地秦墓竹简·法律答问》有:"或以赦前盗千钱,赦后尽用之而得,论何也?毋论。"[37]有人盗窃千钱,赦令颁布后将钱挥霍,后被缉拿,如何论处?回答是:不予论处。其原因是赦令已颁,不视为犯罪。实际上"从另一方面体现了刑法无溯及以往的效力"。[38]

汉代继承了秦法的精神,如汉律规定:"犯法者,各以法时(犯法之时)律令论之,明有所讫(止)也。"(《汉书·孔光传》)"更加明确规定了刑法没有溯及以往的效力。"[39]

晋朝时刘颂又强调:"律法断罪,皆当以律令正文,若无正文,依附名例断之,其正文名例所不及,皆勿论。法吏以上,所执不同,得为异议。如律之文,守法之官,唯当奉用律令。至于法律之内,所见不同,乃得为异议也。今限法曹郎令史,意有不同为驳。唯得论释法律,以正所断。不得援求诸外,论随时之宜,以明法官守局之分。"(《晋书·刑法志》)

《唐律·断狱律》:"诸断罪皆须具引律、令、格、式正文,违者笞三十";"诸制敕断罪,临时处分,不为永格者,不得引为后比。若辄引,致罪有出入者,以故失论。"《宋刑统·断狱律》规

---

〔37〕《睡虎地秦墓竹简》,文物出版社1978年版,第167页。

〔38〕栗劲:《秦律通论》,山东人民出版社1985年版,第179、180页。

〔39〕栗劲:《秦律通论》,山东人民出版社1985年版,第183页。

定与唐律同。《大明律例·断罪引律令》:“凡断罪皆须具引律令,违者笞三十”;“其特旨断罪、临时处治不为定律者,不得引比为律。若辄引比,致罪有出入者,以故失论。”《大清律例·断罪引律令》:“凡断罪,皆须具引律例,违者笞三十;”“其特旨断罪、临时处治不为定律者,不得引比为律。若辄引比,致罪有出入者,以故失论。”可见,法家“罪行法定”的思想和秦律关于“失刑罪”、“不直罪”、“纵囚罪”的规定被后世法律所继承。

法家所提倡的“罪行法定”思想与成文法携手而来。这种思想和制度是对西周春秋“议事以制,不为刑辟”,“刑不可知,威不可测”(《左传·昭公六年》及疏)的“判例法”的总体否定,也是对传统风俗习惯的否定。尽管其目的是加强对官僚群体职务行为的控制,而不是为了维护人民的权利,同时,与西方近代西方理论只是形似而神异,但是,这种思想和制度在一定程度上是对统治阶级罪刑擅断的一种制约,多少有利于对人民利益的保护,因此,其进步意义值得肯定。

应当注意,法家的“罪刑法定”思想并没有完全体现在秦律当中,因为秦律中还有“廷行事”,这是比附类推的结果。这种制度充分体现了皇权对司法的支配,而这一特征也被后世法制所延续和发展。秦汉以后,由于皇帝具有最高司法权,他可以对案件临时裁断,再加上判例的创制和适用,都从不同角度冲决“罪刑法定”的原则。“中国旧时代的法律,在法律的适用方面,并不能贯彻绝对的法定主义”,“古代君主法官恣意擅断的记录,在文献中屡见不鲜”。但是,“中国的法定主义思想,早在公元前四世纪乃至前二世纪的周末秦汉时代就已产生”,“也就是说,与欧洲近代刑法理论类似的观点,中国在一千多年以前的公元三世纪已经原则采用,并制定为法律了”。[40] 清末修律期间,清政府公布了日本法学家冈田朝太郎等起草的《大清新刑律》,首次采用“法无明文规定不为罪”的“罪刑法定”原则。我国 1979 年制定的刑法典保留类推制度,实行罪刑法定与类推制度相结合的原则,对刑法分则没有规定的犯罪,比照刑法分则最相类似的条文定罪,报最高法院核准。1997 年,我国的刑法典经过修订以后,取消了类推制度,实行罪刑法定原则。

(二)人性与犯罪预防

孔子最早涉及人性问题。但语焉未详,只说了八个字:“性相近也,习相远也。”(《论语·阳货》)是说人的先天素质都差不多,只是后天实践不同,才有了君子、小人之分。及至孟子,主张“性善”。认为“善”是“人皆有之”、与生俱来的。《孟子·告子上》:仁义礼智,“人皆有之”,“非由外铄我也,我固有之也”,“求则得之,舍则失之”。荀子则主张人性恶。《荀子·性恶》:“今人之性,饥而欲饱,寒而欲暖,劳而欲休,此人之情性也”,“人之性恶,其善者伪也”。伪,学习和教化。“圣人化性起伪,伪起而生礼义。”《荣辱》:“好荣恶辱,好利恶害,是君子小人之所同也。”孟子认为人性之善不是没有条件的:“求则得之,舍则失之。”如果放弃了后天的学习改造,就会成为小人,甚至违法犯罪。与孟子同时的告子则主张“性无善无不善”,“食色,性也”,人类要求生存和繁衍后代的本能天然如此。(《孟子·告子》)法家认为人皆“好利恶害”,天生如此,不可改变,无所谓善恶,与告子大体相近。战国的世硕提出“性有善有恶”:“人性有善有恶,举人之善性,养而致之则善长;恶性,养而致之则恶长。”(《论衡·本性》)与

---

〔40〕 仁井田陞:《唐律的通则性规定及其来源》,载《日本学者研究中国史论著选译》(第八卷),中华书局 1992 年版,第 103、104、108 页。

孟子同时的公都子亦主此说。(《孟子·告子上》)荀子主张“性恶”,认为人都是自私自利、好逸恶劳的,如不进行学习和改造,就会违法犯罪。即虽然荀子主张人性恶,但是人的恶性可以改造,通过后天的学习改造便能获得善。可见孟子与荀子都强调教育,孟子的“性善”论强调教育的可能性;荀子的“性恶”论强调教育的必要性。他们都视教育为预防犯罪的天然屏障。

西汉扬雄提出“性善恶混”说:“人之性也善恶混,修其善则为善人,修其恶则为恶人。气也者,所以适善恶之马也与。”(《法言·修身》)认为人性有善有恶,“气”如马,人乘之可进可退。

董仲舒提出“性三品”说。认为人性分为三种:一是作为统治者的“圣人之性”;二是可以教化的“中民之性”;三是不可以教化的“斗筲之性”。但是,“圣人之性,不可以名性;斗筲之性,又不可以名性。名性者,中民之性。”(《春秋繁露·实性》)少数圣人,天生善质,不待教而成;少数恶民,天生恶质,虽教化也不能为善。而大多数的“中民”则属于“有善质而未能为善”。(《春秋繁露·深察名号》)他们既可以为善,又可以不为善或为恶,只有对他们进行教化之后才能为善。

唐代韩愈继承董仲舒“性三品”之说,认为圣人和君子具有上品的善性,小人具有下品的恶性,其余人群具有中品之性。性又产生情:“性也者,与生俱生也;情也者,接与物而生也。”性之品有三,情之品亦有三。性包含仁、礼、信、义、智;情包含喜、怒、哀、惧、爱、恶、欲。教化和刑罚只能针对秉性不同的人群:“上之性就学而愈明,下之性畏威而寡罪。是故上者可教,而下者可制也。”(《韩昌黎文集·原性》)

唐代白居易从人民物质生活的状况出发来探讨犯罪和教化问题。他说:“教之兴废,系于人之富贵”;“刑之繁省,系于罪之众寡”。古代圣王“不患刑之繁而患罪之众,不患教之废而患人之贫”。他认为,假如财产不均,贫富对立,即使是尧舜也不能平息诉讼、减省刑罚;假如人民衣食不足、饥寒交迫,即使是皋陶来主管刑狱,也不能禁止奸宄、消除盗贼。要施行教化、杜绝犯罪,就必须“端影于表,澄流于源”,即“富其人,崇其教,开其廉耻之路,蹇其冤滥之门,使人内乐其生,外畏其罪”。(《白居易集·策林四·止狱措刑》)这样才能最终消除犯罪。

南宋朱熹提出了“理同气异”的人性论。他认为,人同万物一样,都是“理”与“气”的结合物。除“圣人”之外,一般人都兼有两种属性:一是源于“天理”的“天命之性”,即封建道德伦理观念;二是源于“气禀”的“气质之筒”,即人的感情和物质,欲望,其中包含着为恶的可能性。“天命之性”和“气质之性”都存在于人的“心”中,于是“心”就存在“体”与“用”两方面:一是“天命之性”,它是善的,又叫作“道心”;二是“气质之性”,又叫作“人心”。物质欲望超过一定程度,“人心”就会发生质变,成为恶的,即“人欲”。每个人的本性虽然都源于“天命之性”,但由于各人“气禀”有清、浊、厚、薄之分,所以接受和保持“天理”的多少就不同。于是社会就有了贤、不肖、智、愚的分别。朱熹提出“存天理,灭人欲”的口号。“人欲”对劳动人民来说,是对劳动所得和生存基本权利的正当要求;对统治阶级而言,则是过分追名逐利和过分压迫人民。朱熹主张用德、礼、政、刑四种统治方法分别对待“气禀”厚、薄各异的人群。教化对“气禀”最薄者是无济于事的,只能诉诸刑罚。但刑罚只能使人们被迫服从,心中尚有“为恶之心”(《论语集注·为政》),此刻又应回过头来依靠教化。

(三)肉刑废复

肉刑又称肉辟,指古代残害肌肤伤废肢体的刑罚。在中国法律史上,肉刑起源很早。据

《尚书·吕刑》载，黄帝时代的蚩尤"作五虐之刑曰法"。五刑包括墨、劓、刵、宫、大辟。除大辟死刑之外，前四种刑罚均为肉刑。《吕刑》所谓五种刑罚及刖刑在甲骨文中都有所体现。《商君书·画策》谓黄帝"内行刀锯，外用甲兵"。据《汉书·刑法志》："禹承尧舜之后，自以德衰而制肉刑，汤武顺而行之者，以俗薄于唐虞故也。"《唐律疏议·名例》疏云："古者大刑用甲兵，其次用斧钺，中刑用刀锯，其次用钻笮，薄刑用鞭扑，其所由来，亦已尚矣。"

法家主张重刑以治国。《商君书·赏刑》："夫先王之禁，刺杀，断人之足，黥人之面，非求伤民也，以禁奸止过也。故禁奸止过，莫若重刑。刑重而必得，则民不敢试，故国无刑民。国无刑民，故曰：明刑不戮。"《画册》："以杀去杀，虽杀可也。以刑去刑，虽重刑可也。"《韩非子·奸劫弑臣》："仁义爱惠不足用，而严刑重罚可以治国。"从《睡虎地云梦秦简》可以看到，秦严格实行肉刑。

据《汉书·刑法志》载，汉文帝十三年，齐太仓令淳于公有罪当刑，其女缇萦上书，"愿没入为官婢，以赎父刑罪，使得自新"。汉文帝怜悲其意，下诏废止肉刑。具体措施为"诸当完者，完为城旦舂。当黥者，髡钳为城旦舂。当劓者，笞三百。当斩左止者，笞五百。当斩左止及杀人先自告及吏坐受赇枉法，守县官财物而即盗之，已论复有笞罪者，皆弃市"。

新刑罚实行既久，出现许多弊端。比如，原斩右止改为弃市，将生刑变为死刑，扩大了死刑的范围。又加上执行笞刑时往往发生笞数还没打够就致人于死的情况，是徒有轻刑之名而有重刑之实，故为世人所诟病，谓"外有轻刑之名而内实杀人"（《汉书·刑法志》）。景帝时降低笞刑数额，限定笞具规格，并改笞背为笞臀，但在实行中仍有许多问题。故自东汉始不断有人提出恢复使用肉刑，从而演成长期的肉刑废复之争。

班固最先批评之。《汉书·刑法志》谓："除肉刑者，本欲全民也，今去髡钳一等，转而入于大辟，失本惠矣。故死者岁以万数，刑重之所致也。至乎穿窬之盗，忿怒伤人，男女淫佚，吏为奸臧，若此之恶，髡钳之罚又不足以惩也。故刑者岁十万数，民既不畏，又曾不耻，刑轻之所生也。"建议恢复肉刑："伤人与盗，吏受赇枉法，男女淫乱，皆复古刑。"

自东汉以后，不时出现恢复肉刑的意见。总的来看，恢复肉刑的理由包括以下几点：第一，肉刑是古代圣王之制，实行久远，不宜废止；第二，斩右趾与斩左趾本无太大差别，而将斩右趾上升为"弃市"，把身体刑变成了生命刑，是失之于重；第三，死刑与生刑之间过于悬殊，原因是缺少中间刑加以过渡，恢复肉刑则可以承上启下，使刑罚平允；第四，肉刑可以去掉罪犯实施犯罪的条件和手段，比如刺面后，人人皆识其为恶人，故知警惕防范，强盗被断趾后终身不能再做强盗，这就起到"特殊预防"（使犯罪者不能再犯罪）的作用。同时，实行肉刑可以使一般人产生恐惧和耻辱之心，从而不敢重蹈覆辙，这样又起到"一般预防（使没犯罪的人不犯罪）的作用。

但是，针对恢复肉刑的意见，也出现了反对恢复肉刑的声音。反对恢复肉刑的理由主要有：第一，肉刑太残酷，有损仁政和德教，非圣人治国理民之术。这种刑罚措施容易激起变乱。第二，肉刑不利于引导和教育犯罪者改恶从善，阻塞了改邪归正之路。受到肉刑制裁的人往往被社会舆论所鄙视，使受刑者因不齿于人而愤不欲生，甚至自暴自弃、铤而走险。第三，肉刑既已废止多时，一旦恢复，民甚不便，恐生事端。

尽管肉刑恢复论者振振有词，但恢复肉刑毕竟违反人类社会由野蛮向文明发展的总规律。沈家本谓："汉文帝除肉刑，千古之仁政也。"（《历代刑法考·刑法分考五》）历代帝王也不敢冒天下之大不韪而留骂名于后世，故肉刑始终未能恢复，用徒刑取代肉刑已成不可逆转之势。诚如清代王夫之所云:“肉刑之不可复,易知也。如必曰古先圣王之大法,以止天下之恶,未可泯也,则亦君果至仁,吏果至恕,井田复,封建定,学校兴,礼三王而乐六代,然后复肉刑之辟未晏也。不然,徒取愚贱之小民,折割残毁,以唯吾制是行,而曰古先圣王之大法也,则自欺以诬天下,憯孰甚焉。……民之仁也,期以百年必世,而犹必三代遗风未斩之日也。风未移,俗未易,犯者繁有,而毁支折体之人积焉,天之所不祐也!”(《读通鉴论·文帝一九》)

(四)亲属复仇

“复仇”原是原始社会的习惯。当本族成员被外族伤害时,大家都要为被害者报仇。当时,对全体氏族成员来说,复仇既是一种权利又是一种义务。阶级社会形成后,复仇的习惯仍被沿袭下来。中国古代社会是以家族为本位的,宗法观念很强,因此,复仇的习惯也表现得比较突出。

儒家一般是支持复仇的。作为儒家经典之一的《礼记·曲礼上》有:“父之仇,弗与共戴天;兄弟之仇,不反兵(身不离武器);交游之仇,不同国。”《春秋公羊传·隐公十一年》说:“君弑,臣不讨贼,非臣也;父弑,子不复仇,非子也。”但儒家又主张区别:节待。如《周礼·地官司徒·调人》:“父之仇避诸海外,兄弟之仇避诸千里之外,从父兄弟之仇不同国。君之仇比父。师长之仇比兄弟。主友之仇必从父兄弟。……凡杀人而义(宜)者,不同国,令勿仇,仇之则死。”杀了应该杀的人,只要离开本国境,就不许复仇。《周礼·秋官司寇·朝士》:“凡报雠仇者,书于士,杀之无罪。”《春秋公羊传·定公四年》说:“父不受诛,子复仇可也;父受诛。子复仇,此推刃之道也。”父亲犯罪不当死而被错判枉杀,可以复仇;如果父亲犯死罪而被依法处死,则不准复仇。否则被复仇者的子弟又将复仇,必然招致反复相杀。同时儒家还主张实施复仇必须先报官,而且只能杀仇人本身。可见儒家并非一味放任复仇。

法家是坚决反对复仇的。商鞅变法时曾规定:“为私斗者各以轻重被刑”,使秦民“怯于邑斗,勇于寇战”。(《商君书·战法》)法家强调国家法律高于一切,只有君主才有权行赏施罚,所以严厉禁止私人复仇。

秦汉以后,民间一般肯定复仇,官方则举棋不定,时而禁止,时而放宽。特别是汉武帝以后,以儒家为主的正统思想确立,并推行“春秋决狱”,儒家经义往往高于法律,五伦范围以内的复仇已成习惯,不复仇则为社会舆论所蔑视谴责。东汉初年的桓谭曾上疏道:“今人相杀伤,虽已伏法,而私结怨仇,子孙相报,后忿深前,至于灭户殄业,而俗称豪健。故虽有怯弱,犹勉而行之。”(《后汉书·桓谭传》)东汉章帝时,有人因其父被人侮辱而将侮辱者杀死,章帝免其死罪从轻发落,此案成为后来审判的依据。和帝时制定《轻侮法》,对复仇者加以宽待,但该法不久即被废止。两汉间对复仇者往往是减免刑罚,而民间则极力赞颂复仇。

三国时魏明帝明令禁止复仇:“今海内初定,敢有私复仇者芦族之。”但后来制定的《魏律》又规定:杀人者逃亡,经报官以后,“听子弟得追杀之”。魏晋南北朝时期,总的情况是官方禁止或限制复仇,而实际上对复仇者又大都予以减免处罚。

《唐律》中并没有明确禁止复仇的条文,《唐律·贼盗·亲属为人杀私和》规定:“诸祖父母父母及夫为人所杀,私和者流二千里。”不许与仇人“私和”。其理由是:因“窥求财利”而“忘大痛之心”。这种见利忘义的行径被视为不齿于人的禽兽之行。因此,在唐代曾不断就复仇问题展开争论。武则天时,徐元庆将冤杀其父的县尉赵师蕴杀死,然后自首。陈子昂认为,按国法则杀人者死,按礼经则父仇不共戴天,于是建议“宜正国法”然后“旌其间墓、嘉其徽烈”,以期礼法两存。柳宗元驳斥说,礼和刑是统一的,都是“防乱”的工具,该处罚的就不能表彰,该表彰的就不能处罚,否则刑礼两失。他还提出要区别对待,认为徐元庆之父如“死于法”则不可复仇,如“死于吏”,则可以免除徐元庆的死罪。(《柳河东全集·驳复仇议》)

唐宪宗时又发生了梁悦复仇案。韩愈上书说:“不许复仇则伤孝子之心”,“许复仇则人将恃法专杀”。他建议:“凡有复父仇者,事先具其事申尚书省,尚书省集议奏闻,酌其宜而处之,则经律无失其指。”(《韩昌黎文集·复仇状》)

明代丘濬提出:父兄被人故杀,报官而官府不理,子弟复仇者无罪,官吏应免职;不报官便擅自杀仇人,要判死刑,但如杀得有理,可免为流放。(《大学衍义补·慎刑宪·明复仇之义》)

不过自秦汉至清代以来,关于复仇有几种限制性的条件:一是“父受诛”,不得复仇;二是“杀人而义”,不得复仇;三是复仇对象只限于仇人本身;四是过失杀人不得复仇,但杀人者须回避;五是杀人者已经判处,后遇“恩赦”释放,不许复仇,但仍须回避。

复仇问题在整个古代都没有得到解决。在以家族为本位的社会制度下,古代法律既然要求“一准乎礼”,就不可能禁止复仇,否则必然会造成礼与国法的矛盾。因此,家与家、族与族之间的复仇、械斗便连绵未断。

复仇观念源于自然经济、宗法社会,再加上伦理道德的影响,这些因素足以支配人们的行为和思考。在西方古代,私有财产和交换的发达,使赎金熄灭了血亲复仇的怒火和神圣责任,“财产的感情钻入人类的心中动摇了一切最根深蒂固的感情、本能和观念,激起了新的欲望。只有私有财产才抑制和减弱了复仇欲——这古老的统治着半开化人心灵的欲望。”[41] 而个人对个人的侵害则演变成通过民事诉讼完成的,以损害赔偿为终结的“不法行为法”或“侵权行为法”。[42] 而在中国古代,私有财产制度和交换关系的不发达,金钱或财产无法减弱更不能消灭血亲复仇的神圣感情。整个古代,民间舆论仍赞许复仇,每以手刃其凶为一大快事,虽力所不及仍勉而行之。人与人、家族与家族间的侵害行为,既然不能通过双方的协议以经济赔偿而告终,那么只有仰仗官府了。于是古代的刑法和刑事诉讼发达起来——官府既用刑罚手段去平息受害者及其家属的不平之心,又不至于伤害植根于人们心灵深处的古老而凝重的伦理感情。历代王朝长期彷徨于家礼与国法之间,在兼而避免“伤孝子之心”和“倚法专杀”之际寻找良方,于是才有了折中式的办法:“贼斗杀人,以劾而亡,许依古议听子弟得追杀之,会赦及过误相杀,不得报仇,所以止杀害也。”(《晋书·刑法志》)这正是古代的原始复仇法则。

复仇观念影响极深,20世纪30年代,郑继成为父复仇,刺杀军阀张宗昌于济南火车站,施剑翘(女)为父复仇刺杀军阀孙传芳于天津某佛堂,随即自首,为世人所称赞。二人先后被判刑入狱,后均被特赦。此二案之处理,与古代何其相似也。

(五)族诛连坐与亲属相隐

“族诛连坐”是一种刑罚制度,又称株连、诛连、缘坐、连坐,是族诛和连坐的统称。意谓人与人之间如树干与枝叶相连,互相承担连带责任。以血缘为标准者为族诛,以地域、职官为标准者为连坐。“相隐”即亲属相隐,指亲属当中有人犯罪,其他亲属可以为之隐瞒而不受法

〔41〕［法］拉法格:《宗教和资本》,王子野译,三联书店1963年版,第79页。
〔42〕［英］梅因:《古代法》,沈景一译,商务印书馆1959年版,第208页。

律追究。相反,如果揭发检举却要受到法律制裁。

族诛的历史十分久远。据《尚书·甘誓》载,夏启征讨有扈氏时宣布誓命:“弗用命戮于社,予则孥戮汝。”《汤誓》载:“尔不从誓言,予则孥戮汝。”郑玄注:“大罪不止其身,又孥戮其子孙。”《史记·秦本纪》载:秦文公二十年(公元前476年)“法初有三族之罪”。连坐产生于血缘纽带逐渐松解而地域关系不断加强的战国时期。秦国商鞅变法确立了什伍基层行政组织:“令民为什伍,而相收(牧)司连坐,不告奸者要斩,告奸者与斩敌首者同赏,匿奸者与降敌同罚。”(《史记·商君列传》)据《睡虎地秦墓竹简》载,秦律规定,一家犯罪,里正、伍老亦负连带责任。

汉初,废秦苛法,萧何定九章律仍保留“夷三族”之制。汉文帝时“除收孥诸相坐律令”,但实际上并未尽绝。汉章帝时下诏:“自今子首匿父母,妻匿夫,孙匿大父母,皆勿坐。”汉以后,此制被沿用。

儒家一般都反对株连。荀子主张犯罪与刑罚应当相匹配,“刑称罪则治,不称罪则乱”,“赏庆刑罚皆报也,以类相从者也。……赏不当功,罚不当罪,不祥莫大焉”。(《荀子·正论》)他主张“刑当罪”,“古者刑不过罪,爵不逾德。故杀其父而臣其子,杀其兄而臣其弟。刑罚不怒罪,爵赏不逾德,分然各以其诚通。……乱世则不然,刑罚怒罪,爵赏逾德,以族论罪,以世举贤。故一人有罪而三族皆夷”。(《荀子·君子》)“赏不欲僭,刑不欲滥。赏僭则利及小人,刑滥则害及君子。”(《荀子·致士》)后世儒家知识分子都坚持了这一立场,认为株连是“以有罪诛及无罪”(《盐铁论·刑德》),违背“父子兄弟罪不相及”(《左传·昭公二十年》引《康诰》佚文)的圣人之道。《盐铁论·周秦》载贤良文学之议:“今以子诛父,以弟诛兄,亲戚相坐,什伍相连,若引根本之及华叶,伤小指之累四体也。如此,则以有罪反诛无罪,无罪者寡矣;”“自首匿相坐之法立,骨肉之恩废而刑罪多矣。父母之于子,虽有罪犹匿之,其不欲服罪尔。闻子为父隐,父为子隐,未闻父子之相坐也。闻兄弟缓追以免贼,未闻兄弟之相坐也。闻恶恶止其人,疾始而诛首恶,未闻什伍之相坐。”“文诛假法,以陷不辜累无罪,以子及父,以弟及兄。一人有罪,州里惊骇,十家奔亡。……一枝动而百枝摇。”(《盐铁论·申韩》)“今以子诛父,以弟诛兄,亲戚相坐,什伍相连,若引根本之及华叶,伤小指之累四体也;”“自首匿相坐之法立,骨肉之恩废而刑罪多。”(《盐铁论·周秦》)

汉武帝时作“见知故纵监临部主之法”,主管官吏知部下犯罪而不举劾者,与同罪。汉以后株连之法一直得到延续。

《唐律疏议·盗贼》规定:“诸谋反及大逆者,皆斩。父子年六十以上皆绞,十五以下及母女、妻妾、祖孙、兄弟、姊妹,若部曲资财田宅皆没官,男夫年八十及笃疾、妇人年六十及废疾,并免。伯叔父、兄弟之子皆流三千里,不限籍之同异。”未嫁之女及未娶之媳,及收养、出家者均不缘坐。官员对属下的某些过错亦负连带责任。明清延续此制。清律扩大缘坐范围,奸党、邪教均适用缘坐。

最早提出“亲属相隐”的是孔子。《论语·子路》载:“子曰:父为子隐,子为父隐,直在其中矣。”意即父亲偷了人家的羊,儿子揭发了他并出来作证,这本是正直无私的举动。可是,孔子坚持“父子无狱”(《国语·周语》)的宗法礼制,认为子证其父表面上是正直无私,但实质上破坏了“父慈子孝”的宗法道德伦理规范。如果父子相狱,兄弟相争,势必破坏宗法家族的稳定秩序,导致社会的动荡和不安。相反,父子之间相互隐瞒违法行为,正是“父慈子孝”的表现,“亲亲”(爱自己的亲人)正是礼的基本精神。孔子说:“礼乐不兴则刑罚不中(适中)。”

(《论语·八佾》)按照这一逻辑,刑罚应以礼为标准,而“父子相隐”是符合礼的,对这种行为不仅不应刑罚,还应受到法律的保护。但是,针对重大犯罪行为,儒家也主张严格依法办事,不徇私情。《左传·昭公十四年》载:叔向的弟弟叔鱼担任法官时,曾接受当事人的贿赂而枉法裁判,叔向主张“杀之以正刑书”,理由是叔鱼身为法官却“贪以败官”,贪图私利而“鬻狱”,是犯了不能宽恕的死罪。其实,凭着叔向的地位与影响,叔鱼是可以从轻发落的。孔子听到这件事十分感慨。他说:“叔向,古之遗直也(古人正直之遗风)。治国制刑,不隐于亲,三数叔鱼之恶,不为末减。曰义也夫,可谓直矣!……杀亲益荣,犹义也夫。”“遗直”指古人正直之楷模或遗风。在孔子看来,作为一个臣子,应当谨于职守、忠于国君,这就是“尊尊”(尊敬和服从君长)的礼的精神。如果官吏为一己私利,肆意破坏国家法度,其结果必然是国家昏乱,天下大乱。因此对待这种严重破坏国家法制的行为必须严厉制裁,绝不宽待,即使是自己的亲属,也要“大义灭亲”。这就是《春秋公羊传》闵公元年所谓“不以亲亲害尊尊”的原则,即当“亲亲”的宗法家族利益与“尊尊”的国家法制矛盾时,要委屈“亲亲”而保全“尊尊”。

法家主张“任法去私”、“信赏必罚”,故反对亲属互相包庇罪行:“民人不能相为隐”,“夫妻交友不能相为弃恶盖非”。(《商君书·禁使》)法家又主张族诛连坐,驱使同族和同一行政单位的人们之间互相监视制约,以达到预防犯罪的目的。汉代的法家甚至公然主张重轻罪。《盐铁论·周秦》载御史大夫之论:“千仞之高,人不轻凌;千钧之重,人不轻举。商君刑弃灰于道,而秦民治。故盗马者死,盗牛者加,所以重本而绝轻疾之资也。……盗伤与杀同罪,所以累其心而责其意也。……故轻之为重,浅之为深,有缘而然。法之微者,固非众人之所知也”;“未尝灼而不敢握火者,见其有灼也;未尝伤而不敢握刃者,见其有伤也。”他们没有重复先秦法家“以刑去刑”、“重刑爱民”的理论,却公开主张高压政策。他们还主张连坐之制:“不轨之民犯公法以相宠,举弃其亲,不能伏节死理,遁逃相连,自陷于罪。其被刑戮不亦宜乎?一室之中,父兄之际,若身体相属,一节动而知于心。故今自关内侯以下,比地于伍,居家相察,出入相司。父不教子,兄不正弟,舍是谁责乎。”(《盐铁论·周秦》)不轨之徒“以知为非罪之必加,而戮及父兄,必惧而为善”。(《盐铁论·周秦》)所以,连坐之制是预防犯罪的有效措施。

《唐律疏议·名例律·同居相为隐》规定:“诸同居,若大功以上亲及外祖父母、外孙,若孙之妇、夫,兄弟及兄弟妻,有罪相为隐,部曲奴婢为主隐,皆勿论。即泄露其事及摘语消息亦不坐。其小功以下相隐,减凡人三等。若犯谋反以上者,不用此律。”即除十恶重罪之外,卑亲属不得告尊亲属。《唐律疏议·斗讼律·告祖父母父母》规定:“诸告祖父母、父母者,绞。即嫡、继、慈母杀其父,及所养者杀其本生,并听告。”《疏议》:“谋反、大逆、及谋叛以上,皆为不臣,故子孙告亦无罪,缘坐同首法,故虽父祖听捕告。若告余罪者,父祖得同首例,子孙处以绞刑。”《斗讼律·知谋反谋判不告》:“诸知谋反及大逆者,密告随近官司,不告者绞。知谋大逆、谋判不告者,流二千里。官司承告,不即掩捕,经半日者,各与不告罪同。”

先秦儒家主张亲属相隐,即亲属之间可以相互包庇罪行而不受法律追究,目的在于维护王朝的社会基础——家族秩序。儒家反对株连,认为株连是“以有罪诛及无罪”(《盐铁论·刑德》),违背“父子兄弟罪不相及”(《左传·昭公二十年》引《康诰》佚文)的圣人之道。

亲属相隐和族诛本是截然对立的两种思想和制度,但是在熔儒法思想于一炉的古代法律中竟得以并行不悖,其办法是:法律规定对谋反、谋大逆、谋叛等重罪,施行族诛而不适用亲属相隐,允许子孙奴婢揭发;对除此以外的一般罪行则不搞族诛而允许亲属相隐。在封建统治者看来,当犯罪行为危及统治阶级根本利益,国与家、忠与孝不能得兼时,只能委屈“亲亲”而将就“尊尊”,叫作“不以亲亲害尊尊”。(《春秋谷梁传·闵公元年》)这样一来,便可以既维护封建统治的社会基础,又维护了封建王朝的根本利益。

《唐律·名例律·同居相为隐》规定:“诸同居,若大功以上亲及外祖父母、外孙,若孙之妇、夫之兄弟及兄弟妻,有罪相为隐。部曲、奴婢为主隐,皆勿论。即漏露其事及语消息亦不坐。其小功以下相隐,减凡人三等。若犯谋叛以上者,不用此律。”是说,在一定范围的亲属内部,有人犯了罪,犯罪人的亲属可以为他隐瞒,部曲、奴婢也有义务替主人隐瞒,即使帮助犯罪人掩藏赃物、消灭罪证、传递消息,也不追究其刑事责任。但是,这里所说的犯罪是有范围的,即《十恶》中“谋叛”以上的“常赦所不原”的重大犯罪,不在此限。

《唐律·斗讼律·告祖父母父母》规定:“诸告祖父母、父母者,绞。(注云:谓非缘坐之罪及谋叛以上而故告者)即嫡、继、慈母杀其父,及所养者杀其本生,并听告。”关于本条的宗旨,《疏议》说得很明白:“父为子天,有隐无犯。如有违失,理须谏诤,起敬起孝,无令陷罪。若有忘情弃礼而故告者,绞。注云‘谓非缘坐之罪’,缘坐谓谋反、大逆及谋叛以上,皆为不臣,故子孙告亦无罪,缘坐同首法,故虽父祖听捕告。若告余罪者,父祖得同首例,子孙处以绞刑。”大意是,祖父母、父母犯了十恶重罪以外的轻罪,子孙去官府告发的,祖父母、父母免罪,告者绞。之所以当绞,是因为这个子孙“忘情弃礼”。《十恶》中第七条“不孝”的第一项是“告言、诅詈祖父母、父母”,子孙犯了《十恶》大罪,定绞不饶。

作为上条的补充,《斗讼律》还规定:“诸告期亲尊长、外祖父母、夫、夫之祖父母,虽得实,徒二年;其告事重者,减所告罪一等;即诬告重者,加所诬罪三等。告大功尊长,各减一等;小功、缌麻,减二等;诬告重者,各加所诬罪一等。即非相容隐,被告者论如律。若告谋反、逆、叛者,各不坐”,“诸部曲、奴婢告主,非谋反、逆、叛者,皆绞”等,其基本精神是一致的。

另一方面,《唐律·斗讼律·知谋反逆叛不告》又规定:“诸知谋反及大逆者,密告随近官司,不告者,绞。知谋大逆、谋叛不告者,流二千里。知指斥乘舆及妖言不告者,各减本罪五等。官司承告,不即掩捕,经半日者,各与不告罪同。”此条与上述诸条可以互为补充。

总之,以唐律为楷模的古代法律坚持“一准乎礼”(《四库全书总目提要》语),即以“亲亲”的宗法道德伦理和“尊尊”的君主专制政体为依归。这一特征在唐律《十恶》中表现得最为集中(十条重罪中,有五条半是维护宗法家族秩序的,四条半是维护专制主义王朝的)。当然,“亲亲”与“尊尊”不是在任何场合下都是和谐一致的,生活在春秋末期的孔子,早已为后世法制提供了基本的原则和模式,这就是孔子在“直”的观念中为后世披露的信息。

(六)纠举刑讯

刑讯是司法者运用体罚手段施于案件当事人(嫌疑人)以获取口供的审判方式,是官僚制和注重口供的纠举审判方式的必然产物。作为一种审判制度,它与集权官僚政体携手而来,是中国古代司法制度当中最为有害而残酷的一面,在两千年的审判实践活动中始终未能断绝。

西周春秋时期未发现刑讯,其必有因。首先,当时的审判实行贵族共审制,即由数名贵族共同审断案件。如《训匜铭》载:伯杨父审断牧牛案件时,有尃、啬、朕等五位贵族参审并监誓。这与《周礼·秋官司寇》所说“士师,下大夫四人”(即法官及助手四人)的记载是一致的。在贵族政体下,法官是世袭的并得到大家的尊重。再加上众审制,遇疑难案件亦可合而议之,有罪无罪，罪轻罪重，如何处罚，均可合议而决，这样就将审判案件的责任大为分散了。这些贵族，凭着他们对以往习俗和法律的理解，凭着他们对社会生活的见解，足以对案件做出判断，故既不必祈求神明，又不必仰仗刑具；其次，西周春秋的审判是论辩式的，即当事人均到庭，就争讼当面诉辩。如《左传·襄公十年》载王叔与伯舆之讼，《左传·昭公七年》载章华宫吏与芋尹无宇之讼，双方（代理人）均到庭诉辩。这种审判方式即《尚书·吕刑》所谓“两造具备，师听五辞”，原告被告均应到庭，法官居中审判其形式上体现为原被告之间冲突，法官观战，因此就杜绝了法官命令打手去刑讯一方当事人的可能性和必要性；再次，西周春秋的审判是注重证据的。《尚书·吕刑》所谓“师听五辞”，“五辞”即具有文字形式的诉讼材料，包括誓辞、起诉辞、答辩辞、证辞、判辞。《曶鼎铭》说“木榜用征”，即用当初所立的赎约为证。《训匜铭》则以牧牛当初的誓辞为据。《左传·襄公十年》载王叔与伯舆之讼，“使王叔氏与伯舆合要，王叔氏不能举其契。王叔奔晋”。“契”即“要辞之契券”。《左传·文公六年》载“董逋逃，由质要”，即处理走失的奴隶、牛、马所有权而引起的争讼，要以购买奴隶牛马对立的契券为凭证。《左传·庄公七年》载鲁庄公所言：“小大之狱，虽不能察，必以情。”杨伯峻注：“情谓实际情况。”《礼记·大学》：“无情者不得尽其辞。”情即案情或证明案件实际情况的材料，亦指证据。

综合以上三点，可见西周春秋的审判是共审制、辩论式、注重证据的，而且当事人对判决结果心悦诚服，因此在总体上杜绝了纠举式审判，从而也就杜绝了刑讯的产生。

刑讯当发生在战国时期。《礼记·月令》载，春天应当“命有司，省囹圄，去桎梏，毋肆掠，止狱讼”，“肆掠”当即刑讯。刑讯最早入律当在秦朝。《睡虎地秦墓竹简·封诊式》载：“治狱：治狱，能以书从迹其言，毋笞掠而得人情为上，笞掠为下；有恐为败”；“讯狱：凡讯狱，必先尽听其言而书之，各展其辞，虽知其，勿庸辄诘之。其辞已尽书而无解，乃以诘者诘之。诘之又尽听其解辞，又视其它无解者以复诘之。诘之极而数，更言不服，其律当笞掠者，乃笞掠。笞掠之必书曰：爰书：以某数更言，无解辞，笞讯某。”大意是说，审理案件，能根据记录的口供进行追查，不用拷打而察得犯人的真情，是上策；施行拷打以取得真情的，是下策。为什么呢？是担心造成错案（屈打成招）；凡审问案件，必须先听完口供并加记录，使受讯者各自陈述。虽然明知他是在说谎，也不要马上反问。供词记录完毕而问题尚未交代清楚，于是对应加讯问的问题进行讯问。再把供词记录下来，看有无没交代清楚的问题，再继续讯问。直到犯人词穷。对多次说谎，还改变口供，拒不服罪的，依法律应当拷打的，就施行拷打。拷打时必须记录：爰书：因某人多次改变口供，无从辩解，拷打了某人。“其律当笞掠者”，是说按照法律的规定，应当刑讯的才可以刑讯。可以想见，何种情形可以笞掠，以及笞掠的刑具、笞打的数量、程度，都应当有具体的规定，可惜秦简中没有具体的条文可查了。尽管如此，仍可以看出，“笞掠”作为审判的合法手段，是被法律加以确认的。

在秦代，刑讯不仅施用于一般案件当事人，还施用于高级官吏，这一点与儒家主张的“礼不下庶人，刑不上大夫”是大异其旨的。《史记·李斯列传》载：赵高诬陷李斯谋反，将李斯关进监狱，并“榜掠千余”，使他“不胜痛，自诬服”。既然自己都承认谋反，判处死刑就是不可避免的。

西汉继承了秦朝的刑讯制度。刘邦对贯高“榜笞数千”，打得“身无完者”。（《史记·张耳陈余列传》）西汉的刑讯曾使一些大臣感到惶恐。曾任右丞相的周勃被人诬陷谋反，在狱中受到狱吏的侵侮，后平反出狱，叹道：“吾尝将百万军，然安知狱吏之贵乎！”（《史记·绛侯周勃世家》)而东汉也是"掠拷多酷,惨苦无极"。魏晋南北朝时刑讯逐步规范化,如北魏规定,对年满五十以上者不得刑讯,体弱者可酌减,而且对拷打的数额和刑具都作了限制。唐代对刑讯的限制更严,对非法刑讯的官吏要严加惩处。《唐律疏议·断狱律·讯囚察辞理》:"诸应讯囚者,必先以情,审察辞理,反复参验。犹未能决,事须讯问者,立案同判,然后拷讯。违者杖六十。若赃状露验,理不可疑,虽不承引,即据状断之。"又《拷囚不得过度》:"诸拷囚不得过三度,数总不得过二百。杖罪以下不得过所犯之数。拷满不承,取保放之。若拷过三度及杖外以他法拷掠者,杖一百。杖数过者,反坐所剩。以故致死者,徒二年。"但实际上这些规定得不到真正执行,非法刑讯、法外施暴的现象层出不穷,合法的刑讯仅成例外。至于周兴、索元礼、来俊臣那样的酷吏,更采用各种酷刑来制造冤狱。

明代法外刑讯更为惨烈,明吕坤《刑戒》总结出一套刑讯的方法。如"五莫轻(随意)打","五且缓打","三应打不打","三禁打"。其仁爱之义又如何掩得了一个打字!可见明代刑讯适用十分普遍。直至清朝,非法刑讯依然盛行。

面对刑讯,历史上亦不乏批评之声。

首先反对刑讯的是西汉的路温舒。他在汉宣帝时曾上书道:"夫人情安则乐生,痛则思死,捶楚之下,何求而不得!"(《汉书·赂温舒传》)要求废止刑讯。南北朝时,梁朝实行"测囚"之法,即将囚犯鞭笞之后令其戴上刑具站在仅容两足的土垛上。当时范泉建议"分其刻数",限定罚站时间。周弘正支持此意见,他认为:"凡大小之狱必应以情正言,依准五听(辞听、色听、气听、耳听、目听),验应虚实,岂可全凭拷掠以判刑罚?"否则,"重械之下,危堕之上,无人不服,诬枉者多。"(《陈书·沈洙传》)在刑讯问题上有两个皇帝值得一提:一个是宋太祖赵匡义。他曾下诏:"自今系囚如证佐明白而捍拒不伏合讯掠者,集官属同讯问之,勿令胥吏拷次。"(《文献通考·刑考》)另一个是金世宗完颜雍。他曾慨叹道:"箠楚之下,何求不得?奈何鞫狱者不以情求之乎?"(《金史·刑法志》)两个皇帝都有重视证据的意思。清末两江总督刘坤一和两湖总督张之洞在《第二次会奏变法事宜疏》中批评当时的刑讯:"敲扑呼号,血肉横飞,最为伤和害理,有悖民牧之义。地方官相沿把久,漠不动心。拟请以后除盗案、命案证据已确而不肯供认者准其刑吓外,凡初次讯供时及牵连人证断不准轻加刑责。"这两位洋务派领袖对刑讯的态度是有所限制而不是彻底废除。

鸦片战争后,在"领事裁判权"的刺激下,禁止刑讯的呼声日高。沈家本主持拟成的《大清刑民事诉讼草案》也规定禁止刑讯。中华民国成立后,明令禁止刑讯。孙中山先生就任临时大总统后不久便宣布:"不论行政司法官署及何种案件,一概不准刑讯,鞫狱当视其证据之充实与否,不当偏重口供。"[43]终于在法律规定上给古老的刑讯制度画上了句号。

刑讯制度为什么与集权官僚制度同生共存,自有其历史文化原因。

第一,在官僚政体之下,地方长官兼理审判,而且是行政长官一个人审判,刑名师爷只是个专业顾问。案子如何审理,全靠长官一人定夺。审判事务处理得优劣,与地方长官的政绩息息相关,并直接决定其升贬。审对了,理当如此。审错了,就要丢掉乌纱帽。因此,在审判当中,地方长官的心态是十分紧张的,生怕把案子审错,毁了前程。而最可靠最令人放心也最能排斥他人非议的,莫过于让被告人自己承认自己犯罪。于是,口供就成为了最有价值的东西。为了获得口供,不惜采取刑罚的手段。一旦获得了口供,就万事大吉了。

---

〔43〕《大总统令内务司法两部通饬所属禁止刑讯文》,载《辛亥革命资料》,中华书局1961年版,第215页。

第二,古代王朝地广人众,交通不便,获取证据比较困难。原告提出诉求,却举不出相应的证据,按理应驳回其起诉。但这样一来,地方舆论就会嘲笑长官无能,断狱无方。如果众多案件长期破不了案,不仅无辜受害的善良百姓会心存不满,他们甚至还会四处申冤举报,这位地方官的政绩就成问题了。当然历史上也有不少聪明智慧的地方官,运用巧妙的方法,甚至扮作平民,私访乡里,获取证据。但是地方长官兼理吏、户、礼、兵、刑、工等职,不容得为一件案子耗费大量功夫,倒不如用刑讯迫人招供画押来得简便快捷。

第三,在古代官僚头脑里,有罪推定的意识根深蒂固。在古代社会,虽然儒家思想成为官方正宗学术,但实际上法家的思想影响更深。法家认为人都是自私自利"好利恶害"的,违法犯罪者更是如此。对这种人不要怜惜,要严刑酷罚,从而使犯了罪的人不敢再犯,使没有犯过罪的人望而生畏。因此,一旦有人被指控违法犯罪,就要以有罪看待之,不招供,就是狡诈顽抗。而若不用刑讯威迫之,他怎能老实承认呢。于是,"与其杀不辜,宁失不经"的古老格言被抛到九霄云外。

第四,为了维护王朝的稳定,以确保其延续下去,必须有一套迅速有效的统治手段。朝廷当中如有大臣谋反,民间若有盗贼匪患,常有皇帝下诏严惩不贷,要求迅速破案处决,以期令天下臣民不敢效法,达到一般预防的目的。而刑讯就是适应这种需要的好手段。特别是,在政治派系你死我活的残酷斗争中,刑讯又成为排除异己、巩固权力的有效手段。刑讯作为酷刑的集中表现,足以使人不敢违法犯罪,时时处在恐惧之中。为了王朝的稳定大局,在官僚群体的既得利益面前,搞些冤假错案,伤害些无辜善良又算得了什么呢。

第五,我国古代社会虽标榜孔孟的"仁德"、"爱民"之类,但这种政治伦理理想,一方面在官僚们日常琐碎的政务当中显得黯然失色,另一方面又因为缺少宗教信仰的支持而显得毫无生气。南宋时,不少官僚受佛教"因果报应"、"六世轮回"之说的影响,对囚徒每存善念,对罪犯每施宽贷,以求来世善报,从而受到朱熹的严厉批评。我国自古以来的观念,是唯敬其祖,唯亲其族,不及其余的。所谓"非我族类,其心必异"(《左传·成公四年》),间或又有华夷之辨,视四陲之族为异类,不与同中国。视农民起义为暴乱之盗贼,于盗贼又有何怜悯之情。加之文化传统中素来缺少人人平等、人人均来自至上神的观念,因而缺少人对于人的普遍同情心。在彼此隔绝、缺少交往的农耕社会,人与人的亲密关系仅限于血缘亲属。故"非其鬼而祭之,谄也"(《论语·为政》),儒家倡导的"老吾老以及人之老,幼吾幼以及人之幼"的美妙说教,只是令人向往的至善境界,因缺少实现的途径而影响甚微。这种因缺乏人类同情心而形成的藐视人格尊严的冰冷心态,也是酷刑和刑讯得以存在的文化心理原因。

刑讯往往与酷吏伴生。刑讯助长酷吏的权威,酷吏因刑讯而显名。酷吏在秦汉以后出现并延续并不是偶然的现象。一个王朝,当它不能从历史文化传统中去获得权威性、合法性和人民自觉服从之际,往往更倾向于寄托暴力。酷吏群体所秉持的价值观念可以从先秦法家文化中找到原型。可以说,酷吏既是古代集权政治的产物,也是先秦法家思想的极端实践者。纵观我国正史,虽有未立酷吏列传之名者,但酷吏之行却史不绝书。其中,最突出的表现就是刑讯。自秦汉及至近代以后,刑讯现象屡见不鲜,一旦源于诏狱,则更是有恃无恐,无所不用其极。此乃官僚政治之一大毒瘤也!

在建设社会主义法治国家的今天,刑讯或变相刑讯之事件仍时有发生。防止刑讯的发生,除了制度建设之外,思想文化建设也十分重要。政法队伍是国家法律和人民利益的保护者,在政法队伍中树立重视人权的观念,注重程序的观念,疑罪从无的观念,是最为有效的一道防线。古老的《夏书》所谓“与其杀不辜,宁失不经”(《左传·襄公二十六年》),“哀敬折狱”,“五刑之疑有赦”,(《尚书·吕刑》)这些古老的训诫之辞,对我们仍然具有重要而现实的启迪意义。而刑讯尽绝之时,正是国民权利树立之日,此亦我国法律文化建设之一大进步也!

(七)赦制

赦即赦免,是减轻或免除罪犯的罪责或刑罚的一种制度。《尚书·舜典》有“眚灾肆赦”,即对因过失和意外事故而不幸犯罪者可以赦免。《尚书·吕刑》有“五罚之疑有赦”,即对疑狱可以赦免。《周礼》有三宥:不识、过失、遗忘;三赦:幼弱、年迈、愚钝。赦免之制只适用于个别人或特殊情况。春秋战国时,有些诸侯国已有普遍适用的大赦,如《春秋经·庄公二十二年》:“春王正月肆大眚。”

先秦儒家一般赞成赦免,把它看作“德治”、“仁政”的体现,并希望以此来教育罪犯改恶向善,同时亦可避免冤案,“与其杀不辜,宁失不经”。法家则坚决反对赦免,主张“不赦过,不宥刑”(《商君书·赏刑》)。理由一是赦制违背“信赏必罚”的原则,失信于民;二是赦制并不能制止犯罪:“上赦过则民多重罪,积之所生也”;三是赦制有损法律的威严:“赦出则民不敬,惠行则过日益。”(《管子·法法》)法家以为人性皆“好利恶害”,无所谓犯罪的故意与过失之别,故坚决否定赦制。但是据《睡虎地秦墓竹简》所载,秦律有赦制的规定。秦朝在农民起义兵临城下之际曾经来了个“大赦天下”,可谓物极必反。

大赦之例一开,后世相继风行。皇帝即位、改年号、册皇后、立臣子、生皇孙、平叛、灾异、帝后疾病、郊祀天地、婚丧大典、获珍禽豁等都要大赦天下。而且名目繁多,有大赦、曲赦(局部地区)、特赦、常赦、恩赦、郊赦等。西汉元帝在位15年大赦12次,大臣匡衡上疏:“臣窃见大赦之后奸邪不为衰止,今日大赦,明日犯法,相随入狱,此殆导之未得其务也。”(《后汉书·匡衡传》)东汉光武帝也是个大赦迷,大将吴汉临终遗言:“臣虽无所知识,唯愿陛下慎无赦而已。”(《后汉书·光武帝纪》)

东汉王符在《潜夫论·述赦》中曾对“数赦”进行严厉批驳。他指出,第一,守法的人不会犯罪,数赦对好人没有益处;第二,受害者希望国家为他们申冤雪恨,数赦则使他们白白蒙受损失;第三,数赦使恶人更加放肆,他们“旦脱重梏,夕还囹圄”,“虽得赦宥之泽,终无改悔之心”,不利于制止犯罪;第四,古代开国之君在大乱时行赦,旨在安定社会,与民更始,现在以赦为常典则悖于赦的本义。与王符同时代的崔寔、荀悦亦持此说。此后,非赦之论未尝断绝。如明代张居正提出了“法在必行,奸无所赦”的主张。他认为,所谓“姑息之爱”是“独见犯罪者身被诛戮之可悯,而不知被彼所戕害者皆含冤蓄愤于幽冥之中”,“不忍于有罪之凶恶而反忍于无辜之良善”。(《张文忠公全集·论决重囚疏》)

唐太宗也主张“慎赦”,却别具匠心导演了一幕“纵囚”闹剧。他亲自录囚,释放所有死囚回家,约期来归以就死刑。后来死囚皆如期来归,都被赦免。此事一时传为美谈,宋代欧阳修却提出异议。他批评唐太宗是“立异以为高”,“逆情以干誉”。《欧阳忠公全集·纵囚论》载其论点:第一,刑入于死者已属罪大恶极,不可轻易赦免;第二,罪大恶极之徒不可能在一日之间变成视死如归的君子,如果唐太宗暗中许诺,死囚知道归而必生,这不过是欺世盗名;第三,此事只可一而不可再,“若屡为之则杀人者皆不死”,哪里还有“天下之常法”。

非赦论者前前后后还有不少,据明代邱潜所著《大学衍义补》和日本学者卢野德林《无刑录》所记,非赦的主要意见有以下几点:第一,《尚书》所谓赦免只适用于具体的人和事,不是对天下罪人普遍适用的大赦,对罪大恶极者不当赦免;第二,后世遍赦天下,“罪无大小咸赦除之”,实际上是“患奸盗、贼良民”,“怙终得志,善良喑哑”,结果是“杀人不死,则死者何辜?攫财不罪,则失者何苦”;第三,赦只能是权宜之计,用来缓和社会动乱,不可数赦,更不能以赦为常典;第四,赦的本旨是赦过宥刑,后世因改年号、立皇后、生皇孙而大赦,或三年一赦,比年一赦,皆失其本义;第五,赦的目的之一是保留罪犯的生命,但数赦的结果是“启侥幸之心而教人犯也”,最后导致犯大罪,“不得已而诛之,是以恩为陷也”。

古代统治者之所以不惮于滥赦,除了标榜仁政、恩德之外,还由于有这样一个后盾作保障,即赦排除了谋反、谋叛、谋大逆等十恶重罪,为常赦所不原。因此,赦并不会危及统治阶级的根本利益。但是,赦制多少也流露出朝廷对各级官员的不信任以及对枉法裁判的担忧。

(八)赎制

法家主张“信赏必罚”。《商君书·赏刑》:“所谓壹刑者,刑无等级,自卿相将军至大夫庶人,有不从王命犯国禁乱上制者,罪死不赦。有功于前,有败于后,不为损刑。有善于前,有过于后,不为亏法。忠臣孝子有过,必以其数断。”为了保持刑罚的权威,法家主张“不宥过,不赦刑”。法家认为“刑无等级”是“公”的表现,而“宥过赦刑”是“私”的表现。如果允许“宥过赦刑”,不仅会稀释国家法律的严肃性,还会给官吏们提供徇私枉法的机会。但是据《睡虎地秦墓竹简》所记载,秦律中关于赎的适用比较广泛。这很可能是因为秦统治者认为赎并不意味着刑罚的减轻。

西汉以后,在司法领域仍然继承了法家“刑无等级”(即刑上大夫)的精神。如周勃入狱与犯罪的平民百姓关在一起,毫无特殊待遇。汉武帝独尊儒术以后,儒家礼治思想逐渐恢复影响力。故贾谊提出“刑不上大夫”的建议:“古者礼不至庶人,刑不至大夫,所以厉宠臣之节也”,“廉耻节礼以治君子,故有赐死而亡戮辱,是以黥劓之罪不及大夫,以其离主上不远也”,大臣“有过,帝令废之可也,退之可也,赐之死可也,灭之可也。若夫束缚之,系绁之,输之司寇,编之徒官,司寇小吏詈骂而榜笞之,殆非所以令众庶见也。……非所以习天下也,非尊尊贵贵之化也”,(《汉书·贾谊传》)事皆实行。此后,在儒家德政思想影响下,法家的“刑无等级”、“不宥过”、“不赦刑”的主张不断得到侵蚀和修正。

汉律规定允许以金赎罪。汉惠帝时规定:“民有罪,得买爵三十级以免死罪。”西汉晁错建议实行“纳粟拜爵除罪”的政策:“方今之务,莫若使民务农而已矣。欲民务农,在于贵粟。贵粟之道,在于使民以粟为赏罚。今募天下之民入粟县官,得以拜爵,得以除罪。如此,富人有爵,农民有钱,粟有所渫。夫能入粟以受爵,皆有余者也。取于有余,以供上用,则贫民之赋可损。所谓损有余补不足,令出而民利者也。”(《汉书·食货志》)事得实行。其后因西羌扰边,张敞建议“愿令诸有罪,非盗受财杀人及犯法不得赦者,皆得以差入谷此八郡赎罪”,萧望之批评道:“今欲令民量粟以赎罪,如此则富者得生,贫者独死,是贫富异刑而法不一也。人情,贫穷,父兄囚执,闻出财以得生活,为人子弟者将不顾死亡之患,败乱之行,以赴财利,求救亲戚。一人得生,十人以丧,如此,伯夷之行坏,公绰之名灭。政教一倾,虽有周召之佐,恐不能复。”(《汉书·萧望之传》)在盐铁会议上,贤良文学对“富者买爵贩官,免刑除罪”的赎制提出批评,认为赎制不仅使“杀人者生,剽攻窃盗者富”,还使“蒙戮辱而捐礼义”的犯罪受刑之人得以“食太官享赐”,“载卿相之列”,(《盐铁论·周秦》)这就失去了刑罚的本旨。

唐代行“功臣恕死”之制,吕温批评道:“挠权乱法,以罪宠人,坠信赏必罚之典,亏昭德塞违之道。”(《吕衡州集·功臣恕死议》)南宋朱熹认为:“古之所谓赎刑者,赎扑耳。夫既已杀人伤人矣,又使之得以金赎,则有财者皆可以杀人伤人,而无辜被害者何其大不幸也。且杀人者安然居乎乡里,彼孝子顺孙之欲报其亲者,岂肯安于此乎?所以屏之四裔,流之远方,彼此两全之也。”董鼎论曰:“舜既以五流而宥五刑矣,鞭扑之轻者乃许以金赎。所以养其愧耻之心而开以自新之路。曰眚灾肆赦,则直赦之而已。穆王乃以刑为致罪,以罚为赎金。既谓五刑之疑有赦,而又曰其罚若干锾,则虽在疑赦,皆不免于罚赎。五刑尽赎,非鬻狱乎?自是,有金者虽杀人可以无死,而刑者相伴于道必皆无金者也,中正安在哉?”明邱濬指出:“夫罪人入五刑而可疑者,使富而有金者出金以赎其罪可矣,若夫无立锥之民而犯大辟之罪,何从而得金千锾乎?如是则罪之疑者,富者得生,贫者坐死,是岂圣人之刑哉?然则罪之有疑者如之何则可?《书》固自谓上下比罪,上刑适轻下服,是即《虞书》罪疑惟轻也,奚用赎为哉?”(《历代刑法考·刑法分考十六》)

赎制自古有之。但在实行中常常出现不公平的弊端,多为明哲所诟病。究其实与法家“刑无等差”的公平之旨相违背。但是,自秦律开始就确立了赎制,及至清末均沿用不改,或因其并不伤其王朝的根本,而有利于缓解社会矛盾,有利于统治秩序的稳定。

(九)秋冬行刑

我国是一个古老的农业国,农业生产在很大程度上取决于天时,人们的生产及其他社会活动如军事、文化、司法都受季节时令的影响。加之统治者宣扬“受命于天”、“恭行天罚”的神权思想,以论证其统治的合理性。这一迷信思想在司法上的反映就是“秋冬行刑”。春秋时就有“赏以春夏,刑以秋冬”(《左传·襄公二十六年》)之说。后《礼记·月令》详其说,以为春夏万物滋育生长,秋冬肃杀蛰藏,是宇宙永恒的自然法则。董仲舒宣扬“天人感应”的神学目的论,把“秋冬行刑”说加以神化。后代封建统治者则将“秋冬行刑”加以制度化,如唐、宋律规定,从立春到秋分,除犯恶逆以上及部曲(家仆)奴婢杀主之外,其他罪均不得奏决死刑,违者徒一年;明律处杖八十;清代规定经朝审、秋审应处决的人犯也要在霜降后、冬至前始得正法。“秋冬行刑”说和与此相应的一套司法制度,虽然对封建统治者的恣情妄杀起到某种缓冲作用,但毕竟是迷信的产物,其本质是把封建司法神圣化。故历代具有唯物主义思想的人物,如东汉桓谭、王充等都从自然界与人类社会无必然联系的角度出发批评之。其中最突出的人物是唐代柳宗元。他写了《断刑论》来阐述自己的观点,他认为:首先,自然界的灾变、人类的祸福、国家的兴亡,都不是天意的支配。人类的善恶之行并不能招致福祸祥灾,因此,完全没有必要按照时令行赏施罚。其次,要提高统治效率,必须“赏罚务速”:“赏务速而后有功,罚务速而后有惩。”如果一个人秋冬做了好事要等到春夏才颁赏,一个人春夏做了坏事要等到秋冬才能罚,其结果是“为善者必怠,为不善者必懈”,不能达到治理天下的目的。再次,从监狱管理的角度来看,死囚罪状明白,供认不讳,“自春而穷其辞,欲死不可得,贯三木、加连锁,而致之狱吏。大暑数月,痒不得搔,痹不得摇,痛不得摩,饥不得时而食,渴不得时而饮,目不得瞑,支不得舒,怨号之声闻于千里”。(《柳河东集·断刑论》)这样不仅增加监狱管理的负担,而且对死囚来说无异于额外的酷刑。但是,既然统治者愿意借助天道来神化自己的司法权,又有十恶重罪不待时而杀一条作后盾,自然不必废止“秋冬行刑”之制。

（十）以赃论罪

“以赃论罪”是指在有关强盗、盗窃、贪污、受贿等案件的审理中，以赃物的数量来确定刑罚。这种做法仅注意赃物数量，往往忽略犯罪的其他情节和危害程度，造成断案有失公平。北宋曾布指出：“盗情有重轻，赃有多少，今以赃论罪，则劫贫家情虽重而以赃少减免，劫富室情虽轻而以赃重论死，是盗之生死系于主之贫富也。”（《宋史·刑法志》）南宋朱熹认为，法律的本旨“所重乃在人之躯命而不在乎货财”，“以赃论罪”的赃值界限很难定得适中。比如把强盗处死的赃额规定得太高，则起不到惩戒作用；太低则往往使罪犯失掉“贪生惜死之情”而产生杀人灭口之念。（《朱文公文集·答张敬夫书》）清初王夫之批评“以赃论罪”最为有力，其理由是：第一，预防犯罪的根本办法是教育人们知道廉耻，而“以赃论罪”不仅达不到这一目的，反而促使狡诈之徒“唯思巧为规避”；第二，使法官徇私枉法，“以锱铁陷人于重罚”或“曲为掩盖”；第三，以赃额数量的多少来惩处渎职罪是没有道理的。比如，“受财不枉法”算不算犯罪？“既不枉法矣，何谓之赃？”而且，“所枉之大小与受赃之多少孰为重轻”？比如，一高官受贿五十贯滥授一职，该职造成重大损失：另一高官受贿二百贯滥授一职，该职却没有什么过失。再如，一法官受贿五十贯而诬人以死，另一法官受贿二百贯入人于杖，“岂可以贯之多少定罪之重轻”。[44]

（十一）杀婴、弃婴

杀婴（溺婴、弃婴）一般指父母（或其他尊亲长）直接或间接剥夺初生子女生命的行为。其社会原因较复杂，或出于迷信，或迫于舆论，或权于利害，或由于贫困。但一般来看，被害者多为女性。从这个角度而言，杀婴可以说是古代父系家长对子女的支配权和重男轻女的宗法观念的产物。

最早的弃婴可以追溯到西周末期。宣王时，“府之小妾生女而非王子也，惧而弃之”。后来，这个女婴被人收养长大成人，这就是作了幽王王后的褒姒。（《国语·郑语》）据《左传·宣公四年》载，楚国司马子良生了一个儿子，令尹子文看了这个婴儿后说：“必杀之。是子也，熊虎之状而豺狼之声。弗杀，必灭若敖氏矣。谚曰：‘狼子野心’。是乃狼也，其可畜乎！”说来也巧，就是这位令尹子文，初生时也有一段被遗弃的经历。同传载，当初，子文的生父伯比跟着母亲寄居在云国，伯比和云子的女儿私通生下一个男婴。为避免舆论的非难，云夫人便命令仆人将婴儿丢在云梦泽。云子打猎归来，路过云梦泽，看见一只母虎正喂一个婴儿奶吃。回家后才得知原委，让人抱回那个男孩，并正式把女儿嫁给伯比。楚人称虎为“於菟”，故给男婴取名“於菟”。这就是后来的令尹子文。

战国时，民间杀婴比较普遍，而且被害者多系女婴。《韩非子·六反》说：“父母之于子也，产男则相贺，产女则杀之。此俱出父母之怀衽，然男子受贺，女子杀之者，虑其后便，计之长利也。故父母之于子也，犹用计算之心以相待也，而竟无父子之泽乎！”女子不能赡养双亲，相反双亲还要花费一笔嫁奁，因此养女孩是无利可图的事。韩非为了论证“好利恶害”人性论的普遍性，而列举当时杀婴的劣习，说明当时杀婴现象已经比较普遍了。

秦国自商鞅变法后法制日趋完善。当时，“四境之内，丈夫女子皆有名于上。生者著，死

---

〔44〕（清）王夫之：《噩梦》，载《黄书·噩梦》，中华书局1956年版，第21页。

者削。”(《商君书·境内》)由此可以推断,当时生子不报户口而擅自杀掉是违法行为。

秦朝首次以杀婴为犯罪行为。《睡虎地秦墓竹简·法律答问》:“擅杀子,黥为城旦舂。”即私自杀死自己的婴儿,要处以刺面和苦役。杀子的动机是“直以多子故,不欲其生”,可见当时杀婴多发生在子女较多而不富裕的百姓家中。秦律还规定,杀死怪胎和四肢残缺的婴儿不算犯罪。尽管秦律是从户籍管理的角度来禁止“擅杀子”,但在某种程度上多少也承认婴儿在刑事法律关系中的地位,从而标志着古代法律意识的进步。同时也说明,当时杀婴已成为社会问题。

汉武帝好大喜功,“征服四夷,重赋于民。民产子三岁则出口钱。故民重困,至于生子辄杀,甚可悲痛”。(《汉书·贡禹传》)据《通典》卷六九载,武帝“时有疑狱,曰:甲无子,拾道旁弃儿乙,养之以为子。及乙长,有罪杀人,以状语甲,甲藏匿乙。甲当何论?仲舒断曰:甲无子,振活养乙,虽非所生,谁与易之。”可见,当时百姓忍痛弃男婴于道旁,实出于无奈。

杀婴在东汉时成了严重的社会问题。因此,“白虎观会议”专门讨论了这一问题。《白虎通·义诛》:“父杀其子当诛何?以为天地之性,人为贵。人皆天所生也,托父母气而生耳。王者以养长而教之,故父不得专也。”这里透露出佛教的影响,因为佛教主张“众生平等”,反对杀生。也许正是在这种思想影响下,东汉对杀婴行为惩罚较为严厉。酷吏王吉作沛相时,郡中“若有生子不养,即斩其父母,合土棘埋之”。(《后汉书·酷吏列传》)张奂作武威太守时,“时俗多妖忌,凡二月、五月产子及与父母同月生者,悉杀之。奂示以义方,严加赏罚,风俗遂改,百姓生为立祠”。(《后汉书·张奂传》)贾彪任新息长吏,当时“小民困贫,多不养子”。他“严为其制,与杀人同罪”,严厉禁止杀婴。一天,城南发生抢劫杀人案,同时城北发生妇人杀子案。贾彪带领下属出府勘验现场,一位随员建议去城南,他大怒道:“贼寇害人,此则常理。母子相残,逆天违道!”于是赶到城北,治了那个妇女的罪。数年后,“人养子者千数”,百姓出于感激,“生男名为贾子,生女名为贾女”。(《后汉书·贾彪传》)这些官吏用强制手段禁止杀婴恶习的动机是无可厚非的,但是,百姓们并非无缘无故地乐于杀害亲生骨肉,一纸法令很难改变人民的物质与文化生活条件。东汉起义农民对杀婴恶习表示极大义愤。《太平经》指出,当时“多贱女子,反贼杀之”,“今天下一家杀一女,天下几亿(十万)家哉。或有一家乃杀十数女者,或有妊之未生出,反就伤之者,其气冤结上动天!”

魏晋之际,继母与前妻之子女间的矛盾成为突出的社会问题。其焦点是财产继承。因此,“后母投前妻之子于井中”的事件时有发生。

晋代郭巨,其妻生一男儿,他恐怕婴儿分食掉老母的食物,便将儿子活埋,人称其孝。

魏晋南北朝时,“世人多不举女,贼行骨肉”。南朝后期著名学者颜之推曾目睹一次遗弃女婴的事件。他在《颜氏家训·治家》中写道:“吾有疏亲,家饶姑媵,诞育将及,便遣阍竖守之。体有不安,窥穿倚户。若生女者,辄持将去,母随号泣,莫敢救之,使人不忍闻也。”他悲愤道:“岂当如此而望福于天乎!”

《南史·徐羡之传》载,某周姓妇女有个三岁的孩子,此孩“生得痫病,周因其病发,掘地生埋之”。结果被人告到官府,该妇被处以“弃市”。据此,近代章太炎作《五朝法律索隐》,说魏晋宋齐梁五朝法律“重生命”,“父母杀子同凡”。

隋唐以降,弃婴多为女婴。《唐律·户婚律·养子舍去》规定:“即养异姓男者,徒一年。与者,笞五十。其遗弃小儿年三岁以下,虽异姓,听收养,即从其姓。”《疏议》曰:“异姓之男,本非族类,违法收养,故徒一年;违法与者,得笞五十。养女者不坐。”可见,收养三岁以下男性女性婴儿和收养三岁以上女孩是合法的行为,这一规定从侧面反映了当时弃婴恶俗。及至宋代,理学兴而重孝道,埋儿行孝之事每有发生,故元代以严刑禁之。《元史·刑法志》载,元代法律规定:"诸为子行孝,辄以割肝、刲股、埋儿之属为孝者,并禁止之";"有未生堕其胎,已生辄残杀其命者,禁之";"诸生女溺死者,没其家财之半以劳军,首者为奴";"诸因争,以妻前夫男女溺死诬赖人者,以故杀论"。

弃婴之俗到清代愈演愈烈。《郑观应集·劝戒溺女》曾写道:"吾见海阳县有一富绅,家产饶裕,年四十无子,心其忧之,娶妻妾六人,一年之间,每妾生一女,绅怒甚,均溺之","约计每年每邑溺死女孩少则数千,多且数万,此天下古今第一痛心事"。该文还列举了溺婴的原因:"生女太多,忿而溺之";"生女需乳,不利连孕,急而溺之";"婢女所生,妻不能容,恶而溺之";"溺其现生之女,而冀其未来之子";"急于生子而竟溺其女者";"有以生女为可耻",等等。加之,民间厚嫁成风,也促使女婴被弃杀。面对这一严重的社会问题,一些进步的知识分子抨击这一恶俗,一些地方官吏也出榜禁止溺女,还有的地方组成"保婴局"、"育婴堂"、"生生会",募求钱米,收养孤女。这些措施虽多少取得一些成效,但远未从根本上解决问题。太平天国严禁溺婴。《资政新篇·法法类》提出:"禁溺子女。不得已难养者,准无子之人抱为己子,不得作奴视之。或交育婴堂。溺者罪之。"又说:"生女难养,准为女伺,长则出嫁从良。"太平天国为运用法律和社会救助手段来杜绝溺婴,进行了有意义的尝试。

总之,我国历史上的弃婴(溺婴)是剥削制度和落后思想意识造成的。这种恶俗只有在今天的社会主义制度和较高的物质文化条件之下才能逐步根除。

三、婚姻家庭

依据马克思主义经典作家的论断,历史的决定因素是人类社会的生产活动,这种生产活动有两种:一是物质生活资料的生产活动,二是人类自身的生产活动。一定的社会制度受到两者的发展状态的制约。[45] 与世界其他古老民族一样,中国古代的婚姻家庭制度也经历了由风俗礼仪禁忌到法律的发展轨迹,而风俗礼仪始终发挥着重要作用。

(一)同姓不婚

人类在远古时代都"曾经存在过一种原始的状态,那时部族内部盛行毫无限制的性交关系。因此,每个女子属于每个男子,同样,每个男子也属于每个女子"。[46] 进入氏族社会后,开始实行族外婚,禁止族内成员之间结婚。本氏族的男女要到其他氏族寻找配偶。氏族的族外婚制可以说是"同姓不婚"的最早形式。而且,这种制度是和宗教禁忌、风俗习惯密切联系的。

从我国历史上来看,正式从法律和习俗上禁止"同姓为婚"的,当属殷商。从甲骨文当中可以看到成人礼即文身的习俗,男子20岁文胸,女子14岁文乳,通过文身来杜绝父与女、母与子、兄弟与姐妹之间的性行为。西周确立父系家族的伦理规范,这正是西周礼制健全的一个标志。

古代禁止同姓结婚的理由是多方面的。在生理上,"男女同姓,其生不蕃"(《左传·僖公

〔45〕［德］恩格斯:《家庭、私有制和国家的起源》,载《马克思恩格斯选集》(第4卷),人民出版社1995年版,第2页。
〔46〕［德］恩格斯:《家庭、私有制和国家的起源》,载《马克思恩格斯选集》(第4卷),人民出版社1995年版,第27页。

二十三年》),“同姓不婚,恶不殖也”(《国语·晋语四》),人们已认识到近亲通婚对后代身体的不良影响。在伦理上,“不娶同姓者,重人伦,防淫佚与禽兽同也”,“男女不相及,畏黩敬也,……是故娶妻避其同姓,畏乱灾也”;(《国语·晋语四》)在政治上,“取于异姓,附远厚别也”(《礼记·郊特牲》),“附远”即用联姻来加强异姓贵族的联系,以巩固其统治;在信仰上,“娶妻避其同姓,畏灾乱也”,人们把近亲结婚所生的畸形儿视为不祥的征兆,担心带来灾祸。因此,当时对同姓结婚的问题比较重视,视同姓相婚为“非礼”行为而加以谴责。有时贵族买妾,如不知其姓,还要占卜一番。如《礼记·曲礼》所说的:“娶妻不娶同姓,故买妾不知其姓则卜之。”其实,随着年代的推移和姓氏的变更,同姓未必同宗,亦非近亲。于是,“同姓不婚”的生理意义早已丧失。春秋时,同姓相婚仍被斥为“非礼”,但这种“非礼”行为并不罕见,甚至连周公的后裔鲁昭公也曾娶同姓女。秦汉以后,儒家思想上升到统治地位,“同姓不婚”的原则又重新受到重视。晋代武帝因鼓励增殖人口,不禁同姓之婚,是个例外。《唐律》规定:“诸同姓为婚者,各徒二年。”宋代与唐同。明、清律改为“凡同姓为婚者,各杖六十,离异”。可是在司法实践中,单纯以“同姓结婚”而涉讼的案件很少发生过。即使因其他原因而被发现,司法官吏既不追究也不逼迫离异。这种不干涉态度是有理论根据的,即《大清律例》所谓:“同姓者重在同宗,如非同宗,当援情定罪,不必拘文。”

鉴于长期以来在“同姓不婚”上存在着法律与实践相脱节的状况,清末修律大臣兼法律学家沈家本建议删除这项规定。他考证了历史上姓氏演变的情况后指出:“其氏相同而其祖不同,谓之同姓,名实殊乖。”而且“视其本宗,转同异性”,虽属异姓,却是同祖,造成近亲通婚。因此,他认为禁止“同姓为婚”之律徒存具文。于是《大清现行刑律》删“同姓禁婚”条,并入“亲属禁婚”项,只要同姓而不同宗,结婚便不受处罚,从而改变了“同姓不婚”的旧传统。

值得注意的是“同姓不婚”不仅在实践中失去生理上的意义,还产生了一种副作用。因为“同姓不婚”中的“姓”是一个不科学的概念,而且是片面的,仅指男系而言。女方一嫁到男家便失去了自己的姓氏,这样兄与妹的子女、姐与妹的子女便均属异姓。加之《唐律·户婚律》有“其外姻虽有服非尊卑者为婚不禁”的规定,于是民间表兄弟姊妹间的婚姻便盛行起来,美其名曰亲上加亲。宋明理学颇重伦理纲常,故明、清律“尊卑为婚”条禁止姑舅两姨姊妹为婚,违者杖八十,离异。这无疑是个进步。但中表婚行之既久已成风俗,绝非发布一纸律文即可马上改变的,实施的结果是诉讼浩繁、百姓不便。因此,明代翰林侍读朱善上书请弛此禁,得到皇帝的批准。清代也明文规定:“其姑舅两姨姊妹为婚者,听从民便。”沈家本认为,同姓为婚“此乖礼经厚别之义,故应离异。然乡愚无知,娶同姓者事所常有,若概绳之以法,转失妇人从一而终之义。似亦当援情酌断”。(《寄簃文存·妇女离异律例偶笺》)

严复在孟德斯鸠《法意》按语中谈到中国的婚姻制度时指出:“夫男女同姓,其生不番,效果见于图腾之代,此经验之公例也。然所谓同姓,又非吾中国之谓。中国专重男统,故同姓氏,虽历千载之分,而不可合。而中表之血脉至近,其通又习为固然。不知同姓不婚者,恶其血气之偏而无以剂也。如吾国之所为,义固无取。而其次则坊民之义,取易合者而禁其合,亦不可废之天则也。”[47]他认为,上古时代实行同姓不婚,其所谓同姓并无男女之别,所以当时的同姓不婚是合理的。但后来“专重男统”,只以男子血统为姓氏,女子出嫁则为外姓。于是造成了凡同姓者皆不可婚,而中表虽至亲者却反而可以结婚的违反科学的习俗。因此,他主

---

〔47〕 严复:《严复集》(第四册),中华书局1986年版,第1022页。

张禁止中表婚以合自然规律,其对"同姓不婚"的剖析是颇中肯的。

(二)别籍异财

别籍异财指家庭成员分割财产、分立户籍,即今民间所谓"分家"。儒家一般不主张分家。《礼记·坊记》:"父母在不敢有其身,不敢私其财。""别籍异财"的主张最早是商鞅主持秦国变法时提出的,即"民有二男以上不分异者倍其赋"。(《史记·商君列传》)分,指分立户口;异,指分割财产。这种改革的目的是使有两个以上成年男子的家庭分割成小家庭,从而鼓励生产和扩大户数,增加税收,当然,也包含改革"父子同穹庐卧"的游牧习惯的意义。战国时,就劳动人民而言,"五口之家"、"七口之家"的小家庭已很普遍。"公作则迟,分作则速,无所遁其力也。"(《吕氏春秋·上农》)小家庭与当时小农经济的发展是相适应的,而原来那种"钟鸣鼎食"累世同堂的大家族则很难继续存在了。从《睡虎地秦墓竹简》来看,律文多见"父盗子"、"子盗父"的记载,可见,秦人的小家庭是比较普遍的,且有"家富子壮则出分,家贫子壮则出赘"(《汉书·贾谊传》)的风俗。这也许是秦推行分户政策的结果。

秦汉以后,在儒家思想影响下,大家庭又有所增加。但到东汉时多数士大夫也只是二世同居,三世共财者亦属罕见。故蔡邕"与叔父从弟同居三世不分财",竟受到乡党的称赞。(《后汉书·蔡邕传》)在实践中,即使是父母在而其子分家的,法律亦不禁止,故有"举秀才,不知书,察孝廉,父别居"的讽刺。[48] 南北朝时,至少在南方,小家庭仍占上风。《宋书·周朗传》载周朗语:"今士大夫父母在而兄弟异居,计十家有七;庶人父子殊产,八家而五。其甚者乃危亡不相知,饥寒不相恤,忌疾谗害,其间不可称数。宜明其禁,以易其风。"

禁止"别籍异财"于隋唐开始入律。《唐律·名例律》"十恶"中"不孝"罪的第一条就是"父母在别籍异财"。《疏议》说:"祖父母在而子孙别籍异财者,徒三年。若祖父母,父母令别籍者,徒二年,子孙不坐。"在父母丧期内"兄弟别籍异财者,徒一年"。宋代有时处罚更重,甚至可以论死,且规定父母在而出为赘婿或诱人子弟析家产者均处流配。元代规定只要祖父母、父母同意则允许分家异财。明律规定:"别籍异财"的案件须经祖父母、父母告诉始受理,处罚仅为杖一百。清律规定此类案件须经期亲以上尊长告诉始成立,处罚杖八十。[49]

古代法律禁止"别籍异财",其目的在于维护父系家族的稳定和"孝道",视"父母在别籍异财"为不孝不友、重利轻义的行为,其中也包含使父母年迈不致无人供养的意图。但这种强制办法并不合情合理,也不利于经济的发展。因此,历史上曾有不少人提出反对意见。

宋代袁采说:"兄弟义居固世之美事",但是"每见义居之家,交争相疾,甚于路人。则甚美反成不美。故兄弟当分,宜早有所定。倘能相爱,虽异居异财,亦不害为孝义也"。(《世范·睦亲》)清代李绂比袁采更激进,他认为,对于兄弟,"禁其争财可也,禁其分居恐未可也"。其理由是:其一"古者未尝禁人分居",孟子论王政止称"八口之家",即指小家庭,同样可以"相友、相助、相扶持",是"分而不分";其二,大家庭的出现是衰世"渐失友、助、扶持"的结果,用累世同居的办法来"劝亲睦而激薄俗",实际上很难达到敦良风俗的目的;其三,累世同居是有条件的,必须代代有"贤者"主持家族事务,而且还要有好的"家法",这两个条件都是不容易具备的;其四,分家既可发展生产又可促进互相帮助。而大家庭的弊病是:"财相竞,事相

---

〔48〕 顾炎武:《日知录·分居》,载黄汝成:《日知录集释》(中册),上海古籍出版社2006年版,第808页。

〔49〕 顾炎武:《日知录·分居》,载黄汝成:《日知录集释》(中册),上海古籍出版社2006年版,第808~812页。

诿,俭者不复俭而勤者不复勤,势不能以终日。反不如分居者,各惜其财,各勤其事,犹可以相持而不败也。”(《穆堂类稿・别籍异财议》)依照上述意见,似乎都在不经意之间赞同了别籍异财。

(三)“七出”与“三不去”

“七出”又称“七去”。《大戴礼・本命》:“妇有七去:不顺父母去,无子去,淫去,妒去,有恶疾去,多言去,窃盗去。”是说,在下面七种情况下丈夫有权休妻,即不孝顺公婆;未生养男孩;有不正当的两性行为;容不得丈夫之妾;患某种疾病;说了不该说的话;盗窃财物。“三不去”是对“七出”的限制性规定,即有三种情况不得休妻。《大戴礼・本命》:“妇有三不去:有所取,无所归,不去;与更(历)三年丧,不去;前贫贱,后富贵,不去。”这是说妇女出嫁时有父母,后父母双亡无家可归;为公婆守了三年孝;嫁时贫贱,后来夫家富贵,这三种情况不在休妻之列。与离婚有关的还有“义绝”。“义绝”是指夫妻一方对另一方的一定范围内的亲属有殴杀、奸非及妻对夫的谋害行为,便构成法定离婚条件,须强判离婚。这些礼的规定后来逐渐被上升为法律。比如《唐律・户婚律》规定:“诸妻无七出及义绝之状而出之者,徒一年半;虽犯七出有三不去而去之者,杖一百,追还合”,“夫妻义合,义绝则离,违而不离,合得一年徒刑”。

上述规定中以“七出”的不合理最为明显,故有一些学者提出异议。明代宋濂认为,“七出”是“后世薄夫之所云,非圣人之意也”。他指出“七出”中的“恶疾”、“无子”两条最没有道理:“恶疾之与无子岂人之所欲哉?非所欲而得之,其不幸也大矣,而出之,忍矣哉!夫妇,人伦之一也。妇以夫为天,不务其不幸而遂弃之,岂天理哉!”(《郁离子》)清代俞正燮较富于男女平等思想。他指出:《礼记》所谓夫妇应“一与之齐,终身不改”,那么,男女双方都应当从一而终,女既不能二嫁,夫也不应再娶。这样就不应当有“七出”之条,否则就大失公平:“七事出妻乃七改矣,妻死再娶乃八改矣。”实际上是女子“终身不改”,而男子独享“八改”特权。(《癸已类稿・节妇说》)钱大昕虽基本上拥护“七出”,但又提出自己的见解。他认为“七出”包含“合则留,不合则去”的意思:“去妇之义,非徒以全丈夫,亦所以保匹妇。”他指出,不少妇女“失爱于舅姑”,以致“郁郁而死”,或被凶悍的丈夫“凌迫而死”。有了“七出”,妇女反倒可以死里逃生。他还主张妇女可以“再嫁”、“更嫁”而“不谓之失节。”(《潜研堂文集》)

第七节　宗教神学禁忌观念对法律实践的影响

宗教神学禁忌观念是远古社会形成的意识形态,对当时的社会生活曾经发挥着巨大的作用。随着社会的进步,这些观念不断弱化,并从主流文化中退出。但是,在特定的历史条件和场合下,它们仍然具有一定影响。

一、神判及其遗迹

(一)关于神判

大凡古老民族都曾经历过神明裁判的阶段,中国远古社会也不例外。但是,中国古代神明裁判的历史可能比较短，其影响也很有限，因此，史料中关于神明裁判的记载并不多见。中国在远古时代曾经有过神判法，但是没有形成浓烈的传统。正如瞿同祖先生所说："中国在这方面的进展较其他民族为早，有史以来即已不见神判法了。"[50]究其原因可能有以下几点：一是虽然在立法司法过程中用占卜来决定取舍，但是由于实行"三人占，从二人之言"的原则，神的意志受到人的意志的制约，很难形成每一条法律都具有神性，都由神所制定这样的观念，这就使法的神圣性大打折扣；二是由于实行"疑则问卜，不疑则不卜"的原则，使那些经过占卜而形成的判例带有神性，并且对以后的裁判具有指导作用，从而形成判例法，无形中逐渐缩小了神判的用武之地；三是由于以"明夷"为代表的证据制度发达起来了，它便从源头上悄悄地关上神判的大门，从而使依照法律实践活动内在规律行事成为可能。从《左传·文公六年》"董逋逃，由质要"，到《周礼·秋官司寇》的"凡以财狱讼者，正之以傅别约剂"；"凡有责（债）者，有判书以治则听"，"听师田以简稽"，"听闾里以版图"，"听称责以傅别"，"听取予以书契"，"听买卖以质剂"；"凡民讼，以地比正之；地讼以图正之"都强调证据对于公平断讼的意义。这些思想和制度，既告别了神判，又杜绝了刑讯。其实，中国古代曾经有过神判的遗迹。"有关神判的记述，在二十四史的一些民族传记以及不少地方志和游记中颇多。"而且，少数民族地区也曾经保留了各种神判的习俗。[51]

神判是原始社会通用的古老裁判方法。"当一嫌疑犯不能以人类的智慧断定他是否真实犯罪时，便不得不乞助于神灵。"但是在中国，"在我们祖先的意识形态中，根本没有像希腊人那样以为每一法律皆为神所拟定的观念。同时我们的法律也不曾依赖巫术宗教的力量来维持。没有一条所知的法律是附有咒诅的。握有司法权的人也非具有巫术或神权的人。在中国法律制裁与宗教制裁或仪式制裁是分开的"；"中国在这方面的进展较其他民族为早，有史以来即已不见神判法了"。[52]

但尽管如此，我们仍然能够发现神判的一些痕迹。

（二）神判的遗迹

中国古代的神判，可以从独角兽（廌）的传说中略见一斑。古代的"法"（灋）字与独角兽有着内在的联系。据《尚书·吕刑》载，蚩尤是"法"的发明者：蚩尤"作五虐之刑曰法"。古"法"字的主角是不过是廌的读音和文字表达符号。据《尚书·吕刑》记载，蚩尤即是廌，它是部落联盟时代世代主掌司法事务的氏族的图腾，其名称亦即蚩尤、皋陶，其在天上的刑神即蓐收、西王母。廌有独角，其形似羊、牛。皋陶是尧舜时代的法官，《说苑·君道》："当尧之时，皋陶为大理。"《尚书·尧典》载舜命皋陶掌管刑政："皋陶，蛮夷猾夏，寇贼奸宄，汝作士，五刑有服。"《论衡·是应》说："皋陶治狱，其罪疑者，令羊触之，有罪则触，无罪则不触。斯盖天生一角圣兽，助狱为验。故皋陶敬羊，起坐事之。"皋陶用独角兽来裁判疑难案件，这种方法就是神判法。"神兽的产生正是古代第一法官产生的时代，其巧合不是无因的。"[53]

《周易》筮辞保留了神羊裁判的古老习俗。《周易·大壮》："羝羊触藩，羸其羊"，"藩决

---

〔50〕 瞿同祖：《中国法律与中国社会》，中华书局 1981 年版，第 252 页。

〔51〕 夏之乾：《神判》，三联书店上海分店 1990 年版。

〔52〕 瞿同祖：《中国法律与中国社会》，中华书局 1981 年版，第 251、250、252 页。

〔53〕 瞿同祖：《中国法律与中国社会》，中华书局 1981 年版，第 253 页。

不赢,壮于大舆之輹”,“羝羊触藩,不能退,不能遂,无攸利,艰则吉”。是说在裁判时,用公羊冲决原告、被告前面的篱笆或车轮,如被冲倒,则被冲倒的一方败诉。如羊角被篱笆卡住,则该方胜诉。《易·履》还记载了神虎裁判的情况:“履虎尾,不咥人,亨”,“履虎尾,愬愬,终吉”,“履虎尾,咥人,凶”,“履道坦坦,幽人贞吉”。让被告人用脚去踩虎笼子里的虎的尾稍,老虎是否用其尾巴扫人。扫人,则被告有罪。《周易·颐》:“虎视眈眈,其欲逐逐,无咎。”是说,虎虽然怒目而视,像要扑击的样子,但并未用其尾扫人,被告人就无罪。

《周易》记载最多的是“涉大川”,可能是用横渡江河来裁判案件。能游过江的,胜诉。否则,“过涉灭顶”(《大过》),自然败诉。

春秋时,齐国曾有神羊裁判的记载。《墨子·明鬼》:“昔者齐庄君有所谓王里国、中里徼者,此二子者讼三年而狱不断。齐君由谦杀之恐不辜,犹谦释之恐失有罪。乃使之人共一羊,盟齐之神社。二子许诺。于是泏洫,摽(扼)羊而漉其血。读王里国之辞,既已终矣。读中里徼之辞,未半也,羊起而触之……殪之盟所。当是时,齐人从者莫不见,远者莫不闻。著在齐之《春秋》。”

《诗经》中有些诗句涉及古老的神明裁判的内容。如《小雅·小旻》:“我龟既厌,不我告犹,……不敢暴虎,不敢冯河。”告诫人们不要轻易引起争讼,落到踩虎尾、涉大川的危险境地。

《小宛》:“宜岸(犴)宜狱,握粟出卜。”《巷伯》:“取彼谮人,投畀豺虎,豺虎不食,投畀有北,有北不受,投畀有昊。”“龟”和“卜”,可能是法官遇到疑难案件时求神指示的一种方法;“暴虎”、“投畀豺虎”、“冯河”可能是用虎豺和涉水以决直曲的神明裁判。《易径·履》有“履虎尾”,《颐》有“虎视眈眈,其欲逐逐”,《泰》有“冯河”,《大过》有“过涉灭顶”,又“涉大川”十余见,可能都与神判有关。

《诗经·小雅·巷伯》:“取彼僭人,投畀豺虎,豺虎不食,投畀有北,有北不受,投畀有昊。”“有昊”盖指蚩尤、皋陶部落的领地。蚩尤作法,皋陶长于审判,又依靠独角神羊裁判疑难案件。因此,“有昊”可能是“古夷人图腾审判而遗留下来的古老熟语。”[54]“投畀有昊”或即交给蚩尤皋陶去制裁之意。

就形式而言,以占筮来定罪量刑,这本身就具有神判的意思。如《蒙》:“发蒙,利用刑人,用说(脱)桎梏以往”。是说,草木丰茂,可以释放罪犯以从事生产。《归妹》:“跛能履,眇能视,利幽人之贞。”意思是此刻可以施行割趾刺目之刑。《噬嗑》:“何校灭趾,无咎”,“何校灭耳,凶”,是说处刖刑妥当,处刵刑不妥。

与神判相联系的是盟誓制度。当时实行盟誓制度,这在《左传》里多见。地下发掘的西周礼器《铭》、《矢人盘铭》等也记载着誓辞,大意是,如果我不履行诺言,甘愿接受鞭打和交出罚金。可见,盟誓是当时司法审判的一个法定程序。《坎》记录了盟誓的过程和誓辞:“习坎,入于坎,窞,凶。坎有险,求小得。来之坎,坎险且枕。入于坎,窞,勿用。樽酒,簋贰,用缶,纳约自牖,终无咎。坎不盈,祇既平,无咎。系用徽纆,置于丛棘,三岁不得,凶。”大意是,盟誓各方轮流挖坑筑坛,站在坛上,坛塌了,即不吉利。用木板加固土台,然后把木板垫在坑顶上,留一个小口。坛上摆满器皿酒食。大家歃血盟誓,把誓辞写下来,从小口投进坑里,把坛铲平,填入坑内,大家都默念这样的誓言:谁背弃誓言,就用绳子捆绑起来,投进牢狱,关上三年。至于盟誓的方法,《礼记·曲礼》说:“约信曰誓,涖曰盟。”疏云:“盟之为法,先凿地为方坎,杀牲

〔54〕　张富祥:《东夷文化通考》,上海古籍出版社2008年版,第220页。

于坎上,割牲左耳盛以珠盘,又取血盛以玉敦,用血为盟,书成乃歃血读书。”《左传》载盟誓者颇多,其誓辞盖谓:“有渝比盟,明神殛之。”这些都可以与《坎》相印证。

春秋时,齐国曾经用羊来裁断疑难案件。据《墨子·明鬼》载,有两家贵族争讼,法官长期不能决断曲直,于是就请一只羊来裁决,其方法是让争讼双方站在盟所的两旁,分别宣读他们的讼辞,结果,第一位当事人读讼辞时,没事,第二位当事人读讼辞不到一半时,羊突然跳起来用角冲刺第二个当事人,刺伤了他的脚,跌倒在神社。“槁”有二义,死,击打。“殪”有三义:死,杀死,跌倒。如《墨子·明鬼》:杜伯“追周宣王,射之车上,中心,折脊,殪车中,伏弢而死。”殪即跌倒之意。故这段文字容易引起歧义:其一,是受伤的羊还是败诉方“跳神之社”?其二,槁之,是人击打羊,还是人击打败诉之人?总之,这是中国古代文献中罕见记载神判的一例,其裁判方法与少数民族的裁判习俗大体相同。而齐国即今山东一带,正好是皋陶的故乡。这种奇妙的审判方法,与其说是古老神明裁判的遗留,不如说是对先祖皋陶(即廌)的乞灵和怀念。

(三)神判的影响

战国以后,审讯注重口供,故有刑讯之制。“世界各国无不经过以刑讯来代替神判的阶段。中国有史以来就以刑讯来获得口供,早就不仰赖神判法了。”[55]但是,神判法在总体上绝迹,并不等于它毫无影响了,事实上在个别场合,神判法还偶尔显现一下。

秦汉以后,神判现象如凤毛麟角,但是也并非毫无踪迹。比如,据《史记·儒林列传》载:“窦太后好老子书,召辕固生问老子书。固曰:‘此是家人言尔’。太后怒曰:‘安得司空城旦书乎?’乃使固入圈刺豕。景帝知太后怒而固直言无罪,乃假固利兵。下圈刺豕,正中其心,一刺,豕应手而倒。太后默然,无以复罪,罢之。”又据《南史·扶男传》载:“有罪者,辄以餧猛兽及鳄鱼,鱼兽不食为无罪,三日乃放之。”《搜神记》亦载,“扶南王范寻养虎于山,有犯罪者,投与虎,不噬,乃宥之。故山名大虫,亦名大灵。”神兽裁判的主角除了羊之外,就是虎。《说文解字》说:“谳”字“与灋同意”。“谳”的古字是“𢆶”,上部即“虍”,“虎”也。“𢆶”的本义可能是带有虎形或虎纹的鬲,此字值得琢磨,而且,蓐收、西王母都与虎有关。总之,中国历史上的神判记录非常少,需要我们从更多的角度去发掘神判习俗的痕迹。

《论衡·乱龙》记载东汉地方官李子长曾用梧桐木囚判断囚犯是否犯罪:“李子长为政,欲知囚情。以梧桐为人,象囚之形,凿地为坎,以庐为椁,卧木囚其中。囚罪正,则木囚不动。囚冤侵夺,木囚动出。”即用梧桐木做囚犯之形,埋入土坑。如囚犯有罪,则木囚不动;如无罪,则木囚从坑中露出。显然,李子长在处理疑难案件时没有诉诸刑讯,而是乞求神助。当然,这种做法只是个别行为,而且这种旁门左道之行亦为士大夫所不齿,因为,在司法活动中,循吏能够循循善诱以获取情实;酷吏能够以笞杖获取口供;而李子长的行为当属俗吏。

值得注意的是,在古代政治、法律活动中,城隍具有特殊的作用。明代地方官在祭厉的文告中宣布:“凡我一府境内人民,倘有忤逆不孝,不敬六亲者,有奸盗诈伪不畏公法者,有弄曲作直、欺压良善者,有躲避差徭、靠损贫户者,似此顽恶奸邪不良之徒,神必投于城隍,发露其事,使遭官府。轻则笞杖决断,不得号为良民,重则徒、流、绞、斩,不得生还乡里。若事未发露,必遭阴谴,使举家并染瘟疫,六畜田蚕不利。如有孝顺父母,和睦亲族,畏惧官府,遵守礼

〔55〕 瞿同祖:《中国法律与中国社会》,中华书局1981年版,第253页。

法,不作非为,良善正直之人,神必达之城隍,阴加护佑。使其家道安和,农事顺序,父母妻子保守乡里。我等阖府官吏如有上欺朝廷,下枉良善,贪财作弊,蠹政害民者,灵必无私,一体昭报。”(《明会典·礼部·群祀·有司祀典·祭厉》)看来,凡是朝廷反对的事情,都是神和城隍要制裁的事情。城隍成了封建朝廷的御用神社。然而,至于城隍是否真的能够赏善罚报,上自朝廷百官,下至平民百姓,未必真的相信,这就使它的作用大打折扣。

但有时城隍还真的起作用。清代名吏汪辉祖每遇疑难案件举棋不定之际,必斋戒沐浴亲临城隍庙焚香乞祷,以求神启。在审理一宗命案时,汪辉祖将犯罪嫌疑人押至城隍庙。“余先拈香叩祷,祷毕,命大鹏、开杨(两位疑犯)叩首阶下。大鹏神气自若,而开杨四体战栗,色甚惧。余更疑凶手之不在成氏矣。”最后终于查出真凶。(汪辉祖:《学治臆说·敬城隍神》)这是古代“五听”之法与神权迷信思想相结合的新手段。然而这种手段,比起依靠聪明智慧获取证据裁断疑难案件的著名刑官来,真是小巫见大巫了。

二、禁忌与巫术

禁忌是对不吉不祥行为的忌讳,旨在保护社会整体的平安。巫术则是与神权迷信思想相联系的旨在解决某些社会问题的神秘手段。很多约定俗成的行为规范都源于禁忌并赖之以树立权威。

(一)禁忌

最早的禁忌也许是从远古人群的性关系衍生出来的。远古人群曾经历了毫无限制的性关系。后来,伴随着文明的演进,先是父女之间、母子之间的性关系被禁止了,后来发展到兄妹、姐弟之间,再后来是血亲之间。《搜神记》卷十四载:“昔高阳氏有同产而为夫妇,帝放之于崆峒之野。”这是对同父母之兄妹间性行为的禁止。《淮南子·齐俗篇》载:“帝颛顼之法,妇人不辟男子于路者,拂之于四达之衢。”此处之“妇”当属特殊情况之妇,也许是患了某种危险疾病的妇人,也许是丧父母、丧夫君之后一定期间内的妇人。为防止把不洁传染给男人,禁止其出门上路,上了路也要避开男人。

远古人类对性关系的禁忌也许缘于怪胎的产生。近亲结婚会产生怪胎,《博物志》卷二载:“昔高阳氏有同产而为夫妇,帝放之北野,相抱而死。神鸟以不死草覆之。七年男女皆活,同颈二头、四手,是蒙双民。”这里所说的二头四手正是怪胎,怪胎被视为不祥之兆。后世的“同姓不婚”就是这样产生的。《商君书·画策》说,黄帝制定“父子兄弟之礼,夫妇妃匹之合”,正是对这一禁忌的法律描述。后世儒家整理的“男女授受不亲”、“男女不同席”等礼仪,大约与这些禁忌有着内在联系。

尧舜时代的象刑也与禁忌相关。象刑即对违犯公共生活准则的人们处以五种象征性的刑罚:“有虞之诛,以蒙巾当墨,以草缨当劓,以菲屦当刖,以艾毕当宫,布衣无领以当大辟。此有虞之诛也。”(《太平御览》六四五引《慎子》)这种带有特殊标记的处罚措施,与其说是为了羞侮为恶者,不如说是为了给老天爷看,即老天爷要惩罚为恶者,就处罚这些有特殊标记的人吧,千万不要降灾于整个氏族。

《礼记·檀弓下》载:“臣弑君,凡在官者杀无赦。子弑父,凡在宫者杀无赦。杀其人,坏其室,洿其宫而潴(zhū 音朱)焉。”以下犯上而至于杀人者,是不赦重罪。对犯罪者不仅要杀死,而且还要拆毁其房屋院落,并用水淹没之。这是用水——特殊的清洁剂——来清洗犯罪者的不祥影响,勿使将不祥之物传染给大家。据《睡虎地秦墓竹简·法律答问》载,秦律规定,对患麻风病的犯罪者,要“生定杀水中”,也是用水来消除其不祥。

(二)巫术

巫术曾经是官方进行审判的一种手段。《山海经·海内南经》载:“夏后启之臣曰孟涂,是司神于巴。巴人请讼于孟涂之所。其衣有血者乃执之。是请生。”孟涂判案别有高着,“他只消作起一阵法术来,抬起眼睛一看,见那衣服上露出血迹的,就叫人把他捉住,定下他的罪名。因为衣服上有血,乃是神的示意,具体说明了犯罪者的犯罪事实。”[56]

古代帝王也有喜欢巫术的。《史记·殷本纪》载,商代帝王武乙“无道,为偶人,谓之天神。与之博,令人为行。天神不胜,乃僇辱之。为革囊,盛血,仰而射之,命曰射天。武乙猎于河谓之间,暴雷,武乙震死”。

但是,后世的巫术则属于民间的非官方的一种神秘伎俩。有些自然灾害如旱灾常常被认为是巫术所致,因此巫者常常受到官方的禁绝。《左传·僖公二十一年》载:“夏大旱,公欲焚巫、尪。”《礼记·檀弓下》载:“岁旱,穆公召县子而问然,曰:天久不雨,吾欲暴尪,而奚若?”都是因天旱而制裁巫者。商鞅变法时也曾对巫术进行严厉制裁。商鞅宣布:“刑弃灰于道者。”依照古老的习俗,家有亡人,则焚烧木柴,撒灰于住宅周围,以防鬼回来害人。此灰亦对活人产生伤害作用,故禁止撒灰于道路。这一禁令,与《礼记·王制》所谓“假于鬼神时卜筮以疑众,杀”的宗旨是完全一样的。

巫术产生于原始社会并有力地维系了当时的社会秩序。“古代许多法律若不利用咒的力量来维持其效力,便将成为无人遵守的具文。同时酋长若不以巫术为司法的手段,他便无法担负司法上的责任了。在这些社会中超自然的制裁力量实远胜于人为的一切制裁、一切力量。”[57]

然而,当社会进入文明阶段之后,民间巫术则常常起着破坏社会秩序的作用。因此,巫术被视为既可怕可惧又可痛恨的事物,故被法律严加惩处。

不管是民间大众还是封建帝王,都相信巫蛊可以伤人害人。汉武帝晚年多病,疑左右施巫蛊所致。征和元年(公元前92年),丞相公孙贺被人告发用巫术诅咒害人,埋木偶于道旁,被囚,死于狱中。次年,江充诬告太子宫中埋有木人,太子刘据大恐,杀江充而焚胡巫。武帝发兵追捕,太子领兵抗拒,后太子兵败自杀,死者数万人。(《汉书·江充传》)南北朝宋文帝时,女巫严道育与东阳公主之婢鹦鹉合谋为巫蛊,以玉刻文帝之形,埋于含章殿前。事发,二人被鞭杀、焚尸,扬灰于江中。(《宋书·二凶传》)隋太子作偶人,上书“西岳神兵收杨坚魂神”,缚手钉心,埋于华山下。(《隋书·文四子列传》)

汉律规定巫蛊害人者弃市。(《周礼·秋官司寇》郑司农注引贼律)魏律规定:为巫蛊者男女皆斩,而焚其家,巫蛊者负羖羊抱犬沉诸渊。(《魏书·刑罚志》)隋朝曾下诏将造蛊毒者流放四裔。(《册府元龟》卷六一一引)唐、宋、元、明、清诸朝法律均以巫蛊为十恶不赦的大罪,并处以重刑。

《唐律·名例·十恶·不道》规定:“五曰不道。谓杀一家非死罪三人,支解人,造畜蛊

〔56〕 袁珂:《中国古代神话》,中华书局1960年版,第264页。
〔57〕 瞿同祖:《中国法律与中国社会》,中华书局1981年版,第264页。

毒、厌魅。”疏议:“谓造合成蛊,虽非造合,仍传畜,堪以害人者,皆是。即未成者,不入十恶。厌魅者,其事多端,不可具述,皆谓邪俗阴行不轨,欲令前人疾苦及死者。”《唐律·贼盗·造畜蛊毒》规定:“诸造畜蛊毒及教令者,绞。造畜者同居家口虽不知情,若里正知而不纠者,皆流三千里。”疏议:“蛊有多种,罕能究悉。事关左道,不可备知。或集合诸蛊,置于一器之内,久而相食,诸蛊皆尽,若蛇在,即为蛇蛊之类。造谓自造,畜谓传畜,可以毒害于人。”宋、明、清律大致相同。

三、阴阳五行说对法律思想的影响

阴阳家的阴阳五行说曾经在战国时红极一时,对秦帝国乃至后世王朝均施以极大影响,主要表现在以下两个方面:

首先,阴阳家的思想为汉代封建正统法律的确立提供了重要的理论支柱。汉武帝时,为适应巩固专制主义中央集权制度的需要,董仲舒以儒家思想为核心,融合阴阳家的神学目的论,以及法家等诸家的思想,完成了儒学的更新,使儒家思想成为中国封建社会的统治思想。始终指导着历代王朝的立法和司法活动。

其次,阴阳家的德刑时令说神化了正统法律思想的基本理论。“三纲五常”所维护的贵贱、尊卑、长幼、男女、亲疏的差别和相互之间的关系,又无不可以纳入阴阳的模式。儒家主张先教后杀、先德后刑、德主刑辅的主张经过阴阳家的加工而增添了一层神圣的光彩。

四、天谴灾异说的影响

历代朝廷常常因发生灾异而联想到冤狱,故诏令清理狱案释放囚犯。汉后又有大赦之制。大赦天下,以合天道。

古代的大赦诏令是纳儒家、阴阳家、法家诸家思想为一炉的政论文。如唐《大曆七年大赦》原文:

门下:济于道者,化醇而刑措,善于理者,纲举而网疏。朕涉道未弘,烛理多昧,常亦遐想太古。高挹玄风,保合太和,在宥天下。盖德薄而为甄也,是用因时以设教,便俗以立功。务尽平恕,用申哀恤。又教浅而多犯也。加以边虞未戢,井赋犹繁,荒疾之余,寇攘斯起。遂令圜土嘉石之下,积有縲囚。危章玄简之中,困于法吏。属盛阳之侯,大暑方蒸。永念狴牢,何堪郁灼。所以沮伤和气,感致咎徵。天道人事,岂相远也。如闻天下诸州,自春以来,或愆时雨,首种不入,宿麦未登。哀我矜人,何恃不恐。皆由朕过,益用惧焉。惕然忧嗟,深自咎责。所以悉灭常膳,别居斋宫,祷于明神。冀获嘉应。仲夏之月,静事无刑,以助宴阴,以弘长养。断薄决小,已过于麦秋,继长增高,宜顺乎天意。可大赦天下:其大曆七年五月十五日昧爽已前,已发觉、未发觉、已结正、未结正,应天下见禁囚徒、罪无轻重,一切并宜放免,所由不须类例闻奏。宜令诸道节度观察及州县牧宰等,于当官内,所有名山灵迹,各精诚致祭,祈降甘泽。冀获豊稔。永思流弊,庶振风猷。其巴南诸州,仍岁水旱,迫于冻馁,或至流离。因有剽攘,苟全性命。惧刑网之所及,始啸聚以相依,抑有由焉。盖非获已,永言其弊。用轸于怀。如能相率来归,各安生业,并无所问,咸许自新。敢以赦前事相告者,以其罪罪之。亡命山泽,挟藏军器,百日不首,复罪如初。赦书日行五百里,宜示中外,咸使闻知。[58]

---

〔58〕 (宋)宋敏求:《唐大诏令集》,中华书局2008年版,第484、485页。

五、佛教对司法的影响

佛教思想传入中国之后，曾经与传统儒学发生冲突。尔后，随着实践的发展，一方面佛教不断修正自己以与中国传统文化相融洽；另一方面传统儒学也吸收了佛教的某些思想因素，以期巩固自己的阵地。

（一）佛教教义对父权的限制

父权制在中国历史上有着重要的地位。在西周春秋的宗法贵族政体之下，父系家族成为社会的基本细胞。父家长对卑亲属具有生杀予夺的大权，这种权力是礼所规定的并受到国家保护的。战国以后，父系家族解体，血缘纽带崩坏，小家庭成为社会的基本细胞。加之在官僚政体之下地域性的社会组织（什伍）建立，以地域来划分居民取代了按血缘来确定身份，居民真正成为国民，被纳入"生者著，死者削"的行政管理之下。父杀子的行为被禁止："擅杀子，黥为城旦。"子不孝父，父可告官，由官府代为惩处："免老告人以为不孝"，"亟执勿失"。（《睡虎地秦墓竹简·法律答问》）西汉以后，宗法家族逐渐壮大起来，父家长的特权亦随之恢复，父杀子的行为每有发生。在幅员辽阔的中国，朝廷仅依靠法律来禁绝父杀子的行为，已显得软弱无力。

东汉初，印度佛教传入中国。东汉明帝（刘庄）永平年间（公元58～75年），朝廷派使者去西域求佛法，"是大家公认佛教传入中国的开始"。[59] 永平八年（公元65年）明帝诏曰："楚王英（明帝之弟刘英）诵黄老之微言，尚浮屠之仁祠，洁斋三日，与神为誓，何嫌何疑，当有悔吝，其还赎以助伊蒲塞桑门之盛馔。"可证"在永平八年以前佛教肯定传入中国已有一段时间"。

佛教是主张"众生平等"、"好生恶杀"的，因此又主张"不拜父母"，"不尊王者"。这种主张对中国传统文化无疑是一种冲决，依照佛教教义，父杀子应属恶行而必得恶报。

东汉章帝建初年间（公元76～83年），朝廷曾集官僚、博士、诸生、诸儒于白虎观，"讲议五经同异……作《白虎议奏》"（《后汉书·章帝纪》），"天子会诸儒讲论五经，作《白虎通德论》，令固撰集其事"（《后汉书·班固传》）。白虎观会议曾专门对父亲杀其子行为进行过讨论，并得出结论。《白虎通·诛伐·父杀子》载："父杀其子当诛何？以为天地之性人为贵，人皆天所生也，讬父母气而生耳。王者以养长而教之，故父不得专也。《春秋传》曰：晋侯杀其世子申生，直称君者，甚之也。"

如果说，对父杀子行为的批评，以违背父慈的亲亲之道为依据，尚属传统之价值观念；那么，"人皆天所生"，子"讬父母气而生"，就直接否定了传统的孝道。而这种实质上纯属离经叛道之论，之所以能够出之于官僚诸儒之口，而又能为朝廷所首肯，不能不归因于当时佛教思想的盛传。佛教思想正是通过潜移默化的方式进入官方主流文化领域的。

（二）"福报"说对司法的影响

佛教主张的不杀生和因果报应的观念，对司法活动具有极大影响。执法之吏畏惧诛及无辜，得到恶报，常常一意从宽，不肯刑杀，从而养成司法宽纵之风。

---

〔59〕 汤一介：《从印度佛教传入中国看研究比较哲学、比较宗教学的意义》，载《中国哲学》（第8辑），三联书店1982年版。

第八节 非正统法律思想

在古代社会,除了正统法律思想之外,还存在着非正统或反正统的法律思想。这主要包括异端思想家、起义农民和明清之际启蒙思想家的法律思想。

一、异端思想家的法律思想

(一)关于异端思想

所谓异端思想家,指站在官方正统学术对立面,公开批判正统学术的思想家。严格说来,任何时代都有异端思想和异端思想家。比如春秋战国时代,杨朱的"为我",墨子的"兼爱",老庄的藐视仁义,农家的"君民共耕",都有不合时宜的"叛逆"精神。但那个时代,诸侯分立,尚无正统学术,百家得以平等争论。直至西汉武帝时定儒学为一尊,封建正统学术确立,始有异端之说。

古代社会的异端思想是社会矛盾的产物。它带有以下特点:首先,异端思想的立场是站在被压迫的人民一边的,为不幸人群鸣不平、抒愤怒的。不是为当权者出谋划策的。其次,异端思想的内容与封建统治阶级的正统思想是截然对立的,无调和之余地。因此,异端思想家被封建王朝深恶痛绝并视为洪水猛兽。再次,异端思想家虽然对黑暗不公的现实进行了批判,又常常提出美好的社会理想。但是,由于历史的局限性,他们未能提出解决社会矛盾并通向理想社会的具体办法,最终陷于乌托邦式的空想。复次,异端思想家对剥削压迫行径进行了无情的揭露和批判,这是非常可贵的。但他们没有从人类社会历史发展的角度去理解剥削制度产生的历史必然性和社会进步性。又次,古代异端思想与先秦思想有着千丝万缕的联系,它们的许多主张都可以从先秦诸子那里找到最初的原型。最后,异端思想家对社会历史的贡献是无形的,他们把批判不合理社会的大无畏精神留给后世的勇士,为后世启蒙思想的诞生鸣锣开道。

(二)鲍敬言的"无君"论

鲍敬言的生平及著述已不可考,其主张仅存于《抱朴子》外篇中的《诘鲍篇》。《抱扑子》的作者是葛洪(278~338年),他是东晋时期道教领袖。鲍敬言可能与葛洪同时或略早。《诘鲍篇》是葛洪专门批判鲍敬言的文字。作为批判的靶子,该篇较详细地转引了鲍敬言的主张,即"无君"论。其文如下:

儒者曰:"天生烝民而树之君"。岂其皇天谆谆言,亦将欲之者为辞哉?夫强者凌弱,则弱者服之矣;智者诈愚,则愚者事之矣。服之,故君臣之道起焉;事之,故力寡之民制焉。然则隶属役御由乎争强弱而校愚智,彼苍天果无事也。夫混茫以无名为贵,群生以得意为欢。故剥桂刻漆,非木之愿;拔鹖裂翠,非鸟所欲。促辔衔镳,非马之性;荷杌运重,非牛之乐。诈巧之萌,任力达真。伐生之根,以饰无用。捕飞禽以供华玩,穿本完之鼻,绊天放之脚,盖非万物并生之意。夫役彼黎烝，养此在官，贵者禄厚，而民亦困矣。

夫身无在公之役，家无输调之费，安土乐业，顺天分地，内足衣食之用，外无势利之争；操杖攻劫，非人情也。象刑之教，民莫之犯；"法令滋彰，盗贼多有"。岂彼无利性，而此专贪残？盖我清静则民自正，下疲怨则智巧生也。任之自然，犹虑凌暴；劳之不休，夺之无已，田芜仓虚，杼柚之空，食不充口，衣不周身，欲令勿乱，其可得乎？所以救祸而祸弥深，峻禁而禁不止也。关梁所以禁非，而猾吏因之以为非焉。衡量所以检伪，而邪人因之以为伪焉。大臣所以扶危，而奸臣恐主之不危；兵革所以静难，而寇者盗之以为难。此皆有君之所致也。民有所利，则有争心；富贵之家，所利重矣。且夫细民之争不过小小；匹夫校力，亦何所至？无疆土之可贪，无城郭之可利，无金宝之可欲，无权柄之可竞。势不能以合徒众，威不足以驱异人，孰与王赫斯怒，陈师鞠旅，推无仇之民，攻无罪之国，僵尸则动以万计，流血则漂橹丹野？无道之君，无世不有，肆其虐乱，天下无邦。忠良见害于内，黎民暴骨于外。岂徒小小争夺之患耶？

综合上述议论，可将鲍敬言的观点概括如下：一是国家君主并非天生神授，而是靠暴力强取的。所谓"天生烝民而树之君"，不过是骗人的谎话；二是君主和官府是用来剥削压迫弱者的。君主、大臣、贵族们肆意享乐，必然使平民陷于贫困；三是君主为了防止人民反抗，就增加军队，修筑城池。这就又加重了对人民的压迫，迫使人民铤而走险；四是君主不仅对内残暴地压榨人民，而且对外发动掠夺战争，驱使人民流血于疆场，弃尸于荒野，给人民带来无穷的灾难；五是君主是万恶之源。只有消灭了君主，才能恢复没有剥削没有压迫的无君社会，人民才能安居乐业。

（三）谭峭的"虚化"说

谭峭是五代时期人，其人其事已不得而知。其著作有《化书》。

谭峭认为，自然界和人类社会皆起于"虚"，源于"化"。他说："道之委也，虚化神，神化气，气化形，形生而万物所以塞也。道之用也，形化气，气化神，神化虚，虚明而万物所以通也。"（《化书·道化》）又说："虚化神，神化气，气化形，形化精，精化顾盼，顾盼化揖让，揖让化升降，升降化尊卑，尊卑化分别，分别化冠冕，冠冕化车辂，车辂化宫室，宫室化掖卫，掖卫化燕享，燕享化奢荡，奢荡化聚敛，聚敛化欺罔，欺罔化刑戮，刑戮化悖乱，悖乱化甲兵，甲兵化争夺，争夺化败亡。"（《化书·大化》）

正因为社会有了尊卑之分，才有了贵人对贱人、富人对穷人的统治、剥削和压迫。而礼乐、道德、刑罚就是为着统治者"保其国家而护其富贵"的目的而产生的。其统治的结果，必然导致人民的反抗："夫剜其肌，啖其肉，不得不哭；扼其喉，夺其哺，不得不怒。民之瘠也，由剜其肌；民之馁也，由夺其哺。"（《化书·雀鼠》）谭峭说："一日不食则惫，二日不食则病，三日不食则死。民事之急，无甚于食"，但是，人民的为数很少的食却被统治者们巧取豪夺了去："王者夺其一，卿士夺其一，兵吏夺其一，工艺夺一，商贾夺其一，道释之族夺其一。"（《化书·七夺》）人民无法生活，不得不去盗抢，这是统治者逼出来、教出来的："教民为奸诈，使民为淫邪，化民为悖逆，驱民为盗贼。"（《化书·大化》）"非兔狡，猎狡也；非民诈，吏诈也，""慎勿怨盗贼，盗贼惟我召；慎勿怨叛乱，叛乱禀我教。"（《化书·太和》）统治者出于自私自利，"好聚敛、蓄粟帛，具甲兵以御贼盗"，其结果是"贼盗擅甲兵，踞粟帛以夺其国"，"天子作弓矢以威天下，天下盗弓矢以侮天子"。（《化书·弓矢》）这是人民群众以"天子"之道还治"天子"之身。

谭峭希望建立一个无剥削、无压迫,大家共同劳动、共同享受的和谐社会。《化书·蝼蚁》用隐喻的手法表达了这一愿望:“蝼蚁之有君也,一拳之宫,与众处之。一块之台,与众临之,一粒之食,与众蓄之。一虫之肉,与众咂之。一罪之拟,与众戮之。”他要求在上者与平民百姓要上下相通,互相关怀:“心相通而后神相通,神相通而后气相通,气相通而后形相通;”“我病则众病,我痛则众痛。”如果大家都做到这一点,那么“急何由起,叛何由始?斯太古之化也”。到这里,谭峭对不合理社会制度的满腔愤恨,已经转化为无可奈何的幻想了。

(四)邓牧的“无何有之乡”

邓牧(1247~1306年),宋末元初人,字牧心,祖籍浙江钱塘,众称“文行先生”。邓牧家境贫寒,“家世相传,不过书一束”;生活贫困,“瓶无粟,衣弊履穿”。(《伯牙琴·逆旅壁记》)邓牧“自号‘三教外人’。年十余岁,读庄、列,悟文法。下笔追古作者”。32岁时,宋亡元立。他不仕于新朝,而漫游于名山大川。他“视名利薄之。遍游方外,历览名山。逢寓止,辄杜门危坐。昼夜唯一食”;“四方名胜,不惮远途。以文字清,每一篇出,争传诵之”。(孟集虚:《洞霄图志·邓文行先生传》)邓牧“发而为世外放旷之谈,古初荒远之论”,虽“无一词言及兴亡”,但其心深怀亡国之痛。[60] 其著作仅存《伯牙琴》,取名“伯牙琴”者,谓“今世无知音,余独鼓而不已,亦愚哉!”(《伯牙琴·自序》)

今本《伯牙琴》篇幅不大,计各类文章30篇,诗4篇,加自序、后序共36篇。其体裁有赋、有传、有记、有序、有祭文。其内容风格却各有不同:“有若礼法士严毅端重者,有若逸民恬淡闭旷者,有若健将忠壮激烈者,有若仙人绰约靖深者,有若神人变化不可测者。余自知如此,未知或者知我何如也。噫,三千年后,必有杨子云!”(《伯牙琴·后序》)其中,涉及政治法律思想的,则集中在《君道》、《吏道》两篇。现转录如下:

《君道》说:

古之有天下者,以为大不得已;而后世以为乐,此天下所以难有也。生民之初,固无乐乎为君;不幸为天下所归,不可得拒者,天下有求于我,我无求于天下也。……天生民而立之君,非为君也;奈何以四海之广,足一夫之用邪?故凡为饮食之侈、衣服之备、宫室之美者,非尧舜也,秦也。为分而严、为位而尊者,非尧舜也,亦秦也。后世为君者歌颂功德,称尧舜,而所以自为乃不过如秦,何哉?书曰:“酣酒嗜音,峻宇雕墙,有一于此,未或不亡”。彼所谓君者,非有四目两喙,鳞颈而羽臂也;状貌咸与人同,则夫人固可为也。今夺人之所好,聚人之所争,慢藏诲盗,冶容诲淫,欲长治久安,得乎!夫乡师、里胥虽贱役,亦所以长人也;然天下未有乐为者,利不在焉故也。

《吏道》说:

与人主共理天下者,吏而已。内九卿、百执事,外刺史、县令,其次为佐、为史、为胥徒。若是者,贵贱不同,均吏也。古者军(君)民意相安无事,固不得无吏,而为员不多;唐、虞建官,厥可稽已,其去民近故也。择才(且贤)者,才且贤者又不屑为。是以上世之士高隐大山深谷,上之人求之,切切然恐不至也。故为吏者常出不得已,而天下阴受其赐。后世以所以害民者牧民,而惧其乱,周防不得不至,禁制不得不详;然后小大之吏布于天下,取民愈广,害民愈深,才且贤者愈不肯至,天下愈不可为矣。今一吏,大者至食邑数万;小者虽无禄养,则亦并缘

---

[60] 《四库全书·伯牙琴提要》,转引自《伯牙琴》侯外庐序,中华书局1959年版,第2页。

为食，以代其耕，数十农夫，力有不能奉者。使不肖游手，往往入于其间。率虎狼牧羊豕，而望其蓄息，岂可得也！

综合上述议论，可将邓牧的主张概括如下：一是远古社会的君主和官吏都是为人民做事的。君与民相安无事，君与吏没有尊卑上下之别。君主与官吏共理天下，吃苦在先，享受在后，无利可图。所以人们都不愿意作君主、官吏。二是秦朝以后，君主、官吏以天下为自己的私产，尽其享乐。君主高高在上、威严可畏、养尊处优。官吏巧取豪夺、扰民害民、如狼牧羊。三是为了维护自己的私利，以防止人民反抗，君主和官吏建立军队，制造武器，颁布法令，视人民为盗贼，处处设防，以备不测。这样做，适得其反，更加重了对人民的压迫。四是人民被迫无奈，无以存生，才起而反抗，真的成了盗贼。君主与常人无别，常人亦可作君主："天下何常之有，败则盗贼，成则帝王"。五是解决问题的根本办法是"废有司，去县令，听天下自为治乱安危"。这就是邓牧所向往的梦一般的"无何有之乡"，即《伯牙琴·代问道书》所谓"相与恣睢遥荡于无何有之乡"。

二、起义农民的法律思想

（一）古代社会的农民起义

我国古代最早的农民起义是春秋、战国之际跖领导的起义。跖，又作蹠，被诬称为"盗跖"。该次起义规模很大，影响亦深，成为战国数百年学者议论之题材。《庄子·盗跖》载："盗跖从卒九千人，横行天下，侵暴诸侯。穴室枢户，驱人牛马，取人妇女。贪得忘亲，不顾父母兄弟，不祭先祖。所过之邑，大国守城，小国入保（堡），万民苦之。"此篇虽是寓言，但所言跖之事当属实。《荀子·不苟》说："盗跖吟口，名声若日月，与舜禹俱传而不息。然而君子不贵者，非礼义之中也。"至于更具体的情况，已无从考据了。

我国古代社会有记载的首次农民起义当属秦末陈胜（字涉）吴广起义了。"陈涉，瓮牖绳枢之子，氓隶之人，而迁徙之徒也。……蹑足行伍之间，俛仰阡陌之中，率罢散之卒，将数百之众，转而攻秦。斩木为兵，揭竿为旗，天下云会响应，赢粮而景从，山东豪俊遂并起而亡秦族矣。"陈胜乃贫苦农民出身，"陈涉少时，尝与人佣耕，辍耕之垄上，怅恨久之，曰：苟富贵，无相忘"，及其举大事之际，则谓"壮士不死即已，死即举大名耳，王侯将相宁有种乎！"（《史记·陈涉世家》）表现了农民群众对身份制度的不平等和物质生活贫困的极大不满。陈胜吴广的起义，缘于秦朝残暴的统治，他们是在屠刀面前为生存铤而走险的。作为贫苦农民，他们对统治者亦怀着本能的仇恨，并希望有朝一日取而代之。古代社会的农民起义，从秦末的陈胜、吴广，到清末的洪秀全，共爆发了数百次。他们用武装斗争冲决了腐朽的统治，从客观上为商品经济的发展和市民社会的萌芽，创造了政治条件。

（二）起义农民的政治主张

古代的起义农民，常常从先秦墨家、农家、道家获取反抗精神和战斗的口号。如西汉樊崇起义，沿用墨家主张，提出"杀人者死，伤人者偿创"（《后汉书·刘盆子传》）。"太平道"教起义农民则高举"太平"的旗帜："太者大也，言其积大如天，无有大如天者。平者言治。太平，均。凡事悉治，无复不平。太者天地能复育万物，其功最大。平者，地也，地平然后能养育万物。"（《太平经》）"太平"意味着平等：人与人身份上的平等、财产上的平等、劳动上的平等、享受上的平等。他们痛恨为富不仁:“积财亿万,不肯救穷施急。其罪不除。”因此,他们设立“义舍”,“置义米肉,悬于义舍,行路者量腹取食”。(《三国志·魏志·张鲁传》)他们要求人人从事劳动:“天生人,幸使人人有筋力,可以自衣食而轻休其力。”(《太平经》)对犯法的人可以经三次宽宥然后制裁。犯了小错可以通过公益劳动(修路一百步)来赎过。南北朝时期,有的起义农民还用《金刚经》的“是法(佛法)平等,无有高下”作为口号。

唐末起义农民打起“平均”的旗帜,更为重视平均分配土地。王仙芝“自称天补平均大将军”(《资治通鉴》卷二五二注引《续宝·运录》),黄巢号“冲天太保均平大将军”(《五代史平话》),皆缘于此。北宋初年的王小波、李顺起义更提出“均贫富”的口号:“故小波得以激怒其人曰:吾疾贫富不均,今为汝均之。贫者附之益众。”(《渑水燕谈录》卷八)李顺“悉召乡里富人大姓,令具其家所有财粟,据其生齿,足用之外,一切调发,大赈贫乏”(《梦溪笔谈》卷二五《杂志》二)。南宋钟相、杨么的起义则以“等贵贱、均贫富”相号召:(钟相)“阴语其徒曰:法分贵贱贫富,非善法也。我行法当等贵贱,均贫富。持此说以动小民,故环数百里间,小民无知者,翕然从之。……如是凡二十年。”故被统治者诬为“谓国典为邪法,谓杀人为行法,谓劫财为均平。”(《三朝北盟会编》卷一三七)

如何实现“等贵贱、均贫富”?有四个办法:一是在政治上军事上推翻“不平者”的统治。如元代红巾起义所说的“天遣魔军杀不平,不平人杀不平人,不平人杀不平者,杀尽不平方太平”(陶宗仪:《辍耕录》)。二是推行劳动人民的互助。如宋代方腊起义,“始投其党,有甚贫者,众率财以助,积微以至小康矣”(庄季裕:《鸡肋篇》卷上),“一家有事,同党之人皆出力以相赈恤”(《建炎以来系年要录》卷七六),设“义舍”,“凡出入经过,虽不识,党人皆馆谷焉,人物用之无间,谓之一家,故有无碍被之说”(庄季裕:《鸡肋篇》卷上)。三是使“耕者有其田”。明末李自成起义时曾把地主的土地还给贫农:“……以割富济贫之说,明示通衢,产不论久近,许业主认耕,故有百年之宅,千金之产,忽有一二穷棍认为祖产者,亦有强邻业主,明知不能久占,而掠取资物者,有伐树抢粮,得财物而去者,一邑纷如沸釜,大家茫无恒业”(丁耀亢:《出劫纪略》抄本)。四是免徭免税。李自成即以“均田免粮”为口号,得到贫苦农民的拥护。有民谣:“吃他娘,着他娘,吃着不尽有闯王,不当差,不纳粮。”(《绥寇纪略》卷九)“朝求升,暮求合,近来贫汉难存活,早早开门拜闯王,管教大小都欢悦。”(《明季北略》卷二三)这些情绪,“表现着农民力求平等而完全推翻地主权力,完全消灭地主土地所有制的那种革命愿望。”[61]

第九节 正统法律思想的衰落

一、明清之际的思想启蒙与启蒙思想家

明清之际是中国古代社会后期的大动荡时期。从明代中后期的嘉靖到万历年间(相当于16世纪中叶),随着商品经济的发展,私人手工业、矿业和商业都有较大增长,全国出现了数

---

〔61〕《列宁文选(两卷集)》(第一卷),人民出版社1956年版,第787页。

十个规模相当可观的商业城市，对外贸易也有所发展。局部地区（如浙江）还产生了资本主义性质的雇佣关系。资本主义的幼芽已经在中国社会内部孕育起来，传统生产关系开始了缓慢解体的过程。有些中小地主也兼营工商业，他们把多余的地租全部卖出，积累银钱，“逐末生息”，对工商“末业”也大感兴趣，一反重农轻商的故态。这些地主和城市工商业也就或多或少地发生了联系，有了某种共同语言。作为这部分地主阶级代言人的某些封建士大夫，甚至一身而二任，同时又扮演了市民利益代言人的角色。

明末的黑暗统治，激化了阶级矛盾，农民起义此伏彼起，新兴市民阶层反对矿监、税监的斗争连绵未绝。这种在手工工人和工商业者中爆发的所谓“民变”，反映了发展商品经济和资本主义的要求。与此同时，在士大夫内部，一些主要出身于中小地主阶层，和工商业者有一定联系的人，从维护国家的整体和长远利益出发，不满宦官专权，结成了“东林党”，抨击宦官专政的种种弊政。他们中的很多人都在不同程度上同情甚至参加了当时的市民斗争。

明清之际的启蒙思想家，就是在这种新老社会矛盾、阶级矛盾和统治集团内部矛盾尖锐化的背景下，登上了历史舞台。他们的法律思想的产生，标志着正统法律思想的衰落。

明清之际的启蒙思想家，是我国历史上最早的一批启蒙思想家。受当时中国的具体条件所限，他们不如同时期西方启蒙思想家那样声势浩大，但正由于条件不利，他们的先进思想更使人感到难能可贵。在这批启蒙思想家中，与法律思想关系比较密切的，主要有黄宗羲、王夫之、顾炎武和唐甄，而其中尤以黄宗羲最为突出。

黄宗羲（1610～1695年），字太冲，号南雷，人称梨洲先生，浙江余姚人。其父黄遵素是“东林党”的重要人物，后被宦官杀害。黄宗羲知识渊博，既是思想家又是史学家，对数学、天文、地理等也很有研究。他的著作很多，不下数十种，主要有《南雷文定》、《明儒学案》、《宋元学案》、《明夷待访录》等。《明夷待访录》不但是黄宗羲，同时也是当时启蒙思想家在政治、法律思想方面最有代表性的著作。学术界曾将其与17、18世纪西方启蒙思想家的同类著作相提并论。但《明夷待访录》成书于1662年（一说1663年），比孟德斯鸠的《法意》（《论法的精神》1748年）、卢梭的《民约论》（《社会契约论》1762年）要早几十年或上百年，比1789年法国《人权宣言》更要早得多，比洛克的《政府论》（1690年）也早二十多年。

王夫之（1619～1690年）字而农，号姜斋，世称船山先生，湖南衡阳人。他也是学问渊博的思想家，在唯物主义哲学的成就上比黄宗羲尤高。著有《周易外传》、《张子正蒙注》、《尚书引义》、《噩梦》、《黄书》、《读通鉴记》等，但在法律思想方面无专门著作。

顾炎武（1613～1682年）字宁人，号亭林，江苏昆山人，是与黄宗羲、王夫之齐名的唯物主义思想家。他提倡“经世致用”，主张把学术研究和解决社会实际问题联系起来。著有《天下郡国利病书》、《日知录》、《音学五书》、《亭林诗文集》等。

唐甄（1630～1704年），初名大陶，字铸万，号圃亭，四川达州（今达县）人。在启蒙思想家中，他也以反对封建专制主义著称。著有《潜书》。

明清之际的启蒙思想家除上述四人外，还有陈确、潘平格、朱之瑜、傅山、李塨、颜元、李塨等一大批知名之士。在此之前，还有何心隐、李贽；稍后又有戴震、汪中、章学诚等。

作为启蒙思想家，他们都或多或少地具有一些不同于西方资产阶级启蒙思想家的特点，概括起来可以归纳如下：

首先，他们对古代政治制度特别是集权君主制度表示出仇视或不满。其次，他们都有追求民主、自由和自治的一定倾向，而对新鲜事物又都比较敏感，反对墨守成规，故步自封。再次,他们都比较同情人民,包括农民和市民。在欧洲,中世纪的市民阶级和小农阶级是现代资产阶级的前辈。[62] 中国早期启蒙思想家对这两个前辈是怀有敬意的,尽管他们并不同情农民暴动。最后,他们对于未来的远景怀着无限的信念和幻想,都把他们的理想和美好的乌托邦联系起来,并完全真诚地相信这样的"世界乐园"。但是他们也存在先天不足,在他们那种不仅超越现在,而且超越未来的空想之中,却又包含着作为封建叛逆所不应具有的不彻底性,而被各种旧传统严重地束缚着。他们的改革方案和理想往往是以托古改制或复古改制的形式出现的,甚至使用的语言大都古色古香,充满着形式与内容的矛盾。

二、黄宗羲的法律思想及其历史地位

图 49　黄宗羲

黄宗羲是明清之际启蒙思想家的杰出代表,他的法律思想是当时启蒙思想家法律思想的集中表现。

(一)反对君主专制,主张限制君权

黄宗羲认为政治之所以腐败,人民之所以受难,最大的祸根就是专制君主。他说:"为天下之大害者,君而已矣。"(《明夷待访录·原君》)这里指的不是君主个人的好坏问题,而是制度问题。在他看来,"人生之初,人各自私也,人各自利也",并没有君主。但到后来,各人只顾各人,天下有"公利"无人去兴,有"公害"无人去除。为了兴"公利"、除"公害",于是才产生"不以一己之利为利,而使天下受其利;不以一己之害为害,而使天下释其害"的君主。他认为唐、虞、三代(夏、商、周)的君主就是这样。

黄宗羲肯定三代以上的君主,正是为了否定三代以下的君主。二者的区别在于后者不是兴公利、除公害,反而"以为天下利害之权皆出于我,我以天下之利尽归于己,以天下之害尽归于人","使天下之人不敢自私,不敢自利,以我之大私为天下之大公","视天下为莫大之产业,传之子孙,受享无穷"。所以黄宗羲所否定的,是秦汉以来的君主制度。

三代以前与三代以后的君主有这样大的差别,关键就在于三代以前是"以天下为主,君为客"(《明夷待访录·原臣》),三代以后是"以君为主,天下为客"。这样一来,人们为了争当君主,便使得天下不能安宁。在其未当上君主以前,不惜"涂毒天下之肝脑,离散天下之子女,以博我一人之产业";在其当上君主以后,又不惜"敲剥天下之骨髓,离散天下之子女,以奉我一人之淫乐"。

黄宗羲还对三代以前和三代以后人民对待君主的态度进行了比较:"古者天下之人爱戴其君,比之如父,拟之如天,诚不为过也。今也天下之人怨恶其君,视之如寇仇,名之为独夫,固其所也。"他提出了一个包含有君臣平等意义的新命题,即"臣之与君,名异而实同","官者,分身之君也"。(《明夷待访录·原臣》)所谓"名异",指君臣的名位不同;所谓"实同",指君臣都在为万民治理天下,只是分工不同。所以他说:"缘夫天下之大,非一人所能治而分治之以群工。故我(指臣)之出而仕也,为天下,非为君也;为万民,非为一姓也。"他认为过去的臣子唯君主马首是瞻,是一种宦官、宫妾思想,是"视天下人民为人君囊中之私物",视

[62] [德]马克思、恩格斯:《共产党宣言》,载《马克思恩格斯选集》(第一卷),人民出版社 1972 年版,第 252 页。

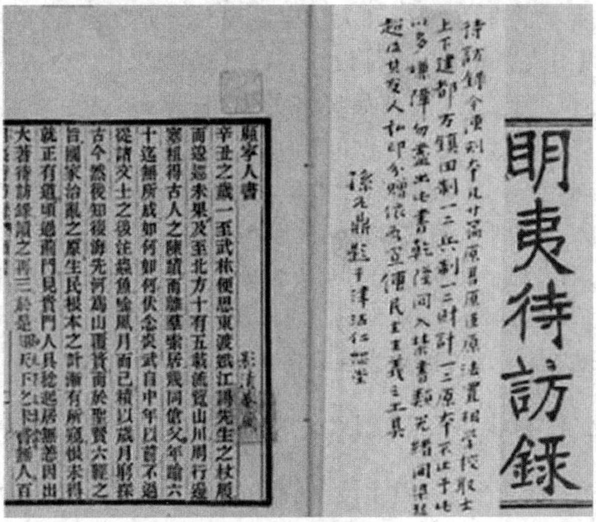

图 50　《明夷待访录》

自己为君主的“仆妾”。而君主也把臣子看成是供其“奔走服役之人”。在黄宗羲看来，臣子应该以“万民之忧乐”为念，而不应以“一姓之兴亡”为念。君臣关系不是主仆关系，也不是父子关系；如果君臣都“以天下为事”，那么臣就不是“君之仆妾”，而是“君之师友”。黄宗羲的这些说法，显然是对“君为臣纲”的正统思想的冲击，是从君臣关系这一侧面反对君主专断。

黄宗羲的“天下为主，君为客”和“臣之与君，名异而实同”，不但从君民、君臣两个方面比较全面地抨击了君主专制制度，而且又都把反对君主制度同反对君主“视天下为莫大的产业”的所有权观念联系了起来。这就大大丰富了他的思想内容。

黄宗羲限制君权的主张，主要表现在以下三个方面：

首先是“置相”和提高相权。他认为在古代，君臣的差距不大，“伊尹、周公之摄政，以宰相而摄天子”（《明夷待访录·置相》），并没有引起什么非议。但“后世君骄臣谄”，“天子之位过高”。天子死后，如无适龄的“长君”，只能“委之母后”，宰相不能也不敢摄代。秦汉以后，特别是罢相以后，作为与天子共治天下的百官，便变成了唯命是从的工具。天子对待他们的态度不外是“能事我者，我贤之；不能事我者，我去之”。在宰相尚未废除前，“天子传子，宰相不传子；天子之子不皆贤，尚赖宰相传贤足相补救，则天子亦不失传贤之意。宰相既罢，天子之子一不贤，更无与为贤者矣，不亦并传子之意而失者乎！”因此，他主张恢复宰相制度，使宰相有职有权，能与天子“同议可否”。

其次是主张学校议政。黄宗羲很重视学校的作用，认为学校不但是培养人才的场所，而且应当成为“公其非是”的议政机关，并且要求使“治天下之具皆出于学校”。黄宗羲从东汉太学生议论朝政那里找到依据，进一步把学校发展成含有近代意义的议会机关，要求将决定是非的最高权力从天子手中转移到学校。明确提出：“天子之所是未必是，天子之所非未必非，天子亦遂不敢自为非是，而公其非是于学校。”（《明夷待访录·学校》）在中央，他要求从天子到公卿都要在太学祭酒（相当于校长）的面前就弟子之列，祭酒有权批评政治的得失；在地方，郡县官都要在学官的面前就弟子之列，学官对地方政事之缺失，“小则纠绳，大则伐鼓号于众”。黄宗羲的学校议政，虽然远非什么议会政治，但可以说是由集权君主制向近代议会制迈出的小小一步。按照他的设计,皇帝和大臣定期到太学听取名儒们的意见,接受他们对时政得失的批评谏议,以图改进政治。这种设计或许可以称得上是中国式议会的雏形。如果中国社会从明清之际顺利走上发展商品经济的道路,那么,黄宗羲也许就会成为中国的卢梭。

最后是提倡地方分治。为了限制君权,黄宗羲和其他启蒙思想家都在中央与地方的关系上谈论过古代分封制和后来郡县制的得失。比较一致的意见是,二者各有利弊。封建制(分封制)地方权力太大,中央难于控制,郡县制地方权力太小,无力抵御外侵:"封建之弊,强弱兼并,天子之政教有所不加;郡县之弊,疆场之害苦无已时。"(《明夷待访录·原臣》)因此,他主张将二者结合起来,并加强地方的独立性和自主性。

(二)以"天下之法"取代"一家之法"

明清之际的启蒙思想家,在反对君主制度的同时,也反对维护君权的法制,而要求立法为"公",要求兼顾城市市民的利益。从这一思想出发,他们都主张变法,反对死守祖宗成法。黄宗羲尖锐地批判了那些主张"子孙以法祖为孝"的"俗儒",认为当今的一切制度,都应"远思深览,一一变通"。以黄宗羲为代表的启蒙思想家,正是在这一思想基础上提出了一系列含有一定进步和民主因素的新的法律观点。其中最富有时代特色并对后世最有启蒙意义的,就是反对"一家之法",代之以"天下之法"。这种与反对"以君为主,天下为客",主张"以天下为主,君为客"的思想,也是他从对比三代以上和三代以下的历史中得出的结论,其论点主要有二:

首先是"三代以上有法,三代以下无法"。黄宗羲认为"三代以上"的"二帝"(尧、舜)、"三王"(禹、商汤、周文王、武王)"知天下之不可无养也,为之授田以耕之;知天下之不可无衣也,为之授地以桑麻之;知天下之不可无教也,为之学校以兴之,为之婚姻之礼以防其淫,为之卒乘(卒伍、车乘,指军队)之赋以防其乱,此三代以上之法也"。可见三代以上之法是从"为天下"出发的,"固未尝为一己而立也"。但是,"后之人主,既得天下,唯恐其祚命之不长也,子孙之不能保有也,思患于未然以为之法。然则其所谓法者,一家之法而非天下之法也"。他列举了秦汉以来的一些措施,如秦废封建(封疆土,建诸侯)为郡县,汉封诸子为王等,都是皇帝为一己之私利所立的法,这种没有"一毫为天下之心"的法,根本不能称之为"法",所以他说"三代以下无法"。(《明夷待访录·原臣》以下同)

其次是肯定"无法之法",否定"非法之法"。黄宗羲进一步指出"三代之法"是"藏天下于天下",天子不把"山泽之利"、"刑赏之权"据为己有而与天下之人分享,"贵不在朝庭"、"贱不在草莽"。因此,"法愈疏而乱愈不作",可以算是"无法之法"。而"后世之法"则藏天下于筐箧,皇帝把一切福利据为己有,"利不欲其遗于下,福必欲其敛于上,提心吊胆,疑神疑鬼,唯恐他人染指","用一人焉则疑其自私,而又用一人以制其私;行一事焉则虑其可欺,而又设一事以防其欺","政其法不得不密",其结果必然是"法愈密而天下之乱即生于法之中"。所以这种"藏天下于筐箧"没有一点为天下之心的法,是"非法之法"。

黄宗羲还批判了当时为"非法之法"辩护的两个观点。一是"一代有一代之法,子孙以法祖为孝"。意思是一个朝代有一个朝代的法制,明朝的开国者创立了法度,子孙便应遵循。他驳斥说,这种"非法之法",不管是"前王不胜其利欲之私以创之",还是"后王或不胜其利欲之私以坏之",都一样。因为"坏之者固足以害天下,其创之者亦未始非害天下者也"。二是"有治人,无治法”,想借用荀子的话来反对变法。黄宗羲针锋相对地答复说,他的看法是“有治法而后有治人”。因为不改变“桎梏天下人之手足”的“非法之法”、“一家之法”,即使有“能治之人”,也处处掣肘,不能有所作为。反之,如果有了“天下之法”,即使不得其人,“亦不至深刻罗网”,为害天下。

黄宗羲要求以“天下之法”取代“一家之法”的思想,是中国古代社会漫漫长夜中的一线光明。他所谓的“天下之法”,也就是使天下之人都能“自私”、“自利”,或都能“各得自私、各得自利”之法。这正是近代以个人为本位和以自由、平等为口号的资产阶级法律观的萌芽形态。

(三)反对重农抑商,主张工商皆本

“重农抑商”或“崇本抑末”是我国古代根深蒂固的传统思想。先秦儒、法两家的主张在很多方面是对立的,却一致赞成以农为本、以商(包括手工业)为末,并长期成为统治者制定政策、法律的指导思想。

黄宗羲是中国历史上第一个把以农为本、以工商为末的传统思想,改为工商皆本的思想家。他说:“今夫通都之市肆,十室而九,有为佛而货者,有为巫而货者,皆不切于民用。一概痛绝之,亦庶乎救弊之一端也。此圣王崇本抑末之道。世儒不察,以工商为末,妄议抑之。夫工固圣王之所欲来,商又使其愿出于途者,盖皆本也。”(《明夷待访录·财计三》)

本来,在先秦儒家与法家的重农抑商思想中,主要是反对“奇技淫巧”,的确没有把切于民用的手工业加以抑止。但他们共同的抑商思想,却不利于商品生产和流通,因而也不利于手工业的发展。特别是秦汉以后,王朝往往与民争利,对民间工商业设置各种限制,并且从思想上加以鄙夷钳制,更加束缚了工商业者的手足。工商始终位居末业,从未取得与农业平起平坐的地位。另一方面,统治者为了满足其腐化享乐生活,不禁不利于国计民生的工商业,反而只禁有利于民用的工商业。所以黄宗羲首先提出分清是否切于民用的问题,然后才将切于民用的工商业提到本的位置,是很有倾向性的。他是站在有利于国计民生的立场上来谈工商皆本,来替工商业者说话的。

黄宗羲没有针锋相对地提出“重商抑农”的口号,没有想到资本的原始积累,也不可能知道行将到来的新的社会矛盾,他的工商皆本实际上就是农工商皆本。在对待农这一本业时,他也首先着眼于广大农民的生计问题,同情广大贫苦农民无田可耕的悲惨境遇。他力主改革土地所有制,以恢复“井田制”为名,要求在土地国有制的形式下以“田土均之”(《明夷待访录·财计二》)为原则,授田于民,国家只收什一之税。他说:“古之圣君方授田以养民,今民所自有之田,乃复以法夺之。授田之政未成,而夺田之事先见。所谓行一不义而不可为也。”因此,他认为必须恢复“井田制”。尽管其授田于民的主张充满着幻想,很不现实,但却蕴含“富民”的民主因素和大同理想。

伴随工商皆本思想而来的,还有一个改革货币的问题。为了便于商品流通,他主张废止由皇权垄断的金银货币,而统一用铜币,并辅之以统一发行的有充分储备的纸币。

以黄宗羲为主要代表的启蒙思想家,在明清之际的历史上写下了极为光辉的一页。但他们的思想在当时并没有见诸实践,远不如西方同时代启蒙思想家那么幸运。世界商业与世界市场是在16世纪开始资本的近代生活史的,从明代中、后期的情况看,中国也是这样。只是由于各种原因,特别是后来外国资本主义的侵入,使中国的近代史走了一段相当长的

曲折道路。否则,即使没有外国资本主义的影响,中国也将缓慢地发展到资本主义社会。不过,黄宗羲等启蒙思想家的心血并未完全付诸东流。黄宗羲的《明夷待访录》在二百多年之后,被维新变法人物私印数万本,秘密散发,“作为宣传民主主义的工具”和实行变法的思想武器。[63]

---

〔63〕 梁启超:《中国近三百年学术史》,中华书局 1936 年版,第 40 页。

第四章　中国法律思想的嬗变形态

爆发于1840年的鸦片战争是中国进入近代历程的一个起点，而1919年的五四运动之后，中国又进入了现代的发展进程。此间，中国社会发生了自春秋战国以来最巨大的质变性的深刻社会变革，中国的政治法律制度也出现了前所未有的大变化，各色法律思想异常丰富。从宏观角度看，大致可以划分为三条线索：

第一条是地主阶级。鸦片战争的炮火轰开了古老帝国的大门，中国开始沦为丧失主权的半殖民地社会。朝野清醒人士无不深悟到中国已经处在"数千年未有之变局"之中，"世变至此亟矣，中国数千年以来所守之典章法度，至此而几将播荡澌灭"。（《弢园文录外编·答强弱论》）他们第一次在世界特别是西方列强的宏观视角下审视中国的生存问题。一些具有进步思想的封建士大夫如包世臣、林则徐、龚自珍、魏源等人，从爱国救国出发，主张变法图强。其主要措施是"师夷之长技以制夷"，学习列强的船坚炮利和练兵之法，发展军事工业，以抵御外侮、恢复国权。此后，一批中央和地方的大官僚打起"中学为体，西学为用"的旗帜，认为列强的发达的军事工业有其发达的民用工业为基础，故必须学习列强的先进工业技术，以实业救国，故大办"洋务"，试图以西方的"用"来捍卫中国的"体"（君主政体和纲常名教）。但甲午中日战争，中国败绩，"洋务"运动遂破产。此后的地主阶级代表人物进一步分化，或投身于资产阶级改良运动，或坚守顽固立场阻挡社会进步的潮流。

第二条线索是农民阶级。其代表人物是太平天国革命运动的领袖。他们的思想既具备古代社会起义农民所具有的一系列特征，又在一定程度上带有旧民主主义革命的色彩。先秦墨家的平均主义、皇权主义、宗教主义倾向，都在太平天国那里发挥到极致。太平天国革命达到了两千年农民起义所能达到的最高水平。此外，太平天国革命领袖中的个别成员，由于受到西方文化的影响，主张发展资本主义，从而跳出了古代起义农民传统思想的范畴。

第三条线索是资产阶级。19世纪60年代，一批从地主阶级营垒中分划出来的具有资产阶级意识，要求发展民族资本主义的资产阶级改良派登上历史舞台，他们一边批判"洋务"派的"中体西用"论，认为西方的"用"和"体"是一个不可分割的整体，不能断章取义；一边宣传西方的先进政治法律制度，并提出君主立宪的设想。19世纪末的维新运动标志着中国资产阶级正式登上政治舞台，他们不论在理论上还是实践上都远远超越了早期资产阶级改良派。但是，他们试图用改良手段建立君主立宪的资产阶级国家，则表现了他们的历史局限性。而资产阶级革命派则一方面既反集权君主政体又反君主立宪，主张以革命手段推翻集权君主制度，建立资产阶级共和国；另一方面又独立自主地对待西方政治法律理论，没有拜倒在"舶来品"面前，而是结合中国传统文化中的优良成果，以期洋为中用，古为今用。孙中山先生的"五权宪法"理论就是这样产生的。在国民党政府时期，占统治地位的法律思想主要表现在两个方面：一个是"国家社会本位"的法律观；另一个是"成文法"与判例制度相结合的"混合法"理论。这些法律思想既植基传统,又面向世界,标志着中国法律思想史进入历史发展的新阶段。

第一节 地主阶级革新派的法律思想

一、关于地主阶级革新派

地主阶级革新派与坚持“祖宗之法不可变”的守旧派相反,是中国社会进入近代(1840 年鸦片战争始)后出现的主张“因时变法”以挽救危亡的一个群体。地主阶级革新派主要代表人物主要有龚自珍(1792~1841 年)和魏源(1794~1857 年)。

地主阶级革新派由官僚群体中有进步思想的士大夫和一般知识分子所组成。他们对国家形势有较为清醒的认识。他们预感到封建王朝面临深重的危机,从而要求改革时弊,在不触及国家基本制度的条件下革新政治,以期维护王朝的根本利益。

地主阶级革新派的政治立场具有两重性:一方面他们具有革新性。他们要求抵抗列强的侵略,严禁鸦片。主张“经世致用”,抨击经学,提倡引进和学习新东西。比如“本末皆富”、“师夷之长技以制夷”。因此,他们的思想对后来的资产阶级改良派有直接影响;另一方面,他们又具有保守性。他们的思想总体上还没超越传统思想的条条框框。他们革新的目的不是建立一个新制度,而是维护旧王朝。因此,他们敌视农民起义,他们当中有不少人参与了镇压农民起义的活动。其代表人物龚自珍的著作有《龚自珍全集》(中华书局 1959 年版,以下引文只注篇名),魏源的著作有《魏源集》(中华书局 1976 年版,以下引文只注篇名)。

图 51 龚自珍

二、“变古愈尽,便民愈甚”的变法主张

龚自珍认为,自然界的一切事物均处在变化之中。人类社会也必然经历自“古之世”、“今之世”乃至“后之世”的变迁。因此,“自古及今,法无不改,势无不积,事例无不变迁,风气无不移易。”法律实行既久,必然出现弊端,因此应当允许百姓批评:“一祖之法无不弊,千夫之议无不靡”(《龚自珍全集·上大学士书》),如果抱残守缺,“拘一祖之法,惮千夫之议”,故步自封,不肯变革,必然积重难返,陷入危机:“与其赠来者以劲改革,孰若自改革?”只有尽早“更法”、“改图”,才能实践“穷则变,变则通,通则久”的道理。(《龚自珍全集·乙丙之际箸议第七》)

魏源认为,天地间万事万物“无一息不变”,“三代以上,天皆不同今日之天,地皆不同今日之地,人皆不同今日之人,物皆不同今日之物”。(《魏源集·默觚下·治篇五》)这种变化是个人意志无法左右的。即使是“古之圣王”也“不能使甲兵之世复还于无甲兵”,“不能使刑狱之世复还于无刑狱”,“不能使歌舞之世复还于无歌舞”。(《魏源集·默觚下·治篇十四》)法律制度因时而立,“天下无数百年不弊之法,亦无穷极不变之法,亦无不除弊而能兴利

之法，亦无不易简而能变通之法”。（《魏源集·淮南盐法轻本敌私议自序》）古有古之法，今有今之法，“执古以绳今，是为诬今。执今以律古，是为诬古。诬今不可为治，诬古不可以语学”。社会是不断进步的，不可能倒退的：“江河百源，一趋于海”，不可能“反江河之水而复归之山”。他还强调，变法的目的是“便民”、“利民”、“变古愈尽，便民愈甚”。（《魏源集·默觚下·治篇五》）他提出，变法要循序渐进：“强人所不能，法必不立。禁人之所必犯，法必不行。虽然，立能行之法，禁能革之事，而求治太速，疾恶太严，革弊太尽，亦有激而反之者矣。”（《魏源集·默觚下·治篇三》）他还强调，变法的要害是任用贤人：“君子不轻为变法之议，而惟去法外之弊，弊去而法仍复初矣。不汲汲求立法，而惟求用法之人。得其人自能立法矣。”（《魏源集·默觚下·治篇四》）只有任用贤人，才能改革腐败的官僚制度，实现富国强兵。

图 52　魏源

三、“师夷长技以制夷”

魏源认为：“小变则小革，大变则大革。小革则小治，大革则大治。”[1]“大变”、“大革”集中反映在“师夷”上面，即向西方列强学习。他写了《海国图志》一书，其《序》说：“是书何以作？曰：为以夷攻夷而作，为以夷款夷而作，为师夷长技以制夷而作”，“师夷长技”主要是学习西方的军事技术：“夷之长技三：一、战船，二、火器，三、养兵练兵之法。”[2]为此，他建议引进西方的技术人员，设立工厂制造新式兵舰大炮。他相信唯有如此才能富国强兵，抵抗西方列强的侵略。

魏源虽然在其《海国图志》中对瑞士“推择乡官理事，不立王位”，美国“议事听讼，选官举贤，皆自下始，众可可之，众否否之”等西方民主政治津津乐道，但他并没有认为中国应当学习之，他的“师夷”本不包括这些内容。尽管如此，他对西方民主政治的粗浅介绍，于无意之间开近代早期资产阶级改良派宣传西方民主议会制度之先河。

第二节　太平天国农民领袖的法律思想

一、关于太平天国农民革命运动

于 19 世纪中叶暴发的太平天国农民革命运动，是中国历史上规模最大的一次农民战争。它是当时阶级矛盾和民族矛盾的产物，并标志着中国旧民主主义革命的开端。

鸦片战争后，帝国主义列强侵入中国，中国开始沦为半殖民地社会。中外反动势力相互

〔1〕　魏源：《雍正西南夷改流记》，载《圣武记》清道光二十二年刻本。
〔2〕　魏源：《海国图志》序，岳麓书社 2011 年版。

勾结,加重了对广大劳动人民的掠夺和压迫,从而激起人民的反抗斗争,1851 年开始的太平天国革命就是一次总爆发。在此之间,全国农民起义就达 70 余起,正如马克思所说:“中国的连绵不断的起义已延续了十年之久,现在已经汇合成一个强大的革命。不管引起这些起义的社会原因是什么,也不管这些原因是通过宗教的、王朝的还是民族的形式表现出来,推动了这次大爆炸的毫无疑问是英国的大炮。英国用大炮强迫中国输入名叫鸦片的麻醉剂。民族矛盾和阶级矛盾日趋激烈。”[3]

太平天国的革命领袖主要有洪秀全(1814 ~ 1864 年)和洪仁玕(1822 ~ 1864 年)。洪秀全本是贫苦农民出身,作过私塾先生。他从宣传基督教的小册子《劝世良言》中得到启发,创立了“拜上帝会”,后成为太平天国的“天王”。洪仁玕是洪秀全的族弟,曾在香港担任外国传教士的汉文教师,后加入太平天国,被封为干王,总理朝政。

无论从政治思想、军事力量,还是从法制建设、社会组织诸方面而言,太平天国农民起义都远远超过了中国历史上爆发的任何一次农民起义。太平天国革命势力先后涉及 18 个省区,占领了 600 多个城市。他们建立了自己的政权,制定颁布了自己的革命纲领、政策和法令。但是,也应当看到,太平天国革命仍然是农民阶级性质的革命,在思想观念上仍然受到传统思想的影响和束缚,比如等级特权意识、迷信暴力刑罚的意识、宗教迷信意识、小农的狭隘意识等等。太平天国的制度、诏书、文告等文献收入《太平天国印书》(江苏人民出版社 1979 年版,以下引文只注篇名)。

二、平均平等、人无私财

平均平等是中国古代社会贫苦农民的最高理想,是对传统制度和纲常名教的批判武器,也是太平天国革命农民的基本主张。洪秀全写道:“普天下皆兄弟,上帝视之皆赤子”;“天父上帝人人共,天下一家自古传。”(《太平天国印书·原道救世歌》)又说,天下之人“共享天父上主皇上帝大福,有田同耕,有饭同食,有衣同穿,有钱同使,无处不均匀,无人不饱暖也”。(《太平天国印书·天朝田亩制度》)从平均平等原则出发,洪秀全力主男女平等:“天下多男人,尽是兄弟之辈;天下多女子,尽是姐妹之群。何得有此疆彼界之私,何可起尔吞我并之念。”《天朝田亩制度》规定:“凡分田照人口,不论男妇;”“凡男妇每一人自十六岁以上受田。”还规定:“凡天下婚姻不论财”,“凡两司马,办其二十五家婚娶吉喜等事,总是祭告天父上主皇上帝,一切旧时歪例尽除”,婚姻自主,由地方政府发给“龙凤合挥”(结婚证),并严禁娼妓、纳妾、缠足、买卖奴婢、溺婴,允许寡妇再嫁等。

“人无私财”是太平天国的一项重要政策。凡参加太平天国者,一切财产均入公库,个人不得保留,否则,“一经察出,斩首示众”(《太平天国印书·太平天国诏旨书》)。太平天国的法律规定:“凡私藏金银,定斩不留。凡典圣库、圣粮及典官,如有藏匿盗卖等弊,既属反草变妖,即治以点天灯之罪。”(《太平天国印书·太平刑律》)

三、“革故鼎新”之法

洪仁玕总理太平天国朝政时,太平天国已陷入危机。为挽救颓势,他写了《资政新篇》,经天王批准颁行,成为太平天国后期的政治纲领。

---

[3] [德]马克思:《中国革命和欧洲革命》,载《马克思恩格斯选集》(第1卷),人民出版社 1995 年版,第1页。

在《资政新篇》中，洪仁玕提出“革故鼎新”的建议。在政治方面建议加强中央的集权统治，建立官员的任免考试制度，设“新闻馆”，收集民议，监督官员；在经济方面建议发展工、商、农、矿诸业，建铁路、造轮船、办邮政、开银行、设保险、奖励技术发明；在社会福利方面，主张发展教育，设学校、办报纸、建医院及慈善机构；在外交方面，建议制定《柔远人之法》，自由通商，平等交易，允许外国牧师和技术人员来华传授科学技术知识。

《资政新篇》还有《设法》一篇，专门论述法制改革。有如下要点：其一，保护发明。“准自专其利”，“限满准他人仿做”，违者罚之；其二，保护私人合伙采矿，按比例分成；其三，保护私人信件钱物邮递汇寄安全；其四，保护新闻自主权和检举人的权利；其五，禁止溺婴，禁止买卖人口；其六，禁止私门请谒，杜绝卖官鬻爵之弊；其七，禁止走私，违者杀无赦；其八，各级官员受贿受赃者，“革职罚罪”；其九，“罪人不孥”，不搞株连。

洪仁玕的诸多主张因形势所迫均未及实施，但是这些主张已远远超出了以往农民平均平等的思想范畴，带有发展民族资本主义的色彩，其思想在当时无疑是先进的和进步的。

第三节　洋务派的法律思想

一、洋务派及其代表人物

第二次鸦片战争期间(1856～1860年)，在中国进一步沦为半殖民地社会的背景下，清朝统治集团和地主阶级内部产生了一个政治派别。他们出于维护王朝的目的而主张兴办“夷务”即“洋务”，即兴办制造洋枪洋炮洋舰的军事工业，建立用新式武器装备起来的陆海军，兴办各种工业矿业铁路，发展对外贸易，派遣留学生，建立同文馆翻译外国书籍等。这些活动延续约三十年之久，历同治、光绪两朝。被标榜为“同治中兴”、“同治新政”，史称洋务运动。而1894年甲午中日战争爆发，北洋舰队覆没，则标志着洋务运动的失败。

洋务派是清朝统治集团与外国侵略者既有矛盾又互相妥协的产物。洋务派的代表人物都是一些封建大官僚，如李鸿章(1823～1901年)、张之洞(1837～1909年)、左宗棠(1812～1885年)、刘坤一(1830～1902年)、张之洞(1837～1909年)等历任总督巡抚，都是掌握地方实权的封疆大吏。他们在中央的靠山主要是咸丰的弟弟、曾助慈禧垂帘听政的恭亲王奕䜣(1833～1898年)。洋务派的主要成员几乎全靠镇压农民起义起家，曾国藩、李鸿章、左宗棠、刘坤一都是镇压太平天国的著名人物，张之洞也镇压过其他农民起义。作为洋务派首领的曾国藩、李鸿章等，在借用洋枪洋炮镇压太平天国的同时，开始认识到要想保持统治必须学点西方的物质文明。洋务派为了利用洋枪洋炮来维护统治，推行所谓“求强”、“求富”的洋务运动，曾从鸦片战争前后的龚自珍、魏源、林则徐等地主阶级革新派手中接过“师夷长技”和“变法图强”的口号，挂上“学习西方”的招牌。而以维护孔孟之道为己任的曾国藩也认为时至今日，在器械、财用、选卒等方面不必拘泥成法，可以“师夷智”。李鸿章甚至提出要“自强”则必先“变法”。洋务运动破产后，洋务派后期的政治代表和思想领袖张之洞仍想重整旗鼓，并将洋务派的思想和活动总结为“中学为体，西学为用”的口号，作为抵制、反对和镇压资产阶级改良派变法维新的武器。

二、“中学为体”:维护纲常名教

梁启超在《清代学术概论》中说,“甲午丧师,举国震动。年少气盛之士,疾首扼腕言维新变法。而疆吏若李鸿章、张之洞辈,亦稍稍和之。而其流行语,则有所谓‘中学为体,西学为用’者。张之洞最乐道之,而举国以为至言。”“中学为体,西学为用”的思想和口号是经过诸多思想家的讨论之后定形的。1861 年冯桂芬提出:“以中国之伦常名教为原本,辅以诸国富强之术。”(《校邠庐抗议》)王韬说:“器则取诸西国,道则备自当躬;”(《弢园文录外编·杞忧生易言跋》)“形而上者中国也,以道胜;形而下者西人也,以器胜。”(《弢园尺牍》)薛福成说:“今诚取西人气数之学,以卫吾尧舜禹汤文武周孔之道”(《筹洋刍议·变法》)。郑观应说:“中学其体也,西学其末也。主以中学,辅以西学”(《盛世危言·西学》)。1898 年张之洞在《劝学篇》中写道:“新旧兼学:四书五经、中国史事、政书、地图为旧学;西政、西艺、西史为新学。旧学为体,新学为用。”后被学界表述为“中学为体,西学为用”。张之洞所谓的“旧学”,是指以孔孟之道为核心,维护“三纲五常”的儒家学说,也就是曾国藩、李鸿章等所说的“道”。“道者所以立本也,不可不一”,而“三纲”正是“道”所立之“本”。因此,“三纲为中国神圣相传之圣教,礼政之本源,人禽之大防”,是绝对不能变的。那么,能变的是什么呢?那就是曾、李所说的“器”。张之洞曾指出:“夫不可变者伦纪也,非法制也。”并且声称“法者所以适变也,不必尽同”。他所说的“法”或“法制”并不是传统的基本制度,传统的基本制度是不可以改革的,否则就变成“新学为体”了。

纲常名教也就是以“三纲”为核心的礼教,是传统伦理和立法、司法的最高准则。而洋务派的代表人物从曾国藩、李鸿章到张之洞无一例外都是传统礼教的卫道士,他们对猛烈冲击清王朝统治秩序的太平天国农民起义,以及其他农民起义之所以深恶痛绝、不共戴天,其根本原因就在于太平天国等农民起义触犯了他们所要维护的纲常名教。曾国藩为此曾疯狂地攻击太平天国:“举数千年礼义人伦、诗书典则,一旦扫地荡尽。此岂独我大清之变,乃开辟以来名教之奇变,我孔子孟子所痛哭于九原。”(《曾文正公全集·杂著》)因为,“三纲之道”是“地维所赖以立,天柱所赖以尊”的天经地义,是绝对不许动摇和改变的,所以“自唐虞三代以来,历世圣人挟持名教,敦叙人伦,君臣、父子、上下、尊卑,秩然如冠履之不可倒置”。(《曾文正公全集·家训》)张之洞以维护古代道统和法统为宗旨的《劝学篇》就是针对资产阶级改良派的代表作。在《劝学篇》及其他著作中,他把“三纲”说成是区别圣人与非圣人、中国与非中国的唯一标准,并以之作为反对资产阶级兴民权、倡平民的武器。他说,“三纲”中所体现的“亲亲也、尊尊也、长长也,此其不可与民变革者也。圣人所以为圣人,中国之所以为中国,实在于此。故知君臣之纲,则民权之说不可行也;知父子之纲,则父子同罪、免丧、废祀之说不可行也;知夫妇之纲,则男女平权之说不可行也”。他的这番说教,不仅反映了其“中学为体”的实质,也为其“西学为用”规定了界限,画地为牢,不得逾越。

张之洞要求法律必须以纲常名教为“本原”。他说:“盖法律之设,所以纳民于轨物之中,而法律本原实与经术相表里,其最著者为亲亲之义、男女之别,天经地义,万古不刊。”(《张文襄公全集》卷三十七)意即法律是“表”,是形式;经术是“里”,是内容,法律只不过是经术的表现形式而已,“表”必须服从和服务于“里”。从这里不难看出他所谓的“可变者法制也”的可变度是微乎其微的,只能是一些皮毛,根本不许背离“纲常名教的”本原。他还盛赞《大清律

图 53 张之洞

例》体现十大“仁政”：“本朝立法平允，其仁如天，具如大清律一书。一、无灭族之法；二、无肉刑；三、问刑衙门不准用非刑拷讯，犯者革黜；四、死罪中又分情实缓决，情实中稍有一线可矜者，刑部夹签声明请旨，大率从轻比者居多；五、杖一百者折责实杖四十，夏日有热审减刑之令，又减为三十二；六、老幼从宽；七、孤子留养；八、死罪系狱不绝其嗣；九、军流徒犯不过迁徙远方，非如汉法令为城旦鬼薪，亦不比宋代流配沙门岛，额满则投之大海；十、职官妇女收赎，绝无汉输蚕室，唐投掖庭，明发教场诸虐政。”（《张文襄公全集》卷二〇二）1906 年，慈禧下诏立宪，令沈家本等人起草了《刑事民事诉讼法》。但张之洞却认为该法“乖违”了中法的“本原”，如果颁行，必然导致“父子必异财，兄弟必析产，夫妇必分资，甚至妇人女子责令到堂作证。袭西俗财产之制，坏中国名教之防，启男女平等之风，悖圣贤修齐之教”，因此认为此法断不可行。

三、“西学为用”：“采西法以补中法之不足”

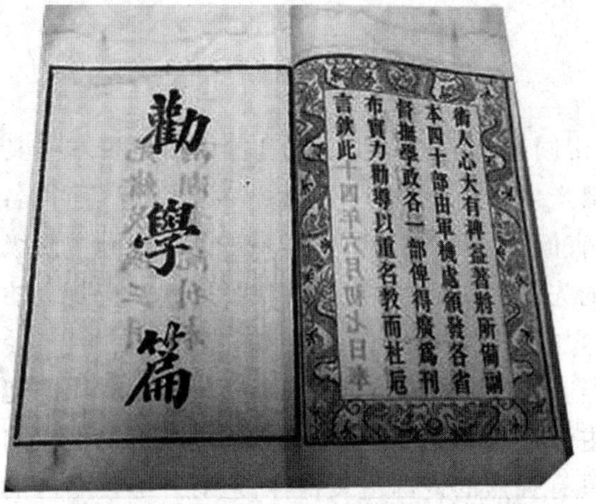

图 54 张之洞《劝学篇》

张之洞在强调“中学为体”的同时，又提出“西学为用”，即“西学”为“中体”服务。但西学本身也有“体”、“用”两个方面，而能为中体服务的西学当然不可能是西学之体只能是西学之用。而就政治法律制度来说，西方的君主立宪、民主共和、三权分立、天赋人权等都与“中体”相违，都应予摒弃。由此可见，就“中学为体”而言，张之洞的基本立场和老洋务派甚至顽固派并无本质区别。在 19 世纪末 20 世纪初变法的呼声已成不可阻挡之势的情况下，他的“西学为用”则比老洋务派增添了一些新的内容。比如他在《劝学篇》中提出的“采西法以补中法之不足”和“不变其习，不能变法；为变其法，不能变器”的主张，集中地体现在光绪二十七年（1901 年）他和刘坤一联名所上《江楚会奏变法三折》中，其内容包括两个方面：

其一是整顿中法。主要是改革刑狱。他们提出了九条措施，即：“除讼累”，指革除差役，消除讼累，试行警察制度；“省文法”，指减省诉讼中的繁文缛节；“恤相验”，指官吏勘验命案必须“轻骑简从，不准纵扰”；“省刑责”，指除命盗案件外，其他案件及各种人证都不许刑讯；“重众证”，指重证据轻口供，除死罪必须有供词外，其他军流以下诸罪只要众证确凿经上司复核即可按律定拟；“改罚锾”，指民事案件乃至轻微刑事案件，皆可缴银赎罪；“修监羁”，指改善监狱的条件和管理；“派专官”，指选派专门官员，对监狱进行管理和监督等。以上各项虽然对封建制的根本性质毫无触动,但毕竟或多或少地吸取了西方的某些东西,其中的“省刑责”、“改罚锾”、“修监羁”都系参照西法而提出的。

其二采用西法。为了办洋务和协调中外资本的利益,他们建议清政府聘请西方各国的“名律师”,博采各国的法律,为中国编纂矿律、路律、商律以及交涉刑律,以维护国家主权,保护华商利益。但其目的却在于使“华洋商人,一律均沾”,客观上给外国资本的入侵披上了合法的外衣。张之洞作为洋务派后期的主要代表人物,他像其他洋务派成员一样,都有维护封建统治和对帝国主义妥协的一面。但在对外交涉中他与左宗棠颇相类似,主张抵抗帝国主义的侵略。因此,在他经办的一些涉外案件中,他比较重视维护国家主权,主张保护华侨的正当权利,禁止教会和租界扩占土地,限制列强在华的治外法权。尽管如此,他始终没有超越自己替整个洋务派概括的“中学为体,西学为用”的框架。在清末修律活动的礼、法之争中,张之洞作为守旧的礼教派的首领,同坚持改革的沈家本、伍廷芳等进行了激烈的论战,绝不是偶然的。

第四节　早期资产阶级改良派的法律思想

一、早期改良思潮及其代表人物

(一)早期改良思潮

从19世纪60年代至90年代初,由于外国帝国主义的进一步入侵和国内民族资本主义的初步发展,清朝统治集团与整个地主阶级内部产生了两种势力:一是以兴办“洋务”而得名的洋务派,他们大都是王朝的高级官僚,是后来官僚买办资产阶级的前身;二是出身地主阶级营垒的进步人士,他们是近代资产阶级改良派的先行者,他们的主张反映了民族资产阶级的愿望。早期改良派的思想比晚期改良派有着更大的局限性和弱点,这主要表现在:

第一,早期改良派虽然都是西方文明的热烈追求者,积极要求进行改革,反对顽固派的抱残守缺、泥古不化,但在他们的具体政治、经济主张中却处处流露出对统治者的依赖。他们的变法主张虽然和御侮图强的目的结合在一起,具有强烈的爱国主义精神,但对外国侵略者的本质却缺乏应有的认识,更多地幻想通过洋人的帮助来进行改革。由于他们自身的软弱,他们不但对统治者和外国侵略者表现出卑躬怯懦的姿态,甚至有时还替二者的罪恶进行辩护。与此同时,他们却很害怕并敌视人民群众特别是农民的革命活动。

第二,早期改良派在理论上显得特别贫乏与落后。他们的变法方案几乎都是各种具体措施的简单拼凑。他们满足于具体的实际经验知识而轻视理论上的阐发,既没有系统的钻研和介绍西方的哲学和社会科学,也不认真认识和了解中国传统的儒家学说。不但如此,他们对西方资产阶级的社会政治理论基本上采取排斥和否定的态度,反而无保留地维护中国传统的纲常名教。他们大多也打着“中学为体、西学为用”的旗子,甚至宣称自己的变法主张并不反对“三纲五常”,而是保卫和发扬它。

(二)早期改良派的代表人物

早期改良派的代表人物主要有:王韬(1828~1897年)、薛福成(1838~1894年)、郑观应(1841~1920年)、马建忠(1844~1900年)、汤震(1847~1917年)、陈虬(1851~1903年)、陈炽(? ~1899年)、何启(1858~1919年)、姚莹(1785~1852年)、容闳(1828~1912年)、胡礼垣(1847~1916年)等。他们大都出身于地主阶级,并与国内外政治势力有着或多或少的联系。他们的共同特点是为新生的民族资本主义的要求而呐喊,反映了民族资产阶级的时代呼声。他们实质上是一批从地主阶级分化出来的、具有初步资产阶级意识的知识分子。他们不满现状,并意识到仅仅依靠船坚炮利和兴办洋务企业决不能使中国富强,因而要求仿效西方列强进行一些符合民族资本主义需要的改革。不但如此,他们还在一定程度上反映了整个中华民族希望摆脱外国资本帝国主义的侵略、争取民族独立、自主、繁荣、强盛的愿望。但由于"先天不足",他们在政治上又很软弱,一心幻想通过改良的办法来达到自己的目的,而且自始至终表现出对帝国主义和守旧势力的依赖、妥协倾向,他们的法律思想自然也具有这样的特征。不过在当时的历史条件下,他们依然代表了近代中国的进步势力。他们的改良主义思想是鸦片战争时期以龚自珍、魏源、林则徐为代表的地主阶级改革派变法革新、反抗侵略思想的继续和发展,又被后来康有为为代表的晚期资产阶级改良派所承继。

二、早期资产阶级改良派的政治法律主张

(一)学习西方,另开途径

鸦片战争以后"学习西方"已成一种时尚和潮流:"道光、咸丰以来,……西学大兴,人人争言其书,习其法,欲用以变俗。"[4]首先打出这一旗号的,是地主阶级改革派的龚自珍、魏源、林则徐等人,而林则徐更是被誉为"开眼看世界的第一人"。[5]他们学习西方的目的有二:一是变法图强;二是"师夷长技以制夷",体现了革新精神和爱国热忱。继承龚、魏改革思想的是早期改良派。他们一方面不满足于"船坚炮利",更重视学习西方自然科学和资产阶级革命时代的政治与法律学说,反映了民族资产阶级的经济、政治要求;另一方面,他们发扬了地主阶级改革派的爱国精神,力主抵御外侮,维护国家主权和民族独立。他们把反对外国侵略者的斗争引申到了包括法学在内的学术领域。他们不但批判了帝国主义的强权政治,而且剖析了西方所谓"公法学"的虚伪性。如马建忠就指出"公法"是骗人的,是为不平等条约进行辩护的:"共享公法之利益,甚矣欺也!"(《适可斋纪言》卷四)在向西方学习的问题上,早期改良派反对洋务派的"西学中用",认为它有很大的片面性。"西学"也有"体"和"用",洋务派的"西学为用"是"遗其体",完全丢掉了"西学"的精髓,丢掉了西方的共和政体。他们则主张兼取西学的"体"和"用",要求把"论政于议院,君民一体"的君主立宪制度应用于中国。郑观应曾指出:"欲行公法,莫要于张国势;欲张国势,莫要于得民心;欲得民心,莫要于通下情;欲通下情,莫要于设议院。"(《盛世危言·设议院》)

---

〔4〕《戊戌变法(一)》,载《中国近代史资料丛刊》,上海人民出版社2000年版,第181页。

〔5〕范文澜:《中国近代史》(上册),人民出版社1959年版,第21页。

(二)发展民族工商业

早期改良派把发展中国的民族资本主义经济,作为谋求民族独立和国家富强的出路。郑观应认为要挽救危亡,首先就应“富民”、“富国”,而“富民”、“富国”之道,主要在于“兴商”。因为“商为国本”,“商握四民之纲”。在他们看来,外国资本帝国主义侵略中国有两种手段:“兵战”与“商战”,“兵战”为“有形之战”,“商战”为“无形之战”,“兵之并吞,祸人易觉;商之掊克,敝国无形”。(《盛世危言·商务》)在这里,他们认识到外国侵略者的军事征服(兵战)和经济掠夺(商战)是交相为用,相辅相成的,但经济掠夺是先导也是目的,军事掠夺则是保护经济掠夺的手段。帝国主义对外政策的根本原则也就是“借商以强国,借兵以卫商”。因此,中国不仅要讲求武备以对付外人的“兵战”,而且更应当振兴民族工商业以便同侵略者进行“商战”。用郑观应的话说,即“练兵将,制船炮,备有形之战,以治其标”;讲求“泰西士、农、工、商之学,裕无形之战,以固其本”。(《盛世危言·商战》)

从发展民族工商业出发,早期改良主义者强烈反对清政府对民族工商业加以限制和垄断,坚决主张清政府改变“有困商之虐政,无护商之良法”的局面,迅速制订各项保护民族工商业的政策与法律。也就是说,他们已从经济上首先提出了变法的要求。正如郑观应指出的:“欲整顿商务,必须俯顺商情,不强其所难而就其所易,不强以所苦而从其所乐……。凡通商口岸、内省腹地,其应兴铁路、轮舟、开矿、种植、纺织、制造之外,一体由民间开设,无所禁止,或集股、或自办悉听其便,全以商贾之道行之,绝不拘以官场体统。”(《盛世危言·商务》)郑观应的这一席话具有重大的时代意义。它实际上是从经济角度提出的一篇变古代社会为资本主义的檄文,把废除传统法制、建立资本主义法制的问题提上了议事日程。与此同时,他们还谴责了洋务派用封建手段垄断新式企业的行径。王韬提出“官办不如商办”,“许民间设立公司,听其自为,而官常保助之,毋遏抑之”。(《弢园文录外编·尚简》)何启和胡礼垣等也主张兴办一切企业,都必须“独任商民,勿加官督二字。……商之必可以办,官之必不可以督”。(《新政真诠·新政始基》)

(三)实行君主立宪制度

早期改良派中的很多人都直接接触过西方文化。在中外对比中,他们看到中国的传统制度远不如西方资产阶级的议会制度,中国的古代法制大大落后于西方资产阶级法制。虽然他们还不能坚决否定君主制度和公开肯定民主制度,但是,他们的思想倾向性是比较鲜明的。他们赞美资产阶级的“三权分立”。马建忠说:“各国吏治异同,或为君主,或为民主,或君民共主之国。其定法(立法)、执行、审议之权,分而任之,不责于一身,权不相侵。故其政事纲举目张,灿然可观。”(《适可斋纪言》卷二)王韬说:“泰西之立国有三:一曰君主之国,一曰民主之国,一曰君民共主之国”;“君为主,则必尧舜之君在上,而后可久安长治;民为主,则法制多纷更,心志难专一,究其极,不无流弊。惟君民共治,上下相通,民隐得以上达,君惠得以下逮。”(《弢园文录外编·重民》)何启、胡礼垣则从反面批评中国传统制度说:“政则有私无公,令则有偏无平。庶民如子而君上薄之,不啻如奴贱也;官吏如虎而君上纵之,不啻如鹰犬也。”(《新政真诠·曾论书后》)

另外,他们一般倾向于所谓“君民共主”。郑观应说:“美国议院则民权过重,固其本民主也。法国议院不免叫嚣之风,其人习气使然。斟酌损益,适中经文者,则莫如英、德两国议院之制”;“君主者权偏于上,民主者权偏于下,君民共主者权得其平。”(《盛世危言·议院》)王韬也赞同君民共治(《弢园文录外编·重民下》)。

但早期改良派所主张的“君民共主”,并不是什么君主立宪,而是君主集权加上些开明措施的点缀而已。这正是他们所说的中西结合,或“主以中学,辅以西学”。他们所说的“民权”,只不过是资产阶级的权利。因此,他们宣称:“今之国若有十万之豪商,则胜于有百万之劲卒。”(《新政真诠·新政论议》)陈炽认为,只要建立“君民共主”制度,就能“合君民于一体,通上下为一心”,实现“强兵富国,纵横四海”。(《庸书外编·议院》)

早期改良派之所以选择“君民共主”,正是其软弱的阶级性的体现。一方面他们害怕“君”,不敢完全得罪“君”,而欲以民制之。所以他们极力鼓吹议院并大肆夸大其作用:“果能设立议院,联络众情,如身使臂,如臂使指,合四万万之众如一人,虽欲并吞四海无难也。……故议院者,大用之则小效者也。”(《盛世危言·议院》)似乎只要有了议院就可万事大吉。然而,他们所主张设立的议院也不是资产阶级国家的议会,而是把省、州、县的书院改为议院,尚不包括中央一级在内。这种议院很像黄宗羲的“学校议政”。另一方面,他们对于广大人民群众持有偏见,特别是对农民起义非常敌视。对待人民群众的这种态度,正是他们及其后继者失败的原因之一。当然,早期改良派主张“君民共治”的思想也具有一定进步性,因为它毕竟是以批评传统君主制度的姿态出现的。

(四)改革旧刑律

早期改良派对西方法制有所了解,故主张学习西方,改革中国刑律。他们认为中国刑罚残酷,“凡寓华西人不允归我国管理”,故导致西国实行治外法权,因此,必须改革刑律。其一是废除苛法。“刑者治天下所不能无,然而中国繁刑严法,未免失之于酷。特以刑莫重乎死,缳首与斩首均死也,而肢体之全缺判焉”,应当只保留“缳首致死,系狱苦工,监作官奴,罚锾赎罪,鞭箠示辱,充发出境”数种刑罚即可。其二是废除刑讯。“中国则必使犯人自招者,由朝廷不信问官也。于是问官乃法外施刑,必求犯人之自招,以图塞责,而自此冤狱多矣”,因此,必须废除刑讯。其三是学习西方建立陪审制。由各省府县推举陪审员,“轮班赴署”,“判其是非曲直,视陪员可否人数多寡以定从违”。其四是设置律师。学习西方“状师”之制,“中国亦宜以状师办案,代为剖析,使狱囚之冤情得以上达”(《盛世危言·刑法》)。其五是体恤囚犯,教以工艺。“州县监狱,必大加整顿,罪囚拘系,无得虐待,夏冬之间所以体恤罪囚者,毋作具文。”(《弢园文录外编·变法自强》)“莠民犯法,半迫饥寒,拘禁而生理益穷,释放而依然赤手,欲须臾锾死,必故态复萌,若不预为代筹,罪满仍无生路。”故应当学习西方,实行狱中教育,使囚犯学得技艺,刑满后得以生存。(《盛世危言·狱囚》)

第五节　晚期资产阶级改良派的法律思想

晚期资产阶级改良派,是指19世纪末期代表民族资产阶级上层,要求自上而下地用改良的办法在中国发展资本主义和建立资产阶级君主立宪政体的一个派别。他们继承和发展了早期改良派的思想,鼓吹变法图强,提出了发展民族资本主义的经济纲领与建立君主立宪政体的政治纲领。1898年在光绪皇帝的支持下,他们一度主持“新政”,进行变法,但新政仅仅维持103天,就被以慈禧为首的顽固派扼杀。他们的这一活动,史称“戊戌变法”或“百日维新”,它是在民族危机空前严重的形势下,由代表民族资产阶级上层的维新派即资产阶级改良派所倡导的一场爱国救亡运动。这一运动标志着资产阶级改良思想发展到新的阶段。

一、资产阶级改良思想的发展及其代表人物

(一)资产阶级改良派思想的发展

维新运动是一场爱国的政治运动,也是一次思想解放运动。

随着民族危机的加深和中国民族资本主义的发展,改良派的思想也得到进一步发展。当时的民族资产阶级迫切希望建立一个符合本阶级利益的政权,以期在中国迅速发展资本主义。由于民族资产阶级上层与外国资产阶级和国内官方势力具有各种联系,他们不敢发动群众革命,故选择了改良主义的道路,企图自上而下地采取和平手段,建立起君主立宪制度。而民族资产阶级的中下层因为同帝国主义和守旧势力的关系比较淡薄,所受压迫较重,则选择了革命的道路,企图通过革命暴力推翻君主政体,建立资产阶级民主共和国。但在甲午战争后的几年,民族资产阶级中占主导地位的是较有力量的上层,因而诞生了改良主义的变法维新运动,并使改良主义思潮上升到一个新阶段。这主要表现为:由早期改良派各个人的分别活动,发展到有组织、有纲领和得到广大群众支持的政治运动,使变法的主张提上了实践的日程;由初步的社会改良思想发展到有理论基础、有完整内容的全面发展资本主义的改良主义思想体系。这两方面相结合的“戊戌维新”运动标志着中国的资产阶级已正式登上政治舞台。它要求在发展社会生产力的基础上建立与之相适应的资本主义生产关系;它鼓吹西方资产阶级的民主政治,主张实行议会制度、君主立宪和三权分立。倡导这一运动的资产阶级改良派的法律思想也具有这种性质,既与洋务派有根本区别又不是早期改良派的简单延续,它比早期改良派要成熟和系统得多。

图55　康有为

(二)晚期改良派代表人物

资产阶级改良派的代表人物像早期改良派一样,为数众多。其中影响最大的主要代表是康有为、梁启超、严复和谭嗣同。

康有为(1858~1927年)又名祖诒,字广厦,号长素,广东南海人,世称南海先生。他是戊戌维新运动的领袖,是资产阶级改良派的主要理论家。康有为的著作主要有《新学伪经考》、《孔子改制考》、《日本变政考》、《大同书》和《欧洲十一国游记》等。

梁启超(1873~1929年)字卓如,号任公,又号饮冰室主人,广东新会人。他是康有为的得意弟子、得力助手;是维新运动主要领导人之一,擅长宣传和鼓动,文笔犀利,笔端恒带感情。梁启超著述极丰,有《饮冰室文集》收入《饮冰室合集》(中华书局1989年)。

严复(1853~1921年)字几道,福建侯官(今闽侯)人。1867年,他考入洋务派举办的福

建马尾船政局附属海军学堂,1877 年被选派去英国学习海军技术,广泛接触了资本主义社会的实际情况,阅读了大量西方古典哲学和政治法律方面的著作,并“尝入法庭,观其听狱”。他的主要贡献是翻译了许多西方哲学、政治、经济、法律和社会学名著,如《天演论》、《原富》、《群己权界论》、《社会通诠》、《法意》等,并介绍和阐发了新的资产阶级世界观和民主思想。严复的著述收入《严复集》(中华书局 1986 年)。

谭嗣同(1865～1898 年)字复生,号壮飞,湖南浏阳人。他是戊戌变法的主要领导人和壮烈牺牲的“六君子”之一。在资产阶级改良派中,以他的思想最为激进,要求“冲决网罗”,坚决反对封建专制制度,他的思想实际上已越出改良主义的门槛。谭嗣同的著作收入《谭嗣同全集》(中华书局 1981 年)。

图 56　梁启超

图 57　严复

图 58　谭嗣同

二、晚期资产阶级改良派的政治法律主张

(一)鼓吹变法维新

所谓变法维新,实质上就是要求变传统君主制度之法,维资本主义制度之新。具体到法律上,即认为法律或法制应因时变革。晚期资产阶级改良派不同于早期改良派,他们不但主张变法,而且为变法提出了一套理论。他们通过西方的庸俗进化论,把达尔文的“物竞天择,适者生存,不适者淘汰”,或“优胜劣败”应用到人类社会,并结合中国古代《周易》的变易思想,用来说明变法维新的必要性和必然性。

当时,资产阶级改良派的主要代表一般都持进化论的观点。谭嗣同认为世界万事万物都在不断变化:“天地以日新,生物无一瞬不新也。”(《谭嗣同全集·上欧阳瓣薑师书》)梁启超说:“法何以必变,凡在天地之间莫不变……,变者,古今之公理。”(《变法通议》)康有为是这种变法理论的编造者,他根据《周易》“穷则变,变则通,通则久”的观点,认为“法久则弊”,“无百年不变之法”。他强调说:“观万国之势,能变则强,不变则亡;全变则强,小变仍亡。”(《上清帝第六书》)所以他要求“全变”,而且应当“变本”。不仅包括变君主专制为君主立宪一类大变,也包括各项具体法律制度,而且他认为“变法”必须从改革君主政体和法律开始。他说:“变法者,须自制度法律先为改定,……请先开制度局而变法律,乃有益也。”(《康南海自编年谱》)“今宜采用罗马及英、美、德、法、日本之律,重定施行。”(《南海先生遗稿》)康有为虽然主张“变本”和“全变”,主张改变君主专制的现状,但根据他循序渐进的“公平三世”说,他又认为由“专制”只能进到“立宪”,然后才能由“立宪”再进到“共和”,一切只能“循序而行”。他说:“孔子所谓升平之世也,万无一跃超飞之理。凡君主专制、立宪、民主三法,必当一一循序行之,若紊其序则必大乱。”(《答南北美洲诸华侨论中国可行立宪不可革命书》)“戊戌变法”失败后,他更退回到君主政体立场上,攻击资产阶级革命派主张的民主共和只不过是“号为共和,而实共争共乱;号为自由,而实自死自亡”。(《中华救国论》)他还为旧法招魂:“中国数千年之经义典章法度,乃积中国数千年无量数之圣哲为之,皆行之久远宜民宜人者也。国之所以立者,在此也”,“万无尽弃之理”。(《中国还魂论》)

(二)反对君主政体,主张开国会、设议院、立宪法

晚期资产阶级改良派对传统纲常和君主政体进行了尖锐的批判,对旧法律进行了鞭挞。

严复曾一度宣传资产阶级的“民权”思想。他认为中国的专制制度“百无一可”,专制之君是“无法”之君,专制之国是“无法”之国。(《辟韩》)专制之国是以恐惧为精神,君主的意志为宪法,上自天子下至守宰,“皆以身而兼刑、宪、政三权也”。特别是君主一人而拥有立法、行政、司法三权,以自己的意志断定一切,生杀予夺悉从己意,“乱则作威,喜则作福”,因而“有法亦适成专制而已”。(《法意》第五卷按语)

康有为指出:“东西各国之强,皆以立宪法开国会之故。国会者,君与民共议一国之政法也,……东西各国皆行此政体,故人君与千百万之国民合为一体,国安得不强?吾国行专制政体,一君与大臣数人共治其国,国安得不弱?……今变行新法,因为治强之计。然臣窃谓政有本末,不先定其本而徒从事其末,无当也。”(《请定立宪开国会折》)他的意思很明显,就是要把改变专制政体作为变法之本。

梁启超指出:“前此之言变者,非真能变也。”他针对洋务派的“中学为体,西学为用”,提出必须“以群为体,以变为用”。就是要变君主的“独裁”为资产阶级的“群治”。他鼓吹民权政治,要求使人人“各尽其所当为之事,各得其所应有之利,则公莫大焉,如此则天下平矣”。(《与严幼陵先生书》)“人人有自主之权”的原则,同君主集权于一人是完全对立的,后者恰恰是“收人人自主之权而归于一人,以一人而夺众人之权”。(《论中国积弱由于防弊》)而中国正是由于“历古无民主”(《与严幼陵先生书》),所以社会进化缓慢,国家长期积弱不振。为了论证民权政治是历史进化的必然,他还把人类社会的政治制度史概括为三个阶段:多君为政之世,一君为政之世,民为政之世。三世相演,循序以进。当今之世,“民为政”已成为世界历史的潮流,是各国所必由之路,是人类社会不易之公理。沿着这条路走,就会蒸蒸日上;违背变易之公理,就必然灭亡。

在资产阶级改良派的主要代表人物中,反对君主政体最坚决的,莫过于谭嗣同。他主张冲决一切网罗,其中就包括“君主之网罗”、“伦常之网罗”,激烈批判君主政体和纲常名教。他的思想实际上远远超过康、梁改良主义“君主立宪”思想的范畴。

康有为、梁启超等的君主立宪主张虽然是其改良主义道路的产物,但其目的仍然在于幻想通过改良使传统国家和法制资产阶级化,建立起符合他们意志的资产阶级民主政权。因此,他们以西方资本主义国家的政治、法律制度,特别是英国和日本的制度为蓝本,作为构筑君主立宪政体的依据。综观他们的具体主张不外乎立宪法、设议院、开国会和实行三权分立。

康有为认为“东西各国之强,皆以立宪法开国会之故”,因此,中国只要仿效西方“立行宪

法,大开国会,以庶政与国民共之,行三权鼎立之制,则中国之治强,可计日待也”。(《请定立宪开国会折》)他把“立宪法”或“定宪法”说成“维新之始”,所以“各国之一切大政皆奉宪法为圭臬”。他在《应诏统筹全局折》中,以日本明治维新为例说道:“考其维新之始,百度甚多,惟要义有三:一曰大誓群臣以定国是;二曰立对策所以征贤才;三曰开制度局而定宪法。”在他看来,只有“宪章草定”,才能“奉行有准,然后变法可成,新政有效”,可见他对“立宪法”的确非常重视,正如梁启超在《康有为传》中指出的:“先生以为欲维新中国,必以立宪法、改官制、定权限为第一义”,“若能立宪法、改官制、行真维新,则内乱必不生”。

与“立宪法”紧密联系着的,就是设议院、开国会。康有为早在1895年的“公车上书”中,就曾向清帝提出了设议院的建议,要求“公举博古今、通中外、明政体、方正直言之士,略分府县,约十万户而举一人,不论已仕未仕,皆得充选……名曰议郎……以备顾问,并准其随时请对,上驳君书,下达民词。凡内外兴革大政,筹饷事宜,皆令会议于太和门,三占从二,下部施行”。这样就可以“上广皇上之圣聪”,“下合天下之心意”,做到“君民同体”,“休戚与共”。他又写了《请君民合治满汉不分折》,详细论证了立宪法、开国会的好处:“在其举国君民,合为一体”,“立宪法以同受其治,有国会以会合其议,有司法以保护其民,有责任政府以推行其政”,然而“今吾国有四万万之民众……而不开国会,虽有四万万人而不予政事,视国事如秦越,是有众民而弃之”。

梁启超与严复等也很重视立宪法、设议院、开国会。梁启超以“英国的立宪政体”为典范,认为“宣布宪法、召集国会”是中国亟待解决的问题。欧美等立宪国,除英国为不成文宪法国家外,其他国家大都先有国会而后有宪法,而且大多数宪法是由国会“参与制定”的,即所谓“天下无无国会之立宪国”(《法理学大家孟德斯鸠之学说》)。他把有无国会,看成是区别“专制”与“立宪”政体的重要特征之一,关系到国家的“盛衰强弱”。严复则把设议院视为救国图强的良方。他在《原强》中说:“设议院于京师,而令天下郡县各公举其守宰,是道也,欲民之忠爱必由此,欲教化之兴必由此,欲地利之尽必由此,欲道里之辟、商务之兴必由此,欲民各束身自好,而争濯磨于善必由此。呜呼,圣人复起,不易吾言矣。”

此外,康有为、梁启超等还主张仿行西方的三权分立。康有为说:“近泰西论政,皆言三权,有议政之官,有行政之官,有司法之官。三权立,然后政体备。”(《上清帝第六书》)他认为中国当前的弊病主要是“百官皆备,而独无左右谋议之人”,因而急需设立议院,使有议政之官。梁启超和严复也极力鼓吹三权分立,并以此作为防止专制的重要手段。

尽管康、梁等在戊戌前后对西方的议会政治和三权分立原则赞不绝口,但实际上他们所提倡的“君民共治”的君主立宪,较诸英国的君主立宪却有很大差异。只要一涉及君主的权力和地位,二者的区别更显而易见。例如,正当“戊戌变法”之际,顽固派以“若开议院”,则“民有权而君无权”(《请君民合治满汉不分折》)为借口,大肆攻讦。康有为竟答复说:“会议之士,仍取上裁,不过达聪明目,集思广益,稍输下情,以便筹饷。用人之权,本不属是,乃使上德之宜,何有上权之损哉?”他的意思很明白,就是设议院是以不损害“君上之权”为前提的,“会议之士”全由君上定取舍,“用人之权”议院根本不许过问,所谓议院只不过是徒备咨询的咨询机关。梁启超在谈三权分立时,也大打折扣。他把总揽立法、行政、司法三权的统治权称之为“体”,而把由国会、国务大臣、审判厅分别行使的“三权”称之为“用”。“用”是可分的,而“体”是不可分的。梁氏这种对资产阶级三权分立的分析的确有一定道理,但最后他却将“三权之体”完全交给君主掌管,即所谓“三权之体皆莞于君主”(《论立法权》)。康有为比梁启超更重君权,甚至认为无论立宪法、开国会和三权分立等等,都取决于“皇上一转移间耳”(《请君民合治满汉不分折》)。所有这一切,足以说明康、梁等“君主立宪”的改良主义性质,与英国的君主立宪实不可同日而语。

(三)以“公意”立法,重视法治

戊戌运动作为一次全面、系统的资产阶级变法运动,除构筑了一幅以设议院、开国会、定宪法为核心,以三权鼎立为原则的君主立宪蓝图外,还比较鲜明地要求全面改革旧的法律制度和主张以“公意”立法。

康有为一再批评中国法律“太苛”,“监狱污秽”,并专门写了《请改定法律折》。在他看来,外国人在中国犯罪都以“律酷”作为拒绝和逃避中国法律制裁,要求给予领事裁判权的借口,是中国的“国耻”,非改不可。所以他主张改革旧律,而“采罗马及英、美、德、法、日本之律,重定施行”。

严复在翻译、介绍西方诸如《法意》、《社会通诠》、《原富》等重要著作时,在其按语中,对中、西的法制进行了比较。他区别中、西二者的主要论点是:(1)法律的来源不同,西法由民众选出的议会制定或由君民共同制定,中法则来自皇帝的谕旨或诏书;(2)法律的效力不同,西法对本国君民都有约束力,中法只约束其臣民,君主则超乎法律之上;(3)法律所遵循的原则不同,西法遵守“三权分立”,中法则不管,立法、行政、司法皆统于皇帝一人;(4)法律划分的范围不同,西法分公、私两律,中法则公私律混同、民刑不分;(5)法律所奉行的宗旨不同,西法“首明平等”,中法最重“三纲”,等等。他认为,西方法律制度之所以优于中国,主要在于前者注意保护“天赋人权”。在西方人的心目中,自由是天赋的人权;侵害人们的自由,就是“逆天理,贼人道”。因此,西方各国的一切“刑禁章条”都是为保护人们的自由权即天赋人权而设。

严复和梁启超在某种程度上还接受了卢梭的观点,认为法律应由多数人共同制定并应合乎“公意”。只有真正合乎“公意”的,才可谓之法律:“法者,天下之公意也。”(《变法通议》)因此,一个国家的立法权应当由“国民之多数”来掌握。但中国以往的法律都是由一人或数人所制定,而且只体现一人或数人的意志,显然不合“公意”。基于这种观点,他竟认为中国数千年来实未尝有过真正的法律。他们用西方自然法学派“社会契约论”的观点来解释法律应当出自“公意”。梁启超基本上赞同卢梭关于法律起源于契约的理论,但又有所修正。他曾将法律分为两类:一类出自契约,另一类出自命令。他认为,从法理上说,由契约形成的法律,是真正公平善美的法律;由命令产生的法律,则是不正不善的。严复也指出,西方各国由议院所立之法,乃“民各奉其所自立之约”,所以民能自愿遵守,这也是西方法律优于中国旧法的重要原因。正因为如此,他认为“治国之法,为民而立者也,故其行也求便于民;乱国之法,为上而立者也,故其行也求利于上”。

梁启超认为“法治主义为今日救时之唯一主义”,极力推崇西方的“法治”。但几乎所有维新志士都不主张完全照搬西方。维新派一方面主张改良,另一方面又始终感到西方并非极乐世界,强调不能完全接受西方的自由、民主与法治,总想设法加以弥补和完善。梁启超在强调法治的同时,也很重视“人治”,反对“徒法而治”。他以古论今,认为先秦法家在“列国并立,弱肉强食”的春秋战国时期主张“法治”,是当时“救世之唯一精神”。但又认为法家的“抱法以待,则千世治而一世乱”的说法是“根本不能成立”的,即使“法治主义言之成理,最少亦必须有如现代所谓立宪政体者盾其后”。(《先秦政治思想史》)他赞成荀子的“有良法而乱者有之矣,有君子而乱者,自古及今未尝闻也”,认为这是“以人治之矛陷法治之盾”,“至当而不可易也”。他还称赞荀子批评先秦法家只重法、不重人的“机械主义”,将《管子》中所说的“以法治国则举而措之而已”斥之为“法家言”中“最大之流毒”。梁启超反对“徒法而治”的理由,基本上也来自荀子:首先,“法不能自立”,“人能制法,非法制人”,法要由人来制定,因此,制法者的“德”与“智”很重要。只有具备了一定的“德”与“智”的人,才能根据形势发展的需要来制定、修改法律,才能制定出“趋时救弊”之“善法”。而有“善法”然后才可能有“善治”;其次,“徒法不能自行”。“善法”既要靠人来制定,又要靠人来实施,否则,“虽有良法,不得人而用之,亦属无效”。他认为“一尺可以尽万物之长短,一衡可以尽万物之轻重”,但“法”所要衡量长短轻重的对象是人,是“活物”,情况复杂,因而即使“法虽如牛毛而终必有法之所不至者”,所以先秦法家“万物皆归于一,百度皆准于法”的说法只能是“空想”。补救“法之所不至者”的办法,就应当像荀子那样“其有法者以法行,无法者以类举”。他不但赞同荀子所说的“法不能独立,类不能自行,得其人则存,失其人则亡”,而且认为《礼记》的“为政在人,其人存,则其政举;其人亡,则其政息”,是“天下古今之通义”,因为“有人而法自随之,其道为两得,徒法之人,并法也不能自存,其道为两丧。”(《立宪政体与政治道德》)因此,梁启超在谈变法时,首先强调必先“变人”。此外,由于“法不能独立”,他还指出,如果“政治习惯不养成,政治道德不确立,虽有冠冕世界之良宪法犹废纸也”。在他看来,道德具有社会制裁力,法律具有国家制裁力,两者应“相须为用,莫可偏废”。(《中国法理学发达史论》)“法治”只有辅之以道德教育,才能维护社会秩序和启迪人们的自治能力,使其自觉地遵守法律。而倘若“法治”只凭借国家强制力来推行,是远远不够的。

第六节　清末修律与沈家本的法律思想

一、清末的仿行立宪及修律活动

(一)清末的仿行立宪

1898年的戊戌维新运动被镇压后,资产阶级革命派取代了改良派登上了政治舞台。以慈禧为首的顽固派,为了拯救危亡,竟接过改良派的口号,下诏“变法”,准备“立宪”,实行“新政”:“世有万古不易之常经,无一成罔变之治法。大抵法久则弊,法弊则更。”要求臣下“各就现在情况,参酌中、西政要,举凡朝章国政、吏治民生、学校科举、军政财政”等等,“各举所知,各抒己见”,(《清实录》光绪朝)企图假立宪之名,行抵制变革之实。

围绕着所谓“立宪”,清政府搞了一系列活动。特别是1905年日俄战争后,“日本以立宪而胜,俄国以专制而败”,预备立宪的步伐加快了。1905年7月特派载泽等五大臣出洋考察各国宪政;10月仿效日本明治维新,设立考察政治馆;1906年9月颁布预备仿行宪政的上谕,声称:“时处今日,惟有及时详晰甄核,仿行宪政,大权统于朝廷,庶政公诸舆论,以立国家万年有道之基。”1907年11月,改考察政治馆为宪政编查馆,负责办理宪政及编制法规;1908年9

月颁布由宪政编查馆制定的《钦定宪法大纲》、《议院法要领》、《选举法要领》等,并确定预备立宪期限为九年,此之前,还设立了带有议会性质的资政院和要求各省设立咨议局;1908 年 11 月,光绪和慈禧相继病死,不满三岁的溥仪继位,改元宣统,由醇亲王载沣(光绪之弟,溥仪之父)摄政;1909 年 3 月载沣作出积极立宪的姿态,下诏重申"预备立宪"的决心,并命令各省于 1909 年内一律成立咨议局;1910 年 10 月,立宪派请愿要求于 1911 年召开国会。清政府被迫将九年预备立宪期缩短为五年,定于 1913 年召开国会,但可先行厘定官制,成立内阁;1911 年 5 月,清政府成立了以满洲贵族为主体的内阁,遭到了社会的广泛指责;1911 年 10 月 10 日,武昌起义,各地响应。清政府在大势已去的形势下,一面下"罪己诏",释放自"戊戌变法"以来的一切政治犯,承认革命党为正式政党,一面赶紧修补立宪骗局,于 11 月 3 日匆匆公布《宪法重大信条十九条》,以对抗武昌起义,但终究挽救不了清王朝必然灭亡的命运。1912 年 2 月 12 日,清朝末代皇帝被迫宣布退位,封建帝制终于结束。

(二)清末修律活动

从 1901 年到 1911 年的十年间,除上述措施外,清末仿行立宪的另一重要活动就是修订法律。修律活动,是从 1902 年沈家本和伍廷芳奉命修订法律,总领修订法律馆工作开始的。在沈家本的主持下,修律工作进展很快。除删削《大清律例》数百条和奏请废除凌迟、枭首、戮尸等酷刑,及革除刺字之法,废刑讯、去缘坐和改良监狱之外,主要是着手编订新法、新律,其进程大体如下:

1906 年,奏进《刑事民事诉讼法》,但因部院督抚大臣的反对,未施行。

1907 年,奏进《大清新刑律草案》,遭到"礼教派"的激烈阻挠,几经修改,1910 年颁布;1907 年又奏进《法院编制法》(1909 年颁行)和拟定《违警律草案》(1908 年颁行),并着手制定《大清民律》。

1908 年,编订《大清现行刑律》和《商律》,前者于第二年奏进,1910 年颁行;后者亦于第二年奏进草案,但 1910 年商部又另订了一部《大清商律草案》。

1909 年,奏准颁行《国籍条例》和《禁烟条例》。

1910 年,奏进《刑事诉讼律草案》和《民事诉讼律草案》。

1911 年,奏进《大清民律草案》。

清末的修律活动,是中国法律史上具有重大意义的一次变法活动。当时卷入这一活动中的不少人士,主要是资产阶级革命派以外的资产阶级其他阶层人士,出于各种不同目的,或对这次修律抱有不切实际的幻想,力图自上而下地对野蛮落后的旧法制加以改革,或者借此使列强放弃领事裁判权,或者想乘机引进资产阶级法制,来个假戏真做。在一定程度上反映资产阶级中上层利益的"法理派",也希望在帝国列强和传统法制允许的范围内,利用"参酌各国法律"、"务期中外通行"、"与各国法律改同一律"等等,以西方资产阶级法制的原理原则对中国传统法律进行改良,从而达到过去改良派所未能达到的目的。在这种思想指导下,他们抨击传统法律和法律思想,要求用他们所谓的国家主义(或国民主义)的法律取代已经过时的家族主义法律;摒弃诸法合体的旧法体系,采用诸法分立的新法体系;批判援引比附制度,采用罪刑法定原则和律师、陪审制度;反对行政、司法混一,主张司法独立;反对礼刑合一,主张礼刑分家;反对尊长对卑幼的任意侵害,要求保障卑幼的人身权利,等等。当时制定的法律有的已经颁行,有的未及实施,有的仅是草案。但是,这次修律毕竟打破了中华法系数千年来的传统，迈出了中国法律近代化的可贵一步。此间，不少士大夫以维护传统纲常名教出发，唯恐修律活动出格，超越清政府所能允许的限度，伤及根本。这些"礼教派"是传统文化的真实卫道士，但他们也知道必须用一些西方法律的形式去维护旧的法律秩序。所以，他们把清王朝的修律宗旨十分贴切地概括为"应本旧律之义，用新律之体"。他们坚持用礼教作为立法的依据，主张凡属礼教范围内的东西，都必须统统纳入新形式的法律之中。因此，在修律过程中，不可避免地形成两相对峙的"礼教派"与"法理派"之间的论争。

二、"法理"派与"礼教"派之间的论争

（一）关于"法理"派与"礼教"派

清末修律中的礼、法之争是在1906～1907年《刑事民事诉讼法》和《大清新刑律草案》奏进后才爆发的。论争的两派各以"礼教"、"法理"为旗帜。"礼教"即维护三纲五常的纲常名教，是中国传统法律的正统。"法理"即"法律之原理"，是西方资产阶级的法学用语。"礼教派"和"法理派"代表两种不同的法律思想。前者是中国古代正统法律思想，以维护君主政体和宗法家族制度为主旨，进而达到维护整个传统制度的目的。后者是资产阶级思想，以维护"人权"为号召，强调以"个人本位"的国家利益高于家族利益，从而维护资本主义所有制。当时也有人称"礼教派"为"礼派"、"礼治派"或"家族主义派"、"国情派"；称"法理派"为"法派"、"法治派"或"国家主义派"、"反国情派"。又由于"法理派"首领为沈家本，故又有"沈派"和"反沈派"之分。这场礼、法之争，主要分三个回合。第一回合是在"沈派"与张之洞之间进行的；第二回合是在沈家本等"法理派"与劳乃宣之间进行的；第三回合是在杨度和劳乃宣之间进行的。每一回合都有各自争论的焦点。

（二）"国家主义"与"家族主义"的对立

《大清新刑律》及《暂行章程》上交资政院之后，因资政院具有国会性质，议决法律采用三读法。宪政编查馆特派员杨度到议场说明新刑律的国家主义立法宗旨。

杨度（1874～1932年）字晰子，号虎公，晚年学佛称虎禅师，湖南湘潭人。早年是著名学者王闿运的得意门生。1903年应清政府经济特科考试，列第一等第二名。两次东渡日本，留学东京弘文书院和法政大学，受改良派影响主张君主立宪。1907年回国，充宪政编查馆提调、颐和园皇族宪法讲师。袁世凯篡夺辛亥革命果实后，为袁复辟帝制效劳，成为"筹安会六君子"的首领，后被通缉转而学佛。1924年，他的政治立场发生了前后判若两人的巨大转变，投身中国共产党领导的革命事业，并成为中国共产党党员，从事秘密工作。1932年病逝于上海。其著述收入《杨度集》（刘晴波编，湖南人民出版社2008年版）。

图59　杨度

在清末修律中，他尖锐批评旧律的家族主义原则，提倡国家主义立法宗旨。宣统二年十一月初一（1910年12月11日），杨度以宪政编查馆特派员身份到资政院说明新刑律的立法宗旨，提出了国家主义的立法理论。杨度认为，新刑律与旧刑律在"精神上、主义上"有着根本区别，前者依据国家主义，后者依据

家族主义。他主张立法应以维护国家利益而不以维护家族利益为出发点。由于他所指的“国家”是君主立宪制的国家,所以,换言之,也就是要以资产阶级法制的原理原则而不以封建的礼教原则来立法。杨度说,所谓家族主义,就是以家族为本位的国家制度;“以家族为本位,对于家族的犯罪,就是对国家的犯罪。国家须维持家族的制度,才能有所凭藉,以维持社会。”家族制度的特点是严定家族内部的尊卑等级和赋予家长以专制全家之权并对朝廷负责,“其诛九族夷三族就是使他对于朝廷负责的意思”。家长既然要对朝廷负责,“在法律上就不得不与之特别之权,并将立法权司法权均付其家族,以使其责任益为完全,所以有家法之说。所谓家法者,即家长所立之法,此即国家与家长以立法之权”。家长既有立法、司法之权,“故家长对于一家之中可以行其专制的手段,有无上之权柄”。这种制度行使的结果,造成家庭成员没有独立之人格,“无论四五十岁的儿子,对于七八十岁之父母,丝毫不能违犯”。所谓国家主义,则与家族主义正好相反,它是以个人为本位的国家制度。“国家对于人民有教之之法,有养之之法,即人民对于国家亦不能不负责任。其对于外,则当举国皆兵以御外侮,对于内则保全安宁之秩序。必人人生计发达,能力发达,然后国家日臻发达,而社会也相安于无事。”即人民对国家负担义务,国家保证人民有法律内的自由权利。“西法对于人民有成年不成年之别”,在没有成年之前,他对国家的一切权利义务,全部交给家长代替行使,但到成年后,家长就要把这些权利还给他本人,由他本人行使,不能代替。杨度认为,一切国家都有过家族制度的阶段,历史上所有国家的政治法律都经历过家族主义支配的时代。区别在于:有的国家制度发展较早,很快就由家族主义进至国家主义;有的发展较迟,到现在还是家族主义。中国便属于国家主义发展较迟的国家。中国的国家主义之所以发展较迟,是因为中国古代“无所谓国际”的概念,国家就是天下,天下就是国家,国家与国际的概念混而为一。历代帝王“只要维持社会,即足以保国家之治安,并无世界竞争之必要”,所以家族制度在这种情况下是适于统治的制度。正因为如此,所以“二千多年之法制,均本于秦”。这种家族主义的法律完全能够达到维护社会治安的目的,因而国家主义在中国迟迟不能发展。但历史发展到现在,国家与国际的概念大明,列强的弱肉强食,严重威胁中国的存亡,家族主义造成了中国的贫穷落后,变家族主义而为国家主义,是中国由弱转强的迫切需要。对此,他加以论证说:号称四万万人口的中国,为什么不能和外国相抗?原因就在于这四万万人口“只能算四万万人,不能称四万万国民”,他们“都是对于家族负责任,并非对于国家负责任”。在这四亿人中,可分两种:家长和家人。家长有权而家人无权,只有家长一人对国家负责。家人又分两类:男子和女子。女子附属于男子,他们不仅对于国家不负责任,即对于家庭亦不负责任。家庭义务全由家长一人负担,所以人口号有四亿,但是“自国家观之,所与国家直接者亦不过是少数之家长而已。其余家人概与国家无关系也”。这少数家长,不管是做工还是经商都有家庭负累,他们更多的是尽家庭的义务,负养活妻子儿女的责任,而不是尽国家的义务,负国家兴亡的责任。即使是做官的,按理说,他们对国家负有义不容辞的责任,但其实不然,他们“与其说对国家负责任,毋宁说对家庭负责任”。人们都痛恨贪官污吏,官吏之所以贪污,“无非是有妻子之累,内顾之忧”,他们做官完全是为了取得养活妻子的资料。从家族主义的观点看,对这种贪官污吏还不能十分责备,“因为他对于国家虽是贪官污吏,而对于家族却是个慈父孝子、贤兄悌弟”,“中国之坏,就由于慈父孝子、贤兄悌弟之太多,而忠臣之太少”。世界的发展,都由家族主义进至国家主义,中国只有行国家主义保护“人权”,才能使人民“群策群力”,使国家“渐图恢复,不致受灭亡之灾祸”,否则就会“民气消阻,振起无由”。所以,从国家的前途出发,必须将国家主义作为改定法律的宗旨，以便使家长由慈父孝子、贤兄悌弟变为国之忠臣，使家人有独立生计，独立能力。国家给他们“营业、居住、言论等自由，使其对国家负责任”，这样，他们就由“人”进到了“国民”。新刑律正是本此宗旨，删去了旧律中的故杀子孙、干名犯义、违犯教令及亲属相殴等条，“隐寓保护人权之意”，减少了家族制度的条文，使之向国家主义转变。〔6〕杨度的理论反映了当时主张立宪的资产阶级代表人物的观点，但其所谓的国家主义受到劳乃宣的全面批驳。

劳乃宣（1843～1920年）字季瑄，号玉初，别号韧叟。浙江桐乡人。同治十年（1871年）进士，任直隶知县多年。光绪三十四年（1908年）奉召进京，任宪政编查馆参议、政务处提调，钦选资政院硕学通儒议员。后授江宁提学使，世称劳提学。宣统三年（1911年）任京师大学堂总监督，袁世凯内阁学部大臣。张勋复辟，被任为法部尚书，他借口年老未就职。清末修律时，他是礼教派中仅次于张之洞的重要人物，当时有“劳党”之称。其著述收入《桐乡劳先生（乃宣）遗稿》（1927年桐乡卢氏汇刻本）。

劳乃宣作《新刑律修正案汇录序》，论证中国不适用国家主义而适用家族主义。他首先从法律的起源问题入手：“法律何自生乎？生于政体。政体何自生乎？生于礼教。礼教何自生乎？生于风俗。风俗何自生乎？生于生计。”农桑、猎牧、工商三种生计，产生三种类型的风俗礼教政体，从而又产生出家法、军法、商法三种类型的法律。“农桑之国”的人民，有固定的土地、住所，全家人都听命于父兄的安排，“父兄为家督而家法以立。是家法者，农桑之国风俗之大本也”。依据家法，君臣关系等于父子关系，“其分严而其情亲，一切法律皆以维持家法为重，家家的家治而一国之国治矣”。在这种法律下，“人人亲其亲，长其长”，天下由此而太平；“猎牧之国”的人民，没有固定的住所，“结队野处，逐水草而徙居”，这种习惯决定其必须有兵法约束才能谋生存，“人人服从于兵法之下。是兵法者猎牧之国风俗之大本也”。君臣关系等于军队中的将帅与士兵的关系，“分严而情不甚亲”。这种国家的“一切法律皆与兵法相表里”，约束甚严而简单易行，合乎用兵之道；“工商之国，人不家食，群居于市。非有市政不能相安，故人人服从于商法之下，是商法者工商之国风俗之大本也。”他们的君臣关系是一种雇佣关系，“情亲而分不甚严”。君主形式的国家就像独家商业公司，民主形式的国家就像合资商业公司，“一切法律皆与商法相览表，凡所为尚平等重契约，权利义务报酬，皆商家之性质也”。总之，劳乃宣认为，“风俗者法律之母也，立法而不因其俗，其凿枘也必矣”。中国是农桑之国，风俗礼教政体都从家法中产生出来，所以政治必须“从家法”，而不能从朔方的军法和欧美的商法；刑律必须维护家法，而不能维护军法和商法。“今欲以欧美的商法政治治中国，抑独可行之无弊乎？”

鉴于杨度曾提出要使人民爱国必须破坏家法的说法，劳乃宣回答说，中国人但知爱家不爱国，根源不在家族主义而在秦以后的专制政体。秦以前的“春秋之世，正家法政治极盛之时也，而列国之民无不知爱其国者”。例如，著名的郑国弦高送牛犒师，越国亡于吴国后，越人举国一致复兴越国等等，足以说明：“家法政治之下，民何尝不爱其国哉！”只是到了秦代，行专制政体，“一国政权悉操诸官吏之手，而人民不得预闻”，久而久之，才使今日之民不知爱国。再就西方而论，“欧美之民何尝不爱其家哉！”“所不同者在于西方家庭和中国家庭的范围不同而已。中国之家以父子为范围，西方之家以夫妇为范围。西方之所谓一家，犹中国之所谓

〔6〕《资政院第一次常年会第二十三号议场速记录》，载李启成编：《资政院议场会议速记录》，三联书店2011年版。

一房,而其为有家则一也。”因此,认为西方人爱国是由于没有家庭观念,此论不能成立。西方人爱国,在于人人“深明家国一体之理,知非保国无以保家”。为什么他们能明白这一道理呢?原因在于他们“行立宪政体,人人得预闻国事,是以人人与国家休戚相关”。中国现在已行预备立宪,只要“假以岁月,加以提撕(即提醒),家国一体之理渐明于天下,天下之人皆知保国正所以保家,则推知其爱家之心,而爱国之心将有油然而生,不期然而然者”。

劳乃宣还认为,中国“三代以上之法,正家族主义国民主义并重者也”,这恰恰是现在世界各国最崇拜推重的国民主义。他们的“所谓新法,其法理之原,固我国所固有也。修其废坠进以变通,不待外求而道在是矣。何必震于他人之赫赫,而皇皇焉弃其所学而学之哉”。最后,他得出结论说:“居今日而谈变法将何适之从哉?曰:本乎我国固有之家族主义,修而明之,扩而充之,以期渐进于国民主义,事半功倍,莫逾乎是。”[7]

(三)“法理”派与“礼教”派论争的具体问题

1. 关于“罪刑法定”和“比附援引”

沈家本主持修订《大清律例》,废除“比附援引”制度,引进西方“罪刑法定”原则,在《新编刑事民事诉讼法》中规定:“凡律例无正条者,不论何种行为不得为罪。”同时,沈家本在《刑律草案》中删除“比附援引”,其理由是,其一,在中国历史上,法律常常是公布的,如《周礼》中《士师》、《布宪》的规定。“诚以法者,与民共信之物,故不惮反复申告,务使椎鲁互相警戒,实律无正条不处罚之明证”。其二,“援引比附”制度“与立宪尤为抵牾。立宪之国,立法、司法、行政之权鼎峙,若许司法者以类似之文致人于罚,是司法而兼立法矣”,“司法之审判官,得以己意,于律无正条之行为,比附类似之条文,致人于罚,是非司法官,直立法官矣!司法、立法混而为一,非立宪国之所宜有也”。其三,实行“援引比附”制度产生许多弊病,“人之严酷慈祥各随禀赋而异,因律无正条而任其比附轻重偏畸,转使审判不能统一”,甚至会产生“恣意出入人罪”的现象。(《历代刑法考·明律目笺一·断罪无正条》)杨度指出:“援引比附”是“司法包含立法”,“司法之时有立法之意”,“与立宪原则最相违反”。[8]

针对新法的改革,张之洞曾上奏反对。他认为我国古代以《春秋》决狱讼,清朝历代皇帝谕旨均允许引律比附。社会生活复杂多变,“情伪无穷,科条所不及者,则比附定拟以提防之”,如果废除“比附援引”,其结果必然是“适开刁徒趋避之端,恐为法政废弛之渐”。(《张文襄公全集·奏议》)

但是,由于我国在审判中历来实行“断罪五正条,用比附加减之律”的办法,“中国沿习已久,群以为便,一旦议废之,难者蜂起”,事实上非难的意见的确不少。比如,第一,“无此法而定此例者,方为立法。若既有他律,而比附定拟,则仍属司法,非立法也”,因此“比附援引”谈不上是“司法立法混而为一”。第二,“民情万变,防不胜防,若例无正条,不论何种行为,不得为罪,则必本案三百八十七条,尽数赅括,毫无遗漏而后可。否则有犯无刑,国家可力存宽大,人民将不免怨咨,持是谓得情理之平,恐不然矣”。第三,“律例所未载者,不得为罪,则法不足以禁奸,罪多可以倖免,刁徒愈俏张为幻,有司之断狱亦穷”。第四,“谓比附易启意为轻重

[7] 劳乃宣:《新刑律修正案汇录序》,载《桐乡劳先生(乃宣)遗稿》,1927年卢氏刻本。

[8] 《资政院第一次常年会第二十三号议场速记录》,载李启成编:《资政院议场会议速记录——晚清预备国会论辩实录》,三联书店2011年版。

之弊,但由审判官临时判断,独不虞其意为轻重乎?引律比附,尚有依据,临时判断,实无限制”。

而对这些否定意见,沈家本都逐一进行了反驳。(《历代刑法考·明律目笺一·断罪无正条》)

2. 义关伦常诸条是否应写入刑律

光绪三十二年(1906年),修订法律大臣沈家本、伍廷芳“模范列强”,学习西方,制定了中国历史上第一个单行诉讼法规《刑事民事诉讼法》,采用了西方的律师制度和陪审制度。沈家本在奏折中说,陪审制既能依靠众人辨明真假,弥补审判官一人错判的缺陷,又可防止司法官贪赃枉法、破坏法制;律师代伸权利,也有利判案。但上奏以后即遭到湖广总督张之洞为首的“礼教派”的反对。张之洞于次年7月上奏《复议新编刑事民事诉讼法折》,认为在中国实行陪审制、律师制会使“讼师奸谋得其尝试”,“到堂陪审者,非干预词讼之劣绅,即横行乡曲之讼棍”。他特别反对《诉讼法》中采用西法,使父子异财,兄弟析产,夫妇分资,“袭西俗财产之制,坏中国名教之防,启男女平等之风,悖圣贤修齐之教”,从而使《诉讼法》未及公布就被作废。同年(1907年)8月和12月,沈家本等又先后奏上《大清新刑律草案》和该草案的按语。采用西方资产阶级刑法体例,分总则、分则,“总则为全编之纲领,分则为各项之事例”。沈家本等指出,《新刑律草案》的修订宗旨为“折衷各国大同之良规,兼采近世最新之学说”(《修订法律大臣沈家本等奏进呈刑律分则草案折》),即要以西方资产阶级的原理、原则来制定新刑律。《草案》上奏之后,受到“礼教”派代表人物劳乃宣的激烈反对。他认为《修正刑律草案》正文“有数条于父子之论、长幼之序、男女有别有所妨”,大失“明刑弼教”之意;《附则》规定旧律有关礼教条文不入正文,是“本末倒置”,故向宪政编查馆上《修正刑律草案说帖》,遍示京外,要求把“旧律有关伦常诸条逐一修入新刑律正文”。在他的倡导下,礼教派对新刑律群起而攻之,使“新律几有根本推翻之势”。沈家本对此“愤慨异常,独当其冲,著论痛驳”,针对劳的说帖写了《书劳提学新刑律说帖后》。协助修律的日本人冈田朝太郎、松冈义正以及宪政馆、法律馆诸人“亦助沈氏,辞而辟之”。劳乃宣又写《管见声明说帖》回敬。清政府根据学部和各大臣的意见,于宣统元年(1909年)正月二十七日下谕:“唯是刑法之源,本乎礼教。中外各国礼教不同,故刑法亦因之而异。中国素重纲常,故于干犯名义之条,立法特为严重。良以三纲五常,阐自唐虞,圣帝明王兢兢保守,实为数千年相传之国粹,立国之大本。今寰海大通,国际每多交涉,固不宜墨守故常,致失通变宜民之志。但只可采彼所长,益我所短。凡我旧律义关伦常诸条,不可率行变革,庶以维天理民彝于不敝。该大臣务本此意,以为修改宗旨,是为至要。”[9]沈家本等在修改中只得“于有关伦纪各条,恪遵谕旨,加重一等”,然后送交法部。法部尚书廷杰认为“中国名教必须永远奉行勿替者,不宜因此致令纲纪荡然”,在正文后面又加上《附则五条》,明确规定:“大清律中,十恶、亲属容隐、干名犯义、存留养亲以及亲属相奸相盗相殴并发冢犯奸各条,均有关于伦纪礼教,未便蔑弃。”中国人犯以上各罪,仍照旧律惩处。这个修正案定名为《修正刑律草案》,由廷杰、沈家本联名上奏,故最终论战以“法派”的退让而告结束。

3. 关于“比附援引”

《刑律草案》引进西方“罪刑法定”原则,废除“比附援引”制度。违背宪政精神。沈家本

[9] 故宫博物院明清档案部:《清末筹备立宪档案史料》,中华书局1979年版。

认为“援引比附”制度“与立宪尤为抵牾。立宪之国,立法、司法、行政之权鼎峙,若许司法者以类似之文致人于罚,是司法而兼立法矣。”(《历代刑法考·明律目笺一·断罪无正条》)杨度指出:“援引比附”是“司法包含立法”,“司法之时有立法之意”,“与立宪原则最相违反。”[10]

张之洞就此上奏,认为我国古代以《春秋》决狱讼,清朝历代皇帝谕旨均允许引律比附。社会生活复杂多变,“情伪无穷,科条所不及者,则比附定拟以提防之。”如果废除“比附援引,”其结果必然是“适开刁徒趋避之端,恐为法政废弛之渐。”(《张文襄公全集·奏议》)

4. 关于“犯奸”

劳乃宣认为,中国旧律规定和奸无夫妇女杖八十,和奸有夫妇女杖九十,分别治罪,前轻后重,而现在的刑律草案只列有夫和奸罪,无夫和奸不为罪,“失之太过”。中国风俗,特别重视处女和寡妇的和奸罪,如果完全不以为罪,不符合中国人心。因此,应按照旧律分别以无夫与有夫进行定罪,“最为平允”,无夫和奸可稍轻于有夫和奸。沈家本反驳说:“此最为外人着眼之处,如必欲增入此层,恐此律必多指摘。”此外,无夫妇女与人和奸,主要是道德风化问题,应从教育方面另想办法,“不必编入刑律之中”。

针对沈家本的观点,劳乃宣进行了全面反击。他指出四条理由:第一,法律与道德应相为表里,无夫奸必须治罪。他说:“夫法律与道德教化诚非一事,然实相为表里,必谓法律与道德教化毫不相关,实谬妄之论。”他举例说,假如有一个未婚之女与人通奸,父亲把女儿杀了,按照旧律,奸夫要给被杀者抵命,父亲不处罪。但如果按照新刑律,她的父亲要以杀人罪论处,而奸夫无罪。果真如此,必将“万众哗然,激为暴动”,不但不能维持伦纪,而且不能确保治安。可见法律与道德教化紧密相连,离开道德教化来讲法律,势必造成道德败坏,国家难以治理。

第二,无夫奸不治罪,有碍中国社会治安。他认为西方国家的家庭关系与中国不同,“子女年长即应自立,不归父母管束”,但夫妻则终身相处,关系重于父子。所以有夫之妇与人通奸,丈夫不容,发生争端,妨害社会治安,“故国家定以为罪”。而子女因个人自主,与人通奸,旁人不讪笑父母,父母也不以为耻。翁姑对于寡妇更是不能过问,所以无夫妇女与人通奸,不生争端,无碍治安,“国家之不定为罪宜也”。中国则不然,不论是未嫁之女或寡妇与人通奸,父母翁姑都视为奇耻大辱,“断无不生争端,不妨治安之理。若不明定罪名,民心必不能服,地方必不能安”。假如在中国真有这样的案件,将奸夫、奸妇拿到官府而不治罪,其父母翁姑在羞愤之下,“强者将剚刃,弱者将自裁,合境之民亦将哗然而不服矣”。这是中国的礼教决定的,“天下刑律无不本于礼教”,出礼入刑,无夫奸治罪在中国万不可不编入刑律。

第三,中国立法应以国内治安为主旨,不应随外人的指责为转移。针对沈家本怕外人指责的说法,劳乃宣指斥说:“畏外国人指责,独不畏中国人指责乎?”无夫奸是中国人最为着眼之处,不治罪必然要受到国人的指责。外国没有这条法律无损本国治安,中国没有这条法律就会损害自己的治安,为避外国人指责而损中国治安,这是得不偿失的。而且,“中国自定法律,何以畏外国人指责乎?”

第四,增入这一条款不会妨碍收回治外法权(指领事裁判权)。沈家本等曾提出不修律

[10] 《资政院第一次常年会第二十三号议场速记录》,载李启成编:《资政院议场会议速记录——晚清预备国会论辩实录》,三联书店 2011 年版。

会给外国人“藉口司法制度未能完善，于领事以裁判之权”，只要中国的司法制度完善，列强就会遵照条约，放弃领事裁判权。劳乃宣则认为，中国能否收回治外法权，“非止刑律一端，更非止刑律中无夫奸一端”，它涉及各方面，如果其他方面具备了收回的条件，断不会因刑律中规定了无夫奸应予治罪而受影响。

综合上述理由，劳乃宣认为无夫奸纵然不作专条列入正文，也必须改动正文中有夫奸条款的字眼，删去“有夫之妇”字样，改为笼统的“和奸”；“待其本夫告诉始治其罪”，改为“待其尊亲属及本夫之告诉始治其罪”。劳乃宣自以为这是“变通而不失其正之道”（《修正刑律草案说帖》）。

5. 关于“子孙违犯教令”

劳乃宣认为，子孙违犯教令，旧律规定处以杖刑。屡次触犯，尊长呈请发遣者，将其发遣。发遣后，祖父母、父母呈请将其释放回来，也有放回的成案。这样，“子孙治罪之权，全在祖父母父母，实为教孝之盛轨”。但是刑律草案不列这一条，“殊非孝治天下之道”。沈家本直截了当地反对说，子孙违犯尊亲教令全属家庭教育问题，“无关于刑事，不必规定于刑律之中”，应设立感化院之类的机构，“以宏教育之方”。劳乃宣则驳斥说：“子孙违犯尊亲教令”并非全都是教育问题，《周官》八刑中就有“不孝之刑”，俄国刑法也有“呈送忤逆之条”。如果子孙触忤祖父母和父母，官府没有惩治他们的法律，祖父母、父母对忤逆子孙没有呈送惩治的地方，“实为大拂民情之事”。至于感化院一类机构，中国有一千多州县，不能同时设立。因此，在现在的情况下必须规定于刑律之中，由官府代为惩治。这一条与礼教关系很大，“万不可删”。

新刑律草案有关于子孙对尊长的侵害实施正当防卫已有肯定的条款，但遭到院部督抚大臣的反对。他们认为，按照礼教，一般人可以有“正当防卫”，子女对父母尊长不能有“正当防卫”。法部尚书廷杰在《修正刑律草案附则》中加入“凡对尊亲属有犯，不得适用正当防卫之例”，以限制正当防卫的范围。宪政编查馆核订时，将它列入《暂行章程》第五条，原文未动。杨度在解释宪政馆的立场时说：“刑律本有正当防卫之例，今对尊亲属不得适用，是谓防卫不正当，而尊亲属无论何种行为皆为正当。”但天下情况复杂，既有为父而不慈者，也有为子而不孝者。父子之间“坐定父之一面为正当，子之一面必不正当”，那就是宋儒“天下无不是之父母”的说教。然而从国家的观点看，宋儒的学说并不完全，“国家刑法，是君主对于全国人民之一种限制，父杀其子，君主治以不慈之罪；子杀其父，君主治以不孝之罪”，法律既不偏为人之子者，也不偏为人之父者，只有这样，“始为公平”，所以不应列入刑律正文。另外，为照顾中国的风俗习惯，因此将此条写进《暂行章程》。但在资政院法典股审查时，不但没有按“礼教派”的意见加入正文，而且认为《暂行章程》也没有加入的理由，全部予以删除。[11]

以上问题，双方各执己见，互不让步。宪政编查馆根据各方意见，对《修正刑法草案》加以核订，基本上没有采纳劳乃宣为首的“礼教派”的主张，但也作了一些调和，正式定名为《大清新刑律》。《附则》也改为《暂行章程》，上交资政院议决。由于资政院会期已过，新刑律全文未及全部议完，即由清王朝上谕颁布。但礼、法之争仍然继续进行。“礼教派”甚至对“法理派”提出弹劾，沈家本被迫于宣统三年（1911 年）辞去修订法律大臣和资政院总裁之职，重回法

---

〔11〕《资政院第一次常年会第二十三号议场速记录》，载李启成编：《资政院议场会议速记录——晚清预备国会论辩实录》，三联书店 2011 年版。

部。尽管清末修律活动以“法理派”的退让而告终，但是，此间发生的这场论争其意义相当深远。可以说，它不仅是中国法律近代化，而且也是中国法律思想近代化的一个坚实的里程碑。

图60　沈家本

三、沈家本的法律思想

沈家本(1840～1913年)字子惇，别号寄簃，浙江归安(今吴兴)人。其父沈本莹进士出身，在清廷刑部任职多年，“熟于律例”。沈家本于同治三年(1864年)入刑部为郎中。次年中举人。光绪九年(1883年)取进士。光绪十九年后历任天津知府、刑部左侍郎、大理院正卿、法部右侍郎、法部左侍郎、资政院副总裁。1902年清廷任命沈家本为修订法律大臣，主持修律达十年之久，是“法理派”的领袖。沈家本学贯中西，谙熟中法，是中国近现代也是中国法律史上最著名的法律家、法学家。

沈家本在主持修律活动中，组织翻译欧洲主要国家和美国的现行法律、法学著作，促进了西方法律、法学在中国的传播。他主持删削旧律，废除酷刑，废止刑讯，改良狱政，并起草新式法律，如《大清现行刑律》、《刑事民事诉讼法》、《法院编制法》、《违警律草案》、《大清商律草案》、《国籍条例》、《禁烟条例》、《大清民律》等。1905年他创设京师法律学堂，以“研精中外法律”为宗旨，数年内培养毕业生近千人。1910年，他成立了北京法学会，并担任会长。次年，又成立了政法研究所，并开办《法学会杂志》。这些活动开启了现代法学研究和法学教育的序幕。因此，他被法学界誉为“法家泰斗”、“媒介东西方几大法系成为眷属的一个冰人”。[12] 沈家本著述颇丰，有关法律制度的著述有：《历代刑法考》(中华书局1986年版，附录有《寄簃文存》)。

(一)重视法治，变革旧法

沈家本力主“变法自强”，近可以废领事裁判权，远可以跻身于世界强国之林。他努力研究西方法律，认为应吸收其精华，即西方资产阶级的法治精神，否则，只是做表面文章，无济于事。他说：“夫法者，天下之程式，万事之仪表也。程式具矣，仪表立矣，而无真精神以运用之，则程式为虚文，而仪表亦外观也。……世之读是书者，当思其精神之所在，无徒于程式、仪表求之。”日本就是学习并掌握了西方的法治精神才由弱国变为强国的：“日本旧时制度，唐法为多。明治以后，采用欧法。不数十年，遂为强国。是岂徒慕欧法之形式而能若是哉？若君臣上下，同心同德，发愤为雄，不惜财力。以编译西人之书，以研究西人之学。弃其糟粕而撷其英华。举全国之精神，胥贯注于法律之内。故国势日张，非偶然也。”(《寄簃文存·新译法规大全序》)

西方法律的精神之一是平等，因此，立法应当体现统一、平等的精神。他在批评南北朝时梁朝士族享有各种法律特权时指出：“凡人皆同类，法之及不及，但分善恶而已，乌得有士族匹庶之分。士族之恶者戮之，苟当其罪，何至使人离心。匹庶之善者戮之，苟不当其罪，其嗟叹岂少哉！”(《历代刑法考·刑制总考三》)他要求废除旗人在法律上的特权，使汉人满人“一体同科”：“窃惟为政之道，自在立法以典民。法不一，则民志疑。斯一切索隐行怪之徒，皆得乘

〔12〕　杨鸿烈：《中国法律发达史》，商务印书馆1933年版，第872页。

瑕而蹈隙。故欲安民和众,必立法之先统于一。法一,则民志自靖。举凡一切奇邪之说,自不足以惑人心。……若旧日两歧之法仍因循不改,何以昭大信而释群疑？……尽人在覆帱之内而一轻一重,此成见之所以未能尽融,似未可拘泥旧规,致法权不能统一。臣默觇世运,慨念时艰,欲筹挽救之方,不得不变通办理。拟请:嗣后旗人犯遣军流徒各罪,照民人一体同科,实行发配。现行律例折枷各条,概行删除,以昭统一而化畛域。"(《寄簃文存·旗人遣军流徒各罪照民人实行发配折》)

正是从平等精神出发,沈家本还主张打破良贱界限,废除奴婢买卖制度:"贫家女子,一经卖入人手,虐使等于犬马,苛待甚于罪囚。呼吁无门,束手待毙,惨酷有不忍言者。泰西欧美各邦,近年治化日进。深知从前竞尚蓄奴为野蛮陋习。英国糜数千金币,赎免全国之奴。美国则以释奴以令,兵事累岁,卒尽释放,义声所播,各国从风。我朝振兴政治,改订法律,百度维新。独买卖人口一端,既为古昔所本无,又为环球所不韪。拟请特沛殊恩,革除此习。嗣后无论满、汉官员及军民人等,永禁买卖人口。如违,买者卖者均照违制法律治罪。"(《寄簃文存·禁革买卖人口变通旧例议》)

(二)实行罪刑法定,反对援引比附

在以沈家本为首的修律主持者看来,中国固有的"比附援引"是落后的东西,不符合世界发展的大趋势,应当全面引进成文法取而代之。而中国固有的成文法传统与欧洲大陆的成文法又是相通的,因此,强化成文法、摒除"比附援引"是唯一科学而可行的正确抉择。其理由如下:

其一,"比附援引"违背宪政精神。"援引比附"的"定律之旨与立宪尤为抵牾。立宪之国,立法、司法、行政之权鼎峙,若许司法者以类似之文致人于罚,是司法而兼立法矣","司法之审判官,得以己意,于律无正条之行为,比附类似之条文,致人于罚,是非司法官,直立法官矣。司法、立法混而为一,非立宪国之所宜有也"。(《历代刑法考·明律目笺一·断罪无正条》)

其二,成文法(罪刑法定)为世界法律发展之大趋势,且与中国法律传统相一致。当今世界"惟英国视习惯法与成文法为有同等效力,此外欧美及日本各国,无不以比附援引为例禁者。本案故采此主义,不复袭用旧例"。此处所言之"主义",即罪刑法定主义。法律馆《刑律草案》第十条:"凡律例无正条者,不论何种行为,不得为;""本条所以示一切犯罪须有正条乃为成立,即刑律不准比附援引之大原则也。"这一原则中国古已有之,如《晋书·刑法志》载刘颂言:"律法断罪,皆当以法律令正文,若无正文,依附名例断之,其正文、名例所不及,皆勿论。……今限法曹郎令史,意有不同为驳,唯得论释法律,以正所断,不得援求诸外,论随时之宜。"这一原理"初不始于今东西各国也",其发明权在中国,"今东西国之学说正与不同,可见此理在古人早已言之,特法家之论说无人参究,故称述之者少耳"。(《历代刑法考·明律目笺一·断罪无正条》)

其三,"援引比附"流弊太多。"凡刑律于正条之行为许比附援引及类似之解释者,其弊有三:第一,……非立宪国之所宜有也。第二,法者与民共信之物,律有明文,乃知应为与不应为,若刑律之外,参以官吏之意见,则民将无所适从。以律无明文之事,忽援类似之罚,是何异以机井杀人也。第三,人心不同,亦如其面,若许审判官得据类似之例,科人以刑,即可恣意出入人罪,刑事裁判难期统一也";"盖妄为比附,则必至逞其私见而挟仇陷害,酷刑锻炼之风作,罗钳吉网,受害者将无穷已;强为比附,则必至徇于众议而文致周内之习成,五过之疵,惟官、惟反、惟内、惟货、惟来,何所不有。法令不一,冤滥滋多,可不慎与";"自国初以来,比附之不得其平者,莫如文字之狱。"(《历代刑法考·明律目笺一·断罪无正条》)

沈家本一派力排众议,终于把"罪刑法定"原则法典化了。《刑律草案》第十条:"凡律例无正条者,不论何种行为,不得为罪。"《违警律》第二条:"凡本律所未载者,不得比附援引。"同上书。应当承认,"罪刑法定"原则是西方资产阶级法治的原则之一,它在反对贵族司法专横的特权和维护平民的权利方面起了积极的历史作用。"罪刑法定"被移植到中国,在一定程度上也具有这种积极作用。尽管清廷引它进来并载之典章,决非为了否定自身的特权,更非保障工商及民众的利益。沈家本之所以肯定"罪刑法定",除了模范列强之外,当然也含有抑制司法枉滥的目的。但是,在"州县明晓律例者百人中难得数人"(《历代刑法考·明律目笺一·断罪无正条》)的实际情况下,司法枉滥又怎能尽归罪于"比附援引"呢!最重要的问题在于,因为引进"罪刑法定"而废除刑事诉讼领域的"比附"是无可厚非的,但是,因此而废除整个诉讼领域创制适用判例的"援引",就似乎有"矫枉过正"之嫌了。

应当指出,由于历史条件的限制,这场辩论未能深入开展,以至诸如"律例"、"本法"、"他律"、"无此法而定此例"、"无此法而即有此例"等概念尚未弄清楚,就争论了起来。其实,沈家本也是主张"比附援引"的:"至近来于比附之法,引用亦极详慎。今试略举之:……抢夺妇女,架至马上,颠跑至令堕胎身死,或将其拖拉致伤身亡,并比依抢夺妇女,拒捕杀人之例,……比皆近年之有案可稽者,即不用比附之法,亦各有本罪可科,何致逍遥法外,为有司者亦何至穷于断狱乎?"(《历代刑法考·明律目笺一·断罪无正条》)可见沈家本也主张有限的"比附援引"。

在中国法律史上,"比附援引"有其特殊内涵:"比附"是引用最相类似的法律条文;"援引"是引用案情相似的"先例"或"判例"。"援引"的本质特征是:在法无明文规定或虽有明文规定却失之宽泛笼统的情况下,依据统治阶级的法律意识、法律原则(这种意识和原则常常反映在刑法典的"名例"中),或者礼(风俗习惯),或者以前的判例、故事中所体现的某种精神,来对当时的案件做出裁判,是为先例。这种先例可以成为以后审判的依据,尽管法官不一定明示援引了这条先例。这就是中国式的判例法。至于援引最相类似的条文,其实质也是创制一个新的先例。但是从表现形式来看,它留给人们的已经不是具体的先例,而是一个抽象的法条。在这个意义上,否定了"援引",就是否定了判例法,否定了成文法最重要的自我更新的渠道。

在清末修律中,以沈家本为代表的一代法律家,把中国法律近代化和大陆法系化合为一处。他们做出的历史性抉择,无意中既否定了借鉴英美法系的可能性,又否定了中国固有的"判例法"传统。这种朝大陆法系一边倒的态度,使近代中国法律文化得到了什么,又失掉了什么,是非常耐人寻味的问题。把中国固有"判例法"这个活泼的"小孩"连同洗澡水一齐倒掉,无论如何不是最聪明的选择。我们虽无意苛求古人,却每每为之慨叹!

事实是,沈家本毕竟开启了"成文法"的新风气,他把"三权分立"的宪政原则和阵容雄壮的成文法典留给了后世,作为旧时代赠给新时代的礼品。然而,北洋军阀政府大理院的法官们却偏偏捡起了"司法独立"的大旗,放心大胆地重振"判例法"的雄风!而国民党政府初期的立法家们则从沈家本手中接过"成文法"的令牌,掀起成文法立法运动。又过了若干年代,"成文法"与"判例法"又重新握手言和——这也许就是中国传统法律文化发展史所独有的"时间差"与节奏感!

（三）“有其法者，尤贵有其人”

沈家本认为，只是制定了良好的法律还远远不够，更为重要的是要有好的执法者：“有其法者，尤贵有其人”，“法之善者仍在有用法之人。苟非其人，徒法而已”，“用法者得其人，法即严，亦能施其仁于法之中；用法者失其人，法即宽平，亦能逞其暴于法之外也”。（《历代刑法考·刑制总考四》）

他认为司法是一种专业性的工作：“治狱乃专门之学，非人人之所能为。”（《历代刑法考·赦十二》）为保证好的人真正执好法，他主张行政和司法分开：“长于政教者，未必能深通法律；长于治狱者，未必为政事之才；”“政刑丛于一人之身，虽兼人之资，常有不及之势。”行政、司法分开，可避免“一心兼营，轻致两无成就”（《历代刑法考·刑官考一》）。行政首长要尊重法官的司法职权：“虞舜施刑，必属皋陶，周公敬狱，必推苏公。”（《历代刑法考·赦十二》）这无疑是司法专业化的主张。

（四）重视法学研究

沈家本十分重视法学研究和法学教育。他总结历史，认为三国时始设律博士一职，直至宋代，元代废之，及至明清。他建议重设此职，以专门研究法律之学。他说：“虽历代当局之人，或视为重要，或视为具文。所见不同，难归一致。然赖有此官，而律学一线之延，连绵不绝。……夫国家设一官以示天下，天下之士，方知从事于此学。功令所垂，趋向随之。必上以为重，而后天下群以为重。未闻有上轻视之，而天下反重视之者。然则律博士一官，其所系甚重，而不可无者也。法律为专门之学，非俗吏之所能通晓。必有专门之人，斯其析理也精而密，其创制也公而允。以至公至允之法律，而运以至精至密之心思，则法安有不善者。及其施行也，仍以至精至密之心思，用此至公至允之法律，则其论决又安有不善者。此设官之微意也。议官制者其主持之。”（《寄簃文存·设律博士议》）

沈家本还总结了中国历史上法学的盛衰及其原因，并得出了结论：“法学之盛衰，与政之治忽实息息相通。然当学之盛也，不能必政之皆盛；而当学之衰也，可决其政之必衰。”他尖锐地指出：“法立而不守，而辄曰法之不足尚，此固古今之大病也。自来势要寡识之人，大抵不知法学为何事，欲其守法，或反破坏之。此法之所以难行，而学之所以衰也。”他热情地希望：“俾法学由衰而盛，庶几天下之士，群知讨论，将人人有法学之思想，一法立而天下共守之，而世局亦随法学为转移。”（《寄簃文存·法学盛衰说》）

第七节　资产阶级革命派的法律思想

一、资产阶级革命派及其政治法律主张

（一）资产阶级革命派及其代表人物

资产阶级革命派的活动始于“戊戌变法”以前。1894 年和 1895 年，孙中山先后在檀香山

和香港成立了中国最早的资产阶级革命团体“兴中会”,并曾策划和举行过起义,但不断遭到挫败。1898 年“戊戌变法”的失败,标志着资产阶级改良运动的基本结束。以孙中山先生为首的资产阶级革命派取代改良派,登上了近代中国的政治舞台。1900 年,特别是 1903 年以后,义和团运动被镇压和八国联军的入侵,使清王朝的反动腐朽嘴脸暴露无遗,广大革命群众以及不少改良运动的参加者相继走上了资产阶级民主革命的道路。与此同时,革命派与改良派也开始在思想政治上划清界限,与坚持改良主义堕落成保皇派的康有为、梁启超等分道扬镳。1905 年,资产阶级革命派中的“兴中会”、“华兴会”和“光复会”三个革命组织合并组成中国资产阶级的革命政党——“中国同盟会”,“同盟会”确定以“驱除鞑虏,恢复中华,建立民国,平均地权”为革命纲领,举孙中山为总理,奉行孙中山提出的“民族、民权、民生”的“三民主义”,决心用暴力手段推翻清王朝,建立民主共和国。在孙中山和“同盟会”的领导下,经过多次流血牺牲,终于通过辛亥革命推翻了清王朝,从而结束了长达两千多年的集权君主制度,建立了中华民国。资产阶级革命派的代表人物主要有孙中山、黄兴、章太炎、邹容、陈天华、朱执信、蔡元培、廖仲恺、宋教仁等。

(二)资产阶级革命派的政治法律思想

资产阶级革命派的政治法律思想有以下几个特点:

首先,他们对集权君主制度及其思想文化都进行了要比资产阶级改良派来得更深刻的批判。不但如此,他们还从主张革命、反对改良的角度,批判了改良派、立宪派。在法律和法律思想领域里,他们也曾把传统法律和正统法律思想放在“理性”的法庭上,以西方资产阶级的“天赋人权”、“自由、平等、博爱”、“法律面前人人平等”等作为尺度加以审判,启迪人民起来推翻集权君主制度,废除传统法制,建立新的资产阶级法律制度,并与当时仍然主张保皇的资产阶级改良派展开了大论战。

其次,“由爱国而革命”是资产阶级革命派思想发展的主流。具体说来,即由反对外国侵略,要求祖国富强,认识到必须推翻清朝政府。或者说,是为了祖国的独立、自由、富强而走向革命,这和西方人强调个人的自由、平等、权利并为之而斗争的革命,并不完全相同。反帝救国,力争国家独立,始终是近代中国革命的当务之急,也是整个中国近代思想史上压倒一切的首要课题。孙中山在阐释他的“民族主义”、“民权主义”时,即曾涉及这个问题。他说:“外国革命为争自由而起,奋斗了两三百年,生出了大风潮,才得到自由,才发生民权。从前法国革命的口号,是用自由、平等、博爱。我们革命的口号,是用民族、民权、民生”,我们“实行民族主义就是为国家争自由,但欧洲当时是为个人争自由。到了今天,自由的用法便不同。在今天,自由这个名词究竟要怎么样应用呢?如果用到个人,就成一片散沙。万不可再用到个人上去,要用到国家上去。个人不可太过自由,国家要得到完全自由,到了国家能够行动自由,中国便是强盛的国家,要这样做去,便要大家牺牲自由”。[13]

正因为如此,所以当时革命派对保守主义和改良主义的批判,主要放在以君主制为形式的清朝政府上,既批判君主制度,也批判君主立宪。

最后,资产阶级革命派对集权君主制的批判,是在孙中山提出的资产阶级民主革命的理论和纲领的指导或影响下进行的。孙中山不但为整个资产阶级旧民主主义革命提出了一套

---

〔13〕 孙中山:《民权主义第二讲》,载《孙中山选集》,人民出版社 2011 年版,第 749、750 页。

比较系统而又具有特色的理论,他的法律思想也达到了当时革命派所能达到的高度。在当时的资产阶级革命派中,作为思想家或理论家的人物虽大有人在,如邹容、陈天华、朱执信等都是其中的佼佼者。但就包括法律思想在内的思想体系来说,最能自成一家之言的人物,当属孙中山。

资产阶级革命派在宣传资产阶级政治法律主张时,首先把矛头对准了传统君主制以及正统法律思想。资产阶级革命派的主要著述集中收录于张枬、王忍之编:《辛亥革命前十年间时论选集》(三联书店 1960 年版,以下引文只注篇名)。

1.“天下至尊至贵不可侵犯者民也”

资产阶级革命派认为,国家应当为人民所“公有”,国家的法律应当代表“公意”。历代帝王那种“举土地为一己之私产,举人民为一己之私奴,而悍然自称曰国”(《原国》)是违反公理的非法之国、一人之国、一姓之国;其法,则是一人之法、一家之法。资产阶级革命派是主张主权在民的,他们认为“天下之至尊至贵不可侵犯者,固未有如民者也”(《说国民》),“以一国之民而治一国之事,则事无不可治;以一国之民享一国之权,则权无越限”。一国可以无君,天下可以无君,但是,一国不可无民,天下不可无民;“一国无民则一国为丘墟,天下无民则天下为丘墟”。只有人民才是国家的主人,帝王、君主只不过是盗窃人民权力的大盗而已。他们痛斥历史上腐儒的各种忠君谬论,指出“君臣之名义”是古代社会“最为毒害于人心者”。人民的权利是天所赋予的:“天之生人也,即与以身体自由之权利,即与以参予国政之权利。”因此,作为“国民”之人民必须有过问行政之权,干涉立法之权,管理司法之权,共同求一国之利,除一国之害。这是神圣不可侵犯的“国民之真权利”;“暴君不能压,酷吏不能侵,父母不能夺,朋友不能僭。”(《述侯官严氏最近之政见》)这种权利既不能让君主一人占有,也不能让贵族数人私有,更不能让外人“盗我权利,诈我权利”。全体国民应以法国大革命为榜样,把自身从君权压制中解放出来。

革命派还进一步论证了人生而平等的观点,“天之生人也,原非有尊卑上下之分。自强凌弱、众暴寡,而贵族形焉,主奴形焉。故治人者为主则被治者为奴,贵族为主则平民为奴,自由民为主则不自由民为奴,男子为主则女子为奴”,这是最不合理、最不平等的“奴隶之国”。他们主张人与人之间在法律上一律平等,人人都是治人者,也是被治者;都是王侯,又都是皂隶。法律无奴仆之文字,男女都有参政权,人人得其平,人人得其所。他们大声疾呼,要求人民以威武不屈、贫贱不移的精神,反抗集权君主制度和帝国主义的压迫,争做独立的国民,大倡权利、责任、自由、平等之说,大争权利、责任、自由、平等之实,建立自由平等的共和国,使中华民族“气凌欧美,雄长地球”,自立于世界民族之林。

2.“宪法者国民之公意,人民权利之保障也”

资产阶级革命派所要求的宪法是民主宪法:“宪法者,国民之公意也,决非政府所能代定。”他们反对改良派的君主立宪,反对清朝政府包办宪法,借立宪之名,行专制之实。他们认为,“完全之宪法”即民权宪法,其目的在于“保护人民之权利”。宪法的制定,完全取决于国民之意志,“而与君主官吏漠无相涉”。(《土耳其立宪说》)改良派所鼓吹的宪法,是由清政府自己制定的,从君主到大臣没有任何人能代表“国民”。因此,由他们手定的宪法,只能是“贵族宪法”,只不过“于寻常腐败法律之外,多增一钦定宪法,以掩大地万国瞻听”(《立宪驳议》)而已。革命派进一步揭露了清王朝假立宪的本质,他们说:“宪法者,一国之根本法,又人民权利之保障也”(《论宪法上之君主神圣不可侵犯之谬说》),自由、平等、博爱乃其内在之精神。在这种宪法下,无所谓君,亦无所谓民,“上对君主,下对细民,均处一律之地位,无稍差异”;人民不但有言论、迁徙、集会之自由,财产人身之不受侵犯,而且有“诉求请愿、秘密书函、干涉行政之得失、选举议员之资格”。(《为外人之奴隶与为满洲政府之奴隶无别》)但是,清政府之所作所为却与此相反,其目的只不过是“实行排汉主义,谋中央集权,拿宪法做愚民的器具”,以维护皇权。所以他们在拟定宪法时,首明“君主神圣不可侵犯”。

革命派不但认为宪法应当出自国民之“公意”,其他所有法律也当出自“公意”。他们对法或法律下过不少定义,如说:“法者,国民之总意也”(《民族的国民》),“法律者,国民之公器,称之曰国法,非一家之法也”(《二十世纪之中国》),“法律者,所以保护国中之安宁、秩序、生命、财产者也”。但在君主制度下,“除服从(君主个人的)私意,遵从王法外,复无可以发表意思之余地”,“数千年跪伏于专制政权之下,复罔论宪法!全社会束缚于名分大防之内,复罔论法律!”(《权利篇》)

3.“礼者非人固有之物,最为民害也”

资产阶级革命派不仅批判君主政体和传统法制,而且还批判传统礼教。他们首先指出,古代社会的礼教,是虚伪的,非人类社会所固有的东西:“礼者非人固有之物也。”以往所谓“礼仪三百、威仪三千”,都是“大奸巨恶,欲夺天下之公权而私为已有,而又恐人之不我从也,于是借圣人制礼之名而推波助澜,妄立种种网罗,以范天下之人”。(《权利篇》)他们认为,道德有天然道德和人为道德之分:“天然道德,根于心理,自由、平等、博爱是也;人为之道德,原于习惯,纲常名教是也。”(《论道德》)天然之道德是真道德,人为之道德是伪道德,而中国数千年相传之道德,都是伪道德。这种旧礼教、伪道德使人类丧失最高尚的自由平等资格,“耗人血、消人气,不至于死亡而不止”。历代统治者在其假面具下“等道德于刍狗,借权术为护符,横流所属,将恻隐廉耻之心荡然俱尽,人类之祸日益酷烈”。不仅如此,历代统治者将“道德与法律混而一之”,强迫人民接受。“出于礼则入于刑”、“礼教与刑罚相为表里”、“其事苟为伪道德所作,即有峻法严刑以持其后”,因此,其惑世诬民,则直甚于洪水猛兽。旧律“拘守不通之礼教”,乃其“最乖谬之处”,“最是为民害”之处。(《论道德》)

旧礼教、伪道德的核心是“三纲五常”。革命派指出,“君为臣纲”是历代君主“据强权而制服他人”的工具。由于君主“自念威福权力,皆由强取豪夺而来”,为了巩固自己的统治,才“不得不创尊君亲上之谬说”。至于官尊民卑,则因官吏“为君主所信任,奉君主之命令以治人民,故人民亦不得而抵抗之”,“人民之生死予夺,悉握于官吏掌握之中,残民以逞,莫敢谁何”,“罗织无辜,流血成川”。因此,老百姓称他们为“破家县令,灭门知府”。(《三纲革命》)针对“父为子纲”,革命派认为父母有养育子女之恩,责子女当尽孝父母,乃理之当然。但是,法律根据礼教,规定尊长有命,卑幼不能违;甚至尊长杀卑幼,尊长不罪于死,任凭父母凌虐子女,这便有违公理。他们坚决反对父母对子女专横:“当其幼时,不知导人以理,而动用威权,或詈或殴”,致使长大以后“卑鄙相习,残暴成性”;教以“崇拜祖先,信奉鬼神”,而使之丧失判别是非之能力;教以“敬长尊亲,习请安跪拜”(《三纲革命》),而养成奴性;婚姻唯听父母之所择,不能自由,因而造成人世间无数惨剧。对于“夫为妻纲”,革命派批之尤烈。他们指出:“居地球之上,其不幸者莫如我中国人,而中国女界,又不幸中之最不幸。”妇女“奴隶于礼法,奴隶于学说,奴隶于风俗,奴隶于家庭,如饮狂泉,如入黑狱”。妇女“襁褓未离,而‘三从’、‘四德’之谬训,无才是德之伪言,即聒于耳而浸淫于脑海,禁识字以绝学业,强婚姻以误终身,施缠足之天刑而戕贼其体干焉,限闺门之跬足而颓丧其精神焉,种种家庭教育,非贼刑骸即锢知识”,与其如此而生还不如早夭为幸。出嫁后,强悍翁姑“禁遏自由之权力,且不逊于父母兄弟而尤过之”,“闺房之内,丈夫俨然具有第二君王之威权”。因此,妇女出嫁等于进了第二重地狱。总之,在“三纲五常”的家族主义下,“妇女出入无自由,交友无自由,婚姻无自由,一生沉淹在十八层地狱”。(《哀女界》)

从以上概括的内容看,资产阶级革命派不但对君主专政、君主立宪进行了抨击,而且批判了整个传统法制和礼教,从而为推翻清王朝的统治做了舆论准备。

二、孙中山的“三民主义”和“五权宪法”理论

图61　孙中山

孙中山(1866～1925年),名文,字德明,号逸仙,别号中山,广东香山(今中山)县人。青少年时期,曾在檀香山、广州、香港、厦门等地读书,接受了资产阶级的文化。他是中国资产阶级革命派的领袖,近代中国“伟大的革命先行者”。1894年12月,孙中山在檀香山华侨中建立了中国第一个资产阶级革命团体“兴中会”,提出“驱除鞑虏,恢复中华,创立合众政府”的口号。1905年,他与黄兴、宋教仁等以“兴中会”、“华兴会”为基础,联合“光复会”等反清团体,在日本东京建立“中国同盟会”,提出“驱除鞑虏,恢复中华,建立民国,平均地权”的政治纲领。同年11月,明确提出包括民族主义、民权主义、民生主义为基本内容的三民主义。“同盟会”成立后,不断发动武装起义,终于推翻了清王朝,建立了中华民国,孙中山就任临时大总统。但是,革命果实落入了北洋军阀袁世凯的手中,民国成了一块招牌。孙中山为保卫民国,进行了不懈的斗争。后来,他在中国共产党的帮助下,毅然改组国民党,并于1924年1月在广州召开了国民党第一次全国代表大会,重新解释三民主义,确立了“联俄、联共、扶助农工”的三大政策,把旧三民主义改造为反帝、反封建的以三大政策为主要标志的新三民主义,奠定了国共第一次合作的基础,促进了中国革命高潮的到来。1924年,孙中山应冯玉祥邀请,离粤北上,商讨国事。1925年3月12日病逝于北京。他的一生,始终站在中国民主革命的前头指导革命,为改造中国,振兴中华,耗尽了毕生精力,做出了不可磨灭的伟大贡献。

孙中山的法律思想以三民主义为理论基础。他主张实行西方资产阶级的法治,而且结合当时的国际形势和中国的实际提出了“五权宪法”的学说。孙中山曾一度迷信法律至高无上的效力,相对忽视政权对法律的作用。直到晚期,才在法律与政治、法律与人民大众的关系等基本问题上产生认识上的飞跃。孙中山的主要著作有《三民主义》、《建国方略》、《建国大纲》、《五权宪法》等,均收录于《孙中山选集》(人民出版社2011年版,以下引文仅注篇名)。

(一)“三民主义”的法律精神

“三民主义”是民族主义、民权主义和民生主义的总称。随着孙中山思想的不断前进而经历了由旧三民主义到新三民主义的巨大转变。它不仅是孙中山政治、经济理论而且也是其法律思想的指导原则。

1. 民族主义

旧三民主义的民族主义,就是"驱除鞑虏,恢复中华",即推翻满族统治的清政府,光复汉民族的国家。这种民族主义包含以汉族为本位的大汉族主义思想,但是,由于当时清王朝已成为和列强互相勾结压迫中国人民的代表,并在其统治中国的二百余年中实行民族压迫政策,所以要求推翻把持国家政权的满族贵族的统治,显然具有革命意义。

孙中山的旧民族主义没有明确提出反对帝国主义,所以当辛亥革命成功时,他就认为民族革命已经完成。南京临时政府的对外宣言反而首先承认清政府和帝国主义国家所订的条约和所赔的外债。甚至海关收入的支配权、上海混合裁判的领事裁判权,统统无条件地送给列强。辛亥革命后,在帝国主义操纵下的军阀混战教育了他,使他认识到帝国主义的侵略才是最大的民族压迫,中国仍然处于列强宰割和支配之下。因此,他的民族主义愈来愈朝向反对帝国主义的方向前进,主张取消列强在华特权,废除领事裁判权,恢复关税自主,收回租界和失地等。所以当他重新解释三民主义时,他说:"国民党之民族主义,有两方面的意义:一则中国民族自求解放;二则中国境内各民族一律平等。"对外的"中国民族自求解放,其目的在使中国民族得自由独立于世界";对内的"各民族一律平等",即把我们中国的所有民族融成一个中华民族。(《中国国民党第一次全国代表大会宣言》)

2. 民权主义

民权主义是三民主义的核心,它的基本内容,就是推翻腐朽的集权君主制度,建立民国。孙中山一开始便把实行民权主义作为革命的重要目标。《同盟会宣言》宣布:"今者由平民革命,建立民国政府,凡我国民皆平等,皆有参政权,大总统由国民共举,议会由国民公举之议员构成之,制定中华民国宪法,人人共守,敢有帝制自为者,天下共击之。"政治革命或国民革命的结果,应当使"一国之人皆有自由、平等、博爱之精神",并应当"建立民主立宪政体"。孙中山的旧民权主义基本上仍未超出西方"天赋人权"的范畴,即所谓"民权主义,即人人平等,同为一族,绝不能以少数人压迫多数人。人人有天赋之人权,不能以君主而奴隶臣民"。(《欲改造新国家当实行三民主义》)他的新民权主义则具有不同于西方的特点,他指出:"国民党的民权主义,于间接民权之外复行直接民权:即为国民者,不但有选举权,且兼有创制、复决、罢官诸权也。……近世各国所谓民权制度,往往为资产阶级所专有,适成为压迫平民之工具。若国民党之民权主义,则为一般平民所共有,非少数人所得而私也。于此有当知者:国民党之民权主义,与所谓'天赋人权'者殊科,而唯求所以适合于现在中国革命之需要。盖民国之民权,唯民国之国民乃能享之,必不轻授此权于反对民国之人,使得藉以破坏民国。详言之,则凡真正反对帝国主义之个人及团体,均得享有一切自由及权利。而凡卖国罔民以效忠于帝国主义及军阀者,无论其为团体或个人,皆不得享有此等自由及权利。"(《中国国民党第一次全国代表大会宣言》)

孙中山的新民权主义揭示了西方资产阶级民权制度的虚伪性。这在近代宪政史上,的确是前所未有的创见。不但如此,为了保障民权,他还提出了著名的"五权宪法"原则。

3. 民生主义

民生主义是孙中山自认为超越西方资本主义自由、平等、博爱的理论。他说:"英国财富多于前代不止数千倍,人民的贫穷,甚于前代也不止数千倍,并且富者极少,贫者极多。"(《三民主义与中国前途》)为了解决西方民权制度贫富悬殊的弊端和预防社会革命,他才提出民生主义,以"举政治革命、社会革命毕其功于一役"(《〈民报〉发刊词》)。

孙中山指出："民生主义如果能实行，人民才能够享幸福，才能真正以民为主；民生主义若是不能实行，民权主义不过是一句空话。"（《农民大联合》）从民生主义出发，他把着眼点放在解决占中国人口绝大多数的农民和工人生活问题上。他曾把他的"民生主义"十分明确地归纳为"土地"和"资本"两大问题，并把能解决这两大问题的"民生主义"说成为"社会主义"："民生主义，就是时下的社会主义。"（《三民主义之具体办法》）"平均地权"是旧民生主义的主要内容，也是解决土地问题的主要办法。其具体实施办法就是先"核定天下地价"，然后"照价纳税"和"照价收买"；或者说："照价纳税"和"土地国有"，即先由地主自报地价，国家再征以重税（只征地税或者说天然税，不征人口税），同时国家又握有土地所有权，可以随时按地价收买地主土地。

在"资本"问题上，孙中山既要发展大工业，又避免资本主义。他尖锐地揭露了西方资本主义经济制度无法克服的矛盾，斥责资本家的残酷剥削，并且指出资本家"用金钱的势力，操纵全国的政权，总是居于优胜地位。试看哪一国的法律政治及一切制度不是为资本家而设"。（《三民主义是建设新国家的完全方法》）特别可贵的是，孙中山还自发地同情马克思主义，赞扬马克思主义的经济学说是"得社会主义的真髓"，"使研究社会主义咸知其本"，是"为多数工人谋其生存之幸福也"。他认为解决"资本"问题的具体办法，就是实行一种所谓"集产社会主义"的国家资本主义。他指出，主张"集产社会主义实为今日唯一之要图。凡属于生利之土地铁路，收归国有，不为一二资本家所垄断渔利，而失业小民务使各得其所，自食其力，既可补救天演之缺憾，又深合于公理之平允；""凡天然之富源如煤铁水力矿藏等，及社会之恩惠如城市之土地交通之要点等，与夫一切垄断性质的事业，悉当归国家经营，以所获利益归国家公用……此即吾党所主张民生主义之实业政策也。"（《中国实业当如何发展》）

孙中山的旧"民生主义"无论在解决"土地"问题或"资本"问题上，都充满着资产阶级特别是小资产阶级的主观社会主义的空想。他自以为通过"土地国有"、"平均地权"就可避免资本主义而进入他所谓的"集产社会主义"。当然，要求发展资本主义在当时是完全合乎客观需要的。不过他既要求发展资本主义的近代大企业，而又反对资本家的剥削压迫，幻想能有一种没有资本家的资本主义；虽然他看到了资本主义的许多弊端，但又低估了传统意识对社会进化的严重束缚，而想预防资本主义"毕社会主义于一役"，这在当时的历史条件下也只能是一种空想。但他对广大工农群众的同情，对资本主义各种矛盾的揭露与批判，对国家独立、富强的迫切期望和建立一个"天下为公"的社会理想，的确非常珍贵。当旧"三民主义"发展到新"三民主义"以后，孙中山的"民生主义"也获得了重大的发展。在土地问题上，他突出了"耕者有其田"的思想，代替了以前"定地价税"之类的空想，并作为主要纲领，正式向农民宣布。他在"民生主义第五讲"中说："民生主义真是达到目的，农民问题真是完全解决，是要耕者有其田。"这和孙中山对农民重要性的认识是分不开的："农民是我们中国人民之中的最大多数，如果农民不参加来革命，就是我们革命没有基础。"（《耕者要有其田》）在资本问题上，孙中山的"民生主义"已不再强调什么预防"资本主义"之类的空想，提出了比较现实的"节制资本"的口号。一方面容许私人资本主义企业的发展和扩充，但必须加以监督和限制；另一方面又规定大企业、大银行以及交通运输业等必须由国家创建和经营，使私人资本不能操纵国计民生。与此相应，国家还要有一套保护劳工的法律，如"工人之失业者，国家当为之谋救济之道，尤当为之制定劳工法，以改良工人之生活。"此外，如养老之制、育儿之制、周恤废疾之制、普及教育之制等等。

在旧"三民主义"时期，孙中山曾将他"三民主义"的"一贯精神"概括为"自由、平等、博爱”。具体说来,“民族主义”意味着自由(国家之自由),“民权主义”意味着平等,“民生主义”意味着博爱。虽然欧美国家的“自由、平等、博爱”已成为空谈,但孙中山真诚地视之为革命奋斗的目标,并在中国的特定历史条件下赋之以新的政治意义。孙中山这一时期的法律观,即以“自由、平等、博爱”为宗旨。

(二)“五权宪法”与“权能分治”理论

1. 从“三权分立”到“五权宪法”

孙中山特别重视宪法和对宪法的研究。他认为,宪法的好坏,对于治理国家至为重要:“我们要有良好的宪法,才能建立一个真正的共和国。”(《五权宪法》)在评价欧美各国的宪法时,他指出:“世界上有文宪法是美国最好,无文宪法是英国最好。英是不能学的,美是不必学的。”(《三民主义与中国前途》)因为英美宪法都以三权分立为原则,虽然三权分立的学说在西方资产阶级革命时期曾经起过很大的作用,但是现在“已经是不适用的了”。为了适合中国国情,“中华民国的宪法,是要创造一种新主义,叫作五权分立”,是一种可以补三权分立之不足的新创造。孙中山的所谓“五权”,就是在行政权、立法权、司法权之外,再加上考试权和监察权。以“五权分立”为基本内容的宪法,就叫“五权宪法”。根据“五权宪法”设立行政、立法、司法、考试、监察五院,就叫五院制。他不满西方宪法之三权。以美国为例,三权各不相统,政客巴结选民,运动选民,往往把一些愚蠢无知的人选为议员,组织国会。国会既是立法机关,又是监察机关,他们往往擅用此权(监察权)挟制行政机关,使它不得不俯首听命,因此,常常成为议院专政,这是监察权没有独立的恶果。另外,政府的官员由总统委任,随总统的进退而进退。无才、无德、无能之人可以随总统之进而为官吏;有才、有德之人也要随总统之退而罢官。一朝天子一朝臣,“所以美国政治腐败散漫”,为各国所无,这是考试权没有独立的恶果。故孙中山认为,只有“用五权宪法”所组织的政府,才是完全政府。这种“五权独立”的“完全的政府机关”,其结构如下:

以五院为中央政府:一曰行政院,二曰立法院,三曰司法院,四曰考试院,五曰监察院。宪法制定之后,由各县人民投票选举总统以组织行政院,选举代议士以组织立法院,其余三院之院长,由总统得立法院之同意而委任之,但不对总统、立法院负责。而五院皆对国民大会负责。各院人员失职,由监察院向国民大会弹劾之;而监察院人员失职,则国民大会自行弹劾、罢黜之。国民大会之职权,专司宪法之修改及裁判公仆之失职。国民大会及五院职员,与夫全国大小官吏,其资格皆由考试院定之。此五权宪法也。(《五权宪法》)

孙中山认为,首先,监察权“是中国固有的东西”。中国“自唐虞起,就左史记言,右史记事。”降至后世,各国都有御史、谏议大夫等官独掌监察权,他们“官品虽小而权重内外,上自君相,下及微职,儆惕惶恐,不敢犯法”。甚至外国著名学者也著书“说明中国之弹劾权,是自由与政府中间的一种最良善的调和方法”(《五权宪法》),中国应发扬自己的传统,将监察独立。其次,“中国历代考试制度不但合乎平民政治,且实过现代之民主政治”。通过考试,“朝为民,一试得第,暮登台省;世家贵族所不能得,平民一举而得之”。而且考试严格,“科场条例,任何权力不能干涉。一经派出主考学政,为君主所钦命,独立之权高于一切”。考试结果,“人才辈出”。欧美以前没有考试制度,“他们近来考察中国的制度,便极赞美中国考试的独立制度,也有仿效中国的考试制度去拔取真才”。所以“将来中华民国宪法,必要设立机关,专掌考选权。大小官吏必须考试,定了他们的资格,无论那官吏是由选举的,抑或由委任的,

必须合格之人，方得有效”。（《三民主义与中国前途》）

孙中山为了替其“五权分立”学说寻找理论依据，的确把中国古已有之的监察、考试制度描绘得过于完美。但他反对那种不顾中国国情而照搬西方，奉欧美“三权分立”为金科玉律的思想是可贵的。他在批评某些留学生把五权说成标新立异时说：“宪法者，为中国民族历史风俗习惯所必需之法。三权为欧美所需要，故三权风行欧美；五权为中国所需要，故独存于中国。……如诸君言欧美所无，中国即不能损益，中国立宪何不将欧美一国之宪法抄来一通，曰孟德斯鸠所定，不能增损者也。”（《与刘成禹的谈话》）在孙中山看来，增加监察、考试两权，就可补充“三权分立”之不足，克服代议制的缺点，矫正选举制度的弊病。就可“集合中外之精华，防止一切流弊”，“连成一个很好的完璧，造成一个五权分立的政府”。这样的政府，“才是世界上最完美最良善的政府”，才是“民有、民治、民享”的“三民主义”国家。

2.“权能分治”理论

孙中山的“五权宪法”是以人民掌握政权，政府实施治权的权能分治的学说为依据的，是建立在人民主权的基础之上的。他把政治权力分为政权与治权两种：“政是众人之事，集合众人之事的大力量，便叫作政权，政权就可以说是民权。治是管理众人之事，集合管理众人之事的大力量，便叫作治权，治权就可以说是政府权。所以政治之中，包含有两个力量：一个是政权，一个是治权。这两个力量，一个是管理政府的力量，一个是政府自身的力量。”他认为，要把中国改造成新国家，必须把权和能（治权）分开。政权“完全交到人民手内，要人民有充分的政权，可以直接去管理国事”；治权则“完全交到政府的机关之内，要政府有很大的力量，治理全国事务”。

他从各国宪法的考察中，发现瑞士的宪法除规定人民有选举权外，还有创制权和复决权；美国西北地区的宪法中，则有罢免权。他认为这是当时世界宪法中最新的东西，要使人民有权，宪法必须写进这个权。“人民有了这四个权，才算是充分的民权；能够实行这四个权，才算是彻底的直接民权。以前没有充分民权的时候，人民选举了官吏议员之后，便不能够再问，这种民权，是间接民权。间接民权就是代议政体，用代议士去管理政府，人民不能直接去管理政府。要人民能够直接管理政府，便要人民能够实行这四个民权。人民能够实行这四个民权，才叫作全民政治。”

上述四权，可分两类。一类是人民管理政府的官吏的权力，即选举权与罢免权。他主张“人民要有直接民权的选举权”，全国实行分县自治，人民直接选举官吏，直接选举代表参加国民大会，组成最高权力机关。但人民只有直接选举权还不能管理官吏，还必须有罢免权，“行政的官吏，人民固然要有权可以选举，如果不好的官吏，人民更要有权可以罢免”。另一类是管理法律的权力，即创制权与复决权。他指出：“人民要做一种事业，要有公意可以创订一种法律，或者立法院立了一种法律，人民觉得不方便，也要有公意可以废除，这个创法废法的权便是创制权。”复决权比较复杂，其一是修改法律权，“若是大家看到了从前的旧法律，以为是很不利于人民的，便要有一种权，自己去修改。修改好了之后，便要政府执行修改的新法律，废止从前的旧法律，在立法院中大多数议员通不过，人民可以用公意赞成来通过”。（《五权宪法》）以上两种权合在一起，就是复决权。

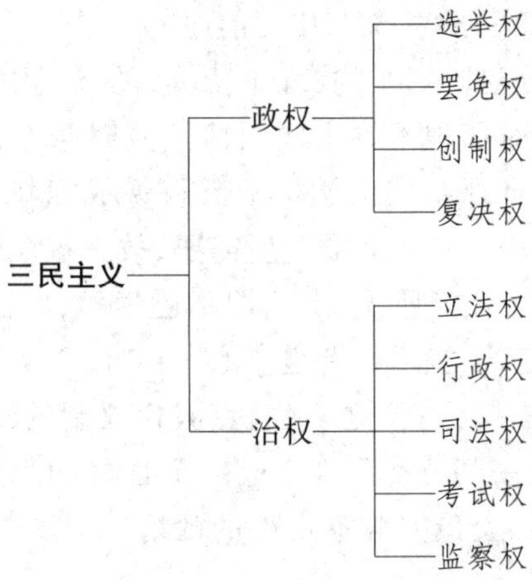

孙中山的“直接民权”和“五权宪法”思想及其权能分治的理论,都渗透着这样的精神:第一,他反对照搬西方,而主张结合中国国情吸收西方先进的东西;第二,他不满足于西方的代议政治,并企图避免资本主义制度带来的种种弊端,力求克服西方在立法、行政等方面的不足,从而超越欧美。这些精神无疑是很可贵的。

第八节　五四新文化运动代表人物的法律思想

一、五四新文化运动

辛亥革命虽然推翻了清王朝并建立了中华民国,但此后,袁世凯执掌国柄、宋教仁被刺杀、屈辱的“二十一条”的签定、洪宪帝制、张勋复辟、南北军阀混战,等等,国家仍然陷于混乱之中。在这种情况下,一批激进的资产阶级小资产阶级民主主义者们,继承19世纪末维新志士和辛亥革命党人的民主主义思想和战斗精神,掀起了一场以民主、科学为旗帜,以外争国权、内惩国贼为号召,以彻底批判传统旧文化为宗旨的新文化运动。与此同时,十月革命给中国送来了马克思列宁主义,中国无产阶级登上历史舞台。五四新文化运动促进了马克思列宁主义在中国的传播,促进了工人运动与知识分子的结合,从而揭开了中国新民主主义革命的序幕。

二、陈独秀反礼教、倡民治的法律思想

陈独秀(1879～1942年)字仲甫,号实庵,安徽怀宁人。五四新文化运动的杰出代表人物之一。早年几度留学日本,于1915年主编《新青年》杂志,1918年和李大钊创办《每周评论》,提倡民主、科学,反对君主政治,是五四运动时期激进的民主派。1920年组织上海共产主义小组,宣传马克思主义。1921年中国共产党成立,历任第一至第五届中共中央总书记。第一次国内革命战争后期,推行右倾路线,使革命遭到失败。1927年党的“八七会议”撤销其总书记职务。五四运动前,他以西方近代资产阶级的国家和民主学说为武器,以现实主义的批判态度抨击传统旧礼教,捍卫了民主共和政治。五四运动后,他开始接受、传播马列主义,主张

无产阶级专政，抛弃了自己早期的资产阶级政治主张。此后，他在与无政府主义者的辩论中，在与国民党独裁的斗争中，阐述了自己的政治法律思想。

图 62　陈独秀

（一）首倡民主科学，批判封建礼教

陈独秀在《青年杂志》（后更名为《新青年》）创刊号上发表《敬告青年》发刊词，猛烈批判集权君主制度，提倡民主和科学。他希望青年们做到："自主的而非奴隶的"，"进步的而非保守的"，"进取的而非退隐的"，"世界的而非锁国的"，"实利的而非虚文的"，"科学的而非想象的"。他强调："国人而欲脱蒙昧时代，羞为浅化之民也，则急起直追，当以科学与人权并重。"他所说的"科学"是指源于自然科学的认识客观世界的"科学法则"，即认识论和方法论。它与迷信是天然对立的："举凡一事之兴，一物之细，罔不诉之科学法则，以定其得失从违。其效将使人间之思想云为，一遵理性，而迷信斩焉，而无知妄作之风息焉。"他认为，不论什么事物，都应"以科学说明真理，事事求诸证实"，不要凭空想象和盲从。凡是经不起科学法则和理性检验的事物，即便是"祖宗之所遗留，圣贤之所垂教，政府之所提倡，社会之所崇尚，皆一文不值也！"只有讲求科学和理性，才能排除"无常识之思维，无理由之信仰"。他所谓的"人权"即人人"各有自主之权"，他说："自人权平等之说兴，奴隶之名，非血气所忍受。世称近世欧洲历史为解放历史：破坏君权，求政治之解放也；否认教权，求宗教之解放也；均产说兴，求经济之解放也；女子参政运动，求女权之解放也；解放云者，脱离夫奴隶之羁绊，以完其自主自由之人格之谓也。"〔14〕他所说的"人权"与民主是相通的，他说："近世国家主义，乃民主的国家。非民奴的国家。民主国家，真国家也，国民之公产也，以人民为主人，以执政为公仆者也。"〔15〕后来，陈独秀明确提出："拥护德莫克拉西（Democracy）和赛因斯（Science）两位先生"，"拥护德、赛两先生"。〔16〕他把民主和科学比作一辆车的两只轮子，号召青年们以此为武器，向专制主义和礼教猛烈进攻。

图 63　《新青年》

辛亥革命后，军阀政客在肆意践踏民主共和制度的同时，又以共和制度不适应中国国情为借口，极力鼓吹尊孔读经，定孔教为"国教"，相继导演了

〔14〕《青年杂志》第 1 卷第 1 号，1915 年 9 月 15 日。

〔15〕《今日之教育方针》，载《新青年》第 1 卷 2 号，1915 年 10 月 15 日。

〔16〕《新青年罪案之答辩书》，载《新青年》第 6 卷 1 号，1919 年 1 月 15 日。

洪宪帝制、张勋复辟等历史丑剧。一时间,旧势力甚嚣尘上,人民的权利得而复失,中华民国名存而实亡。陈独秀对君主制度复活的成因进行深刻的反思后,看清了传统礼教保护和复辟君主制度的反动作用。在新文化运动时期,他不仅把反孔当作反专制的重要内容,而且把能否根除孔教的影响当作实现民主共和制度的重要一环。

他认为,孔教是民主共和思想的大敌。孔教以"别尊卑,明贵贱"的阶级制度为其根本。[17] 三纲之说教忠、教孝、教从,使民、子、妻无条件地附属于君、父、夫。宣扬"片面之义务","奴隶之道德"。[18] 孔教维护宗法家族制度,损坏"个人独立自尊之人格"。[19] 孔教保护君主独裁政治,成为民主共和政治的障碍;孔教宣扬君权父权,钳制了个人行为和思想之自由;孔教以阶级等级制度为根本,人生平等之权利便无保证;儒家礼治一日不亡,资产阶级法治便难以确立。因此,中国要建民主共和制度,必须彻底清除集权君主政治的思想基础。

他认为,孔教的精义是"尊君",因此,"孔教与帝制,有不可离散之因缘"。今日若仍以这种道理为国民的修身大本、传统国粹,而不设法根除,无异于驱赶人民供奉君主,破坏民主共和。袁世凯主张尊孔祀天后,演出了洪宪帝制的丑剧;张勋、康有为宣扬尊孔读经后,便抬出了清末的小皇帝。一言以蔽之,"以孔子之道治国家,非立君不足以言治",今日主张尊孔者,其目的都在立君复辟。因此,共和之民必须反对"与复辟论相依为命之尊孔论",扫荡遍及国中的"孔教会"、"尊孔会"。否则,任其泛滥,不但共和政治不能进行,就是这块共和招牌,也是挂不住的。[20]

陈独秀指出,孔教维护家族制度,使大多中国人"只知道有家,不知道有国","国家的兴亡治乱,与我身家无关"。当外强入侵之时,吾民漠然视之,不能群起反抗,导致今日丧权辱国之终局。孔教信仰"天命","不知道尽人力",吾民便以"穷通祸福,都是天定"为信条。国家被欺侮,共和被摧残,国人不去发奋图强,反而以"听天由命"自解自慰。如此下去,中国岂有不亡之理?吾民又怎能摆脱牛马之困境。[21]

陈独秀说,国家有土地、人民、主权三个缺一不可的要素,其中"主权居于至高极尊的地位",主权是人民自己做主的权利,这个权利必须由代表人民利益的国民政府行使,而不能被某一两个人所把持独有。因此,中国几千年来的国家凌驾于人民之上,政权"传之子孙",国家实为一姓所独占的"家天下",是"恶国家"、"民奴的国家"。这种国家与其称之为国家,还不如说"吾华人未尝建设国家"。他进一步提出,土地、人民、主权不过是"国家之形式"。人民建立国家之目的和精神在于"保障人民之权利,谋益人民之幸福",符合这一准则的是"真国家"、"民主国家";不符合的便是"伪国家"、"民奴国家"。"纵观中国历史,几千年来号为建设国家者,凡数十次,皆未尝为吾人谋利,且为戕害吾人福利之蟊贼;吾人数千年以来所贮之财产,所造作之事物,悉为此数十次建设国家者破坏无余;凡百施政,皆以谋一姓之兴亡,非计及国民之忧乐,即有圣君贤相,发政施仁,亦为其福祚攸长之计,决非以国民之幸福与权利为准的也。"[22]

---

〔17〕《吾人最后之觉悟》,载《新青年》第1卷第6号,1916年2月15日。

〔18〕《宪法与孔教》,载《新青年》第2卷第3号,1916年11月1日。

〔19〕《一九一六年》,载《新青年》第1卷第5号,1916年1月15日。

〔20〕《复辟与尊孔》,载《新青年》第3卷第6号,1917年8月1日。

〔21〕《亡国篇》,载《安徽俗话报》第8、9、11、13、15、17、19期,1904年7月至1905年6月。

〔22〕《爱国心与自觉心》,载《甲寅》第1卷第4号,1914年11月10日。

(二)捍卫民主共和,倡导民治国家

针对康有为等人对民主共和制度的攻击和建立虚君共和制度的主张,陈独秀撰写了《驳康有为〈共和平议〉》,进行抨击。他说,中华民国建立后,出现了帝制复辟、武人专制的混乱局面。但是,这些现象的发生绝不像康氏所云与共和制度有必然联系。帝制的复辟"乃因社会之惰力,阻碍新法使不易行,非共和本身之罪也",武人专制乃是传统政治在军人头脑中作祟的结果,实与民主共和、虚君共和无丝毫关系。康氏著文"不于阻碍改革者之武人、学者是诛,而归罪于谋改革者之酿乱",归罪于共和制度本身,纯粹是颠倒黑白。军阀统治下的民国是伪共和,绝不能与真共和相提并论、混为一谈,真共和也绝无代其受过之责任。

针对康有为抨击代议士不能代表民意的批评,陈独秀反驳说:代议士之意虽然与国民总意有间,然而却优越于君主一人的意志。在今日,国民直接参政之期尚远,舍代议制而言民主、言立宪,纯属无稽之谈;若借口等到国民直接参政,才可行民主共和,那无异于取消共和制度。康氏奢谈虚君共和制度可救代议制度之弊,"我"真不知道他"将以何法使吾四万万人,人人自发其意?"〔23〕

陈独秀并不满足于资产阶级革命派所创立的民主共和国,作为激进的民主主义者,在《实行民治的基础》一文中,他曾进一步提出了建立民治国家的设想:首先,在政治上,"由人民直接议定宪法,用宪法规定权限,用代表制照宪法规定执行民意",以人民自治取代官制,使人民自身是治者又是被治者;其次,在经济上,铲平贫富阶级,打破不平等的生计。二者相比,他更重视社会经济的民治主义。他认为:"社会经济的问题不解决,政治上的大问题没有一件能解决的,社会经济简直是政治的基础。"实现民治主义国家的根本方法有两条:第一条是大力宣传人权平等、主权在民的思想,彻底铲除教人奴隶之道的孔教。使人民在政治上猛然觉醒,抛弃几千年来"奴隶之希冀主恩,小民之希冀圣君贤相施行仁政"的卑屈观念。人民"自居于主人的主动的地位","进而建立政府,自立法度而自服从之,自定权利而自尊重之"。只有这样的国民才可称为共和之民,这样的国家才可称为共和之国。否则,"立宪政治之主动地位属于政府而不属于人民",则宪法不过是"一纸空文",立宪共和就成了"伪立宪"、"伪共和"。第二条是人民要建立联合自治组织,包括地方自治和同业联合的两种组织。建立地方自治组织可以从一村一镇着手,同业联合组织则以一个地方的某种职业为范围。在这些组织中,"人人都有直接议决权,无须采用代表制度","执行董事不能专权,不宜连任","注重团体自身生活的实际需要,改善人民的政治经济生活","断绝军人官僚政客的关系"等等。这些小组织不是官方提倡的被动的自上而下的自治联合,而是"从底下创造发达起来的,人民自动的真民治"。它们作为将来县自治、省自治的"坚实基础",在此基础上再建成"大规模的民治主义"的国家。〔24〕

总之,在新文化运动时期,陈独秀在反对集权君主政治,维护共和制度诸方面都表现了急进民主主义者的鲜明立场。但是,他并没有找到推翻军阀专制统治的道路,而以为他所设想的改良方案便是改变军阀专政的"根本方法"。这无疑反映了他当时思想上的幼稚。五四运动后,在马列主义的影响下,他断然抛弃了过去为之奋斗的资产阶级民主共和的方案,提出

---

〔23〕《驳康有为〈共和平议〉》,载《新青年》第4卷第3号,1918年3月15日。

〔24〕《实行民治的基础》,载《新青年》第7卷第1号,1919年12月1日。

了废除资产阶级政权,建立劳动者的国家的主张,并身体力行,积极地发动和领导了革命运动。

三、吴虞反对家族制度、追求法律平等的法律思想

图64 吴虞

吴虞(1872~1949年),五四新文化运动的重要代表人物之一,字又陵,四川新繁(今四川新都)人。早年受过旧式教育,有深厚的国学根基。在改良思潮的影响下,接受了西方资产阶级的政治学说。

1905年秋,吴虞就读日本法政大学。1907年回国后,他便著书立说,抨击封建专制主义。辛亥革命爆发后,吴虞拥护民主共和制度,与北洋军阀专制统治进行了不懈地斗争。新文化运动时期,他在《新青年》等杂志上发表了大量的文章,痛斥君主专政,抨击旧法律和儒家礼教,宣传自由平等,成为全国著名的新人物。被称为"蜀中名宿","只手打孔家店的老英雄"。其著述收入《吴虞集》(中华书局2013年版,以下引文仅注篇名)。

(一)批判君主制度,改造家族制度

吴虞认为,历代君主无异于独夫民贼,君主制度是天下一大灾祸。君主制度之学说和制度能历代相因,其原因之一就是儒家"拿专制家庭来辅助专制朝廷"。中国的家族制度,"以家为本位,以家长为之主人而治其家。自家长以下之个人,无自主,无自治,因之亦无自由"。为了维护家族内部尊卑长幼的等级制度,儒家推崇"孝"道,视其为"天之经,地之义,百行之本"。在家以事亲事兄为孝、为悌,在朝以事君事长为忠为顺,"由此就忠孝并用,君父并尊,教立于家,孝著于国了"。(《说孝》)从而使家族制度与君主政治,"胶固而不可分析"。(《家族制度为专制主义之根据论》)儒家的"孝"有保护尊贵长上,消弭犯上作乱之功效,因此,"君主以此为教令,圣人以此为学说,家长以此为护符"。礼教有时而穷,专制者们便"拿刑来补助礼的不足","五刑之属三千,罪莫大于不孝。要君者无上,非圣人者无法,非孝者无亲,此大乱之道"。在这种专制学说和法律的钳制之下,"把中国弄成一个制造顺民的大工厂"(《说孝》),人民变成了无知又驯服的奴隶,忍受着家长和君主的压迫。因此,要反对旧制度,必须把君主制度的基础之一的家族制度彻底根除。

吴虞认为,儒家历来炫耀中国的家庭父慈子孝,兄友弟恭,累世而居,亲爱和睦,至善至美。其实,这种家庭是极不平等的,极为黑暗的。在这种家庭中,家长把家人与财物都视为一己的私产,他掌握着财产权、家政权、对儿女的教育权、惩罚权及婚姻权,任意侵犯儿女人身的各项权利,儿女们几同于家长的奴隶。父慈子孝之说貌似平等,实际上只是片面地要求儿女们服从家长。为人子而不孝者,"则五刑之属三千,罪莫大于不孝;于父之不慈者,故无制裁也"。(《家族制度为专制主义之根据论》)于是,儿女对家长无不逆来顺受,恭敬备至,以免受到家长的处罚。不仅如此,儒家的孝道从感恩推到报恩,父死之后儿女守丧三年,"设庐于墓侧,全废其职业,止为悲哀以送日"。而从报恩推到供养,便出现了"活埋其子","自割其身"以奉父母为孝的"大悖人道的事"。(《说孝》)吴虞认为,这种以孝为核心的家族制度,一方面

养成了家长的专横，另一方面使一般人们之精神志趣消磨、沉沦殆尽，惶惶终日于感恩尽孝之道。长此以往，“其社会安能发达，其国家安能强盛乎?”(《家庭苦趣》)因此家族制度非改革不可。

吴虞提出：“父子母子不必有尊卑的观念，却当有互相扶助的责任。同为人类，同做人事，没有什么恩，也没有什么德。要承认子女自有人格，大家都向人的路上走。”(《说孝》)为此，他设想出一种小家庭制度：“所谓小家庭者，即夫妇同居，对于子女仅负教养之责任。子女成人后，即离父母而构新家庭是也。”(《女权平议复唐氏》)只有这样，社会才能够发展，文明才能够进步，中国才能“脱离宗法社会，进而出于家族圈以外”。(《说孝》)否则，“抱残守缺，欲持孔氏之断简遗编与世界潮流相抗，不思变计，余知其同桃梗之漂流，继朝鲜之芳躅当不远矣”。吴虞认为，君主制度实由家族制度扩充而来，君主治天下之术，不外乎是“取父母之权力势分而微之”，“取所以致敬尽孝之繁文而节之”，“率一国而成其奴隶性者，惟家族主义实浸灌而薰陶之”。因此，只有打破以孝为核心的家族制度，才能彻底推翻君主制度，“夫孝之义不立，则忠之说无所附；家族之专制既解，君主之压力亦散；如造穹窿然，去其主石，则主体堕地”。(《家族制度为专制主义之根据论》)

(二)批判传统礼教，主张法律平等

吴虞将中国古代法同西方各国法进行比较以后指出：中国“法律之所以不良，实以偏重尊贵长上，压抑卑贱，责人以孝敬忠顺，而太不平等之故”。(《家族制度为专制主义之根据论》)中国的旧法律作为保护君主和贵族等级制度的工具，根本违背了法律面前人人平等的精神。两千年来，中国法律深受儒家思想的影响，“所谓法典者，不外礼制之文而已”(《情势法》)，而礼与刑又同为“专制之国其御天下之大法”(《礼论》)，所以，人们若要彻底打碎旧法律，铲除君主制度，就必须清除体现尊卑贵贱的礼治思想。历代的封建卫道士们无不把礼教看成是天经地义、万古不变、至善至美之物。吴虞以为这都是欺人之谈，他引用老子的观点指出：礼义不是天生的，而是人为的。至德的时代，人人各得其所，各完其性，一切仁义礼智都无所用。后来，事变多端，人人相侵相害，骚扰和平，仁、义、孝、忠等名词才产生出来。因此，礼教不过是社会病态的反映，不是从来就有的。礼教不是为了改变这种病态的社会，而是为了保护这种病态的社会。他说：“儒家礼制，首重等差，以礼定分，以分为理。凡犯分即为犯律，故出乎礼则入于刑。”(《情势法》)其结果，礼教成了保护尊贵长上的工具。几千年来，霸主民贼“利用经传，盗窃圣知，以遂其私，而钳制天下”，“孔氏之徒，湛心利禄，故不得不主张尊王，使君主神圣威严不可侵犯以求亲媚”。于是，儒家与君主交相为用，礼教因之流毒全国。吴虞愤怒地指出：礼教是“非杀人吃人不成功”的罪恶之物，“讲道德仁义的人，时机一到，他就直接间接地都会吃起人肉来了”。(《吃人与礼教》)礼教讲“君为臣纲”，“人臣无将，将而必诛”，法律上便把谋反、谋叛、谋大逆、大不敬列为十恶不赦之罪。孟子虽有“民为贵，社稷次之，君为轻”之说，然而尊君隆王之制度既成，“则天王之神圣尊严，岂小民所敢侵犯”。(《荀子之政治论》)君主的权威推到极点，国家之祸亦达到了极点。他们视天下为一己之私产，视人民为一己之奴隶。他们可以牺牲一国以遂其私，“以一人之所恶，为刑法之大禁”，“法律命令，出入自由，生杀与夺，谈笑而定”，(《书某氏〈社会恶劣状况论〉后》)根本没有什么公理可言。

吴虞指出，中国几千年是“治日少，而乱日多”(《荀子之政治论》)。在君主制度下，为了争夺皇位，乱臣贼子，元恶巨滑更起迭进，相杀相砍。天下户口，为之虚耗，帝王子孙亦不免屠灭之灾,使一部“二十四史,浓血充塞”。这些都是胠箧之巨盗为了保住自己的斗斛权玺,用忠孝大义、君臣之伦“息邪说”、“辟异端”,大兴文字狱,奉“民可使由之,不可使知之”为座右铭,从而造成了我国学术颓堕、黔首愚极、黑白颠倒、积非成是的状况,至今难以根除。吴虞借引墨子的“君臣氓通约”之说批判儒家的君为臣纲:“君、臣、氓不过是依着通约,立了三个名称,以便任其事。其实是一样的,是同等的。并没有尊卑贵贱上下阶级的区别……儒家说的什么以君制臣,以上制下的事通通没有”,“贵为国民者,以既尽其应负之义务,即可享其当得之权利”,认为墨子的通约就是卢梭的“民约论”,而墨子废去儒家的阶级制度,“把尊君卑臣,崇上抑下的礼教一扫而空之”,“上下同等”,“不劳动者不得食”的主张,“就是列宁的劳农主义。”(《墨子的劳农主义》)

吴虞认为,父为子纲,夫为妻纲,不仅造成了父亲压迫儿女、丈夫压迫妻子的现象,依此而制定的法律更是野蛮荒谬。按照法理,“止论其人之行为,究应科刑与否,而个人身份地位于犯罪之成立,及科刑之加重减轻,本无何等之关系。此文明国家法律之所同,所谓法律上之平等也”(《女权平议》),“父子,夫妻,伦理上之名份不同,法律上之人格则一”。然而,我国法律专重家族制度、纲常名份,偏袒尊贵长上男子之特权。定罪量刑,必缘尊卑贵贱男女之别,没有差等,同罪异罚。他举例说:“唐律卑幼杀尊长,得告;尊长杀卑幼,不合告。明律、清律,凡奴及雇工奸家长之妻女,各斩决;凡军民本管官吏奸所部妻女者,各罢职役不叙。”(《对于祀孔问题之我见》)至于女子,受法律压迫更是数不胜数,“三从之外,加以七出,束缚压抑,惨无人理”。同为殴伤罪,“论刑,则妻独加重三等,夫独减轻二等”,“重男轻女,刑礼同然”。十恶之中,恶逆,不孝、不睦、不义、内乱,皆为以下犯上而成杀无赦之罪。这些条款,无一不违背法律之本性、人生平等之精神。“吾人所争之平等,为法律上之平等;所争之自由,为法律内之自由。非无范围之平等,无限界之自由。而天尊地卑、扶阳抑阴、贵贱上下之阶级,三从七出之谬谈,其于人道主义皆为大不敬,当一扫而空之。”(《女权平议》)

吴虞认为,旧法律另一个弊病是“不重成文法典”,因而使“有法律与无法律等”。其成因是儒家礼教所致。礼“重尊贵而轻卑贱”,八议入律“议亲议贵,取决宸衷,曹司奏裁,不敢与夺,法为势屈,刑以情淆”,情、势成了判决的标准,法律等于空文。“刑不上大夫”成为几千年之成例,法律禁令只“用之以齐百姓”,结果治狱之吏常常上下其手,因缘为奸,指鹿为马,任意出入人罪,其弊实“过于法家之惨礉少恩,而大悖乎人道”(《情势法》)。

吴虞说:“法者,天下之大命也。”(《情势法》)他认为,当今的时代是法治的时代,应该制定保护人民生命财产的各项法律。法律颁布之后,司法官吏就要严格地依法办事,不可随情与势任意转移,致法律规定于不顾。我国古代的阶级制度与世界各立宪国的法律精神相违背:“孔学尊卑、贵贱、上下、男女之阶级制度,借礼制法制而确立,其专制不平,直接关系吾人之财产权利义务者极大。苟由礼制法制之精神以推求其得失,而再以各立宪国之宪法、民法、刑法所规定者一一比较对勘之,而后孔子之学说,二千年来贻祸于吾人者,昭然若揭。”(《对于祀孔问题之我见》)法律不能以礼为核心,而应该一本人权平等之精神。不论尊卑贵贱男女,在法律面前都应该是平等的,任何人不得在法律上享有特权;任何人也不可超驾于法律之外。即使是民国总统,亦“无异于平民,故行政上之处分,有妨害人民之权利者,一经法院弹劾,必受法院制裁”。这才是真正的“法律上之平等”。与此同时,吴虞还根据人民主权思想,提出人民要参与立法、行政、司法工作。他说:“既然是一个人,自然就该有一个人应享的权利,这是为世界人类所公认,各国法律所保护的。”(《弥勒·约翰女权说》)中国现在正是变革的时代,破除君主制度,建立民主共和之国,“其责任实在全体之国民”。因此,大家要起来“争平等”,“争自由”,女子也要与男子争平权,争“法律所许国民平等自由之权”。

(三)以民为主,建新国家

吴虞认为,中国在与列强的对峙中一败涂地,其原因就是中国虽有四万万同胞,但是在君主制度和家族制度的压迫之下,“人民是君主的奴仆,女人是男人的奴仆,男男女女都是奴才”,人民没有独立的人格,不能发挥国民的作用。因此,今日中国要摆脱帝国主义的侵略和压迫,建立“一个完全独立的新国家”,就要先“有堂堂正正的真国民”。(《弥勒·约翰女权说》)而当务之急就是清除旧学说,旧制度,宣传新学说,创建新制度。他说,几千年来,“君主既握政教之权,复兼家长之责,作之君、作之师,且作民父母,于是家族制度与君主政体遂相依附而不可离。儒教徒之推崇君主,直驾父母而上之,故儒教最为君主所籍而利用”,因此,只有对儒教和家族制度进行改革,才能使中国人从君主统治之下解脱出来,只进行“政治改革而儒教家族制度不改革,则尚余此二大部专制,安能得真共和国?”(《读荀子书后》)

吴虞认为,辛亥革命后,我国虽然建立了民主共和制度,但是儒教与家族制度并未被彻底破除,旧思想的社会基础仍然存在,仍有复避之危险。因此,若要实现真正之民主共和,必须扫除儒教和家族制度以及旧道德。他指出,20世纪为竞争的时代,“国家之强弱,全在民德之盛衰”,以民为主,做真国民,建新国家是当务之急。(《弥勒·约翰女权说》)

吴虞把君主制度、儒家礼教、家族制度及其学说进行了政体的批判,其思想确实有独到精深之处。他的主张丰富和发展了资产阶级革命派反对君主制度的思想,为后来的无产阶级政治代表人物提供了可资借鉴之处。

第九节　国民党统治集团代表人物的法律思想

辛亥革命后,革命果实被军阀势力所窃取,接着而来的是军阀混战。1921年中国共产党成立,中国无产阶级登上政治舞台并促成轰轰烈烈的北伐革命。1928年以蒋介石为首的国民党集团在中国确立了大地主、大资产阶级的统治,一直到1949年中华人民共和国成立才宣告终结。在国民党政府统治期间,法律思想内容丰富,形式多样。但从宏观角度来看,主要有两个方面:一是“国家社会本位”的法律精神,二是成文法与判例法相结合的所谓“混合法”理论。前者的代表是任立法院院长的胡汉民,后者的代表是任司法院院长的居正,他们二人的法律思想具有十分典型的意义。

一、胡汉民“国家社会本位”的法律观

胡汉民(1879~1936年),广东番禺人。原名衍鸿,字展堂。同盟会组织者之一,曾撰文批判改良派的政治主张,宣传孙中山的“三民主义”,并参加过多次武装起义。辛亥革命后,历任广东都督、中华革命党政治部长、护法军政府交通部长、代行大元帅、国民政府主席等要职。1924年1月,中国国民党改组,其成为国民党右派首领。1928年8月,国民党实行训政,

图 65 胡汉民

他作为国民党中央政治会议委员、立法院长,为国民党法制建设出谋划策,成为国民党训政立法的灵魂。其著述收入《革命理论与革命工作》(民智书局 1932 年,以下引文仅示篇名)一书。

"国家社会本位"法律观是胡汉民法律思想的核心内容。"国家社会本位"法律观的确立与实践,结束了清末以来中国"家族本位"与西方"个人本位"法律原则冲突、妥协、共存的局面,开创了中国现代法律思想发展的新阶段。

(一)坚持"国家社会本位"

所谓"本位"即"主义"或基本精神,指法律实践活动所期实现的价值目标,它决定了法律实践活动的内容、性质和发展方向。在阶级社会,"本位"的实质内容总是和一定阶级的物质利益相联系的。"国家社会本位"法律观首先由国民政府立法院院长胡汉民提出,经过居正和孙科等司法、立法巨头的补充和具体化,最终成为国民党立法的最高原则。

胡汉民指出:"中国向来的立法是家族的,欧美向来的立法是个人的,而我们现在三民主义的立法乃是社会的。"(《三民主义之立法精义与立法方针》)也就是说,立法应当以国家社会利益为最高原则。他基于孙中山的民生史观,强调指出:人类生存是一切社会问题的起点和归宿,人类求生存是社会进化的原动力。人类生存必须结成牢固的团体,人类从野蛮走向文明的历史就是人类"脱离自然生活而为有秩序之生活,由个人生活而演进至团体生活"(《社会生活之进化与三民主义的立法》)的历史。社会团体组成之后,每个人的生存、地位、权利就因"社会的生活、民族的生存、国家的存在而确立"(《三民主义的立法精义与立法方针》)。因此,国家与社会绝不是单个人机械的结合,而是高于个人之上的有机的统一体。这就要求立法要站在国家、社会的集体原则立场上,首先为整个国家谋利益;而不是站在个人的基点上,保护个人的生命、自由及财产。当个人与国家权利冲突时,法律应无条件地维护至高无上的国家权利,限制乃至牺牲个人的权利。社会成员的协作和经济利益的调和是国家、社会生存与发展的必要条件,所以个人在享受权利之前,必须先为社会尽义务和责任。具体说:"富者主张其财产权之前,须为社会的共同利益,而尽其利用财产之义务;劳动者主张其人格之前,亦须为社会共同利益,而尽其人格之义务。"(《三民主义的立法精义与立法方针》)一言以蔽之,"牺牲个人的部分,以成就民族和国家"(《最近破坏的情形与今后建设的计划》)是"国家社会本位"的核心。

胡汉民猛烈抨击了中国的"家族本位"、欧美近代的"个人本位"和苏俄的"阶级本位"等法律原则。其一,中国宗法家族本位法律原则,以宗法家族为法律保护的对象,进而维护了君主制度,根本忽视国家、社会的共同利益和个人的基本权利。其结果是,在政治上,造成了君主与家长的专制统治;在经济上,阻碍了工商业经济的发展;在法律上,将人们之间的私法关系纳入家族主义公法之中,使几千年"公法与私法相混",法律制度简陋野蛮。其二,欧美近代"个人本位"法律原则以个人为法律保护的对象,"认定个人有天赋的权利,有不可违反的自由。自然人的权利和自由,成为人权观念的内容,而人权则成为立法的基础"。根据这一原理,"权利、财产、自由、结社、责任诸观念实为个人的,而非社会的","法律的效用,变为只规范个人与个人之间权利和自由的界线,而不知个人以外有其他的社会利益",(《三民主义的立法精义与立法方针》)忽视国家和社会利益的法律制度,带来了西方社会的严重恶果,个人主义日趋极端,竞争成为经济生活的单一手段,贫富悬殊导致了激烈的阶级斗争,整个社会处于经济危机与政治动乱的旋涡之中。其三,苏俄国家的法律制度是以阶级为本位,即"误认社会生存关系为阶级对立关系,而不知社会生存关系为协动关系、为连带关系,须以整个社会为单位,决不能分化社会以任何阶级为单位"。(《社会生活之进化与三民主义的立法》)这种人为地扩大阶级对立,加深阶级矛盾与冲突的做法,违背了社会发展的内在规律,其必然结果是造成一个阶级的独裁和长期激烈的阶级斗争,最终一定导致社会的总崩溃。

(二)"国家至上"的公法观

在国民党建立全国政权之初,胡汉民、孙科等人就提出了《训政大纲提案说明书》,主张实施国民党的训政统治。其理由是,中国几千年来的旧制度旧思想根深蒂固,"大多数人民的政治意识与经验两皆缺乏,骤欲畀之以政权,其势必复为强暴所劫取"。所以,建国之初,国民党必须以"政权之保姆自任","一切权力皆由党集中",实行训政,而不可轻易地把政权交给"没有训练"、"没有教育"的人民。如胡汉民所谓:"人民要享受自由平等,非经过不自由、不平等的训练不可,这句话可以算是一条定律。"(《今后教育的四个要求》)

根据这一原则,在训政期间,国民党政府公开以各种形式限制、剥夺人民集会、结社、言论、出版等政治自由和权利。他们宣称,个人无自由,国家社会才有自由。以往正是由于中国人享有的自由太多了,才使国家成为一片散沙状态,使国家缺乏强大的凝聚力和战斗力,才造成对外丧失自由平等地位的现状。因此,人们要争自由,首先应争国家的自由。"个人应将其自由,纳入团体之中,而求团体之自由。"(《三民主义的立法精义与立法方针》)即个人应当牺牲小己的自由,无条件地服从政府及国家的纪律和法律。

以国家整体的自由和权利,限制、剥夺个人的自由和权利,是国民党法制的一个重要精神。这种精神不仅表现在《中华民国训政时期约法》里面,而且也突出地体现在《中华民国宪法》中。当时,不少民主人士就宪法的这一弊端提出严厉批评,要求宪政时期尊重人民充分的民主权利。针对全国上下的民主呼声,孙科辩解道:"我们革命完全是为国家的解放、独立和自由。所以中国宪法不能像欧美以个人自由为出发点。因为中国人是自由的,但是国家却不能自由。所以国民要有组织,不能再如从前一样放任。宪法不能以个人自由为目的,要以国家至上、民族至上为目的。……这样,由人民立法以限制个人的自由,来保护国家民族的自由,不是很合理吗?不是很合中国的需要吗?"[25]由此可见,"国社本位"的法律观完全是以法律限制和剥夺人民自由权利的理论根据。

在训政时期,国民党以"革命功臣"和国家利益的代表自居,掌有"训政之全权"。国民党《训政纲领》规定:"中国国民党全国代表大会代表国民大会,领导国民行使政权","中国国民党代表大会闭会时,以政权付托中国国民党中央执行委员会执行之"。这样,人民的参政权利被剥夺了,中华民国的民权实际上变成了党权,民主制度变成了一党专政。在为期20年(1928~1947年)的训政时期,迫于人民的压力,国民党虽然多次允诺"结束训政,还政于民",也曾公布过一个《中华民国宪法草案》(又称"五五宪草"),但是,他们总是以人民"没有掌握政权的能力和习惯",本党不可推卸国家社会责任为借口,继续坚持一党专政。总之,所谓

---

〔25〕 孙科:《我国宪法与欧美宪法的区别》,载《孙科文集》,台湾商务印书馆1972年版。

“国家至上”,实质就是国民党一党专政的代名词。其特征是,把国家权利等于政府权利,强调“国家至上”的目的就是为了无限制地扩大政府的权力,根本违背了民主共和的原则;打着国家、社会、人民全体利益的旗号,赤裸裸地否定人民的权利。而当一切个体的权利被剥夺之际,所谓人民全体的共同权利就是一句空话。

(三)“社会至上”的私法观

胡汉民认为,近代西方私法以“个人本位”为基调,形成了私权绝对、契约自由、过失责任等众多的原则,并据此制定了大量法规,这些原则必然导致社会走向弱肉强食的歧途,使整个社会“离心向外而陷于瓦解”(《三民主义的立法精义与立法方针》)。它们已经直接带来了西方资本主义国家的两大危机:一是经济危机,由于分配不均,技术越发达反而造成失业贫困的人日多,购买力低下,结果出现生产过剩的经济危机;二是政治危机,劳动阶级为了摆脱贫困而主张社会主义,并开展了以暴力推翻政府的斗争,阶级斗争的日益激化,必然导致整个社会的崩溃。因此,应当以“社会至上”取代“个人至上”。“社会至上”的私法观有三层意思:

第一,在个人利益与社会利益的关系上,首先要保护社会群体的利益。这就要求,社会经济立法应“以全国社会的公共利益为本位,以谋公共的幸福为前提”(《民法债篇的精神》)。也就是说,以社会利益至上,而不是以个人或某个阶级的利益至上。胡汉民对私法的基础财产所有权制度作了新的解释:“所有权的制度是社会的制度。它不是为个人而设的,也不是为任何一个阶级而设的。它的起源,实在是以承认劳动者的权利为前提,以劳动之结果,归劳动者所有,然后人才能尽全力去劳动;人人如此,社会的生产才日增,经济生活才日裕。所以所有权之起,是起于为社会的公共利益,而非个人单独的利益。”法律承认、保护个人生命财产,完全是由于“个人的生命财产和利益,乃社会的生命财产和利益之一部”。因此,个人在运用财产所有权,订立各种契约,追究某一方经济责任时,“不应离开社会整体的公共利益和目的,不应有任何违反社会的意思和行为”,否则,“法律就要起而干涉他”。(《三民主义的立法精义与立法方针》)除了上述法律的消极制裁意义外,他们还主张,为了社会的共同利益,国家应运用法律手段积极地指导、干预个人财产的使用权、收益权和处置权,这一精神体现在他们编制的法典和法规之中。如《土地法》规定:“对荒搁闲置,不用又不卖的土地重征土地税”,“私有荒地逾期不开垦者,需用土地人可请求征收之”,“制止有妨害国家政策之土地买卖和租赁”,“国家有权因公共事业征收私人土地”,等等。

第二,为了维护社会的安定,立法应注重保护弱者的经济利益,体现“仁恕公平”的王道精神。胡汉民论述民法“债篇”的精神时说:“民法债篇普通本叫作债权篇,而我们现在改为债篇。因为债权两字,从名义上看来,好像是专门保护债权人的。要知道债务人常处于经济上弱者的地位,法律如果不问有理无理,专保护债权者,那便是霸道了。”进而,在损害赔偿、借贷、雇佣、租赁等民事法律关系中,他主张根据客观情况多保护一些弱者的利益,“不使贫而无告者惨无救济”(《民法债篇的精神》)。在社会福利问题上,他主张用法律保护残废疾病和鳏寡孤独者的特殊利益,即社会应给予必要的经济救济,使每个人均得温饱。

第三,调和社会各种成员的经济利益,缓解劳资之间的矛盾冲突,是社会至上私法原则的主要精神,即主张“生存法则就是社会利益之相互调和”。在现代工业社会中,立法除了注重团体和照顾贫弱者利益外,特别要重视“调和厂主与工人的利益,增进其生产能力”(《工厂法该展缓施行吗》)。一方面对工人的劳动时间、工资待遇、劳动保护、童工年限等要作出合理的规定;另一方面又要保护资本家的正当利益。劳动立法只有真正做到既培养劳资双方“相依为命”的亲爱精神,又促进社会生产的发展,才符合“社会至上”的原则。根据这一原则,他们还别出心裁地在工厂法中添设了工厂会议的规定——由劳资双方组成工厂会议,以求沟通思想,消除争执,兼顾利益,促进生产,并认为,只要资本家和工人的利益得到调和,就可以避免阶级斗争和社会动乱。

“社会至上”的私法原则与法制,是真的要维护社会的共同利益吗?答案是否定的。它的真正目的是保护剥削制度的生存和巩固剥削阶级的统治。他们之所以强调阶级利益的调和,并适当地对劳动阶级做出某些让步,就是因为他们清楚地认识到,社会各阶级利益的相互调和是社会安定的重要保障,而社会安定又是巩固国家现政权的前提。在这个政权下,真正的获利者不是劳动者,而是有产阶级。胡汉民曾经明确地告诉工厂主,工厂法适当地照顾一些工人利益,为的是避免劳资争斗,维持工厂的生存。工厂法的施行“不但不会损失厂主的利益,而且于劳资双方的情感及工人的工作效率……都有很大的增进和助益”(《工厂法该展缓施行吗》)。

(四)“国家社会本位”法律观的社会文化背景

“国家社会本位”法律观作为一种占社会统治地位的思想观念,自有其得以产生和确立的社会文化原因。首先,是政治斗争的需要。国民党政府自成立之后,就面临着中国共产党领导下的人民革命斗争。为了集中力量打击红色政权和革命武装力量,为了维护国民党统治区内的安定局面,他们自然要加强国民党一党集权专政,限制人民的一系列政治权利。“国家至上”的口号正适应了国民党独裁专政的政治胃口。

其次,是经济利益的要求。国民党政府是官僚大资产阶级的代言人。为了确保自身的特殊经济利益,就必须对一般资产阶级和广大劳动人民的经济权利进行最大幅度的限制和剥夺。他们打着保护社会公共利益的旗号,并以法律的形式保证其贯彻实施,其目的就是维持官僚大资产阶级对国计民生的绝对控制。他们的所谓“社会至上”,其实质就是统治阶级的利益至上。“社会至上”的私法观是“国家至上”的公法观的基础,后者又是前者的保障,二者相互为用。没有对广大劳动人民的剥夺和全国财力的集中,国民党政权将失去物质的支持和保证;没有对全国人民的有力统治和对革命运动的残酷镇压,他们便无法获得并保护自身特殊的经济利益。具有极大欺骗性的国家社会本位法律观正好起到了这一作用。

再次,是传统文化的潜在影响。中国传统法律观自古以来就是集体本位的,如“家族本位”、“国家本位”及“国家与家族本位”,其共通的精神是忽视、排斥和限制个人权利。西方“个人本位”思想之所以在中国遭到普遍的忽视和抵制,其中自有其历史的文化传统的和民族心理方面的潜在根源。“国家社会本位”从人们的习惯意识上比“个人本位”更容易接受,因为在中国人的心目中,“正义”、“公理”总是站在集体而不是站在个体一边的。

复次,是国际思潮的影响。19 世纪末 20 世纪初,西方资本主义发展到垄断阶段,劳资冲突日益激化,“个人本位”为核心的法律制度已不能有效地维护资产阶级的根本利益。资产阶级法学家据此提出“社会本位”的思想,要求对个人的自由和权利进行必要的修正和限制,要求重视社会福利立法,并通过适当地改善人民的经济生活状况达到阶级利益的相互调和以及资本主义社会的长期稳定。当这种思潮传至中国时,中国的法学界便拍手称快。吴经熊谓:“俗言说的好,无巧不成事。刚好泰西最新法律思想和立法趋势,和中国原有的民族心理适相吻合,简直是天衣无缝。”[26]国民党当权派胡汉民、孙科等人也曾在文章中多次介绍和引用了法国狄骥的社会连带主义法学的原理和内容,并由衷地称赞它代表了现代社会最新的立法趋势。

最后,有必要指出,作为中国国民党的总理,孙中山的法律观及整个法律思想体系对“国社本位法律观”的形成有着重大的直接影响。孙中山的社会义务本位法律原则、国家自由观、民权平等观以及宪政、经济、刑事立法思想经过国民党当权者的修正与删改,成为国民党政府立法的理论基础。他们利用了孙中山法律观中的某些理论失误,并将其扩大到谬误的地步。他们删改了孙中山思想中闪耀着民主主义光华的理论方案,使之适应于国民党专制独裁的需要。

二、居正的“混合法”思想

图66　居正

居正(1876~1951年),早年加入同盟会,1928年南京政府成立后,历任国民党中央执行委员、司法院院长兼最高法院院长、司法行政部部长等要职。在司法院任职的16年(1932~1947年)中,他锐意改革,提出并制定了许多具有积极意义的司法方案,确立“混合法”理论和运行机制就是他的一大贡献。

中国古代的法律实践活动经历了西周春秋的“判例法”、战国秦朝的“成文法”和秦汉以后“成文法”与“判例法”相结合的“混合法”诸阶段。清末修律,引进欧洲大陆成文法系的法律文化成果,并尊崇“三权分立”的宪政精神,故引进“罪刑法定”原则而摒弃“比附援引”之制,首开朝大陆法系一边倒的风气。然而在1912年至1928年的十几年内,在移植的欧法不好用、中国的旧法不能用的特殊情况下,大理院在“司法独立”的旗帜下把“判例法”搞得有声有色。在国民党统治期间,虽然逐渐形成了“六法”体系,但由于成文法典本身的局限性,使判例的价值再一次被人们所认识,而居正就是众多有识之士中最突出的一位。居正的著作颇丰,有陈三井、居密编辑的《居正先生全集》(台北中央研究院近代史研究所1998年版),其中与中国法律史有关的著述主要有《司法党化问题》和《为什么要重建中国法系》,均收入《法律哲学导论》(商务印书馆2012年版)一书。

(一)立法与司法并非截然对立

居正从司法实际出发,反对单一适用“成文法”的司法体制,积极主张根据实际需要适用判例,形成“成文法”与“判例法”相结合的法律样式。在《司法党化问题》一文中,他批评那种认为司法工作就是司法人员根据法律条文消极地制裁犯罪,法官只要能熟知法条并正确地运用法条就算是做好本职工作的观点,称这种观点是司法的狭义解释。他认为,把立法与司法、“成文法”(立法者立法)与“判例法”(法官立法)决然对立、择一而行的做法,并不利于当前

〔26〕　吴经熊:《新民法和民族主义》,载《法律哲学研究》,清华大学出版社2005年版,第173页。

的法制建设。为了确定“判例法”在国民党法制中的应有地位,他首先要求法律界打破大陆法系与判例法系固有的界线,承认司法界的立法权威,即“判例法”的效力。他认为“成文法”与“判例法”“一样是法律创造,也一样是法律适用,其性质并没有什么不同,只是属于制法程序中两个不同的阶段罢了”。从法律的形式构成来看,“法规把一个法律前提和一个法律结论联系起来。判例也同样地把一个法律前提和一个法律结论联系起来”,二者没有太大的区别,只“不过前者用于较广泛的范围,而后者用于较特定的范围罢了”。从法律的制定与适用的辩证关系看来:“法规对裁判言,法规是造法,而裁判是法律适用;法规对于宪法言,则法规变为法律适用,而宪法却是造法;同一理由,以裁判对于执行言,裁判又变为造法,而执行才是法律适用。所以立法就是司法,司法也就是立法;立法与司法只是量的区分,而非质的区分。”[27]

(二)“成文法”与“判例法”应相辅相成

在《司法党化问题》一文中,他还集中论证了“成文法”与“判例法”的关系。他指出:“判例法”应成为“成文法”重要的补充和辅助形式。其道理是:

第一,“成文法”与“判例法”的关系可以看作是“一般的与个别的或抽象的与具体的关系”,“以法规为一般或抽象的法律,而裁判为个别的或具体的法律,换言之,就是‘观念的法律’与‘实在的法律’。观念的法律必要待实在的法律补充他,才可以有‘具体的形态’。质言之,才可以达于‘现实’!一个抽象的法律,如果永无裁判去适用他,他便锈废了”。

第二,社会上人事变化极为复杂,“一个抽象的一般的法律,决不能预料将来事件发生情形之变化,而包举无遗”。若遇事便请求立法机关通过繁琐的立法程序,制定准据,不但是不可能的,也是不必要的。这就需要以适应新环境新情况且具体、灵活的判例来弥补。这种判例一旦得到最高法院的确认,自然就应当对其他同类案件有指导意义。就此而论,判例是对“成文法”的延伸与辅助,或者说,是因地制宜地创造新法。

第三,成文法典中规定了许多毫无具体形态和标准的量刑原则,如根据犯罪情节,可酌减本刑或加重处罚等。这些空洞的规定是以抽象、概括为特征的成文法典的共同性质,它是为了弥补成文法典的疏漏之处和给法官一个根据具体情况而自由裁量,以求公正裁判的余地。但是,由于量刑幅度较宽,缺乏严格的质量标准,就难免发生对同一类案件而处罚量刑相差甚远的情况。“判例法”的使用,便可以具体的形态填补“成文法”中这些抽象、空泛的规定。[28]

在阐述“判例法”与“成文法”相辅相成的关系时,他曾写过一段十分精彩的文字:“例与法之关系,至为密切,实相辅而行。法简而例繁,法具条文,例徵事实。法为死条,例乃活用。法一成而难变,例以渐而有加。盖法犹经也,例犹传也,不讲传无以通经。法犹兵书,例为战绩也。法犹医方,例则医案也。仅读兵书者,不可以用兵;只记医方者,不可以治病。仅知法律专条者,不可以听诉讼。”[29]

另外,居正还从中外法制历史的发展趋势上,论证“混合法”不仅古已有之,而且必将成为世界法制发展之方向。在中国,“自晋命贾充等改定旧事为刑名法例,于是法之外有例之

[27] 居正:《司法党化问题》,载《法律哲学导论》,商务印书馆 2012 年版,第 32 页。
[28] 居正:《司法党化问题》,载《法律哲学导论》,商务印书馆 2012 年版,第 33 页。
[29] 《最高法院判例要旨》,载《居正序》,大东书局 1944 年版。

名。稽诸古意,例即王制所谓比也。清代之前,有律例,近世各国有判例,事虽异而义则同。要皆本于法,而比例以明之者也"。[30] 居正指出:"中国向来是判例法国家,甚似英美法系制度"。中华民国成立之前,历代王朝虽然都有重要的大法典,然而"例却多于律"。其原因是礼俗在中国人的生活中占有重要的地位。我国礼俗中有关"应为"和"不应为"的规范,常常作为"律文上寻得解决的根据"。中国历史上的"春秋决狱"便是司法审判中重视判例的明证。清末修律之时,中国立法虽然多仿大陆成文法系,但是在民国十八年民法颁布之前,"支配人民法律生活的,几乎全赖判例"。这一历史事实说明,在中国特别国情之下,"司法向来已经取得创造法律之权威","就其历史上倾向与习惯言之,判例势力之伟大,实无可争辩"。[31]

因此,在当前的司法改革中,司法界绝不可放弃立法之责任。尽管我们已有了相当完备的成文法典,但是我们绝不可轻易地抛弃符合国情的判例法的形式。

(三)两大法系之交融已成大势

居正指出,由于历史的原因,世界上出现了两大法系。大陆法系注重成文法典,"英美法系注重判例,以判例为法源之一,与成文法有同等之效力";"往昔,大陆法系偏重成法,拘拘于三尺,为世诟病。迨19世纪之末,社会哲学派及自由法学派起而矫正之。经大战后,大陆法系为之动摇。遂亦从事于判例之研讨。一时出版物如判例批评,判决实例等篇,勃然而兴,不让英美法系。"[32] 当前,两大法系壁垒森严的界线已被打破,英美国家制定了众多的成文法典,大陆法系国家在司法审判中逐渐地适用判例。两大法系相互交融,相互弥补,已成为世界法制发展之潮流。在此时代,任何国家再拘泥于某一派别、某一传统不仅是不识时务,为世人所耻笑,而且也不利于自身的法制建设。

此外,居正还提出了寓立法于司法之中的命题。他不仅要求法官掌握成文法典,并能正确运用,而且要求法官本着"三民主义"的法理,积极发挥主观能动作用,在司法审判中,妥善地解决一切法无明文规定或规定得过于宽泛的案件,并不断地创造出那些合情合理的判例,以为判决同类案件之依据。

居正作为国民党政府当权者之一和司法界的巨头,他的思想和主张对于当时法律界的影响是十分重大的。正是在这种思想指导下,才使当时的"判例法"大大增色,使"混合法"这一机制得以有效运行。

---

〔30〕《最高法院判例要旨》,载《居正序》,大东书局1944年版。

〔31〕 居正:《司法党化问题》,载《法律哲学导论》,商务印书馆2012年版,第39页。

〔32〕《最高法院判例要旨》,载《居正序》,大东书局1944年版。

图书在版编目(CIP)数据

中国法律思想史/武树臣著. --2版. --北京:
法律出版社,2017(2021.12重印)
ISBN 978-7-5197-0968-6

Ⅰ.①中… Ⅱ.①武… Ⅲ.①法律-思想史-中国
Ⅳ.①D909.2

中国版本图书馆CIP数据核字(2017)第135503号

中国法律思想史(第二版)
ZHONGGUO FALÜ SIXIANGSHI
(DI-ER BAN)

武树臣 著

策划编辑 陈 慧
责任编辑 陈 慧
装帧设计 乔智炜

出版发行 法律出版社
编辑统筹 法律教育出版分社
责任校对 郑怡萍
责任印制 胡晓雅
经　　销 新华书店

开本 787毫米×1092毫米 1/16
印张 21 **字数** 500千
版本 2017年7月第2版
印次 2021年12月第4次印刷
印刷 三河市龙大印装有限公司

地址:北京市丰台区莲花池西里7号(100073)
网址:www.lawpress.com.cn
投稿邮箱:info@lawpress.com.cn
举报盗版邮箱:jbwq@lawpress.com.cn
销售电话:010-83938349
客服电话:010-83938350
咨询电话:010-63939796

书号:ISBN 978-7-5197-0968-6
定价:45.00元
凡购买本社图书,如有印装错误,我社负责退换。电话:010-83938349